Das Buch

Nach der jüngsten Eskalation der Auseinandersetzungen zwischen Israelis und Palästinensern im Nahen Osten scheint eine friedliche Lösung dieses seit Jahrzehnten währenden Konflikts wieder in weite Ferne gerückt. Die wahren Gründe, die einem Friedensschluß entgegenstehen, sieht Nahostexperte Gerhard Konzelmann jedoch weniger in der Gegenwart, sondern mehr in den »Heiligen Büchern« von Juden und Arabern. So sind in Israel nicht nur gläubige Juden, für die das Alte Testament das »Grundbuch des Nahen Ostens« ist, sondern auch führende Politiker und die Mehrheit der Bevölkerung seit jeher der Meinung, Gott habe das Land zwischen Jordangraben und Mittelmeer für alle Zeiten an Abraham und seine Nachfolger vergeben. Die Moslems wiederum lesen in ihrem »Heiligen Buch«, dem Koran, daß Mohammed, der Prophet, Jerusalem besonders geheiligt habe – was wiederum die Kompromißfähigkeit der Palästinenser erheblich einschränkt.

Der Autor

Gerhard Konzelmann (Jahrgang 1932) studierte in Tübingen und Besançon, bevor er 1956 seine Fernsehkarriere begann. 1967 wurde er Arabien-Korrespondent der ARD und gilt als anerkannter Fachmann für Politik und Religion des Nahen Ostens. Er erhielt mehrere Fernsehpreise und ist Träger des Bundesverdienstkreuzes.

Gerhard Konzelmann

»Dies Land will ich deinen Kindern geben«

Die Wurzeln der Tragödie im Nahen Osten

Ullstein

Dieses Buch wurde auf chlor- und säurefreiem Papier gedruckt.

Ullstein Taschenbuchverlag
Der Ullstein Taschenbuchverlag ist ein Unternehmen der Econ Ullstein List Verlag
GmbH & Co. KG, München
1. Auflage 2002
© 2001 by F.A. Herbig Verlagsbuchhandlung GmbH, München
Umschlaggestaltung: Petra Soeltzer, Düsseldorf
Titelabbildung: dpa, Hamburg
Druck und Bindearbeiten: Ebner & Spiegel, Ulm
Printed in Germany
ISBN 3-548-75084-2

*»Der Konflikt
zwischen Palästinensern
und Israelis
ist die größte Tragödie
unserer Zeit«*

Präsident Bill Clinton

Inhalt

»Ich kam mir vor wie Josua«

94 Jahre alt ist der distinguierte Herr, der in Jerusalem in der Narkiss-Straße ein Apartment bewohnt. Sein Name: Zerah Wahrhaftig. Er ist der einzige aus der Gruppe der 37 Unterzeichner der Unabhängigkeitserklärung des jüdischen Staates, der den Übergang ins Jahr 2000 erlebt hat. Damals, im Jahr 1948, gehörte er mit 41 Jahren zu den jüngeren israelischen Politikern. Zerah Wahrhaftig repräsentierte die Gruppe Hapoel Mizrahi – sie war die Vorgängerin der Nationalreligiösen Partei. Als Vertreter dieser politischen Richtung war Zerah Wahrhaftig aufgerufen, die Unabhängigkeitserklärung zu unterzeichnen.

Diesem Aufruf zu folgen, war nicht leicht. Zerah Wahrhaftig arbeitete damals im National Council, in der Beratenden Versammlung, die Vorarbeiten für die Staatsgründung zu leisten hatte. Sein Arbeitsplatz war in Jerusalem, im Gebäude 27 der King George Street. Die Zeremonie der Unterzeichnung sollte in Tel Aviv stattfinden. Die Straße dorthin aber wurde von den Palästinensern kontrolliert. So wurde Zerah Wahrhaftig auf Anweisung von Ben Gurion durch ein Kleinflugzeug von Jerusalem nach Tel Aviv gebracht.

Zerah Wahrhaftig erinnert sich an sein Gefühl damals im Mai 1948, als er seine Unterschrift auf das Dokument setzte, das den jüdischen Staat begründete: »Ich kam mir vor wie Josua, der auf Befehl Gottes das jüdische Volk ins »Verheißene Land« geführt hat, damit es dort seine Heimat finde. Mir war der Bibeltext bewußt: »Der Herr hat das gesamte Land in unsere Hand gegeben!« Ich dachte an den Tempel des Salomo und ich dachte an den Zweiten Tempel. Die Vergangenheit prägte mein Denken in der Gegenwart. Ich fühlte mich beauftragt, den jüdischen Staat ins Leben zu rufen für mein Volk, das 2000 Jahre lang zerstreut gewesen war.«

Für Zerah Wahrhaftig und die 36 Mitunterzeichner der Unabhängigkeitserklärung war die Erinnerung an die Bibeltexte Motivation für den Neubeginn. Diese Erinnerung prägte auch den Willen, das »Verheißene Land« nie mehr aus der Hand zu lassen, und keinem Druck nachzugeben, dieses Land mit einem anderen Volk zu teilen.

Religiöse Symbole verhindern die Aussöhnung

Am 25. Juli des Jahres 2000 gelang es Präsident Bill Clinton, Ehud Barak und Jassir Arafat gleichermaßen zu verärgern. Sowohl die palästinensische als auch die israelische Delegation in Camp David waren darüber empört, daß es der amerikanische Präsident wagte, zur Lösung des Konflikts zwischen Israelis und Palästinensern die Teilung des Tempelbergs von Jerusalem vorzuschlagen. Im Detail sah der Vorschlag vor, Israel bekomme die Souveränität über die Klagemauer zugesprochen, über die westliche Begrenzung des Tempelareals – den Palästinensern werde dann das Tempelplateau gehören mit den Heiligtümern Felsendom und Al-Aqsa-Moschee. Der amerikanische Präsident argumentierte, die Klagemauer sei der letzte sichtbare Beweis für die Existenz des Tempels in Jerusalem. Sie sei damit das wichtigste Heiligtum des Staates Israel. Der Felsendom dagegen sei den Moslems heilig, weil er mit dem Leben des Propheten Mohammed in Zusammenhang gebracht werden könne; er sei Symbol für das Wirken des Propheten Mohammed.

Jassir Arafat lehnte Clintons Kompromißvorschlag brüsk ab mit dem Argument, Clinton wolle mit der Überschreibung der Klagemauer an Israel den jüdischen Autoritäten die Öffnung des Tempelbergs »von unten her« ermöglichen, wie dies schon einmal – im Herbst 1996 – durch die Eröffnung eines »archäologischen Tunnels« unter dem Tempelberg geschehen sei. Arafat sagte im Ärger: »Es gibt überhaupt keinen Beweis dafür, daß es hier irgendwann einen Tempel der Juden gegeben hat.«

Der israelische Ministerpräsident gab sich erstaunt, daß Clinton offenbar die Bedeutung des gesamten Tempelbergs für das jüdische Volk verkenne. Wenn er – Ehud Barak – auf den Vorschlag der Teilung eingehe, sei sein Leben in Israel gefährdet. Das einzige, was möglich sei, wäre die Übertragung der Souveränität über einen Teil der Altstadt von Jerusalem an die Palästinenser. Der Tempelberg aber müsse von dieser Lösung ausgeschlossen bleiben.

In diesem Stadium des Scheiterns der Verhandlungen von Camp David versuchte der amerikanische Präsident, Arafat dafür zu gewinnen, das Angebot Baraks als vernünftig anzunehmen, und lockte den Vorsitzenden der Palestinian National Authority mit Geld: Wenn Arafat damit zufrieden sei, für sein Palästina einen Teil der Altstadt von Jerusalem als Hauptstadt zu akzeptieren, werde er von der amerikanischen Regierung 30 Milliarden Dollar erhalten, die er zur Befriedigung der Ansprüche palästinensischer Flüchtlinge verwenden könne. Arafat lehnte ab und verließ Camp David am Abend des 25. Juli 2000.

Bei der Abreise aus den USA ließ er einen seiner Vertrauten sagen: »Wir sind durch Drohungen und Verlockungen unter Druck gesetzt worden. Die Vorschläge waren eindeutig von den Zionisten inspiriert worden.«

Arafat und Barak wissen, daß keine Friedenslösung gefunden werden kann, ohne Kompromiß über die heiligen Stätten von Jerusalem. Doch sie können es sich beide nicht erlauben, einem echten Kompromiß zuzustimmen. Starke Kräfte in Israel und in den Palästinensergebieten widersetzen sich jeder Nachgiebigkeit. Arafat und Barak sind Gefangene in den Netzen religiöser Symbole, die bestimmend wirken auf die Politik. Diese Symbole heißen Felsendom und Tempel der Juden. Arafat und Barak wissen, daß für einflußreiche Kräfte beider Völker diese Symbole wichtiger sind als fruchtbarer Boden oder Wasser.

Die Kraft der Symbole wurde am 10. August 2000 deutlich. Für die Juden war dies ein Tag der traurigen Erinnerung an die Zerstörung des Tempels durch die Römer im Jahre 70 n.Chr. Die radikale Organisation der »Getreuen des Tempelbergs« versammelte ihre Anhänger an der Klagemauer, an der westlichen Begrenzung des Tempelareals. Sie hatten die Absicht, zu den Heiligtümern des Islam auf dem Plateau vorzudringen. Palästinensische Bewohner von Jerusalem drängten die jüdischen Demonstranten vom Aufgang zum Tempelberg ab. Die Palästinenser schrien den Slogan: »Mit unserem Blut und unserem Leben verteidigen wir, was uns heilig ist!« Die »Getreuen des Tempelbergs« übertönten die Palästinenser mit dem Ruf: »Wir werden nie auf den Tempelberg verzichten!«

Gershom Salomon, der wortgewaltige Begründer der »Getreuen vom Tempelberg« wagte an jenem Tag die Prophezeiung: »Die Feinde des Tempels, die uns den Tempelberg streitig machen, werden verweht werden wie Staub im Winde.« Er meint damit auch den israelischen Ministerpräsidenten Ehud Barak, der – nach Meinung Gershom Solomon – nur darauf warte, den Palästinensern im Falle des Tempelbergs Zugeständnisse machen zu können.

Gershom Salomon hat einen Verbündeten im Rabbi Ovadia Joseph, der wenige Tage zuvor Barak angeklagt hatte, er setze den

Juden Schlangen an die Brust – mit Schlangen Frieden zu schließen sei ausgeschlossen. Rabbi Ovadia Joseph meinte mit den Schlangen die Palästinenser. Der Rabbi besitzt politischen Einfluß, denn er ist der geistliche und geistige Führer der ultra-orthodoxen Schaspartei. Daß er in derselben Sabbatpredigt allerdings davon redete, die Opfer des Holocaust seien einstige Sünder, die zur Sühne früherer Untaten wiedergeboren worden seien, hat ernsthafte Politiker auf den Gedanken gebracht, er wisse nicht immer was er rede. Rabbi Ovadia Joseph war dann gut beraten, seine Beurteilung der Holocaustopfer abzuschwächen.

Der Gipfel von Camp David in der Mitte des Jahres 2000 ist einer Lösung des Konflikts zwischen Israel und den Palästinensern nähergekommen als jede Verhandlung zuvor. Clinton, Barak und Arafat waren voll Optimismus, der Durchbruch könne gelingen. Doch dann wurde zum ersten Mal in den Gesprächen der Kern des Problems erreicht: Die Polarisierung durch die religiösen Symbole. Die zunächst lockere Atmosphäre in Camp David verhärtete sich. Die Symbole blockierten die Aussöhnung. Arafat, Barak und Clinton – vom Personal in Camp David scherzhaft die »ABC-Staatsmänner« genannt – reisten mit verbissenem Gesicht ab.

Am guten Willen der Verhandler hatte es nicht gefehlt. Die Heiligen Bücher hatten Hindernisse in den Weg gestellt – das Alte Testament und der Koran.

Beobachter des Treffens von Camp David hatten den Eindruck, Arafat habe sich damit abgefunden, den Staat »Palästina« nicht mehr aufbauen zu dürfen. Eine verblüffende Parallele wurde gezogen: Mose hatte sein Volk vierzig Jahre lang durch die Wüste geführt, doch den Einzug in das »Verheißene Land« hatte er nicht erleben dürfen. Arafat hat die Palästinenser vierzig Jahre durch Kriege, Revolutionen, Bürgerkriege und durch Intifada geführt, der Einzug in Jerusalem bleibt ihm versperrt.

Das Alte Testament wird zum Grundbuch des Nahen Ostens

Das Zusammentreffen der Israelis mit der eigenen Geschichte geschah unerwartet und mit Wucht – durch persönliche Begegnung mit dem Land nördlich, östlich und südlich von Jerusalem.

Achtzehn Jahre lang war das jüdische Volk getrennt gewesen vom Land, in dem seine Wurzeln zu finden sind. Seit der Gründung des Staates Israel war den Juden der Zugang zu den Regionen Judäa und Samaria versperrt gewesen. Verwehrt war ihnen auch der Blick auf ihr wichtigstes Heiligtum, auf die Klagemauer, die den Beweis darstellt für die historische Verwurzelung ihres Volkes mit dem Heiligen Land. Achtzehn Jahre lang hatte das Haschemitische Königreich Jordanien die Hoheitsrechte besessen über die bergige Region westlich des Jordans, zu der auch der Ostteil der Heiligen Stadt gehört.

König Husseins Grenzwächter sperrten den Inhabern israelischer Ausweise und den Personen, die im Verdacht standen, Juden zu sein, den Zugang zur Klagemauer in Ostjerusalem. Unter königlich jordanischer Herrschaft sollte die Erinnerung an die Heiligkeit der Mauer für Juden getilgt werden. Ein Schild am gewaltigen Mauerwerk wies darauf hin, daß die Steinwand die Al-Buraq-Road begrenzte. Al-Buraq war der Name jenes Reittiers, das den Propheten Mohammed einst zu einem wundersamen Erlebnis in einer Nacht von Medina nach Jerusalem getragen haben soll. Die Überlieferung berichtet, Al-Buraq sei vom Propheten Mohammed, nach seiner zur Legende gewordenen Nachtreise, an der mächtigen Mauer angebunden worden. Für die Jordanier, die sich frei in Ostjerusalem hatten bewegen können, war dieses Ereignis wichtiger gewesen, als die Heiligkeit des herodianischen Tempels, dessen Relikt die Klagemauer ist. Die islamische Tradition hatte neunzehn Jahre lang, von 1948 bis 1967, die Erinnerung an biblische Vorgänge überlagert.

Während dieser Zeit schöpften die Israelis und die Juden der Welt ihre Kenntnisse vom Kerngebiet des Heiligen Landes allein aus den Heiligen Schriften. Die Gründer des Staates Israel hatten den Bezug zur geographischen Realität der jüdischen Geschichte verloren. Diese Entwicklung ist erstaunlich, war doch die Grundidee der Staatsgründung die Rückkehr des jüdischen Volkes in das Land der biblischen Vorväter. Der 6. Zionistische Kongreß, der im August 1903 in Basel stattgefunden hatte, war demonstrativ der Meinung gewesen: »Wir wollen nicht irgendein Land besitzen. Wir sind Zionisten. Wir haben den einen Wunsch, zurückzukehren in das Land unserer Vorväter. Dieses Land ist unsere Heimat.«

Die Distanz zur biblischen Geschichte, die den Staatsgründern von 1948 eigen war, hatte ihren Grund in der persönlichen Geschichte der jüdischen Politiker: Sie waren geprägt vom Erlebnis des Holocaust. Ihr Ziel war Überleben – für sich und für das jüdische Volk insgesamt. Diesem Ziel hatte die Schaffung der nationalen Heimat zu dienen. Die Erinnerung an die Vergangenheit konnte dabei nicht der bestimmende Faktor sein. Das Heilige Land war Zufluchtsort, war Sammelpunkt des bedrückten und bedrohten Volkes.

Die Stimmung schlug um am Mittag des 7. Juni 1967. Zu diesem Zeitpunkt war den israelischen Soldaten der Durchstoß zur Klagemauer gelungen. Das Heiligtum war befreit von der jordanischen Herrschaft. Das Erinnerungsschild an Al-Buraq, das Reittier des Propheten Mohammed, wurde heruntergerissen. Vorbei war die Zeit der Verdrängung der jüdisch-biblischen Vergangenheit. Die Erinnerung an die Geschichte brach auf, an die Wurzeln des jüdischen Volkes. Im Anblick der Klagemauer sagte der israelische Verteidigungsminister Moshe Dayan: »Wir sind an unseren heiligsten Platz zurückgekehrt. Wir stehen hier, um für immer hier zu bleiben.« Dayans Botschaft war: »Israel ist dabei, seinen Ursprung wiederzuentdecken.«

Während der Wochen nach der Eroberung von Ostjerusalem, Judäa und Samaria wurde ein junger israelischer Offizier mit Kameraden losgeschickt zur Erkundung des Gebiets, das den Juden bisher verschlossen gewesen war. Benjamin Netanyahu und die anderen Kundschafter waren die ersten Israelis, die das bisher königlich-jordanische Westufergebiet des Jordan betraten. Zu Fuß durchstreiften sie das Bergland. Sie machten dabei für sich erstaunliche Entdeckungen. Sie stutzten, als sie den arabischen Ortsnamen Khirbet Seilun entzifferten, hinter dem sich die einst jüdische Stadt Shiloh verbarg. Sie hatten Khirbet Seilun durch Zufall gefunden, als sie abseits der Hauptstraße in Richtung Nablus unterwegs waren. Jeder der Männer in der Gruppe um Netanyahu hatte die Heiligen Schriften der Vorväter gelesen und hatte die Erinnerung daran behalten, daß Shiloh unter Josua die Hauptstadt des jüdischen Landes gewesen, und daß hier die Bundeslade aufbewahrt worden war, das Symbol des Bundes mit dem einen und einzigen wahren Gott.

Netanyahus Streifzüge führten nach Beit Ur et-Tahta und nach Beit Ur al-Foqa. Zwischen beiden Orten liegt ein steiler Aufstieg, eine Steige. Sie brachte die Bibelkenner auf den Gedanken, es handle sich um die beiden biblischen Orte Unteres Beit Horon und Oberes Beit Horon. Diese historischen Orte liegen einen Tagesmarsch nordwestlich von Jerusalem entfernt. Die Männer entdeckten Pflasterreste der »Steige von Bet Horon«, und ihnen fiel ein, daß diese Straße einst die für Reiter und Fußvolk passierbare Rampe war zwischen der Küstenebene und dem Bergland von Judäa. Die »Steige von Bet Horon« war in der biblischen Zeit häufig heftig umkämpft gewesen. Daß König Saul die Philister über die Rampe hinunter nach Ajalon getrieben habe, war im Gedächtnis der jungen Offiziere präsent. Mancher konnte aus dem Ersten Buch Samuel zitieren: »So befreite der Herr Israel an einem Tag. Am Ende ließ König Saul von der Verfolgung der Philister ab und zog wieder auf die Berge hinauf, und die Philister flüchteten in ihr Land zurück.«

Am Weg des Erkundungstrupps lag Beitin, ein ärmliches Dorf abseits der Straße, die von Jerusalem aus nach Norden führt. Schwer fiel der Gedanke, dieses schmutzige Nest niederer Hütten sei vor Zeiten für König Saul das bedeutende Machtzentrum Bet El gewesen, das »Haus Gottes«. Unvorstellbar war, daß sich einmal der Gott des jüdischen Volkes »Gott von Bet El« genannt habe. Doch in der Genesis (1. Buch Mose) ist vermerkt, Gott habe diesen Ort besonders geheiligt mit den Worten, die er an Jakob gerichtet hatte: »Auf! Zieh nach Bet El, laß dich dort nieder und baue dort einen Altar!« Der Angesprochene folgte der Anweisung. So kam Jakob nach Bet El mit all dem Volk, das ihm gehörte und erbaute dort ein Heiligtum.

Der Triumph im Junikrieg von 1967 weckte die Erinnerung an die Vergangenheit des eigenen Volkes. Für das wiedererwachende religiöse Bewußtsein der jungen Israeli, die erlebten, wie Israel sich seine Geschichte wieder anzueignen begann, wurde Bet El zu einem bedeutenden Ort. Dort hatte Gott gegenüber Jakob ein Versprechen abgegeben: »Das Land, das ich Abraham und Isaak gegeben habe, will ich dir geben und deinem Geschlecht nach dir!«

Im Bewußtsein der Sieger von 1967 wurde der Gedanke mächtig, Gott habe damals für alle Zeiten das weite Land um Bet El dem jüdischen Volk übereignet.

Benjamin Netanyahu erinnert sich, daß viele junge Israelis damals, nach der Eroberung des Jordanwestufers »mit weit geöffneten Augen und mit schwer bezähmbarer Erregung« Orte wie Hebron, Shechem und Jericho durchstreift haben im Gefühl, »wir sind endlich wieder zurückgekehrt«.

Sein Bruder Joni, so erinnert sich Benjamin Netanyahu, sei in seinen Gefühlen aufgewühlt gewesen, als er bei seinen Erkundungszügen im eroberten Land, den biblischen Ort Gibeon identifiziert habe, der in der Landkarte, die er in der Hand hielt, als das arabische Dorf El Jib eingetragen war. Der Ort liegt 13 km nördlich von Jerusalem. Die Begegnung mit dem wirklichen Ort Gibeon weckte die Erinnerung an die dramatische Anrufung Gottes durch den jüdischen Feldherrn Josua. Sie ist im Buch Josua überliefert: »Es redete Josua zum Herrn und sagte vor den Augen Israels: ›Du Sonne! Steh still zu

Gibeon! Du Mond! Steh still im Tal zu Ajalon!‹ Still stand da die Sonne, und der Mond blieb stehen, bis das Volk sich gerächt hatte an seinen Feinden.«

Beeindruckt war der Bruder Benjamin Netanyahus, daß er in El Jib ein Wasserreservoir mit einem Durchmesser von 20 Metern entdeckte, das er mit dem »Teich von Gibeon« identifizierte, der im Zweiten Buch Samuel erwähnt wird, als Ort der militärischen Auseinandersetzung mit den Philistern, den Vorläufern der Palästinenser.

Wenn auch kein unmittelbarer völkischer Zusammenhang zwischen Philistern und Palästinensern zu konstruieren ist, so muß doch festgestellt werden, daß eine Namensverwandtschaft besteht zwischen dem einstigen und dem heutigen Volk. Auf arabisch heißt der Palästinenser al-Filistin. Wer ein Bewußtsein für Sprachen besitzt, der empfindet die Klangverwandtschaft. Die historische Funktion ist auf jeden Fall dieselbe: Die Philister waren die Konkurrenten um das Heilige Land – die Palästinenser wollen in unserer Zeit ihren Anteil am Land. Ihnen diesen Anteil zu verwehren, dazu waren die Sieger von 1967 entschlossen. Nach Meinung der führenden politischen Köpfe unter ihnen, hatte das jüdische Volk schon auf zu viele wesentliche Gebiete verzichtet.

Eine Warnung für alle Zeit: Der Betrug Englands am Besitzrecht der Juden

Manch einer der Verantwortlichen der Ereignisse im Sommer 1967 war sich bewußt, daß das jüdische Volk bereits drei Generationen zuvor betrogen, und dabei um die Hälfte des ihm versprochenen Landes gebracht worden war. Zeitpunkt dieses Betrugs war das Ende des Ersten Weltkriegs. England hatte gesiegt – auch im Nahen Osten. Das Osmanische Reich war zusammengebrochen; die Türken hatten jeden Einfluß in Arabien verloren. England hatte nahezu freie Hand, den Nahen Osten neu zu ordnen. Die britische Regierung konnte nach eigenem Gutdünken Grenzen ziehen, über Völker verfügen und neue Staaten gründen. Für das Heilige Land fühlten sich die Vertreter der Britischen Krone verantwortlich. Sie hatten »Palästina« während der Jahre des Ersten Weltkriegs korrekterweise dem Foreign Office zugeordnet – am Ende der Kämpfe im Nahen Osten aber wurde das Heilige Land dem Aufgabengebiet des Colonial Office übertragen. »Palästina« – das war die offizielle Bezeichnung der Briten für das Land an beiden Seiten des Jordan – war damit an Bedeutung gleichgestellt den Kolonien Kenya, Sierra Leone und Goldküste – und es sollte tatsächlich auch gleich behandelt werden. Die Heiligkeit des Landes sollte dabei ohne Gewicht bleiben. Die Beamten des Colonial Office waren keine eifrigen Bibelleser. Nur ihr Chef kannte sich einigermaßen in Heiligen Schriften aus.

Der für die Politik des Colonial Office Verantwortliche war Winston Churchill, damals ein Mann mittleren Alters, der von Ehrgeiz getrieben war. Bis zum Frühjahr 1921 war Churchill durch Äußerungen aufgefallen, die Sympathie für den jüdischen Standpunkt bewiesen. Im März 1921 hatte er vom Mount Scopus hinübergeblickt auf Jerusalem und dabei diese Worte vor Zeitungskorrespondenten ausgesprochen: »Es ist eine bedeutende historische Tatsache, daß das jüdische Volk eng mit dem Heiligen Land verbunden ist. Seine Wurzeln sind in diesen Boden eingepflanzt.« Diese Sätze waren noch unter dem Einfluß der Beamten des Foreign Office formuliert worden, die Kenner der biblischen Geschichte waren. Nun aber gelang es den Referenten des Colonial Office ihren politischen Chef zu überzeugen, daß die britischen Interessen eine radikale Kursänderung verlangten: Argumente waren das Gewicht des gesamtarabischen Marktes, der Waren britischer Erzeugung aufnehmen und bezahlen konnte. Nicht zu unterschätzen war die Wirkung des Hinweises auf die Möglichkeit, daß Arabien sich zum bedeutenden Ölproduzenten entwickeln könnte. Zu den Beratern des Colonial Office gehörte damals T. E. Lawrence – bekannt als »Lawrence of Arabia«. Ihm war es gelungen, sein eigenes Amt und die britische Öffentlichkeit zu überzeugen, England habe dank seines persönlichen Wirkens den Arabern während des Ersten Weltkriegs einen gewaltigen Dienst erwiesen: Er habe die Stämme der Arabischen Halbinsel geeinigt im Kampf gegen die Türken; durch ihn habe das arabische Volk im Sieg zu sich selbst gefunden. Mit diesem Erfolg sei ein enges Band zwischen den arabischen Stämmen und Großbritannien geknüpft worden, das sich von nun an zum wirtschaftlichen Vorteil des britischen Weltreiches auswirken werde. Nur noch eine Voraussetzung für die Bildung der Interessengemeinschaft müsse geschaffen werden: Dem arabischen Volk müsse ermöglicht werden, einen arabischen Nationalstaat zu gründen. Die Bewohner der Arabischen Halbinsel, der bisher osmanischen Provinzen Mesopotamien, Syrien und Palästina seien von dem einen Wunsch beseelt, im »Arabischen Mutterland« zusammengeschlossen zu werden. England könne den Anstoß dazu geben.

Zu diesem Zeitpunkt hatten manche englischen Politiker gegenüber arabischen Stammesfürsten ein überaus schlechtes Gewissen – und sie suchten nach einem Mittel, dieses Gewissen zu beruhigen. Der Vorschlag des T. E. Lawrence bot einen Ansatz dazu. Es war nicht zu leugnen, daß die politisch Zuständigen der Kriegszeit gegenüber arabischen Sheikhs Versprechungen gemacht hatten, die nicht einzuhalten waren – vor allem deshalb nicht, weil sich ihre Ziele widersprachen.

Zu Beginn des Aufstands der Stämme der Arabischen Halbinsel im Jahr 1917 war dem Oberhaupt der Sippe Hashem, dem Emir der Haschemiten, zugesagt worden, unter seiner Führung werde ein Staat geschaffen werden, der die gesamte Halbinsel Arabien, aber auch Syrien, Mesopotamien und vor allem Palästina umfassen sollte. Die Sheikhs der Haschemiten konnten bei Kriegsende im Jahr 1918 der Überzeugung sein, ihre Sippe werde künftig die Führungsschicht für Arabien bilden. Sie hatten sich damit abgefunden, daß England in jedem Fall das Land am Nil für sich behalten wolle. Ägypten lag außerhalb ihrer Reichweite. Doch dieser Verzicht war nicht schwergefallen, da in der Vorstellung der Haschemitenführung die Ägypter gar keine Araber, sondern Afrikaner waren.

Die Emire der Haschemiten legten besonderen Wert darauf, daß ihnen der »fruchtbare Halbmond« zugesprochen werde. So wird der einer Mondsichel gleichende Landbogen genannt, der von Palästina über Libanon zum Zweistromland um Euphrat und Tigris reicht. Unter der Voraussetzung, König dieses Reiches zu werden, hatte Sherif Hussein, der Haschemitenfürst über Mekka und Medina, die Beteiligung am Krieg auf seiten der Engländer überhaupt beschlossen.

Das britische Colonial Office hatte das Versprechen, das der Britische Hochkommissar in Cairo abgegeben hatte, einhalten wollen, doch seine Beamten mußten feststellen, daß England im selben Jahr 1917 ein weiteres Versprechen abgegeben hatte, dessen Erfüllung wirkungsvoller eingefordert wurde: Im November 1917 hatte der britische Außenminister Sir Anthony Balfour der British Zionist Federation, dem Dachverband der engagierten Zionisten in England, die Zusage gegeben, England werde nach dem Krieg die Schaffung einer nationalen Heimstätte für das jüdische Volk unterstützen – diese Heimstätte werde im Land Palästina entstehen. Der Adressat der »Balfour Declaration« war Lord Rothschild. Er ging künftig davon aus, daß sich die britische Regierung mit ganzer Kraft für die Wünsche des jüdischen Volkes nach einem eigenen Staat einsetze. Er und die prominenten jüdischen Bürger Englands und der USA sahen in der Erklärung des britischen Außenministers, die im Namen der britischen Krone abgegeben worden war, eine verbindliche Zusage, die baldmöglichst in die Realität umgesetzt werden sollte.

Im Londoner Colonial Office, das zuständig war für Palästina, wurde diese Erklärung als politischer Schachzug gesehen, der während des Krieges notwendig gewesen war, um die jüdischen Bürger der USA vom Sinn der Beteiligung am Krieg auf seiten der Engländer und Franzosen zu überzeugen.

Beide Abkommen enthielten Versprechungen. Daß sie sich widersprachen, wurde in London nicht sonderlich ernstgenommen. Sie dienten politischen Zwecken, die durch den Krieg diktiert wurden. Sie sollten bei Kriegsende rasch vergessen werden. Auf die Zukunft bezogene Grundlage der Politik für Foreign Office und Colonial Office aber war das Abkommen Sykes-Picot, das ebenfalls im Jahre 1917 ausgehandelt worden ist – mit den Verantwortlichen Frankreichs. Das »Abkommen Sykes-Picot« teilte Arabien in zwei Kontrollzonen auf: Frankreich war fortan für Syrien zuständig, die Engländer für Palästina und für den neu zu schaffenden Staat Irak im Gebiet des bisherigen osmanischen Besitzes Mesopotamien.

Das Abkommen Sykes-Picot gab der britischen Regierung Handlungsfreiheit für das Gebiet westlich und ostwärts des Jordan. Sie war in ihren Entscheidungen allein den Organen des Völkerbunds verantwortlich, deren »Mandat« sie verwaltete.

Die Referenten des Colonial Office erkannten ihre Chance, ihren Chef Winston Churchill in ihrem Sinne zu beeinflussen. Sie wollten die Versprechen der Gründung eines arabischen Nationalstaats wenigstens in abgewandelter Form realisieren. Sie gaben sich Mühe, die von ihnen bevorzugte Sippe Hashem, die Haschemiten, nicht zu enttäuschen. Diese Sippe war inzwischen durch den Stamm As-Saud aus Mekka und Medina und aus der gesamten Arabischen Halbinsel vertrieben worden. Die heimatlose Sippe Hashem wurde damit beauftragt, künftig in Baghdad zu regieren. Dazuhin wurde den Haschemiten das Gebiet ostwärts des Jordan zugesprochen – sie sollten Herrscher über Transjordanien werden.

Der bisherige Sherif von Mekka und Medina, Emir Hussein aus dem Stamme Hashem, sah darin eine Degradierung, war seine Sippe doch bisher Oberhaupt der heiligen Stätten von Mekka und Medina gewesen. Aus dieser hohen Würde gestoßen, sollten die Haschemiten nun künftig für ein karges Wüstengebiet ostwärts des Jordan zuständig sein. Die Proteste des Haschmitenemirs Hussein verstummten jedoch erst, als er begriff, daß dieses Land – im Fall seiner Weigerung dorthin zu ziehen – Teil einer nationalen Heimstätte für das jüdische Volk werden würde. Emir Hussein erkannte, daß es seine Pflicht als arabischer Fürst war, die Ausbreitung des jüdischen Volkes auf Gebiete ostwärts des Jordan zu verhindern. So entstand schließlich, nach der Vorstellung der Mitarbeiter des Colonial Officer und ihres Chefs Winston Churchill, das Emirat Transjordanien.

Diese Staatsgründung entsprach keineswegs dem Sinn der Balfour Declaration. Das Dokument versprach dem jüdischen Volk, daß es eine Heimstätte bekomme auf dem Gebiet, das Großbritannien westlich und ostwärts des Jordan verwaltete. Das Territorium ostwärts des Flusses aber war nun arabischen Stämmen vorbehalten.

Die Enttäuschung der einflußreichen Persönlichkeiten der zionistischen Vereinigungen in England und in den USA war groß. Bei Betrachtung der Landkarte des Nahen Ostens, für deren Neugestaltung Winston Churchill verantwortlich zeichnete, war zu erkennen, daß der künftigen Heimstätte der Juden die Hälfte des bisher vorgesehenen Territoriums fehlte. Winston Churchill hatte Land abgetrennt, das – in jüdischer Erinnerung – zu Beginn der Geschichte des Volkes von Mose den Stämmen Ruben und Gad zugeteilt worden war. Man stellte die Frage, mit welchem Recht der Engländer Churchill Land verteilte, über das Mose im Namen Gottes verfügt hatte? Hatte Churchill vergessen, was im Alten Testament geschrieben stand?

Hatten sich die Spuren der Stämme Ruben, Gad und Manasse im Bergland ostwärts des Jordan im Lauf der Zeit verflüchtigt, so war doch in den Erzählungen der Heiligen Schriften die Präsenz des jüdischen Volkes im »Lande Gilead« festgeschrieben. Dort, im Osten des Flusses, hatten jüdische Kämpfer Kriege gegen die Völker Moab und Ammon geführt. Im Gedächtnis auch der weniger bibelfesten Juden ist die Geschichte von Davids Offizier Uriah geblieben, dem sein König David im Land ostwärts des Jordan den Tod bestimmt hat, damit Urias Frau Bathsheba ins königliche Bett geholt werden konnte.

Schmerzhaft war und ist bis heute der von England erzwungene Verzicht auf das Land Gilead. Benjamin Netanyahu stellt die Frage: »Haben nicht unsere Vorfahren den Boden von Gilead bearbeitet?« Die Antwort mündet in der Feststellung, daß die Arbeit der Vorfahren aus längst vergangener aber unvergessener Zeit, die Basis der Ansprüche von heute ist. König Hussein von Jordanien kannte die

Denkweise jüdischer Nationalisten. Bis zu seinem Tod im Februar 1999 fürchtete er, irgendwann würden die Mächtigen in Israel unter irgendeinem Vorwand die Versprechungen der Balfour Declaration vom November 1917 in bezug auf das Ostjordanland durchzusetzen versuchen – und sie würden die Annektion rechtfertigen mit dem Argument, die Vorväter des jüdischen Volkes hätten einst Transjordanien mit der Zustimmung Gottes in Besitz genommen.

Dabei ist zu bedenken, daß Mose damals, vor mehr als dreitausend Jahren, den Eindruck gehabt habe, die Männer der Stämme Gad und Ruben blieben aus Feigheit im Osten des Jordan. Bis heute löst das damalige Verhalten der beiden Sippen eine brisante Diskussion in Israel aus.

Heutige Kritik am Verhalten der biblischen Stämme Gad und Ruben

Ausgangspunkt der Diskussion ist der Bericht im 32. Kapitel des Buches Numeri (32, 1-5): »Überaus zahlreich war der Viehbestand der Sippen Ruben und Gad. Sie schauten sich das Land Gilead im Osten des Jordan an und fanden, daß sich jene Gegend für Viehzucht ausgezeichnet eigne. Sie sprachen darüber mit Mose, dem Priester Eleazar und den Ältesten der Sippen. Sie sprachen: ›Wir haben Land gesehen, das sich für Viehzucht eignet, und wir haben die Herden dazu. Wir bitten, daß wir auf diesem Land bleiben können, und daß wir den Jordan nicht zu durchqueren brauchen.‹«

Die Ursache dafür, daß sie nicht ins eigentliche »Land der Verheißung« ziehen wollten, lag schon einige Jahre zurück. Mose hatte noch von der Wüste aus Kundschafter losgeschickt, die Bericht erstatten sollten von der Beschaffenheit des Landes, das Gott den jüdischen Stämmen versprochen hatte. Sie kamen zurück nachdem sie das Gebiet zwischen Südsyrien und dem judäischen Bergland erforscht hatten. Ihr Bericht löste Schrecken aus: »Alle Leute, die wir dort gesehen haben, sind hochgewachsen. Riesen leben dort! Ihnen gegenüber fühlten wir uns, als ob wir Heuschrecken seien. Wir glaubten, die Riesen dachten tatsächlich, wir seien Heuschrecken!«

Die Worte aus dem Buch Numeri (13,33) sind am 18. August 2000 Gegenstand einer Karikatur in der »Jerusalem Post« (International Edition). Sie zeigt Arafat, der ein Netz in der Hand trägt, um die ängstliche Heuschrecke Barak einzufangen. Barak hält sich offenbar, im Verhältnis zu Arafat, für eine machtlose Heuschrecke. Der israelische Ministerpräsident glaubt, Arafat sei ein Riese – und Clinton, der Arafat zur Seite steht, gehöre ebenfalls zu den Riesen.

Die Karikatur bezieht sich auf das Verhalten des israelischen Ministerpräsidenten während der Verhandlungen in Camp David im Juli 2000. Barak hatte bei vielen Israelis den Eindruck erweckt, er habe sich der gebündelten Kraft von Clinton und Arafat ausgeliefert. Er sei bereit gewesen, ihrem Druck nachzugeben.

Die Karikatur stellt aber auch den Bezug zwischen heute und einst her – und sie beweist die politische Wirksamkeit der Bibeltexte in der Gegenwart. Damals, vor dreieinhalb Jahrtausenden hatte die Angehörigen der jüdischen Stämme, die den Bericht der Kundschafter über die Riesen gehört hatten so reagiert: »Wären wir doch in Ägypten gestorben oder in der Wüste. Wären wir doch tot!« Viele sprachen sich dafür aus, wieder nach Ägypten zurückzukehren. Berichtet wird, Gott habe daraufhin beschlossen, daß die Generation, die von Ägypten auszog, das verheißene Land nicht erreichen dürfe.

Der Zug durch die Wüste verlängerte sich um Jahre – und Mose begriff, daß er selbst unter diesen Umständen das Land nicht erreichen werde, das Gott dem jüdischen Volk versprochen hatte.

Noch Jahre nach der Rückkehr der Kundschafter wirkte sich ihr Bericht aus. Die Sippen Gad und Ruben erinnerten sich daran. Ihre Reaktion: Mit den Riesen zu kämpfen, das war ihnen zu gefährlich. Sie wollten deshalb im Lande Gilead, in Transjordanien, bleiben.

Mose erkannte die Gefahr: Wenn Gad und Ruben sich weigerten, den Jordan zu überqueren, dann waren auch die Stämme Juda, Benjamin, Ephraim, Simeon, Dan, Aser, Naphtali, Sebulun, Manasse und Issachar dazu nicht mehr bereit. In seiner Diskussion mit den Sprechern der Sippen Ruben und Gad verwies Mose ausdrücklich darauf, daß Jahre zuvor ihre Väter den Geschichten von den Riesen geglaubt hätten, und daß sie Gott durch ihre feige Reaktion erzürnt hätten.

Mose rechnete mit den Vätern und den Söhnen ab: »Gott ließ eure Väter vierzig Jahre lang in der Wüste umherziehen, zur Sühne. Nun seid ihr an die Stelle eurer Väter getreten. Ihr seid die neue Brut von Sündern. Ihr werdet den Zorn des Herrn noch steigern!«

Die Sprecher der Stämme Gad und Ruben blieben bei ihrem Standpunkt: »Wir wollen Ställe für unsere Herden errichten und Siedlungen für unsere Familien.« Dann aber versprachen sie, daß die Männer von Gad und Ruben bewaffnet mit den Kämpfern der anderen Stämme den Jordan überqueren würden, bereit zum Kampf.

Dieses Verhalten der Stämme Gad und Ruben kritisierte Rabbi

Shlomo Riskin in der »Jerusalem Post« vom 4. August 2000 (International Edition). Der Rabbi argumentierte: »Wir sind heute wieder nahe davor, den gewaltigen Irrtum der beiden Sippen zu wiederholen.« Er sah die Gefahr darin, daß Israel heute, genau wie einst die beiden Sippen, materialistische Ziele verfolge. Die Männer von Gad und Ruben hätten an ihre Schafe gedacht und an die Sicherheit ihrer Familien. Sie hätten damit bewiesen, daß sie dem Schutz durch Gott nicht vertrauten – damit aber befanden sie sich außerhalb des Bundes mit Gott. Rabbi Shlomo Riskin zieht das Fazit: »Wir müssen als jüdisches Volk den Schwierigkeiten ins Auge blicken nach dem Willen Gottes, und wir dürfen uns dabei nicht durch Rücksicht auf Besitz und Sicherheit ablenken lassen.«

Der wertvollste Besitz: Das »verheißene Land«

Zum Gebiet, das Winston Churchill dem jüdischen Volk – entgegen dem Sinn der Balfour Declaration – vorenthalten hat, gehört auch der Berg Nebo, der dem Stamm Ruben zugewiesen worden war. Beinahe tausend Meter hoch ragt die Kuppe des Berges Nebo über das Jordantal. Was Mose dort erlebte, erzählt das Buch Deuteronomium in seinem letzten Kapitel:

»Moses stieg aus den Steppen Moabs auf den Berg Nebo, der Jericho gegenüberliegt. Der Herr zeigte Mose das ganze Land. Der Herr ließ ihn schauen über Gilead bis zum Gebiet von Dan. Ferner sah Mose das künftige Land Naphtali und das Weideland, das den Stämmen Ephraim und Manasse gehören wird. Das Land Juda lag Mose vor Augen, das sich bis zum westlichen Meer erstreckt. Sichtbar war das Land im Süden und die beiden Ufer des Jordan mit der Ebene der Palmenstadt Jericho. Bis nach Zoar hin schweifte das Auge des Mose. Da sprach der Herr zum ihm: ›Dies ist das Land, das ich Abraham, Isaak und Jakob versprochen habe, indem ich sagte: Deinen Nachkommen will ich es verleihen. Du hast das Land nun mit eigenen Augen sehen können. Hinüberziehen über den Jordan aber darfst du nicht.‹«

Das 5. Buch Mose (Deuteronomium) gönnt dem Mann, der das jüdische Volk bis hierher geführt hat, einen weiträumigen Überblick. Die biblischen Ortsbegriffe müssen erklärt werden. Er sah Gilead bis zum Gebiet von Dan – sein Auge erkennt Transjordanien, das Land ostwärts des Jordan. Ihm war das Gebiet im Norden der Jordansenke nahe gerückt und das Bergland der Jordanquellen auch. Beachtlich sind die Entfernungen, die der Blick des alten Mannes überspannen konnte: Die Distanz vom Berg Nebo nach Dan beträgt 150 Kilometer. Im Westen seines Standorts kann Mose die Siedlungsgebiete erkennen, die Gott den Stämmen Ephraim und Manasse zugewiesen hat – dort befinden sich heute die Städte Nablus und Ramallah im Hügelland westlich des Jordan. 100 Kilometer vom Berg Nebo ist das fruchtbare Land Naphtali entfernt, es liegt an der Einmündung des Jordan in den See Genezareth. Zu erfassen vom Auge des Mose ist »das ganze Gebiet Juda«; gemeint ist die hügelige Landschaft um Bethlehem. Allerdings reichte Juda nicht bis zum »westlichen Meer«, wie uns der Schlußtext des 5. Buches Mose glauben machen will. Das Volk der Philister besaß den Küstenstreifen zwischen Gaza und Ashkalon. Die Philister wohnten im heutigen Gazastreifen – sie erinnern durch Namen und Siedlungsgebiet an die Palästinenser von heute.

Zuletzt aber schweifte der Blick des Propheten nach Süden, über das Tote Meer, an dessen Südspitze die Stadt Zoar lag, die heute As-Safi heißt. Zum Greifen nahe befand sich Jericho – doch fast tausend Meter tiefer. Der Berg Nebo ragt 802 Meter über N.N. empor. Jericho aber liegt zweihundert Meter unter N.N. Heute wie damals ist die »Palmenstadt« von oben als Perle in der Landschaft zu erkennen. Auch dem Skeptiker, der an die Wahrheit der biblischen Geschichten nicht glauben will, fällt es schwer, sich der Wirkung des Eindrucks zu entziehen: Die Vorstellung läßt sich nicht verdrängen, daß die gewaltige Persönlichkeit Mose das Bild von Jericho im Auge hatte, als sein Herzschlag erlosch.

Wer heute auf dem Berg Nebo steht hat in der Tat bei klarem Wetter einen weiten Blick. Der Eindruck, den der Betrachter von Jericho hat, unterscheidet sich wenig von dem, was Mose gesehen hatte.

Drüben über dem Jordan, im Westen des Flusses, wird das Grab des Mose gezeigt. Daß es sich dabei wirklich um die Grabstätte handelt, wird von Kennern der Bibeltexte nicht ausgeschlossen. Deuteronomium 34,6 besagt: »Man begrub ihn im Tal« – gemeint ist das Jordantal.

Das jüdische Volk hat seine Leitgestalt dreißig Tage lang beweint. So lange warteten die Stämme am Ostufer des Jordan. Die Trauerzeit bot dem noch von Mose ernannten Anführer die Möglichkeit, auf eine günstige Gelegenheit zur Überquerung des Flusses zu warten.

Daß der Fluß für das Volk, das sich unmittelbar vor dem verheißenen Ziel befand, ein ernsthaftes Hindernis bedeutete, ist schwer zu glauben. Harmlos ist heute das Rinnsal, das zwischen Schilfgebüsch träge an Jericho vorüberzieht. Napoleon hat am Ende des 18. Jahrhunderts, bei einem Abstecher im Zusammenhang mit seinem Ägyptenfeldzug, seine Enttäuschung darüber nicht verbergen können, daß der Jordan nicht einmal die Breite der Seine bei Paris aufweise. Napoleon gilt als Zeuge dafür, daß die geringe Wasserführung nicht eine Erscheinung unserer Zeit ist. Der Verdacht könnte entstehen, der Jordan werde erst durch die Abschöpfung des Wassers beim See Genezareth zum lahmen Rinnsal. Wahrheit ist, daß durch die israelischen Pumpanlagen – im Gegensatz zu früher – kein Wasser aus dem See in den Jordan gelangt. Gespeist wird damit der Israeli National Watercarrier, das nationale Versorgungssystem des Staates Israel, dessen Endpunkt in der Negevwüste liegt. Die Menge des abgepumpten Wassers wird ersetzt durch die Abwässer der Städte und Dörfer, die sich zwischen Bet Shean und Jericho am westlichen Ufer des Jordan befinden. Die Menge an Flüssigkeit, die den Fluß bis Jericho bringt, entspricht der Menge früherer Zeit. Diese Flüssigkeit ist nur sehr viel salziger als in der Vergangenheit.

Napoleon bezeugt, daß in der Vergangenheit der Jordan für Streitkräfte kein ernstzunehmendes Hindernis beim Vorstoß ins Gebiet des Jordanwestufers war. Josua, der Nachfolger des Mose als Befehlshaber des jüdischen Volkes aber zögerte den Befehl zum Angriff hinaus. Das Abwarten lohnte sich, denn Gott bekräftigte noch einmal seine Verpflichtung, das Land, das Mose noch hatte sehen dürfen, dem jüdischen Volk zu übergeben:

»Ziehe in das Land, das ich Israel gegeben habe! Das Land, auf das euere Fußsohlen treten, will ich euch geben, wie ich es Mose versprochen habe. Von der Wüste bis zum Libanon, vom Strom Euphrat bis an das große Meer gegen Sonnenuntergang soll euer Gebiet reichen.« Nun sah Josua keinen Grund mehr zu zögern.

Die Frage stellt sich wie viele Menschen am Fuß des Berges Nebo bereitstanden, um den Fluß zu überqueren. Wer den Text der Bibel ernst nehmen will, der muß sich eine gewaltige Streitmacht vorstellen. Da wird im Buch Josua (3,1) das »ganze Volk Israel« erwähnt. Diesen Worten ist zu entnehmen, daß nicht allein Männer, Kämpfer, zum Aufgebot gehörten, das eindringen wollte ins Land drüben über dem Jordan. Die Angehörigen der Streitkräfte hatten ihre Familien bei sich – und ihre Herden. Da umdrängten Frauen und Kinder die Bewaffneten. Ein Durcheinander wird geherrscht haben am Ostufer in der Gegend oberhalb der heutigen Hussein-Brücke, die von den Benutzern noch immer Allenby-Bridge genannt wird, nach dem britischen General, der im Nahen Osten den Ersten Weltkrieg siegreich beendet hatte.

Da standen vor dreieinhalb Jahrtausenden einige Dutzend Beduinenzelte nahe beim Wasser. Zwischen den Zelten, behindert durch Zeltschnüre, suchten Ziegen, Schafe und Esel nach Nahrung. In der Mitte der kleinen Zeltstadt stand, durch aufgespannte Tücher geschützt, die Bundeslade. Dieser Holzkasten war das Symbol des Bundes mit Gott und – in der Vorstellung der Stämme – die Voraussetzung für das siegreiche Ende der Unternehmung. Um die Zelte wehte Rauch, der träge von einer Feuerstelle aufstieg. Im Jordangraben – 250 Meter unter dem Meeresspiegel – wehte kein Wind. Zu allen Zeiten des Jahres herrscht dort Hitze.

Keinem Mann und keiner Frau aus dieser Wandersippe war bewußt, daß sich der Lagerplatz am Jordan am tiefsten Punkt der Erde befand. Doch sie mußten die Besonderheit dieses Ortes gespürt haben. Die Familien waren bisher über die Berge von Moab gewandert – der Luftdruck im Jordangraben war ungewohnt für sie. Unruhe plagte Kinder, Erwachsene und Tiere. Josua versuchte, Ordnung zu halten. Er scharte die Männer um sich. Vielleicht waren es tausend, die Tierknochen, Prügel oder gar Bronzeschwerter als Waffen trugen; vielleicht waren es nur fünfhundert. Die meisten waren jung. Keiner lebte mehr von denen, die sich mit Mose vierzig Jahre zuvor auf den Weg gemacht hatten ins Land der Verheißung. Und nur wenige konnten sich daran erinnern, daß Mose in der Wüste Sinai von Gott die Gebote übermittelt bekommen hatte – die Gesetze, die das Leben des jüdischen Volkes im verheißenen Land künftig bestimmen sollten.

Doch zum Aufgebot des Josua gehörten auch die Männer der Stämme Gad und Ruben, die sich nicht im verheißenen Land ansiedeln wollten. Ihnen war das Gesetz des Mose ziemlich gleichgültig. Josua mußte sie eigens ermahnen zu ihrem Wort zu stehen, mit den anderen den Jordan zu überqueren. Ihr Vieh, ihre Frauen und ihre Kinder befanden sich in Sicherheit in Gilead, in Transjordanien. Josua spürte, daß sich die Gedanken dieser Männer eher nach dem Land des Sonnenaufgangs als des Sonnenuntergangs richteten. (Buch Josua 1,15)

Die auf Rückkehr nach Gilead Bedachten, waren in der Minderheit. Diejenigen, die sich zufrieden geben wollten mit dem, was sie im Ostjordanland bereits in Besitz genommen hatten, wurden schließlich angesteckt vom Optimismus der Landhungrigen. Wer noch nichts besaß, dem stand nur das eine Ziel vor Augen: Das Land dort drüben über den Jordan zu besitzen und nie mehr herzugeben.

Jetzt war die Angst vor den »Riesen drüben im Land Kanaan« vergessen. Die Erinnerung daran wurde wach, daß die Kundschafter, die noch Mose ausgesandt hatte, begeistert gewesen waren von der Fruchtbarkeit des Bodens, sie hatten berichtet vom Land, in dem »wirklich Milch und Honig fließen«, und in dem eine einzige Weintraube so groß war, daß sie nur von zwei starken Männern getragen werden konnte.

Josua schürte die Begeisterung der Erwartung. Er muß sich bewußt gewesen sein, daß der Erfolg der Invasion des Jordanwestufergebiets von der Entschlossenheit der jungen Männer abhing, das Land wahrhaftig in Besitz zu nehmen. Als Heimatlose hatten sie den Völkern gegolten, deren Gebiet sie durchwandert hatten. Bewaffnete des Volkes Edom hatten sich ihnen in den Weg gestellt – vor diesen Männern waren die Wandernden ausgewichen. Auch das Volk, das im 4. Buch Mose Amoriter genannt wird, wollte ihnen den Durchzug nicht gestatten. Sein Siedlungsgebiet lag zwischen der Schlucht des Arnon und dem Fluß Jabbok im Osten des Jordangrabens. Diese Amoriter hatten besiegt werden können. Ihr Land war von der Wandersippe lange besetzt worden. Sie waren dennoch Heimatlose geblieben, voll Sehnsucht nach dem eigenen Boden

Der Sieg über das Volk zwischen Arnon und Jabbok war einfach gewesen. Doch er hat den Befehlshaber Josua nicht dazu verleitet, die Fortsetzung der kriegerischen Aktion leicht zu nehmen.

Die Taktik, die Josua anwendet, weist auf seine Schwäche hin. Da er über wenig Kämpfer verfügt, muß er auf Überraschung setzen und auf Tricks. Seine Überlegenheit besteht in seiner Intelligenz. Durch sie kann er die Trägheit der bisherigen Besitzer des verheißenen Landes zu seinem Vorteil nützen. Sie wollen bewahren, was sie besitzen. Josua und seine Männer wollen nicht länger die Besitzlosen, die Heimatlosen sein. Sie sind von heißer, heiliger Gier getrieben.

Begierig nehmen sie die Worte ihres Befehlshabers auf: »Bereitet euch auf einen heiligen Tag vor, denn Gott wird in euerer Mitte Wunder vollbringen! Die Lade Gottes, des Herrn der ganzen Erde, wird vor euch her den Jordan überqueren. Wenn dann die Füße der Träger der heiligen Lade im Wasser stehen, werden sie festen Grund spüren.«

So vermittelt uns das 3. Kapitel des Buches Josua das Geschehen: »Während das Volk direkt bei der Stadt Jericho den Fluß überschritt, standen die Träger der Bundeslade auf trockenem Boden mitten im Flußbett, bis ganz Israel hinübergelangt war.«

»Ganz Israel?« – oder nur eine beschränkte Anzahl der Sippen?

Aus Ägypten sind sie gekommen

Die Frage nach der historischen Richtigkeit der überlieferten Berichte steht an zweiter Stelle dieser Betrachtung. Überprüft werden soll die politische Wirkung in unserer Zeit: Wie die Erinnerungen an die biblischen Texte den Verlauf des aktuellen Konflikts beeinflussen.

Trotzdem muß der Blick in diesem Fall auf die historische Wahrscheinlichkeit gerichtet werden. Sie läßt vermuten, daß viele Generationen zuvor nicht alle jüdischen Großfamilien nach Ägypten umgesiedelt waren, sondern allein die Verwandten des Joseph. Dies war unter ganz besonderen Umständen geschehen. Aufschluß darüber gibt eine Lücke in den altägyptischen Archivbeständen. Die erhaltenen Dokumente sagen nichts aus über die Zeit von 1730 bis 1580 v. Chr. Die Ereignisse dieser Jahrzehnte sind bis heute den Historikern ein Rätsel geblieben. Sicher ist allein, daß mit großer Wucht eine Katastrophe über das ägyptische Reich hereingebrochen ist, die keiner der Verantwortlichen am Nil vorausgesehen hatte. Um das Jahr 1730 überfielen »Fremde« die Festungen an der nördlichen Grenze des Reichs. Ihr Erfolg beruhte auf dem Masseneinsatz von Kriegswagen. Dieser völlig neuartigen Waffe waren die überraschten Verteidiger nicht gewachsen. Der historische Hintergrund: Semitische Stämme hatten sich im Land Kanaan zwischen Mittelmeer und Jordan gesammelt zum Ansturm gegen die ägyptische Macht. Sie durchbrachen die Grenzbefestigungen, überfielen die Städte, brannten Dörfer nieder, plünderten die Paläste – und zerstörten dabei die Archive. Das Reich der Pharaonen ging unter. 150 Jahre lang regierten am Nil und in den Provinzen des ehemaligen Reiches diese »Fremden«. Der ägyptische Historiker und Priester Manetho gibt ihnen die Bezeichnung »die Hyksos«; er nennt sie »die Mächtigen der Fremde«.

Die biblischen Legenden um Joseph und seine Brüder erzählen aus dieser unruhigen Zeit (Genesis 37 ff.). Joseph erlebte seine Abenteuer in Ägypten unter der Herrschaft der Hyksos. Die Vermutung liegt nahe, daß es ihm deshalb gelungen ist, am Nil Einfluß, Reichtum und schließlich Macht zu gewinnen, weil zu seiner Zeit die Regierenden dort zu semitischen Stämmen gehörten. Joseph als Semite war also ein Verwandter der »Hyksos«. Er wurde aufgenommen, weil er dieselbe Sprache redete wie die herrschenden Familien. Die Voraussetzung war gegeben, bei Hofe in eine hohe Vertrauensstellung aufzusteigen. Ohne Schwierigkeit konnte es ihm gelingen, weitere Sippenmitglieder aus dem armen, unterentwickelten Land zwischen Mittelmeer und Jordan an den Nil zu holen, in einen Staat, der auch zur Zeit der Hyksos noch immer wohlhabend und organisiert war. Die mit Joseph verwandten Sippen hatten Grund, sich wohlzufühlen im Reich der »Hyksos«.

Nach eineinhalb Jahrhunderten der Fremdherrschaft – Joseph und seine Brüder waren längst tot – regte sich Widerstand gegen die »Mächtigen der Fremde«. Die Kraft der »Hyksos« erlahmte; die Ägypter besannen sich auf ihre nationale Vergangenheit. Nach und nach wurden die fremden Herren entmachtet. Mit ihnen verloren auch die semitischen Stämme ihre Vorzugsstellung. Sie wurden schließlich zu Dienstleistungen für die »Ägypter« gezwungen. Die Herren wurden zu Dienern. Die Zeit der Unterdrückung der semitischen Sippen begann. Diese Entwicklung führte dazu, daß der Gedanke reifte, das Land am Nil zu verlassen und in das Gebiet zurückzukehren, das Joseph einst verlassen hatte. Mose wurde zum Propheten der Rückkehr. Er brachte jüdische Sippen bis an den Jordan. Sein Nachfolger Josua bewältigte die Aufgabe der Überschreitung des Flusses.

Wenn nicht »ganz Israel« einst nach Ägypten gezogen war, dann mußten noch Sippen im »verheißenen Land« zu finden sein. Von ihnen war wertvolle Hilfe zu erwarten. Josua konnte mit Unterstützung dieser Verwandten rechnen. Einen Hinweis darauf gibt das 2. Kapitel des Buches Josua:

Zwei Spione wurden vom Befehlshaber in die Stadt Jericho geschickt. Insgeheim sollten sie in der belagerten Festung das Haus einer Frau aufsuchen, die Rahab hieß. Von Rahabs Wohnung an der Stadtmauer aus hatten sie die Stimmung der Belagerten auszukundschaften. Rahab, die als Prostituierte charakterisiert wird, war sofort bereit, mit den Agenten des Josua zusammenzuarbeiten. Sie verlangte allerdings, daß ihre gesamte Sippe nach dem Sieg der Angreifer nicht das Schicksal der Verlierer erleiden müsse. Josua, dem diese Bedingungen übermittelt wurden, nahm sie an.

Die Spione erfuhren von den Kollaborateuren alles, was sie wissen mußten: Sie konnten dem Befehlshaber berichten, daß »die Furcht umging« in der Stadt. Die Leute von Jericho wußten schon Bescheid, daß in der »Bundeslade«, die den Angreifern so heilig war, der eine und allmächtige Gott wohnte, der den jüdischen Kämpfern die Kraft gab, zu siegen. Ganz ohne Zweifel sorgten die Verwandten der Angreifer, die Männer und Frauen der Rahabsippe, durch geschickte Propaganda dafür, den Belagerten den Mut völlig auszutreiben.

Der Bericht von der Einnahme der Stadt Jericho gehört zu den packendsten Geschichten des Alten Testaments:

»Da sprach der Herr zu Josua: ›Siehe, ich gebe Jericho in deine Gewalt, seinen Herrscher und seine Kämpfer. Alle, unter euch, die Waffen tragen können, ziehen um die Stadt herum bis sie völlig eingekreist ist. Sechs Tage lang soll die Einkreisung aufrechterhalten bleiben.‹«

Wie diese Einkreisung ausgesehen haben mag, ist an Ort und Stelle leicht zu überblicken. Die Ausgrabungen der Jahre unmittelbar vor dem Nahostkrieg von 1967 – in seinem Verlauf wurde das rechte Ufer des Jordan mit der Umgebung von Jericho zum heftig umkämpften Gebiet – lassen die Reste einer kleinen Stadt erkennen, in der sich winzige Gebäude zusammendrängten. Jericho mag einen Durchmesser von dreihundert Metern gehabt haben. Im Fall der Einkreisung genügten sechshundert Männer, um die Stadt zu umstellen. Archäologen haben die Existenz einer Mauer nachgewiesen; sie bestand aus Ziegeln, die wohl vier Meter hoch geschichtet waren. An dieser Mauer sind Brandspuren zu erkennen, die auf ein gewaltsames Ereignis schließen lassen – auf Zerstörung durch gnadenlose Eroberer.

Verlockend war für die Archäologen der Gedanke, den wissenschaftlichen Nachweis der Zerstörung der Mauern von Jericho durch Josuas Kämpfer führen zu können. Doch die Erkenntnisse der Ausgrabungen erlauben es nicht, dieser Verlockung zu folgen. Im Gegenteil: Offenbar war die geschichtliche Periode, während der die Wanderbewegungen jüdischer Stämme im Bereich des Jordangrabens stattfanden, nach Meinung der Archäologen eine recht friedliche Zeit. Die Brandspuren weisen auf eine Zerstörung hin, die schon zwei Jahrhunderte zuvor stattgefunden haben muß. Die archäologischen Beweisstücke stützen im Fall Jericho den Bericht des Alten Testaments nicht.

Die Frage ist, wer sich von den nüchternen Erkenntnissen der Wissenschaft beeindrucken lassen will – die Gläubigen der christlichen und der jüdischen Religion nicht, und vor allem nicht die Männer und Frauen des jüdischen Volkes, die überzeugt sind, Gott habe seinen Getreuen das Land zwischen Jordangraben und Mittelmeer versprochen – und zu diesem Land gehört seit der Eroberung durch Josua auch Jericho. So bleibt die Wirkung der Erzählung des 6. Kapitel des Buches Josua ungebrochen.

»Bei der Einkreisung sollen sieben Priester sieben gewaltige Widderhörner vor der Bundeslade hertragen und gewaltige Töne blasen. Am siebten Tag aber ziehet siebenmal um die Stadt, vom Schall der Widderhörner begleitet. Gleichzeitig erhebe das ganze Volk ein mächtiges Kriegsgeschrei. Da wird die Stadtmauer in sich zusammenstürzen. Das Volk steige in die Stadt ein, jeder einzelne gerade dort, wo er sich befindet. Es geschah also: Das Volk vernahm den Widderhornschall. Es erhob sein Kriegsgeschrei, und die Mauer stürzte tatsächlich in sich zusammen.«

Keiner der Belagerten blieb am Leben. Alle wurden hingemetzelt von den Siegern. Der Bericht legt Wert darauf, daß niemand am Leben blieb – kein Mann, keine Frau, kein Kind. Die Sippe der Rahab aber, die mitgeholfen hatte, die Stimmung in der belagerten Stadt auszukundschaften, blieb am Leben. Ihr wurde außerhalb der nun zerstörten Stadt ein Siedlungsplatz zugewiesen.

Gleichgültig, ob diese packende Geschichte der Realität entspricht oder nicht – sie prägt das Denken bis heute.

Zwischen den Fronten: Jericho heute

Der Grund muß gewichtig gewesen sein für die israelische Regierung Rabin/Peres, gerade dieses Symbol des jüdischen Anspruchs auf das versprochene Land herzugeben. Jericho gehörte ohne Zweifel zum »Land der Vorväter«. Die »Palmenstadt« war Bestandteil des Gebiets, das Gott auf dem Berg Nebo Mose und seinem Volk zu eigen gegeben hatte. In jener Zeit der Landnahme hatten die Sippen, die nach dem Tod des Mose in ihr Heiliges Land eingezogen waren, ganz selbstverständlich das Jordantal als ihren Lebensbereich betrachtet. Die »Palmenstadt« wurde noch von Josua dem Gebiet der Familie Benjamin zugeschlagen. Allerdings scheint die Grundregel beachtet worden zu sein, eine Siedlung, deren Bewohner getötet worden waren, nicht wieder sofort zu beziehen. Nach Aussage der Archäologen war das südliche Jordantal zur Zeit der jüdischen Einwanderung und danach nur dünn besiedelt. Dies bedeutet, daß sich jüdische Familien der Gegend von Jericho ferngehalten haben.

Eine Veränderung im Lebensstil hat sicher dazu beigetragen, von der Reparatur der Gebäude abzusehen. Die Enge der ummauerten Stadt, die Winzigkeit der Räume, die an der Struktur der archäologisch erfaßten Bausubstanz zu erkennen ist, entsprachen bald nicht

mehr dem Lebensgefühl der selbstbewußt werdenden Sippen. Eine
lockere Siedlungsform wurde in der fruchtbaren Jordansenke bevorzugt. Jericho gewann im entstehenden jüdischen Staat keine politische Bedeutung mehr. Zur Zeit des Königs David war das nahe gele-
gene Jerusalem das Zentrum allen Geschehens.

Daß Jericho immerhin als geographischer Begriff in provinzieller Ab-
geschiedenheit erhalten geblieben war – kann dem Zweiten Buch
Samuel (10,1-5) entnommen werden. Die Schrift erzählt, dem Volk
Ammon, das am nördlichen Ufer des Flusses Jabbok ostwärts des
Jordan siedelte, sei der König gestorben. David wollte sein Beileid
aussprechen und schickte Boten zum Sohn des Verstorbenen. Die
zwei Männer aber wurden am Hof des jungen Fürsten übel behandelt: Ihnen wurden die Hosen ausgezogen. Die größere Beleidigung
aber war, daß ihnen die Bärte abrasiert wurden. In Schimpf und
Schande hatten sie die Stadt des Volkes Ammon zu verlassen. Der
Grund für die Behandlung war, daß die Höflinge des toten Königs der
Meinung waren, die beiden Boten seien Spione. Ohne Bart trauten
sie sich nicht, nach Jerusalem zurückzukehren. Als König David von
ihrem Mißgeschick erfuhr, gab er ihnen Bescheid, sich so lange in Jericho aufzuhalten, bis die Bärte wieder gewachsen waren. Der abge-
legene Ort Jericho war offenbar ein gutes Versteck.

Mehr als hundert Jahre später suchte der Prophet Elias mit seinen
Jüngern Jericho auf. Unmittelbar bei der Stadt, am Fluß, geschah es,
daß ein feuriger Wagen mit feuerigen Pferden vom Himmel nieder-
fuhr, um den Propheten zu Gott zu holen: »Elias stieg im Sturm zum
Himmel empor.«
Gegenüber dem Schüler des entrückten Propheten, sein Name
war Elischa, wurde geklagt, der Brunnen von Jericho sei verseucht
– wer daraus trinke, werde krank. Es gelang Elischa, die Quelle zu
reinigen. Künftig floß sauberes Wasser aus dem Brunnen von Jericho.
Die Stadt wurde zum Ort, an dem sich Legenden ansiedeln ließen,
die von Wundertaten der Propheten erzählten. Die Wirklichkeit vergaß die Existenz der »Palmenstadt«. Jericho lebte in den Heiligen
Schriften weiter. Die Bewohner des heißen Jordantals verfielen in
Trägheit. Ihr Leben bot wenig Anreiz.
Der Handelsverkehr berührte Jericho nicht. Die »Straße der Könige« verlief im Osten des Jordantals, auf der Hochfläche von Moab
und Edom als Handelsweg und Heerstraße. Sie begann im Norden

bei Rabbath–Ammon, der heutigen königlich-jordanischen Hauptstadt Amman, und verlief über Madaba, Dibon, Kerak zum Wadi Musa und weiter nach Aqaba am Roten Meer. Auch damals, in biblischen Zeiten, war das Tote Meer kein schiffbares Gewässer; der hohe Salzgehalt bewirkte eine zu starke Auftriebskraft, die den für Schiffe nötigen Tiefgang entgegen wirkte. Dies ist die Ursache, warum Jericho nie Hafenstadt werden konnte, obgleich die Stadt nahe an einem bedeutenden Binnengewässer lag.

Das untere Jordantal hatte zu leiden unter den Zwistigkeiten der jüdischen Sippen mit dem Volk Edom, das ebenfalls semitischer Abstammung war. Selten erreichten die beiden Stammeskombinationen Einverständnis. Dem Buch Samuel ist zu entnehmen, daß König Saul erfolgreich Krieg geführt hatte gegen Edom.

Nur einmal in der jüdischen Geschichte wurde Jericho aufgewertet: Zur Zeit des Königs Herodes während der Jahre unmittelbar vor Beginn unserer Zeitrechnung. Der Monarch, der an Hauterkrankungen litt, suchte Heilung in den heißen, schwefelhaltigen Bädern in Zerka Ma'in südlich der »Palmenstadt«, unweit der Mündung des Jordan in das Tote Meer. Abseits der Ruinenstadt ließ Herodes einen Palast bauen. Das Klima der Landschaft unter dem Meeresspiegel behagte dem leidenden Monarchen. Es linderte die Schmerzen des Königs, dessen Leib sich in Geschwüren auflöste.

Herodes war das letzte Oberhaupt eines halbwegs unabhängigen jüdischen Staatsgebildes. Als sein Todesjahr wird 4 v. Chr. angegeben. Zwei Generationen nach seinem Tod machen die Römer dem Traum des jüdischen Volkes von der Unabhängigkeit einer nationalen Heimstätte ein Ende. Jericho überlebte als Verpflegungsstation für römische Legionäre, die unterwegs waren auf der Militärstraße vom Limes Arabicus, der weit ostwärts des Jordangrabens parallel zur Senke verläuft. Die Militärstraße führte hinauf nach Jerusalem und dann nach Gaza.

Auf Dauer konnte der Limes Arabicus dem Druck arabischer Beduinenstämme aus dem Osten nicht mehr standhalten; sie sickerten in das Jordangebiet ein. Die letzten Spuren jüdischer Siedlungen verschwanden.

Mit dem Jahr 632 begann die Eroberung der gesamten Region durch die islamische Reiterei, die aus der Arabischen Halbinsel hervorbrach. Im Jahr 639 inspizierte der Kalif Omar die Gegend. Das wichtigste Ergebnis der Inspektion war die Aufteilung der Region um den Jordangraben in die Provinzen Urdun (Jordanien) und Filastin

(Palästina). Jericho gehört fortan zu »Filastin-Jund« – zur Militärprovinz Palästina. Amman gehört zu »Urdun Jund« zur Militärprovinz Jordanien. Ein historischer Prozeß deutet sich an, der bis heute fortwirkt.

Ab dem 16. Jahrhundert war Jericho eine unbedeutende Provinzstadt des Osmanischen Reiches. Im Baedeker »Palestine and Syria« der Ausgabe von 1894 ist diese Bemerkung über die Bewohner von Jericho zu finden: »Sie gehören einer degenerierten Rasse an. Schuld daran ist das heiße und ungesunde Klima, das die Nerven der Menschen angreift.« Am 21. Februar 1918 begann die Neuzeit für die biblische Stadt. Der britische General Edmund Allenby führte Krieg im Heiligen Land, um die Türken zu vertreiben; er versetzte dem Osmanischen Reich den Todesstoß. Seine Truppen hatten Jerusalem hinter sich gelassen und hatten den Jordan erreicht.

Im Gepäck des Generals befand sich das »Intelligence Handbook« für das Jahr 1911 mit Angaben über die Beschaffenheit der Stadt im Jordangraben. Bemerkenswert ist diese Aussage: »Niemand weiß zu berichten, wie dort das Klima während der Sommermonate beschaffen ist, denn kein zivilisiertes menschliches Wesen konnte gefunden werden, das jemals die heiße Jahreszeit im Jordangraben zugebracht hat.« Daß die Aussage des »Intelligence Handbook« nicht übertrieb, mußte Allenby selbst erfahren: Hunderte seiner Soldaten erkrankten im Zeltlager bei Jericho an Malaria. Schuld daran waren Fliegenschwärme, die morgens und abends aus dem sumpfigen Uferstreifen am Jordan aufstiegen. Der General ließ das Uferland trockenlegen; die Fliegenschwärme verendeten in kurzer Zeit. Seitdem ist das Leben in der Stadt erträglicher.

Mit der Vertreibung der osmanischen Herrschaft aus Jericho erwachte das Interesse der jüdischen Menschen in England und in den USA. Allenbys Siegeszug bis Jericho machte zum erstenmal deutlich, daß der Wunsch des jüdischen Volkes, eine Heimstätte im Heiligen Land aufzubauen, tatsächlich Realität werden kann. In Jericho meldeten sich junge Engländer – meist Angehörige wohlhabender jüdischer Familien – mit der Bitte, eine jüdische Brigade bilden zu können. Innerhalb weniger Wochen entstanden drei jüdische Bataillone der »Royal Fusiliers«.

Als der Krieg schließlich für England siegreich abgeschlossen war, wurde seiner Souveränität die politische und administrative Verantwortung für das Land am Jordan übertragen – als Mandat des Völkerbunds. Die britische Regierung konnte nach eigenem Willen über Menschen und Land entscheiden: Sie rief das Emirat Transjordanien als Herrschaftsbereich der Haschemitensippe ins Leben, und sie verwaltete die Region zwischen Jordangraben und Mittelmeer selbst. Diese Maßnahmen, so betonte die Regierung in London, dienten »der Sicherung des Hinterlandes um den Suezkanal«. Die Wasserstraße war wichtig für die Verbindung zwischen England und seiner Kolonie Indien. Der Kanal mußte weiträumig abgesichert werden. In diesen geostrategischen Überlegungen fand sich kein Platz für die Schaffung einer jüdischen Heimstätte, wie sie im Text der Balfour Declaration versprochen worden war.

Mit dem Ende des Ersten Weltkriegs war Jericho zur Grenzstadt zwischen dem Emirat Transjordanien und dem Mandatsgebiet Palästina geworden. Der Jordan trennte Emirat und Mandatsgebiet. Die Hauptstädte Amman und Jerusalem waren durch die Straße verbunden, deren Mittelpunkt die Allenby-Brücke und Jericho bildeten. Gemeinsamkeiten gab es nicht. Der haschemitische Emir fühlte sich als Herrscher eines arabischen Staates; die arabischen Honoratioren des Mandatsgebiets aber sahen sich mit wachsender jüdischer Zuwanderung konfrontiert. Die systematische Vernichtung der Juden in Europa während des Dritten Reiches und des Zweiten Weltkriegs führte zu einer Fluchtbewegung in Richtung des Heiligen Landes. Im Küstenland entstanden jüdische Siedlungen – aber auch in der Region von Jericho. Zwei jüdische Dörfer lagen schließlich mitten im arabischen Gebiet: Kalya am Toten Meer und Bet Ha Arava am Jordan.

Die Bewohner der Dörfer wußten, daß ihre Zukunft unsicher sein würde. Zwar lag die Gründung des jüdischen Staates am Ende des Zweiten Weltkriegs greifbar nahe, doch war abzusehen, daß dessen Gebiet auf das Küstenland beschränkt sein wird. Die Vereinten Nationen hatten einen Teilungsplan für das Heilige Land vorgelegt, der den arabischen Bewohnern wichtiges Land in Judäa und Samaria zusprach. Jericho sollte eine arabische Stadt bleiben.

Der Teilungsplan konnte nicht realisiert werden, weil er von arabisch-palästinensischer Seite abgelehnt wurde. Da die jüdische Bevölkerung des Heiligen Landes jetzt entschlossen war, den Gedanken an die »Heimstätte« zu verwirklichen, war der Konflikt nicht zu vermeiden. Der Krieg des Jahres 1948 begann am 17. Mai bei Jericho mit der Einnahme der beiden Dörfer Kalya und Bet Ha Arava durch die »Arabische Legion« des Emirats Transjordanien. Von nun an gehörte die »Palmenstadt« fast zwei Jahrzehnte lang zum Haschemitischen Königreich – bis zum 5. Juni 1967. An diesem Tag fiel Jericho in israelische Hand.

Ein schlimmer taktischer Fehler der arabischen Seite ermöglichte den israelischen Truppen einen leichten Sieg. Die 40. Jordanische Brigade, die aus Panzern bestand, wurde bei Kriegsbeginn am 5. Juni 1967 von Jericho aus in Richtung Negev beordert; sie sollte dort auf ägyptische Panzerverbände stoßen, die angeblich den Vormarsch zum Bergland südlich von Jerusalem begonnen hätten. Die Meldung vom erfolgreichen Verlauf der Offensive war allerdings ein Bluff der ägyptischen Heeresleitung. Das Resultat war, daß die jordanische Panzerspitze ins Leere stieß.

Die durch den Abzug der 40. Jordanischen Brigade entstandene Lücke bei Jericho sollte durch die 60. Brigade geschlossen werden, die im nördlichen Jordantal stationiert war. Während der Umgruppierung der Panzerverbände nutzte die israelische Luftwaffe ihre Chance: Sie überfiel die mit sich selbst beschäftigten Jordanier. Das nun entstandene Chaos beschrieb König Hussein so:

»Unsere Soldaten verbeißen sich wie Rasende in den Boden des Jordanwestufers. In Jericho stehen sie im Nahkampf Haus um Haus. Um jedes Mäuerchen wird gekämpft. Ich verlasse das Hauptquartier und fahre hinunter ins Jordantal. Die Straßen sind verstopft von Lastwagen, Jeeps. Sie sind verbogen, aufgerissen, zerschmettert. Es riecht nach verbranntem Lack, nach Pulver. Inmitten des Trümmerfelds schleppen sich Menschen dahin. Verwundet und erschöpft schlagen sie sich durch und versuchen, den grauenhaften Todesstößen auszuweichen. Doch immer wieder setzen die Massen der Mirage-Kampfflugzeuge zum Angriff an. Je näher ich der Front bei Jericho komme, desto erschreckender wird der Anblick. Die Niederlage ist nicht abzuwenden.«

In der Nacht vom 5. auf den 6. Juni 1967 ordnet das Oberkommando der jordanischen Armee, an dessen Spitze ein ägyptischer General ohne Geländekenntnisse steht, den Rückzug aller Verbände vom Jordanwestufer an. König Hussein befiehlt, Jericho müsse unbedingt als Auffangstellung gehalten werden. Doch dieser Befehl bleibt ohne Wirkung. Jericho wird von den Israelis besetzt. Sie beherrschen nun auch die Allenby-Brücke über den Jordan.

Das Eisengerüst der Brücke ist in der Mitte geknickt und in den Fluß gestürzt, Fußgänger finden dennoch einen Weg ans vermeintlich rettende Ostufer. Hunderttausend Palästinenser aus dem Westufergebiet flüchten nach der jordanischen Niederlage in Richtung Osten. Das Land um Jericho wird leer.

Das jüdische Volk ist mit dem Ende des Kriegs von 1967 zurückgekehrt nach Jericho. Doch die Stadt ist nicht entvölkert wie nach der

Einnahme vor mehr als dreitausend Jahren. Der israelische Eroberer der Stadt – Oberst Uri Ben Ari – ist nicht mit Josua zu vergleichen,
der Jericho einst menschenleer gemacht hatte. Auch nach dem 6. Juni
1967 blieb die Stadt von Palästinensern bewohnt. Zu Josuas Zeiten
unterblieb die jüdische Besiedelung auf Anordnung des Befehlshabers. Jetzt unterblieb sie, weil sich Palästinenser in der Stadt fest-
klammerten.

Doch die Gegend von Jericho wurde nach und nach zum Magnet
für Israelis mit religiös-historischem Bewußtsein. Wie einst zur Zeit
der Landnahme wurden von Siedlern Hütten in den Randgebieten
der Stadt gebaut. Junge israelische Familien schafften sich Unter-
künfte zunächst in Siedlungen, die früher schon bestanden hatten.
Die Dörfer Kalya und Bet Ha Arava entstanden neu. Wirkliche Neu-
gründungen aber waren die Dörfer Vered Jericho und Mitzpe Jericho,
Elisha und Almog. Jericho wurde durch jüdische Siedlungen eingekreist.

Diese Siedlungspolitik wurde von allen israelischen Regierungen
unterstützt. An eine Rückgabe der besetzten Gebiete dachte keiner
der Verantwortlichen in Israel. Jericho sollte nach und nach Bestandteil des Staates Israel werden.

Die Realisierung der Eingliederung des gesamten Jordanwestufergebiets in das israelische Territorium wurde allein durch die Tatsache er-
schwert, daß dort noch Palästinenser lebten. 600 000 waren geblieben
in der Hoffnung, auch unter israelischer Besatzungsaufsicht ihr Eigentum behalten und ihr eigenständiges Leben weiterführen zu
können. Rund 250 000 aber waren über den Jordan in das Herrschaftsgebiet des Königs Hussein geflohen. Transjordanien, das von
Husseins Großvater Abdallah nach dem Ersten Weltkrieg als Bedui-
nenstaat gegründet worden war, verwandelte sich ab Sommer 1967
in ein Land mit palästinensischer Mehrheit. Der israelische General
und Politiker Ariel Sharon sah darin einen Vorteil: »Das Palästinen-
serproblem wird sich lösen. Ihre Heimat ist Transjordanien!« Ariel
Sharon erfand das Schlagwort vom »Palästinensertransfer« – gemeint war die zwangsweise Deportation der Palästinenser nach
Transjordanien. Daß bei dieser Entwicklung König Hussein geopfert
werden müßte, war einkalkuliert. Im von Sharon gewünschten Palä-
stinenserstaat Jordanien sollte ein Palästinenser an der Spitze stehen
– jedoch keiner der radikalen PLO-Führer, sondern eine Person, die
das Vertrauen der in Israel Regierenden besaß. Ariel Sharon dachte an
einen Mann aus den Honoratiorenfamilien von Jericho.

Es war der aus Jerusalem stammende Jassir Arafat, der die Verwirklichung der Idee vom Palästinensertransfer verhinderte. Mit seiner Einwilligung begann im Dezember 1987 die Intifada, der Aufstand steinewerfender Jugendlicher im Westufergebiet des Jordan und im Gazastreifen. Die Frustration der jungen Palästinenser, die unter dem israelischen Besatzungsregime aufgewachsen waren, führte zur Explosion der Gewalt: Die israelischen Patrouillen, die Befehl hatten, jede Menschenansammlung auseinanderzutreiben, wurden mit Steinen beworfen. Der Aufstand begann im Gazastreifen; er flammte jedoch rasch auch in den Städten im Jordanwestufergebiet auf. Auch in Jericho flogen Steine gegen israelische Soldaten.

Die Palästinenser überwinden ihre Lethargie

Die politische Wirkung der Intifada war beachtlich: Alle Fernsehstationen der Welt übertrugen Bilder von jungen Palästinensern, die unbewaffnet eine Front bildeten gegen kriegsmäßig ausgerüstete israelische Soldaten, die – getrieben von Frustration – ihre Waffen gebrauchten.

Bis zum Ausbruch der Intifada hatte die Weltöffentlichkeit das Verhältnis von Israelis und Palästinensern im Bild von David und Goliath so gesehen: David – das waren die Israelis gewesen; intelligent, flink und immer in der Lage, die Mittel dem Zweck anzupassen; Goliath – das waren die Araber gewesen; unbeweglich, stur und vielfach auch dumm. Die Intifada hatte das Bild verändert: Überbewaffnete Israelis waren zur Verkörperung des schwerfälligen Goliath geworden. Die steinewerfenden Jugendlichen waren nun mit David zu vergleichen. Das Resultat war, daß Israel an Sympathie in der westlichen Welt verlor. Selbst die Regierung der Vereinigten Staaten von Amerika bot nicht mehr ihre uneingeschränkte Unterstützung an. Aus Washington wurden die israelischen Verantwortlichen Rabin und Peres gedrängt, mit den Palästinensern zu verhandeln. Die Frage war nur, mit welchem Palästinenser verhandelt werden sollte? Die hervorstechende Gestalt war ohne Zweifel Jassir Arafat. Doch gerade er war als Terrorist verschrien, als blutgieriger Hasser der Israelis. Dazuhin geriet er ab 1990 in Mißkredit, weil er im Golfkrieg offenbar eindeutig für Saddam Hussein Partei ergriff. Der radikale Führer des Irak war für die amerikanische und für die israelische Führung der »Teufel von Baghdad« und der »Hitler von Euphrat und Tigris«. Der Verbündete des »Verbrechers«, der Kuwait überfallen hatte und der Raketen gegen Israel abschoß, durfte kein Gesprächspartner für Israel sein.

Der amerikanische Außenminister James Baker besuchte ab Sommer 1991 achtmal die Krisenregion auf der Suche nach einem palästinensischen Partner, der ohne Vorbehalt zu Gesprächen aufgefordert werden könnte. Er fand niemand, der in der Lage und willens war, die Sache der Palästinenser bei Verhandlungen zu vertreten. Jeder, der angesprochen wurde, verwies auf Jassir Arafat. Der Versuch, bei arabisch-israelischen Gesprächen in Washington jordanische Pseudopalästinenser für Palästina reden zu lassen, war zum Scheitern verurteilt.

Jassir Arafat verhinderte den Erfolg der in den Medien als wichtig präsentierten Washingtoner Internationalen Friedenskonferenz. Er wußte, daß sein Einfluß in der amerikanischen Hauptstadt gering war. Das Verhandlungsergebnis konnte nicht seinen Erwartungen entsprechen. Er bemühte sich, die Verhandlungen, die unter Aufsicht der US-Regierung geführt wurden, auslaufen zu lassen. Ab Juli 1992 setzte der PLO-Chef auf direkte Kontakte zwischen wichtigen israelischen Persönlichkeiten und Vertretern der PLO, denen er vertraute. Die Gespräche fanden in Oslo statt.

Arafats Repräsentanten trafen auf Israelis, die Rabins Interessen vertraten. Der Ministerpräsident hatte den einen Wunsch, den Gazastreifen als permanenten Unruheherd loszuwerden. Um dieses Ziel zu erreichen, war er jetzt sogar bereit, Arafat als Gesprächspartner anzuerkennen und öffentlich zu bekennen, er betrachte die Palästinensische Befreiungsorganisation als einzigen legitimen Vertreter des palästinensischen Volkes.

Es war im April 1993, im kleinen versteckten Hotel im Osloer Holmenkolen Park, daß Arafats Vertrauter Abu Ala gegenüber Rabins Vertrautem Dr. Yair Hirschfeld sagte, der PLO-Chef glaube nicht an ein wirkliches und umfassendes Entgegenkommen der israelischen Regierung gegenüber den Palästinensern. Rabin wolle nur, durch Abstoßung des Gazastreifens, Israel aus den Schlagzeilen der Weltpresse bringen. Rabin werde, dies sei Arafats Ansicht, sowie Israel den Gazastreifen und damit die Hölle der Intifada vertraglich losgeworden sei, keine weiteren Zugeständnisse machen. Arafat habe vernommen, daß der israelische Ministerpräsident gesagt habe, er wünsche sich, in der Lage zu sein, »Gaza zu packen und weit hinaus ins Meer zu werfen.« Daraus schloß der PLO-Chef, daß der Ministerpräsident eben nur an der Lösung dieses Problems interessiert sei. Abu Ala sagte dem überraschten Dr. Yair Hirschfeld, wenn Rabin aber doch an ernsthaften Verhandlungen festhalten wolle, dann müsse er ein Zeichen setzen, das vom palästinensischen Volk verstanden werde. Rabin müsse neben dem Gazastreifen einen zweiten wichtigen Ort der palästinensischen Selbstverwaltung überlassen. Dieser zweite Ort müsse sich im Westufergebiet des Jordan befinden. Arafat sei der festen Ansicht, die Übergabe von Jericho werde das palästinensische Vertrauen in die Verständigungsbereitschaft Israels stärken.

Israels bitterer Verzicht auf Jericho

Zum Glück für Jassir Arafat hatte der israelische Außenminister Shimon Peres nur wenige Tage vor der Begegnung in Oslo mit dem ägyptischen Präsidenten Husni Mubarak gerade diese Idee einer Koppelung »Gaza-Jericho« besprochen. Beide waren zur Überzeugung gelangt, die bisherige israelische Formel »Gaza first« werde Unruhe im palästinensischen Volk stiften, weil die Konsequenz gezogen werde, die Formel heiße eigentlich »Gaza only«. Man werde den PLO-Chef beschuldigen, für Gaza das restliche Palästina verkauft zu haben. Eine derartige Anschuldigung aber stärke die religiös orientierte Kampforganisation Hamas. Die Folge sei ein von Hamas organisierter palästinensischer Bruderkrieg gegen die Kräfte um Arafat, die sich auf dem Weg zur Verständigung befinden.

Am 13. Mai 1993 wurde Rabin zum ersten Mal mit dem Vorschlag konfrontiert, auch Jericho der palästinensischen Selbstverwaltung zu übergeben. Der Ministerpräsident äußerte sich weder positiv noch negativ. Zu spüren war, daß ihm der Gedanke unheimlich war, gerade Jericho mit seinem hohen Symbolwert für das israelische Volk dem »Feind« zu überlassen. Zu bedenken ist, daß die israelische Regierung zu diesem Zeitpunkt die PLO noch immer nicht offiziell anerkannt hatte.

Für die Verhandler in Oslo, die sich auch weiterhin unauffällig in unscheinbaren Hotels trafen, war das Schweigen Rabins Anlaß, die Jericho-Idee weiter zu verfolgen. Sie nahmen den Begriff »Jericho« in ihre Gesprächsnotizen auf, ohne festzulegen, was wirklich damit gemeint war.

Am 7. Juni 1993 aber machte Rabin seinen Standpunkt in einem Brief an Außenminister Peres deutlich. Seine Worte brachten den Optimismus der Verhandler zum Platzen. Rabin war wütend darüber, daß sich die israelischen Unterhändler bei den konspirativen Treffen in Oslo offenbar von ihren palästinensischen Gesprächspartnern »einlullen« ließen. Die Koppelung »Gaza-Jericho« war nun plötzlich dem Ministerpräsidenten suspekt – schließlich war Jericho eine Stadt, die bedeutsam war in der Geschichte des jüdischen Volkes.

Die Erkenntnis, daß sich Israel der Bürde »Gazastreifen« nur entledigen konnte, wenn es auf Jericho verzichtete, brachte Rabin schließlich zur Einsicht, daß die Geheimverhandlungen in Oslo fortgesetzt werden mußten. Das Thema »Jericho« wurde zum festen Bestandteil der Diskussionen. Vermieden wurde dabei, über die Grenzen der »Region Jericho« zu reden.

Daß Arafat an einen weiten Umfang dieser Region dachte, war an der Forderung seines Vertrauten Abu Ala zu erkennen, die Allenby Bridge sei der Kontrolle der künftigen palästinensischen Behörde zu unterstellen. Diese Brücke befindet sich fünf Kilometer ostwärts von Jericho. Nicht nur der Wunsch nach dem Umland von Jericho wurde deutlich, sondern auch Arafats Wille, die Aufsicht über den Grenzverkehr zwischen den beiden Jordanufern und damit zwischen dem Königreich Jordanien und den Palästinensergebieten in die Hand zu bekommen.

Diese Forderung wurde von israelischer Seite sofort abgelehnt. Die Kontrolle der Grenze zu Jordanien mußte den Sicherheitsbehörden des Staates Israel vorbehalten bleiben – schließlich war zu diesem Zeitpunkt keineswegs daran gedacht, den Palästinensern staatliche Funktionen zu übertragen. Die israelische Regierung verfolgte das Ziel, der zu gründenden Palestinian National Authority nur Autonomierechte zu übertragen auf dem Feld der Verwaltung und der inneren Sicherheit. Die Vertretung des palästinensischen Volkes nach außen sollte in der Hand der israelischen Regierung bleiben. Hoheitsrechte sollten nicht Bestandteil der Autonomieabsprachen sein.

Der Punkt war erreicht in diesen Geheimverhandlungen zum Thema Jericho, der deutlich machte, daß die Vertreter Arafats keine juristische Schulung besaßen. Die israelischen Vertreter aber verfügten über reiche Erfahrung in der Ausarbeitung internationaler Verträge. Sie beherrschten die Kunst der Formulierung, der Wortwahl, der Begriffe. Sie waren Meister in der Festlegung realer Sachverhalte durch juristische Begriffe. Sie waren Absolventen international renommierter Rechtsakademien. Nur einer der palästinensischen Verhandler, Abu Mazen, hatte einige Semester lang Vorlesungen der Rechtsfakultät Damaskus gehört. Unter diesen Umständen war es nicht zu vermeiden, daß die palästinensische Seite bald schon unter Minderwertigkeitsgefühlen litt. Sie wurden wiederum kompensiert durch Übersteigerung der Forderungen. So ließ Arafat dem israelischen Delegierten Dr. Yair Hirschfeld mitteilen, er beanspruche für sich den Titel »Präsident«. Hirschfeld aber war angewiesen, diesen Wunsch strikt abzulehnen, da es nicht vorgesehen sei, Arafat zum Oberhaupt eines palästinensischen Staates zu machen. Die Reaktion kam prompt aus Arafats damaligem Hauptquartier in Tunis: Arafat ließ mitteilen, er werde künftig in Jericho residieren. Rabin verstand was diese Feststellung bedeutet – der PLO-Vorsitzende wollte den Wert des Symbols »Jericho« in hohem Maße für sich nutzen.

Noch im Juli 1993 stellte Arafat unmißverständlich fest, daß er Jericho als seine Hauptstadt betrachte – bis er in Jerusalem das Zentrum Palästinas aufbauen könne. Sollte Israel aus Gründen der Religion und der Geschichte nicht auf Jericho verzichten wollen, betrachte er die Osloer Geheimverhandlungen als beendet. Israel könne dann selbst sehen, wie es mit dem Problem »Intifada in Gaza« fertig werde.

Zwei Tage später folgte eine weitere palästinensische Forderung: Selbstverständlich müsse ein Korridor geschaffen werden zwischen Jericho und Gaza. Diese Straße dürfe allein der palästinensischen Souveränität unterstehen. Die Kühnheit dieser Forderung löste bei Rabin und Peres Kopfschütteln aus: Würde Israel der Einrichtung des Korridors zustimmen, würde das israelische Territorium in zwei Teile zerschnitten werden. Dies konnte der PLO-Chef nicht im Ernst verlangen.

Im August wurden die Verhandlungen fortgesetzt. Noch immer hatten sich Israel und die PLO gegenseitig nicht anerkannt. Und noch immer war nicht geklärt, welchen räumlichen Umfang das Autonomiegebiet Jericho aufweisen werde.

Am 19. August 1993 wurden die Osloer Vereinbarungen als »Document on Principles« (DOP), als Grundsatzerklärung einer künftigen friedlichen Einigung zwischen Palästinensern und Israelis vereinbart. Da zuvor keine Einigung darüber zu erreichen gewesen war, ob die palästinensische Verwaltung fortan zuständig sein sollte für den Stadtbereich Jericho oder für den Regierungsbezirk Jericho, wurde die Kompromißformel »Gebiet Jericho« in den Text des Abkommens aufgenommen. Der Kern für künftigen Streit war geschaffen.

In seiner Vorstellung ging Jassir Arafat davon aus, daß er den Regierungsbezirk Jericho der israelischen Regierung für seine Autonomieverwaltung abgerungen habe. In diesem Fall hätte er ein Territorium erhalten, das in der Ausdehnung von Norden nach Süden 30 Kilometer lang, und in der Ausdehnung von Westen nach Osten 20 Kilometer breit gewesen wäre. Als Arafat dann die von den Israelis gefertigte Landkarte sah, in der das »Gebiet Jericho« eingezeichnet war, mußte er feststellen, daß ihm nur der Stadtbezirk Jericho zugestanden worden war – es erstreckte sich von Norden nach Süden nur über 12 Kilometer und von Westen nach Osten über 8 Kilometer. Eine Chance zur Korrektur bestand zunächst nicht.

Arafat fühlte sich getäuscht von seinen israelischen Verhandlungspartnern. Er verbarg seine Wut nicht. Nur widerstrebend stimmte er der Unterzeichnung des Abkommens zu.

Eine feierliche Zeremonie auf dem Rasen vor dem Weißen Haus in Washington am 13. September 1993 ermöglichte die Übergabe der »Palmenstadt« an die eben entstehende Palestinian National Authority. Der Abzug der israelischen Besatzungsorgane löste bei der Bevölkerung Begeisterung aus. Nach einem Vierteljahrhundert der Kontrolle durch israelische Militärpolizei sollte für die palästinensischen Bewohner eine Zeit der Selbstbestimmung beginnen.

Doch da lebten auch jüdische Menschen in Jericho: In der Stadt befand sich eine Synagoge und ein Institut zur Ausbildung von Rabbinern. Synagoge und Institut wurden von israelischen Bürgern genutzt, für die Jericho ein Symbol war für die für immer gültige Besitznahme des Landes durch das jüdische Volk. Sie lebten mit Absicht in der ersten Stadt, die Josua einst als Siedlungsgebiet für die Stämme erobert hatte, die mit Gott im Bunde waren.

Nun fürchteten die Juden von Jericho, von den Palästinensern, die ihre Freiheit bejubelten, schlecht behandelt zu werden. Zu ihrer Überraschung begegneten ihnen die Palästinenser überaus freundlich. Die Ausbildung von Rabbinern konnte ohne Störung fortgesetzt werden.

Mit dem Anbruch der neuen Zeit waren Erwartungen verbunden, deren rasche Erfüllung als selbstverständlich angesehen wurde. Arafat hatte öffentlich verkündet, daß er in Jericho leben und arbeiten würde. Die durch die Bibel weltbekannte Stadt sollte Sitz der Palestinian National Authority werden. Rasch war ein Gebäude gefunden, das geeignet war die Regierungsbehörde aufzunehmen. Dem »Präsidenten« stand bald eine repräsentative Villa mit Garten zur Verfügung – diese Residenz war durchaus vorzeigbar. Doch Arafat erschien nicht in Jericho. Nun fühlten sich die Bewohner dieser Stadt getäuscht. Ihre Hoffnungen, ihre Stadt – die von ihrer Bekanntheit in aller Welt nie profitiert hat – werde nun einen Aufschwung erleben, schwanden.

Arafats Ärzte hatten Bedenken geäußert, das Klima von Jericho sei nicht geeignet für einen Mann, der zum Jahrgang 1927 gehöre und der es nicht gewohnt sei, sich an einem Ort aufzuhalten, der nahezu 300 Meter unter dem Meeresspiegel liegt. Heiß und feucht ist die Luft im Jordangraben. Die Warnung, die einst General Allenby dem »Intelligence Handbook« der britischen Armee entnommen hatte, galt noch immer: Menschen sollten sich am tiefsten Punkt der Erde nicht aufhalten. Arafats Fernbleiben ließ Jericho bald wieder ins Abseits geraten.

Die Regierung der Bundesrepublik Deutschland – entschlossen, den Palästinensern auf ihrem Weg zu Selbstbestimmung und Unabhängigkeit zu helfen – hatte die Äußerungen von Arafat, er werde nach Jericho ziehen, ernstgenommen. Das Auswärtige Amt etablierte ein »Vertretungsbüro« am östlichen Rand der Palmenstadt. Dieses Büro hatte keinen vollen diplomatischen Status, da es keine vollberechtigte Regierung Palästinas gab, sondern nur eine Palestinian National Authority, eine international völkerrechtlich nicht voll anerkannte Autonomiebehörde. Über diese mindere Einstufung setzten sich zwei junge deutsche Diplomaten hinweg: Sie packten mit Ernst die Aufgabe an, Hilfe und Rat für die Palestinian National Authority zu organisieren. Bald schon mußten die beiden feststellen, daß sie sich in der falschen Stadt befanden: Keine der palästinensischen Persönlichkeiten fand den Weg nach Jericho. Die Nachbarstadt Ramallah, im Bergland gelegen, entwickelte sich zum zentralen Ort des Jordanwestufergebiets. Dort tagte der Legislative Council, das Parlament des Autonomiegebiets; dort entstand eine Residenz für Arafat, die er jedoch nur ungern nutzte. Ramallah wurde vor allem Zentrum der palästinensischen Geschäftswelt. Der wirtschaftliche Fortschritt des Palästinensergebiets wurde von Ramallah aus beeinflußt. Die beiden Repräsentanten der Bundesrepublik Deutschland hielten sich zur Abwicklung ihrer Aufgaben meist in Ramallah oder in Gaza auf. Die diplomatische Vertretung der Bundesrepublik mußte an baldigen Umzug denken.

Der Verzicht des jüdischen Staates auf Jericho war schwergefallen. Das weltbekannte Symbol für den einstigen Beginn der jüdischen Besiedelung in palästinensische Hand zu geben, wurde als besonders schmerzlich empfunden. Weniger bitter wäre für die Israelis eine Übergabe an das Königreich Jordanien gewesen – sie hätte die Herstellung des früheren völkerrechtlichen Zustands bedeutet. Doch König Hussein hatte auf sein einstiges Gebiet westlich des Jordan verzichtet.

Wenn Israel auch Jericho abgetreten hatte, um endlich die »Intifadahölle« Gaza loszuwerden, so mußte wenigstens der Griff nach der Region Jericho nicht lockerer werden. Die israelische Regierung verstärkte ihre Siedlungspolitik: Sie ermutigte junge Landwirte mit ihren Familien Land zu besetzen, das Palästinensern gehörte. So entstanden in rascher Folge Containerdörfer rings um Jericho, die sich bald in Ansammlungen fester Häuser verwandelten. Daß die Besetzung fremden Bodens Folgen haben könnte, brauchten die Siedlerfamilien nicht zu befürchten: Die Regierung stand hinter ihnen, und damit auch die israelische Polizei.

Die Besiedlung geschah außerhalb des »Gebiets Jericho«, das der Palestinian National Authority übergeben worden war. Die Siedlungen entstanden im Abstand von der Stadt als lockerer Ring um Jericho, und sie wurden errichtet auf dem wertvollen fruchtbaren Boden entlang der Straße hinauf nach Jerusalem. Die religiösen Gemüter waren beruhigt: Josua hatte dem Volk einst verboten, in der eroberten Stadt Jericho zu wohnen; er hatte befohlen, sich außerhalb anzusiedeln. Josuas Verbot wird auch in der Gegenwart beachtet. Fazit: Im Falle Jericho ist rasch eine Beziehung zwischen Gegenwart und biblischer Geschichte gefunden.

Nahe bei Jericho liegen Sodom und Gomorrha

Im Sommer 1998 ziehen selbst Palästinenser, die als Moslems nicht unmittelbar das Alte Testament im Bewußtsein tragen, Parallelen zwischen einst und jetzt, zwischen Vorgängen, die in den Heiligen Schriften der Juden beschrieben werden und der Gegenwart. Anlaß ist ein auffallendes Gebäude, das am Rand von Jericho entsteht, gerade noch innerhalb des autonomen Stadtgebiets. In Jericho weiß jeder, daß hier ein Spielkasino gebaut wird. Sein Name: Oasis Hotel Casino Resort.

Seit dem Frühjahr 2000 ist es voll in Betrieb. Sofort beim Verlassen der Stadt Jericho ist das Gebäude zu sehen. Nach zwei Kilometern ist es erreicht. Es liegt direkt an der Straße von Jericho zum Toten Meer. Zehn Stockwerke hoch ist der Komplex von Hotel und Kasino. Kein Gebäude ist derart hoch im Gebiet von Jericho – und keines im gesamten Jordantal. Protzig steht der Kasten in der Landschaft. Er ist von Gitterzäunen umgeben. Eine Vorrichtung auf dem Boden des Tors zwischen den Gittern sorgt dafür, daß die Einfahrt sofort für Fahrzeuge gesperrt werden kann. Der Versuch, zu photographieren wird unterbunden. Eine hühnenhafte Gestalt stellt sich in den Weg. Der Mann stellt sich vor als der für Sicherheit Verantwortliche: »We have the highest standard of security.« Er ist Österreicher – »Casinos Austria« hat ihn nach Jericho delegiert.

Die Kraftfahrzeuge auf den Parkplätzen vor dem Kasino gehören zur absoluten Spitzenklasse der europäischen und amerikanischen Automobilproduktion. Das Personal, das sich um 14 Uhr zum Arbeitsbeginn einfindet, besteht aus kräftigen jungen Männern und aus schlanken, langbeinigen Damen. Die Kasinomitarbeiter entsprechen dem Geschmack der Kasinokunden. Die Kundschaft besteht aus Emiren und Sheikhs der arabischen Ölstaaten, aus Geschäftsleuten des Libanon, aus Arrivierten der einst sozialistischen Regime in Syrien und Ägypten.

Sie sind in Gefahr, Opfer von Anschlägen zu werden. Das, was im »Oasis Hotel Casino Resort« geschieht, mißfällt überzeugten Moslems rings im Land. Sie sind der Meinung, Prostitution finde statt im Spielkasino und im Hotel – und das Glücksspiel habe der Prophet Mohammed ohnehin verboten.

Um die Gemüter zu beruhigen, lassen die Betreiber des Spielkasinos verbreiten, sie würden Arbeitsplätze für 500 Bewohner von Jericho zur Verfügung stellen; doch in der Stadt glaubt niemand an soziale Motive der Erbauer. Die Händler empören sich: »Diese Leute bringen die Sünde des Glücksspiels in unsere Stadt. Mit dieser Sünde zieht Satan in Jericho ein. Schon einmal hat er die Hand auf das ganze Land gelegt. Mit Schwefel und Feuer ist Satan einst vertrieben worden aus Sodom und Gomorrha.«

Die Rückkehr Satans wird Arafat zur Last gelegt – ihm ganz persönlich. Personen aus seinem direkten Umkreis gehören 40 Prozent des Grundkapitals von 150 Millionen Dollar. Geschäftsführer der Trägergesellschaft »First Option« ist Jasser Abbas, der Sohn von Mohammed Abbas – innerhalb der Palästinensischen Befreiungsbewegung als Abu Mazen bekannt.

Abu Mazen war während den Geheimverhandlungen von Oslo die im Auftrag Arafats handelnde, alles überwachende Persönlichkeit gewesen. Vom Hauptquartier des PLO-Chefs in Tunis aus lenkte Abu Mazen die Gespräche zwischen der israelischen und der palästinensischen Delegation. Abu Mazen steckte die Grenzen der Zugeständnisse ab und stellte die Forderungen. Er war es, der schließlich das ausgehandelte Dokument auf dem Rasen vor dem Weißen Haus in Washington unterschrieb.

Bald darauf stand Abu Mazen auf der Liste der Kandidaten für den Friedensnobelpreis. Diese Ehre wurde ihm zuteil, weil einige Mitglieder des Komitees für die Preisverleihung Arafat als ungeeigneten Kandidaten ansahen – sie störte Arafats »terroristische Vergangenheit«. Abu Mazen hätte den Friedensnobelpreis gerne angenommen, doch er hätte sich damit die Feindschaft Arafats zugezogen. Sie aber hätte für Abu Mazen gefährlich werden können.

Er hat sich in den Kopf gesetzt, Arafats Nachfolger an der Spitze der Palestinian National Authority und später des Palästinensischen Staates zu werden. Seine Popularität bleibt allerdings gering. Die Bevölkerung der autonomen Gebiete kennt Abu Mazens Reichtum. Ihm wird vorgeworfen, eine prächtige Villa in der armen Flüchtlingsstadt Gaza zu besitzen. Abu Mazen – dies ist gängige Meinung – kümmere sich weniger um das Wohl der Palästinenser, als um die Mehrung des Reichtums seiner Sippe.

Der Geschäftssinn der Sippe wird am Beispiel des Projekts »Oasis Hotel Casino Resort« in Jericho deutlich. Jasser Abbas, der Sohn des Mohammed Abbas/Abu Mazen, ist nicht der einzige Nachkomme der einstigen Kämpfergeneration um Jassir Arafat, der seine Erfüllung im Geldverdienen findet. Hinter ihnen aber stehen die Väter, die durch die Söhne darauf bedacht sind, im Autonomen Gebiet der Palästinenser die Resultate der Kämpfe vergangener Zeit zu ernten.

Begonnen haben die Väter als Revolutionäre, denen sozialistische Ideale vorschwebten. Sozialismus sollte die Grundlage sein eines künftigen palästinensischen Staatswesens. Im Verlauf der Kämpfe war den Vätern deutlich geworden, daß durch die Kalaschnikow-Maschinenpistole nichts zu gewinnen war. Die Auflösung der Sowjetunion hat sie überzeugt: Den Palästinensern bleibt nur der Anschluß an die USA und an das Reich des Dollars übrig.

Vielen der Kämpfer war es nicht vergönnt, diese Zeit der Ernte zu erleben. Sie hatten durch israelische Aktionen ihr Leben verloren,

oder während innerarabischer und innerpalästinensischer Auseinandersetzungen. Die Kämpfer der ersten Linie, Abu Jihad und Abu
Ijad, sind tot. Die Überlebenden sind entschlossen, die Gewinner zu
sein.

Sie arbeiten zusammen mit Kapitalgesellschaften in den USA und
in Europa. Im Fall von Oasis Hotel Casino Resort ist »Casinos
Austria« der Partner. Die Trägergesellschaft der österreichischen
Spielbanken besitzt 15 Prozent der 150 Millionen Dollar. Von »Casi-
nos Austria« wird auch das Know-how für den Betrieb der Spielbank
Jericho beigesteuert.

Die Honoratioren von Jericho glauben, die Stadt werde ihr Gesicht
verlieren. Zu hören ist die Meinung, das Kasino werde die Moral zerstören. Viele beklagen schon »den Geruch der Korruption« – die Ver-
derbnis durch Sex werde folgen.

Die Erinnerung an Sodom und Gomorrha ist lebendig geblieben

Die Assoziation des »verwerflichen Geschehens« mit der biblischen
Geschichte vom sündigen Leben in Sodom und Gomorrha ist nur
noch ein kleiner gedanklicher Schritt. In Jericho ist der Bezug auch
schon durch die geographische Nähe der beiden Orte gegeben. Dem
Buch Genesis (10,19) ist zu entnehmen, daß die Städte Sodom und
Gomorrha im südlichen Grenzgebiet des Landes Kanaan lagen. Von
Lot, dem Bruder Abrahams, wird berichtet, er habe in der Ebene des
Jordantals gelebt; von seinem Zelt aus habe er Sodom sehen können.

Trotz intensiver Suche der Archäologen konnten keine überzeu-
genden Spuren von Sodom und Gomorrha gefunden werden. Ge-
forscht wurde am südlichen und am nördlichen Ende des Toten Meeres. Versuche, auf dem Grund des »Salzmeeres« zu forschen, sind
gescheitert.

Lebhaft aber ist die Erinnerung geblieben, die im Alten Testament
erhalten ist. Die Geschichte handelt in der realen Umwelt des Gebiets, um das heute zwischen Palästinensern und Israelis gestritten
wird.

Der Ort des biblischen Geschehens (Genesis 18,1 ff.) ist lokalisier-
bar. Die Geschichte von Sodom und Gomorrha beginnt bei Hebron,
im Norden der Stadt in unmittelbarer Nähe der palästinensischen
Ortschaft Ramat al-Khalil. Dort wird der Stumpf eines Baumes ge-

zeigt, der von einer niederen Mauer umgeben ist. Der Stumpf wird verehrt als Überrest der biblischen »Eiche von Mamre«.

Vor dieser Eiche, die einst riesig gewesen sein soll, saß Abraham »zur heißen Tageszeit«. Drei Männer wanderten an Abrahms Zelt vorbei in der prallen Mittagshitze. Abraham hatte Mitleid mit den Fremden, und er bewirtete sie. Es stellte sich heraus, daß einer der drei Männer »der Herr« war. Er befand sich auf der Erde, um selbst zu prüfen, ob die Bewohner von Sodom und Gomorrha tatsächlich verkommene Geschöpfe seien:

»Und der Herr wandte sich an Abraham: ›Die Klage über Sodom und Gomorrha ist groß und ihr Verbrechen ist schwer. Ich will hingehen und sehen, ob sie wirklich getan haben, was mir zu Ohren gekommen ist. Ich muß es wissen!‹ Zwei der Männer gingen auf Sodom zu, doch der Herr blieb bei Abraham. Dieser trat zum Herrn heran und sagte: ›Willst du die Frommen mit den Frevlern bestrafen? Vielleicht leben in jener Stadt fünfzig Unschuldige. Sollen sie auch vertilgt werden?‹«

Abraham redete in ziemlich schroffem Ton mit dem Herrn. Er machte ihm deutlich, daß er nicht das Recht habe, Unschuldige und Frevler gleich zu behandeln. Der Herr ließ sich überzeugen – sollte es tatsächlich gelingen, fünfzig Menschen zu finden, die ein anständiges Leben führen, werde die Stadt verschont.

Bei der Rieseneiche von Mamre, bei Hebron, so wird berichtet, hat sich der Herr mit Abraham in einen seltsamen Disput eingelassen: Abraham feilscht, wie er es bei Tauschgeschäften gewohnt ist – und Gott hält mit, als ob es für ihn selbstverständlich sei, sich mit dem Beduinensheikh auf eine Händlerebene zu stellen.

Abraham, der eben vom Herrn die Zusage erhalten hat, er werde Sodom verschonen, wenn in der Stadt fünfzig »Gerechte« zu finden seien, wird von Zweifeln befallen, ob er die Zahl fünfzig nicht mit zu großem Optimismus angesetzt habe. Er spricht:

»Ich habe es nun schon gewagt, zu Gott zu reden, obwohl ich Staub und Asche bin. Vielleicht fehlen an den fünfzig Gerechten fünf. Willst du um dieser willen die ganze Stadt vernichten?‹ Der Herr antwortete: ›Ich will Sodom nicht vernichten, wenn ich fünfundvierzig finde.‹ Abraham aber redete weiter: ›Vielleicht finden sich dort aber nur vierzig!‹ Abraham fuhr fort: ›Zürne nicht, doch es könnte sein, daß es nur dreißig sind.‹ Der Herr entgegnete: ›Auch wenn es nur dreißig sind, will ich nichts gegen Sodom unternehmen!‹ Abraham ließ nicht locker: ›Da ich es nun ohnehin gewagt habe, zu meinem Herrn zu sprechen: Vielleicht finden sich nur zwanzig Gerechte in der

Stadt?‹ Der Herr erwiderte: ›Um der zwanzig willen, soll Sodom unbehelligt bleiben!‹ Und noch einmal sprach Abraham: ›Herr zürne
nicht. Aber es kann sein, daß es nicht mehr als zehn Gerechte gibt.‹
Der Herr gab zur Antwort: ›Wegen der zehn, die gottgefällig leben,
werde ich Sodom nicht vernichten!‹ Als dieses Gespräch beendet
war, ging der Herr weg und Abraham kehrte zu seinem Zeltplatz
unter der großen Eiche von Mamre zurück.«

Gott sah, was in Sodom geschah: Die Männer waren dem Sex verfallen; sie vergnügten sich mit Lustknaben. So konnte nicht einmal
die Mindestzahl der Gerechten gefunden werden – außer Abraham
und Lot, der ein Sohn von Abrahams verstorbenem Bruder war. Lot
und seine Angehörigen retteten sich nach Zoar. Diese Stadt, die klein
gewesen sein soll, lag im Süden des Toten Meeres. An den Ort erinnert die israelische Siedlung Newe Zohar, an der Küstenstraße gelegen, die auf israelischer Seite an dem Gewässer vorbeiführt, das von
der Landzunge Al Lissan allmählich eingeengt wird.

Das Ende von Sodom und Gomorrha wird im Buch Genesis so beschrieben (19,23ff.):

»Die Sonne war über der Erde aufgegangen, und Lot eben in Zoar
angekommen, da ließ Gott auf Sodom und Gomorrha Schwefel und
Feuer vom Himmel regnen. Vernichtet wurden die Städte, die ganze
Umgebung, die Bewohner und alle Früchte auf der Erde. In der Mor-
genfrühe ging Abraham zu der Stelle zurück, an der er vor dem Herrn
gestanden hatte und blickte hinüber nach Sodom und Gomorrha.
Abrahm sah, daß Qualm vom Erdboden aufstieg, wie der Rauch, der
aus einem Schmelzofen dringt.«

Die Palästinenser, die in der Gegend von Jericho leben, glauben zu
wissen, wo Gott das Strafgericht an Sodom vollzogen hat. Sie identifizieren Jebel Usdum, im Süden des Toten Meeres mit Sodom. Die
sprachliche Verwandtschaft der Namen ist erkennbar. Jebel Usdum
ist ein trostlos öder Berg, dessen Substanz weitgehend aus Salz besteht. Die Gegend ringsum ist unbewohnt.

Ein Rechtsgeschäft dokumentiert jüdische Ansprüche

Abraham, der sich durchaus selbstbewußt mit Gott unterhalten hat,
ist nicht seßhaft. Seine Sippe existiert als Beduinenfamilie. Sie war
aus der Ferne nach Jericho ans Tote Meer gewandert.

Die Frage ist müßig, ob Abrahm und seine Angehörigen wirklich gelebt haben, ob sie in Realität die lange Wanderung unternommen haben in das Land, das Gott ihnen versprochen hat. Selbst wenn Abraham eine mythische Gestalt ist, die sich zu einem bestimmten Zeitpunkt im Verlauf der Geschichte des jüdischen Volkes aus menschlichen Vorstellungen kristallisiert hat, so bleibt doch seine Einwirkung auf die Nahostpolitik der Gegenwart unbestritten. Das jüdische Volk bezieht seine Lebenskraft aus dem Versprechen, das Gott gegenüber Abraham abgegeben hat: Gott hat zugesagt, aus Abrahams Nachkommenschaft werde ein Volk entstehen, eine Nation, die auf dem Land lebt, das ihr gehört: »Ich will dir und deinen Kindern das Land geben, auf dem du jetzt noch ein Fremdling bist.«

Ist Abraham eine mythische Gestalt, so vereinigt sie doch Elemente der Wirklichkeit in sich. Sie ist auf der realen Erde angesiedelt, in einer ganz bestimmten Umgebung, und sie lebt mit Bezug zur Geschichte, zur sozialen Entwicklung der Menschen in jener bestimmten Umgebung.

Zu erleben ist heute noch Ur, die Heimat des Abraham im heutigen Irak. In der Mitte zwischen Baghdad und Basra liegt die Ausgrabungsstätte – im Norden des Kriegsgebiets im Golfkonflikt von 1991. Das Land ringsum ist öde – bis auf die irakische Luftwaffenbasis Ali, die von der Höhe des Tempels, der dem Mondgott geweiht war, deutlich zu erkennen ist.

Die Luftwaffenbasis Ali hat die Aufgabe, den Luftraum über Baghdad zu schützen. Sie wurde im letzten Jahrzehnt des vergangenen Jahrhunderts häufig von amerikanischen Kampfflugzeugen angegriffen. Dabei ist es mehrmals geschehen, daß Hirten verwundet wurden, die am Rand des Zauns der Basis ihre Herde weideten. Irakische Behauptungen, die Altertümer von Ur seien getroffen worden, stimmen nicht.

Kurz vor der Jahrtausendwende ist die Ausgrabungsstätte für hohen Besuch präpariert worden. Papst Johannes Paul II. hatte zu erkennen gegeben, er wolle – im Rahmen einer Pastoralreise, Ur, die Heimat Abrahams, aufsuchen, um dort zu beten. Dem hohen Gast sollte das »Haus des Abraham« gezeigt werden, die Wohnstätte des Patriarchen in Ur. Das Haus liegt einen Kilometer entfernt vom hoch aufragenden Heiligtum, am Rande der frühgeschichtlichen Siedlung.

Das »Haus des Abraham« ist eigens für den Papst aufgemauert worden inmitten von Schutthaufen, die aus zerfallenen Ziegeln bestehen. Die neuen Ziegelmauern sind zweieinhalb Meter hoch. Ein Dach besitzt das Haus nicht. Umfangreich und palastähnlich ist das

Gebäude. Es umfaßt vierzig Räume unterschiedlicher Größe. Manche der Kammern zeichnen sich durch spitz zulaufende Winkel aus. Archäologen wundern sich über den Bau: Kein anderes architektonisches Relikt in Ur weist derartige Formen auf.

Die Erbauer des »Hauses des Abraham« berufen sich bei der Wahl des Bauplatzes auf die Entdeckung des Forschers Sir Leonard Woolley (1880–1960). Er hat im Jahr 1928 an diesem Platz in Ur einen Tonziegel gefunden, der in Keilschrift das Wort »Ibràil« getragen haben soll. Der Tonziegel gilt heute als verschollen. Woolley war der Meinung gewesen, »Ibràil« sei als frühe Form des Namens »Abrahams« zu betrachten.

Die Pastoralreise zum »Haus des Abraham« fiel aus. Vom geplanten Papstbesuch profitiert die archäologische Stätte Ur.

Um dem Papst den Besuch zu erleichtern, wurden Wege geebnet, wurde ein Landeplatz für Hubschrauber eingerichtet. Ein Hinweis der US-Regierung, der päpstliche Aufenthalt in der Nähe der Luftwaffenbasis Ali sei nicht opportun, hat die Reise nach Ur verhindert.

Für jeden, der nicht per Hubschrauber transportiert wird, ist die Anfahrt nach Ur mühsam. Sand, Staub und Salz prägen die Landschaft. Wüstenbäume, die kein Wasser brauchen, bilden die einzige Abwechslung in der Landschaft. Der Verdacht liegt nahe, Abraham und seine Sippe haben nicht ungern die Gegend von Ur verlassen.

Das gemauerte Lehmziegelmassiv des Tempels (Zikurat) ist das wichtigste Zeugnis aus der Zeit, als Abraham hier gelebt hat. Mancher Bestandteil ist noch in der Originalform erhalten. Zu sehen sind Palastfundamente und Gräber der einstigen Regierenden.

Warum Terah und die Seinen das Land um Ur wirklich verlassen haben, ist dem biblischen Bericht nicht zu entnehmen. Dort sind diese knappen Worte zu finden: »Terah nahm seinen Sohn Abraham, seinen Enkel Lot, der ein Sohn war eines verstorbenen Terahsohnes, und Sarah, die Frau des Abraham. Terah führte sie aus Ur weg, um in das Land Kanaan zu wandern. Sie kamen aber nur bis Haran. Dort siedelten sie sich an.«

Die Sippe des Terah bildete eine kleine Gruppe von Beduinen, die damals im Zusammenhang mit einer umfassenden Wanderbewegung in Mesopotamien am Ende des dritten und am Beginn des zweiten Jahrtausends v. Chr. unterwegs war. Kriegerische Ereignisse können die Ursache gewesen sein. Bewiesen ist, daß in jener Zeit das Volk der Elamiter von Osten her in das Zweistromland einfiel. Erlaubt ist die Annahme, daß Terahs Sippe Ur verlassen hat, um dem Stoß der Elamiter auszuweichen. Sicherheit fand die Familie in Haran –

700 km nördlich von Ur, aber immer noch im Bereich des Zweistromlandes von Euphrat und Tigris. Die Familie Terah gab in Haran das Nomadenleben auf, um Feld und Acker zu bearbeiten. Das Land war fruchtbar, und es herrschte offenbar Friede in Haran.

Stammvater Terah fand Vertrautes vor in der Stadt. Am Ausgangspunkt seiner Wanderung, in Ur, war der Mondgott Sin verehrt worden; ihm hatten auch die Bewohner von Haran einen Tempel gebaut. In den Überresten der Stadt Mari, die 300 km den Euphrat abwärts zu finden sind, wurden in den Überresten des antiken Stadtarchivs viele mit Schriftzeichen bedeckte Tontafeln gefunden, die den Hinweis darauf geben, daß der Mondgott Sin Beschützer von Haran war. Sin wurde von den westsemitischen Stämmen ringsum verehrt, deren wirtschaftlicher Mittelpunkt der Markt Haran zwischen Euphrat und Tigris war.

Während Terah sich wohl fühlte im nördlichen Zweistromland, wollte sich sein Sohn Abraham nicht mit dem Mondgott Sin arrangieren. Jüdische Überlieferungen berichten, Abraham habe im Alter von drei Jahren aus eigener Beobachtung eine Erkenntnis gezogen, die letztlich seinem Glauben an die Existenz mehrerer Götter ein Ende setzte. Vor dem elterlichen Zelt sitzend habe der Junge die Gestirne beobachtet – und das Verhalten der älteren Stammesmitglieder: Sie beugten sich während der Nacht vor dem Mond, und sie streckten während des Tages ihre Arme zur Sonne empor. Sie glaubten offenbar, ihr Schicksal hänge von beiden ab: Mond und Sonne seien mächtige Götter.

Auch Abraham war zunächst bereit gewesen, an diese Götter zu glauben. Doch dann verfolgte er den Wechsel von Mond und Sonne weiter und stellte fest, daß beide in regelmäßigen Zeitabständen aufgingen und wieder verschwanden. Regelmäßigkeit bedeutete aber, daß Mond und Sonne unter dem Zwang von Regeln standen, die sie nicht selbst festgesetzt hatten. Eine andere Kraft war offenbar bestimmend. Mond und Sonne hatten sich Gesetzen unterworfen und konnten deshalb kaum die Herrscher über das Schicksal der Menschen sein. Abraham erahnte die Existenz einer gewaltigen Macht, die Sonne und Mond und das Geschehen auf der Erde beherrschte. Die Überlieferung besagt, Abraham habe sich entschlossen, von nun an nur noch diese gewaltige Macht, diesen Gott anzubeten, und nicht länger dem Mondgott zu dienen.

Mehr noch als die Texte des Buches Genesis heben die Legenden des jüdischen Volkes diesen Mann Abraham hervor. Eine dieser Legenden erzählt:

Als Gott die Welt erschaffen hatte, da wankte sie hin und her und konnte einfach nicht ruhig bleiben. Da fragte Gott: Was ist mit dir los, daß du derart schaukelst? Die Welt antwortete: Herr ich schwanke hin und her weil ich keine Stütze habe. Da entgegnete Gott: Ich werde dir eine Stütze geben – sein Name wird sein »Abraham«. Dieser Gerechte wird dein Halt sein! Und die Erde stand fortan ruhig.

Eine andere Legende der jüdischen Überlieferung aber teilt mit, Gott habe mit Absicht nicht Abraham als ersten Menschen geschaffen:

Abraham wäre würdig gewesen, noch vor Adam erschaffen zu werden. Doch der Herr dachte so: »Erschaffe ich den Abraham zuerst, und gerät dann die Welt auf den Weg des Bösen, dann habe ich niemand, der sie wieder zum Heil führt. Ich will nun als ersten den Adam in die Welt setzen. Wenn er versagt und strauchelt, dann erschaffe ich Abraham, damit er wieder Ordnung schaffe.«

Die Vorstellung vom Aussehen des Abraham läßt sich plastisch gestalten – wobei es wiederum gleichgültig ist, ob wir die Realität oder eine mythische Gestalt begreifen wollen. In den Resten des Palasts von Mari wurde eine Statue gefunden, die einen Hirten mit dem Opferlamm im Arm darstellt. Dieses Abbild ist am Ende des dritten Jahrtausends v. Chr. entstanden, also zur Zeit des Aufenthalts der semitischen Sippe in Mesopotamien. Der dargestellte Mann ist mit einem groben Wollmantel bekleidet. Er ist kahlköpfig, doch er trägt einen kunstvoll zurechtgestutzten Bart, der den Mund umrahmt, und der sich über die Backen bis zum Ohr hochzieht. Die Augenbrauen sind stark ausgeprägt. Große Augen blicken uns an. Offenbar hat der Bildhauer aus Mari einen ungewöhnlichen Mann mit seherischen Gaben darstellen wollen.

Abraham, der Mann, den uns das Buch Genesis in Worten präsentiert, ist in der Tat ungewöhnlich. Die Legende erzählt, Abrahm habe seinen Vater verprügelt. Diese Rebellion gegen den Ältesten galt als Frevel in einer Gesellschaftsordnung, die dem Vater der Familie das Recht zuspricht, absoluten Respekt zu fordern. Anlaß für die Prügel war, daß Abraham seinen Vater bei der Formung einer Tonfigur des Mondgottes Sin beobachtete. Der Rückfall des Vaters, dem von Abraham gesagt worden war, daß der Mond keine göttliche Kraft besitze, muß zur Überlegung geführt haben, Haran sei nicht der Ort, an dem er sich für immer aufhalten wolle. Als er den Entschluß faßte, sich vom Siedler wieder in den Beduinen zu verwandeln, soll Abraham 75 Jahre alt gewesen sein.

Das Buch Genesis bewahrt die Worte, die Abraham als Auftrag Gottes vernommen habe:

»Zieh in ein Land, das ich dir zeigen will. Ich will deine Nachkommen zu einem großen Volk machen, das von mir gesegnet wird. Durch dich sollen alle Völker der Erde Segen empfangen.«

Eine bescheidene Gruppe von Nomaden machte sich von Haran aus auf den Weg. Mit Abraham wanderten seine Frau Sarah, sein Neffe Lot »und alle ihre Leute«. Vater Terah war nicht mehr bei ihnen.

Die Lebensbedingungen der Tierherde, die mit der Familie zog, bestimmte die Route der Menschen. Schafe und Ziegen sind nicht geschaffen, länger als 36 Stunden bei heißen Temperaturen ohne Wasser zu existieren. Das bedeutet, daß fast an jedem Tag eine Wasserstelle gefunden werden mußte. Die schwierigste Wegstrecke begann nach dem Verlassen des Euphratgebiets ostwärts der heutigen Stadt Aleppo. Mit dem Bergland, das parallel zur Mittelmeerküste verläuft, erreichten Menschen und Herden eine Klimazone mit ausreichenden Niederschlägen. Anzunehmen ist, daß Damaskus am Weg der Sippe des Abraham lag. Da die Oase auf den Tontafeln von Mari erwähnt wird, ist ihre Existenz zur Zeit der Wanderung der Sippe als sicher anzunehmen.

Nach einer Strecke von rund 1000 km erreichen Abraham und die Seinen das Land, das ihnen – davon war Abraham überzeugt – versprochen worden ist. Weit dehnt sich das Gebiet aus: Vom heutigen Libanon entlang der Mittelmeerküste bis zur Jordanregion und dem Toten Meer. Es ist ein fruchtbares Land, das Menschen und Herden ernähren kann. Die kleine Sippe findet das Land nicht leer vor. Das Land Kanaan ist besiedelt. Darin befinden sich wichtige Städte: Von besonderer Bedeutung sind Hazor, Megiddo und Hebron. Die Bewohner des Landes warteten nicht darauf, daß ein Beduine, der aus der Fremde zu ihnen kam, entscheidende Einsichten über die Macht der Götter vermittelt. Sie waren überzeugt von ihrer eigenen Götterwelt. Sie erschließt sich aus den Funden von Ugarith in Nordsyrien. Tontafeln, mit Keilschriftzeichen überzogen, schildern die Beziehungen hoher und niederer Götter zueinander.

So lassen sich Dynastie und Hierarchie der Götter des Landes Kanaan darstellen:

Weit entfernt von den Menschen, hinter tausend Tälern und Hügeln, wohnt Gott El. Er ist der Vater der Menschheit, doch er darf nur durch Vermittlung der niederen Götter angesprochen werden. Sie fliegen, wandern und reiten zu ihm um Rat zu holen und zu erfahren, welches Geschick El den Menschen zugedacht hat. Der Vater der

Menschheit hatte wiederum auch einen Vater, der sich nicht gegen den Sohn und dessen rebellisches Wesen durchsetzen konnte. Gott El hatte seinen Vater entmachtet. Doch auch ihn ereilt Unglück. Die Tochter des Gottes El heiratet den Gott Baal. Beide intrigieren gegen den Vater. Gott El unterliegt – Baal wird zum mächtigsten Gott. Kaum hat er dieses Ziel erreicht, verlangt er, daß auch ihm ein Palast gebaut werde, von gleicher Größe wie der Palast des Gottes El. Als der Bau fertig ist – gefügt aus Zedern des Libanon –, da verlangt der Todesgott Mot von Baal die bedingungslose Unterwerfung. Mot setzt sich durch; Baal verschwindet im Reich des Todes. Jetzt trocknen die Bäche auf der Erde aus. Die Pflanzen verdorren. Das Land wird unfruchtbar. Hitze überzieht die Erde und tötet die Tiere. Da greift die Kriegsgöttin Anat ein. Sie fängt Streit an mit dem Todesgott. Mot ist der Kriegsgöttin nicht gewachsen: Er verliert sein Leben. Jetzt steigt Baal hoch aus der Welt des Todes. Er lebt. Es beginnt zu regnen. Kühle vertreibt die mörderische Hitze. Die Pflanzen wachsen, und Tiere ernähren sich von ihnen. Menschen bevölkern die Erde.

Neben den Hauptgestalten des Götterreichs stehen Götterwesen, die bestimmte Aufgaben erfüllen. Die Fruchtbarkeitsgöttin Astarte ist zuständig für Frauen, die keinen männlichen Nachwuchs bekommen können. Zu Tausenden sind Tonfiguren, die Astarte darstellen, in den Überresten der Wohnstätten aus der Stein- und Bronzezeit im Lande Kanaan erhalten geblieben. Sie sind zwischen fünf und zehn Zentimeter hoch. Ihre Merkmale: Große Brüste, breites Gesäß und deutliche Geschlechtsmerkmale.

Unter Aufsicht der Astarte blühte die Tempelprostitution. Junge Priesterinnen waren verpflichtet, sich den Mächtigen im Heiligtum hinzugeben. Fand die körperliche Vereinigung in festlichem Rahmen am Ende der regnerischen Jahreszeit statt, dann war die Voraussetzung geschaffen für das Wiedererwachen der Natur. Zu den Grundsätzen des Glaubens gehörte, daß die Fruchtbarkeitsgöttin selbst keine Kinder bekam – dasselbe Prinzip galt auch für die Tempeldienerinnen. In den Tempeln der Astarte wurde Abtreibung praktiziert.

Blutrünstig waren die Götter im Land Kanaan insgesamt. Sie verlangten Menschenopfer. Sie forderten Tötung der Erstgeborenen; nur auf diese Weise konnte der Gläubige dem Gott seine absolute Unterwerfung demonstrieren. Archäologen fanden viele Tongefäße, die Kinderskelette enthielten. Das Buch Jeremias (7,32) nennt das Tal Hinnom im Südwesten von Jerusalem als Opferstätte, die Schrecken verbreitet.

Die überlieferte Lebensgeschichte des Abraham zeigt, daß selbst für ihn die Opferung des Sohnes zunächst eine Selbstverständlichkeit war. Im 22. Kapitel des Buches Genesis wird beschrieben, daß Abraham die Stimme seines Gottes hörte: »Nimm deinen einzigen Sohn, den Isaak, den du liebhast. Begib dich auf den Hügel Moriah und bringe ihn dort zum Opfer dar!« Drei Tage lang ritten Vater und Sohn auf dem Esel, dann sahen sie den Hügel, auf dem seit ewigen Zeiten Erstgeborene geopfert werden.

Abraham baute auf dem Hügel den Altar auf, richtete Holzscheite zurecht. Dann band er seinen Sohn Isaak fest und legte ihn auf den Altar. Schließlich nahm Abraham das Messer, um seinen Erstgeborenen zu töten. Im letzten Augenblick, ehe er zustieß, hörte Abraham erneut die Stimme seines Gottes: »Töte ihn nicht! Ich habe erkannt, daß du ein gottesfürchtiger Mann bist!«

Der biblische Bericht erwähnt Abrahams Alter: »Einhundert Jahre war er alt, als ihm der Sohn Isaak geboren wurde – und auch Sarah ging es nicht mehr nach der Frauen Regel.«

Jüdische Legenden berichten, es sei damals im Lande Kanaan darüber geredet worden, daß der Nomadensheikh Abraham, der aus der Fremde gekommen war, behauptete, er habe ein Kind gezeugt und es sei lebendig und gesund zur Welt gekommen. Niemand glaubte wirklich daran. Auf den Märkten behaupteten die Leute, Abraham und Sarah hätten das Kind gestohlen: »Da nehmen ein Greis und eine Greisin irgendwo heimlich ein Kind weg und behaupten dann, es sei ihr eigenes.«

Die Legende berichtet auch, daß mit Hilfe Gottes der Vaterschaftsnachweis gelang: »Alsbald verwandelte sich vor aller Augen das Gesicht des Isaak. Es glich bald dem des Abraham. Da sprachen alle: »Abraham hat wirklich den Isaak gezeugt. Die Spötter verstummten.«

Isaak war der erstgeborene Sohn aus der Ehe mit Sarah; doch da war ihm zuvor schon ein Sohn geboren worden von einer ägyptischen Sklavin, die Hagar hieß. Sarah hatte die Ägypterin selbst auf das Lager ihres Mannes gelegt, um ihm die Zeugung eines Kindes zu ermöglichen. Sie selbst hatte sich damit abgefunden gehabt, kein Kind mehr zu bekommen. Das Buch Genesis (16 ff.) erzählt, dem fast Neunzigjährigen sei es gelungen, die junge Sklavin zu schwängern.

Diese Schwangerschaft löste allerdings eine Ehekrise im Zelt des Abraham aus. Sarah, eifersüchtig geworden, behandelte das schwangere Mädchen schlecht. Hagar entfloh schließlich der Sippe von Abraham und Sarah. Doch auf Drängen eines Engels kehrte Hagar zurück und brachte ihren Sohn zur Welt, den Abraham Ishmael nannte. Zu jener Zeit war Isaak noch nicht gezeugt.

Ausgesprochen aber war schon das Versprechen Gottes: »Errichten will ich meinen Bund zwischen mir und dir und deiner Nachkommenschaft. Ein immer während er Bund soll es sein. Für dich und deine Nachkommen will ich Gott sein. Geben will ich dir und deiner Nachkommenschaft das Land, in dem du jetzt als Fremder lebst. Das ganze Land Kanaan wird euer dauernder Besitz.

Abraham nahm an, dieses Versprechen gelte für Ishmael, denn einen anderen Sohn gab es damals nicht; es bestand auch kein Anlaß, an weiteren Nachwuchs zu denken – und Abraham redete in diesem Sinne mit Gott. Zu seiner Überraschung erfuhr er, daß Gott den Sohn der Ägypterin keineswegs als Partner in seinem Bund sehen wollte. Gott sprach: »In meinen Bund nehme ich Isaak auf, den deine Frau Sarah übers Jahr gebären wird.«

Für Ishmael aber fand Gott erst auf Drängen Abrahams eine Lösung: »Ich habe dich erhört. Ich segne ihn auch und lasse ihn überaus fruchtbar werden. Zwölf Fürsten wird er zeugen. Seine Nachkommen werden ein großes Volk bilden.«

Das Versprechen von der Gründung eines großen Volkes ging in Erfüllung. Die Liste der Nachkommen des Ishmael wird im 25. Kapitel des Buches Genesis erwähnt: Zwölf Söhne gründeten zwölf Sippen. Die Parallele zu den zwölf jüdischen Stämmen ist offensichtlich.

In der Welt des Islam besitzt Ishmael große Bedeutung. Während die biblischen Texte berichten, Abraham habe eine starke Neigung zu Isaak, dem Sohn der Sarah, gehabt, erzählt der Koran von der engen Bindung Abrahams an Ishmael, den Sohn der Hagar. In islamischer Darstellung ist Mekka der Ort des Zwistes zwischen Sarah und Hagar – und nicht das Land Kanaan.

Abraham, der auf arabisch Ibrahim heißt, gilt – zusammen mit seinem Sohn Ishmael – als der Erbauer der Moschee in Mekka. Die Wertschätzung ist aus einer arabischen Inschrift am Jaffator in Jerusalem zu erkennen: »Es gibt keinen Gott außer Allah. Abraham wird von Allah geliebt.« Am Jaffator begann einst die Straße, die nach Hebron führte. In Hebron geschah ein biblisches Ereignis, das bis in die Gegenwart hinein die Politik Israels beeinflußt.

Die Sippe des Abraham, in der Geschlechterlinie des Isaak wuchs an Zahl, doch seßhaft im Lande, das ihnen Gott versprochen hat, waren die Familienmitglieder auch nach dreißig Jahren Aufenthalt in Kanaan noch nicht. Als Abrahams Frau im Alter von 127 Jahren starb, entstand ein Problem: Abraham möchte die Tote in eigenem Grund und Boden bestatten. Doch ihm, dem Beduinensheikh, gehörte nicht das geringste Stück Land. Abraham machte sich auf die Suche nach einer Begräbnisstätte für Sarah. Er befand sich damals gerade bei der Siedlung Kirjat Arba. Dieser Name ist im Buch Genesis (23,2 und andere) die Bezeichnung für Hebron. Kirjat Arba hieß der Ort wohl, weil er aus vier (arba) Ortsteilen bestand. Einer dieser Teile wurde Mamre genannt; in ihm befand sich das Flurstück Machpela.

Für dieses Flurstück interessierte sich Abraham. Er wußte, daß es dort eine Höhle gibt, die unbenutzt war. Abraham glaubte, die geeignete Grabstätte für seine Frau Sarah gefunden zu haben. Die Höhle gehörte einem Mann, der Ephron hieß, und der – das Buch Genesis betont diesen Sachverhalt ausdrücklich – Hethiter war.

Der Bericht erweckt den Eindruck, der gesamte Ort Kirjat Arba sei von Hethitern bewohnt worden, und sie seien ziemlich wohlhabend gewesen. Abraham entschloß sich, mit diesen reichen Männern zu verhandeln.

Er begann damit, zu erzählen, er sei ein Fremder in ihrem Land, der keinen Grund und Boden besitze. Um seine Frau Sarah würdig bestatten zu können, benötige er jedoch ein Grundstück. Er wolle die Höhle Machpela kaufen.

Die Hethiter respektierten offenbar den Beduinensheikh Abraham, der – durch seine an Tieren zahlreiche Herde – ebenfalls wohlhabend war. Der Besitzer der Höhle Machpela, der Hethiter Ephron, erwies sich als überaus freundlich und entgegenkommend.

Die Begegnung mit Ephron fand am Stadttor von Kirjat Arba statt. Ephron war bereit, Flurstück samt Höhle an Abraham zu übergeben – als Geschenk. Ephron war der Meinung, mit dieser großzügigen Geste sei die Angelegenheit abgeschlossen, doch Abraham wollte kein Geschenk. Er sprach: »Herr, hört mich an! Ich möchte das Grundstück kaufen. Ich zahle den vollen Preis! Nimm das Silber von mir an.«

Ephron entgegnete: »Höre du mich an! Du willst die Höhle Machpela haben, und du sollst sie bekommen. Die 400 Silberstücke, die sie wert ist, haben dabei gar keine Bedeutung.« Da begriff Abraham, daß der reiche Ephron selbstverständlich bezahlt werden wollte – er hatte nur nach bewährter Sitte des Landes Kanaan von einem »Geschenk« gesprochen. Ephron nahm die Silberstücke an, die ihm Abraham abwiegen ließ.

So gelangte das Grundstück im Stadtteil Mamre von Kirjat Arba samt der Höhle Machpela in den Besitz Abrahams. Vor den Augen vieler Hethiter, die sich am Stadttor eingefunden hatten, wurde das Geschäft abgeschlossen.

Das Versprechen Gottes, das Land werde der Sippe Abrahams gehören, hatte behutsam begonnen, sich zu erfüllen: Abraham war Eigentümer eines Grundstücks geworden, durch ein gültiges Rechtsgeschäft. Er hatte sich eingekauft. Abraham hatte damit der Existenz seiner Sippe im »verheißenen Land« eine Rechtsgrundlage gegeben. Das Angebot des Geschenks, das ohnehin nicht ernstgemeint war, wollte Abraham deshalb nicht annehmen, weil er sich wohl bewußt war, daß dieses »Geschenk« irgendwann von seinem Besitzer wieder hätte eingefordert werden können. Abraham hatte Boden und damit das Bürgerrecht in Kirjat Arba erworben. Niemand konnte fortan sagen, die jüdische Sippe habe kein Anrecht auf dieses Land.

Der Inhalt der biblischen Erzählung, der dem Bibelleser heilsgeschichtlich unbedeutend erscheint, ist von hoher politischer Brisanz in der Auseinandersetzung zwischen Israel und den Palästinensern. Der Kaufvertrag für den Erwerb der Höhle Machpela bei Kirjat Arba verband zum ersten Mal Abrahams Sippe und das Land, auf das sie ein Anrecht zu haben glaubte. In Kirjat Arba faßte die kleine Keimzelle des jüdischen Volkes Fuß im versprochenen Land. Der Kaufvertrag wirkt sich bis heute aus: Er ist Anlaß zu Streit und zu blutigen Auseinandersetzungen.

Massaker an Abrahams Grab

In Kirjat Arba gab Abraham das Wanderleben auf. Seine Beduinensippe wurde seßhaft. Abraham entwickelte sich zum Stammvater, der Reichtum besaß: »Gott hat ihn mit reichlichem Segen bedacht. Er gab ihm Kleinvieh und Großvieh, Silber und Gold, Knechte und Mägde, Kamele und Esel« (Genesis 24,34). Der reiche Abraham machte Geschäfte mit den Menschen des Landes Kanaan: Er verkaufte Tiere und Feldfrüchte und er vergab wohl auch Darlehen aus seinem Reichtum an Gold und Silber. Doch trotz des vertrauten Umgangs mit Kunden und Honoratioren, achtete er streng auf Abgrenzung seiner Familie von den Clans des Landes Kanaan und von den Hethitern der Stadt Kirjat Arba. Seinem Sohn Isaak verbot er, ein Mädchen aus einer Familie der Nachbarschaft zu heiraten Abraham verlangte, daß eine Frau eng verwandter Abstammung ausgewählt werden müsse – auch wenn dies mit beachtlichen Umständen verbunden war. Verwandte waren nur im Gebiet von Euphrat und Tigris zu finden. Von dort war einst Abraham mit einer kleinen Zahl der nächsten Familienangehörigen aufgebrochen, um ins »verheißene Land« zu wandern. Am Ausgangspunkt seiner Wanderung, aus der Gegend von Haran, sollte die Frau für Isaak geholt werden.

Die Brautwerbung gelang. Das Mädchen Rebekka war bereit, Haran zu verlassen und nach Kirjat Arba im Lande Kanaan zu ziehen, das 1000 km entfernt liegt. Rebekka wurde von ihrer Familie mit diesen Worten verabschiedet: »Aus deinem Schoß sollen Tausende entspringen – vielmals Tausende. Deine Nachkommen werden die Tore der Häuser ihrer Feinde einschlagen!«

Auf Rebekka folgten später viele Mädchen aus den semitischen Stämmen Mesopotamiens den Brautwerbungen aus der wachsenden Sippe des Abraham. Auf diese Weise wurde eine Vermengung des Blutes vermieden. Die Sippe behielt ihre Abtrennung bei.

Nach der Festlegung des Auswahlprinzips für semitische Ehepartner war Abrahams Lebenswerk vollendet. Das Buch Genesis zieht das Fazit: »Abraham starb in hohem Alter, als er ein Greis war und satt vom langen Leben. Seine Söhne begruben ihn in der Höhle von Machpela auf dem Feld, das einst dem Hethiter Ephron gehört hatte. Abraham hatte dieses Feld dem Hethiter abgekauft. Dort liegt Abraham begraben mit seiner Frau Sarah. Nach dem Tode des Abraham schenkte Gott dem Isaak Glück und Gedeihen.«

Bemerkenswert sind die Worte: »Seine Söhne begruben ihn.« Der Verstorbene hatte nur zwei Söhne, die von Bedeutung waren: Isaak und Ishmael. Dem Bericht des Buches Genesis ist zu entnehmen, daß beide bei der Bestattung in der Höhle Machpela anwesend waren – auch Ishmael, der auf Sinai in der Wüste lebte, getrennt von der Sippe Isaak.

Als Abraham beigesetzt wurde, lag die Höhle Machpela auf Feldern draußen vor der Stadt Kirjat Arba. Das Flurstück, das einst Mamre geheißen hatte, befindet sich heute mitten in der Stadt Hebron. Es ist überdeckt von einem mächtigen Bau, der zur Zeit des Königs Herodes entstanden ist. Um diesen Bau entzündet sich der Konflikt unserer Zeit – besonders an Freitagen um die Mittagszeit.

Am Hang über dem Hauptplatz von Hebron, über einige Stufen zu erreichen, steht das imposante herodianische Bauwerk. Der Zugang ist für Personen, die nicht Juden und nicht Moslems sind, schwierig. Israelische Soldaten bewachen den Zugang. Sie tragen Splitterwesten, und sie haben Schnellfeuergewehre über die Schulter gehängt. Zur Gebetszeit der Moslems verweisen sie den Besucher höflich aber bestimmt auf den Eingang für Juden. Der dortige Posten gestattet den Zutritt.

Durch enge, verwinkelte Gänge ist ein Innenhof zu erreichen – ein nicht überdachter Gebetsplatz. Ein alter Mann weist auf vier Sarkophage hin, die hinter Gittern im Gebäude sichtbar sind. Es sind die übermannshohen Särge von Abraham und Sarah, Jakob und Lea – gewaltige Kästen, die mit besticktem Stoff bespannt sind. Der alte Mann zeigt auf einen dunklen Raum, der durch ein Gitterfenster zu sehen ist. Undeutlich zu sehen ist ein Loch in der Wand des Raumes. Zu verstehen ist, daß sich hier der Eingang zur Höhle Machpela befinde.

Gespannt ist die Atmosphäre auf dem Platz vor dem Gebäude der Patriarchengräber. Aus Lautsprechern tönt die Ansprache des islamischen Geistlichen, der im islamischen Teil des Baus den Gottesdienst leitet. Auch von dort aus sind die Patriarchengräber zu sehen. Jede Seite hat ihre eigene Perspektive.

Über den Straßen hängen Hunderte von israelischen Fahnen. Sie sollen demonstrieren, daß dieser Platz israelisch ist. Junge Moslems begeben sich zum Gottesdienst. Ihre Gesichter sind verkniffen. Gepanzerte Jeeps, mit Gittern vor den Fenstern, patrouillieren. Mitten auf der Straße steht ein Türmchen aus Stahl mit Schießscharten.

Ein junger Mann wird von israelischen Soldaten abgeführt. Die Szene wird von Zivilisten mit der Videokamera aufgenommen. Sie tragen auf einem Armband die Buchstaben »TIPH« – Temporary International Peacekeeping Hebron. Die TIPH-Einheit ist nicht bewaffnet. Ihre Aufgabe ist es, Zwischenfälle auf Videoband festzuhalten. Die Männer der »TIPH« verhindern nicht den Ausbruch der Gewalt, sie dokumentieren ihn. Sie stammen aus Italien, der Schweiz, aus der Türkei, aus Dänemark und Norwegen.

Hebron ist das Zentrum des Konflikts zwischen Israel und den Palästinensern. Juden und Araber versuchen sich gegenseitig aus der Stadt des Patriarchen Abraham zu verdrängen. Die Araber bilden die Mehrheit – doch dies war nicht immer so: Als Herodes den Bau über der Höhle etwa im Jahr 5 v. Chr. persönlich einweihte, geschah dies zu Gefallen der jüdischen Bewohner, denen die Stadt gehörte.

Der arabische Name für das Patriarchenheiligtum »Haram al-Khalil«, weist darauf hin, daß sich im Verlauf der Geschichte palästinensische Stämme des Heiligtums und der Stadt Kirjat Arba bemächtigt haben. Das arabische Wort »Al-Khalil« heißt »der Freund«. Gemeint ist Abraham, der, nach Meinung der Moslems, als »Freund Allahs« bezeichnet werden kann. Die Moslems verehren Abraham unter dem Namen Ibrahim.

Zur Umwandlung von Kirjat Arba in eine palästinensisch-arabische Stadt hat wesentlich die Zerstörung des letzten gesamtjüdischen Gemeinwesens durch die römische Besatzungsmacht im Jahre 70 n.Chr. beigetragen. Mit der Vernichtung des Tempels von Jerusalem verlor das jüdische Volk seinen Mittelpunkt; es wurde zerstreut im Nahen Osten, in Asien, Nordafrika und Europa. Der jüdische Stadtname geriet in Vergessenheit. Kirjat Arba verwandelte sich in Al-Khalil.

Hatten unter schwierigen Umständen nach der islamischen Eroberung im Jahre 637 noch einige jüdische Familien im Umkreis des Patriarchengrabes in bescheidenen Hütten ausgehalten, so machten die Kreuzritter um das Jahr 1100 der jüdischen Präsenz im ganzen Land ein Ende. Der islamische Herrscher Saladin – der 1187 der Mächtige wurde im Land zwischen Mittelmeerküste und Jordangraben – zeigte sich keineswegs bereit, den Juden Wohnrecht in Al-Khalil zu gewähren. Ausdrücklich war verboten, daß sich Juden und Christen dem Heiligtum des »Ibrahim« näherten.

Im Verlauf der Jahrhunderte wagten sich dann doch vereinzelte jüdische Familien in die Stadt. Sie sollen vor allem Färber gewesen sein. Im Jahre 1929 wohnten 700 Juden in Al-Khalil. Die britische Mandatsverwaltung hatte die Zuwanderung erlaubt – zum Ärger der Palästinenser. In jenem Jahr wurden 67 der 700 Juden durch ein brutales Massaker getötet. Die Überlebenden flohen vor den Palästinensern in Gebiete, die sicherer waren.

Seit dem Jahr 1929 werden die Palästinenser von den Juden, die sich aus religiösen Gründen verpflichtet fühlen, beim Grab des Stammvaters Abraham zu leben, mit Haßgefühlen betrachtet. Religiöse Verpflichtung und Emotionen geben der Stimmung in Al-Khalil Brisanz.

1929 haben Palästinenser den Grund und Boden der geflohenen Juden übernommen. Die Juden, die heute in der Stadt leben, die sie Hebron nennen, legen Wert auf die Feststellung, daß sie seit dem Sommer 1967 – also nach der Eroberung der Stadt durch die israelische Armee – nichts anderes getan haben, als die Grundstücke wieder in Besitz zu nehmen, die den Juden 1929, nach dem Massaker durch Palästinenser, geraubt worden sind.

Im Juni 1967 hatte die jordanische Armee die Stadt ohne Widerstand verlassen. Da war ein Machtvakuum entstanden. Die israelische Regierung, darauf bedacht, den Palästinensern keine Möglichkeit zu geben, sich eigene administrative Strukturen zu schaffen, mußte das Vakuum füllen. Generalmajor Narkiss, zuständig für das eroberte Gebiet am Westufer des Jordan, fuhr mit Verteidigungsminister Moshe Dayan nach Hebron. Sie besuchten Bürgermeister Mohammed Jaabri. Der Palästinenser sollte die Geschäfte weiterführen, doch seine Aufgabe war auf Verwaltungsaufgaben in der Stadt beschränkt. Da durfte kein Gedanke aufkommen an Unabhängigkeit der Palästinenser. Dayan war der Meinung, die eroberten Gebiete sollten nie zurückgegeben werden. Bürgermeister Mohammed Jaabri wurde aufgefordert, die Möglichkeit zu schaffen für die Rückkehr der Juden nach Hebron. Insbesondere war die Stadt zu öffnen für die Nachkommen der Familien, die 1929 vertrieben worden waren.

Es bildete sich eine »Vereinigung zur Beibehaltung der besetzten Gebiete«. Ihr gehörten vor allem Intellektuelle an – Lehrer, Ingenieure, Gelehrte. Sie hatten schon im Sommer 1967 die Absicht bei Hebron zu siedeln – möglichst nahe an der Höhle Machpela, am Grab des Patriarchen Abraham. Die Idee entwickelte sich, Kirjat Arba neu entstehen zu lassen, zunächst auf einem Hügel nordöstlich von Hebron. Die Vereinigung wurde ermutigt durch den Minister für religiöse Angelegenheiten des Staates Israel, der am 12. August 1967 verkündete: »Was die Moschee des Ibrahim in Hebron angeht und die Höhle von Machpela, so kann ich nur sagen, daß es sich um ein jüdisches Heiligtum handelt, das wir gekauft haben.«

Die neue Stadt Kirjat Arba ist langsam gewachsen. Sie hat inzwischen 4500 Einwohner erreicht. Die Ansiedlung bietet nur geringe Arbeitsmöglichkeiten. Da existiert kein Gewerbebetrieb, keine Industrie, kaum Handwerker. Das Siedlungsgebiet ist eingeengt durch Stacheldraht. Militär und Polizei bewachen das Gelände. Wer arbeiten will, der muß nach Jerusalem oder nach Beersheba fahren. Die Entfernungen betragen 35 und 45 km. Die Stimmung in Kirjat Arba ist deprimierend. Gleichartige Häuser an Straßenschleifen, die sich über einen der Sonne ausgesetzten Hügel hinziehen. Die Gebäude sind modern und nüchtern.

Im Krankenhaus der Siedlung Kirjat Arba hat der Militärarzt Baruch Goldstein gearbeitet. Für die meisten der Siedlungsbewohner ist er ein Held – weil es ihm gelungen ist, Palästinenser am Grab Abrahams zu töten.

Es war ein Freitag Ende Februar des Jahres 1994. Ein besonderer Tag: Der islamische Wochenfeiertag im heiligen Fastenmonat Ramadan. Das Morgengebet in der Ibrahim-Moschee beginnt um 5.30 Uhr, vor der Zeit des Sonnenaufgangs. 700 Männer, Frauen – darunter auch einige Kinder – sind dicht gedrängt in Reihen aufgestellt. Sie beugen sich und knien im gewohnten Ritual. Sie bereiten sich darauf vor zwölf Stunden lang zu fasten wie es der Prophet Mohammed vorgeschrieben hat. Gemäß der von ihm hinterlassenen Instruktionen beten Männer und Frauen getrennt.

Zuständig für Ordnung in der Moschee ist Mohammed Sleiman Abu Sarah, der erfahrene Moscheewärter. Er steht am Eingang. In einigem Abstand halten sich drei israelische Soldaten auf. Sie tragen Stahlhelme und Splitterwesten. Sie kümmern sich nicht um einen israelischen Offizier, der auf die Moscheetür zugeht. Der Moscheewächter kennt den Offizier, der den Rang eines Hauptmanns der Reserve besitzt. Mohammed Sleiman Abu Sarah weiß, daß er Ärger bekommen wird. Der Hauptmann ist bewaffnet; lässig trägt er ein Galil-Sturmgewehr in der rechten Hand. Als Israeli, der sich in den besetzten Gebieten aufhält, ist er berechtigt eine Waffe bei sich zu haben. Nicht erlaubt aber ist dem Bewaffneten der Eintritt in die Ibrahim-Moschee. Der Wächter versucht, den Hauptmann zu veranlassen, die Waffe bei den israelischen Soldaten abzugeben, doch er kommt kaum zu Wort. Der Offizier schlägt ihn mit dem Kolben des Sturmgewehrs zu Boden. Die Soldaten kümmern sich nicht um den Vorfall.

Mit eiligem Schritt erreicht der Bewaffnete das Innere der Moschee. Er weiß genau was er tun will – und er zögert keinen Augenblick. Er reißt das Sturmgewehr hoch und feuert auf die Betenden, die mit dem Rücken zu ihm stehen. Sein Ziel sind die Männer; die Frauen hat er nicht im Visier. Die in schneller Folge abgefeuerten Geschosse zerschmettern die Hinterköpfe von sechs Betenden. Sie brechen zusammen. Gehirnmasse und Blut spritzt auf den Boden. Als das erste Magazin des Galil-Sturmgewehrs leergeschossen ist, klickt der Offizier das nächste an seine Waffe. Er schießt jetzt auf die Männer, die losrennen, um seinen Kugeln zu entkommen. Ein Haufen verkeilt sich im Ausgang. Vor den regelmäßigen Schüssen des Offiziers gibt es kein Entkommen. Der Knall der Schüsse mischt sich mit dem Geschrei der Getroffenen und der Erschreckten, die in Panik geraten. Die Frauen kreischen vor Entsetzen. Zehn Minuten lang schießt der Offizier. Dann wirft ihm ein beherzter Palästinenser einen Feuerlöscher an den Kopf. Jetzt stürzt der

Offizier zu Boden Männer fallen über ihn her, um ihm die Waffe zu entreißen.

In diesem Augenblick stürmen die drei israelischen Soldaten in die Moschee. Im Durcheinander haben sie den Eindruck, der Offizier sei das Opfer einer palästinensischen Gewalttat. Sie wollen dem offenbar in Bedrängnis geratenen Israeli helfen und schießen auf die Männer, die ihn am Boden festhalten. Nun wendet sich die in Hysterie verfallende Masse gegen diese Schützen. Sie werden geschlagen, doch sie können entkommen. Der Offizier aber stirbt an den Verletzungen, die ihm von der wütenden Menge zugefügt werden. Beim Eintreffen israelischer Sicherheitskräfte liegen der übel zugerichtete Offizier am Boden – und 39 tote Palästinenser. Die Zahl der Verletzten wird später mit 100 angegeben.

Der Moscheewächter Mohammed Sleiman Abu Sarah weiß, wer geschossen hat. Er kennt den Mann, der schon öfter als Unruhestifter aufgefallen ist: Es ist der Arzt Dr. Baruch Goldstein aus der Siedlung Kirjat Arba.

Goldstein ist als Amerikaner geboren worden und ist als Amerikaner aufgewachsen. Seine Heimat ist Brooklyn. Die Familie Goldstein gehörte dort zum Mittelstand. Der Vater arbeitete für die lokale Schulbehörde. Er war nicht als überaus religiös bekannt. Der Junge, dessen Vorname offiziell Benjamin war, zeigte durch seine Erscheinung, daß er den jüdischen Glauben ernst nahm: Er trug die Kopfbedeckung der Orthodoxen und er pflegte seine Schläfenlocken.

Seine Haltung mußte ihn in New York mit den Anhängern des Rabbi Meir Kahane in Verbindung bringen, dessen Jewish Defence League militant für zionistische Ziele kämpft. Der Rabbi predigte Haß gegen die Araber. Er propagierte den Anspruch der Juden auf das gesamte Heilige Land, das Gott dem »auserwählten Volk« übereignet hatte. Meir Kahane verlangte die Ausweisung aller Palästinenser in Richtung Jordanien – und Benjamin Goldstein gab ihm recht.

Der Rabbi band den jungen Mann eng an sich: Er suchte ihm eine Frau aus, die ebenfalls zu seinem Kreis gehörte, und er verheiratete die beiden persönlich.

Die Orientierung im Sinne des Rabbi verhinderte nicht, daß Goldstein mit Energie sein Medizinstudium vorantrieb. Im Jahr 1977 war er bester Student der Yeshiva Universität in New York City; sechs Jahre später, als Absolvent des Albert Einstein College of Medicin, emigrierte Goldstein nach Israel. Rabbi Meir Kahane hatte sich zuvor schon in Israel niedergelassen. Seine politisch-religiöse Plattform fand er durch die Gründung der Kachpartei, die in Israel den Staat religiös-national reformieren wollte. Goldstein, der jetzt seinen Vornamen von Benjamin in Baruch umwandelte, vertrat im Stadtrat von Kirjat Arba die Prinzipien der Kachpartei. Als Parteimitglied trat er sonst allerdings nicht hervor.

In der durch religiöse Emotionen aufgehetzten Atmosphäre der von Stacheldraht umzäunten Siedlung entwickelte sich Goldsteins Haß gegen die Palästinenser weiter: »Sie sind die Pest für unser Land!« Öffentlich sprach der politisierende Arzt dem anderen Volk jede Berechtigung der Existenz im Heiligen Land ab. Er verkündete lautstark, es sei die Pflicht eines jeden gottgefälligen Juden, möglichst viele Palästinenser umzubringen – und er erhielt Beifall in Kirjat Arba. Die meisten Bewohner der Siedlung bei Hebron ließen sich hineintreiben in die Hysterie der Verachtung für Palästinenser.

Die Moslems von Hebron wiederum fühlten sich bedroht durch Goldsteins Haßtiraden. Mancher reagierte mit einer Gewalttat. Zwei Männer, Vater und Sohn, aus einer mit Goldstein befreundeten Familie aus Kirjat Arba wurden auf der Straße von Hebron zur Siedlung von Palästinensern ermordet. Goldstein hatte als Militärarzt Notdienst an jenem Abend. Er wurde zu Hilfe gerufen, doch die beiden Männer waren nicht zu retten. Dieses persönliche Erlebnis führte dazu, daß Goldstein eine baldige blutige Aktion in Hebron androhte: »Es wird einer kommen, der den Palästinensern, unseren blutgierigen Feinden, den Tod in gewaltigem Ausmaß bringt« – und er meinte sich selbst.

Als großes Unglück hatte der Sympathisant der Kachpartei empfunden, daß sein Vorbild Rabbi Meir Kahane in New York City einem Attentäter zum Opfer fiel. Der Mörder war ein Palästinenser. Am Grab des Patriarchen Abraham erklärte Goldstein die Araber des Heiligen Landes zu »Gottesfeinden«. Er leistete den Schwur, Hebron werde den Arabern entrissen, damit wieder die Stadt erstehen könne, die einst von Gott dem jüdischen Volk zugesprochen worden ist. Vor Zeugen ist dieser Schwur geleistet worden, aus Anlaß der Präsentation einer neuen Thorarolle im Heiligtum.

Dem Staat Israel traute Goldstein nicht mehr zu, daß er eine von Gott inspirierte Gesellschaftsordnung entwickeln könne. Dem Arzt schwebte zuletzt die Gründung eines unabhängigen Staates »Judäa« vor. Sein Territorium sollte dem Siedlungsgebiet des Stammes Juda zur Zeit der Könige Saul und David entsprechen. Er redete davon, daß nicht Jerusalem die Hauptstadt von »Judäa« sein werde, sondern Hebron, die Stadt Abrahams, des Stammvaters der Juden. Selbstverständlich sollten alle palästinensischen Gebiete am Westufer des

Jordan zum Staat »Judäa« gehören – ohne die palästinensischen Bewohner.

Mit systematischer Provokation bemühte sich Goldstein über Monate hin, den Moslems deutlich zu machen, daß am Grab des Patriarchen kein Platz mehr für sie sei.

Innerhalb der Halle der Patriarchengräber werden die Tagesstunden streng in getrennte Gebetszeiten für Moslems und Juden eingeteilt. Um Reibereien zu vermeiden, dürfen sich die Angehörigen der beiden Religionen nicht an einem derart exponierten Ort begegnen. Dr. Goldstein überschritt häufig absichtlich die jüdische Gebetszeit. Er riskierte damit Streit und Handgreiflichkeiten – die Moslems wollten keinem Juden gestatten, bei ihren Gebeten zuzuschauen. Verließ der Provokateur dann doch das Heiligtum, forderte er noch unter der Tür die Palästinenser auf, von hier so rasch als möglich zu verschwinden.

Diese Vorgeschichte war dem Moscheewärter Mohammed Sleiman Abu Sarah wenigstens zum Teil bekannt gewesen: Er hatte die Gewalttätigkeit des Offiziers Baruch Goldstein selbst erlebt. Er war sich bewußt gewesen, daß der religiös-nationale Fanatiker eines Tages zum Schnellfeuergewehr greifen würde, um das Heiligtum des Patriarchen für seine Glaubensbrüder »zu erobern«. Doch dem einfachen Mann war nicht die Kraft gegeben, das Massaker zu verhindern.

Die Ermordung der 39 Palästinenser geschah fünf Monate nach der Unterzeichnung der Declaration of Principles on Palestinian Self-Rule (DOP). Zum Zeitpunkt des Massakers am 25. Februar 1994 war abgesprochen, jedoch noch nicht in die Tat umgesetzt, daß sich die israelischen Sicherheitskräfte aus Gaza und aus dem Gebiet Jericho zurückziehen. Erst am 17. Mai 1994, also ein Vierteljahr nach dem Massaker, wurden Gaza und Jericho der Kontrolle der sich bildenden Palestinian National Authority übergeben. Waren die Verhandlungen zum Komplex Gaza/Jericho schwierig gewesen, so erschienen die Probleme im Fall Hebron unüberwindbar. Die israelische Regierung war in ihren Entscheidungen der Gefangene der Siedler von Kirjat Arba.

Wenn in der Siedlung über Baruch Goldstein gesprochen wurde, dann wurde seine Person gepriesen. Die Siedler gaben ihm den Ehrennamen »Zaddik« – der Gerechte. Auf der Grabplatte in einem eigens angelegten Park in Kirjat Arba ist zu lesen: »Dr. Baruch Goldstein, der sein Leben gab für das Volk Israel, für die Thora, und für sein

Land.« Die Menschen von Kirjat Arba rechtfertigten Goldsteins Tat damit, daß sie erzählten, die Palästinenser hätten sich an jenem Freitag im Fastenmonat Ramadan nur deswegen versammelt, um einen bewaffneten Angriff auf die Siedler vorzubereiten. Goldstein aber sei ihnen zuvorgekommen. Sie verlangten Bestrafung der Männer, die den Helden Goldstein getötet hätten. Es sei empörend, so war zu hören, daß sich um die Entdeckung dieser Schuldigen der Staat Israel nicht kümmere.

Empörung herrschte in Kirjat Arba darüber, daß die israelische Regierung im Juli 1994, also ein halbes Jahr nach den Ereignissen am Patriarchengrab, den Polizeikommandanten von Hebron absetzte. Er wurde für die Passivität der drei Soldaten verantwortlich gemacht, die den bewaffneten Offizier Goldstein nicht am Betreten der Ibrahim-Moschee gehindert hätten. Für die Schüsse der israelischen Soldaten auf die Palästinenser wurde niemand zur Rechenschaft gezogen.

Die Bewohner von Kirjat Arba hatten geglaubt, mit dem 25. Februar 1994 sei der Friedensprozeß zum Scheitern gebracht: Palästinenser und Israelis würden sich nie mehr an einen Tisch setzen, um die Gespräche wieder aufzunehmen. Die Schüsse auf die Palästinenser waren auch als Schüsse gegen die Verständigungspolitik des israelischen Ministerpräsidenten Rabin gedacht gewesen. Es hing nun in erster Linie von Jassir Arafat ab, ob der Schock nur einen Rückschlag auslöste oder den völligen Verzicht auf Verständigung. Zu diesem Zeitpunkt fehlte wenig, und die »Intifada«, der Aufstand der steinewerfenden Jugendlichen wäre wieder aufgeflammt.

Jassir Arafat hatte auf die erste Nachricht vom Massaker mit Vorsicht reagiert. Auf die Frage, ob er den Frieden noch immer für möglich halte, antwortete er: »Von welchem Frieden reden Sie? Von einem Frieden, in dem unser Volk das Opfer ist? Israel will einen Frieden, in dem es erlaubt ist, unser Volk zu töten!« Arafat nannte das Massaker ein ›Komplott gegen den Frieden‹: An diesem Komplott seien viele beteiligt. Doch Arafat hielt für die Fortsetzung der Gespräche mit Rabin eine Option offen. Dazu hatte ihn Rabins Äußerung ermutigt, er halte die Tat für Mord, für ein Verbrechen. Rabin hatte hinzugefügt: »Als Israeli schäme ich mich, daß etwas derart Schreckliches bei uns geschehen konnte.«

Es war der amerikanische Präsident Bill Clinton, der mit Überzeugungskraft Druck auf Arafat und Rabin ausübte. Er argumentierte, die Hoffnung der Völker im Konfliktfeld Nahost dürfe nicht enttäuscht werden. Israelis und Palästinenser wünschen sich, ein Leben in Frieden führen zu dürfen. Wenn Israelis und Palästinenser jetzt nicht mehr miteinander redeten, dann hätten Radikale, wie Baruch Goldstein, gewonnen. Der Schock über den Tod der 39 Männer müsse dazu genutzt werden, die Verhandlungen rasch weiterzuführen, um die Voraussetzungen für ähnliche Verbrechen zu zerschlagen.

Clintons Appelle waren erfolgreich. Im September 1995 einigten sich israelische und palästinensische Unterhändler auf den Rückzug der israelischen Streitkräfte aus den größeren Städten des Westjordanlandes. Nur Hebron sollte ein Sonderfall bleiben – aus Rücksicht auf hartnäckige Verteidiger des jüdischen Anspruchs auf das gesamte Land der Vorväter.

Mancher Vorfall war als Ereignis bedeutungslos, doch jeder einzelne spiegelte die aggressive Stimmung in der Stadt Hebron. Am zweiten Jahrestag der Unterzeichnung des Dokuments über die Prinzipien der Palästinensischen Selbstverwaltung, randalierten junge Siedler aus Kirjat Arba in den Palästinenservierteln von Hebron. Auf manche Häuser wurden Davidsterne gesprüht. Vor der Grundschule für Mädchen wurde der besonders unappetitliche Inhalt von Müllsäcken ausgeleert. Einen Tag später stürmten junge Männer das Schulgebäude. Sie stießen die Mädchen beiseite, die sich ihnen schreiend in den Weg warfen. Das Ziel der Männer war das Dach der Schule: Dort wehte die Palästinenserfahne. Sie wurde heruntergerissen.

Mustafa Natscheh, der Bürgermeister von Hebron, der zum Tatort gerufen wurde, belehrte die Siedler, die Palästinenser hätten aufgrund der mit Israel geschlossenen Abkommen das Recht, auf den Schulgebäuden ihre Fahne zu hissen. Kaum aber wehte die Fahne wieder auf dem Dach und kaum war Bürgermeister Natscheh wieder in sein Auto gestiegen und in sein Büro zurückgefahren, da wurde die Grundschule erneut gestürmt. Diesmal wurde die Palästinenserfahne zerfetzt.

Der Schule gegenüber – mitten in Hebron – steht ein Gebäude, das von jüdischen Siedlern bewohnt wird. Es trägt den Namen Bet Hadassah, »Haus Esther«. Namenspatronin ist die jüdische Frau des persischen Königs Xerxes (486–465 v. Chr.). Die Geschichte der Esther, erzählt im biblischen Buch Esther, berichtet, König Xerxes sei durch eine Intrige überzeugt worden, die Juden, die in seinem Reich lebten, stellten eine Gefahr für seine Macht dar. Xerxes gab Befehl, die Juden zu töten. Esther aber, die eine schöne und intelligente Frau war, gelang es, durch Einsatz ihrer Reize den König Xerxes zu veranlassen, sein Edikt gegen die Juden aufzuheben. Hadassah (Esther) gilt seither als die Retterin des jüdischen Volkes. Ihrer Tat wird jährlich beim Purimfest gedacht. Es ist das heiterste Fest des jüdischen Volkes.

Wer im Bet Hadassah, im Haus Esther, von Hebron lebt, der ist überzeugt, die Bücher der Bibel seien dem jüdischen Volk Wegzeiger zum Heil. Die Bewohner sind meist aus den USA nach Israel übersiedelt. Sie sind über das Meer gekommen, weil sie in unserer Zeit an das Versprechen Gottes gegenüber dem jüdischen Volk glauben, weil sie mithelfen wollen, das verheißene Land dem jüdischen Volk zu sichern.

400 Juden leben in Hebron, konzentriert auf wenige Häuser, die alle an der Straße liegen, die am Heiligtum des Patriarchen Abraham vorüberführt. Diese Straße wird bewacht, wie keine andere zwischen Jordan und Mittelmeer; in ihrem Umkreis befinden sich elf israelische Kontrollposten. Sie sind gekennzeichnet durch die Flagge des Staates Israel. Die Soldaten tragen Splitterwesten; ihre Schnellfeuergewehre sind geladen. Insgesamt stehen 1500 Mann israelischer Sicherheitskräfte zum Schutz der jüdischen Familien bereit. Daß ihre Bedrohung ernst zu nehmen ist, macht der Blick auf die Stadt rings um den Kern von Hebron deutlich: Dort leben 100 000 Palästinenser, sie nennen ihre Heimat nicht Hebron, sondern Al-Khalil – der Freund. Der Name beruht auf der Überzeugung, Ibrahim – von den Juden Abraham genannt – sei der Freund Allahs, bis heute.

Ministerpräsident Yitzhak Rabin sah den Streit um das Patriarchengrab nicht als ewigen Konflikt. Er hoffte auf wachsendes Verständnis zwischen denen, die an den »Freund Allahs« glaubten, und denen, die der festen Überzeugung sind, Abraham sei das Siegel des Bundes zwischen Gott und dem jüdischen Volk. Rabin rechnete nüchtern: Die Kosten für die effektive Bewachung der 400 jüdischen Bewohner von Hebron sind hoch. Eine Umsiedlung in sichere Gebiete würde der israelischen Staatskasse finanzielle Erleichterung bringen. Derartige Überlegungen – ausgesprochen in der Öffentlichkeit – erregten viele Gemüter. Sie lösten den Plan zur Ermordung Rabins aus.

Rabins Mörder beruft sich auf die Bibel

Arafat sagte zu recht: »Rabin war mein Partner auf dem Weg zum ›Frieden der Tapferen‹«. Wer sich auf den Konflikt mit den überzeugten jüdischen Nationalisten einließ, der mußte ein hohes Maß an Mut besitzen. Rabin wurde offen angefeindet als Verräter, sogar als »Nazi«, der den Untergang des jüdischen Volkes durch seine Politik herbeiführe. Die Drohungen waren nicht zu überhören. Am Tag vor der Unterzeichnung des Abkommens, das 85 Prozent der Stadt Hebron der palästinensischen Aufsicht unterstellte, hatte der Sprecher des »Rates jüdischer Siedler in Judäa, Samaria und Gaza« verkündet: »Wir werden alles, aber auch wirklich alles unternehmen, um dieses Abkommen scheitern zu lassen.« Und er hatte hinzugefügt: »Die Mehrheit des jüdischen Volkes steht hinter uns!«

Am 4. November 1995 wird Yitzhak Rabin ermordet. Seine Frau Lea ist bei ihm, als ihn die Schüsse trafen. Kurz nach dem Attentat schildert sie in einem Rundfunkinterview den Vorgang:

»Ich gehe hinter meinem Mann die Treppe hinunter. Da höre ich Schüsse tack-tack. Mein Mann liegt am Boden. Die Sicherheitsbeamten reißen mich weg. Ich frage einen von ihnen was passiert ist. Er sagt, jemand hat mit Platzpatronen geschossen! Es dauerte lange, bis wir ins Krankenhaus kamen. Die Ärzte kämpften um sein Leben. Doch es war von Anfang an aussichtslos. Ich saß vor dem Operationssaal. Ich erfuhr die Wahrheit: Er hatte keinen Blutdruck mehr und keinen Pulsschlag. Das schreckliche Bild, wie er zusammenbrach, wird nie von meinen Augen weichen.«

Es geschah auf dem »Platz der Könige Israels« in Tel Aviv. Mindestens 100 000 Menschen waren zusammengekommen, um für den Frieden mit den Palästinensern zu demonstrieren, und damit für die Politik des Ministerpräsidenten Rabin. In Bussen waren sie aus ganz Israel angereist: Meist junge Menschen, die ein fröhliches Fest feiern wollten. Es sollte Beweis dafür sein, daß eben nicht die Feinde des Friedens das Land beherrschten.

Mit Rufen »Rabin! Rabin!« wird der Ministerpräsident von der Masse empfangen. Es ist Abend. Viele der Demonstranten halten Kerzen in den Händen. Im Schein der Platzbeleuchtung sind Plakate zu erkennen mit Parolen »Peace now!« Luftballone steigen auf in das Dunkel der Nacht. Die jungen Menschen schöpfen Hoffnung auf Frieden aus den Worten des Ministerpräsidenten: »Ich habe mein ganzes Leben lang gekämpft, doch niemals sah ich eine Chance für den Frieden. Jetzt aber erkennen wir die Chance. Wir sind für den Frieden und gegen Gewalt!«

Das Friedensfest wird durch Schüsse beendet. Der Attentäter läßt sich ohne Gegenwehr festnehmen. Er bekennt sich zu der Tat: »Ich habe sie begangen, weil mir der Himmel dazu den Befehl gegeben hat!« Auf die Frage des ersten Vernehmungsrichters, ob er das biblische Gebot nicht kenne, das da heiße »Du sollst nicht töten!« antwortete der Attentäter, es gebe in der Bibel wichtigere Gebote als gerade dieses. Und er fügte hinzu, wenn der Richter aus der Bibel nur die Zehn Gebote kenne, sei dies sehr bedauerlich; die Heiligen Schriften enthielten Gesetze, die für jeden Juden verpflichtend seien. Dort sei zu lesen, daß Verräter am jüdischen Volk getötet werden müßten.

Yigal Amir, Rabins Mörder, hat ein intelligentes Gesicht. Seine Antworten sind klar formuliert. Der Haftrichter begreift, daß da nicht ein Psychopath vor ihm steht, sondern ein junger Mann, der aus Überzeugung getötet hat.

Der 27jährige Yigal Amir ist Jurastudent – wobei er sich besonders mit Studien auf dem Gebiet der religiös jüdischen Rechtsordnung beschäftigt hatte. Angeregt durch öffentlich diskutierte Überlegungen innerhalb des »Vorstands der Rabbiner von Judäa und Samaria«, den Ministerpräsidenten Rabin unter Berufung auf den jüdischen Rechtsgelehrten Maimonides wegen »seines Vergehens gegen das jüdische Volk« zu verurteilen, befaßte sich Yigal Amir mit den Lehren des Gelehrten aus dem 12. Jahrhundert.

Daß der junge Student von dieser Persönlichkeit fasziniert war, ist zu verstehen. Maimonides hatte einen bestechenden Verstand besessen, ein umfassendes Wissen, und er war – als Jude – durch bittere Erfahrungen geprägt.

Als Gelehrter ist er unter dem Namen Moses Maimonides bekannt; die hebräische Form seines Namens ist Mose ben Maimon. Er ist im Jahr 1135 in der spanischen Stadt Cordoba geboren worden. Der Vater Maimon war ein wohlhabender und weiser Mann, der im Bewußtsein des Sohnes die Basis für die Gelehrsamkeit legte.

Die Familie lebte in einer Stadt, deren islamische Herren religiöse Toleranz praktizierten. Die Juden genossen Freiheit. Doch im Jahre 1148 – Mose ben Maimon war gerade dreizehn Jahre alt – änderte sich der Charakter der Herrschaft auf der Iberischen Halbinsel: Die Sekte der al-Muhawiddun (in Geschichtsbüchern »Almoheden« genannt) bekam die Macht in die Hand. Die Zeit der religiösen Toleranz war zu Ende. Die Juden hatten sich zu entscheiden:

Entweder sie bekannten sich zum Islam, oder sie mußten die Stadt verlassen. Der Gelehrte Maimon versuchte einen Ausweg: Er kleidete sich und benahm sich wie ein Moslem – und er hielt dieses Leben elf Jahre lang durch. Schließlich aber wurde den islamischen Herren bekannt, daß der weise alte Mann kein überzeugter Moslem war. Vater Maimon wurde argwöhnisch beobachtet. Die Gefahr, entdeckt und getötet zu werden, war letztlich zu groß. Im Jahr 1159 übersiedelt die jüdische Familie nach Afrika, nach Fez. Diese heute marokkanische Stadt stand damals zwar auch unter der Herrschaft der al-Muhawiddun, doch sie lag weit von deren Machtzentrum entfernt. Die Familie glaubte sicher zu sein. Mose ben Maimon studierte jüdisches Recht und griechische Philosophie und machte gewaltige Fortschritte auf dem Weg, ein Gelehrter von umfassendem Wissen zu werden.

Im Jahre 1165 aber wurde sein Lehrer Rabbi Judah Ibn Shoshan verhaftet unter der Anklage, praktizierender Jude zu sein. Der Rabbi wurde hingerichtet. Vater Maimon entschloß sich, ins Heilige Land auszuwandern. Es gelang jedoch nicht, dort Fuß zu fassen. In Jerusalem war Gelehrsamkeit nicht gefragt. Die Familie zog weiter nach Cairo. Dort wurden die Juden nicht wegen ihres Glaubens behelligt. Jedoch gab es bei aller Toleranz eine Spezialklausel: Juden, die sich zum Islam bekannt hatten, durften nicht wieder zu ihrem jüdischen Glauben zurückkehren. Vater Maimon, der Jude, wurde beschuldigt, einmal Moslem gewesen zu sein. Er konnte die islamischen Richter jedoch überzeugen, ohne Unterbrechung immer nur Jude gewesen zu sein. Maimon starb kurze Zeit nach Aufhebung der Anklage.

Ein zweiter herber Schlag traf den Gelehrten: Sein Bruder David, der ein erfolgreicher Juwelenhändler war, ertrank beim Untergang eines Schiffes vor dem Hafen Alexandria. Mit ihm versank das gesamte Familienvermögen in den Fluten. Mose ben Maimon hatte bisher auf Kosten von Vater und Bruder gelebt – jetzt war er gezwungen, für sich selbst zu sorgen. Er versuchte sich als Arzt; und er hatte Erfolg. Der Ruhm seines Könnens verbreitete sich rasch in Cairo. Sultan Saladin (1137–1193), der Held der Moslems, erfuhr von der Heilkunst des jüdischen Arztes, und er ernannte ihn zum Leibarzt.

Während seines unruhigen Lebens hatte Maimonides seine Gedanken in Buchform zusammengefaßt. Sie beschäftigten sich mit Logik und Metaphysik. Das Werk aber, das dem Rechtsstudenten Yigal Amir zur Richtschnur seines Handelns wurde, war eine Sammlung von Kommentaren zu jüdischen Rechtsvorschriften. Es war Maimonides gelungen, ein Kompendium gültiger Entscheidungen vorzulegen, die in den Traditionen der Vorväter verankert sind.

Der Vorstand der Rabbiner von Judäa und Samaria hatte dem Werk des Rechtsgelehrten Maimonides den Grundsatz entnommen, kein Jude dürfe Land, das Abraham einst von Gott für das jüdische Volk zugeteilt bekommen habe, an Nichtjuden übergeben. Eine derartige Übertragung der Besitzrechte sei ein Verbrechen, das nur mit dem Tod geahndet werden dürfe. Bei Anwendung dieses Grundsatzes war Ministerpräsident Rabin ein Verbrecher, der sich am Eigentum des jüdischen Volkes vergangen habe. Rabin habe nicht das Recht, Teile des Heiligen Landes, das den Vorvätern einst gehört hatte, an die Palästinenser abzugeben.

Der Attentäter Yigal Amir hatte sich von der Argumentation der Rabbiner überzeugen lassen. Während seiner Vernehmungen hatte er mehrmals eindeutig erklärt, die »göttliche Gerechtigkeit« habe von ihm verlangt, daß er Rabin töte, weil dieser biblisches Land verschenkt habe. Noch immer gelte der Bund des jüdischen Volkes mit Gott. Grundlage des Bundes sei die Übereignung des Heiligen Landes an Abrahams Nachkommen in der Geschlechterlinie des Isaak – dazu aber gehörten die Palästinenser nicht.

Der Attentäter Yigal Amir stand mit seiner Ansicht nicht allein: Er hatte Mitwisser und Komplizen, die ihn ermutigt hatten, die Waffen beschafft hatten und die Vorschläge gemacht hatten, welche Plätze sich am besten für den Mord eigneten. Sein Bruder Hagas Amir hatte Yigal zugeredet, Gott verlange die Tat. Ein dritter Rechtsstudent war Verbindungsmann zu den Rabbinern, die darauf bestanden, sie wüßten Bescheid, was Gottes Willen sei. Der Zeitschrift »Jerusalem Report« ist wenige Tage nach dem Mord zu entnehmen, die Rabbiner hätten einen Fluch ausgesprochen, der diesen Wortlaut hatte: »Es ist uns erlaubt, gegen Yitzhak die Peitsche des Feuers herabzuflehen. Wir bitten die Engel darum, daß sie das Schwert erheben gegen diesen Mann, der Böses will. Die Engel mögen Rabin töten, weil er das Land Israels unseren Feinden, den Söhnen Ishmaels ausliefern will.«

Der Mord am Partner Arafats hatte das Ziel, dem »Frieden der Tapferen« ein rasches Ende zu bereiten. Doch zur Enttäuschung der Rabbiner und ihrer Anhänger verfolgte Peres den von Rabin eingeschlagenen Kurs weiter. Am 13. November 1995, also nur neun Tage nach dem Attentat, zog sich die israelische Armee aus der Stadt Jenin zurück. Einen Monat später erfolgte der Abzug aus Tulkarem, Nablus, Kalkilya, Bethlehem und Ramallah. Biblisches Gebiet wurde den Palästinensern übereignet. Der Nachfolger Rabins, Shimon Peres, ließ sich nicht davon abbringen, die Vereinbarungen mit Arafat einzuhalten. Ministerpräsident Peres war sogar bereit, im Falle Hebron Zugeständnisse an die Palestinian National Authority zu machen.

Peres war fest davon überzeugt, daß seine konsequente Fortsetzung der Versöhnungspolitik mit den Palästinensern seine Wahlchancen absichern würde. In dieser Überzeugung setzte er einen frühen Wahltermin durch: den 29. Mai 1996. In seiner Siegeszuversicht hat Shimon Peres im Februar zuvor verkündet, bei diesen Wahlen werde auch zugleich über den künftigen israelischen Ministerpräsidenten abgestimmt – durch ein zweites Votum, das abgetrennt war von den Parlamentswahlen. Dieses Verfahren der Direktwahl des israelischen Ministerpräsidenten wurde tatsächlich am 29. Mai 1996 angewandt – zum ersten Mal.

Für diese Direktwahl gab es nur zwei Kandidaten: Shimon Peres und Benjamin Netanyahu. Da standen sich einer der Initiatoren des Friedensprozesses und ein Gegner der Aussöhnung mit den Palästinensern gegenüber. Benjamin Netanyahus Wahlpropaganda sagte klar aus, daß er den in Oslo ausgehandelten Vertrag für einen Irrtum halte, der rückgängig oder zumindest in entscheidenden Punkten korrigiert werden müsse.

Die US-Regierung, die an einer raschen Beendigung des israelisch-palästinensischen Konflikts interessiert war, unterstützte Shimon Peres. Die Berater des Präsidenten Clinton erlebten eine böse Überraschung als sie am Morgen des 30. Mai 1996 feststellten, daß Shimon Peres der Verlierer war, daß Benjamin Netanyahu bei der – zum erstenmal praktizierten Direktwahl – mit ganz knapper Mehrheit zum israelischen Ministerpräsidenten gewählt worden war.

Noch um Mitternacht israelischer Zeit hatten die Nachrichtenagenturen Shimon Peres an der Spitze der Wählergunst gesehen. Doch nun war der Gegner des Abkommens mit den Palästinensern Regierungschef des Staates Israel geworden. Netanyahu bestimmte fortan die Richtlinien der israelischen Politik – da war der Ausgang der Parlamentswahlen von geringerer Bedeutung: Es war keiner der beiden großen Parteien gelungen, einen deutlichen Stimmenvorsprung zu erringen. Der gewählte Ministerpräsident war in der nicht gerade beneidenswerten Position, sich eine von der Likudpartei geführte Allianz kleinerer politischer Gruppierungen formen zu müssen. Diese Allianz verfügte über 66 der 120 Abgeordnetensitze der Knesseth.

Am 18. Juni 1996 präsentierte Netanyahu sein Kabinett – und zur selben Stunde verkündete er die Grundlage seiner Politik: Er werde den Palästinensern auf keinen Fall die Gründung eines Staates gestatten; »biblisches Gebiet« werde nicht aufgegeben; unter seiner Führung werde es keinen Verzicht geben auf die Souveränität über die Golanhöhen. Einen Monat später setzte Netanyahu ein unübersehbares Zeichen, daß es ihm ernst war mit der Realisierung seines Wahlversprechens, den Palästinensern keine weiteren Konzessionen zuzugestehen: Er holte Ariel Sharon als Infrastrukturminister in sein Kabinett. Der frühere General galt als schlimmster Gegner der Palästinenser. Er hatte im Jahre 1982 die israelische Armee in den Libanon geschickt, um Arafat und mit ihm alle »Terroristen« zu vernichten. Er trug die Verantwortung für die brutalen Massaker in den Beiruter Palästinenserlagern Sabra und Shatila, bei denen 2000 Palästinenser ihr Leben verloren.

Als Infrastrukturminister sah sich Ariel Sharon verpflichtet, vor allem die Bevölkerungsstruktur der Palästinensergebiete zu verändern. Nach Meinung von Ariel Sharon war kein Platz für Palästinenser im Gebiet westlich des Jordan. Die arabische Bevölkerung von Hebron fürchtete, unter Aufsicht des Ministers Sharon könne sich die Bluttat wiederholen, die Dr. Baruch Goldstein an einem Freitagmorgen im Februar des Jahres 1994 ausgeführt hat – im heiligen Fastenmonat der Moslems. Die Unruhe der Palästinenser wuchs, als bekannt wurde, der Exgeneral befasse sich mit Plänen, Hebron – auf arabisch Al-Khalil genannt – wieder ganz in jüdische Hand zu bringen; so wie das einst zur Zeit der biblischen Vorväter gewesen war.

US-Diplomatie gegen Ansprüche aus dem Alten Testament

Infrastrukturminister Ariel Sharon machte im September 1996, vier Monate nach dem Wahlsieg von Benjamin Netanyahu, deutlich, was sein Ziel im Fall Hebron war: Die Zahl der in der Stadt lebenden Juden sollte von 400 auf 3000 gesteigert werden. Als ihre Heimat sah Sharon nicht die Siedlung Kirjat Arba außerhalb der eigentlichen Stadt vor, sondern den Kern von Hebron. Häuser in der Shuhadastraße – ganz in der Nähe des Bet Hadassah, in dem bereits Israelis lebten – sollten den Zuwanderern zur Verfügung gestellt werden. Palästinenser, die noch in diesen Häusern wohnten, sollten in andere Palästinensergebiete umziehen. Ariel Sharon schreckte nicht davor zurück zu verkünden, während der nächsten Wochen hätten 14 000 Palästinenser aus der Stadt, die »von der Geschichte her« zu Israel gehöre, zu verschwinden. Der Infrastrukturminister war der Meinung, ihre Heimat müsse künftig Transjordanien sein, das Land, in dem ohnehin die meisten Bewohner Palästinenser seien.

Präsident Bill Clinton, darauf bedacht, als Stifter der Aussöhnung zwischen Israelis und dem palästinensischen Volk in die Geschichtsbücher einzugehen, sah im Plan zur Vertreibung der Palästinenser aus Hebron einen Verrat am Abkommen, dessen Unterzeichnung er selbst am 13. September 1993 auf dem Rasen vor dem Weißen Haus überwacht hatte. Der Rahmen, der in der »Declaration of Principles on Palestinian Self-Rule« abgesteckt worden war, geriet in Gefahr, völlig zu zerbrechen. Artikel XIII der Declaration sah vor, daß ein »redeployment of Israeli forces« stattzufinden habe im Zeitraum unmittelbar nach Inkrafttreten der Grundsätze, die in der Declaration festgelegt sind. »Redeployment« bedeutet Umgruppierung der Streitkräfte. Wohin sie umzugruppieren sind, bestimmt der Absatz 2 vom Artikel XIII: »in redeploying its military forces, Israel will be guided by the principle that its military forces should be redeployed outside the populated areas«.

Der Vertragstext besagt eindeutig, daß sich die israelischen Streitkräfte aus bevölkerten Gebieten zurückzuziehen haben. Ganz ohne Zweifel war auch Hebron als »populated area« zu bezeichnen. Die Stadt gehörte also zu den Gebieten, die vertragsgemäß von den israelischen Truppen und Sicherheitsorganen zu räumen waren. Die Einhaltung dieser Absprache war schon der Regierung Peres schwergefallen. Der Verzicht auf die Stadt bei der Höhle von Machpela, die einst von Abraham ganz legal gekauft worden war, konnte den Juden, die an den Bund mit Gott glaubten, nur schwer verständlich gemacht werden.

Lebendiger Zeuge für das Recht der Juden, Hebron zu besitzen, war zur Zeit der Hebronaktivitäten des Ariel Sharon Rabbi Moshe Levinger, der sich in der Stadt niedergelassen hatte. Im April 1968 war er mit vier Familien nach Hebron gekommen; sie waren die ersten Juden in der Stadt nach dem berüchtigten Massaker von 1929, das Palästinenser zu verantworten hatten. Der Rabbi mietete sich mit vierzig Personen im ärmlichen Parkhotel ein, das damals leer stand.

Moshe Levinger sagte, er wolle das Passahfest in der Stadt Abrahams verbringen. Doch nach dem Fest zog er nicht wieder aus.

Rabbi Moshe Levinger propagierte wirkungsvoll das religiös-historische Recht der Juden, allein in Hebron zu leben: »In der Geschichte des Judentums ist Hebron ein ganz besonderer Platz. Die Patriarchen Abraham, Isaak und Jakob sind mit Hebron verbunden. Den Patriarchen gehört unser Herz. Diese Stadt wiederum bildet das Herz des Judentums.«

In Jahre 1968 argumentierte Rabbi Moshe Levinger – er war damals etwa vierzig Jahre alt – es sei völlig widersinnig zu sagen, Hebron und das gesamte Westufergebiet des Jordan seien »occupied territories«. »Die Araber hatten Hebron, Shechem (Nablus), Bet El und Jericho widerrechtlich besetzt. Wir sind zurückgekehrt in unseren Besitz! Die ganze Welt glaubt den Unsinn, wir seien die Besatzungsmacht. Wir sind die rechtmäßigen Besitzer!«

Ariel Sharon hatte auf dieser Argumentation aufbauen können. Nach Meinung des Exgenerals waren es vor allem die amerikanischen Politiker, die am Irrtum von den »occupied territories« festhielten, und denen es offenbar sogar gelang, israelische Politiker vom »Unrecht der Juden« zu überzeugen. Besonders der amerikanische Präsident Clinton sei auffallend hartnäckig in seinen Bemühungen, die Juden »aus ihrer Heimat zu vertreiben«.

Clintons Sondergesandte machten in der Tat dem Ministerpräsidenten Peres deutlich, daß vor allem Hebron geräumt werden müsse. Der Verzicht auf Hebron sei Bestandteil des gültigen Abkommens. Peres gab nach. Am 20. März 1996 – ein Vierteljahr vor seiner Wahlniederlage – verpflichtete er Israel zum Abzug aus der Stadt am Grab des Patriarchen.

Gewalt ließ dieses Abkommen scheitern. An dieser Gewalt waren Palästinenser schuld. Seit Februar 1996 detonierte Sprengstoff an belebten Plätzen in Jerusalem, Tel Aviv, Ashkalon. Fünfzig Israelis starben bei diesen Aktionen, die von Selbstmordattentätern ausgeführt wurden. Verantwortlich war offenbar die islamisch orientierte Palästinenserorganisation Hamas. Es nützte Arafat wenig, daß er betonte, nichts mit den Anschlägen zu tun zu haben – er war in den Augen der Israelis zuständig für sämtliche Aktionen der Palästinenser. Auch Peres sah es als Arafats Pflicht an, die Terroranschläge zu unterbinden. Da sie nicht unterbunden wurden, fühlte sich Peres veranlaßt, das Hebronabkommen vom 20. März 1996 aufzukündigen. Rabbi Moshe Levinger hatte dank der palästinensischen Gewalt gesiegt.

Hebron brauchte nicht aufgegeben zu werden. Doch trotz der Auf-
kündigung des Hebronabkommens verlor Peres die Wahl zum israelischen Ministerpräsidenten. Er sagte kurze Zeit nach der Niederlage:
»Es war eine schlimme Zeit. Mit jeder Detonation sah ich mein
Scheitern näherrücken!«

Gewalt ließ während jenen Wochen auch die hoffnungsvoll begon-
nenen Verhandlungen mit Syrien über eine Lösung des Golanpro-
blems scheitern. Die Gespräche wurden in Washington geführt und
waren bis zum Versprechen der Regierung Peres gediehen, das Go-
langebiet an Syrien zurückzugeben. Als die israelische Delegation in
Washington weisungsgemäß die Forderung erhob, die syrischen Delegierten hätten Terroranschläge zu verdammen und zu versprechen,
ihr Land habe keine Verbindung zu Terroristen, da weigerten sich die
Syrer. Sie reagierten auch auf Zureden amerikanischer Gesprächspartner nicht. Die syrischen Delegierten argumentierten, es bestehe
ein Unterschied zwischen Terroristen und Freiheitskämpfern. Ein
Palästinenser, der eine Aktion gegen Israel unternehme, sei als Freiheitskämpfer und nicht als Terrorist zu betrachten. Nach dieser Diskussion trafen sich die syrische und die israelische Delegation nicht
mehr.

Benjamin Netanyahu, der wenige Wochen später die Regierungsgeschäfte übernahm, sah keinen Anlaß, die Absprachen, die Peres
getroffen hatte, in die Tat umzusetzen. Peres hatte den amerikanischen Nahostbeauftragten versprochen, die Golanhöhen an
Syrien zurückzugeben – Netanyahus Wort stand dagegen: »Wir behalten die für uns strategisch wichtigen Höhen.« Peres hatte die
Übergabe von Hebron zugesagt und dann selbst widerrufen. Nichts
Besseres hatte für den neuen Ministerpräsidenten Netanyahu geschehen können.
  Daß Netanyahu seine schroffen Erklärungen gegen die Palästin-
ser auch vergessen konnte, zeigte sich am 4. September 1996. Er verdrängte einfach, daß er vor seiner Wahl verkündet hatte, er werde
Arafat nie die Hand geben. Der Ministerpräsident und der Präsident
der Palestinian National Authority trafen sich am »Crossing Point
Erez«, an der Grenze zwischen Israel und dem Autonomen Gebiet
der Palästinenser. Netanyahu überwand sich: Er gab Arafat die
Hand. Beide beteuerten, daß sie an den Absprachen zur Lösung
des palästinensisch-israelischen Konflikts festhalten wollten. Zu
diesem Zeitpunkt hatte Arafat schon von der Absicht des Minister-

präsidenten erfahren, über einige Punkte des Abkommens neu verhandeln zu wollen – zum Beispiel über die Besitzverhältnisse im Fall
Hebron.

Das Verhalten der israelischen Regierung gab zu erkennen, daß
Netanyahu Zeit gewinnen wollte. Dem Treffen am »Crossing Point
Erez« folgten keine Maßnahmen zum »redeployment«, zur Umgrup-
pierung der israelischen Truppen im Westufergebiet des Jordan. Alle
Bemühungen der US-Diplomaten waren umsonst gewesen. Arafats
Geduld war am Ende. Er suchte und fand die Gelegenheit, eine heiße
Situation zu schaffen, die Netanyahu in Verlegenheit bringen mußte.
Die Provokation dazu lieferte allerdings der israelische Ministerprä-
sident selbst.

Der »Tunnel des Makkabi« löst einen Aufstand aus

Die Ereignisse begannen mit einer Geste gegenüber den politisch-
religiösen Kräften, die Israels Vergangenheit als strahlende Kraft für
die Zukunft projezieren wollen. Erinnerungen werden geweckt an
einen ruhmreichen Kämpfer für den reinen jüdischen Glauben – an
Makkabi (»der Hammer«), der im Jahre 165 v. Chr. auf der Straße von
Hebron nach Jerusalem das Heer der Seleukiden, der damals griechischen Besatzungsmacht, entscheidend schlug. Das Kriegsziel des
Makkabi – der keine reguläre Truppe, sondern eine Kommandoorga-
nisation befehligte – war die Verhinderung einer Hellenisierung des
jüdischen Volkes. Es sollte damals von seinen Oberherren gezwungen werden, griechische Sitten, Bräuche und Lebensweisen anzunehmen. Ein besonders gravierendes Beispiel: Statthalter der Seleukiden wollten die Juden zwingen, Schweinefleisch zu essen. In
letzter Konsequenz war es die Absicht der Seleukiden, in Städten wie
Hebron Zeus an die Stelle des Gottes zu setzen, mit dem Abraham
den Bund geschlossen hatte, der den Juden den Besitz des Landes
sicherte.

Es gelang dem unorganisierten aber tapferen Haufen um Makkabi
den Tempel von Jerusalem zu besetzen. Er war unter der Herrschaft
der Griechen verwahrlost: »Auf den Höfen wuchs Gras und Gestrüpp. Da war ein Dickicht, wie auf den Hügeln vor der Stadt.« Makkabi sorgte dafür, daß das Heiligtum wieder als Wohnung Gottes dienen konnte. Das war im Jahr 164 v. Chr.

Es gelang Makkabi damals nicht, die ganze Stadt Jerusalem in die Hand zu bekommen. Viele Juden in der Stadt hielten damals zu den Griechen. Die Griechenfreunde hatten starke Bollwerke besetzt, von denen aus sie den Tempelbereich mit Wurfmaschinen beschießen konnten. Makkabi war gezwungen gewesen zum eigenen Schutz im Tempelbereich unterirdische Gänge graben zu lassen. Einer dieser Gänge war während der vergangenen Jahre entdeckt worden – er befindet sich am Rande der Tempelterrasse, auf der sich das islamische Heiligtum des Felsendoms erhebt.

Als Peres Ministerpräsident war, hatte er die Entdeckung geheimhalten lassen aus Sorge, durch die Öffnung des Tunnels könnten die islamisch-nationalen Gefühle der Palästinenser gereizt werden. Die Befürchtungen der Moslems waren bekannt, die Israelis seien dabei, den Felsendom durch Unterhöhlung zum Einsturz zu bringen, um an seiner Stelle den Tempel der Juden zu errichten.

Netanyahu aber waren diese Gefühle und Sorgen der Palästinenser gleichgültig. Am 25. September 1996 machte er den Tunnel des jüdischen Volkshelden Makkabi der Öffentlichkeit zugänglich.

Arafat gab das Stichwort: »Das ist ein Verbrechen! Das Gelände um den Felsendom ist den Moslems heilig! Wer danach greift, der begeht ein Verbrechen am Islam!« Innerhalb von Minuten befanden sich die Palästinensergebiete im Aufstand. Im Verlauf der Konfrontation wurden mehr als fünfzig Palästinenser und achtzehn israelische Sicherheitskräfte getötet. Zum erstenmal schossen auch Palästinenser scharf. Die Polizei der Palestinian National Authority war mit Kalaschnikow-Maschinenpistolen bewaffnet.

Mit gutem Grund befürchtete Präsident Clinton, der Friedensprozeß werde im langandauernden blutigen Kampf enden. Die Führung der israelischen Armee drohte mit Einmarsch in die Städte, die bereits der Palestinian National Authority unterstanden. Diese Maßnahme hätte alle bisherigen Abkommen und Absprachen zwischen der israelischen Regierung und der Palestinian National Authority hinfällig werden lassen. Bill Clinton wandte das gewichtigste diplomatische Mittel an, das ihm zur Verfügung stand: Er lud Netanyahu und Arafat nach Washington ein. Clinton bat auch den jordanischen König Hussein im Weißen Haus bei den Gesprächen dabeizusein.

Zunächst hatte es den Anschein, als ob Clinton erfolglos bleiben würde. Netanyahu ließ durchblicken, Clinton sei nicht sein Vorgesetzter. Am 6. Oktober aber verkündete der israelische Ministerpräsident, Israel werde sich an Verhandlungen über die Zukunft von

Hebron beteiligen. Amerikanische Beharrlichkeit hatte sich durchgesetzt. Auf Clintons Druck hin hatte Arafat den Aufstand in den Palästinensergebieten abgesagt.

Das Ende der Auseinandersetzung wäre für Netanyahu kein Grund gewesen, nun doch wieder über die Möglichkeit eines israelischen Abzugs aus Hebron zu reden. Er hatte vom amerikanischen Außenminister Warren Christopher die Zusage erhalten, nach einer Verständigung im Falle Hebron werde Washington nie mehr auf die israelische Regierung Einfluß nehmen, um sie zur Rückgabe bestimmter Palästinensergebiete zu veranlassen. Dieses Zugeständnis gefiel Netanyahu – es besagte, daß er künftig nicht mehr in die amerikanische Hauptstadt zitiert werden konnte, um von Clinton zur Nachgiebigkeit veranlaßt zu werden.

Warren Christophers hartnäckige Bemühungen führten Mitte Januar 1997 zum Erfolg: Die israelische Regierung einigte sich mit der Palestinian National Authority: 80 Prozent der Stadt Hebron wurden der Souveränität der Palästinenser übergeben. Dieses Ergebnis sieht nach Sieg der Palästinenser aus, doch der Schein trügt. Das Grab des Patriarchen Abraham bleibt weiterhin unter israelischer Kontrolle – die Palestinian National Authority ist dafür nicht zuständig. Wollen die Moslems dort beten, müssen sie sich den Regulierungen beugen, die von den israelischen Sicherheitsbehörden erlassen worden sind.

Die Palästinenser empfinden diesen Zustand als schmerzhaft. Sie nehmen zur Kenntnis, daß er für immer unverändert bleiben soll. Ministerpräsident Netanyahu hatte eindeutig gesagt: »Wir werden uns an den Gräbern unserer Vorväter festklammern. Die jüdischen Bewohner werden nie Hebron verlassen, und sie werden immer unter dem Schutz des Staates Israel stehen.«

Das Versprechen ist von geringer Überzeugungskraft solange die Zahl der jüdischen Bewohner von Hebron gering bleibt. Die Absicht des Infrastrukturministers Ariel Sharon, die Zahl zu verzehnfachen, konnte wegen amerikanischer diplomatischer Proteste nicht verwirklicht werden. Weiterhin leben nur 54 Familien mit rund 400 Angehörigen in den Häusern entlang der Shuhadastraße. Sie leben abgeschieden, umgeben von hohen Gitterzäunen, die Wurfgeschosse abhalten sollen.

Die Stadt ist in zwei Zonen eingeteilt: Das Kürzel H 1 steht für Hebron 1. Diese Bezeichnung gilt für Gebiete, die israelischen, jüdischen Charakter haben. Mit H 2 sind Palästinensergebiete gemeint. H 1 und H 2 haben nur durch Konflikte miteinander Kontakt. Im ersten Jahr nach dem Rückzug der israelischen Soldaten aus 80 Prozent der Stadt herrschte keine Ruhe. Fast zweihundertmal wurde die Zone H 1 beschossen. Steine und sogar Sprengstoffladungen waren über die hohen Zäune geschleudert worden. Die Vorfälle wurden von den Beobachtern der TIPH registriert. Der Temporary International Presence in Hebron. Diese unbewaffnete Beobachtertruppe wird von sechs Nationen gestellt. Die skandinavischen Staaten stellen das Hauptkontingent. Die Männer der TIPH notieren die Ereignisse und sie versuchen zu schlichten. Wird die Zone H 1 beschossen, wird die israelische Polizei durch die Bestimmungen des Hebronabkommens daran gehindert, die Schützen auf dem Gebiet H 2 zu verfolgen. Dort ist die palästinensische Polizei zuständig.

Daß in Hebron keine Stimmung der Verständigung herrscht, ist diesen Worten zu entnehmen: »Fanatische religiöse Siedler haben Gebäude und ganze Häuserblocks in der Stadtmitte von Hebron besetzt. Sie leben dort unter dem Schutz der israelischen Armee.« Diese Charakterisierung der Situation in der Stadt am Patriarchengrab ist in einer aufsehenerregenden Publikation zu lesen, die im Herbst 1999 erschienen ist: »Tour Guide of the West Bank and Gaza – Palestine«. Herausgeber ist die Palestinian Association for Cultural Exchange (PACE). Sie sorgte dafür, daß ein Reiseführer für Palästina geschrieben wurde, ehe noch der Staat Palästina existiert. Dieser Reiseführer warnt davor, Hebron unter israelischer Anleitung zu besuchen, da kein Israeli Kontakt habe zur Wirklichkeit dieser Stadt. Die Israelis lebten hier nur unter Ausnahmebedingungen. In der Tat: Ein normales Leben ist den Bewohnern von H 1 nicht möglich.

Im August 1999 hat Ariel Sharon Grund sich zu empören. Sharon ist zu diesem Zeitpunkt nicht mehr der mächtige Infrastrukturminister. Am 17. Mai haben Wahlen stattgefunden, die Benjamin Netanyahu und seine Parteienkoalition verloren haben. Ehud Barak ist jetzt Ministerpräsident in Israel. Sharon hat nach der Niederlage seiner politischen Richtung die Führung der Likudpartei übernommen. Er ist der führende Kopf der Opposition. In dieser Funktion kritisiert er mit heftigen Worten eine Entscheidung der neuen Regierung: Die Shuhadastraße, die wichtige Durchgangsader des Verkehrs in Hebron ist für alle Kraftfahrzeuge geöffnet worden. Bisher war die Shuhadastraße der Spielplatz der Siedlerkinder gewesen – vor allem aber hatte die gesperrte Straße den Siedlern das Gefühl gegeben, von den Häusern der Palästinenser einigermaßen sicher abgetrennt zu sein.

Die Reaktion des Likud-Vorsitzenden: »Diese Maßnahme der Regierung Barak ist nicht zu verantworten!« Der Bürgermeister der Siedlung Kirjat Arba, Zvi Katzover sah eine Katastrophe voraus: »Die Araber werden über uns herfallen. Die Regierung läßt uns an diesem heiligen Ort im Stich. Hat sie vergessen, daß Hebron die Stadt ist, in der einst David regiert hat? An David denken auch viele Bewohner von H 1: »Die Regierung Barak wird nicht von uns verlangen, daß wir Hebron verlassen! Wenn wir gehen, wird kein Jude mehr über der Machpelahöhle beten. Dies ist die Stadt, die der Herr selbst David zu eigen gegeben hat. Hebron war die erste Stadt Davids.« Präsent sind den jüdischen Bewohnern von Hebron die Worte des Zweiten Buches Samuel: »Der Herr sprach zu David: Ziehe hinauf! Und David fragte: ›Wohin soll ich ziehen?‹ Der Herr entschied: ›Ziehe nach Hebron!‹ So zog David denn dorthin und mit ihm seine beiden Frauen. Auch die Männer, die David bei sich hatte, ließ er samt ihren Familien hinaufziehen. Die Männer von Juda kamen nach Hebron und salbten dort David zum König über das Haus Juda.«

Die Erinnerung an König David ist mächtig

Davids Stern ist das Symbol des Staates Israel. Seine Gestalt und seine Taten sind im Bewußtsein der Israelis verankert. Davids siegreicher Kampf gegen den Philister Goliath gilt als Parabel für die Art, in der das heutige Israel Konflikte zu meistern versteht. Das kleine, aber intelligente und wendige jüdische Volk überwindet die an Stärke überlegenen Araber. Wie ernst das biblische Geschehen heute noch genommen wird, ist daraus zu ersehen, daß Mediziner zu erklären versuchen, warum David im Zweikampf gesiegt, und warum Goliath verloren hat.

Professor Vladimir Berginer hat sich dieses Problems im Rahmen seiner täglichen Forschungsarbeit angenommen. Er ist Neurologe an der Ben-Gurion-Universität in Beersheba. Sein Spezialgebiet: Nervenkrankheiten in der Abhängigkeit von der Hormonausschüttung des menschlichen Körpers. Seine Entdeckung ist der Zusammenhang zwischen einer bestimmten Art des Gehirntumors, der nicht bösartig ist, und der Produktion von Wachstumshormonen. Dieser Tumor kann eine Überproduktion des Hormons bewirken. Das Skelett der betroffenen Patienten wächst außergewöhnlich. Übergroße Menschen – so stellt Professor Berginer fest – leiden meist unter Einschränkung ihres Gesichtsfelds. Schuld daran ist der Druck des Tumors auf Nerven, die Seheindrücke weiterleiten.

Professor Berginer hat seine Erkenntnisse in einem Artikel für die in London erscheinende Fachzeitschrift »Journal of Neurology, Neurosurgery and Psychiatry« festgehalten. Er stellt die These auf, Goliath habe unter dieser Krankheit des ganz bestimmten Gehirntumors und der Überproduktion von Wachstumshormonen gelitten. Goliath überragte alle anderen Kämpfer der Philister bei weitem. Im Ersten Buch Samuel ist seine Größe mit drei Metern angegeben. Diese ungewöhnliche Größe, so folgert der Neurologe, muß mit einer Verengung des Gesichtsfelds verbunden gewesen sein. Die Konsequenz war, daß Goliath den Angreifer David nicht deutlich erkennen konnte. Möglich ist durchaus, daß der Riese nicht sah, wie David einen Stein schleuderte, der dann die Stirn traf.

Das Erste Buch Samuel (17,1 ff.) schildert den Zweikampf zwischen David und Goliath, der eine Wende ankündigte im jahrelangen Konflikt zwischen den jüdischen Stämmen und den Philistern:

»Und David suchte sich fünf glatte Steine aus einem Bachbett und steckte sie in seine Hirtentasche. Er nahm eine Schleuder zur Hand und ging dem Philister entgegen. Dieser kam näher und näher an David heran. Der Philister sah sich den David an. Er blickte verächtlich, denn David war ein Knabe von rötlichem Haar. Er sah zierlich aus. Der Philister verfluchte David bei seinen Göttern und sprach dann: ›Komm her zu mir, ich will dein Fleisch den Vögeln des Himmels und den Tieren des Feldes vorwerfen!‹ David entgegnete: ›Du stehst da mit Schwert, Lanze und Wurfspeer. Ich aber stehe vor dir im Namen des Gottes der Kämpfer Israels, die du verachtest. Heute wird dich der Herr meiner Gewalt ausliefern. Ich werde dich erschlagen und deinen Kopf vom Rumpf trennen. Alle Welt soll erkennen, daß Israel einen Gott hat!‹ Der Philister schritt voran und näherte sich David. Da rannte David rasch dem Goliath entgegen. David griff in die Hirtentasche, holte einen Stein heraus, schleuderte ihn und traf den Philister direkt auf die Stirne. Der Stein drang in die Stirn ein. Der Philister fiel mit dem Gesicht zur Erde. So überwand David den Philister mit Schleuder und Stein. David traf den Philister und brachte ihn um, ohne daß ein Schwert in seiner Hand war. David stellte sich nun vor den gefällten Philister, zückte dessen Schwert aus der Scheide und hieb ihm den Kopf ab. Die Philister insgesamt sahen, daß ihr starker Held tot war und flohen. Die Männer aus Juda und

Israel brachen auf, schrien den Kriegsruf und verfolgten die Philister bis Gath und Ekron.«

Professor Berginer ist überzeugt, den Grund für den Ausgang dieser biblischen Geschichte gefunden zu haben. Damit ist jedoch sein Interesse an David und Goliath nicht erschöpft. Er hat den Ort des Geschehens gesucht. Er glaubt den Platz zehn Kilometer südlich von Bet Shemesh gefunden zu haben. Im Tal Ha-Ela, im Terabinthental – an der Straße von Bet Shemesh nach Kirjat Gat. Der Platz ist zehn Kilometer von der Grenze der Palästinensergebiete entfernt. Der Professor tritt dafür ein, daß am Ort des Sieges von David ein Monument aufgestellt wird, das den Kampf des Guten gegen das Böse deutlich macht, und die Überlegenheit des vom Glauben erfüllten Geistes über brutale Gewalt.

Zwischen dem Zeitpunkt des Zweikampfs im Terabinthental und der Erhebung Davids zum König in Hebron liegt eine Spanne von gut zehn Jahren. Es war eine Zeit der Auseinandersetzung mit den Philistern, die im Küstenland lebten, um die Städte Gaza, Ashkalon und Ashdod. Damals waren Gath und Ekron von besonderer Bedeutung im Philisterland: Gath und Ekron waren die Grenzfestungen gegen das Gebiet, das die jüdischen Stämme beherrschten. Während die Philisterstadt Gaza bis heute weiterlebt, sind Gath und Ekron ausgelöscht worden. Archäologen und Historiker sind sich darin einig, daß eine eindeutige Identifizierung der damals als stark befestigt geltenden Philisterstädte heute erstaunlicherweise nicht mehr möglich ist. Nur im Fall der Stadt Ekron versprechen sich Altertumsforscher die Chance einer Lokalisierung ihrer Lage: Im Nordosten von Ashdod ist die Ausgrabungsstelle Kirbet al-Muqanna zu finden. Dort sind Reste einer Stadtmauer freigelegt worden. Fundamente von Gebäuden sind noch zu erkennen. Scherben von Tontöpfen weisen Merkmale auf, die den Handwerkern der Philister zugeschrieben werden. Diese Funde ermöglichen eine Datierung der Existenz der Siedlung, die vielleicht Ekron gewesen war: Sie muß um das Jahr 1000 v. Chr. ihre Blüte erlebt haben. Das war die Zeit des Konflikts zwischen den Philistern und den jüdischen Sippen.

Vor den Toren von Gath und Ekron endet die biblische Geschichte vom Zweikampf zwischen David und dem Philister Goliath: »Erschlagene Philister lagen an der Straße bis hin nach Gath und Ekron. Die Krieger Israels kehrten um vor den Toren dieser Städte. Sie plünderten das Lager des Philisterheeres und machten reiche Beute.«

David hatte mit seinem Sieg über die Philister eine Niederlage der jüdischen Stämme wettgemacht, die sich einige Monate zuvor ereignet hatte, im quellenreichen Gebiet um den heute mühsam erkennbaren, aber in den Landkarten verzeichneten Soreqfluß.

Damals existierte die wichtige Stadt Aphek, die am Knotenpunkt der Meeresstraße mit der Ost-West-Route lag. Von Osten her, vom Gebirge Ephraim, wurden landwirtschaftliche Produkte zu den Küstenstädten transportiert. In Aphek wurde die Ware umgeschlagen auf Karawanen nach Ashdod, Gath, Gaza und Ekron. Aphek am Rande des Philisterlandes erschien den jüdischen Stammesführern als lockendes Ziel. Sie kamen auf die Idee, Aphek zu erobern. Sie konzentrierten ihre Truppen bei Eben-Ezer, einem befestigten Flecken ostwärts von Aphek, nahe an den Bergen. Von Eben-Ezer ist keine Spur mehr vorhanden.

Das Erste Buch Samuel berichtet vom Ablauf des Kampfes zwischen den jüdischen Bewaffneten und den Philistern (4,1 ff.):

»Israel zog gegen die Philister in den Krieg und schlug bei Eben-Ezer das Lager auf. Die Philister lagerten bei Aphek. Sie stellten sich dem jüdischen Heer gegenüber in Schlachtordnung auf. Der Kampf tobte heftig und die jüdischen Kämpfer wurden von den Philistern geschlagen. Fast 4000 Mann fielen in der Schlacht auf freiem Feld.«

Jüdische Geschichte, die Israel noch heute prägt

Zum Zeitpunkt der Schlacht von Aphek hatten die jüdischen Stämme kein starkes Oberhaupt, das Garant gewesen wäre für eine Konzentration der Kräfte gegen die Philister. Das jüdische Volk wurde von einem »Richter« geleitet, dessen Funktionen jedoch nicht genau definiert waren. Die Richter waren eine Mischung aus Volkshelden, Schlichter in Streitfragen, Verkünder des göttlichen Willens, Mittler zwischen Gott und den Gläubigen. Im besten Fall waren die Richter Leitgestalten mit Charisma.

Die Richter waren, in ihrer nicht genau definierten Aufgabenstellung, nach der Zeit der »Landnahme« die richtigen Anführer gewesen, die durch ihre Persönlichkeit verbindend wirkten. Das jüdische Volk war ein loser Verband der einzelnen unterschiedlich starken Stämme, die zunächst damit beschäftigt waren, die bisherige Bevölkerung zu bändigen, sich ihrer Aufstände zu erwehren. Die Rivalität zwischen den jüdischen Stämmen und den Bewohnern des Landes Kanaan, die nach und nach enteignet wurden, löste einen Wechsel von Krieg und Koexistenz aus. Im Verlauf des Konflikts geschah es auch, daß einzelnen Sippen der Glaube an den einen und allmächtigen Gott verlorenging, daß die Anbetung des Gottes Baal den Menschen von Kanaan vielversprechender erschien und auch bequemer war, als die Einhaltung der strengen Gebote, die seit der Zeit des Mose das Leben der Juden geregelt hatten. In solchen Fällen, die in den Bibeltexten durch die Formulierung gekennzeichnet sind »Und das Volk handelte nicht nach dem Willen Gottes«, standen »Richter« auf, die den rechten Weg wiesen. Doch das Buch Richter (2,17 ff.) macht deutlich, daß diese »Richter« sich nicht immer durchsetzen konnten:

»Doch auch ihren Richtern folgten sie nicht und gaben sich anderen Göttern preis und warfen sich vor ihnen nieder. Schnell sind sie von dem Wege abgewichen, den ihre Väter gegangen waren, welche die Weisungen des Herrn befolgt hatten. Sie aber handelten nicht so. Wenn der Herr ihnen Richter gab, dann half er den Richtern, das Volk aus der Hand seiner Feinde zu retten.«

Die Richter konnten gefährliche Situationen meistern, solange der Gegner von geringer militärischer Stärke war. Aufrührerische Urbewohner konnten mit einiger Kraftanstrengung besiegt werden. Die Siege über das Volk Moab und über die Leute aus Midian waren ohne äußerste Konzentration des militärischen Potentials errungen worden. Der verlustreiche Krieg gegen die Philister aber machte deutlich, daß allein die Bündelung der Stärke unter einem Diktator die endgültige Niederlage verhindern konnte.

Mit kurzen Worten beschreibt das Buch Richter (17,6) den innenpolitischen Zustand im jüdischen Siedlungsgebiet: »In jenen Tagen gab es keinen König in Israel und jeder tat, was ihm gefiel.«

In der Auseinandersetzung mit den Philistern erwies sich der Mangel der Sippen am Gefühl des Zusammengehörens auf Dauer als Nachteil. Zwar waren zwei Jahrhunderte vergangen seit der »Landnahme« unter Josua, doch hatte dieser Zeitraum offenbar nicht genügt, um aus Nomaden ein geeintes Volk zu formen. Nur eine Reform der Machtstruktur konnte Abhilfe schaffen.

Es war zur Zeit des Richters Samuel, da spürten die Klugen unter den Ältesten der Sippen, daß die Zeit reif war für Veränderungen. Sie begaben sich alle zum Richter Samuel, der sich damals in Rama aufhielt. Diese Siedlung gibt es nicht mehr; sie muß sich in der Nähe des heutigen Flughafens Ben Gurion befunden haben. Die Forderung der Ältesten an Samuel war in schlichte Worte gefaßt: »Setze einen König über uns ein, der uns regieren soll, so wie es bei anderen Völkern der Brauch ist!«

Aus zwei Gründen gefiel dem Richter Samuel diese Forderung gar nicht. Der eine Grund: Die Ältesten der Stämme wollten offenbar Gott entmachten, der bisher ihr Herr gewesen war. Die Entmachtung des Allmächtigen sollte zu Gunsten eines Menschen erfolgen. Dieser Grund wäre für Samuel zu verschmerzen gewesen. Der Richter fürchtete, er selbst werde künftig überflüssig sein. Samuel empfand das Ansinnen als Angriff auf seine Position, auf seine Würde. Offenbar wollten sich die Ältesten nicht mehr von ihm, dem Richter, die Meinung sagen lassen. Im Ersten Buch Samuel (8,7-8) wird erzählt, Gott habe jedoch die entschlossene Ablehnung der bisherigen Ordnung durch die maßgebenden Persönlichkeiten der jüdischen Stämme ganz auf sich bezogen:

»Nicht dich haben sie verworfen, sondern mich! So haben sie immer an mir gehandelt seit den Tagen, als ich sie aus Ägypten weggeführt habe. Sie haben mich verlassen und anderen Göttern gedient. So behandeln sie mich – und dich auch!«

In Rama war Samuel geboren worden. Sein Leben blieb konzentriert auf das Bergland von Ephraim und Benjamin. Geboren worden ist Samuel in der Stadt Shiloh, die inmitten der sanften Hügel von Ephraim liegt. Josua, der Nachfolger des Mose, hatte einst Shiloh als sein Machtzentrum betrachtet (Josua 18,1): »In Shiloh wurde das Offenbarungszelt errichtet«. Dort hatte noch der Befehlshaber Josua selbst die Verteilung des Landes an die Stämme vollendet. In Shiloh war die Grundlage des Zusammenlebens der Stämme entwickelt worden, die nach der »Landnahme« zweihundert Jahre lang wirksam war.

Die Lage von Shiloh ist identifiziert worden – sie entspricht dem Ort Khirbet Seilun, der dreißig Kilometer nördlich von Jerusalem liegt, abseits der Straße von Nablus nach Ramallah beim Dorf Turmus Ayya. Anzunehmen ist, daß ein Hügel, der sich dort befindet, Spuren der biblischen Stadt Shiloh enthält. Ausgrabungen waren bisher nicht erfolgreich.

Zu untersuchen ist noch, ob der Hügel von Khirbet Seilun Erinnerungen bewahrt an die Kämpfe mit den Philistern, die das Heiligtum von Shiloh schließlich zerstört haben – zur Zeit als Samuel Richter wurde als von Gott ausgewählte Persönlichkeit. Die Ruinenreste eines Gebäudes lassen die Deutung zu, es sei von den Philistern zerstört worden.

Im Kreise bewegte sich das Leben des Richters. In Rama wohnte er. In Mizpeh, etwa zehn Kilometer weiter nördlich, hielt er Volksversammlungen ab: »Man versammelte sich in Mizpeh, schöpfte Wasser und goß es vor dem Herrn aus, fastete an jenem Tag und bekannte dort: Wir haben vor dem Herrn gefehlt! Samuel aber gab ihnen seine Weisungen.«

Wer das biblische Mizpeh sucht, dem stehen zwei Plätze zur Verfügung. Der eine ist Tell al-Nasbeh, etwa zehn Kilometer nördlich von Jerusalem. Zwischen 1926 und 1935 sind Ausgrabungen am Hügel durchgeführt worden. Sie gaben den Blick auf starke Befestigungsanlagen frei. Der Schluß liegt nahe, daß Mizpeh mehrmals angegriffen worden ist. Obgleich die Stadt weit im jüdischen Bergland lag, war sie zeitweise ein Stützpunkt der Philister. Im Schutt von Mizpeh sind Tonscherben mit Mustern gefunden worden, die Töpfern aus dem Volk der Philister zuzuschreiben sind.

Nicht alle Archäologen glauben, Tell al-Nasbeh sei der Platz der einstigen Stadt Mizpeh. Einige sind der Meinung, die Lage der verschwundenen Stadt entspreche der des Hügels Nabi Samwil im Norden des Stadtbereichs von Jerusalem. Der Hügel Nabi Samwil ist ein deutlicher Markierungspunkt in der Landschaft.

In Mizpeh erfüllte Samuel den Willen des Volkes: »Samuel berief das Volk zum Herrn nach Mizpeh. Er sprach zu den Stämmen: ›Also kündet der Herr, eurer Gott: Ich habe euch aus Ägypten fortgeführt und aus der Gewalt der Ägypter befreit. Ihr aber habt heute euren Gott verworfen, der euch ein Helfer in allen euren Schwierigkeiten und Nöten war. Ihr habt erklärt: Wir wollen einen König über uns haben. Jetzt tretet also vor, geordnet nach Stämmen.‹ So geschah es.«

Dann wurde ausgelost, und das Los traf den Stamm Benjamin. Der König sollte also im Stamm Benjamin gefunden werden. Danach stellten sich die einzelnen Familien des Stammes Benjamin vor und erneut wurde gelost. Das Los fiel auf die Familie Matri. Jetzt mußte aus dieser Familie ein Mann durch Losentscheid herausgefunden werden. Schließlich blieb Saul übrig – ein Bauer und Hirte. Sein Heimatort war Gibea.

Am nördlichen Stadtrand von Jerusalem gelegen, erhebt sich Tell al-Ful. Unter dem Hügel befindet sich, was von Gibea übriggeblieben ist. Schon im Jahr 1868 waren Ausgrabungen begonnen worden, finanziert durch den Palestine Exploration Fund. Die Arbeiten wurden von C. Warren geleitet, der in Jerusalem bedeutende archäologische Entdeckungen gemacht hatte.

Die Ausgrabungsarbeiten wurden in den Jahren 1922 und 1933 fortgeführt. Spuren einer gewaltsamen Zerstörung wurden freigelegt. Möglich ist, daß der Stamm Benjamin, dem diese Gegend durch Josua zugesprochen worden war, Gibea bei der Übernahme zunächst zerstört hat. Zur Zeit als Saul aus dem Stamme Benjamin bei Gibea Herden hütete, war die Stadt immer noch unbedeutend. Erst durch den König Saul nahm Gibea an Umfang und Bedeutung zu. Der Archäologe W. F. Albright, der 1922 und 1933 den Tell al-Ful durchforschte, fand Fundamente und Mauerreste einer beachtlichen Festung. Albright war der Meinung gewesen, sie sei von König Saul errichtet worden. Albrights Meinung wird von anderen Archäologen nicht geteilt, die entdeckt haben wollen, daß die Festung Gibea von den Philistern aufgemauert worden ist. Tatsächlich weist das Erste Buch Samuel (13,3) darauf hin, daß in Gibea ein Beamter der Philister seinen Dienstsitz hatte. Demselben Buch Samuel ist der Hinweis zu entnehmen, Saul habe Gibea zu seiner Hauptstadt gemacht. Daraus kann geschlossen werden, daß Saul zunächst zumindest mit Duldung des Beamten des Philisterstaates als König amtiert hat. Der in Gibea zuständige Philisterresident wird erst ein Jahr nach Sauls Amtsantritt erschlagen werden.

Sauls Einsetzung als König der jüdischen Sippen war weder in Gibea noch in Mizpeh begangen worden, sondern an einem Ort, der sich bei Jericho im Jordangraben befand. Sein Name: Gilgal. In seiner Nähe war mehr als zwei Jahrhunderte zuvor unter dem Befehl des Josua der Übergang der Stämme über den Jordan erfolgt. Gerade an diesem Platz, der für das jüdische Volk den Beginn seiner Geschichte als Besitzer des Landes markierte, sollte Saul zum König erhoben werden:

»Samuel sprach zum Volk: ›Auf! Laßt uns nach Gilgal ziehen und dort das Königreich begründen.‹ Da wanderte das ganze Volk nach Gilgal. Man setzte dort Saul vor dem Herrn als König ein. Sie schlachteten dort Opfer vor dem Herrn. Saul und alle Männer der Sippen waren überaus fröhlich.«

Nur eine Ahnung ist geblieben vom Ort Gilgal. Fachleute der jüdischen Geschichte glauben, dort wo sich heute Khirbet al-Mefjer befinde, sei einst Gilgal gewesen. Khirbet al-Mefjer liegt im Winkel zwischen den beiden Straßen, die von Jericho nach Norden und von Jericho zur Allenby-Brücke führen.

In Gilgal begann der Zwist zwischen Samuel und Saul, der zum

Untergang des Königs führte. Samuel kritisierte, Saul habe im Krieg gegen die Amalekiter deren König Agag gegen den Willen Gottes verschont. In Gilgal sprach Samuel das Urteil über Saul: »Du kannst nicht mehr König über Israel sein, weil du des Herrn Wort verworfen hast, verwirft dich der Herr. Der Herr hat das Königtum über Israel von dir gerissen. Er wird es einem anderen geben, der besser ist als du« (Erstes Buch Samuel 15,23 ff.). Ihre Wege trennten sich: »Samuel ging nach Rama – Saul aber in sein Haus nach Gibea. Samuel sah Saul nie mehr bis zu seinem Tode. Den Herrn aber reute es, daß er Saul zum König gemacht hatte.«

Wie sehr dieses biblische Ereignis im Bewußtsein israelischer Politiker unserer Zeit eingeprägt ist, zeigt ein Vorfall am 24. Januar 1999. An jenem Sonntag trafen sich die Regierungsmitglieder im Amtsgebäude des Ministerpräsidenten Benjamin Netanyahu in Jerusalem. Die Themen der Diskussion waren der bevorstehende Tod des jordanischen Königs Hussein und die Einhaltung der Verträge mit der Palestinian National Authority. Der Ministerpräsident sprach von absichtlichen Verzögerungen im Lauf der Verhandlungen und von seinen Überlegungen, doch mehr Land von Judäa und Samaria für Israel behalten zu wollen als im Vertragstext zugesagt war.

Darüber empörte sich Verteidigungsminister Yitzhak Mordechai. Der 55jährige Politiker ist ein sehr religiöser Mann. Er hatte im Jahr 1995 seine erfolgreiche Militärlaufbahn aufgegeben, um sich an der Bar-Illan-Universität in Studien der jüdischen Religion zu vertiefen. Er kennt die jüdische Geschichte und die Verwurzelung des Volkes in Judäa und Samaria. Yitzhak Mordechai empfand vom Anfang der Verhandlungen mit den Palästinensern an Schmerz über den Verzicht auf biblisches Gebiet und doch verlangte er von seinem Regierungschef, daß er geschlossene rechtskräftige Verträge einhalte. Mitten in die Diskussion hinein fragte Mordechai, ob der Ministerpräsident das Erste Buch Samuel kenne, und daraus ganz besonders Kapitel 15, Vers 28. Vor den Augen des verblüfften Netanyahu zog der Verteidigungsminister eine Bibel aus der Tasche und las laut:

»Du kannst nicht mehr König über Israel sein! Der Herr hat das Königtum über Israel von dir gerissen. Er wird es einem anderen geben, der besser ist als du!«

Dem Ministerpräsident war der Text bekannt. Er wußte, daß sich bei jenem Streit zwischen Samuel und Saul das Schicksal des Herrschers entschied. Damals hatten sich die Wege der beiden getrennt.

Der Vorfall wiederholte sich: An jenem 24. Januar 1999 verließ Mordechai den Ministerpräsidenten und begab sich zur Klagemauer. Er war fortan nicht mehr Netanyahus Verteidigungsminister. Netanyahu wurde neun Wochen später abgewählt. Der biblische Regierungswechsel vollzog sich einst langsamer.

Das Erste Buch Samuel erzählt, Gott habe bereits einen anderen zum König gewählt, einen jungen Mann aus Bethlehem. Diese Stadt lag damals zwanzig Kilometer südlich von Rama, in den Bergen von Juda. Gott wies Samuel an, Rama zu verlassen und nach Bethlehem zu wandern. »Samuel tat nach der Weisung des Herrn: ›Er kam nach Bethlehem.‹« Sein Erscheinen dort löste allerdings Verwunderung aus. Die Ankunft des »Richters« konnte offenbar nur Unheil bedeuten – auch wenn dieser Richter seine Funktionen an den König abgetreten hatte: »Die Ältesten der Stadt traten ihm furchtsam entgegen und fragten: »Du bringst uns hoffentlich gute Nachricht!« Samuel verschwieg zunächst den Grund, der ihn nach Bethlehem geführt hat; er sprach davon, daß er gekommen sei, um Gott gerade in dieser Stadt ein Opfer darzubringen. Samuel konzentrierte sein Interesse auf eine einzige Familie, die bisher kaum von sich reden gemacht hatte, auch wenn sie nicht gerade zu den Armen Bethlehems zählte. Davids Sieg über Goliath lag noch in der Zukunft. Der Sheikh der Sippe, die Samuel aufsuchte, hieß Isai. Ihm gegenüber verbarg Samuel nicht, daß er auf der Suche sei nach einem, den Gott zum König auserwählt habe. Mit Gottes Hilfe fand Samuel schließlich den einen: Es war Isais jüngster Sohn, ein Junge mit rötlich-braunem Haar und schönen Augen. »Ihn salbte Samuel vor den Augen der Brüder. Samuel machte sich wieder auf den Weg zurück nach Rama.«

Als Samuel Bethlehem verließ, sah er am Ortsausgang zu seiner linken Hand das Grab Rachels. Nimmt man das Erst Buch Samuel beim Wort, steht fest, daß Samuel das Rachelgrab gekannt haben muß. Er selbst hatte darüber mit Saul gesprochen in einer Frühphase ihrer Beziehung. Samuel hatte Saul das Grab als Markierung am Wege genannt; es liege an der Grenze zwischen den Stammesgebieten von Benjamin und Juda.

Dort war Rachel, die Frau des Jakob, nach langer Wanderung aus Mesopatamien kurz nach der Geburt ihres zweiten Sohns gestorben. »Jakob stellte einen Grabstein auf, und der ist bis auf den heutigen Tag zu sehen.« (Genesis 35,20)

Da Rachel an den Folgen der Geburt gestorben ist, sind gläubige Frauen überzeugt, es sei das Anliegen dieser heiligen Verstorbenen, von Gebärenden dieses Unheil abzuwenden. Der Volksglaube besagt, einer Frau, der es gelinge, Wollfäden an der Mauer des Mausoleums zu befestigen, werde ein gesunder und kräftiger Sohn geboren.

In unserer Zeit ist das Mausoleum allerdings nur schwer zugänglich. Barrieren verengen die Straße in Richtung Bethlehem auf der rechten Seite. Stacheldraht und Betonblöcke umgeben das Heiligtum. Besonders Moslems werden vom Grab der Rachel ferngehalten. Es war für den islamischen Teil der Bevölkerung Brauch, die Toten vor der Bestattung im Angesicht des Mausoleums zu segnen. Neuerdings sind die Moslems von den bewaffneten Bewachern des Rachelgrabs nicht gern gesehen. Die Bewacher fürchten Anschläge, vergleichbar mit dem Attentat am Grab Abrahams, das am 25. Februar 1994 den Friedensprozeß zum Stocken brachte. Die israelischen Sicherheitsbehörden fühlen sich weiterhin für das Heiligtum verantwortlich, auch wenn die Souveränität über Bethlehem vertragsgemäß der palästinensischen Autonomiebehörde übertragen worden ist.

Als einst Samuel am Grab der Rachel vorüberschritt, um sich zurück nach Rama zu begeben, da hatte er gerade in Bethlehem eine Handlung vollzogen, von der die Zukunft der jüdischen Stämme bestimmt wurde: Er hatte im Auftrag Gottes den jungen David zum König bestimmt.

Die Wahl ist eigenartig, wenn die Geschichte, die das Buch Rut enthält, einen Wahrheitskern besitzt – dies ist allerdings mehr als zweifelhaft. Das Fazit des Buches Rut ist, daß David von einer Urgroßmutter abstammte, die Moabiterin war. Durch Verheiratung ist sie nach Bethlehem gelangt – in jüdisches Land. Das Buch Rut ist eher ein Büchlein mit anrührend glücklichem Ausgang; es berichtet von einem edlen Frauencharakter und von Leidensfähigkeit. Geduld und Fügung in Gottes Willen werden belohnt. Nach harten Schicksalsschlägen wird die Moabiterin Rut in Bethlehem von einem wohlhabenden Mann aus dem Stamm Juda in sein Haus aufgenommen. So wird Rut zur Urgroßmutter Davids.

Mit seiner Bestimmung zum König hatte Samuel die Regeln übersehen, die verfügten, wer als Jude gelten dürfe. Diese Regeln sollten besonders Verbindungen mit Frauen des Volkes Moab verhindern. Deren Söhne wiederum konnten nicht als erste Wahl gelten, wenn hohe Positionen innerhalb der Sippe Juda zu vergeben waren. Samuel, der als Mann der Heiligen Bücher auf Einhaltung der Regeln zu achten hatte, sah auf jeden Fall keinen Grund, David von der Thronfolge auszuschließen.

Samuels Besuch in Bethlehem hatte zur Folge, daß die jüdischen Stämme zunächst einmal zwei Könige besaßen: Saul, der rechtens in Gibea residierte – auch wenn ihm Gott die Königswürde bereits weggenommen hatte – und David, von dessen Einsetzung zum König nur der »Richter« wußte, der aber offiziell auf seine Ämter verzichtet hatte.

Daß sich David und Saul schon früher begegnet sein mußten, beschreibt das Erste Buch Samuel in den Kapiteln 16 und 17. Der junge David wurde von Bethlehem nach Gibea gerufen, um den schwermütigen König Saul durch Saitenspiel zu erfreuen. David vertrieb tatsächlich durch seine Melodien die Traurigkeit, deren Grund darin zu finden war, daß sich Saul seiner unhaltbaren Position bewußt war: Gott hatte ihn abgesetzt. »Sooft nun der Gedanke an Gott über Saul kam, nahm David die Harfe und spielte. Sauls Gemüt erleichterte sich dann und sein Zustand besserte sich.«

Wirklich vom König zur Kenntnis genommen aber wurde David erst nach seinem Sieg über den Philister Goliath. Da fragte Saul: »Wessen Sohn bist du, Knabe?« Der erwiderte: »Ich bin der Sohn deines Knechtes Isai aus Bethlehem!«

Der Sieg im Zweikampf machte David berühmt. Er bewährte sich danach in Kämpfen mit feindlichen Nachbarn – und bald schon geschahen in Gibea Vorfälle, die dem König Saul mißfielen:

Da zogen Frauen dem Heimkehrer David mit Gesang entgegen, mit Reigentänzen und fröhlichen Rufen. Ein Ruf ärgerte Saul besonders:

»Saul hat an die Tausend erschlagen, David aber hat Zehntausend getötet.«

Saul »befiel Grauen vor David«. (Erstes Buch Samuel 18,15) Er wollte David nicht mehr sehen. Schließlich war seine Abneigung derart stark, daß ihm nur ein Ausweg möglich schien: David mußte getötet werden. Saul selbst aber wollte den Mord nicht begehen. Da glaubte er schließlich, eine geschickte Art gefunden zu haben, um David loszuwerden. Er wußte, daß seine Tochter Michal den Sieger im Zweikampf mit Goliath liebte. David fand wohl Gefallen an ihr – allerdings in Maßen. An Heirat wollte er zunächst nicht denken. Doch Saul verfolgte das Heiratsprojekt weiter. Dabei trieb ihn eine hinterhältige Absicht an. Als David seinen Zweifel aussprach, ob er, der Sohn armer Leute aus dem kleinen Nest Bethlehem, der richtige Bräutigam für die Königstochter sei – er könne ihr doch kein wertvolles Brautgeschenk bieten –, da erhielt er vom König diese Antwort: »Ich will nur eine Brautgabe von dir: hundert Vorhäute von Männern der Philister!«

Saul war der Meinung, die Philister würden David erschlagen, wenn er den Versuch machte, in ihrem Land mit Gewalt hundert Männer zu beschneiden: »Saul rechnete damit, den David durch die Hand der Philister zur Strecke zu bringen.« (Erstes Buch Samuel 18,25) Die biblische Erzählung berichtet vom Scheitern der List des Königs: »David war schließlich damit einverstanden, Schwiegersohn des Königs zu werden. David machte sich auf den Weg und erschlug zweihundert Philister. Er brachte ihre Vorhäute und zählte sie dem König vor. Nun gab ihm Saul seine Tochter Michal zur Frau.«

Die Philister als Rivalen

Der Vergleich liegt nahe: So, wie sich in unserer Zeit das jüdische Volk und die Palästinenser um das Land zwischen Mittelmeer und Jordangraben streiten, so kämpften 3000 Jahre zuvor Philister und die jüdischen Stämme um denselben Boden. Israelische Politiker und Historiker lehnen den Gedanken ab, es handle sich bei Palästinensern und Philistern um dasselbe Volk – auch wenn die Namensgleichheit dazu verleitet. In der Tat ist das Volk der Philister untergegangen im Sturm der geschichtlichen Ereignisse. Ihr Land wurde von Eroberern unterworfen; ihr Reich wurde zerschlagen von Assyrern, Babyloniern, Persern und von Ägyptern. Das Volk der Philister hatte keine Bedeutung mehr nach der biblischen Zeit. Der Zusammenhalt hatte ihm gefehlt, den das jüdische Volk durch seinen Glauben besaß. Die Juden konnten den Sturm der geschichtlichen Ereignisse überstehen, weil sie an die Klammer des Bundes mit ihrem Gott glaubten. Die Götter der Philister aber erwiesen sich im Lauf der Jahrhunderte als schwach. Der Gott, der dem jüdischen Volk den ewigen Bund angeboten hatte, war schließlich Sieger über den Philistergott Dagon.

Der Name des Landes der Philister aber überlebte im Begriff »Palästina«. Dafür trägt der römische Kaiser Hadrian die Verantwortung. Unter seiner Herrschaft wurde in den Jahren 132 bis 135 n. Chr. der letzte jüdische Aufstand in der römischen Provinz Judäa niedergekämpft. Hadrian wollte die Erinnerung an die Juden auslöschen – niemand sollte sich in Zukunft an Judäa erinnern können. Die Provinz erhielt den Namen »Syria Palaestina«. Fortan war Palästina ein geographischer Begriff. In ihm lebte nun allerdings der Name der »Philister« fort – mit Auswirkung bis heute.

Das Volk selbst ist verschwunden, doch die Erinnerung an seine Existenz bleibt wirksam. Die Geschichte des Konflikts zwischen jüdischen Sippen und den Philistern, der zwei Jahrhunderte gedauert hatte, ist dem jüdischen Volk Lehrstück des Überlebens.

Die Philister waren – wie die jüdischen Stämme – Fremde im Land zwischen Mittelmeer und Jordangraben. Das Buch Deuteronomium (2,23) berichtet, die Philister seien aus Cephtor gekommen – gemeint ist Kreta. Das Buch Jeremia (47,4) bestätigt diese Angabe. Von Kreta aus hat das offenbar sehr kriegerische Volk Anatolien, Zypern und Syrien überfallen und ausgeplündert. Anzunehmen ist, daß die Philister zu den »Seevölkern« gehörten, denen es in einer Schwächeperiode der Pharaonenherrschaft gelang, sich am Nil festzusetzen. Als die angestammten Herrscherfamilien in Theben ihre Kraft und ihren Stolz wiedererlangt hatten, endete die Zeit der Seevölker in Ägypten. Sie wichen zurück und ließen sich an der Mittelmeerküste im Bereich des heutigen Gazastreifens nieder. Die Ankunft der Philister in ihrer neuen Heimat muß vor dem Beginn der »Landnahme« durch die jüdischen Sippen erfolgt sein.

Bestand das jüdische Volk aus zwölf Stämmen, so waren im Volk der Philister fünf Sippen vereinigt. Sie gründeten die fünf Städte Gaza, Ashkalon, Ashdod, Gath und Ekron. Das ganze Gebiet, das ihnen gehörte, nannten sie Philistia.

Unbekannt ist, welche Sprache die Philister gesprochen haben. Kein Dokument ist erhalten geblieben, das einen Hinweis geben könnte. Dokumentarisch überlebt haben die Philister allein in den biblischen Texten. Auch ihre Religion ist nur in der jüdischen Deutung überliefert. Die Namen der Götter haben semitischen Charakter. Sie werden in den Bibeltexten aus jüdischer Sicht betrachtet. Die letztlichen Sieger haben die Geschichte der Philister in ihrem Sinne behandelt.

Die ersten Auseinandersetzungen mit den Philistern aber verliefen ohne Sieg für die jüdischen Stämme. Der Beginn des Buches Richter schildert die Erfolge der Aktion »Landnahme« – insbesondere die Siege der Sippe Juda. Die Liste der besiegten Stämme und Städte weist nur einen Mangel auf: »Gaza und sein Gebiet, sowie Ashkalon, Ekron und sein Gebiet, nahm Juda nicht ein. Juda konnte zwar das Gebirge besetzen, aber die Bewohner der Ebene ließen sich nicht vertreiben.«

Das Buch Richter gibt den Grund für die Stärke der Philister an: »Sie besaßen eiserne Streitwagen.« Die jüdischen Kämpfer aber stritten zu Fuß. Sie empfanden Furcht vor den rasch dahinjagenden Kriegsgefährte der Philister. Die technologische Unterlegenheit wirkte sich aus.

Die Philister hatten den gewaltigen Vorteil, Eisen erzeugen zu können. Sie hatten das entsprechende Wissen während ihrer Eroberung von Kleinasien erworben. Mit der Technik, Eisen schmieden zu können, waren die Philister den Juden überlegen, die nur Waffen aus Kupfer und Bronze besaßen. Das Erste Buch Samuel schildert die Situation: »Im gesamten Lande Israel fand sich damals kein Schmied. Denn die Philister sagten sich, Schmiede könnten Lanzen oder Schwerter herstellen. Jeder aus Israel mußte zu den Philistern hinab, um seine Pflugschar, seine Axt oder seine Sichel schärfen zu lassen« (l3,19 ff.). Die Leute von Gaza verstanden es über eine Generation hin ihr Geheimnis zu bewahren. Die Philister besaßen das Monopol der Eisenherstellung – und offenbar sogar die Macht, zu verhindern, daß Schmiede bei den jüdischen Stämmen tätig waren.

Die Rivalität stand zu Ungunsten des jüdischen Volkes. Seine technologische Unterlegenheit brachte seine Existenz in Gefahr. Möglich war den Philistern jederzeit, sich im Bergland festzusetzen. Erstaunlicherweise nützten die Herren von der Küste ihre Überlegenheit nicht aus. Sie griffen nicht auf Dauer nach dem Gebiet von Juda und Ephraim. Die Philistertruppe beschränkte sich auf Raubzüge, die mit der Rückkehr ins eigene Gebiet endeten. Der Grund für die Zurückhaltung: Den Philistern standen nicht genügend Kämpfer zur Verfügung.

Über Generationen hin gestattete die beschränkte Zahl der Krieger dem Philistervolk keine Politik der Expansion ihres Gebietes. Als Besatzungsmacht konnten sie sich im Bergland von Juda nicht festsetzen: Sie verfügten nicht über die nötigen Beamten und nicht über geeignetes Wachpersonal. Vielleicht überschätzten die Philisterkommandeure die Kampfkraft der jüdischen Stämme.

Die Erzählungen des Buches Richter machen deutlich, daß die Führung der Philister nur langsam begriff, daß ihr Vorteil nicht allein in der technischen Überlegenheit begründet war, sondern auch im schwachen Zusammenhalt der jüdischen Stämme, die lange Zeit in ihrer Kriegführung jegliche Koordination vermissen ließen.

Die jüdischen Sippen spürten ihre Unterlegenheit. Dieses Lebensgefühl ist in solchen Sätzen der biblischen Texte zu finden: »Denn damals herrschten die Philister im Lande!« Solche Hinweise sind allerdings selten. Sie treffen die Situation auch nicht genau, denn eine militärische Unterwerfung der Stämme Juda, Ephraim und Dan hat zu keiner Zeit stattgefunden. Da war eher eine Durchsetzung des Berglandes mit Agenten der Philister im Gange. Sie vertraten die Obrigkeit des Philisterlandes. Sie waren nicht mit Statthalterwürden ausgestattet; sie trieben auch keine Steuern ein.

Zeitweise waren die Beziehungen zwischen dem jüdischen Volk und den Philistern durchaus freundlich. Es konnte geschehen, daß ein Jude eine Philisterin zur Frau nahm – daß er Ärger bekam mit seinem Vater und mit der übrigen Verwandtschaft war dabei nicht zu vermeiden

Mit schlichten Worten beginnt im Buch Richter die Erzählung von Samson: »Samson begab sich hinab nach Timna. Dort sah er eine der Philistertöchter.« Der Ausgangspunkt seiner Wanderung ist die Ortschaft Zorah. Geblieben ist von Zorah nur der Name eines Hügels »Soraa«. Die Palästinenser haben »Zorah« ihren Sprachgewohnheiten angepaßt. In der Nähe des Hügels Soraa liegt heute das unbedeutende palästinensische Dorf Artuf. Für die Bewohner hat ein Felsblock besondere Bedeutung. Sie nennen den Felsblock den »Altar des Manoah«. Er wird im Buch Richter erwähnt (13,19): »Manoah nahm das Speiseopfer und brachte es auf dem Felsblock dem Herrn dar.« Der Mann, der sich Manoah nannte, hatte Grund sich zu freuen: Seine eigentlich unfruchtbare Frau war überraschend schwanger geworden. Der Junge, der dann zur Welt kam, war Samson, der Sohn des Manoah. Die Familie gehörte zum Stamm Dan, der in den Hügeln ostwärts der Philisterstadt Ekron lebte. Die Gegend wird Schefela genannt.

Im heute kaum noch lieblichen Soreqtal fanden die ersten Lebensabenteuer jenes Samson aus Zorah statt. Der Bericht im Buch Richter ist geographisch korrekt: »Samson begab sich hinab nach Timna.« Die Ortschaft am Fluß Soreq muß ungefähr zehn Kilometer vom Vaterhaus des Samson entfernt gelegen sein – doch dazwischen lag die Grenze, die das Siedlungsgebiet Dan vom Philisterland trennte.

Samson ging nach Timna, und er kam zurück, entschlossen, eine schöne Philisterin zu heiraten. Der Vater Manoah reagierte unwillig: »Gibt es denn unter den Töchtern des Stammes Dan und in unserem ganzen Volk keine Frau für dich? Mußt du dir unbedingt ein Weib von den unbeschnittenen Philistern holen?«

Den Vater stört der Entschluß des jungen Mannes, denn Gott hat der Familie Manoah offenbart, daß er besonderes mit Samson vorhabe: Seine Aufgabe sei es, das jüdische Volk vom Druck der Philister zu befreien. Bei der Erfüllung dieser Aufgabe konnte Verwandtschaft mit den Philistern nicht angebracht sein. Das Buch Richter läßt wissen, daß Gott jedoch gerade mit dieser Verbindung zwischen Samson und der Philisterin einen Hintergedanken verfolgte: Der Bund sollte keine glückliche Ehe werden, sondern er sollte Zwist und Streit auslösen zwischen Mann und Frau, zwischen dem jüdischen Volk und den Philistern.

Schon während der Hochzeitsfeierlichkeiten bricht der Streit aus. Samson gibt der Verwandtschaft der Frau ein Rätsel auf, das diese nicht zu lösen vermag. Nur durch die Geschwätzigkeit der eigenen Frau – sie verrät die Lösung – verliert Samson das Rätselspiel. Er muß den Gewinnern dreißig Festkleider übergeben. Im Zorn verläßt er seine Frau: »Samson schreitet hinab nach Ashkalon. Dort erschlug er dreißig Männer. Den Toten zog er die Kleider aus und gab sie in Timna denen, die Anspruch hatten auf den Gewinn im Rätselspiel. Von der Philisterfrau wollte er nichts mehr wissen.« Sie wurde von der eigenen Familie sofort mit einem angesehenen Philister verheiratet.

Ashkalon, die einstige Philisterstadt, liegt südlich der heutigen israelischen Stadt gleichen Namens, die erst nach der Gründung des Staates Israel im Jahre 1948 entstand. Die Basis der Neustadt war eine Siedlung für südafrikanische Juden. Die Bevölkerung hat inzwischen die Zahl von 50 000 erreicht.

Die Spuren der alten Philisterstadt sind im Nationalpark Yigael Yadin zu suchen. Der Nationalpark, der als Archäologischer Garten zu bezeichnen ist, trägt den Namen des renommiertesten Archäologen Israels. Zu sehen sind die Überreste sämtlicher Zivilisationen, die an diesem Platz an der Ostküste des Mittelmeers aufgeblüht sind. Sie dokumentieren die Geschichte Ashkalons seit der Bronzezeit.

Während der Jahre der Rivalität zwischen den Philistern und den jüdischen Stämmen hat Ashkalon nie seine Unabhängigkeit verloren. Weder den Juden noch den Assyrern gelang die Einnahme der starken Befestigungsanlagen. Die Philisterherrschaft endete erst im Jahr 604 v. Chr. als Nebukadnezar die Bevölkerung vertrieb. Sie hat nie mehr den Weg aus der babylonischen Gefangenschaft zurückgefunden.

Ein Hügel im Nationalpark Yigael Yadin markiert den Ort der Taten des Samson. Das Buch Richter (15,1 ff.) erzählt, Samson habe es gewagt, auch nach der Ermordung der dreißig Männer, die zu den Vornehmeren der Stadt gehört haben müssen, wieder nach Ashkalon zurückzukehren. Er habe sogar »die Kammer seines Weibes« betreten wollen. Dies aber habe sein einstiger Schwiegervater verhindert. Der trat ihm mit diesen Worten in den Weg: »Ich war der Meinung, du hättest die Lust verloren, mit ihr zusammenzusein. Ich gab sie einem anderen. Doch sie hat eine jüngere Schwester, die sogar hübscher ist – die kannst du haben.«

Diese Antwort löste nun wirklich den Zorn Samsons aus. Diese Reaktion war – so sagt das Buch Richter (14,4) – eine von Gott gewollte Fügung. Samson fing Schakale ein und band ihnen brennende Fackeln an die Schwänze. Dann trieb er die Tiere in die Kornfelder und Gärten von Ashkalon.

»Er verbrannte das Korn, das noch stand. Er verbrannte Garben und Halme, Weinstöcke und Ölbäume.« Nun verschärfte sich der Konflikt durch falsche Schuldzuweisung. Die wütenden Philister wandten sich gegen den Mann aus dem eigenen Volk, der Samson die Frau weggenommen hatte, mit der Aufforderung, die jüngere Schwester zu sich zu nehmen. Diesem Mann gaben die Philister insgesamt die Schuld, daß ihre Ernte verbrannt war. Sie zündeten das Vaterhaus der Frau des Samson im Dorf Timna an. Dabei starb auch die Frau und deren Familie. Wütend erschien Samson wieder in Ashkalon. Er verprügelte jeden, der ihm begegnete »mit gewaltigen Hieben«. Über die Zahl der Opfer berichtet das Buch Richter nichts.

Diese Provokation konnten sich die Philister nicht gefallen lassen. Sie mobilisierten ihre Streitkräfte und begannen den Feldzug zur Suche nach Samson, der unbehelligt Ashkalon wieder verlassen hatte. Die Invasion der Philister ins Bergland beunruhigte die Männer des Stammes Juda. Sie mobilisierten nun ebenfalls 3000 Bewaffnete – jedoch nicht zur Abwehr der Philister, sondern um Samson gefangenzunehmen und ihn an die Philister auszuliefern. Ihr Vorwurf lautete: »Wie konntest du so unvernünftig handeln? Du weißt doch, daß die Philister uns überlegen sind!« Samson gab sich einsichtig. Er stimmte zu, daß der Frieden nur durch seine Auslieferung wiederhergestellt werden könne; er ließ sich fesseln.

Kaum war Samson den Philistern gefesselt übergeben worden, »da fielen ihm die Stricke ab«. Er packte einen Tierknochen und schlug auf die Philister ein. Diesmal nennt das Buch Richter die Zahl der Opfer: Es sollen tausend gewesen sein.

Was als Streit unter Verwandten bei einem Hochzeitsfest begonnen hatte, war nun zum Konflikt zwischen Samson und einem ganzen Volk geworden – wobei sich der Stamm Juda sehr zurückhielt. Es blieb auch weiterhin beim Krieg des einzelnen. Dabei kombinierte

Samson geschickt sexuelle Befriedigung mit waghalsigen Komman-
doaktionen.

Sein nächstes Ziel war die Stadt Gaza. Sie liegt 25 Kilometer südlich von Ashkalon.

Die Bedeutung von einst – zur Philisterzeit – hat die Stadt wiedererlangt. Gaza ist heute der Regierungssitz der Palestinian National
Authority unter ihrem Präsidenten Jassir Arafat. Seit dem 4. Mai 1994
ist die Region von Gaza, der Gazastreifen, Bestandteil des Autonomen Gebiets der Palästinenser. Der Gazastreifen ist 40 km lang und
zwischen 5 und 10 km breit. Die wichtigsten Bevölkerungszentren
sind palästinensische Flüchtlingslager, die 1948 zur Zeit der Gründung des Staates Israel entstanden sind. Damals flohen 190 000 Palästinenser aus dem Gebiet, das sich Israel gesichert hatte, in den
schmalen Streifen, in dem ägyptische Truppen einigermaßen Sicherheit boten. Diese 190 000 Menschen bildeten 26 Prozent aller palästinensischen Flüchtlinge. Sie konzentrierten sich in den Lagern
Jibalya, Gaza Beach, Nusseirat, Dar al Baleh, Khan Yunis und Rafeh.

Im Junikrieg von 1967 besetzten israelische Verbände den Gazastreifen. Er blieb mehr als ein Vierteljahrhundert unter israelischer
Kontrolle. Während dieser 27 Jahre entstanden auf dem schmalen
Landstreifen an der Mittelmeerküste 19 israelische Siedlungen. Die
Siedler berufen sich auf das Buch Josua, aus dessen Texten abzulesen
ist, daß Gaza im Verlauf der Landnahme dem Stamm Juda zugewiesen worden sei. Die Palästinenser können entgegnen, daß es den jüdischen Stämmen nie gelungen sei, die Philisterstadt Gaza einzunehmen, deshalb sei die Entscheidung des Josua, Gaza müsse jüdisch
werden, hinfällig. Dazuhin werde der arabische Charakter der Stadt
auch dadurch gekennzeichnet, daß in Gaza der Urgroßvater und der
Onkel des Propheten Mohammed bestattet worden seien.

Auf jeden Fall hatte Josuas Zuweisung der Region Gaza an den
Stamm Juda keine Auswirkung: Die Philister ließen sich daraus nicht
vertreiben. Ihnen ernsthaft zu schaden, gelang auch dem offenbar
furchtlosen Samson nicht.

Immer wieder zog es ihn ins Philisterland, da ihm die dortigen
Frauen so gut gefielen. Nach dem Abenteuer mit der Frau aus Timna
versuchte Samson sein Glück in Gaza. Dort übernachtete er bei
einem Mädchen, das ihn, mehr als andere, in Erregung versetzte. Einige Bewohner der Stadt waren informiert, daß sich Samson in der
Stadt aufhielt. Sie wollten ihm sein Vergnügen bis zum Morgengrau-
en gönnen, dann aber sollte er getötet werden. Samsons Lust aber

hatte sich diesmal ausnahmsweise schon um Mitternacht erschöpft. Er stand auf und verließ das Mädchen unbemerkt. Zum Abschied von Gaza spielte Samson den Philistern einen Streich: »Er riß die zwei Flügel des Stadttores aus der Verankerung und trug sie davon bis zum Gipfel des Berges, der vor Hebron liegt.« Die Entfernung von Gaza nach Hebron beträgt 70 Kilometer.

Seine Kraft und seine Kühnheit wurde schließlich durch die List einer Philisterfrau besiegt, die Dalila hieß.

Diesmal hielt sich Samson am Soreqfluß auf, ostwärts von Ashdod. Dort hatte er Dalila kennengelernt. Er verbrachte gern Nächte bei ihr. Dalila aber wurde von ihrer Philisterverwandtschaft aufgestachelt, sie möge während ihres nächtlichen Beisammenseins versuchen, zu ergründen, worin das Geheimnis der Stärke ihres Liebhabers bestehe. Drei Nächte lang konnte Samson das Geheimnis bewahren, dann aber wurde ihm die Fragerei »sterbensleid«. Er sprach aus, was er besser für sich behalten hätte: »Noch nie ist mein Haupthaar geschoren worden. Dies darf auch nicht geschehen, denn ich bin ein Gottgeweihter. Werde ich geschoren, so verläßt mich meine Kraft.«

Die Bedeutung des Begriffs »Gottgeweihter« ist für diesen Fall im Buch Richter (13,5) erklärt: Samson hat von Gott den Auftrag erhalten, vom Volk Israel die Bedrohung durch die Philister abzuwenden. Dafür ist ihm Kraft gegeben. Die eine Voraussetzung aber muß beachtet werden: Kein Messer darf sein Haupthaar berühren.

Mit Leichtigkeit gelingt es der Frau, ihren Bettgenossen schwach zu machen. Erschöpft von der erotischen Betätigung läßt er zu, daß ihm der Kopf geschoren wird – so verliert er seine Kraft. Er wird von den Anführern der Philister überwältigt. Sie stechen ihm die Augen aus und bringen ihn nach Gaza.

Während Samson dort in Haft gehalten wird, wachsen seine Haare wieder und seine Kraft kehrt zurück. Als er im Tempel des Philistergottes Dagon zum Gespött der Vornehmen von Gaza vorgeführt wird, da gelingt es ihm, die Säulen des Tempels zum Einsturz zu bringen. Die Gewalt der herabfallenden Quader tötet die Philisterführung. Auch Samson verliert sein Leben. Er wird von seinen Sippenmitgliedern bei Eshtaol bestattet – der Ort ist nördlich von Bet Shemesh abseits der Straße in Richtung Latrun zu finden.

Das Tal rings um die Autobahn 1 bei Latrun ist das für Israels Historie wichtigste Gebiet überhaupt. Wer die Autobahn befährt, bemerkt die mit rotbrauner Rostschutzfarbe angestrichenen Reste gepanzerter Fahrzeuge. Sie zeugen vom Kampf um die Versorgung von

Jerusalem im Jahr 1948, als diese Straße Lebensader war für die jüdischen Bewohner der Heiligen Stadt. Im Tal um die Autobahn 1 entschied sich der Kampf zwischen Palästinensern und Israelis zu Gunsten der Menschen, die den jüdischen Staat festigen wollten. Der geschichtliche Bogen läßt sich spannen von der Gegenwart zurück bis zur Zeit Samsons. Der Bogen umfaßt dreieinhalb Jahrtausende der blutigen Auseinandersetzung.

Bet Shemesh war zur Zeit Samsons eine wichtige Grenzstadt zwischen jüdischem Gebiet und dem Philisterland. Die Stadt befand sich damals auf dem Hügel über dem Soreqtal in strategisch günstiger Position. Die neue Stadt liegt tiefer. Sie ist im Jahr 1895 entstanden als Heimat für bulgarische Juden, auf dem Boden, den eine englische Missionsgesellschaft erworben hatte.

Bet Shemesh bedeutet »Haus der Sonne«. Sprachforscher sehen im Wort Shemesh eine Verwandtschaft zur hebräischen Form des Namens von Samson – sie lautet Shimshon. Wissenschaftlich läßt sich eine Verbindung zwischen den Wortformen herstellen.

Lange vor den Ereignissen, in deren Mittelpunkt Samson steht, war Bet Shemesh für das jüdische Volk wichtig. So wie die neue Stadt heute im Grenzgebiet zwischen dem von den Palästinensern beanspruchten Land und dem Staat Israel liegt, so war die alte Stadt umstritten. Nur war die geographisch-politische Situation damals umgekehrt: Das heute palästinensische Gebiet war damals jüdisches Land. Die Stämme lebten in den Bergen, die Philister im Flachland der Küste.

Im Grenzgebiet: Irrwege der Bundeslade

Einst hatte sie den Sippen Mut gemacht auf dem langen Weg ins verheißene Land. Während der Wanderung durch die Wüste hatte Mose die Anweisung Gottes vernommen:

»Stelle eine Lade aus Akazienholz her, zweieinhalb Ellen lang, eineinhalb Ellen breit und eineinhalb Ellen hoch. Überziehe sie mit reinem Gold auf der Innenseite und auf der Außenseite. Befestige eine Leiste aus Gold, die ringsum die Lade verläuft. Gieße für sie vier goldene Ringe und bringe sie an den vier Ecken an. Verfertige Stangen aus Akazienholz und überziehe sie mit Gold. Stecke die Stangen durch die vier Ringe, so daß man die Lade tragen kann. Die Stangen sollen in den Ringen bleiben. Man soll sie nicht herausziehen. In die Lade sollst du das Gesetz legen, das ich dir geben werde. Verfertige dann eine Deckplatte aus reinem Gold. Stelle zwei Kerubime aus Gold her in getriebener Arbeit. Sie sollen auf den beiden Enden der Deckplatten stehen. Die Kerubime sollen ihre Flügel nach oben hin ausbreiten und damit die Deckplatte überdachen. Ihre Antlitze seien gegeneinander gekehrt: Zur Deckplatte hin sollen die Gesichter gerichtet sein. Setze die Deckplatte auf die Lade nachdem du die Gebote, die ich dir geben werde, in die Lade gelegt hast. Von der Deckplatte aus will ich mich dir offenbaren, von der Stelle aus zwischen den zwei Kerubimen. Alles will ich dir sagen, was ich dir für das Volk auftragen werde.« (Exodus 25,10 ff.)

Das Buch Exodus (37,1 ff.) nennt sogar den Namen des Mannes, der die Bundeslade zu fertigen hatte. Er hieß Bezalel. Dieses hebräische Wort ist mit »Schatten Gottes« zu übersetzen. Bezalel gehörte zum Stamm Juda. Von Gott erhielt Mose – so sagt uns der Bibeltext – den Auftrag, diesem Mann, der »Kunstsachverständiger« genannt wird, die Arbeit am tragbaren Heiligtum des jüdischen Volkes zu überlassen, denn »er ist erfüllt mit dem Geist Gottes, er besitzt Fähigkeiten und Intelligenz, Kenntnisse und handwerkliches Können«. Bei seiner Arbeit befolgte Bezalel genau den Bauplan über den Mose durch die Offenbarung Gottes verfügte.

Die Sorge für die Bundeslade wurde allein dem Stamm Levi übertragen. Nur Männer dieser Sippe durften die Lade berühren. Kam ein anderer Jude, der nicht Levit war in die Nähe, dann mußte er sterben. Erzählt wird, einige Neugierige hätten bei der Berührung der Lade ihr Leben verloren.

Wundersames berichtet das Buch Numeri von der Bundeslade:

»Immer wenn diese Wohnstätte Gottes abgestellt wurde, bedeckte sie eine Wolke. Wenn es dunkel wurde, war ein feuriges Gebilde zu sehen. Es blieb sichtbar bis zum Morgen. So geschah es immer: Die Wolke bedeckte die Lade am Tage und der Feuerschein umhüllte sie in der Nacht. Sooft aber sich die Wolke erhob, brach das Volk die Zelte ab und wanderte weiter. Dort, wo die Wolke sich niederließ, wurde gerastet. So handelten die Stämme nach Weisung des Herrn: Sie brachen auf wann er es wollte, und sie rasteten nach seinem Wunsch.« (Numeri 9, 15 ff.)

Nimmt man diesen Text beim Wort, so liegt der Gedanke nahe, daß Mose über die Fähigkeit verfügte, Erscheinungen zu erzeugen, die übernatürlich wirkten. Möglich ist, daß Mose derartige Kenntnisse von ägyptischen Priestern erlernt hatte, die über die Erzeugung und die Wirkung elektrischer Aufladungen Bescheid wußten. Kluge Köpfe haben sich bemüht, aus dem sehr detaillierten Bauplan, den der Bibeltext überliefert, das elektrische Geheimnis der Lade zu ergründen. Bisher ohne Ergebnis. Niemand weiß, wie die leuchtende Wolke erzeugt wurde.

Wurde die Bundeslade einmal nicht bei Unternehmungen der Sippen vorangetragen, dann waren schlimme Niederlagen die Folge. Eigenmächtiges Handeln war dem Volk nicht erlaubt auf dem Weg durch die Wüste. Treue zur Bundeslade, und damit zum Bund mit Gott waren – so erzählen uns die Bücher des Alten Testaments – der Garant für die Erreichung des Ziels: das verheißene Land. So konnte es geschehen, daß die Bundeslade das Volk durch den Jordan und in das Gebiet am Westufer des Jordan führte.

Während der Turbulenzen der »Landnahme« nach dem Tod des Mose aber geriet die Bundeslade rasch in Vergessenheit. Sie wurde offenbar bei keinem der Überfälle auf die Städte Kanaans gebraucht. Sie war abgestellt worden im Ort Shiloh, zwischen den heutigen Städten Nablus und Ramallah gelegen. Von Josua war Shiloh in der Mitte des Berglandes durchaus als zentrales Heiligtum vorgesehen gewesen (Josua 18,1); doch das »Haus Gottes« verlor seine Attraktion. Diese Entwicklung hing damit zusammen, daß die Sitten der am Aufbewahrungsort der Lade beschäftigten Männer sehr fragwürdig wurden: »Sie schliefen mit den Frauen, die am Aufbewahrungsort der Lade mit niederen Arbeiten beschäftigt waren.« (Erstes Buch Samuel 2,22) Und sie lebten gut von den Opfergaben, die von den Gläubigen nach Shiloh gebracht wurden. Das Resultat: »Des Herren Wort war etwas seltenes in jenen Tagen. Und Offenbarungen gab es überhaupt keine mehr.«

Es dauerte jahrelang bis sich das Volk auf das Zeugnis seines Bundes mit Gott besann. Erst eine Kette von Niederlagen in der Auseinandersetzung mit den Philistern führte dazu, daß sich die Ältesten an Zeiten erinnerten, als »der Herr dem Volk zur Seite gestanden hatte«. Diese Gedanken führten zur Besinnung, daß in Shiloh die Lade stand, die einst Garant gewesen war für den Sieg über die Feinde. – »Und man brachte schließlich von dort die Lade des Herrn, der bei den beiden Kerubimen thront.«

Mit gewaltigem Geschrei der Begeisterung wurde die Lade im Lager der jüdischen Stämme empfangen. Die Philister hörten das Geschrei mit Erstaunen, und sie gerieten in Sorge, die Lade werde wieder

Wunder bewirken; wie Jahre zuvor bei der Überquerung des Jordan unter dem Befehl von Josua. Die Philister wollten diesem Wunder zuvorkommen: Sie fielen über die begeisterten Juden her. Die Überraschten rannten in kopfloser Flucht davon. Sie ließen die Bundeslade auf freiem Feld stehen. Die Philister aber überwanden ihre Angst vor dem geheimnisvollen hölzernen Kasten. Nach kurzem Zögern schleppten sie die Lade fort nach Ashdod. Der Weg dorthin führte über die Meeresstraße. Die Strecke betrug 40 Kilometer.

Ashdod war damals die wichtigste Stadt der Philister. Doch dieses Wissen um die Bedeutung von Ashdod beruhte auf den Informationen, die den biblischen Texten zu entnehmen waren. Ob sie die Wahrheit aussagten, blieb lange ein Geheimnis, obgleich die Gelehrten vermuteten, daß eine Lösung des Rätsels möglich war. Aufklärung über die Kultur der Philister und der »Seevölker« überhaupt wurde durch Ausgrabungen im Gebiet der heutigen Stadt Ashdod erwartet. Sie waren jedoch erst möglich nach der Gründung des Staates Israel. Der junge Staat hatte Interesse an der Geschichte seines Landes. Das einstige Philistergebiet gehörte zum für Israel geschichsträchtigen Territorium. Die archäologischen Untersuchungen wurden schließlich ausgeführt vom Israel Department of Antiquities and Museums.

Entdeckt wurden zwanzig genau unterscheidbare Siedlungsschichten. Zur Philisterzeit gehörten die Schichten 11, 12, 13 – von der obersten, neuesten Schicht an gemessen. Unter Schicht 13 liegt eine Schicht, die starke Verwüstungsspuren aufweist. Sie sind entstanden während der Eroberung durch die »Seevölker«, die auf dem Umweg über Syrien aus Kreta gekommen sind. Schicht 13 dokumentiert den Wiederaufbau von Ashdod durch die Philister, die zu den »Seevölkern« gehörten. Schicht 13 enthält Tonscherben, die andere Formen und Muster aufweisen als solche, die Handwerkern aus Kanaan zuzuschreiben sind. Verwandtschaft mit Tonarbeiten aus Zypern sind zu erkennen. Erhalten geblieben sind Fundamente von Häusern aus der Philisterzeit. Sie waren solide aus Tonziegeln gebaut. Erhalten geblieben sind auch Reste von Befestigungsanlagen.

Von Schicht 12 an verändert sich der eigenwillige Charakter der Scherbenfunde und der Baustrukturen. Sie passen sich den in Kanaan üblichen Formen an. Inschriften, die erhalten geblieben sind, geben zu erkennen, daß sich Schrift – und damit wohl auch die Sprache – vom 10. Jahrhundert v. Chr. an dem semitischen Sprachcharakter angepaßt haben. Daraus ist ein Assimilationsprozeß abzulesen: Die Philister verlieren ihre kulturelle und politische Eigenständigkeit. Dieser Vorgang entspricht den Berichten der biblischen Bücher. Dem erstarkenden Königtum des jüdischen Staates waren die fünf Stadtstaaten der Philister auf Dauer nicht gewachsen. Das Volk der Küste verlor zu dieser Zeit vor allem seine technologische Überlegenheit. Auch im jüdischen Bergland gab es nun Schmiede, die es verstanden, Eisen herzustellen und zu bearbeiten.

Dieser technologische Fortschritt war schon im Verlauf der Schlacht festzustellen, in der die Kämpfer der jüdischen Sippen zur Flucht und zum Zurücklassen der Bundeslade veranlaßt wurden.

Das Beutestück wurde im Triumphzug nach Ashdod gebracht, und im Tempel des Gottes Dagon aufgestellt, direkt neben dessen Standbild. Nimmt man die biblische Erzählung ernst, dann liegt der Schluß nahe, daß die Lade ihre geheimnisvollen magischen Kräfte nicht verloren hat. Berichtet wird, daß die Philister, die am Morgen den Tempel betraten, die Statue des Gottes Dagon am Boden liegend vorfanden. Die Leute glaubten noch an einen harmlosen Vorfall, doch sie wurden unruhig, als Dagon am nächsten Morgen wieder am Boden lag: »Sein Haupt und seine Hände waren abgetrennt.« (Erstes Buch Samuel 5,4)

Die Beschädigung der Statue ihres Gottes war nicht das einzige schreckenerregende Ereignis in Ashdod während jener Tage. Die Bewohner stellten fest, daß sie von Geschwüren befallen wurden. Die Erkrankung der Haut breitete sich rasch aus – nicht allein im Stadtgebiet, sondern auch in der Region ringsum. Vom ersten Auftreten der Erkrankung an, wurde die Schuld daran der hölzernen Kiste im Tempel gegeben. Die Meinung verdichtete sich innerhalb von Stunden, es könne nur eine Möglichkeit zur Rettung geben: Man mußte die Kiste loswerden und zwar rasch. Die Verantwortlichen der Stadt Ashdod beschlossen, die Bundeslade des jüdischen Volkes in die Stadt Gath abzuschieben. Diese Philisterstadt liegt 20 Kilometer landeinwärts in der Hügellandschaft Shefela nahe beim Gebirge Juda.

Das hebräische Wort »Gath« bedeutet »Weinpresse«. Die Siedlung Gath muß sich in einem Weinanbaugebiet befunden haben. Diese Annahme ist der einzige Hinweis auf die genaue Lage dieser einstigen Philisterstadt. Die Suche der Archäologen war bisher ergebnislos. Umfangreiche Ausgrabungsarbeiten am Tell Sheikh al-Areini im Osten der Landschaft Shefela blieben zur Enttäuschung der Fachleute ohne Entdeckung auch nur des geringsten Hinweises auf Besiedlung durch die Philister. Siebenmal wurde der Hügel umgegraben ohne daß ein einziger Tonscherben ans Tageslicht kam. Die

Wissenschaftler haben inzwischen den benachbarten Tell as-Safi ins Auge gefaßt in der Hoffnung, dort die Spuren der Stadt Gath identifizieren zu können. In der Tat wurden im Boden dieses Hügels Reste von Festungsanlagen gefunden.

Tell as-Safi könnte der Ort sein, in den die Bundeslade von Ashdod aus gebracht worden ist. Die Bewohner von Gath waren höchst unglücklich, als die Bundeslade bei ihnen eintraf. Sie fürchteten die magischen Kräfte schon im voraus. Das Unglück brach tatsächlich über sie herein: Auch in Gath breitete sich die Krankheit aus, die als Beulenpest bezeichnet werden kann. Menschen starben. In der Verzweiflung beschlossen die Stadtoberen die Lade nach Ekron weiter zu transportieren. Die beiden Städte Gath und Ekron lagen wohl nur zehn Kilometer auseinander.

Obgleich sich die Menschen von Ekron gegen die Aufnahme der Lade in ihrer Stadt wehrten, wurde sie bei ihnen abgestellt. Kurz darauf wurden auch die Leute von Ekron krank. Die ansteckende Krankheit verbreitete sich rasch. »Die Menschen, die nicht starben, wurden mit Geschwüren geschlagen. Ihr Geschrei stieg zum Himmel empor.«

Das 6. Kapitel des Ersten Buches Samuel gibt einen deutlichen Hinweis auf die Entstehung der Krankheit, die Beulenpest genannt wird. Als in Ekron darüber diskutiert wurde, daß die Lade nicht leer zurückgeschickt werden dürfe, entschieden die Priester, der Kasten sei mit Abbildern der Krankheit und der Krankheitsursache zu füllen: »Fertiget Bilder eurer Beulen an und Bilder der Mäuse, die das Land verheeren.« Mit der Fertigung der Bilder soll die Gefahr gebannt werden. Die Priester hatten dabei richtig erkannt, daß ein Zusammenhang besteht zwischen der Mäuseplage und der Beulenpest. Nagetiere gelten als die Überträger dieser Krankheit.

Die Lade wurde nun auf einen Wagen gestellt, der eigens für diesen Transport gebaut wurde. Zwei Kühe sollten den Wagen ziehen – nach Meinung der Philisterpriester hatten die Kühe die Fahrtrichtung nach ihrer freien Entscheidung zu wählen. Sie zogen laut brüllend das Soreqtal hinauf. Sie wichen nicht vom Weg ab. Aus sicherer Entfernung beobachtete der Philisteradel den Vorgang. Freude herrschte bei den Philistern, als das Gefährt mit der Lade in langsamer Fahrt die Grenze zum Gebiet Juda erreichte. Es näherte sich der Stadt Bet Shemesh.

Die Reste des biblischen Bet Shemesh sind im Tell er-Rumeileh über die Zeiten erhalten geblieben. Der Hügel liegt neben dem arabischen Dorf Ain Shams – in diesem Ortsnamen überlebt der biblische Name Bet Shemesh. Die Ausgrabungsschichten enthalten Hinweise auf die Phase des Übergangs von der Bronzezeit zur Eisenzeit. In Bet Shemesh, das ursprünglich dem Stamm Dan zugewiesen worden war, wurde frühzeitig Eisen hergestellt – und diese Fertigkeit beherrschten zuerst die Philister. Als Bet Shemesh in den Besitz des Stammes Juda überging, konnten die neuen Besitzer wohl vom fortgeschrittenen Technologiestand der Handwerker der Grenzstadt profitieren.

Die Tonscherben, die von Archäologen in Bet Shemesh geborgen wurden, stammen überwiegend von Gefäßen, die in Werkstätten der Philister hergestellt worden sind. Es sind auch Scherben gefunden worden, die auf zypriotischen Einfluß hinweisen. Aus dem Wechselspiel der kulturellen Einflüsse ist zu ersehen, daß Bet Shemesh in einer Grauzone zwischen Juda und Philisterland existierte. Die Stadt an der Grenze sollte deshalb nicht Endstation auf dem Irrweg der Bundeslade sein.

Als das Gespann Bet Shemesh erreichte befanden sich viele Bewohner im fruchtbaren Soreqtal zur Getreideernte. Mitten unter ihnen, auf dem Feld, das einem Mann mit Namen Joshua gehörte, blieben die Kühe stehen. Die Leute, die ernteten, hatten offenbar keine Ahnung, was das für ein Kasten war, der da zu ihnen gefahren wurde. Sie schauten sich das ihnen fremde Objekt auf dem von Kühen gezogenen Wagen näher an – und es geschah, daß sie den Deckel öffneten. Die Folge war, daß siebzig Menschen aus Bet Shemesh starben.

Offenbar sind die geheimnisvollen Kräfte der Lade wieder aktiv geworden, die bewirkten, daß jeder, der diese magischen Elemente nicht meistern konnte, durch sie getötet wurde.

Das Erste Buch Samuel (6,15) erwähnt so nebenbei, daß es Männer des Stammes Levi waren, die Bescheid wußten im gefahrlosen Umgang mit der Lade – sie hoben ungestraft die Lade vom Wagen herunter. Sie sorgten auch für den Weitertransport ins Innere des Gebietes Juda, nach Kirjat Shearim.

Der biblische Ort soll sich am Platz befunden haben, der Deir al-Azar heißt, neben der Ortschaft Abu Gosh. Die letzte Phase des Irrwegs der Bundeslade fand in der Gegend statt, die sich rechts und links der Autobahn erstreckt, die von Jerusalem nach Latrun führt. Schon nach fünfzehn Kilometern liegt Abu Gosh rechts neben der Autobahn.

In diese Berggegend wurde die Bundeslade damals gebracht, in das Haus eines Mannes, der Abinadab hieß. Von ihm ist nichts Näheres bekannt. In seinem Haus blieb die Lade zwanzig Jahre lang. Sie verfiel wieder der Vergessenheit.

Die Frist von zwanzig Jahren verstrich mit wechselhaftem Geschick für beide Seiten. Saul war König geworden, hatte Siege errungen und Niederlagen erleiden müssen. David war zum Nachfolger im Königsamt bestimmt worden und war damit in Konflikt mit Saul geraten. Saul suchte Möglichkeiten, um David zu ermorden. Dem jungen Mann blieb schließlich nur noch der Ausweg, zu den Feinden seines Volkes, zu den Philistern zu entfliehen.

David kommandiert Hilfstruppen der Philister

Er hatte gar nicht lange zuvor zweihundert Philister erschlagen, um zweihundert Vorhäute abschneiden zu können, die er als Brautgabe für Sauls Tochter Michal benötigte. Für diese den Philistern insgesamt zugefügte Schmach mußte David befürchten, beim Wechsel zu den Philistern Opfer einer Racheaktion zu werden. Sein Motiv für den Wechsel ins Lager der Feinde gibt das 27. Kapitel des Ersten Buches Samuel an: David sagt: »Eines Tages wird mich Saul ergreifen und umbringen lassen. Mir ist nur der Weg ins Land der Philister offen, um mich in Sicherheit zu bringen. Saul wird mich dann nicht länger suchen.«

Sechshundet Männer, so wird berichtet, sind ihm gefolgt hinab nach Gath. Der Herrscher dieser Philisterstadt wies ihm die Siedlung Ziklag als Garnisonsort zu. Ziklag hätte, nach Josuas Anweisung, zum Gebiet von Juda gehören sollen, doch war die Vertreibung der Philister von dort nie gelungen.

Angenommen wird, daß Ziklag, dessen genaue Lage nicht mehr bekannt ist, im näheren Bereich von Beershaba gesucht werden muß. Archäologen sind der Meinung, Spuren müßten im Tell Khuweilifeh zu finden sein. Der Hügel befindet sich 15 Kilometer nordöstlich von Beersheba – in einer trostlosen Gegend.

Davids militärische Aufgabe war die Absicherung der Südregion des Philisterstaates gegen Expansionsgelüste des Stammes Juda. Erwartet wurde von ihm und seinen sechshundert Männern, daß sie judäische Dörfer überfielen und ausplünderten. Doch Davids Raz-

116

zien richteten sich nicht nach Nordosten ins Bergland von Juda, sondern in die südlichen Wüstengebiete. Im Ersten Buch Samuel werden die Weidegebiete der Wandervölker Geschuriter, Girsiter und
Amalekiter als Ziele genannt. Die Amalekiter sind aus Bibeltexten als
gefährlich aggressives Volk bekannt. Ihre Weideplätze waren Oasen
zwischen Juda und der ägyptischen Grenze.

Obgleich David im Dienst der Philister stand, handelte er im Interesse des Volkes Juda. Er überfiel einzelne Familien der Amalekiter
»und ließ weder Mann noch Frau am Leben. Er raubte Großvieh und
Kleinvieh, Esel und Kamele. Er zog die Toten nackt aus und nahm die
Kleider mit«. (Erstes Buch Samuel 27,9) In seinen Erfolgsberichten an
die Vorgesetzten in Gath sprach David nicht die Wahrheit. Er gab an,
südliche Siedlungen von Juda ausgeplündert zu haben.

Im Verlauf der Razzien ließ er deshalb niemand am Leben, weil er
fürchtete, einer der Überlebenden könnte gegen ihn aussagen und
damit die Wahrheit enthüllen. Da niemand den wahren Sachverhalt
aufklärte, waren die Herren von Gath der Meinung, David habe seinem eigenen Volk Juda derartigen Schaden zugefügt, daß er nie mehr
eine Heimkehr nach Juda wagen könne. David besaß schließlich das
Vertrauen des Befehlshabers der Stadt Gath – David wurde zum
Kommandeur der Leibwache des Stadtfürsten ernannt.

Es war die Zeit, in der Samuel, der einstige »Richter«, starb, und in
der Saul noch immer König war. Saul war entschlossen, eine Ent-
scheidungsschlacht gegen die Philister zu wagen. Beide Seiten bereiteten sich gründlich vor: Ashdod und Ashkalon mobilisierten alle Bewaffneten. Der Befehlshaber von Gath verlangte auch von David, daß
er sich, samt seiner sechshundert Männer, dem Philisterheer an-
schließe. David meldete seine Bereitschaft, am Kampf gegen Juda
teilzunehmen.

Ob diese Bereitschaft ernstgemeint war, ist den überlieferten Texten nicht zu entnehmen. David brauchte seine Treue als Kommandeur von Hilfstruppen der Philister nicht zu beweisen, sein Befehlshaber wurde von Philisteroffizieren aufgefordert, David und seine
sechshundert wegzuschicken. Das Argument: »David hat früher
gegen uns gekämpft; er wird es wieder tun.« David wurde tatsächlich
aufgefordert, das Philisterlager zu verlassen und nach Ziklag zurückzukehren.

Der Truppenaufmarsch setzte sich ohne Davids Beteiligung fort. Die
Philister und die Stämme konzentrierten ihre Bewaffneten an den
Rändern der Ebene Jezreel, die sich zwischen dem Berg Carmel und

den Hügeln von Galiläa ausdehnt. Das Tal Jezreel wird in seiner ganzen Länge vom Fluß Kishon durchzogen.

Im Südosten des Tals, am Hügel Gilboa, lagerten Sauls Kämpfer. Der Hügel ist nahezu 500 Meter hoch und ragt als Bergnase in das Jezreeltal hinein. Auf seinem Kamm verläuft in unserer Zeit die Grenzlinie zwischen den Palästinensergebieten und dem Staat Israel. Die nächste israelische Stadt ist Nazareth – die nächste palästinensische Stadt heißt Jenin.

Von seinem Beobachtungsposten auf dem Hügel Gilboa aus, konnte Saul die anrückenden Philister sehen. Sie waren auf der Meeresstraße nach Norden vorgerückt, um dann ins Jezreeltal einzuschwenken. Bei der heutigen Stadt Afula am Hügel Giv'at Ha-Moreh stellten sie sich dann kampfbereit auf. Die Masse der Philister und ihre Bewaffnung beeindruckten König Saul. Er begriff, daß er und seine Leute unterlegen waren. Allein auf dem Hügel Gilboa bat er Gott um Rat, doch er bekam keine Antwort. König Saul existierte für Gott offenbar bereits nicht mehr. Gott offenbarte sich nicht durch Träume, nicht durch Visionen und nicht durch einen Propheten.

Da bereute es Saul, daß er aus seinem Herrschaftsgebiet die Wahrsager und die Beschwörer der Erscheinung Verstorbener verbannt hatte. In seiner Verzweiflung mißachtete Saul das von ihm selbst ausgesprochene Verbot: Er befahl den Unterbefehlshabern, die am Fuß des Hügels warteten, sie sollten eine Totenbeschwörerin suchen – und sie fanden eine alte Frau, von der behauptet wurde, sie könne Verstorbene aus dem Totenreich rufen.

Sie wohnte im Dorf Endor am nördlichen Rande des Jezreeltals unterhalb des Hügels Giv'at Ha-Moreh. Dort befindet sich heute die Siedlung Kirbet es-Sofsafah; im arabischen Namen »Indur« ist der Ursprungsname Endor erhalten geblieben.

Saul begab sich selbst zu dieser Totenbeschwörerin. Er verlangte von ihr, den einstigen Richter Samuel aus dem Totenreich zu holen. Es gelang der Frau tatsächlich, Samuel sichtbar werden zu lassen: »Ein alter Mann steigt empor, der in einen Mantel gehüllt ist.«

Nachts findet diese Begegnung statt, auf einem Feld in der Jezreel-Ebene Die Erscheinung spricht zu Saul: »Warum hast du mich in meiner Ruhe gestört? Warum hast du mich heraufgeholt?« Saul antwortet: »Ich bin in großer Not. Die Philister kämpfen gegen mich, und Gott hat mich verlassen! Er gibt mir keine Antwort mehr, weder durch Träume, noch durch Propheten! Ich habe dich rufen lassen damit du mir sagst, was ich unternehmen soll!«

Jetzt redet Samuel weiter: »Das was mit dir geschehen ist, hat Gott zuvor durch mich verheißen: Er hat das Königtum aus deiner Hand gerissen, und er hat es einem anderen aus deinem Volk übergeben. Der andere heißt David!«

Die Erscheinung des Propheten Samuel sagt den Sieg der Philister voraus und prophezeit dem König: »Morgen wirst du bei mir im Totenreich sein!« Da stürzt Saul zu Boden. Jede Kraft hat ihn verlassen. Die biblische Erzählung vermerkt dazu: »Er hatte den vergangen Tag und jetzt in der Nacht keinen Bissen gegessen und keinen Schluck getrunken.« (Erstes Buch Samuel 28,7 ff.)

Die Totenbeschwörerin erkennt, daß Saul Nahrung braucht. Sie schlachtet ein Mastkalb und bäckt in Eile Brot. Der König ißt im Morgengrauen und verläßt dann das Dorf in der Ebene Jezreel beim Hügel Giv'at Ha-Moreh.

Für die Schlacht, die am Morgen entbrannte, hatten Saul und seine Kämpfer durchaus Chancen. Sie hatten Stellung auf dem Hang des Hügels Gilboa bezogen und standen so erhöht über den Philistern. Diese konnten am Hang ihre beste Waffe, die Streitwagen, nicht einsetzen. Wäre Saul in besserer persönlicher Kondition gewesen, hätte er gewinnen können. Doch die Begegnung mit der Erscheinung des Richters Samuel hatte seine Nerven zerrüttet. Bei der ersten kritischen Situation floh der König, leicht erkennbar am goldenen Kopfschmuck, den Hügel Gilboa hinauf. Von den Schwertern der Philister blieb er so verschont, doch sie hatten exzellente Bogenschützen. Deren Pfeile verwundeten den König. Saul hielt die Schlacht für verloren; er stürzte sich selbst in sein Schwert.

Die Sieger schlugen dem toten König den Kopf ab. Den kopflosen Leichnam hängten sie an der Stadtmauer von Bet Shean auf.

Die Stadt liegt im Jordantal, zehn Kilometer von den Palästinensergebieten entfernt. Nördlich der Siedlung, nahe beim kleinen Fluß Al-Melab, liegt die Erhebung Tell al-Husn. An dieser Stelle befand sich zur Zeit der Schlacht, die Saul verlor, die damalige Stadt Bet Shean. Der Name enthält die Bezeichnung einer Gottheit des Landes Kanaan die Shean geheißen hat. Die Ausgrabungen am Tell al-Husn haben reiche Ergebnisse gebracht. Identifizieren läßt sich ein Tempel der Fruchtbarkeitsgöttin Astarte und – am Nordhang des Hügels – ein Tempel des Gottes Dagon, der von den Philistern verehrt wurde. Im Tempel der Astarte, so erzählen die biblischen Texte, hatten die Sieger einst die Rüstung von Saul deponiert; Sauls Kopf aber war dem Gott Dagon in dessen Tempel geweiht worden. Aus dieser Aktion ist zu schließen, daß Bet Shean – nahe bei Jordan – damals den Philistern unterstand.

Während dieser Schlacht waren David und seine 600 Männer nach Ziklag am Rande der Wüste Negev zurückgekehrt. Er fand seine Garnisonsstadt zerstört vor. Das Volk der Amalekiter hatte die Chance der Abwesenheit des Garnisonschefs und seiner 600 Bewaffneten genützt, um Rache zu nehmen für Davids Überfälle. Die Beduinenkrieger hatten die Häuser ausgeplündert und angezündet. Nur – im Unterschied zu David – hatten sie niemand getötet. Die Bewohner von Ziklag weinten, »bis sie zum Weinen keine Kraft mehr hatten«. Ihren Garnisonschef aber wollten sie steinigen, hatte er doch zuvor den Amalekitern Tod und Elend gebracht und sie zur Rache gereizt.

Ehe sich die eigenen Leute entschlossen, ihn umzubringen, brach David mit seinen Männern auf, um in die Wüste zu reiten. Sie trafen bald schon auf die Amalekiter, die ein Siegesfest feierten, »wegen der reichen Beute, die sie sich in Ziklag erobert hatten«. David siegte durch den Überraschungseffekt: »David rettete alles, was aus Ziklag geraubt worden war. Nicht das Geringste fehlte, weder Kleines noch Großes, weder Söhne noch Töchter, weder Beute noch irgend etwas, das geraubt worden war.«

Am dritten Tag nach seiner Rückkehr in die Garnisonsstadt erfuhr David von der verlorenen Schlacht am Hügel von Gilboa und vom Tod des Königs Saul. Zorn und Trauer inspirierten den jungen Mann zu dieser Totenklage:

> Die Helden sind gefallen.
> Kündet es nicht in Gath und nicht in den Straßen von Ashkalon!
> Der Philister Töchter sollen sich nicht freuen
> Nicht sollen jubeln die Töchter der Unbeschnittenen.
> Ihr Berge von Gilboa, weder Tau noch Regen sollen euch befeuchten.
> Israels Töchter, weinet um Saul, der euch in Purpur gehüllt.
> Wie sind doch die Helden gefallen im Streit.
> Sie liegen auf den Höhen von Gilboa erschlagen!
> Zweites Buch Samuel (1,19 ff.)

Wer die Schlacht am Hügel Gilboa überlebt hatte, der suchte Zuflucht im Land ostwärts des Jordan. Die Rückkehr zur Normalität des Zusammenlebens der beiden Völker war nicht mehr gegeben. Die Philister hatten diesmal keineswegs die Absicht, sich wieder nach Süden zurückzuziehen. Sie richteten in Bet Shean einen Stützpunkt ein, der hundert Kilometer Luftlinie entfernt von ihrem Land war. Die Philister waren nun Besatzungsmacht im jüdischen Territorium.

Die Besatzungssoldaten machten Jagd auf die Mitglieder der königlichen Familie. Sicher konnten die Gejagten nur in Transjordanien sein. Unterkunft bot die kleine Stadt Mahanajim am Jabbokfluß. Die Auffangstellung am Jabbok hatte damals Symbolwert für jeden Juden.

Konflikte am heiligen Jabbokfluß

Heute gehört der Jabbok zum Königreich Jordanien und heißt Nahr as-Zerka, der blaue Fluß. Zu biblischer Zeit war der Jabbok dem Stamm Gad zugewiesen, der – zusammen mit Manasse – nach der Landverteilung des Mose zuständig war für die bergigen Gebiete ostwärts des Jordan. Wer im heutigen Staat Israel an die Rechtmäßigkeit der jüdischen Ansprüche auf Transjordanien glaubt, der nennt jenes Land Gilead.

Nahe der jordanischen Industriestadt As-Zerka bildet sich der Nahr as-Zerka aus mehreren unbedeutenden Zuflüssen. Sein Gefälle auf einer Strecke von 55 Kilometern ist beachtlich: In der Nähe der Hauptstadt Amman befindet sich das Flußbett in einer Höhe von 800 Metern. Sein Eintritt in den Jordan bei der Damiya-Brücke ist 300 Meter unter dem Meeresspiegel tief. Nahe bei der Mündung in den Jordan fließt der Nahr as-Zerka durch die fruchtbare Ebene Succoth.

Die Ebene ist nach der einstigen Stadt Succoth benannt. Eine auffällige Erhebung in der Landschaft markiert ihre Lage: Tell Deir Alla. Der Hügel liegt wenige Meter westlich der Straße, die auf jordanischer Seite parallel zum Jordan verläuft.

Von besonderer Bedeutung ist die Landschaft um Tell Deir Alla und den Jabbokfluß für jeden, der an den Bund mit Gott glaubt. Am Jabbok ist der Name »Israel« zum erstenmal gebraucht worden. Genesis 32,23 ff. erzählt die Geschichte, die Jakob, der Enkel Abrahams erlebt hat – lange vor der Zeit der Könige Saul und David.

»In jener Nacht erhob sich Jakob, nahm seine beiden Frauen, seine beiden Mägde und seine elf Kinder. Jakob durchschritt die Furt des Jabbok. Er trug die Frauen und Kinder über den Fluß. Er schaffte auch sein gesamtes Eigentum hinüber. Er blieb für sich allein am Flußufer zurück. Da führte ein Mann einen Ringkampf mit ihm, der dauerte bis zur Morgenröte. Als der Mann begriff, daß er Jakob nicht besiegen konnte, schlug er dem Jakob auf das rechte Hüftgelenk. Da wurde Jakobs Hüftgelenk ausgerenkt. Der Mann sprach: ›Laß mich los, denn die Morgenröte steigt auf.‹ Jakob antwortete: ›Ich lasse dich nicht, es sei denn, du segnest mich!‹ Der Mann fragte: ›Wie heißt du?‹ Und er erhielt zur Antwort ›Jakob‹. Der Mann entgegnete: ›Nicht Jakob sollst du von nun an heißen, sondern ›Israel‹, denn mit Gott hast du gestritten und du hast dabei gesiegt.‹«

Der Name »Israel« läßt sich mit »Gottesstreiter« übersetzen. Die Israelis bekennen sich selbst als diejenigen, die für Gott streiten. Wer von Jakob abstammt, gehört zum »Volk Israel«. Die Söhne von Jakob/Israel wurden die zwölf Ahnherren der zwölf Stämme Israels.

Ehe Jakob zum für ihn unerwarteten Zweikampf mit Gott den Fluß Jabbok erreichte, hatte er sich an einem bis dahin namenlosen Ort unweit des Flusses aufgehalten. Eine packende Vision war dabei vor Jakobs Augen erschienen: Ein »Heerlager von Engeln«. Die göttlichen Erscheinungen bewegten sich vor den Kalksteinfelsen, die das Jabboktal begrenzten. Jakob glaubte schließlich tatsächlich, ein »Heerlager Gottes« vor sich zu haben. Der Beginn des 32. Kapitels des Buches Genesis (32,3) berichtet, der Ort habe in Erinnerung an das biblische Ereignis fortan »Mahanajim« geheißen – der Platz der »zwei Heerlager«.

In jenem Ort Mahanajim klammerten sich die Überlebenden des Saulclans fest. Der führende Kopf der Flüchtlinge war Eshbaal, ein Sohn Sauls, der in den biblischen Berichten nicht als Teilnehmer der Schlacht am Berg Gilboa erwähnt wird. Der Vierzigjährige war entschlossen, als Erbe die Königswürde selbst zu übernehmen. Daß der Prophet Samuel Jahre zuvor David zum Herrscher über das jüdische Volk bestimmt hatte, wurde in Mahanajim nicht zur Kenntnis genommen. Der Konflikt zwischen Eshbaal und David begann. Er dauerte jahrelang.

Nach dem Tod des Königs Saul glaubte auch David, seine Stunde sei endlich angebrochen. Er verließ Ziklag unter Aufgabe seines Kommandos über den Philisterstützpunkt und begab sich hinauf in das Bergland von Juda, in die Stadt Hebron, die lange Jahre Kirjat Arba geheißen hatte. Die Männer seiner Truppe folgten ihrem Kommandeur. »Sie siedelten sich in den Ortschaften um Hebron an.« (Zweites Buch Samuel 2,3) Fortan verband sich der Mythos David mit Hebron.

Der Rückkehrer David scheint keine Schwierigkeiten gehabt zu haben mit den Honoratioren des Stammes Juda. Niemand fragte ihn, warum er sich mit den Philistern, den Feinden, verbündet hatte. Die Autorität des Propheten Samuel genügte offenbar – der einstige Richter hatte Gottes Willen verkündet, daß David König sein werde. Diese Willenserklärung zog niemand in Zweifel. Das Volk Juda war bereit, sich David unterzuordnen.

David war ehrgeizig geworden. Er wollte die Machtverhältnisse in ganz Israel in seinem Sinne verändern. Er mußte dabei mit zwei Faktoren rechnen: mit der Besatzungsmacht der Philister und mit dem Gegenkönig in Mahanajim.

Der Gedanke an Krieg mit Eshbaal aus dem Hause Saul war dem Herrn über Juda zunächst fremd. Er glaubte, ein diplomatischer Schritt könne seine Position festigen und zugleich die Herrschenden in Mahanajim einschüchtern. David hatte gehört, daß die Männer der Stadt Jabesh in Gilead die weitere Zurschaustellung der Leiche des Königs Saul an der Stadtmauer von Bet Shean verhindert haben: Unter persönlicher Gefahr haben sie den Leichnam des Königs geborgen und ehrenvoll begraben.

David wollte sich bei der Bevölkerung von Jabesh dafür bedanken, daß sie ihren toten Herrn geehrt hatten. Er teilte den Mächtigen in der Stadt mit, daß er die Mutigen reich belohnen werde – unter einer Bedingung: Verbunden mit der Belohnung war die Anerkennung des Königs David als Nachfolger des Königs Saul. Mit dieser Anerkennung wollte sich David eine Basis schaffen in Transjordanien, um die Aktivität des Eshbaal in Mahanajim zu neutralisieren.

Der Platz auf dem sich Jabesh in Gilead einst befand, liegt heute im Königreich Jordanien. Die geographische Bezeichnung des Platzes heißt Tell al-Maqlub. Die Entfernung nach Bet Shean beträgt in der Luftlinie zehn Kilometer; Bet Shean aber war damals der Stützpunkt der Philister. Die Männer von Jabesh waren zwar mutig genug gewesen, unter den Augen der Philister den Leichnam Sauls aus Bet Shean zu entführen, doch sie waren nicht so verwegen, sich gegen die Philister zu stellen. Sich mit David zu verbünden, wäre eine Herausforderung der Philister gewesen, die von den Philistern nicht hingenommen worden wäre.

So ließ sich Davids Plan, in Jabesh Fuß zu fassen, nicht verwirklichen Da Jabesh nur zwanzig Kilometer von Mahanajim entfernt lag – flußaufwärts –, hätte die Bindung an Juda eine starke Bedrohung der Herrschaft des Saulsohnes bedeutet. Eshbaal hätte sich veranlaßt gesehen, sich mit David friedlich zu arrangieren. Sie hätte zur Anerkennung der Saulnachfolge Davids durch Eshbaal führen können.

Daran war jetzt nicht mehr zu denken. David und Eshbaal waren zum Krieg entschlossen.

Von Norden und Süden rückten Bewaffnete aufeinander zu. Eshbaals Anhänger hatten Mahanajim verlassen und Davids Männer kamen aus Hebron. Die Truppenverbände trafen sich schließlich bei Gibeon.

Heute befindet sich dort das arabische Dorf El Jib. Es liegt abseits der Straße auf halbem Wege zwischen Jerusalem und Ramallah – auf palästinensischem Boden. El Jib/Gibeon wird nach Arafats Meinung künftig zum Staat Palästina gehören, auf einem Territorium also, das den jüdischen Menschen der Region nicht frei zugänglich sein soll.

Der Verzicht auf diesen Boden fällt vielen Israelis deshalb schwer, weil israelische Archäologen während der 50er Jahre in El Jib einen Beweis dafür gefunden haben, daß die biblischen Texte die Wahrheit sprechen. Organisiert vom Museum of the University of Pennsylvania spürten die Wissenschaftler während der Jahre 1957, 1959, 1960 und 1962 – also vor der Besetzung des Gebiets durch Israel – beachtliche Überreste einer Siedlung aus dem 10. Jahrhundert v. Chr. auf: Sie fanden Fundamente von Häusern, Vertiefungen der Keller und sie entdeckten Steinwälle umfangreicher Befestigungsanlagen. Die größte Überraschung aber erlebten die Archäologen, als sie den Hinweisen auf einen alten Brunnen und auf unterirdische Wasserkanäle nachgingen. Sie stießen auf ein gewaltiges Wasserreservoir mit einer Gesamttiefe von 25 Metern. An der Wand eines runden Schachts, der 10,5 Meter tief ist, führen spiralförmig 79 Stufen zur eigentlichen Wasserkammer. Die gesamte Anlage ist aus dem Fels gehauen.

Der Chef der Wissenschaftler, der Archäologe J. B. Pritchard, war am Schluß der Forschungsarbeiten der Ansicht, das im Buch Jeremias (41,12) erwähnte »große Wasser von Gibeon« gefunden zu haben. Ob es jemals existiert hatte, war bis dahin den Bibelspezialisten ein Geheimnis geblieben. Jetzt aber bestand Sicherheit: Das »große Wasser von Gibeon« gab es und gibt es tatsächlich.

In der biblischen Beschreibung des Konflikts zwischen David und dem Haus Saul (Zweites Buch Samuel 2,12 ff.) wird die Wasseranlage »Teich von Gibeon« genannt. Der Teich von Gibeon war der Lagerplatz für beide Gegner, für die Bewaffneten aus Mahanajim am Jabbokfluß und für deren Feinde aus Hebron.

Der »Teich« ist in unserer Zeit nicht mit Wasser gefüllt. Er wird nicht mehr gebraucht. Vor dreitausend Jahren aber garantierte er die Wasserversorgung der gesamten Region. In vollem Zustand muß das Naß im kreisrunden Becken Eindruck gemacht haben auf Krieger, die durch trockene Gegenden gezogen waren. Rund um das Becken, das Kühle spendete ruhten sie sich aus – nur wenige Meter voneinander getrennt. Beide Seiten hatten geringe Lust, übereinander herzufallen. Um den Schein einer Feindschaft zu wahren, vereinbarten die Kommandeure beider Seiten Zweikämpfe durchführen zu lassen. Von »Kampfspielen« ist im Zweiten Buch Samuel die Rede. Zunächst fand nur ein harmloses Kräftemessen statt. Doch was als Spiel begonnen hatte, artete plötzlich zum blutigen Streit aus, der bald alle Kämpfer beider Seiten erfaßte. Die Verluste waren hoch. Die Männer aus Mahanajim flohen schließlich. Die Flucht führte durch die Jordanfurt bei der heutigen Damiya-Brücke. Am selben Tag noch erreichten die Fliehenden Mahanajim.

Während der Wochen, die auf den blutigen Kampf am »Teich von Gibeon« folgten, ergaben sich Versöhnungsversuche, die durch Streit auf Leben und Tod unterbrochen wurden. Glück und Unglück wechselten sich für Eshbaal und David ab. Beide Seiten verzehrten ihre Kräfte.

Die Bibeltexte – sie bilden die einzige geschichtliche Quelle für die Vorgänge zu jener Zeit im Land um den Jordan – erlauben keine unanfechtbaren Datierungen des Geschehens. Es könnte um das Jahr 1005 v. Chr. gewesen sein, daß das Machtzentrum Mahanajim am Jabbokfluß auf einen Schlag unterging. Nach jahrelangem Konflikt fanden zwei Truppenbefehlshaber des Hauses Saul die Lösung für ein rasches Ende des innerjüdischen Bruderkriegs: Sie töteten Eshbaal im Schlafzimmer seiner Residenz in Mahanajim. Der letzte Sohn des Königs Saul war damit beseitigt. Die Attentäter brachten auf schnellstem Weg den abgetrennten Kopf des Opfers nach Hebron. David konnte froh sein, daß der Nebenkönig nicht mehr lebte – doch er zeigte keine Dankbarkeit. Die beiden Truppenbefehlshaber ließ er niederstechen.

Um jenes Jahr 1005 könnte es gewesen sein, daß sich die Ältesten der Nordstämme Israels darauf besannen, daß alle Juden gemeinsamer Abstammung waren. Sie rangen sich dazu durch, die Hauptstadt des Volkes Juda aufzusuchen. In Hebron erinnerten sie daran, daß es doch David gewesen sei, der erfolgreich für Israel gekämpft habe, auch wenn er sich bei den Philistern aufgehalten habe. Es sei wohlbekannt, wie sehr Gott den Kontakt zu David gesucht habe. Der Herr habe zu David gesprochen: »Du sollst der Hüter meines Volkes Israel und der Fürst über dieses Volk sein.«

David brauchte nicht lange umschmeichelt zu werden. Er war

damit einverstanden, zum König aller Stämme und damit von ganz Israel erklärt zu werden. Er war nun im Alter von dreißig Jahren Herrscher geworden.

Das Zweite Buch Samuel (5,5) berichtet, David habe sieben Jahre und sechs Monate in Hebron regiert. In dieser Zeit der Festigung des Gesamtreiches Israel waren die Philister offenbar nicht aggressiv. Sie kontrollierten die Ebene Jezreel vom Küstenland aus, das ihnen bis zum Berg Carmel gehörte, und sie hielten den Stützpunkt Bet Shean. Nutzen zogen sie offenbar nicht aus dieser vorteilhaften Position. Diese Zurückhaltung sollte sich bald für die Philister rächen.

Jerusalem wird Hauptstadt von Davids Staat

David hat lange gezögert, Hebron aufzugeben, um sich ein anderes Machtzentrum zu schaffen. Für ihn war Hebron sieben Jahre und sechs Monate lang eine sichere Basis gewesen. Er regierte vom zentralen Mittelpunkt seines Volkes Juda aus. Doch da konnte immer der Vorwurf erhoben werden, der noch junge König bleibe eben immer ein Sohn seines eigenen Volkes und diesem auf besondere Art zugetan. Nach sieben Jahren und sechs Monaten war es Zeit, auf Distanz zu gehen zu Juda.

David mußte seine Hofhaltung weiter nach Norden verlegen – aber doch auch nicht zu weit, um nicht in den Einfluß der Nordstämme zu geraten. Da hätte sich Gibeon angeboten, das bereits zur Zeit der Landnahme als »große Stadt«, vergleichbar den »Königstädten« gepriesen worden war. Doch auf Gibeon lag damals eine Belastung. Josua hatte die Leute von Gibeon einst verflucht: »Ihr sollt für ewig nichts anderes sein als Sklaven, Holzfäller und Wasserschöpfer.« Josua hatte sich geärgert, daß die Männer dieser Stadt während der Landnahme ihr Leben hatten retten können, durch die listige Behauptung, sie stammten gar nicht aus der von Josua für sein Volk beanspruchten Gegend, in der alle bisherigen Bewohner zu töten seien. Die Leute von Gibeon hatten sich außerhalb ihrer Stadt dem Feldherrn der jüdischen Stämme gestellt und hatten ihn angelogen: »Aus einem gar fernen Land kommen wir, um deinem Gott Ehre zu erweisen. Wir haben von den Wundern gehört, die dein Gott vollbracht hat.« (Josua 9,9) Josua hatte sich damals täuschen lassen: »Er traf mit ihnen ein friedliches Abkommen, sie am Leben zu lassen.« Nach drei Tagen aber entdeckte Josua den Schwindel, doch er hielt sich an den Vertrag. Allerdings verfluchte er die Bewohner von Gibeon für alle Zeiten.

Dieser Fluch – vor einem Dutzend Generationen ausgestoßen – mag David davon abgehalten haben, in der gut ausgebauten Stadt Gibeon das Machtzentrum für Gesamtisrael einzurichten. Um das Jahr 1000 v. Chr. war die Erinnerung wach an den Fluch des Josua. David wählte einen Ort aus, der unbelastet von Ereignissen der Vergangenheit war. Davids Ort lag fünfzehn Kilometer südöstlich von Gibeon. Er besaß politisch und ökonomisch nur geringe Bedeutung.

Um das Jahr 1000 wurde jener Ort Jebus genannt, weil die Sippe, die darin wohnte, Jebus hieß. Der Vorteil gerade jenes Ortes für David lag darin, zu keinem der jüdischen Stämme zu gehören.

In der Zeit, in der sich David darauf vorbereitete, Jebus zu erobern, war die Stadt durch eine Allianz mit den Philistern verbunden. Diese Allianz zu sprengen, war sicher ein besonderer Anreiz bei der Aktion, die David plante.

Die biblische Erzählung ist kurz und einfach: »Der König zog mit seinen Kämpfern gegen Jebus und gegen die Sippe, die damals in der Gegend wohnte.« (Zweites Buch Samuel 5,6 ff.)

Mit »seinen Kämpfern« ist nicht das gesamte Heer von Juda und den Nordstämmen gemeint, sondern Davids persönliche Leibgarde, die mit ihm aus der Philistergarnison Ziklag nach Hebron gekommen war. Diese Truppe unterstand David ganz allein. Sie sollte deshalb auch ganz allein eingesetzt werden zur Einnahme von Jebus – denn David wollte nicht den Befehlshabern der israelischen Stammestruppen dankbar sein müssen dafür, daß sie ihm die eroberte Stadt als Hauptstadt präsentierten. Jebus sollte »Davids Stadt« werden. Das Zweite Buch Samuel nennt die Fakten knapp: »David eroberte die Stadt, obgleich ihm gesagt worden war: »Du kannst in die Stadt nicht hinein.« Das Erste Buch Chronik (11,6) fügt dem knappen Bericht ein Versprechen des Königs David hinzu: »Wer als erster angreift und durch den Schacht hinaufsteigt, der soll Befehlshaber sein.«

In Wahrheit war die Entscheidung, wer Befehlshaber sein soll, längst gefallen. Davids Leibgarde, die korrekter als Kommandotruppe zu bezeichnen ist, wurde von Joab kommandiert, dem ältesten Sohn von Davids Schwester Zermiah. Sie war vor David geboren worden. Der Schluß liegt nahe, daß Joab etwas älter war als sein Onkel David.

Joab war seit der Zeit der Auseinandersetzung zwischen Saul und David an der Seite des jüngeren Verwandten gewesen. Joab hatte, wie David, den Philistern in Ziklag gedient. Er hatte, wie David, auf eigene Verantwortung und für den eigenen Wohlstand Raubzüge gegen die Beduinenstämme der südlichen Wüste geführt. Joab war der Anführer der Männer gewesen, die sich am »Teich von Gibeon« in den Kampf mit den Bewaffneten aus Mahanajim eingelassen haben. Dabei hatte Joabs jüngerer Bruder Asahel sein Leben verloren.

Die Folgen dieses Ereignisses veränderten die Beziehung zwischen David und Joab. David sah Joab fortan ungern neben sich, denn der Kommandeur der Leibgarde wurde ihm unheimlich.

Joabs jüngerer Bruder war im Kampf mit Abner, dem Truppenkommandeur des Hauses Saul, getötet worden. Diesen Abner erstach Joab – aus Rache – heimtückisch unter dem Stadttor von Hebron. Abner aber hatte sich dem Schutz des Königs David anvertraut. David war entsetzt. Bitter beklagte der König, daß der Sohn seiner Schwester Zermiah von unmenschlicher Kälte und Härte war. David verfluchte Joab: »Das Blut des Abner komme auf sein Haupt. In seinem Hause soll der Aussatz wüten!« Doch David behielt Joab trotzdem als Befehlshaber seiner eigenen Kämpfer.

So war es selbstverständlich Joab, der als erster die Stadt Jebus angriff. Joab stieg in den Wasserschacht ein, der in das Häuserviertel direkt hinter der Stadtmauer hinaufführte. Der Angriff gelang: »Joab, der Sohn der Zermiah, wurde Hauptmann.«

Dort, wo sich einst der östlichste Teich der Stadt Jebus befand, über dem westlichen Hang des Kidrontals, wird der obere Ausgang eines Schachts gezeigt, den einst Joab benutzt haben könnte. Er führt in gekrümmter Bahn hinunter zur Gihonquelle im Kidrontal.

Diesen Schacht hat der britische Ingenieur Charles Warren entdeckt, der zwischen 1867 und 1870 zu erforschen versuchte, ob für den biblischen Eroberungsbericht an Ort und Stelle handfeste Beweise zu finden seien. Seither heißt die künstlich geschaffene Röhre im Fels »Warrenschacht«.

Seine obere Öffnung lag – so stellte die Archäologin Kathleen M. Kenyon drei Generationen nach Warren fest – tatsächlich innerhalb der einstigen Stadtmauer von Jebus. Kathleen M. Kenyon unterstützt den Schluß, den Charles Warren gezogen hatte: Joab ist durch diesen Schacht in die Stadt eingedrungen.

Daß andere Forscher (Dan Bahot »The Illustrated Atlas of Jerusalem«, 1990) der Meinung sind, der »Warrenschacht« sei erst zur Zeit Salomos geschürft worden, zeigt keine Wirkung. Bibeltext und archäologischer Befund passen in diesem Fall so ausgezeichnet zusammen, daß die Phantasie gerne glauben macht, Joab sei auf Befehl Davids aus eben dieser Öffnung gekrochen, um Jebus für seinen Herrn zu erobern.

Wäre die Situation normal in den Palästinensergebieten um Jerusalem, könnte sich jeder Interessierte zur Meinungsbildung den Ort betrachten, an dem Joab in die Stadt eingedrungen sein soll. Doch palästinensische Jugendliche und israelische Patrouillen betrachten jeden Fremden im Kidrontal mit Argwohn. Leicht kann es, wenn Spannungen in der Luft liegen, geschehen, daß Steine fliegen.

Die Expedition würde im Kidrontal beginnen, am Gitter, das den Zugang zur Gihonquelle verwehrt. Rechts davon sind steinerne Stufen zu erkennen Genau 121 dieser Stufen führen zu einer Gruppe von Bäumen oberhalb eines Ausgrabungsgeländes. Zur Linken ist ein schmaler Pfad zu sehen, der etwas steil nach unten führt. Nach wenigen Metern ist das Ziel erreicht: ein von Steinen eingefaßtes Loch im Hang. Es bildet das obere Ende eines Schachtes, der hinunterführt zur Gihonquelle.

Der Schacht ist verschlossen. Doch es existieren Beschreibungen, in denen Archäologen ihre Erfahrungen beim Aufstieg durch den Schacht festgehalten haben. Alle stellten fest, daß es einem trainierten Mann mit Klettererfahrung möglich sein kann, von der Quelle im Kidrontal bis zum oberen Schachtausgang hochzuklettern. Wenn Fremde eines Tages wieder willkommen sein werden im Kidrontal, kann der Warrenschacht zur Attraktion werden, bietet er doch die plausibelste Erklärung für Davids raschen Sieg bei der Eroberung von Jerusalem.

Mit diesem Ereignis, das vor rund 3000 Jahren so, oder in ähnlicher Form geschah, beginnt die enge Durchdringung der Historie der Stadt, die Jebus hieß und Jerusalem genannt werden wird, mit der Geschichte des jüdischen Volkes. Von nun an dominiert eine geistige Komponente die Entwicklung der Stadt. Sie verbindet sich mit dem Himmel und mit Gott. In der Neuzeit hat Menachem Begin – der israelische Ministerpräsident, der den Frieden mit Anwar As-Sadat geschlossen hat – diese Verbindung so definiert: »Wenn jemand in Jerusalem mit Gott spricht, so gilt dies als Ortsgespräch und unterliegt nicht dem Tarif für internationale Ferntelefonate.«

Vom Tag an, als David die Herrschaft über Jerusalem übernahm, tritt die Stadt ein in den Gesichtskreis einer durch die Jahrhunderte ständig wachsenden interessierten Öffentlichkeit. Selbst wenn die Stadt in gewissen Phasen ihrer Geschichte politisch bedeutungsloser wird, bleibt sie das Symbol des göttlichen Wirkens. Jerusalem erlangte geistige Strahlkraft. Dieser Prozeß entwickelte sich nicht von allein. Den Anstoß gab David und das jüdische Volk. Die Wirkung ist wechselseitig: Erst jetzt, durch den Besitz von Jerusalem, erhält dieses Volk seine Bedeutung.

Dies geschah, obgleich David progressivere Wege beschritt als sein Vorgänger Saul. David handelte bei und nach der Eroberung der Stadt nicht gemäß den überkommenen Gesetzen. Er vergaß, daß einst Josua während der »Landnahme« brutale Maßnahmen angeordnet hatte. David vertrieb oder tötete nicht die Bewohner, die bisher in Jebus gewohnt hatten. Die Jebus-Familien behielten ihr Eigentum; ihre wirtschaftliche Situation änderte sich nicht. Die Funktionäre der Verwaltung blieben in ihren Ämtern. Möglich ist, daß David sogar Repräsentanten der bisher in Jebus vorherrschenden El-Religion weiterhin als Priester in ihren Funktionen beließ; sie hatten sich nur den Vorschriften, die Mose hinterlassen hatte, anzupassen.

David hielt sich selbst nicht an alle Regeln, die einst Mose aufgestellt hatte. Er kümmerte sich nicht um das Gebot, keine fremden Frauen im Bett zu dulden. Noch in Hebron hatte er ein Mädchen geheiratet, das Maaca hieß, und das die Tochter des kanaanitischen Fürsten Talmai war, der seine Stellung als oberste Autorität des Gebietes Geshur am Ostufer des Sees von Genezareth behalten hatte. Der Sohn der Maaca wurde Absalom genannt.

David stellt sich den Philistern

In Gaza, Gath, Ekron, Ashdod und Ashkalon war die Nachricht von der Einnahme der Stadt Jebus, die bisher mit den Philistern verbündet gewesen war, mit Beunruhigung aufgenommen worden. Die Philister mobilisierten die Kräfte der fünf Städte und bereiteten eine Offensive vor. Ihr Aufmarsch benützte das Soreqtal und erreichte schließlich die Ebene Refaim südwestlich von Jerusalem. Sie liegt im heutigen Grenzgebiet zwischen dem israelischen und dem palästinensischen Land.

Das Erste Buch Chronik (14,8) berichtet, David habe gezögert, gegen die Invasion der Philister einen Angriff zu wagen. David habe

Gott befragt, und er sei vom Herrn ermutigt worden, den Angriff zu beginnen. Nach dem Sieg bedankte sich David bei Gott: »Du hast mich die feindliche Front durchbrechen lassen, wie Wasser durch einen morschen Damm bricht.«

Auf der Flucht hatten die Philister Standbilder ihrer Götter liegengelassen. David gab Befehl, sie zu verbrennen. Sie waren offenbar aus Holz.

Zwar hatten die Philister die Standbilder ihres Gottes Dagon verloren, doch die Bewaffneten zogen sich geordnet in die Küstenebene zurück. Sie hatten eine Niederlage erlitten, doch die Struktur ihrer militärischen Ordnung war nicht zerbrochen. Das Mobilisierungspotential in Gaza, Gath, Ekron, Ashdod und Askalon reichte aus, um erneut eine Truppe für den Angriff auszurüsten.

Die biblischen Texte verraten nichts über Aussehen, Ausrüstung und Organisation des Philisterheeres. Ägyptische Quellen helfen weiter. Sie stammen aus der Zeit des Pharao Ramses III., der zwischen 1185 und 1155 v. Chr. als zweiter Herrscher der 20. Dynastie das ägyptische Reich regierte. Ihm war die Aufgabe zugefallen, die Angriffe der »Seevölker« abzuwehren, zu denen die Philister gehörten. Reliefs an den Tempelmauern von Medinet Habu in Theben-West schildern die Abwehrerfolge der Ägypter. Obgleich die Philister auf diesen Darstellungen die Verlierer sind, erwecken sie den Eindruck kraftvoller Männlichkeit. Sie sind groß gewachsen, tragen keine Bärte. Eigenartig ist ihr Kopfschmuck: Er besteht aus einem Helm, der wie eine Krone aussieht und der mit Federbüschen geschmückt ist. Die Reliefs lassen erkennen, daß die Kämpfer Brustplatten aus Metall umgeschnallt haben.

Die Kampfverbände der Philister bestehen aus drei Abteilungen. Aus einer Masse schwerer Ochsenkarren, deren Mannschaft mit Lanzen ausgerüstet ist. Auf Ochsenkarren fahren auch die Bogenschützen. Diese Formation bildet das Zentrum der Angriffsfront. Als beweglicher Verband greifen die zweirädrigen Streitwagen an. Ihnen sind jeweils zwei Pferde vorgespannt. Ihre Besatzung besteht aus drei Männern. Zwei der Männer wirken als Lanzenwerfer; jeder von ihnen ist mit zwei Lanzen ausgerüstet. Kämpfer zu Fuß bilden die dritte Abteilung. Sie befinden sich jeweils als Viergergruppe im Kampf. Ihnen stehen Speere und Schwerter zur Verfügung.

In Gedanken an die bessere Ausrüstung der Philister hielt es David für klug, vor einer erneuten Konfrontation noch einmal Gott um Rat zu fragen. Das Zweite Buch Samuel (5,23 ff.) informiert, daß der Herr ein Taktiker war, der sich in Kriegslisten auskannte. Der Herr warnte David vor dem Frontalangriff gegen die auf Jerusalem vorrückenden Philister: Mit der direkten Attacke sei diesmal nichts zu gewinnen. Sein Ratschlag war: Die jüdischen Kämpfer sollen sich in Strauchwerk verstecken und die Streitmacht der Philister an sich vorbeiziehen lassen. Der überraschende Angriff von hinten, aus dem Strauchwerk heraus, müsse zum Erfolg führen. »David tat, wie ihm der Herr befohlen hat. Er schlug die Philister von Gibeon bis nach Gezer.« Die Entfernung von Gibeon bis Gezer beträgt in der Luftlinie zwanzig Kilometer. Das Gelände ist hügelig.

Wer von Jerusalem kommend die Autobahn beim Trappistenkloster Latrun verläßt, hat einen weiten Blick über die Küstenebene vor Tel Aviv. Bei Latrun befindet sich der Autobahnbenutzer auf einem Zipfel palästinensischen Gebiets. Bei der Fahrt auf der Landstraße in Richtung Ramla ist der Platz zu erkennen, auf dem sich einst die Mauern der Festung Gezer erhoben, die Endpunkt der Flucht der Philister nach der zweiten Niederlage durch David war. Der Ausgrabungsort liegt auf israelischem Boden. Er wird markiert durch zehn aufrecht stehende Steine (Monolithe). Sie bilden den Rest eines kanaanitischen Heiligtums.

Der Platz befindet sich auf dem letzten Ausläufer des Gebirges Juda. Hier war schon in geschichtlicher Frühzeit der Schnittpunkt zwischen der Küstenstraße und dem Weg, der über die Steige von Bet Horon in die Mitte des Berglandes und weiter nach Jericho und Transjordanien führt. Der Name weist auf die Position der Stadt als Schnittpunkt hin: Die semitische Wortwurzel »gzr« bedeutet »schneiden«.

Die Bedeutung und die Lage von Gezer ist nie in Vergessenheit geraten, und deshalb begannen auch frühzeitig Ausgrabungsarbeiten. Den Anfang machte im Jahr 1902 der Altertumsforscher R.A.S. Macalister: Er legte die Befestigungsanlage frei. Noch vor Ausbruch des Sechstagekriegs 1967 wurde mit moderneren Mitteln gegraben. Es gelang, Fundamente aus der Bronzezeit aufzudecken, die an Ausmaß alles überragten, was bisher zwischen Mittelmeer und Jordangraben entdeckt worden ist. Inzwischen aber liegt das Ausgrabungsgelände verlassen. Es verwildert. Und ist schwer zugänglich.

Die biblischen Texte berichten zwar nichts von einem weiteren Rückzug der Philister in die Küstenebene, doch sie erzählen auch nichts von weiteren Kriegszügen. Diesmal ist die Kraft der fünf Städte entscheidend geschwächt. Das Philisterland blieb bestehen, doch es besaß keine politische und militärische Bedeutung mehr.

Eine merkwürdige Textstelle im Zweiten Buch Samuel (15,18) macht die Stellung der Philister in der weiteren Regierungszeit Davids deutlich: »Alle seine Knechte zogen an ihm vorüber – auch die Kreter und Peleter.« Gemeint sind die Menschen, die einst aus Kreta an die Mittelmeerküste gekommen sind – gemeint sind die Philister.

Das Volk der Philister war also dem König des jüdischen Volkes dienstpflichtig geworden. Innerhalb kurzer Zeit muß sich diese Unterwerfung vollzogen haben – dies ist der Erzählung von Absaloms Aufstand zu entnehmen.

Als »die Kreter und Peleter« an David vorüberzogen, befand sich der König in einer schwierigen Lage: Er war auf der Flucht vor seinem Sohn Absalom, den ihm Maaca, die Tochter des Fürsten Talmai von Geshur geboren hatte. Absalom hatte die Stadt Jerusalem gegen den Vater aufgewiegelt. Dem König war gemeldet worden, die Bevölkerung sei von ihm abgefallen und wolle Absalom zum Herrscher. Der Bibeltext ist eindeutig: »Absalom hat die Herzen der Menschen von Israel gestohlen.« (Zweites Buch Samuel, 15,6) David hatte seine Popularität verloren. Da sah David keinen Ausweg mehr: »›Wir müssen fliehen! Wir können uns nicht mehr vor Absalom retten!‹ Der König zog also fort mit seinem ganzen Hofstaat. Zehn Nebenfrauen ließ er in Jerusalem zurück. Sie wollten sein Haus bewachen. So ritt der König fort und das ganze Kriegsvolk hinter ihm her. Sie machten Halt beim letzten Haus von Jerusalem. Alle seine Knechte zogen an ihm vorüber – auch die Kreter und Peleter.«

Präzisere Angaben sind den folgenden Sätzen des Textes (Zweites Buch Samuel 15,18) zu entnehmen: »Da zogen auch 600 Männer in der Kolonne mit, die aus Gath zu ihm gekommen waren.« Er hatte die Männer aus der Philisterstadt Gath in den Dienst genommen – so wie er selbst nur ein Dutzend Jahre zuvor in der Not in den Dienst der Philister getreten war. Die Mächtigen der Philister sind ihm damals mit Argwohn begegnet: Sie schickten ihn in seine Garnisonsstadt Ziklag zurück als sie unterwegs waren, um gegen Saul zu kämpfen. Jetzt war es David, der den Philistern mißtraute. Das Zweite Buch Samuel (15,19) berichtet, er habe sich an den Kommandeur der 600 Männer aus Gath gewandt, die eben an ihm vorbeizogen: »Warum schließt du dich uns an? Gestern erst kamst du und heute begleitest du uns auf der Flucht. Kehre um und reite mit deinen Stammesbrüdern nach Hause.« Doch Ittaj, der Kommandeur, schwor Treue – und er durfte bei Davids Troß bleiben.

Ittaj aus Gath wurde kurz darauf sogar befördert. In Mahanajim am Jabbokfluß angekommen, reorganisierte David seine Truppe neu. Er bestimmte die Schlachtordnung zum Widerstand gegen Absalom, der inzwischen alle Bewaffneten der jüdischen Stämme hinter sich hatte. Mahanajim, die einstige Hauptstadt des Saulsohnes Eshbaal, sollte zur Basis für die Rückeroberung des Königreichs sein. In Gilead, im Land ostwärts des Jordan, wollte David sein Glück erzwingen. Von dort aus sollte die Rückeroberung von Jerusalem in Angriff genommen werden.

Absalom organisierte seine Machtübernahme von Hebron aus. Hebron war seine Geburtsstadt. Die Bewohner waren unzufrieden mit David, da er seit seinem Umzug nach Jerusalem Hebron vernachlässigt hatte.

Nach Davids Flucht zog der rebellierende Sohn in Jerusalem ein. Um zu zeigen, daß er nun der Herr im Königreich war, zwang er die von David in der Stadt zurückgelassenen Nebenfrauen demonstrativ in der Öffentlichkeit zum Geschlechtsverkehr. Auf diese Weise demütigte und beleidigte Absalom den Vater

David, der ein harter Herrscher sein konnte, war weich gegenüber seinem abtrünnigen Sohn. Absalom – das war der Befehl des Königs – sollte während der Schlacht unbedingt verschont werden. Davids Männer siegten, doch Absalom verlor sein Leben. Der Königssohn, der so stolz war auf sein prächtiges Haupthaar, blieb auf der Flucht gerade damit im Geäst einer knorrigen Eiche hängen. Der völlig Hilflose wurde von Joab getötet: »Joab nahm drei Speere und stieß sie Absalom ins Herz.«

Im »Wald von Efraim« soll diese Schlacht stattgefunden haben. Angenommen wird, daß dieser Wald sich nahe der heutigen Stadt Ajlun befindet, im Königreich Jordanien. Die Hügel in jener Gegend ostwärts des Jordangrabens sind heute noch waldreich. Die Kiefernwälder galten als außergewöhnliche Naturerscheinung.

Auch in der neuen Geschichte des Gebiets um den Jordan fand eine entscheidende Schlacht in den Wäldern zwischen der antiken Ruinenstätte von Jerash und der Stadt Ajlun statt. Am 13. Juli 1971 begann die Offensive der königlich-jordanischen Truppen gegen den letzten Stützpunkt der Palästinensischen Befreiungsbewegung auf jordanischem Boden. Vier Tage lang dauerte der Kampf, der von jordanischer Seite mit modernsten Mitteln geführt wurde. Den Palästinensern, die der königlichen Artillerie ausgeliefert waren, blieben nur die Möglichkeiten der Kapitulation oder der Flucht in den Libanon. Die Toten des Jahres 1971 wurden nie gezählt.

Über die Zahl der Toten des Kampfes vor dreitausend Jahren gibt das Zweite Buch Samuel Auskunft (18,7 ff.): »Im Walde Efraim entbrannte die Schlacht. Die Verluste der Gegner Davids betrugen 20 000 Mann. Der Kampf breitete sich über das ganze Waldgebiet aus. Der Wald vertilgte an jenem Tag mehr Männer, als das Schwert fraß.«

David selbst war an der Schlacht nicht beteiligt. Er saß in Mahanajim unter dem Torbogen und wartete auf Nachricht vom Ausgang des Kampfes. In Wahrheit interessierte ihn viel mehr das Schicksal seines Sohnes Absalom. Als er schließlich erfuhr, daß Absalom tot war, getötet von Joab, da fiel er in einen Zustand tiefer Depression. »So wurde der Sieg an jenem Tag zur Trauer für alle Bewaffneten, denn die Leute hörten, daß der König wegen seines Sohnes Absalom in großer Trauer war.«

Bei genauer Analyse der militärischen Situation im Wald von Efraim, ist festzustellen, daß David den Kampf mit Hilfe der Philister gewonnen hat. Während sich die Streitkräfte der jüdischen Stämme hinter Absalom gestellt hatten – er sollte nach ihrem Willen König sein – waren die Leute aus der Philisterstadt Gath auf Davids Seite geblieben. Sie hatten den Kern der Streitkräfte gebildet. Im Konflikt zwischen der jüdischen Staatsautorität und den Fürsten der Philister hatte eine Wende stattgefunden: Beide waren Verbündete.

Das Zweite Buch Samuel (20,23) informiert, daß künftig die »Kreter und Peleter« zu einem Verband mit Spezialaufgaben zusammengefaßt wurden. Ihr Kommandeur gehörte zur Führungsspitze des Staates Israel. David hatte inzwischen Ittaj abgelöst. Der neue Kommandeur war allerdings kein Philister. Sein Name war Benaja. Er gehörte zum Stamm Juda. König David vertraute ihm seine persönliche Sicherheit an. Benaja hatte sich auch während der Wochen des Absalomaufstands – im Gegensatz zu nahezu allen anderen jüdischen Offizieren – loyal zu David verhalten. Unter Benajas Befehl bildeten nun die Philister – die Kreter und Peleter – die königliche Leibgarde.

Die Bundeslade kommt wieder zu Ehren

Seine Siege hatte David ohne das Wahrzeichen gewonnen, das zur Zeit von Mose und Josua Garant gewesen war für die Überlegenheit der jüdischen Stämme durch deren Bund mit dem allmächtigen Gott.

Die Erinnerung an die Wirkung und die magische Kraft der Bundeslade war lebendig geblieben, der Gegenstand selbst aber war nicht mehr wichtig genommen worden. Seit zwanzig Jahren stand in Kirjat Shearim der Kasten, der früher einmal als Wohnung Gottes gegolten hatte, im Hause eines Mannes, der Abinadab hieß. Abinadab war allerdings bereits gestorben. Sein Sohn Eleazar hatte die von niemand honorierte Aufgabe übernommen, über die Bundeslade zu wachen – ohne sie anzufassen. Eleazar gehörte, wie sein Vater, zum Stamm Juda.

David hatte den Einfall, die Lade könnte ihm nützlich sein zur Stabilisierung seiner Macht. Er besaß eine Hauptstadt – Jerusalem. Doch er durfte nie sicher sein, daß die Nordstämme Jerusalem immer als Zentrum der Macht anerkennen würden. Die »Affäre Absalom« war ihm zum Lehrstück geworden: Er durfte nicht mit dauerhafter Treue der jüdischen Sippen rechnen. Immer wieder gab es Bestrebungen, Gibeon aufzuwerten – oder Shiloh an der Straße von Bet El in Richtung Samaria. Dort war die Bundeslade von Josuas Zeit an lange aufbewahrt worden. Von Shiloh aus hatte die Lade ihren Irrweg ins Land der Philister angetreten.

Im Verlauf der Philisterkriege war Shiloh zerstört worden. An Wiederaufbau wurde gedacht. Es konnte jedoch nicht im Interesse des Königs David sein, daß Shiloh wieder als religiös-kultureller Mittelpunkt auferstand. Die Konsequenz seiner Gedanken war, daß er die Bundeslade von Kirjat Shearim abholen lassen mußte, ehe Anspruch darauf in Shiloh erhoben wurde.

Das Zweite Buch Samuel (6,2) nennt nicht Kirjat Shearim als Aufbewahrungsort der Lade, sondern »Baala im Land Juda«. Dieser Name, der auf eine Kultstätte des Gottes »Baal« hinweist, war damals noch für Kirjat Shearim gebräuchlich.

Die Überführung der Bundeslade nach Jerusalem geschah nicht problemlos. Die biblische Erzählung eines mißglückten Versuchs, die Bundeslade nach Jerusalem zu bringen, ist im sechsten Kapitel des Zweiten Buches Samuel zu finden:

»Dann machte sich David auf den Weg und zog mit vielen Leuten nach Baala in Juda, um von dort die Lade Gottes zu holen, die nach dem Namen des Herrn benannt ist, der auf den Kerubim thront.

Man stellte die Lade Gottes auf einen neuen Wagen und fuhr sie weg aus dem Haus des Abinadab, das auf dem Hügel stand. Ussa und Achjo, die jüngeren Söhne des Abinadab, lenkten den Wagen, wobei Achjo dem Wagen vorausging. David und sein ganzer Anhang tanzten vor dem Herrn zu den Klängen von Zithern, Harfen, Pauken, Schellen, Zimbeln und Klappern aus Zypressenholz.«

Das Gefährt hätte die Strecke von Kirjat Shearim an einem Tag bewältigen können – für den Abend waren in Jerusalem Festlichkeiten vorbereitet – doch es war noch nicht weit gelangt, da hatte auf einmal die Freude ein Ende: Ussa fiel tot zu Boden.

Er hatte bemerkt, daß die Ochsen, die den Wagen zogen, aus ihrem Trott geraten waren und sich ruckartig bewegten. Ussa war in Sorge geraten, die Lade könne verrutschen und schließlich vom Wagen fallen. Er hatte nach der Lade gegriffen. Die Folge war sein Tod.

Zur Erinnerung: Während der Jahre der Wanderung der jüdischen Stämme durch die Wüste, hatte die Bundeslade magische Kräfte besessen. Bezalel, der Sohn des Uri aus dem Volke Juda, hatte sie kunstvoll nach Moses präzisen Anweisungen gefertigt. Bemerkenswert ist, daß der hebräische Name »Uri« Feuer bedeutet. Uri und Bezalel waren mit ihrer Sippe Juda in Ägypten gewesen. Sie haben sich dort, so berichten die biblischen Texte, beachtliche handwerkliche Fähigkeiten angeeignet. Hervorgehoben wird der Umgang mit Edelmetallen. Möglich ist, daß Uri und Bezalel durch diese Metalle elektrische Aufladungen und Entladungen erzeugen konnten. Die Lade, so erzählt das Buch Numeri (9,15) sei nachts von einem Feuerschein umgeben gewesen.

David schrieb den Tod des Ussa dem Zorn Gottes zu: Der Herr hatte verboten, daß »Unbefugte« die Bundeslade berührten. Für Gott war Ussa offenbar ein Mann, der nicht zu den »Berechtigten« gehörte. Deshalb hat der Herr selbst ihn von der Lade weggerissen.

David begriff, daß seine Leute nicht darauf vorbereitet waren, die geheimnisvolle Lade in Besitz zu nehmen. Er durfte es nicht wagen, das eindeutig gefährliche Gut nach Jerusalem zu bringen. David hielt es für klug, die Bundeslade zur Aufbewahrung einem Fremden zu übergeben. Sein Name: Abed-Edom. Er stammte aus der Philisterstadt Gath. (Zweites Buch Samuel 6,10)

Der Philister – dessen Haus nahe beim Ort stand, an dem sich das Unglück mit Ussa ereignet hatte – war für David Helfer in der Not: Abed-Edom gestattete, daß der Wagen samt der Lade auf sein Grundstück gefahren wurde. Er war gut beraten, das gefährliche Objekt nicht anzufassen.

Hatte die Bundeslade nur wenige Jahre zuvor in Gath den Philistern Unheil zugefügt, »Geschwüre« waren ihnen auf der Haut aufgebrochen, so brachte sie dem Haus des Abed-Edom Glück. Der Wohlstand des Philisters wuchs ganz offensichtlich. David erfuhr davon, und er schloß daraus, daß der Zorn des Herrn abgeflaut war. Er entschloß sich dazu, jetzt die Lade nach Jerusalem zu bringen.

»David holte frohen Herzens die Lade aus dem Haus des Abed-Edom in seine Stadt hinauf. So ganz sicher aber war er doch nicht, daß der Transport ohne Zwischenfälle erfolgte. Diesmal wurde die Lade nicht auf einen Ochsenkarren gestellt. Männer vom Stamm Levi trugen sie an den dafür vorgesehenen Stangen. David setzte darauf, daß die Leviten, die früher schon für die Bewahrung und für den Transport der Lade Verantwortung getragen hatten, immer noch wußten, wie sie anzupacken war. Nachdem die Träger sechs Schritte mit der wertvollen Last gegangen waren, atmete der König auf: Das gefährliche Transportgut fügte diesmal niemand Schaden zu.

Als die Lade in Jerusalem eintraf, tanzte König David mit hohen Luftsprüngen vor ihr her. Er war dabei so gut wie unbekleidet. Seine Frau Michal – die Wert darauf legte, eine Tochter des Königs Saul zu sein – sah mit Erstaunen ihren Mann, den Herrscher über Israel, so gut wie nackt durch die Straßen hüpfen. Sie nahm sich vor, ihm später deswegen Vorwürfe zu machen.

Ohne Zwischenfälle gelangte die Lade in die Stadt. Dort hatte der König bereits einen Platz vorbereitet – seine Lage ist nicht überliefert. Dort wurde der mit Gold überzogene Kasten unter Zeltplanen zunächst aufbewahrt.

Gottes programmatische Rede in Jerusalem

David hatte der Hauptstadt Israels einen geistig-religiösen Mittelpunkt gegeben, auch wenn die Bundeslade noch keinen würdigen Rahmen gefunden hatte. Von Zeltplanen bedeckt war sie allerdings zunächst keine Attraktion für die Bewohner der Hauptstadt und für die Angehörigen aller Sippen, die zwischen Dan im Norden und Beersheba im Süden wohnten. Der Gedanke lag nahe, für Gott, der in der Bundeslade wohnte, ein prächtiges Gebäude, einen Tempel, zu errichten. David sprach über diese Absicht mit seinem Berater Nathan, der das Projekt des Tempelbaus befürwortete.

Am anderen Morgen aber stand der Berater wieder vor dem König und sprach, er habe den Auftrag von Gott, eine Ansprache zu halten, deren Wortlaut durch den Herrn selbst übermittelt worden sei. Nathan redete, was Gott ihm vorgesagt hatte:

»Du, David, willst mir also ein Haus bauen, damit ich darin wohne? Ich habe nie in einem festen Haus gewohnt, seit ich das Volk Israel aus Ägypten herausgeführt habe. Bis zum heutigen Tag wohne ich unter einer Zeltplane und zog in der Lade umher. Seit ich mit den Söhnen Israels durch das Land zog, habe ich niemals zu einem der Anführer gesagt: Baue mir ein Haus aus Zedernholz. Ich war es, der dich, David, aus deinen Viehherden geholt und der dich zum Fürsten über mein Volk Israel bestellt hat. Ich bin mit dir gewesen bei allen deinen Unternehmungen. Deine Feinde habe ich vertilgt, vor deinem Antlitz. Ich will deinen Namen groß machen, damit du zu den Größten gezählt wirst, die es überhaupt gibt. Ich setze mein Volk Israel in sein Land. Ich pflanze es dort ein. Es soll dort wohnen, ohne vor Gewalttätern zittern zu müssen. Niemand soll mein Volk Israel bedrücken und bedrohen dürfen.« (Zweites Buch Samuel 7,4 ff.)

Davids Berater Nathan wirkt als Prophet des Herrn. Er übermittelt das Versprechen Gottes, noch immer gelte der Bund, den Gott mit den Vorvätern Abraham und Mose geschlossen habe. Der Kernsatz lautet: »Das Land« gehört dem Volk Israel. Es hat das Recht darauf zu leben. Wer das Volk dabei stört, oder wer seinen Ansprüchen widerspricht, der frevelt.

Am Ende dieser programmatischen Rede sagte der Herr, daß er keineswegs für immer auf ein eigenes Haus in Jerusalem verzichte – nur David dürfe nicht der Erbauer des Tempels sein. Diese Aufgabe dürfe nur von Davids Sohn ausgeführt werden. Mit diesem Vorbehalt verband der Herr jedoch das Versprechen, daß den Nachkommen Davids für alle Zeiten das Königtum in Israel reserviert bleiben werde.

Nachdem Nathan diese zukunftweisenden Worte des Herrn übermittelt hatte, bedankte sich David persönlich bei Gott. Sein Dank galt der Entscheidung Gottes, dem Volk Israel eine Vorzugsstellung zu gewähren:

»Wo gibt es noch ein einziges Volk auf Erden wie dein Volk Israel? Du hast es für dich auserwählt. Du hast dir dein Volk Israel für immer zum auserwählten Volk bestimmt.«

Offenbar aber mißtraute David der Übermittlung von Gottes Wort durch seinen Berater Nathan. Er verlangte eine Bestätigung der

Absprache, daß sein Haus die Königswürde für alle Zeiten behalten dürfe. Seine Aufforderung an Gott klang schroff: »Handle, wie du gesagt hast!« (Zweites Buch Samuel 7,23 ff.)

Die Bibeltexte sind eindeutig. David will Fakten schaffen, um die Zukunft zu sichern. Die Rede Gottes hat die eine Konsequenz: David weitet das Gebiet seines Volkes aus. Davids Berater Nathan bewirkt durch die Übermittlung der Worte Gottes eine geradezu hektische Expansionspolitik des jüdischen Staates. Sein Territorium wird verdreifacht.

Die alte Fehde mit den Philistern beendete David durch Eingliederung ihrer Städte Gaza, Gath, Ekron, Ashdod und Askalon in seinen Herrschaftsbereich. Die Städte hatten zuletzt noch über eine gewisse Unabhängigkeit verfügt. Sie wurden jetzt völlig annektiert.

Dann griff David über den Jordangraben hinüber. Er überfiel das Königreich Moab am Ostrand des südlichen Toten Meeres. Durch das Gebiet Moab führte die »Straße der Könige«, die Petra mit den Handelszentren der nördlichen Region zwischen Mittelmeer und der Wüste verband. Reste von Festungen zeugen heute noch von der einstigen militärischen Stärke des Königreichs Moab.

Seine Stadt Dibon wurde sogar am Nil, am Hofe des Pharao Ramses II. zur Kenntnis genommen. Auf einem Relief, das in Luxor zu sehen ist, wird die Stadt Dibon dargestellt.

Die Lage der Stadt ist bekannt: Ausgrabungen beweisen, daß sie sich dort befand, wo heute die königlich-jordanische Stadt Dhiban liegt. In Dhiban beginnt in südlicher Richtung die Route durch das Wadi al Mujib, das in biblischer Zeit Arnontal hieß. Der Canyon, den der Fluß gegraben hat, beeindruckte Menschen von der Bronzezeit an bis heute. Auf den imposanten Höhen über dem Arnonfluß standen die Heiligtümer der Götter Moabs.

Die hebräische Überlieferung verbindet die Geschichte des Volkes Moab eng mit dem Bericht über das Leben des Patriarchen Abraham. Lot war ein Neffe von Abraham; beide waren sie als Nomaden auf Wanderungen durch ihre Herden wohlhabend geworden. Abraham und Lot teilten schließlich ihre Herde zwischen sich auf, weil sie unübersichtlich geworden war. Lot zog mit seinem Anteil in den wasserreichen Jordangraben. Die Siedlung Sodom wurde Mittelpunkt seines Lebens als Halbnomade. Nach der Katastrophe des Untergangs von Sodom geschah es – laut biblischer Geschichte –, daß die beiden Töchter des Lot in Angst verfielen, kein Mann würde jemals ein Auge auf sie werfen. In Hysterie verführten sie ihren Vater Lot. Beide Töchter wurden schwanger – und beide gebaren

Söhne. Der eine wurde Moab (der Sprößling meines Vaters) genannt, der andere Ben Ammi (der Sohn meines Vaters). Moab wurde Stammvater des Volkes der Moabiter; Ben Ammi ist der Urvater der Ammoniter. Wer eine zeitliche Einordnung dieser biblischen Geschichte sucht, der mag die Inzestaffäre ins 17. Jahrhundert v. Chr. einordnen.

Noch zur Lebenszeit des Mose siedelte sich der Stamm Ruben im Bergland von Moab an. Dort gab es Weidegebiete und Wasser. Die Männer von Ruben wollten nicht länger Nomaden sein. Sie hatten auch kein Interesse daran, sich an den kriegerischen Abenteuern der anderen Stämme zu beteiligen. Dem Stamm Ruben wurde das Gebiet zwischen Arnon und Jabbok zugewiesen. Mose soll damals – trotz seiner Verärgerung über das Beharren, in Transjordanien siedeln zu wollen – den Stamm Ruben gesegnet haben. »Ruben soll leben und nicht untergehen. Seine Männer sollen immer zahlreich sein.«

Der Segen des Mose blieb ohne dauerhafte Wirkung. Schon zur Zeit der Richter war der Stamm Ruben aufgesogen worden von den Nachfahren des Moab. Das Königreich Moab formierte sich nördlich des Arnontal. Um das Jahr 990 v. Chr. geriet Moab in den Sog der Expansionskriege, die David führte – als Folge der programmatischen Rede Gottes, die der Berater Nathan übermittelt hatte.

Das Zweite Buch Samuel (8,2 ff.) schildert mit brutaler Realität die Härte, mit der David das Volk Moab unterwarf:

»Er schlug die Moabiter und maß sie mit der Schnur ab. Sie mußten sich dafür auf den Boden legen. Zwei Längen der Schnur, die zum Messen diente, spannten sich über den Männern, die getötet werden sollten. Ein weiteres Maß Schnur spannte sich über denen, die am Leben bleiben sollten.« So wurde das Volk Moab von David dezimiert. Wer am Leben blieb war abgabenpflichtig gegenüber Israel.

Das Reich König Davids formiert sich

Eingedenk der Zusicherung Gottes, dem Volk Israel werde soviel Lebensraum gehören, daß es ohne Sorge vor Gefahr leben könne, konzentrierte König David seine militärische Kraft darauf, die Grenzen Israels weit auszudehnen.

500 Kilometer Luftlinie nördlich von Jerusalem liegt die heutige syrische Stadt Hama. Zu biblischer Zeit hieß diese Stadt Hamath und

war Zentrum eines Königreichs – beherrscht von einem Monarchen der Toi hieß. Dessen Hauptstadt Hamath setzte sich David zum Kriegsziel. Soweit, 500 Kilometer nach Norden von seiner Residenz aus gesehen, sollte sich das Reich Israel erstrecken.

Das zweite Buch Samuel berichtet, wer auf dem Weg nach Hamath niedergezwungen werden mußte:

»David besiegte Hadadeser, den Sohn des Rechob, den König von Zoba. Dieser war ausgezogen, um seine Macht am Euphrat zu festigen. David nahm 1700 Kämpfer auf Streitwagen und 20 000 Männer zu Fuß gefangen. Alle Wagenpferde ließ David lähmen. Nur hundert Streitwagengespanne nahm er mit sich.«

Der Name des besiegten Hadadeser weist darauf hin, daß er überzeugter Anhänger des Gottes Hadad war. Sein Hauptheiligtum lag südlich der Orontesmündung (Nahr al-Ass) an der heute syrischen Mittelmeerküste.

Nach dem entscheidenden Sieg der Streitmacht Israels, von dem das Zweite Buch Samuel berichtet, wurde das Land des Hadadeser von Davids Kriegern ausgeplündert. Den Goldschatz von Zoba ließ der Sieger nach Jerusalem transportieren, und die großen Erzvorräte ebenfalls. Offenbar war das Land Zoba reich an Bodenschätzen.

Sein Mittelpunkt lag um das Gebirge Anti-Libanon. Zum Land Zoba gehörte die Bekaa-Ebene; sie ist heute libanesisch. Die Bekaa-Ebene wird begrenzt von den Gebirgszügen Libanon und Anti-Libanon. Die südliche Grenze von Zoba war das Hermonmassiv, das heute Syrien vom Libanon trennt. Nicht genau fixiert war die Grenze des Landes im Osten: Der ehrgeizige Herrscher Hadadeser wollte auch Beherrscher des Euphratgebietes werden, doch dafür reichten seine militärischen Kräfte nicht aus. Seine Streitmacht wurde in erster Linie in der jahrelangen Auseinandersetzung mit König Toi, dem Monarchen von Hamath, verbraucht. Auch waren in der Vergangenheit kräftezehrende Streitereien mit den jüdischen Stämmen aufgeflammt. Schon zur Zeit des Königs Saul wurden Gefechte an der Südflanke des Reiches Zoba registriert. (Erstes Buch Samuel 14,47)

Zwar preisen die biblischen Texte, die von diesen ersten Geplänkeln berichten, Saul als Sieger, doch die Wirklichkeit sah anders aus. Zoba wurde immer mächtiger. Diese Entwicklung bekam besonders der Herrscher von Hamath zu spüren. Dieser wiederum setzte auf eine Allianz mit dem Herrscher über Israel, doch erwies sich Saul nicht als wirkungsvoller Verbündeter. Der Herrscher von Hamath wünschte sich Veränderung in Israel. Der Machtwechsel trat dann auch ein. König Toi von Hamath bestand darauf, daß David den König über Zoba in militärische Schwierigkeiten brachte. Dessen Kalkulation ging auf: Zoba wurde ausgelöscht.

Die Bewohner von Hamath und von Zoba gehörten zur Stammesgruppe der Aramäer. Sie hatten sich am Ende des zweiten Jahrtausends v. Chr. in einem weiten Gebiet zwischen dem Persischen Golf und dem heutigen Syrien ausgebreitet. Woher sie wirklich stammen, ist wissenschaftlich nicht festzustellen. Das Buch Genesis (10,22 ff.) weiß allerdings zu berichten, daß die Aramäer Nachkommen seien von Aram, dem Enkel des Noah.

Nach den Angaben dieser Quelle läßt sich die Genealogie der Aramäer so beschreiben: Noah war der Vater von Shem, der wiederum Arams Vater war. Berichtet wird:

Noah und seine Söhne Shem, Ham und Jafet hatten die Zeit der Sintflut in der Arche zugebracht. Nachdem das Land wieder trocken geworden war, so erzählt das Buch Genesis, sei Noah Bauer geworden. Er habe sich auch Weingärten angelegt – und er habe gern seinen eigenen Wein getrunken. Einmal aber sei Noah völlig betrunken gewesen. Er sei im Zelt niedergefallen, ohne darauf zu achten, daß seine Blöße aufgedeckt war. Ham kam hinzu, besah sich die Blöße des Vaters und erzählte seinen Brüdern Shem und Jafet davon. Die beiden nahmen eine Decke, bewegten sich rückwärts auf Noah zu und bedeckten ihn, ohne seinen Schoß gesehen zu haben. Als Noah wieder nüchtern war, erfuhr er vom Vorfall im Zelt. Er war wütend über seinen Sohn Ham, der ohne Schamgefühl gehandelt hatte. Noah hielt Hams Vergehen für so schwerwiegend, daß es nicht gesühnt werden konnte. Noah, der eben noch betrunken gewesen war, beschimpfte seinen Sohn Ham. Bemerkenswert ist, daß sich Noahs Fluch keineswegs gegen Ham richtete, sondern gegen dessen Sohn Kanaan: »Verflucht sei Kanaan! Er und seine Nachkommen sind dazu bestimmt, für immer Knechte zu sein!« Noahs Fluch sollte bewirken, daß Kanaan der Sklave von Shem und Jafet sein müsse. Die Wirkung des Fluchs sollte für alle Zeiten und für sämtliche Nachkommen gelten.

Shem und Jafet aber pries Noah für deren Feingefühl. Er bat für beide um den Segen Gottes.

Der Segen wirkte: Jafet bekam sieben Söhne, die Stammväter mächtiger Sippen wurden. Ihnen gehörten Siedlungsgebiete zwischen dem Kaspischen Meer und der Ägäis. Sie sind für den Fortgang der Historie um das jüdische Volk nicht von Bedeutung.

Jafets Bruder Shem aber – und dessen Nachfahren – wurden besonders mit göttlicher Gnade bedacht: Zu Shems Nachkommen zählt Abraham.

Gemäß der in der Bibel fixierten Genealogie ist Shem durch seinen Sohn Aram, auch die Wurzel des Volkes der Aramäer.

Die biblischen Texte berichten, zur Zeit Davids sei der schwelende Konflikt zwischen Semiten und Aramäern aufgelodert – nachdem die »verfluchten Knechte«, das Volk Kanaan längst unterworfen war. David wollte jetzt auch die Aramäer vernichten. Das Ziel war weit gesteckt. David wollte die aramäische Stadt Hamath erreichen, die 500 Kilometer von Jerusalem entfernt im Norden lag.

Das Ziel war erreichbar. Nach dem Sieg über Hadadeser, den Herrscher von Zoba, sah sich Toi, der Herr über Hamath, gezwungen, rasch zu einem Einverständnis mit David zu kommen. Toi war froh, daß sein Feind Hadadeser geschlagen war unter dessen Expansionslust er so lange gelitten hatte – doch bestand für Toi nun die Gefahr, daß auch er, als Aramäerfürst, von David angegriffen wurde. Toi schickte deshalb seinen Sohn Hadaram zum König über Israel mit den herzlichsten Glückwünschen. Hadaram brachte dazuhin goldene und silberne Gefäße als Geschenke nach Jerusalem. Das Land um Hamath unterwarf sich Israel.

Diese Erweiterung der Machtsphäre des jüdischen Staates geschah keineswegs nach Gutdünken des Königs David. Er folgte Anweisungen, die – gemäß der Überlieferung – einst Mose von Gott erhalten hatte. Zur Nordgrenze hatte Gott den Punkt Lobo-Hamath festgelegt. Gemeint ist die Region der heutigen syrischen Stadt Hama.

Die Erinnerung an Gottes Anweisung ist bis in unsere Zeit erhalten geblieben. David Ben Gurion hat im Juli 1937 im Bericht an den Zionistischen Weltrat diese Grenzen eines kommenden jüdischen Staates für empfehlenswert gehalten: Der Litanifluß im Süden des Libanon; den Süden Syriens unter Einbeziehung von Damaskus; Transjordanien; das britische Mandatsgebiet Palästina. Eigentümlicherweise hatte David Ben Gurion auch das Gebiet um die Stadt Homs, die heute zu Syrien gehört, dem künftigen jüdischen Staat zugesprochen.

Die Stadt Homs hatte der Vorkämpfer für die Gründung Israels deshalb als Ort der Nordgrenze genannt, weil er der irrtümlichen Meinung war, diese Stadt sei dem in der Bibel genannten Hamath gleichzusetzen.

Ben Gurion bezog in seiner Studie Damaskus ein. Die imposante Großstadt an den Ausläufern des Anti-Libanongebirges mit ihrer langen politischen und religiös-geschichtlichen Historie sollte pre-stigeträchtiger Bestandteil des wiedererstehenden jüdischen Staates werden. Die Anregung für diese Forderung gab das Zweite Buch Samuel, in dem Davids Erfolg und Eroberungen registriert sind. Die Schilderung des Sieges über die Streitkräfte von Damaskus ist knapp gehalten: »David besiegte die Aramäer aus Damaskus. Er tötete 22 000 Mann. Er setzte im aramäischen Damaskus Verwaltungsbe-amte ein. Die Aramäer wurden Davids Untertanen.« (Erstes Buch Chronik 18,5 ff.)

So rasch gab sich Hadadeser jedoch auch nach der Niederlage nicht geschlagen. Was der Bibeltext verschweigt: Dem König der Aramäer war eine Absetzbewegung nach Osten, zum Euphrat, gelungen. Er sammelte die Bewaffneten, die dort zum Schutz der Euphratgrenze stationiert waren. Die Streitmacht der Aramäer zur Rückeroberung des verlorenen Territoriums war beachtlich. Der biblische Kampfbe-richt erwähnt, daß dem aramäischen Befehlshaber Shobak 700 Streit-wagen zur Verfügung standen. Über dieses wirkungsvolle Kampfge-fährt verfügte David nur in unzureichender Zahl.

Joab, noch immer der Feldherr der israelischen Streitkräfte, hatte nach dem Erfolg des Feldzugs gegen die aramäische Hauptmacht und nach der Besetzung von Damaskus nicht mehr mit einem Auf-flammen des aramäischen Widerstands gerechnet. Er und seine Truppen befanden sich in Jerusalem. Da Joab dem Gegner keine Zeit lassen wollte zur Festigung seiner Position, mußte er in den aramäi-schen Aufmarsch hineinstoßen. Dieses Manöver gelang am Jordan-ostufer. Er endete mit dem Sieg des Joab. Sein Gegner Shobak erlag noch auf dem Schlachtfeld seinen Verwundungen. (Zweites Buch Sa-muel 10,15 ff.)

Davids Kampf um Transjordanien

Davids erfolgreiche Unternehmungen im Land ostwärts des Jordan, veranlaßte David Ben Gurion im Jahr 1937 in seinen Überlegungen zur Größe des künftigen Staates Israel die Eingliederung Transjorda-niens zu fordern. Im Jahr 1937 unterstand jenes Territorium der briti-schen Mandatsverwaltung – zur Zeit als David begehrlich über den Jordan blickte gehörte es dem Volk der Ammoniter.

Über die Herkunft dieses Volkes gibt das Buch Genesis Auskunft (19,36 ff.). Der entsprechende Text sei noch einmal erwähnt: »Die beiden Töchter des Lot wurden – nach eigenem Willen – schwanger von ihrem betrunkenen Vater. Die Ältere gebar einen Sohn, den sie Moab nannte. Er gilt als Stammvater des Volkes Moab. Auch die Jüngere gebar einen Sohn, den sie Ben Ammi hieß. Er ist der Stammvater der Ammoniter.«

Trotz dieser Abstammung aus einer gemeinsamen Sippenwurzel entwickelte sich früh eine Feindschaft zwischen Juden und Ammonitern. Das Gesetz, das Mose seinem Volk in der Schlußphase der Wanderung ins verheißene Land verordnet hat, schreibt ausdrücklich vor, daß kein Ammoniter jemals in die jüdische Gemeinschaft aufgenommen werden darf: »Überhaupt nie sei es ihnen erlaubt, in den Bund mit dem Herrn einzutreten.« (Deuteronomium 23,4)

Obgleich die Ammoniter Geschick und Tapferkeit im Kampf einsetzen konnten, wurden sie durch starke Nachbarn vom Rand des Jordangrabens nach Osten abgedrängt. Zur Zeit Davids lebten sie in Oasen, die von Trockengebieten umgeben waren. Ihre Hauptstadt hieß Rabbath-Ammon. Sie lag am Oberlauf des Flusses Jabbok, der heute Nahr as-Zerka genannt wird. Im Tal von Rabbath-Ammon war das Gewässer ein armseliges Rinnsal. Dies hat sich bis in unsere Zeit nicht verändert. Das einstige Rabbath-Ammon trägt heute den Namen Amman und ist die Hauptstadt des Haschemitischen Königreichs Jordanien.

Rabbath-Ammon lag an einem Kreuzungspunkt wichtiger Handelsrouten. Hier machten die Karawanen Halt, die von der Arabischen Halbinsel unterwegs waren nach Damaskus. Hier rasteten die Händler, die der Hitzehölle der syrischen Wüste entkommen waren. Von Rabbath-Ammon aus zogen Kaufleute nach Westen, zu den Häfen am Mittelmeer. Diesen kommerziell wichtigen Ort in die Hand zu bekommen, war die Absicht des Königs David.

Das heutige Amman ist vom Tal aus am Hang von sieben Hügeln emporgewachsen. Die Stadt Rabbath-Ammon bestand einst aus zwei Teilen: Aus der »Stadt, die am Wasser liegt« – also am Jabbokbach; und aus der »königlichen Stadt« – sie befand sich auf dem nördlichen Hügel, dort, wo die Reste der Zitadelle zu sehen sind.

Beide Stadtteile wollte David besitzen. Außer diesem Ehrgeiz gab es keinen Kriegsgrund. Die Fürsten der Ammoniter hatten sich durchweg friedlich verhalten.

Das Erste Buch Chronik (20,1) beschreibt den Beginn des Konflikts so: »Joab führte die Streitmacht an. Sie verwüstete das Land der Am-

moniter. Joab zog vor die Hauptstadt Rabbath-Ammon und belagerte sie. David selbst blieb in Jerusalem.«

In seiner Hauptstadt aber langweilte sich der König. Seine Residenz
befand sich über den Häusern, die auf einer Hügelnase erbaut waren.
Diese Hügelnase war auf beiden Längsseiten von einem Tal begrenzt.
Wenn David von der Residenz hinunterblickte in Richtung Süden,
konnte er deutlich erkennen, was auf dem engen, begrenzten Raum
in Jerusalem geschah – und zeitweise hatte er erfreuliche Anblicke.
Das Zweite Buch Samuel (11,2 ff.) beschreibt einen lustvollen Augenblick:

»Eines Abends stand David von seinem Lager auf. Er ging auf dem
Dach seiner Residenz hin und her. Da sah er ganz deutlich auf einem
anderen Dach, das tiefer lag, eine Frau beim Bad. Diese Frau war
außerordentlich schön.«
Die Dächer der Häuser in dem Teil von Jerusalem der einst »Davids
Stadt« war, sind heute noch flach. Die niederen Gebäude werden
von Palästinensern bewohnt. Das Leben der Frauen spielt sich
noch immer auf den Dächern ab: Dort wird Wäsche gewaschen und
getrocknet, dort werden Kinder gehütet. Nur gebadet wird nicht
mehr auf dem Dach – seit den Erfahrungen, die Bathsheba gemacht
hat.
Das war der Name der Frau, die David beim Baden beobachtete.
Da sie nahe beim Machtzentrum, bei der Residenz des Königs wohnte, mußte sie zu einer angesehenen Familie gehören. David erkun-
digte sich bei seinen Höflingen und erhielt diese Antwort: »Sie ist die
Tochter des Eliam und die Enkelin des Ahitophel.« Der zweite Name
war dem König vertraut. Ahitophel hatte zu seinem Beraterstab gehört.
Allerdings lebte Ahitophel zum Zeitpunkt, als David Bathsheba
beim Bade sah, nicht mehr. Er hatte sich erhängt. Der sonst überaus
kluge Berater hatte sich in der Innenpolitik des jüdischen Staates
verkalkuliert: Er hatte auf den Erfolg des Absalom gesetzt und dessen
Rebellion unterstützt. Es war Ahitophel gewesen, der dem jungen
Revolutionär den Rat gegeben hatte, sich mit den Nebenfrauen des
aus Jerusalem nach Transjordanien geflohenen Vaters in der Öffentlichkeit körperlich zu vereinen. Ahitophel hatte damit ein Zeichen setzen wollen, daß David für immer erledigt sei. Ahitophels Rat war gewesen, den fliehenden David mit schnellen Truppen zu verfolgen und
ihm keine Möglichkeit zu geben, Streitkräfte in Gilead zu mobilisie-

ren. Doch Absalom folgte dem Drängenden nicht – sein Aufmarsch organisierte sich zu langsam. Das Resultat war, daß David siegte.

Über das Ende des Ahitophel berichtet das Zweite Buch Samuel: »Als er begriff, daß die Sache des Absalom verloren war, sattelte er seinen Esel und ritt heim nach Jerusalem. Er ordnete noch sein Haus und erhängte sich dann« (17,23). Der Enkeltochter dieses Mannes sah David in jener Nacht beim Bad zu. Vielleicht hat sie ihn auch deshalb gereizt, weil ihr Großvater Schuld daran war, daß seine Nebenfrauen mit Absalom geschlafen hatten.

Der König erfuhr in jener Nacht auch, daß Bathsheba verheiratet war, mit dem Offizier Uriah, der in der königlichen Leibgarde diente. Dieser Spezialtruppe gehörten nahezu ausschließlich Männer an, die nicht zum Volk Israel gezählt wurden. Uriah war Hethiter. Er muß jedoch – auch wenn er fremder Abstammung war – sehr angesehen gewesen sein, sonst hätte ihn der Hofbeamte Ahitophel – als er noch mächtiger und einflußreicher Berater gewesen war – nicht in seine Familie aufgenommen.

In jener Nacht setzte sich David über alle Konventionen hinweg: Er schickte Höflinge zur badenden Bathsheba mit der Aufforderung, sie möge in den Gemächern des Königs erscheinen. Das Zweite Buch Samuel (11,4) weiß, was damals im Schlafzimmer geschah: »Bathsheba kam zu David und er vereinigte sich mit ihr. Danach reinigte sie sich und ging in ihr Haus zurück.« Eigentlich war diese Beziehung für den König damit erledigt. Die Nacht war nicht außergewöhnlich gewesen, und so gab es keinen Grund, auch weiterhin an Bathsheba zu denken. Doch dann geschah es, daß David von Bathsheba die schlichte Mitteilung erhielt: »Ich bin schwanger!«

Diese Schwangerschaft war dem König peinlich. Der Hethiter Uriah konnte nicht der Vater sein, denn Uriah befand sich seit Wochen an der Belagerungsfront vor Rabbath-Ammon. Diese Tatsache war in Jerusalem bekannt. Da Uriah nicht Ursache der Schwangerschaft sein konnte, setzte im Gerede der Leute sicher bald die Suche nach dem Vater ein – und von irgend jemand aus dem königlichen Haushalt würde dann bestimmt das Geheimnis preisgegeben werden, Bathsheba habe für eine Nacht das Lager mit dem König geteilt. Dann hätte der Offizier Uriah Rechenschaft vom König fordern können. Davids Herrschaft war nie wirklich unantastbar – der Respekt der Untertanen bröckelte sehr schnell ab. David war in Sorge, die Affäre Bathsheba könnte Unruhe auslösen. Der Skandal mußte vermieden werden.

David fand den naheliegenden Ausweg: Uriah mußte mit seiner Frau zusammengebracht werden. Wenn er dann von der Schwangerschaft erfuhr, durfte ihm kein Zweifel daran aufkommen, daß er selbst das Kind gezeugt hatte. Nun befand sich der junge Mann aber hundert Kilometer Luftlinie entfernt, ostwärts der Jordansenke. Er mußte dennoch eilends zurückgeholt werden von der Belagerungsfront. Reitende Boten brachten ihn nach Jerusalem.

David ließ sich vom Offizier Uriah Bericht erstatten über den Verlauf der Belagerung, über die Strategie, die der Befehlshaber Joab anwandte. Uriah wunderte sich, warum gerade er zum Frontlagebericht nach Jerusalem geholt worden ist. Andere Offiziere waren für solche Aufgaben geeigneter. Ziemlich rasch wurde er mit herzlichen Worten verabschiedet – und mit guten Wünschen für die Nacht bei Bathsheba.

Uriah aber begibt sich nicht zu seiner Frau. Er schläft in einer Nische der Toreinfahrt zur Residenz. Dem König wird das seltsame Verhalten hinterbracht. David läßt Uriah kommen und fragt ihn sehr direkt: »Warum liegst du nicht bei deiner Frau?« Uriahs Antwort: »Wie kann ich auf einem weichen Lager liegen, wenn die Bundeslade des Volkes Israel noch immer im Freien steht, und wenn mein Kommandeur Joab auf hartem Boden liegt?«

Als schließlich der Offizier nach Rabbath-Ammon zurückkehrt, ohne seine Frau Bathsheba auch nur gesehen zu haben, da trägt er zu Händen des Befehlshabers Joab einen versiegelten Brief bei sich mit diesem Wortlaut: »Stellt Uriah am gefährlichsten Frontabschnitt ganz vorne hin. Wenn die Ammoniter angreifen, dann ziehen sich alle deine Leute rasch zurück – bis auf Uriah. Ich möchte, daß Uriah im Kampf stirbt.«

Der Wille des Königs wurde erfüllt. Das Zweite Buch Samuel berichtet (11,17): »Die Männer der Stadt machten einen Ausfall. Mancher der Kämpfer des Volkes Israel fand dabei den Tod. Auch der Hethiter Uriah kam dabei ums Leben.«

Als David die Nachricht vom Tod des Offiziers Uriah überbracht wurde, da war er erleichtert. Dem Befehlshaber Joab ließ David ausrichten: »Rege dich nicht auf über das, was passiert ist. Das Schwert des Krieges findet seine Opfer unter vielfältigen Umständen.«

Kaum war die Trauerzeit der Bathsheba um ihren Mann Uriah zu Ende, holte sie David zu sich ins Haus. Die Affäre, die zunächst nur von geringer Bedeutung für David gewesen war, hatte sich inzwischen in eine Liebesbeziehung verwandelt.

Das Kind aber, das in jener Nacht nach dem Bad gezeugt worden war, starb bald nach der Geburt. Der königliche Berater Nathan, dem nichts verborgen geblieben war, teilte seinem Herrn mit, die Krankheit des Kindes sei das Zeichen gewesen für Gottes Zorn über Davids Verhalten. Nun, da das Kind gestorben sei, habe Gott dem König vergeben. Die Fortsetzung der Geschichte vollzog sich in Harmonie: »David beruhigte seine Frau Bathsheba und schlief mit ihr. Sie brachte einen Sohn zur Welt, den David Salomo nannte.«

Während der Zeit, in der diese Affäre den König in Jerusalem beschäftigte, kommandierte Joab die Truppen des Belagerungsrings um Rabbath-Ammon. »Die Stadt, die am Wasser liegt, hatte Joab bereits eingenommen. Als kluger Untergebener lud er seinen Herrn ein, den Befehl über die Erstürmung der »königlichen Stadt« zu übernehmen. Der Ruhm sollte dem König zuteil werden.

David folgte der Einladung. Die sturmreif belagerte Stadt auf der Anhöhe über dem Flüßchen Jabbok gehörte nach wenigen Tagen dem König Israels. Der biblische Text erzählt, David habe dem König Milkom die goldene Krone vom Haupt genommen. Der Name Milkom ist in anderer Schreibweise als Moloch bekannt. So hieß der Staatsgott der Ammoniter. Ihm wurden bisher in Rabbath-Ammon Kinder geopfert.

Die Bevölkerung von Rabbath-Ammon ließ David deportieren. Die Männer wurden an unterschiedlichen Orten des israelischen Landes als Zwangsarbeiter gebraucht: Sie mußten in Steinbrüchen Steine sägen, sie hatten Holz zu fällen und sie hatten in Ziegeleien zu arbeiten. »So verfuhr David mit den Bewohnern aller Städte der Ammoniter.« (Zweites Buch Samuel 12,31)

David erwirbt einen Bauplatz für den Tempel

Dem Militärbefehlshaber Joab wurden von seinem Monarchen Aufgaben übertragen, die ihm mißfielen. Gegen seinen Willen wurde er gezwungen, eine Volkszählung durchzuführen. Damals lebten die Menschen zwischen Mesopotamien und dem Mittelmeer in der Angst, Volkszählungen würden Unglück bringen. Selbst dem Truppenkommandeur Joab war diese Zählung der Bewohner des Landes »ein Greuel«.

Der Grund für Davids Hartnäckigkeit: Er wollte wissen, wieviel »Schwertträger« ihm für seine expansive Politik zur Verfügung standen. Joab legte schließlich ein Ergebnis vor: Die Nordstämme, Israel genannt, konnten 800 000 Bewaffnete stellen. Juda verfügte über 500 000 Kämpfer.

In jener Zeit hatte David einen Berater, der ihm besonders nahe stand. Von Nathan wollte David nichts mehr wissen, seit der sich während der Affäre mit Bathsheba hin und wieder abfällig über diese Frau geäußert hatte. Der aktuelle Berater, der Gad hieß, hielt jetzt für David Kontakt zu Gott. Unmittelbar nach der Volkszählung machte Gad den König darauf aufmerksam, daß der Herr erzürnt sei über die eigenmächtige Kühnheit, das Volk zählen zu wollen. Gad verkündete, der Herr überlasse David die Wahl zwischen drei Strafen zur Sühne des Vergehens: eine Hungersnot, die drei Jahre dauert, einen Konflikt mit Feinden über eine Zeit von drei Monaten, eine Pestseuche, die drei Tage wütete. David wählte die Pestseuche für sein Land. (Zweites Buch Samuel 24,14 ff.)

Gott entsprach der Wahl. 70 000 Menschen starben. Jerusalem, die Stadt Davids, aber wurde bis zuletzt verschont. Doch dann wurde der Pestengel schließlich auch hier gesichtet. David und die Ältesten erkannten ihn zuerst. David reagierte rasch: Noch ehe der Pestengel wüten konnte, fand David gegenüber Gott Worte der Reue für seine Kühnheit, die Untertanen zu zählen.

Gad, der Mittler zwischen Gott und David, informierte den König, daß der Herr ein Einsehen habe. Jerusalem solle verschont werden, wenn David über der Stadt den Bau eines Heiligtums, eines Tempels vorbereite.

Das Gelände über der Stadt war ein Dreschplatz auf dem Hügel Moriah im Norden des bebauten Gebiets. Der Dreschplatz gehörte einem Mann, der Arauna hieß. Er wird in den biblischen Texten (Zweites Buch Samuel 24,18) als Jebusiter bezeichnet. Er gehörte also zu den Einwohnern, die vor der Eroberung durch David in der Stadt gelebt haben – und die David verschont hatte. Möglich ist, daß dieser Arauna der letzte jebusitische Herrscher gewesen war. Ein schlichter Bauer war er auf jeden Fall nicht.

Die Knechte des Arauna waren damit beschäftigt, auf dem Dreschplatz Weizen vom Spreu zu trennen. Der Besitzer des Grundstücks muß wohl davon erfahren haben, daß David ihn auf dem Hügel Moriah zu sprechen wünschte. Er befand sich an Ort und Stelle als der Monarch dort eintraf. Arauna verneigte sich, »das Gesicht zur Erde gewandt«. Er nahm zur Kenntnis, daß David den Dreschplatz kaufen wolle, um dort für seinen Gott den Bau eines Tempels vorzubereiten.

Arauna war sofort bereit, seinem Monarchen das Grundstück zu schenken. David aber wehrte ab: »Das kommt überhaupt nicht in Frage! Um einen festen Preis will ich den Boden kaufen!«

Bemerkenswert ist die Prallele der Geschichte zum Bericht in Genesis 23: Abraham wollte einst unter allen Umständen die Höhle Machpela bei Hebron käuflich erwerben um darin seine Frau Sarah bestatten zu können. Er hatte sich das Grundstück nicht schenken lassen wollen. Mit dem Kaufakt hatte sich Abraham einen Rechtsanspruch auf Boden in Kirjat Arba (Hebron) gesichert.

Ähnlich verfuhr David: Er kaufte den Hügel Moriah und erwarb so das Grundstück, auf dem später der Tempel gebaut werden sollte. Der Jebusiter Araunah bekam für den Dreschplatz 600 Goldshekel.

David war vom Ehrgeiz getrieben, den Tempelbau als Aufgabe selbst anzupacken. Die Errichtung des Tempels hätte sein Leben gekrönt. Doch Gottes Befehl verhinderte den Baubeginn. David wurde als Tempelerbauer abgelehnt, weil er sich Eigenmächtigkeiten erlaubt hatte, die Gottes Gesetz zuwiderliefen. Dies war zumindest die Meinung des Beraters Gad. Dieser verstand es, sich als Vermittler von Gottes Willen Respekt zu verschaffen.

Immerhin gestattete der Vermittler seinem König mit vorbereitenden Arbeiten zu beginnen. David mobilisierte die nötigen Arbeitskräfte. Er rekrutierte Zwangsarbeiter. Dieser Sachverhalt versteckt sich in der Formulierung: »David befahl, alle Fremden im Lande zusammenzuholen. Sie wurden verpflichtet, Steine so zu behauen, daß sie zu Quadern wurden für den Tempelbau.« (Erstes Buch Chronik 22,2)

Im Verlauf der Wochen und Monate wuchs das Materiallager auf dem Hügel Moriah. Da trafen Zedernstämme aus den nördlichen Küstenstädten Sidon und Tyr ein. Da wurden Eisen und Bronze zur weiteren Verarbeitung aus dem aramäischen Gebiet angeliefert. Auch die Finanzierung war gesichert: Gold und Silber wurden gehortet, um die Handwerker bezahlen zu können. Werkleute in großer Zahl sind angeworben worden: Steinmetze, Maurer und Zimmerleute lebten bereits in Jerusalem – ohne wirkliche Arbeit. Sie alle warteten auf den Befehl zum Beginn der Bautätigkeit. Dieser Befehl konnte erst nach Davids Tod gegeben werden. Der König aber hing an seinem Leben.

Über Jahre hin konzentrierte sich der Eifer der Baumeister und Handwerker auf die Stadt unterhalb des Palastes. Das Zweite Buch Samuel (5,9) gibt einen überaus kurzen und konzentrierten Bericht von der Bautätigkeit zur Zeit Davids: »Er baute die Stadt auf vom Millo bis zu seiner Residenz.«

Spuren in der Davidstadt

Generationen von Bibelexperten, Archäologen und Übersetzern haben sich Gedanken gemacht, was wohl mit dem Begriff »Millo« gemeint sei. Die gängige deutsche Übersetzung heißt – »Auffüllung« – doch die Deutungen unterscheiden sich. Phantasievolle Textinterpreten glauben, mit »Millo« sei ein repräsentativer Festungsbau gemeint. Kathleen M. Kenyon aber, die Archäologin mit der meisten Erfahrung vor Ort in neuer Zeit, weist nach, daß die Terrassenanlage am Ostrand der Stadt über dem Kidrontal, die in der späten Bronzezeit angelegt worden ist, während Davids Regierungszeit durch Aufschüttung erneuert worden ist. Die Anwendung der direkten Wortübersetzung »Aufschüttung« ist offenbar korrekt.

Von der im Zweiten Buch Samuel genannten königlichen Residenz war allerdings, trotz aller Bemühungen der Archäologen, nicht die geringste Spur zu finden. Die Residenz ist wohl kurz nach Davids Tod abgebrochen worden. Gegenüber den Bauwerken, die dann entstanden sind, war der Wohnbau Davids sicher bescheiden.

Die Lage zwang zur Bescheidenheit, denn schmal war die Landzunge, auf der sich die Davidstadt befand. Wer nach Jerusalem kommt, der sucht den Ort, an dem David residiert hat auf den ins Auge fallenden topographischen Erhebungen. Er blickt auf die Zitadelle, den Davidsturm, auf die Gegend um das Zionstor, vielleicht auch auf das Viertel um die Grabeskirche.

Wer die Heiligen Schriften kennt, der läßt sich verleiten, die »Davidstadt« auf dem Berg Zion zu suchen, zwischen der Südwestecke der Altstadtmauer und dem Hinnomtal. Der 48. Psalm preist den Zionsberg:

»Umschreitet den Zion! Zieht um ihn herum und zählt seine Türme! Betrachtet seine Mauern und seht auf seine Paläste!«

Die Vorstellung von der Stadt Davids wird durch derartige Schilderungen beeinflußt. Erwartet wird wenigstens ein Anzeichen von Pracht. Die armseligen Häuser im Süden des Tempelbezirks ziehen keine Blicke an. Nur die Kundigen kennen den Reiz der Kleinstadt über dem Kidrontal.

Die Hügelzunge auf der die Wege rasch nach Süden zum Teich Siloah abfallen, ist heute der abgelegenste Teil der Stadt Jerusalem. Nur die Touristen verirren sich hierher, die das heilsame Wasser von Siloah suchen. Die alte Stadt ist vergessen, weil sie keine Attraktion zu bieten hat. Schon vor mehr als zwei Jahrtausenden hat sich die menschliche Ansiedlung Jerusalem nach Nordwesten verlagert, auf die Hügel westlich der Tempelterrasse. Der ursprüngliche Kern, die Stadt Davids, ist geblieben, was sie gewesen war – ein bescheidener, enger Ort über dem Kidrontal. Die Pracht, die von den Texten des Alten Testaments vorgegaukelt wird, hat hier nie existiert. Heute ist an heißen Tagen der Gestank von Urin penetrant – ihn hat es wohl schon zur Zeit Davids gegeben.

Der optische Eindruck suggeriert den Gedanken, daß sich wenig verändert hat an diesem Platz, seit damals als David Bathsheba zu sich holte: Verschleierte Frauen fangen mit lauten Rufen schreiende Kinder ein. Andere Frauen werfen Abfälle hinunter ins Tal. Ein Mann reitet auf einem Esel. Ein Junge treibt mit einem Palmwedel eine Schafherde den Berg herunter durch kärgliche Pflanzungen der Ölbäume und Feigenkaktusstöcke. Eine Felspartie, die aus dem Berg ragt, weist Vertiefungen auf: Furchen, die in den Stein gehauen wurden. Spuren der Werkzeuge sind zu erkennen, mit denen Arbeiter vor 3000 Jahren das harte Material bearbeitet haben.

Archäologen der Vergangenheit sahen in Aushöhlungen die Spuren der Gräber des Königs David und seiner Nachfolger. Die heutige Forschergeneration ist der Meinung, es handle sich um Wasserzisternen, denn einige der besonders großen Vertiefungen sind vor Jahrhunderten offenbar mit Gips abgedichtet worden. Kanäle, mit der Funktion von Überlaufrinnen, sind von einem Reservoir zum anderen gezogen. Ein ganzes System der Wasserversorgung wird sichtbar, wenn man mit einiger Einbildungskraft die ganze Felspartie betrachtet. Doch ist dieses Resultat rein spekulativ. Es ist durchaus möglich, daß die Vertiefungen in unterschiedlichen Zeiten zu verschiedenen Zwecken dienten. Was einst Grab war, konnte später zur Wasserzisterne umgebaut werden.

Kein Autogeräusch ist zu hören in diesem vom Zeitpunkt der Besiedlung her gesehen ältesten Teil der Stadt Jerusalem. Die Verkehrswege zum Jordantal und nach Hebron führen in einiger Entfernung über Hügel und durch Täler. Trotzdem ist die Luft voller Laute und Töne in Davids Stadt. Kinder, die vor einem Haus sitzen, schlagen im Rhythmus auf ein Brett; von den Steinmauern auf der anderen Seite des Kidrontals hallt das Trommeln zurück. Gesprächsfetzen, gar nicht laut gesprochen, sind eine geringe Nachhallzeit später noch einmal zu hören.

In fünfzehn Minuten kann das Gebiet der Stadt Davids bequem von einem Ende zum anderen durchwandert werden. Knapp 400 Meter mißt Ur-Jerusalem in der Längsrichtung und 125 Meter in der Breite. 60 Meter beträgt der Höhenunterschied zwischen dem höchsten Punkt im Norden und dem Teich Siloah.

Daß diese schmale Hügelzunge das Grundstück der Davidstadt gewesen sein soll, erstaunt jeden, der vom Ölberg nach Westen schaut. Die Frage stellt sich, warum die Jebusiter, und danach David, den Nachteil unbeachtet ließen, daß offensichtlich die strategische Lage ungünstig war: Das Grundstück der Davidstadt lag tief. Der Hügel Moriah, der »Dreschplatz« des Jebusiters Araunah, lag außerhalb der Mauer und ragte hoch über die Stadt. Vom Hügel Moriah aus konnte das Geschehen auf der Hügelzunge kontrolliert werden. Auch vom Ölberg aus, der im Osten über dem Kidrontal ansteigt, war jeder Punkt der Davidstadt einsehbar.

Es war der britische Hauptmann C. Warren, der Entdecker des »Warrenschachts«, der im Jahr 1867 die Überzeugung gewann, der vielbeachtete »Zionsberg« könne nicht die Position der Davidstadt gewesen sein, sondern die unscheinbare Hügelzunge im Südosten der Stadt.

Es war ein anderer britischer Hauptmann, M. Parker, der den Gedanken aufgriff, die »Davidstadt« befinde sich dort, wo sie niemand vermutete – auf der schmalen Landzunge über dem Kidrontal. Hauptmann Parker konzentrierte von 1909 bis 1911 sein Interesse auf die Gihonquelle im Kidrontal. Sie ist in biblischen Texten als heilig beschrieben – Salomo war dort zum König geweiht worden. Hauptmann Parker war überzeugt, er werde in Klüften des Hangs um die Quelle den legendären Tempelschatz des Königs Salomo finden. Als er jedoch, entgegen jeder Absprache, im geheiligten Bereich der Tempelterrasse zu graben begann, war die türkische Verwaltung, die damals zuständig war, empört über den Vertrauensbruch. Hauptmann Parker mußte fliehen.

Die Ergebnisse seiner Arbeit wären verloren gewesen, wenn nicht der französische Archäologe Père H. Vincent die von Parker zurückgelassenen Papiere ausgewertet hätte. Père Vincent machte Parkers Überzeugung bekannt, die Hügelzunge im Südosten der heutigen

Stadt Jerusalem sei der Ort des Zentrums der königlichen Macht gewesen.

Dieser Erkenntnis folgte der Drang der Archäologen, rasch sensationelle Grabungsergebnisse vorweisen zu können. Die biblischen Texte (Erstes Buch Chronik 28,11) verlockten dazu, nach gewaltigen Goldschätzen zu suchen. Erwartet wurde der Reichtum einer antiken Metropole. Gefunden wurde spärliches Gemäuer, über dessen Existenz niemand informiert werden wollte. Erst die systematische Arbeit der Direktorin der British School of Archaeology in Jerusalem, Kathleen M. Kenyon, erzielte Ergebnisse, die Interesse weckten. Sie konnte die Geheimnisse der Siedlungsgeschichte der Hügelzunge im Südosten der eigentlichen Stadt aufdecken.

Es zeigte sich, daß die früheste Besiedlung des Gebiets um die Gihonquelle im Kidrontal erfolgt ist. Die Quelle ermöglichte Leben in einer kargen Gegend. Die Quelle garantierte zu allen Jahreszeiten Versorgung mit Wasser.

Als sich die Form der Besiedlung änderte, als sich die wandernden Sippen feste Städte bauten, als das Problem der Verteidigung eines festen Platzes zu lösen war, da wurden die Nachteile der Quelle im Tal deutlich: Sie lag einem feindlichen Zugriff leicht offen da. Doch auf den Hügeln war keine Quelle zu finden. Der Nachteil der Wasserstelle im Kidrontal mußte durch geschickte Struktur der Verteidigungslinien ausgeglichen werden.

Die wirklich effektive Lösung der sicheren Versorgung wurde erst zehn Generationen später gefunden, zur Zeit des Königs Hezekiah (727–698 v. Chr.): Ein Tunnel wurde gegraben, der das Wasser durch den Hügel zum Siloahteich leitete, der durch Mauern gesichert war. Dieser Wassertunnel wird bestaunt als technische Wunderleistung jener Zeit. Wer sich jedoch mit der Funktion der Gihonquelle zur Zeit der Jebusiter und des Königs David befaßt, der muß den Hezekiah-Tunnel aus seiner Vorstellung streichen – er ist später in den Berg geschlagen worden.

Die Baumeister der Jebusiter und später der Sippen Juda fanden eine Kompromißlösung: Sie zogen den Verlauf der äußersten Mauer am Osthang der Stadt so weit ins Kidrontal herunter, daß Verteidiger von der Mauerkrone aus Angreifer durch Bogenschützen von der Quelle fernzuhalten vermochten. Zum Glück für die Verteidiger trat das Quellwasser in einer Vertiefung des Felsens aus. Im Augenblick des Schöpfens waren die Wasserträger vor feindlichen Steinwürfen sicher. Dann aber führte ihr Weg einige Meter ungeschützt den Hang hoch bis zu einer Öffnung in der Mauer. Auf dieser Strecke waren die

Wasserträger in Gefahr, von Geschossen der Belagerungstruppen getroffen zu werden.

Da die Gihonquelle Lebensspender für die Bewohner von Jerusalem war – es gab ringsum im Bereich des halbwegs befestigten Stadtgebiets keine andere Wasserstelle – mußte der Zugang gesichert werden. Der von Hauptmann Warren entdeckte Schacht, der im Berg steil nach oben führte, macht deutlich, daß das Problem der Wasserversorgung im Fall einer Belagerung frühzeitig erkannt, und daß eine Lösung gefunden wurde. Nur ist der »Warrenschacht« kaum zu den Spuren Davids zu zählen – so wunderbar seine Existenz zu den biblischen Texten passen würde. Der Warrenschacht ist wahrscheinlich später in den Fels des Osthanges der Hügelzunge gehauen worden.

Die Suche nach Davids Spuren in der Stadt Davids brachte die Archäologen selbstverständlich auch auf den Gedanken, nach des Königs Grab zu suchen. Die Interessierten waren meist Engländer. Ihnen war jedoch die Suche nach Davids Leichnam weniger wichtig. Sie waren überzeugt, in seiner Grabkammer seien reiche Schätze zu finden.

Basis ihrer Nachforschungen war eine präzise Information im Ersten Buch Könige (2,10): »David entschlief zu seinen Vätern und wurde in der Stadt Davids begraben.«

An dieser konkreten Angabe zweifelte niemand – sie klang überzeugend. Vor allem deshalb gab es keine Skepsis, weil in einer Schrift späterer Zeit – die als verläßliche Quelle gilt – eine Bestätigung zu finden ist. Diese Quelle ist das Buch Nehemia.

Ein Jude, der Nehemia hieß, gehörte zu den jüdischen Sippen, die fünf Jahrhunderte nach Davids Tod in Richtung Euphrat deportiert worden waren. Nehemia hatte es zu einer geachteten Stellung am Hofe des Herrschers Artaxerxes gebracht. Der Herrscher schickte Nehemia nach Jerusalem mit dem Auftrag, den Wiederaufbau der noch immer zerstörten Stadt vorzubereiten. Die Reparatur der Stadtmauer wurde von Nehemia in Abschnitte eingeteilt. Ein Abschnitt hieß »Gegenüber von Davids Grab«. Nehemia muß also mehr als fünf Jahrhunderte nach Davids Tod die Lage des Davidgrabes noch gekannt haben – oder hatte die Legende bereits die Phantasie der Menschen in und um Jerusalem gefangengenommen?

Der Abschnitt »Gegenüber von Davids Grab« war deshalb von besonderer Bedeutung, weil gerade dort durch Nehemia eine Änderung im Mauerlauf erfolgte. Aus Mangel an Baumaterial wurde die schützende Mauer nicht mehr tief ins Kidrontal geführt, sondern oben am östlichen Kamm der Hügelzunge.

An der Stelle, die Nehemia meinte, befand und befindet sich immer noch eine eindrucksvolle Anlage von Höhlen, die in den Kalkstein des südlichen Ausläufers der Davidstadt gehauen worden sind. Vom Teich Siloah aus sind die Kalksteinhöhlen zu erreichen, »über Stufen, die von der Davidstadt herabführen«.

Die Umstände laden nicht ein zum Besuch der Höhlen, die Königsgräber sein können. Die südliche Gegend der »Davidstadt« ist Spannungsgebiet zwischen Israelis und Palästinenser. Posten, die mit Schnellfeuergewehren bewaffnet sind, hocken hinter Betonklötzen. Große israelische Flaggen wehen über ihren Köpfen. Sie zeigen an, daß die Souveränität über das vermeintliche Davidgrab dem Staat Israel zusteht. Wer sich nähert, dem wird sofort »Störung des Friedens« unterstellt. Wer sich nicht abhalten läßt und den steilen Weg weiter verfolgt, der steht nach fünfzig Metern vor einem Steinbruch, der imposante Höhlen aufweist. Steinbruch und Höhlen sind heute Müllhalde für die Bewohner der ärmlichen Häuser der »Davidstadt«.

Das Interesse bibelfester Israelis und Europäer wendet sich nicht den Grabhöhlen im Steinbruch zu.

An völlig anderem Ort, auf dem Berg Zion, im »Haus des letzten Abendmahl« (Coenaculum) wird ein Steinsarg gezeigt, der von einer Decke umhüllt ist. Der Steinsarg wird als Sarkophag Davids bezeichnet – er gilt als bedeutendes jüdisches Heiligtum. Die Wissenschaftler sind jedoch zu Recht der Meinung, das Grab Davids sei bis heute nicht gefunden.

Wie Davids Grab ist auch Davids Tod von Legenden umwoben. Der König wird alt und schwach. Von Krankheit befallen, quält ihn Kälte. »Obwohl man ihn in Decken hüllte, wurde er nicht mehr warm.« (Erstes Buch Könige 1,1) Erzählt wird, die Höflinge hätten im ganzen Lande nach einem jungen Mädchen gesucht, das geeignet sei, ihm auf dem Lager den Leib zu wärmen. Gefunden wurde Abischaq aus Sunem. Das Mädchen gab sich Mühe, »doch der König wohnte ihm nicht bei«.

In der letzten Lebensphase des Königs David schien Ruhe im Land zu herrschen. In Wahrheit aber warteten ehrgeizige Männer auf ihre Chance. Doch David starb nicht.

Eine jüdische Legende faßt das Ereignis des Todes so: »Alle Tage hindurch studierte David die göttliche Weisheit. So oft der Todesengel kam, konnte er David nicht überwinden, denn dieser unterbrach seine Lektüre göttlicher Schriften nicht. David hatte einen Garten hinter seinem Hause in Jerusalem. In diesen Garten schlich sich schließlich der Todesengel, und er ließ die Zweige der Bäume rauschen. David wurde aufmerksam, und er wollte nachsehen, was im Garten geschah. Er ging hinaus. Er trat auf eine morsche Stufe, die zerbrach. David hörte für einen Augenblick auf, die heiligen Worte aufzusagen. Er schwieg nur für eine winzige Zeit. Der Engel nützte die Gelegenheit, Davids Seele zu greifen.«

Salomo überlagert die Erinnerung an David

Die biblischen Quellen beschönigen nicht, daß die letzte Lebensphase des Königs David qualvoll für den Sterbenden und peinlich für die Untertanen war. »Er war in hohem Alter und satt an Lebenstagen.« (Erstes Buch Chronik 29,28) Die Wochen und Monate des langsamen Vergehens waren überschattet von einer Intrige. Je länger sich Davids Leben zäh ausdehnte, desto intensiver wurde der Ehrgeiz der zwei Männer, die sich auf die Nachfolge Hoffnung machten. Zwei Söhne warteten darauf, die Macht übernehmen zu können. Sie besaßen unterschiedliche Charakterzüge. Der eine, er hieß Adonijah sah blendend aus, beeindruckte durch sein lebhaftes Naturell, hatte jedoch eine starke Neigung zur Prahlsucht. Als Adonijah sicher war, daß sein Vater nicht mehr lange leben würde, »da schaffte er sich Wagen und Pferde an, und fünfzig Männer, die vor ihm herliefen«. (Erstes Buch Könige 1,5) Der biblische Bericht gibt auch die Erklärung für die Großmannssucht dieses Davidsohnes: »Sein Vater hatte ihn nie zurechtgewiesen und nie von ihm Rechenschaft verlangt. Adonijah war schließlich nach Absalom der Älteste.« Adonijah war noch in Hebron geboren worden, ehe David nach Jerusalem umzog. Adonijahs Mutter hatte nie eine eigenständige Rolle im Hause Davids gespielt. Sie war einer anderen Frau im königlichen Haushalt völlig unterlegen. Diese Frau hieß Bathsheba. Sie hatte dem König in Jerusalem den Sohn Salomo geboren – und sie setzte ihr ganzes Geschick und ihre Intelligenz dafür ein, diesem Salomo die Herrschaft über jüdisches Volk und Land zu sichern. Es gibt keinen Zweifel, daß sie sich zweieinhalb Jahrzehnte zuvor mit Absicht dem König beim abendlichen Bad gezeigt hatte; sie hatte sich während sie noch erotisch reizvoll gewesen war, unter Eid von David zusichern lassen, daß allein ihr Sohn Salomo König sein werde in Jerusalem.

Salomo hatte als junger Mann eher unauffällig gelebt. Er besaß keine Wagen und Pferde wie sein Halbbruder Adonijah. Salomo verbarg sich geschickt unter dem Schutz seiner Mutter Bathsheba. Sie hat ihn dazu veranlaßt, geduldig zu sein. So war wohl sein wichtigster Charakterzug die Geduld. Daß Salomo Geduld mit Härte verband, hat er wenige Zeit später bewiesen.

Während der Zeit des langsamen Sterbens des Herrschers baute Adonijah Vorteile für sich aus. Es gelang ihm, den altgedienten Feldherrn Joab auf seine Seite zu ziehen. Joab hatte eine Generation zuvor Jerusalem für David erobert; er hatte alle Feldzüge des Königs kommandiert, er hatte Ruhm gewonnen und sich an Ruhm gewöhnt. Jetzt, da sicher war, daß der Tod bald die Existenz Davids auslöschen würde, wollte sich Joab seine Zukunft sichern: Die Zukunft, so glaubte Joab, könne Adonijah garantieren.

Der zweite wichtige Mann im Staate war der Priester Abjatar. Er hatte sich an David geklammert. Er hatte davon profitiert, daß mit dem Einzug der Bundeslade Jerusalem religiös gewaltig aufgewertet wurde. Die »Stadt Davids« war zum Zentrum des Heils geworden – durch Davids Initiative. Doch Davids Tod stand kurz bevor. Der Priester Abjatar sah sich gezwungen, einen neuen Herrn zu suchen. Abjatar setzte auf Adonijah.

Diesem Sohn Davids aber fehlte die Geduld. Oben auf dem Hügel Moriah lebte sein Vater noch immer. Stille lag über der gesamten Stadt. Sie muß an den Nerven gezerrt haben. Joab und Abjatar bedrängten den ehrgeizigen jungen Mann, die Zeit sei gekommen, die Initiative zu ergreifen. Längeres Abwarten könne nur dem Salomo Vorteile bringen. Adonijah ließ sich überreden: Er proklamierte sich zum König, und er lud zur Feier ein, die an der Rogelquelle stattfinden sollte.

In Konkurrenz: Die zwei Quellen im Kidrontal

Das tiefe Tal im Westen der Hügelzunge, auf der Davids Stadt einst stand, liegt abseits der Touristenwege in und um Jerusalem. Allein schon der Blick auf das heutige Aussehen der Davidstadt wirkt abschreckend. Im Kidrontal dominiert der Müll. Inmitten der Abfälle ist der Zugang der Gihonquelle zu finden. Die einst gleichbedeutende

Rogelquelle aber ist verschüttet, verschwunden unter Bauschutt und Strauchwerk. Die Entfernung zwischen den Quellen Gihon und Rogel beträgt 700 Meter.

Ältere Bewohner des Dorfes Silwan erinnern sich an die Rogelquelle. Sie habe vor Jahren zumindest im Frühjahr Wasser gespendet. Allerdings haben diejenigen, die sich erinnern – es sind meist islamische Palästinenser – einen anderen Namen im Gedächtnis: Sie nennen die Rogelquelle »Bir Ajub« – der »Brunnen des Hiob« – in Erinnerung daran, daß der von Gott geprüfte Hiob an dieser Quelle vor undenklicher Zeit auf einem Misthaufen saß, um geduldig sein Leid zu tragen. Er soll aus der Rogelquelle seinen Durst gestillt haben.

Zu dieser Quelle, von der nur die Spur der Erinnerung geblieben ist, lud Adonijah »all seine Brüder, die königlichen Prinzen und die Männer von Juda ein, die im Dienst des Königs standen«. (Erstes Buch Könige 1,9) Der Text 1,10 korrigiert die Aufzählung der Eingeladenen: Sein Bruder Salomo zählte nicht dazu.

Auch Davids Berater Nathan fand sich nicht an der Rogelquelle ein. Er war auf das Geschehen dort durch das Geschrei aufmerksam geworden, das überall in der Davidstadt zu hören war. Das Fest des Adonijah war mit Gejohle verbunden. Kaum war Nathan informiert, daß sich Adonijah an der Rogelquelle als Herrscher feiern lasse, begab er sich zu Bathsheba, die in der königlichen Residenz hoch über der Davidstadt lebte. Bathsheba allein konnte noch verhindern, daß Adonijah die Macht an sich riß. Nathan wollte Salomo an die Staatsspitze bringen. Bathsheba war ihm genau für diese Absicht ein wichtiger Zeuge.

Nathan erinnerte Bathsheba daran, daß ihr einst David unter Eid versprochen hatte, nur ihr Sohn Salomo sei zum Herrscher bestimmt. Nathan stellt ihr die provokative Frage: »Wie kann es geschehen, daß nun Adonijah König wird?«

Die Frage erfüllte ihren Zweck. Bathsheba wurde wütend und handelte entschlossen. Sie betrat das Schlafgemach des Königs, und sie kümmerte sich nicht darum, was sie sah: Das Mädchen Abischaq aus Sunem war eben ohne Erfolg dabei, David zu erregen. (Erstes Buch Könige 1,15)

Bathsheba sprach im Zorn: »Du hast mir unter Eid zugesagt, daß Salomo König wird. Nun aber ist Adonijah König – und sicher mit deinem Wissen!« Nathan, der hinter Bathsheba eingetreten war, griff ihren Gedankenfaden auf: »Du, mein König, hast wohl selbst verfügt:

Mein Sohn Adonijah soll nach mir König werden!« Der Berater Nathan redete so, als ob er die Entscheidung seines Herrn akzeptieren würde. Er gab sich nur beleidigt: »Warum wurde ich, der getreue Diener, nicht von dieser Entscheidung in Kenntnis gesetzt?«

Da wandte sich David an Bathsheba. Er bekräftigte den Schwur aus vergangenen Tagen: »Dein Sohn Salomo wird König, und zwar heute noch!« David befahl, die Proklamation zum König habe an der Gihonquelle im Kidrontal zu erfolgen.

Zum Schutz der Zeremonie wurden die »Kreter und Peleter« abkommandiert, die Truppe der Fremden, die hauptsächlich aus Philistern bestand. Diese Maßnahme, die »Kreter und Peleter« einzusetzen, war notwendig, weil Joab, der Kommandeur der regulären Truppen, sich zu Adonijah bekannte.

An Ort und Stelle im heutigen Jerusalem fällt es leicht, sich das Geschehen vor zweitausend Jahren vorzustellen. Wenig hat sich verändert am Osthang der Hügelzunge der Davidstadt – außer, daß die Mauern der Befestigungsanlage nur noch an den Fundamenten zu erkennen sind, die von K.M. Kenyon während der 60er Jahre freigelegt worden sind.

Auf Davids Maultier ritt Salomo auf dem steilen und staubigen Weg hinunter zur Gihonquelle im Talgrund. Vor ihm wirbelten die »Kreter und Peleter« feinen Sand auf; hinter ihm gingen Nathan und der Priester Zadok. Vor dem Eingang zur Felsennische der Quelle stieg Salomo vom Reittier. Mit dem Priester trat er näher zur Wasserschüttung heran. Allein waren die beiden. Man kann sich vorstellen, daß das sprudelnde Geräusch damals so klang wie heute. Es war wohl das einzige Geräusch, das zu hören war, als Zadok Salomo salbte.

Angelockt vom ungewohnten Geschehen, hatten sich viele Bewohner der Davidstadt hinunterbegeben zur Gihonquelle. Als der neue König und der Priester heraustraten aus dem Felsschatten, brach lauter Jubel los. Salomo wurde gefeiert. Der Krach war gewaltig.

Nur siebenhundert Meter von der Gihonquelle entfernt, talabwärts an der Rogelquelle war der Jubel laut zu hören. Der biblische Text erzählt, der Truppenbefehlshaber Joab habe zuerst bemerkt, daß in der Stadt, die sich vor ihnen erhob, Unruhe herrschte. Vom Sohn des Priesters Abjatar, der zu den Anhängern des Adonijah gehörte, erfuhr die Festgesellschaft an der Rogelquelle, König David habe nicht Adonijah zum Nachfolger berufen, sondern Salomo.

Die Gesellschaft an der Rogelquelle löste sich rasch auf. »Ein jeder ging seines Weges fort.« (Erstes Buch Könige 1,49)

Der geordnete und bejubelte Prozessionszug um den gesalbten Salomo verließ die Gihonquelle und zog den steilen Weg hinauf zum höchsten Punkt der Davidstadt. Adonijah ging von der Rogelquelle aus ebenfalls hinauf. Aus Angst muß er schnell gegangen sein. Er wollte den Ort erreichen, wo die Bundeslade stand. Dort befand sich auch ein Altar – vor dem warf sich Adonijah nieder. Er wartete auf den Tod. Doch Salomo schickte nicht die »Kreter und Peleter« um seinen Halbbruder töten zu lassen. Der neue König verzieh ihm.

Doch noch immer lebte David. Ihn beschäftigte der Gedanke an das Haus Gottes, das er selbst hatte bauen wollen. Er gab seinem Sohn den Auftrag, zu erfüllen, was dem Vater nicht vergönnt war: »Gott hat mir verboten, den Tempel zu errichten, weil ich Blut vergossen und Kriege im Übermaß geführt habe. Gott aber hat mir vorausgesagt, daß du, Salomo, im Namen Gottes für Gott einen Tempel bauen wirst.«

Auch dem Hofstaat teilte David mit, Salomo sei berufen, der »Bundeslade des Herrn, dem Fußschemel unseres Gottes, eine Heimat zu geben, in der sie eine Ruhestätte finden wird«.

Mit den letzten Worten, die er an seinen Sohn richtete, bewies David, daß er die Feier an der Rogelquelle nicht vergessen und nicht verziehen hat. Er verlangt von seinem Sohn die Exekution des bewährten Truppenführers Joab. Der Mann müsse getötet werden, weil er frevelhaft Menschen umgebracht habe – ohne Grund. David spielte auf den Tod des hilflosen Absalom an, dem Joab drei Speere ins Herz gestoßen hatte. Doch diese Tat war längst verjährt und vergessen gewesen. Vor wenigen Tagen aber hatte Joab gewagt, an der Feier zur Übernahme der Königswürde durch Adonijah teilzunehmen. Damit hatte Joab den Tod verdient. Im Ersten Buch Könige (2,6) sind die Worte zu finden, die Salomo befolgen muß: »Handle nach deiner Weisheit und schicke sein graues Haupt ins Totenreich! Aber erst, nachdem du es mißhandelt hast!« David hat Joab, den Offizier, der ihm Jerusalem vor rund dreißig Jahren erobert hatte, selbst noch zum Tode verurteilt.

Diesem Bluturteil fügt das Erste Buch Könige die Worte an: »David entschlief zu seinen Vätern und wurde in der Davidstadt begraben.«

Salomo, nun unbestritten König geworden, zeigte durch seine Reaktionen, daß ihm der Jubel an der Rogelquelle die Seele zerfraß. Mit

Argwohn beobachtete er den Halbbruder Adonijah. Dessen Verhalten gab Salomo bald Grund zum entscheidenden Schlag. Nicht ohne Hintergedanken hatte Adonijah den Wunsch geäußert, ihm möge doch das Mädchen Abischaq aus Sunem – das sich so erfolglos darum bemüht hatte in David Lust zu erwecken – als Bettgenossin überlassen werden. Die Hinterlist war, daß Adonijah nach erfolgreicher Entjungferung der Abischaq hätte sagen können, er hätte sich bewährt, wo David versagt habe. Davids Bettgenossin zu besitzen, hätte ihm hohes Ansehen verschafft. Salomo durchschaute diese Absicht – er ließ Adonijah sofort töten.

Den Priester Abjatar, eine wichtige Persönlichkeit bei der Jubelfeier an der Rogelquelle, ließ Salomo absetzen und verbannen. Der Priester sollte seinen Heimatort Anathot nie mehr verlassen dürfen. Die Stadt lag fünf Kilometer nördlich von Jerusalem. An ihrer Stelle befindet sich heute das palästinensische Dorf Anata.

Jetzt war nur noch Joab, der Feldherr, unbestraft. Der Mann, der viele Schlachten überstanden hatte, und der den Hethiter Uriah in den Tod geschickt hatte, bangte jetzt um sein Leben. Er floh zum Platz, auf dem die Bundeslade stand. Obgleich er sich dort im Heiligtum aufhielt, ließ ihn Salomo töten.

Da hatte der Vater David dem Sohn Salomo noch eine ganz alte Rechnung, die nicht in Verbindung stand mit dem Vorfall an der Rogelquelle, zur Erledigung hinterlassen. Als David vor vielen Jahren auf der Flucht war vor seinem eigenen Sohn Absalom, hatte er in Mahanajim davon gehört, daß ein Mann aus dem Stamm Benjamin arge Fluchworte gegen ihn ausgestoßen habe. Damals war David gezwungen gewesen, dem Mann, der Schimi hieß, zu verzeihen. Der Auftrag an Salomo, kurz vor Davids Tod geäußert, lautete: »Du aber lasse ihn nicht unbestraft. Du bist klug und du weißt, was du zu tun hast. Sende sein graues Haupt blutverschmiert hinab ins Totenreich.« David hatte sich als heimtückisch und rachsüchtig erwiesen während der Stunden des peinvollen Sterbens.

Salomo fühlte sich gezwungen, diesen letzten Wunsch des Vaters zu erfüllen. Er suchte nach einem Weg, um Schimi eine Falle zu stellen. Schließlich wußte er, was er als kluger Sohn »zu tun hatte«.

Er ließ Schimi, den Mann aus dem Stamm Benjamin, zu sich kommen, um ihm mitzuteilen, daß er – aufgrund seines feindlichen Verhaltens gegenüber David – zu Hausarrest verurteilt sei. Das Verlassen des Stadtgebiets von Jerusalem sei ihm verboten.

Nun war dieser Schimi ein Geschäftsmann, der vom Warentausch lebte – Münzgeld existierte damals noch nicht. Diese Art Geschäfte konnte er von seinem Haus in Jerusalem aus abwickeln. So gab er über Monate hin dem König keinen Anlaß, ihm zu schaden.

Doch es geschah, daß zwei seiner Abhängigen – Arbeiter, die Schimi verpflichtet waren – ihren Arbeitsplatz verließen. Sie verdingten sich dem Fürsten der Philisterstadt Gath, der sie bereitwillig aufnahm. Gath stand, wie die anderen Städte des Philisterlandes, unter Aufsicht des jüdischen Staates.

Das Erste Buch Könige (2,40) berichtet: »Schimi bestieg seinen Esel und begab sich nach Gath.« Die Wegstrecke von Jerusalem im Bergland Juda hinunter in die Küstenebene bis zur Stadt Gath beträgt rund siebzig Kilometer. Ausgebaute Straßen waren in der Berggegend unbekannt. Einigermaßen befestigt war nur die Steige von Bet Horon, der heute die Straße Nummer 3 zwischen Latrun und dem Flugplatz nördlich von Jerusalem folgt.

Schimi, der Reiter auf dem Esel, brauchte für den Hinweg nach Gath zwei Tage – und für den beschwerlichen Rückweg über die »Steige von Bet Horon« drei Tage. Der Weg hinauf nach Jerusalem dauerte schon deshalb länger, weil er auf die zwei Abhängigen aufzupassen hatte, die gefesselt hinter dem Esel hergingen.

Als Schimi schließlich in seinem Haus auf der Hügelzunge über dem Kidrontal eintraf, warteten schon die Bewaffneten der »Kreter und Peleter«, der Philistergarde, auf ihn. Salomo hatte diese Einrichtung der persönlichen Bewachung vom Vater übernommen. Die »Kreter und Peleter« brachten Schimi in die königliche Residenz auf dem Hügel Moriah.

Salomo brüllte in gut gespieltem Zorn den Verhafteten an: »Du stehst unter Hausarrest, und du hast dennoch die Stadt verlassen. Du bist ein durch und durch böser Mensch, der Gott vergessen hat. Du hast gegenüber meinem Vater böswillig gehandelt. Doch nun hast du den Gipfel deiner Bosheit erreicht!« Auf Salomos Befehl hin wurde Schimi noch zur selben Stunde erschlagen. Die biblischen Texte loben den König dafür: »Das Königtum festigte sich unter Salomos Hand.«

Die alten Rechnungen waren beglichen – und Konkurrenten waren beseitigt: »Salomo saß nun wirklich auf dem Thron seines Vaters, den ihm niemand mehr streitig machen konnte.« Erstes Buch Könige (2,12)

Die Affäre Gezer

Wer den Platz der einstigen Stadt Gezer, die in der Historie der jüdischen Sippen von Bedeutung gewesen war, heute besuchen will, der hat mit Schwierigkeiten zu rechnen. Zwar ist die Lage als leichte Erhebung schon von der Latruner Anhöhe aus zu erkennen, doch ist die Zufahrt nicht einfach. Der Ausgrabungsplatz Gezer läßt sich nicht als Attraktion präsentieren – zu wenig ist ans Tageslicht gebracht worden. Für hartnäckige Besucher ist dieser Hinweis gedacht: Der Platz liegt in der Mitte zwischen dem Kloster Latrun und der Stadt Ramla – im Winkelfeld der Straßen 44 und 424. Die Abzweigungen von beiden Straßen zu »Tell Gezer« sind problematisch für Autos, die keine Geländefahrzeuge sind. Im Sommer ist das Gefilde von hohem Fenchelgras bewachsen. Mit gefährlichem Getier am Boden ist zu rechnen.

Der Aufenthalt auf »Tell Gezer« gibt das Gefühl, am Platz einer einst bedeutenden Stadt zu stehen, auch wenn sich Erkenntnisse über Gestalt und Charakter der Siedlung Gezer nur schwer erschließen lassen. Zu erkennen ist das Fundament einer Toreinfahrt aus salomonischer Zeit. Sie entspricht in ihrer Architektur den Toreinfahrten von Hazor und Megiddo.

Wichtiger als freigelegte Mauerreste und Fundamente ist eine Tontafel, die auf dem Ausgrabungsgelände entdeckt wurde. Sie ist zehn Zentimeter lang und siebeneinhalb Zentimeter breit. Auf ihr sind sieben Schriftzeilen deutlich sichtbar. Sie gelten als älteste Inschrift in hebräischer Sprache, die bisher bekannt geworden ist. Fachleute sind der Meinung, die Schrift stamme aus der Zeit des Königs Salomo (»Archaeological Encyclopedia of the Holy Land.« 1972, Seite 153).

Entziffert wurde ein Text, der sich mit Regeln für die Landwirtschaft befaßt. Acht unterschiedliche Arbeitsphasen sind festgehalten: Die Zeiten der Aussaat und der späten Aussaat; die Flachsernte; der Schnitt des Getreides; der Vorgang des Dreschens; die Abschätzung der Ernteergebnisse; Pflücken der Trauben; Einholen der letzten Sommerfrüchte. Die acht Arbeitsphasen umfassen ein ganzes Jahr. Der Text stellt einen Bauernkalender dar. Die Tontafel wird deshalb »Gezer-Kalender« genannt.

Die Identifizierung des Ortes Gezer war einfach, da am Rande des Ausgrabungshügels ein Tonscherben gefunden wurde, der die Aufschrift trägt »Grenze von Gezer«. Er wird ebenfalls der Zeit des Königs Salomo zugeschrieben.

Bei keiner anderen Ausgrabungsstätte im Gebiet zwischen Jordangraben und Mittelmeer sind derart viele Schriftdokumente aus biblischer Zeit gefunden worden, wie in Gezer. Vor allem daraus ist die Bedeutung des Ortes in der Geschichte abzulesen.

Der Blick vom »Tell Gezer« nach Osten macht die politische und militärische Lage dieses einst befestigten Ortes deutlich: Unmittelbar vor dem Betrachter liegt das Bergland von Juda, sind die Täler zu bemerken, in denen Pfade hinaufführten nach Jerusalem. Wer Gezer beherrschte, der kontrollierte eine wichtige Route vom Küstenland nach Osten. Gezer war eine Basis zur Beherrschung des zentralen Berglandes.

Gezers Geschichte läßt sich nachzeichnen. Bedeutsam ist die Erwähnung der Stadt in der Eroberungsliste des Pharao Thutmosis III. Sie ist in einem Relief des Amuntempels in Karnak zu finden. 119 Namen von Orten der Ostküste des Mittelmeers sind darauf verzeichnet. 65 Ortsbezeichnungen sind zu identifizieren. Dazu gehört Gezer.

Die Stadt ist offensichtlich im Jahre 1468 v. Chr. von Thutmosis III. eingenommen worden. Der Pharao erließ damals ein Dekret zur Einteilung des eroberten Gebiets in Verwaltungsdistrikte. Gezer wurde dem Distrikt 9 zugewiesen. Aus dem Dekret ist zu schließen, daß der ägyptische Herrscher an eine dauerhafte Eingliederung des Küstenlandes in sein Reich dachte.

Daß die ägyptische Herrschaft über das gesamte Küstenland bis über den heutigen Libanon hinaus auch nach zwei Generationen fortbestand, beweisen die »Amarnabriefe«, die am Ausgrabungsort Tell al-Amarna in Mittelägypten gefunden worden sind.

Tell al-Amarna war die Residenz des Pharao Amenophis IV. (Echnaton). Hier befand sich das Archiv des gewaltigen Reiches, dem das Land zwischen Jordansenke und Mittelmeer zugehörte. Dieses Land trug damals schon die Bezeichnung »Kanaan«, Zu seinen Städten zählten Jebus (Jerusalem), Megiddo, Akko, Sichem, Gath Lachis, Ashkalon und Gezer. Ihre Stadtfürsten hatten regelmäßig Berichte an die Regierungszentrale des Pharao zu schicken. Diese Berichte sind in den Amarnabriefen enthalten. Ihr Inhalt besteht meist aus Beschwerden über bösartige Nachbarn. Die Herren des Landes Kanaan waren untereinander zerstritten. Als besonders aggressiv werden in den Amarnabriefen die Fürsten von Gezer geschildert. Sie haben jedoch die besondere Protektion des Pharao genossen, denn einer der Fürsten, der sich besonders heftig über die Herren von Gezer beschwerte, erhielt Bescheid, sein Anliegen sei ohne Bedeutung. Er wurde aufgefordert, vierzig besonders schöne Mädchen an den Nil zu schicken.

In den Texten der Amarnabriefe wird ein eigenartiges Nomadenvolk erwähnt, dessen Existenz nur schwer historisch zu fassen ist. Dieses Volk weidet seine Herden im gering besiedelten Land zwischen den Städten des Landes Kanaan. Diese Nomaden werden mit dem Namen Apiru oder Habiru bezeichnet. Das Wort ist im Begriff »Hebräer« wiederzufinden. Damit sei nicht gesagt, daß die Apiru (Habiru) die Urzelle des hebräischen Volkes seien – so wenig die Philister als Vorfahren der Palästinenser bezeichnet werden können.

Der Ursprung des Namens Apiru/Habiru ist nicht eindeutig festzulegen. Ein Deutungsvorschlag sei erlaubt: Der biblische Begriff für Hebräer heißt »ibri«; Fachleute sehen darin eine Verwandtschaft mit dem Verbum »abar«, das mit »vorübergehen« übersetzt werden kann. Die klangliche Nähe der Wörter »ibri« und »abar« – insbesondere in den Ableitungen des Verbums – läßt diese Erklärung als vernünftig erscheinen: Die »ibri« sind Sippen, die an befestigten Orten vorüberwandern. Sie meiden die Siedlungen auf der Suche nach Weideland, das sie allerdings nicht in Besitz nehmen.

Die Sippe des Abraham paßt in dieses Schema. Sie war unterwegs gewesen im Land, das später Kanaan hieß. Gegenüber den Bewohnern der Städte waren Abrahams Verwandte unruhige Leute, die umherwanderten.

Die in den Amarnabriefen erwähnten Apiru/Habiru waren Nomaden, die – wie Abrahams Sippe – beachtliche Herden besaßen. Und dennoch sollen sie streitsüchtig und sogar gewalttätig gewesen sein. Ihre Kampfkraft wurde von den Stadtfürsten häufig dazu benutzt, den Nachbarn im Lande Kanaan zu schaden: Die Apiru/Habiru wurden dafür gewonnen, andere Siedlungen zu plündern. Als besonders geschickt erweisen sich dabei die Herren von Gezer.

Der Blick auf die Region Gezer erlaubt einen Querschnitt durch die wechselvolle Geschichte einer Stadt bis zu ihrem Aufschwung in der Zeit des Königs Salomo.

Die Berichte, die als »Amarnabriefe« bezeichnet werden, sind um das Jahr 1400 v. Chr. verfaßt worden. Ein Jahrhundert später ist Pharao Sethos I. in Auseinandersetzungen mit dem historisch schwer faßbaren Volk der Apiru/Habiru verwickelt. Seine Militäroperation wird über Gezer in das Bergland bei Bet Shean geführt. Eine Stele – gefunden bei Bet Shean – meldet den Sieg über die Apiru, die offenbar als Nomadenvolk ernstzunehmende Kampfverbände gebildet hatten.

Wiederum drei Generationen später ist Gezer Ziel eines Feldzugs des Pharao Merenptah. Er rühmt sich, Gezer eingenommen zu haben. Um das Jahr 1220 v. Chr. muß dieses Ereignis stattgefunden haben. Im selben Jahr hat Merenptah auch Ashkalon, die Philisterstadt, unterworfen. Im Ägyptischen Museum in Cairo ist der in Stein gehauene Siegesbericht des Merenptah, der seit 1224 v. Chr. Pharao war, als Fundstück aus einem Thebener Tempel zu sehen.

Bemerkenswert ist dieses Dokument, weil in ihm zum erstenmal – wenigstens aus unserer Sicht – der Begriff »Israel« erwähnt wird, eingefügt in die Liste der Besiegten. Der Text: »Das Volk von Israel ist verzweifelt, denn es hat keinen Samen mehr.« Gemeint ist: Seine Nachkommenschaft ist ausgelöscht.

Die Selbstverständlichkeit, mit der »das Volk von Israel« erwähnt wird, läßt darauf schließen, daß dieses Volk und sein Name bekannt waren. Nicht zu erkennen ist, wo sich das Siedlungsgebiet dieses Volkes von Israel befunden hat. Die Stadt Gezer hat ganz offensichtlich nicht dazu gehört.

Die Fortsetzung der Geschichte von Gezer bestätigt diesen Schluß: Während der Phase der »Landnahme« durch die jüdischen Sippen wurden die Leute von Gezer, von Josua, als Feinde behandelt: »Josua schlug den Fürsten von Gezer und alle seine Bewaffneten bis keiner mehr übrigblieb, der hätte entkommen können.« (Johua 10,33)

Die »Landnahme« konnte um das Jahr 1200 v. Chr. geschehen sein, also weniger als eine Generation nach der Zerstörung von Gezer durch den Pharao Merenptah. Als Josua angriff, befand sich kein ägyptischer Truppenverband in der Nähe, der die jüdischen Sippen hätte abwehren können. Der Anspruch des Pharao auf das Küstenland zwischen Jordangraben und Mittelmeer war nicht erloschen – doch die Herrscher am Nil hatten nicht die Kraft, sich durchzusetzen. Eindringlinge, unter dem Sammelbegriff »Seevölker« zusammengefaßt, schwächten die innere Struktur des bisher so mächtigen Reiches am Nil. Seine Truppen gaben die Kontrolle der östlichen Mittelmeerküste auf. Die Folge war, daß dort interne Auseinandersetzungen ungestört stattfinden konnten: Die Hebräer stritten sich mit den Philistern. So geschah es, daß Gezer nach der Eroberung durch Josua nicht lange in jüdischer Hand blieb – die Stadt gehörte zum Philisterland.

Weiterhin waren die Ägypter nicht stark genug, für Ordnung in ihrem Sinne zu sorgen. Gezer, im Grenzgebiet zwischen Juda und den Philistern gelegen, bekam die Rivalität der beiden zu spüren. Vorübergehend wurde Gezer vom Stamm Ephraim beansprucht. Zur Zeit, als Samson den Philistern übel mitspielte, war Gezer eine Philisterstadt. An dieser Situation änderte sich auch während der Regierungszeit des Königs Saul nichts – bis David König wurde über ganz Israel. Erst David gliederte Gezer in seinen Staat ein. Auch Salomo betrachtete die Stadt, die den Weg hinauf nach Jerusalem bewachte, als sein Eigentum. Dann aber geschah unvermittelt ein Ereignis, das als »Affäre Gezer« zu bezeichnen ist. Der Bericht darüber im Ersten Buch Könige (9,16 ff.) ist äußerst knapp gehalten:

»Pharao, der Herrscher von Ägypten, war nämlich in den Krieg gezogen. Er hatte Gezer eingenommen und niedergebrannt. Die Kanaaniter, die in Gezer wohnten, wurden getötet.«

Von der Vorgeschichte dieses Feldzugs ist aus den biblischen Texten nichts zu erfahren. Die Überlieferung sagt nichts aus über Kämpfe, die der Eroberung von Gezer vorangegangen sind. Doch der Grund wird genannt, warum der Pharao Gezer zum Ziel eines Feldzugs bestimmt hat: »Die Stadt wurde als Brautgeschenk vom Pharao an seine Tochter gegeben. Sie war die Frau des Salomo.«

Der Pharao in jener Zeit hieß Siamun (978–960 v. Chr.). Mit seiner Herrschaft endete eine Zeit schwerer Unruhen in Ägypten. Siamun konnte wieder an expansive Politik an der Ostküste des Mittelmeers denken. Salomo war gut beraten, sich mit dem ehrgeizigen Herrn am Nil familiär zu verbinden. Pharao Siamun orientierte seine Politik künftig an den Wünschen des Schwiegersohns.

Mit der Einnahme von Gezer hat der Herrscher über Ägypten dem König Salomo einen Gefallen getan: Er hat die bislang immer noch kanaanitische Bevölkerung ausgerottet und die alte Bausubstanz von Gezer zerstört. Salomo war damit in der Lage, sich Gezer in seinem Sinne neu zu erbauen. »Salomo ließ Gezer neu errichten und gleichzeitig auch die untere Ortschaft Bet Horon.« Er sah aus strategischen Gründen eine Kombination der beiden Plätze: Gezer und Bet Horon, das an der vielbenützten »Steige« im Bergland liegt, sind in befestigtem Zustand geeignet, Feinden den Zugang nach Jerusalem zu verwehren.

Siamun und Salomo waren durch die »Affäre Gezer« zu gleichberechtigten Monarchen geworden. Diese Gleichberechtigung kennzeichnet eine der seltenen Geschichtsperioden in denen kein Streit entflammt war zwischen dem Land am Nil und den Städten des Berglandes Juda.

Die Tochter des Pharao Siamun war fortan eine der zahlreichen Frauen des Königs Salomo. Sie lebte unter noch immer ärmlichen Wohnbedingungen in der Davidstadt. »Dort wohnte sie, bis sein Palast, der Tempel des Herrn und die Mauer rings um Jerusalem fertig waren.« (Erstes Buch Könige 3,1)

Daß Salomo vom wieder mächtigen Herrscher am Nil für würdig befunden wurde, in die Verwandtschaft aufgenommen zu werden, zeigt den Status an, den der noch junge König bereits erreicht hat. Ihm wird mehr Respekt entgegengebracht als seinem Vater David.

Diese Achtung konnte wachsen, weil sich Salomo eine kluge Militärpolitik ausgedacht hatte: Er organisierte eine starke Armee – doch er verbrauchte ihre Kraft nicht in Kriegen. Die Truppe war die Basis seines Ruhms. Allein ihre Existenz verhinderte, daß die Herrschenden am Nil eine Kursänderung vollzogen. Wenn sich der Pharao darauf besann, daß das Land zwischen Jordangraben und Mittelmeer einst ein exzellentes Aufmarschgebiet war für den Vorstoß in Richtung Euphrat und Tigris, dann mußte er auch daran denken, daß bei diesem Feldzug zuerst die Streitmacht des Salomo zu überwinden war. Zur Zeit des Salomo war das Land Juda ein militärisch ernstzunehmender Faktor.

Basis der Armee des Salomo war die Militärreform, die Struktur und Erscheinungsform der Streitmacht veränderte: Aus der Fußtruppe, mit der David seine Eroberungserfolge erkämpft hatte, entstanden bewegliche berittene Verbände.

David hatte es für sinnvoll gehalten, den vielen Pferden – die er im Kampf mit Hadadeser, dem Aramäerkönig von Zoba, erbeutet hatte – die Sehnen durchzuschneiden, um sie so qualvoll sterben zu lassen. Nur die offenbar geringe Zahl von hundert Pferden hatte David verschont. Salomo aber machte Reiterei und Streitwagen zum Mittelpunkt seiner Armee; um sie gruppierte er Fußvolk und Bogenschützen Salomo soll über 1400 Streitwagen und über 12 000 Reiter verfügt haben. Hatte sich David damit begnügt, auf einem Esel zu reiten, wenn er Jerusalem verließ, so ließ sich sein Sohn Salomo in einem prächtigen Rädergefährt fahren.

Seine bewegliche Streitmacht konzentrierte Salomo nicht bei der ohnehin kleinen Hauptstadt auf der Hügelzunge über dem Kidrontal. Im Bergland von Juda konnte sich ein Riesenverband an Streitwagen nicht entfalten. Die Wirkung der Waffe auf Betrachter war gering. Salomo aber legte Wert auf Pracht und Glorie. Er wollte sehen und zeigen, wie Pferde und Wagen, in Staubwolken gehüllt, mit dem Donner der Hufe von mehreren hundert Pferden, in der Küstenebene in Kampfspielen ihre Schlagkraft demonstrierten. Deshalb stationierte Salomo seine mobilen Verbände im Westen des Berglandes. Drei Städte bestimmte er zu Stützpunkten.

Gezer, Hazor, Megiddo

In Gezer ist die Vergangenheit bis heute noch nicht auf archäologisch korrekte Weise ans Tageslicht gebracht worden. Die Schuld daran wird dem irischen Altertumsforscher R.A.S. Macalister zugeschoben, der von 1902 bis 1909 auf dem flachen Hügel an der Straße zwischen Latrun und Ramla Fundamente freigelegt hatte. Macalister, so lautete der Vorwurf, habe viele seiner Erkenntnisse für sich behalten und den Grabungsschutt zurückgelassen. Da Gezer nach der Gründung des Staates Israel in umstrittenem und unruhigem Gebiet lag, konnten Ausgrabungen – im Schußfeld der jordanischen Artillerie auf den Höhen um Latrun – nur unter Gefahren durchgeführt werden. Die Hebrew Union College Biblical und Archaeological School in Jerusalem nahmen ab 1964 das Risiko auf sich.

Jetzt wurde deutlich, daß sich der befestigte Teil von Gezer in west-östlicher Richtung über den Hügel erstreckte. Eine Überraschung trat zutage: In der Mitte der südlichen Mauer wurde der Haupteingang von Gezer sichtbar. Bibelbewanderte unter den Archäologen erinnerten sich bald an einen Text, der ihren Befund in Gezer zu schildern schien. Der Autor des Texts war der Prophet Ezechiel, der im sechsten Jahrhundert v. Chr. gelebt hatte. Ezechiel beschrieb, daß ihm Gott die Gnade erwiesen hat, den Tempel der Zukunft zu sehen. Da war das Tor, das eine besondere Form hatte: »Die Nischen des Tores lagen einander gegenüber: Drei auf der einen und drei auf der anderen Seite. Alle Nischen hatten dasselbe Maß.« (Ezechiel 40,10)

Diese Übereinstimmung von biblischem Text und Wirklichkeit konnte nicht zufällig sein, doch war ihre Ursache nicht zu klären. Vom archäologischen Standpunkt aus war bedeutsamer, daß an Hand der Resultate von Ausgrabungen in Hazor und Megiddo eine Übereinstimmung festgestellt wurde in der Baustruktur des Haupttores dieser Städte mit dem Tor von Gezer. Es war der Archäologe Yigael Yadin, der Professor für Archäologie an der Hebrew University of Jerusalem, der diese Übereinstimmung wissenschaftlich untermauerte. Alle drei Tore bestanden aus zwei Wänden, die jeweils drei Nischen aufwiesen. Die Baumaße stimmten, bei geringen Abweichungen, überein: Der Torgang war jeweils ungefähr zwanzig Meter lang.

Die Befestigungen von Gezer, Hazor und Megiddo waren nach demselben Bauplan angelegt worden. König Salomo hatte Einheitlichkeit verlangt. Der Bibeltext Erstes Buch Könige (9,15) deutet an, daß die drei Festungen zu gleicher Zeit angelegt worden sind. Salomo hatte dafür dem Land Frondienste auferlegt.

Die nördlichste der drei Festungsstädte des Königs Salomo, Hazor, liegt 150 Kilometer Luftlinie von Gezer entfernt an der Straße vom See Genezareth nach Kirjat Shmona an der libanesischen Grenze. Hazor gehört heute zum israelischen Staatsgebiet. Das Land ist bergig und wird im Norden vom lange Zeit im Jahr schneebedeckten Hermonmassiv überragt. Die Entfernung zum Hermon beträgt 50 Kilometer in der Luftlinie. Bei der Fahrt auf der Straße in Richtung Libanon fällt rechts der Kibbuz Ayelet Ha Shahar auf. Er ist bereits im Jahr 1917 gegründet worden, noch in der Endzeit des Osmanischen Reiches. Die Gründer waren Mitglieder der ersten jüdischen Selbstverteidigungsorganisation »Ha Shomar« (Wächter). Im Kibbuz Ayelet Ha Shahar entstand die Idee eines wehrhaften Staates Israel. Der Name der Siedlung ist mit »Morgenstern« zu übersetzen. In Ayelet Ha Shahar ist eine Ausstellung zur Geschichte von Stadt und Festung Hazor zu sehen. Die Präsentation enthält bedeutende Fundstücke. Der Ausgrabungsort liegt dem Kibbuz gegenüber auf der anderen Seite der Straße.

Der Hügel hat erst spät das Interesse der Archäologen angezogen, obgleich der englische Altertumsforscher John Gerstang im Jahr 1928 darauf hingewiesen hat, daß er den Tell al-Qedeh für den Platz der antiken Stadt Hazor halte. Danach aber blieb die Ausgrabungsstelle verlassen.

Zweimal lag der Tell al-Qedeh im Bereich der israelisch-syrischen Front: In den Jahren 1967 und 1973 war die Straße in Richtung Golanplateau und der Stadt Quneitra Aufmarschroute der israelischen Panzerverbände im Konflikt mit Syrien. Pausen in der militärischen Auseinandersetzung benutzte der israelische Archäologe Yigael Yadin um seine berufliche Neugier zu stillen. Er ahnte, daß Grabungen am Tell al-Qedeh aufschlußreichere Ergebnisse bringen würden als weitere Forschungen am Platz Gezer. Yigael Yadin war sicher, im Fall Hazor den Schlüssel für Erkenntnisse in weiten Bereichen der jüdischen Geschichte zu besitzen. Er hat recht behalten.

Sein Anliegen war, zu erforschen, ob die biblischen Texte in Übereinstimmung standen mit den Funden, die ihn bei Öffnung des Tell al-Qedeh erwarteten. Das Buch Josua (11,1 ff.) berichtet über ein Ereignis in der Frühphase der »Landnahme«: Hazor war damals Zentrum einer Koalition von fünf Städten zur Abwehr der Expansion jüdischer Sippen. Gegen Josua war die Allianz der nordkanaanitischen Stadtstaaten gerichtet. Jabin, der Fürst von Hazor, war die treibende Kraft; er verfügte über die meisten Bewaffneten. Gemäß den biblischen Texten war die Koalitionsarmee eindrucksvoll: »Die Kämpfer waren so zahlreich wie die Sandkörner am Meer.« Die Verbände des Fürsten Jabin konnten Hunderte von Streitwagen zum Einsatz bringen; sie waren beritten, während Josuas Männer zu Fuß in den Kampf zogen.

Die Koalitionsarmee von Nordkanaan lagerte an den »Wassern von Merom«. Der Ort heißt heute Meron. Er liegt zehn Kilometer westlich von Hazor in einem Gelände, das durch seine Hügel und Täler ungünstig ist für die Entfaltung einer Streitmacht. Wahrzeichen des Ortes ist der Berg Meron, der unmittelbar bei der Stadt 1200 Meter hoch steigt. Seine Spitze darf in unserer Zeit nicht betreten werden – sie ist militärisches Sperrgebiet.

Bei den »Wassern von Merom«, von denen heute keine Spur zu finden ist, fand die Schlacht statt. Josua errang einen fulminanten Sieg. Anzunehmen ist, daß er durch einen Überraschungsangriff siegte. Das Buch Josua schreibt den Erfolg der Hilfe Gottes zu: Nur sein Eingreifen konnte, nach der Überzeugung der Sieger von damals, bewirkt haben, daß die Koalitionsarmee trotz ihrer Übermacht eine derartige Niederlage erlitt. Der Bibeltext stellt die Konsequenz der Niederlage als schrecklich dar: Hazor, der Ort, von dem aus die Allianz organisiert worden war, wurde von Josuas Kämpfern restlos eingeäschert. Niemand wurde verschont. Der Stadtfürst Jabin fand den Tod durch Josuas Schwert.

Eine zweite Erwähnung von Hazor im Rahmen der Bibeltexte enthält das Buch Richter (4,1 ff.). Generationen sind vergangen seit der völligen Zerstörung der Stadt durch Josua. Es ist die Zeit der »Richter« in Israel, der führenden Köpfe, die ohne besondere Weihe und ohne monarchische Würden die Einheit des jüdischen Volkes durch kluge Entscheidungen und Richtersprüche zu wahren hatten.

Erstaunlicherweise ist in dieser Richter-Zeit der Stadtstaat Hazor erneut eine politische und militärische Macht im Lande Kanaan – und wiederum heißt der Stadtfürst Jabin. Er und seine Untertanen leiden nicht unter den Konsequenzen der Niederlage durch Josua. Im Gegenteil: Jabin ist der Starke. Er stellt eine Bedrohung dar für die jüdischen Stämme: »Der Herr hat das Volk verkauft in die Hand des Jabin, des mächtigsten Fürsten in ganz Kanaan, der in Hazor regierte.« Zwanzig Jahre lang hatten seine Streitkräfte die Stämme davon abgehalten, in das Jezreeltal einzubrechen, das – dank seines Wasserreichtums – besonders fruchtbar war. Die Landschaft Jezreel wird heute allgemein als »Emek« bezeichnet – als »Tal«.

Jabin fühlte sich in Nordkanaan sicher. Er glaubte nicht, daß es den Juden gelingen könnte, ihr Gebiet auf Kosten der kanaanitischen Städte auszuweiten. Seine mobilen Kräfte, die aus 900 Streitwagen bestanden, hatten seit nahezu einer Generation alle jüdischen Ausbruchsversuche verhindert, über die Linie Megiddo – Bet Shean ins Jezreeltal vorzudringen.

Jabin rechnete nicht damit, auf der jüdischen Seite einen ebenbürtigen Gegner zu haben. Am wenigsten glaubte er daran, sich mit einer Frau auseinandersetzen zu müssen.

Deborah, die Staatschefin

Das jüdische Volk wurde zu jener Zeit durch eine Richterin geleitet. Ihr Name war Deborah. Sie ist die eigenartigste und charaktervollste weibliche Gestalt der jüdischen Geschichte. Erzählt wird, sie habe ihre Inspiration durch Gott unter einer Palme auf dem Gebirge Ephraim empfangen, zwischen Bet El und Rama. Zwanzig Kilometer in der Luftlinie trennen die beiden Orte. Die Lage von Bet El entspricht der des heutigen Araberdorfs Beitin nördlich von Ramallah. Rama hat sich in die palästinensische Ortschaft Rautis verwandelt; sie liegt im israelisch-palästinensischen Grenzgebiet ostwärts des Flughafens Ben Gurion, im Osten der regionalen Verbindungsstraße 405.

Wie Deborah »Richterin« wurde, wie sie aufstieg zur obersten politischen und moralischen Autorität der jüdischen Stämme, ist nicht überliefert. Berichtet wird nur, sie sei verheiratet gewesen mit einem Mann, der Lappidoth hieß. Von ihm existieren keine weiteren Personalangaben. Der Bibeltext beschäftigt sich mit Deborah vom Zeitpunkt an, als sie ihre Funktion ausübte: »Das Volk kam zu Deborah, um ihre Entscheidungen einzuholen.« (Richter 4,5)

Als sie wieder einmal unter der Palme zwischen Bet El und Rama saß, hatte Deborah eine göttliche Eingebung: Sie wollte Krieg führen gegen Jabin von Hazor – denn »er handelte schlecht in den Augen des Herrn«. Zur Mobilisierung der jüdischen Bewaffneten hatte sie einen jungen Mann ausgesucht, der Barak hieß. Der Name ist mit «Blitz» zu übersetzen. Barak gehörte zum Stamm Naphtali, der im Bergland von Galiläa wohnte. Er besaß keinerlei Erfahrung im militärischen Bereich. Aber er hatte gläubiges Vertrauen in Deborah: »Wenn du, Deborah, mir zur Seite stehst, erfülle ich meine Aufgabe. Wenn du mir nicht zur Seite stehst, kann ich nichts tun.« Diesen Barak beauftragte die Richterin, 10 000 kampfbereite Männer am Abhang des Berges Tabor zu versammeln.

Der Berg Tabor ist eine eindrucksvolle Erhebung ostwärts von Nazareth. Sie ist 588 Meter über dem Meeresspiegel hoch. Das Tal liegt 450 Meter tiefer. In diesem Tal, südlich des Tabor fließt der Bach Kishon, der an dieser Stelle am Oberlauf meist nur wenig Wasser führt. Zu Regenzeiten aber kann es geschehen, daß der Kishon über die Ufer tritt und das Land ringsum in Sumpf verwandelt. Diese Situation trat ein, als Barak die 10 000 Kämpfer am Berg Tabor konzentriert hatte.

Ort der Musterung der Streitmacht war Kedesh, der Heimatort des Barak. Die Stämme Naphtali und Zebulun hatten Kontingente geschickt, aber auch die Sippen Issachar, Ephraim und Benjamin. Der Stamm Juda war nicht aufgerufen zum Kampf gegen Jabin von Hazor. Zwei Sippen hatten sich geweigert, am Feldzug teilzunehmen – es waren dieselben, die schon Mose und Josua geärgert hatten: Gad und Ruben. Sie sind auch diesmal zu Hause geblieben – in Transjordanien. Deborah höhnte: »Sie blieben bei ihren Schafen hocken, um den Flötentönen der Hirten zu lauschen.«

Sisera, der Kommandeur, dem Jabin aus Hazor die Befehlsgewalt anvertraut hatte, glaubte, er könne – wie immer – den Gegner mit seinen Streitwagen überrumpeln. Seine Streitmacht von 900 Gespannen zog von Westen heran. In breiter Front fuhren die Streitwagen im Tal zu beiden Seiten des Kishonflusses. Bei Afula schwenkte die Front nach links und verließ den Fluß. Gerade zu dieser Zeit prasselte Regen nieder. Der Boden verwandelte sich in glitschigen Matsch. Die Pferde glitten aus. Die eisernen Gefährte blieben im schlammigen Boden stecken. Die Lähmung der mobilen Kampfkräfte brachte den Schlachtplan des Hazor-Heeres durcheinander. Sisera verlor die Nerven. Er stieg aus seinem Streitwagen, der im

Schlamm steckte und floh zu Fuß. Deborah und ihr Feldherr Barak siegten.

Im Buch Richter (5,21) ist das Siegeslied der Deborah erhalten, in dem, realistisch gesehen, dem überschwemmten Kishon ein wesentlicher Anteil am Erfolg zugesprochen wird: »Der Kishonbach trat ihnen entgegen. Der Kishonbach hielt sie auf.«

Die Schlacht am Berg Tabor hatte weitreichende Konsequenzen: »Die Faust des Volkes Israel lastete immer schwerer auf dem König Jabin von Kanaan, bis er völlig vernichtet wurde. Das Land hatte Ruhe für vierzig Jahre.« (Richter 4,24)

Bibel und Schaufel als Werkzeuge der Archäologen

Bibelspezialisten und Archäologen mehrerer Generationen empfanden, beide Geschichten – die vom Sieg des Josua und die vom Erfolg der Deborah – seien historisch nicht einzuordnen. Die Gleichheit der Namen Jabin störte, und ebenso die biblische Behauptung, Hazor sei zur Zeit der Richterin Deborah von Bedeutung gewesen – also bald schon nach der Zerstörung durch Josua.

Die Suche nach der plausiblen Erklärung führte dazu, daß sich die Meinung durchsetzte, die Bibelautoren seien einem Irrtum verfallen und hätten sich in der Chronologie geirrt: Die Deborah-Geschichte habe sich vor Josuas Sieg über Jabin ereignet. Doch diese Erklärung befriedigte auch niemand.

Die Ausgrabungen von Yigael Yadin in Hazor brachten schließlich die Erkenntnis, daß die biblische Reihenfolge der Ereignisse korrekt war: Es gab tatsächlich zwei Zerstörungen von Hazor. Der Name des Königs Jabin aber mußte von den Bibelautoren in die Deborah-Geschichte irrtümlich eingefügt worden sein.

Diese Erkenntnis war das Nebenergebnis der Forschungen des Archäologen Yigael Yadin. Sein Interesse galt eigentlich den Bauten des Königs Salomo, der gleichzeitig die Festung Hazor, Megiddo und Gezer errichten ließ.

Yigael Yadin sagt, er habe über zwei wichtige Werkzeuge für seine Arbeit verfügt: Die Bibel und die Schaufel. Die Kombination von beiden sei das Geheimnis seines Erfolgs gewesen. Der Archäologe

nahm die Bibel ernst: Er glaubte an die Erzählung vom »Festungs-
bauer Salomo«.

Der Ansatzpunkt des Wissenschaftlers war die Hypothese, daß Salomos Baumeister bei drei gleichzeitig projektierten Vorhaben auf
gleichartige Baustrukturen und Baupläne zurückgriffen. Ein heraus-
ragendes Bauelement in Gezer war der Festungseingang, der auf verblüffende Weise der Vision des Propheten Ezechiel vom Torkomplex
des künftigen Tempels der Juden entsprach: »Die Nischen des Tores
lagen einander gegenüber: Drei auf der einen und drei auf der anderen Seite. Alle Nischen hatten dasselbe Maß.«

Dieses Zitat aus dem Buch Ezechiel habe die Arbeiter bei den Ausgrabungsarbeiten fasziniert – sagt Yigael Yadin. Die Männer seien
Juden aus Nordafrika gewesen, die erst nach Israel eingewandert
waren. Fernab von Israel; in der Fremde, hätten sie intensiv die Bibel
gelesen. Sie waren darauf programmiert, in der Wirklichkeit Bestätigung zu finden, was sie im Heiligen Buch erfahren hatten. Sie waren
nicht überrascht, tatsächlich die sechs Nischen zu finden – von denen
jeweils drei einander gegenüberlagen.

Doch es gab noch eine Steigerung für das Gefühlserleben der
jüdischen Heimkehrer. Sie wurde ausgelöst durch ein Fundstück,
das in einer Kasematte beim Salomo-Tor zu entdecken war. Da
wurde eine außergewöhnliche Muschel aus dem Schutt der salomonischen Zeit geholt. Sie besaß eine weite Öffnung, die einem Schall-
trichter glich. Bemerkenswert war das längliche Gehäuse; es hatte die
Länge einer Handspanne. Am Ende des Gehäuses befand sich ein
Loch. Gehäuseende und Loch weckten den Gedanken an ein Musik-
instrument.

Einer der älteren Arbeiter erkannte die Besonderheit dieser Muschel. Er nahm das Mundstück zwischen seine Lippen – und er er-
zeugte Töne. Der Mann war Shofarbläser in der Synagoge. Dort allerdings stand ihm ein Widderhorn zur Verfügung um den kultischen
Ritualen Weihe zu geben. Der Mann hatte begriffen, daß sich die
Gläubigen in Hazor vor 3000 Jahren mit einer geeigneten Muschel zu
begnügen hatten.

Die Herkunft der Muschel konnte identifiziert werden: Sie stammte aus dem Roten Meer.

Für das Gemüt war die Shofarmuschel aus salomonischer Zeit
wichtig – für die Wissenschaft war der Nachweis bedeutender, daß in
Hazor Fundamente von Festungsanlagen gefunden wurden, die
nach dem gleichen Bauplan errichtet worden waren, der in Gezer
und Megiddo maßgebend war.

Der Ausgrabungsort Megiddo liegt 60 Kilometer in der Luftlinie von Hazor entfernt, am südlichen Rande des Jezreeltals. Er befindet sich dort, wo sich die überregionale Fernverkehrsstraße 66 und die große Durchgangsstraße 65 kreuzen. Der Schnittpunkt trägt die Bezeichnung »Megiddokreuzung«. Die Entfernung zur Grenze des Palästinensergebiets beträgt fünf Kilometer. Bemerkenswert ist an dieser Stelle der Kibbuz Megiddo, der von polnischen jüdischen Einwanderern im Jahr 1949 erstellt wurde. Er zeichnet sich durch Handwerksbetriebe aus, die sich zu Fabriken der Metallindustrie entwickeln.

Zur Zeit Salomos war Megiddo ein strategisch wichtiger Punkt an der Via Maris, die von der Küstenebene ins Jezreeltal führte. Zum Schutz des Jezreelpasses ließ Salomo die Festung bauen.

Yigael Yadin gelang der Nachweis, daß in der Tat auch Megiddo nach demselben Plan errichtet worden ist, wie die Festungen Gezer und Hazor. Es gelang ihm jedoch auch, das israelische Tourismusministerium in Verlegenheit zu bringen. Zu den offiziellen Argumenten für den Besuch der Ausgrabungsstätte Megiddo hatte der Hinweis gehört, dort seien die Ställe für die vielen Pferde des Königs Salomo zu besichtigen. »Salomos Ställe« waren die Hauptattraktion von Megiddo. Yigael Yadin mußte feststellen, daß die Reste, die von den berühmten Ställen vorzuweisen waren, aus einer späteren Zeit, aus den Regierungsjahren des Königs Ahab stammten. Der Vorschlag des Archäologen, die Touristen darauf hinzuweisen, daß sie in Megiddo »Ahabs Ställe« besichtigen können, wurde vom Ministerium abgelehnt. So geschieht es, daß die Besucher der Ausgrabungsstätte noch immer »Salomos Ställe« bewundern.

Die Ausgrabungen des Archäologen Yigael Yadin während der 60er und 70er Jahre des vergangenen Jahrhunderts in den Festungsstädten des Königs Salomo hatte zu einem Resultat geführt, das sogar den Archäologenkreis um Yigael Yadin verblüffte.

Als am Ausgrabungsort Hazor Schicht auf Schicht abgetragen wurde, da wuchs die Überzeugung, im Boden des Tell al-Qedah beim jüdischen Dorf Rosh Pina verberge sich die Lösung des Geheimnisses um den Tempel des Salomo in Jerusalem. Auf der Tempelterrasse in der Heiligen Stadt ist kein Stein vom einstigen Heiligtum der Juden übriggeblieben, keine Spur eines Fundaments. Von dem Tempelbau, den Davids Sohn – nach biblischer Auffassung – auf Geheiß Gottes hatte errichten lassen dürfen, ist an Ort und Stelle nicht einmal der Hauch einer Erinnerung spürbar. Für alle Zeiten ist die Existenz des Tempels ausgelöscht. Sicher ist, daß auch Ausgrabungen in der Anlage rund um den Felsendom – an seiner Stelle stand wahrscheinlich der Tempel des Salomo – keinen Hinweis auf die Gestalt des Bauwerks geben konnten, das einst als Wohnsitz Gottes gedacht war. Allein die Schilderungen in den biblischen Texten lassen eine Vorstellung entstehen vom Tempel, der im Bewußtsein des jüdischen Volkes bis heute tief verankert ist.

Der Prototyp des salomonischen Tempels

Eigentlich wollte Yigael Yadin im Norden des Tell al-Qedah gar nicht graben lassen. Sein Gefühl sagte ihm, daß dort, so nahe an den Feldern der Bauern des Dorfes Rosh Pina, nichts zu finden sei. Seine Mitarbeiter aber dachten darüber nach, warum die Bauern nicht auch den Boden am Hang des Tells umgepflügt haben. Der Grund stellte sich schließlich heraus: Da lagen mächtige Basaltblöcke unmittelbar unter der Erdoberfläche. An diesen Basaltblöcken blieben die Pflüge hängen.

Ein weiterer Grund gesellte sich dazu: Die Erde selbst war ungewöhnlich hart. Die Archäologen stellten fest, daß sie aus der zu Stein gewordenen Masse von aufgelösten Lehmziegeln bestand. Die Erdkruste ließ sich mit normalen Werkzeugen gar nicht bearbeiten. Dieses Phänomen machte neugierig.

Nach dem Durchstoßen dieser harten Schicht trafen die Schaufeln auf Asche. Daraus war zu schließen, daß an dieser Stelle einst ein Gebäude stand, das durch Flammen zerstört worden ist. In dieser Aschenschicht lag, auf die Seite gekippt, ein Opfertisch aus Basalt. Er war der erste Hinweis darauf, daß die Altertumsforscher dabei waren, einen Tempel auszugraben.

In der Aschenschicht lagen weitere Kultobjekte: Ein Weihrauchaltar; ein Becken aus Basalt; Wasserbehälter aus Ton; in Basalt gehauene Symbole des kanaanitischen Wettergottes Hadad. Der Schluß lag nahe, daß die Forscher auf das Allerheiligste eines Tempels des Gottes Hadad gestoßen waren.

Da lag auch die Bronzefigur eines Bullen, etwa fünfzehn Zentimeter lang und zehn Zentimeter hoch. Sie war sehr realistisch gearbeitet. Dieser Fund erleichterte die Identifizierung des Gottes, dem dieser Tempel geweiht war: Der Bulle wird in der Ikonographie des Gebiets ostwärts des Mittelmeers dem Gott Hadad zugeordnet. Kleine Basaltstatuen, die ebenfalls in der Aschenschicht entdeckt wurden, zeigen den Wettergott, der auf dem Bullen steht.

Eine besondere Attraktion waren neunzehn zylinderförmige Siegel aus Fayence, die Abbildungen tragen von kultischen Szenen im Tempel. Sie zeigen das Symbol des Gottes: Es besteht aus einem Doppelkreis mit vier Speichen und dem Sonnenzeichen als Mittelpunkt. Dieses Symbol sieht aus wie ein gut konstruiertes Rad moderner Technik.

Bei Abschluß der Ausgrabungsarbeiten lag eine Tempelanlage frei, die nahezu fünfundvierzig Meter lang und zehn Meter breit ist. Die Basis der sehr stabilen Mauern ist erhalten. Diese Fundamente bestehen aus unbearbeiteten Steinen, von denen keiner die Tragkraft eines Mannes überfordert. Nur Türfassungen und exponierte Mauerkanten bestehen aus Basaltblöcken von über zwei Meter Länge. Die Basaltblöcke sind bearbeitet.

Die Gestalt des Tempels ist am Grundriß der Fundamente deutlich zu erkennen. Sie besteht aus Vorraum, Halle und Altar und aus dem Raum, der dem Gott vorbehalten war. Diese Räume liegen hintereinander; ihre Eingänge bilden eine durchgehende Achse.

Die Grundfläche des Allerheiligsten beträgt 13 x 9 Meter. Da im Allerheiligsten Dunkelheit zu herrschen hatte, war dieser Raum überdacht. Die Holzkonstruktion war – als der Tempel in Flammen stand – zur schützenden Aschenschicht verbrannt. Die Balken waren von Säulen gestützt. Sie waren offenbar ebenfalls aus Holz. Ihre Steinfundamente sind zu sehen.

Vor dem Eingang zur Halle sind zwei weitere Grundplatten zur Stütze von Säulen zu erkennen. Deren Zweck kann allerdings nicht das Tragen einer Dachkonstruktion gewesen sein – Vorraum und Altarhalle waren nicht überdacht. Möglich ist, daß an dieser Stelle Figuren mit kultischer Bedeutung einen Platz gefunden haben. Die Parallele ist verblüffend: Auch im Tempel des Salomo in Jerusalem standen zwei Gestalten. Ihre Namen sind bekannt: Sie hießen Jachin und Boas.

Die Zeit läßt sich ungefähr festlegen, in der dieser nun freigelegte Tempel in Hazor von der Bevölkerung des Landes Kanaan genutzt wurde. Ein kleiner Steinskarabäus, im Trümmerschutt entdeckt, ist mit dem Namen des ägyptischen Herrschers Amenophis III. beschriftet. Er regierte am Nil von 1402–1364 v. Chr. In diesen Jahren oder danach muß der Skarabäus nach Hazor gebracht worden sein. Er ist den Archäologen Anhaltspunkt zur Annahme, daß der Tempel von Hazor dreihundert Jahre vor dem salomonischen Tempel aufgemauert worden ist.

Im Vergleich des Bibeltexts über den Bau des Tempels in Jerusalem mit den Ergebnissen der Ausgrabungen von Hazor wird die Erkenntnis deutlich, daß beide Bauten in ihrer Struktur gleich sind. König Salomo hat bereits vorhandene Grundmuster kopieren lassen. Seine Baumeister benutzten bewährte Baupläne.

Ein Tempel – damit Gott darin wohne

»Im Dunkel wolle er wohnen, sagte der Herr.« Salomo zitiert dieses Wort Gottes bei den Einweihungsfeierlichkeiten des Tempels in Jerusalem. Und er fügte hinzu: »So baute ich einen Herrscherpalast für den Herrn, als Stätte, an der er auf ewig wohnen wird.« (Erstes Buch Könige 8,13)

Damit war der allmächtige Gott aufgefordert, in den Tempel einzuziehen. Diese Geste erfolgte nicht ohne Zweifel, ob das Gebäude den Ansprüchen Gottes entspreche: König Salomo stellte Überlegungen an, die von Vernunft geprägt waren: »Wohnt denn Gott wahrhaftig auf Erden? Fürwahr, der Himmel und die Himmel der Himmel fassen dich nicht; wieviel weniger faßt dich dieses Haus, das ich erbaut habe?«

Doch die Überzeugung setzte sich durch, Gott sei wirklich eingezogen in das Gebäude hoch über der Stadt Jerusalem. Der Vorgang wird im Ersten Buch Könige (8,10) deutlich beschrieben: »Während die Priester aus dem Heiligtum traten, erfüllte die Wolke das Haus des Herrn.« Gemeint ist die Wolke, die während des von Mose angeführten Zuges durch die Wüste, die Bundeslade begleitet hatte. Erinnert sei daran, daß die Wolke zeitweise von feurigem Schein umgeben war. Sie war nun, mit der Bundeslade, eingezogen in den Tempel: »Wegen der Wolke konnten die Priester ihren Dienst nicht ausüben. Die Herrlichkeit des Herrn erfüllte nun das Haus des Herrn.«

Die Bauzeit des Tempels, so berichtet der Bibeltext, habe sieben Jahre lang gedauert. Zahlensymbolik gab dem Bau von Anfang an Glanz. Sieben bedeutete für das biblische Volk nicht die Zahl zwischen sechs und acht. Die Sieben umfaßt den Begriff der Fülle, einer von Gott gesegneten, in sich abgeschlossenen Einheit. Das Fazit für das hebräische Volk: Der Tempel ist im Einklang mit Gott gebaut.

Für den Zeitpunkt der ersten Bauarbeiten gibt das Erste Buch Könige (6,1) ein Datum an: »Im 480. Jahre nach dem Auszug des jüdischen Volkes aus Ägypten begann Salomo den Tempel für den Herrn zu bauen.« Dieses Datum ist keine historisch korrekte Zeitangabe. Sie ist vom Autor des biblischen Textes wegen ihrer magischen Verbindung von 12 und 40 gewählt worden. Diese Zahlen hatten sich längst herausgelöst aus der rein arithmetischen Funktion. Zwölf ist die Zahl der Auserwählten geworden: Ein Dutzend liest Gott jeweils für seine Zwecke aus der Masse heraus. Das Volk besteht aus zwölf Stämmen; zwölf Kundschafter schickte Mose in das verheißene Land voraus; Jesus bestimmte später zwölf Apostel.

Auch die Zahl 40 hat symbolische Bedeutung: 40 Jahre waren einer Generation an Zeitmaß zugeteilt. Daraus leitet sich die zeitliche Spanne ab für Gottes Schritte in der Geschichte des biblischen Volkes: 40 Jahre lang zog Mose mit den Sippen durch die Wüste. Das Neue Testament übernahm diese Bedeutung der Zahl: 40 Tage und Nächte fastete Jesus in der Einsamkeit des kahlen Hügels über Jericho; 40 Tage vergingen zwischen Auferstehung und Himmelfahrt. Schließen sich der Zahlbegriff der Auserwählung mit dem Begriff vom Zeitmaß Gottes zusammen, so ist das Ergebnis dieser Multiplikation besonders heilig. Zwölf mal vierzig Jahre liegen für den Hebräer zwischen dem Anfang des Bündnisses mit Gott und dem Baubeginn des Tempels. 480 Jahre lang hatte der allmächtige Gott des biblischen Volkes ohne ein festes Dach über dem Kopf gelebt.

Die Bedeutung des Tempelbaus für die Einschätzung der eigenen Position der Hebräer im Weltgefüge wird ersichtlich aus Legenden, die in der Phantasie des Volkes weiterleben. Sie spiegeln die Vorstellung vom über alles erhabenen Jerusalem. »Jerusalem liegt im Herzen des Landes Israel, das wiederum im Herzen der Welt liegt. Bevor der Tempel erbaut wurde, da glich die Welt einem Sessel, der nur zwei Beine hat. Nachdem jedoch der Tempel errichtet war, da hatte die Welt eine Grundlage und stand fest.«

Hebräische Erzähler ließen ihrer Phantasie freien Lauf: Sie dachten sich eine Geschichte aus, die den Tempelbau wundersam verklärt. Vom Himmel seien die Steine nach Jerusalem gekommen, schon behauen und im richtigen Format. Ohne menschliches Zutun hätten sie sich nebeneinander- und aufeinandergelegt; sie haben sich zusammengefügt, bis der Bau fertig war. So galt das Haus Gottes von Anfang an als ein Wunder, das der Himmel bewirkt hatte.

Die biblischen Texte aber verbergen nicht, daß der Bau in Wahrheit mit Mühen verbunden war – und daß Salomo auf fremde Hilfe angewiesen war. Zu seinem Glück gab es schon seit der Zeit seines Vaters David einen Partner, auf den sich die Mächtigen in Jerusalem verlassen konnten: Der Fürst von Tyr war darauf bedacht, mit dem südlichen Nachbarland Israel gute Beziehungen zu unterhalten. Er hielt sich so den Rücken frei für einträgliche Unternehmungen in Übersee.

Während der Landnahme hatten sich die jüdischen Sippen gehütet, Tyr anzugreifen und einzunehmen, wie sie Hazor angegriffen und in Besitz genommen hatten. Bis knapp vor die »feste Stadt Tyr« sollte die Grenze vorgeschoben werden. (Josua 19,29) Die Grenze des jetzigen israelischen Staates verläuft bei Rosh Haniqra, dreißig Kilometer südlich von Tyr.

Zur Zeit des Salomo gehörte Tyr zum Land Phoenicia; es begann in der Ebene von Akko nördlich des Carmelberges. Die Herrscher von Phoenicia begnügten sich mit einem Territorium, das nur einen schmalen Küstenstreifen umfaßte. Sie orientierten sich nicht landwärts, ihr Herrschaftsgebiet war das Meer. Während der Regierungsjahre von David und Salomo beherrschte das jüdische Reich das Land – Tyr beherrschte das Meer.

Tyr profitierte von Ägyptens Schwäche in jenen Jahren. Es gab bald schon keinen wichtigen Handelsplatz an den Küsten des Mittelmeers, in dem sich nicht eine kommerzielle Niederlassung der Kaufleute von Tyr befand. In der reichen Stadt Tyr hielten sich Baumeister, Steinmetze, Zimmerleute und Maurermeister auf. Hier existierte ein reiches Reservoir an Handwerkern und Künstlern. Die Handwerkerschaft von Tyr hatte schon König David beim Bau seines eigenen Hauses aus der Verlegenheit geholfen. Der König von Tyr hatte die Genehmigung dazu erteilt. Jetzt war Salomo auf die Hilfe des Mächtigen von Tyr angewiesen. Er hieß Hiram.

Wertvoller als die Arbeitskräfte, die Hiram zur Verfügung stellen konnte, waren Zedernstämme aus dem Libanongebirge. Die Bäume von der Art *Cedrus libani* können bis zu 40 Meter hoch werden. Das Geäst der jungen Bäume entwickelt sich in Pyramidenform. Werden diese Zedern älter, dann wird ihre Krone schirmförmig und flach. Das Holz gilt als widerstandsfähig gegen Witterungseinflüsse, als wohlriechend und als leicht zu bearbeiten. Mit Zedernholz sollte der Rohbau des Tempels verkleidet werden.

Das Erste Buch Könige informiert (5,20), für die Fällarbeiten im Libanongebirge seien Arbeiter aus der Nachbarstadt Sidon gebraucht worden. Die heute libanesische Stadt Sidon (Saida) liegt vierzig Kilometer nördlich von Tyr, ebenfalls an der Mittelmeerküste. Die Herrscher von Sidon besaßen nicht die glückliche Hand, die dem König Hiram von Tyr half, Konflikte zu überstehen. Sidon konnte Handwerkern nie die Existenzmöglichkeit bieten, die in Tyr selbstverständlich waren. So sammelten sich die Tüchtigsten aus Sidon in Tyr. Dort wurden sie geschätzt: »Niemand kann Zedern so geschickt fällen, wie die Männer aus Sidon.« (Erstes Buch Könige 5,20)

Die Stadt Tyr hatte einst zum Land Kanaan gehört, genauso wie die Stadt Hazor. Die Entfernung zwischen den beiden Orten beträgt in der Luftlinie nur vierzig Kilometer. Tyr und Hazor waren in der Vergangenheit Nachbarstädte gewesen mit gleichen Sitten und religiösen Bräuchen. Nichts ist übriggeblieben von den einstigen Sakralbauten in Tyr; kein Fundament eines Tempels ist erhalten. Doch kann angenommen werden, daß den Bauleuten Form und Struktur der kanaanitischen Tempel vertraut waren. Hazor war dreihundert Jahre vor der Berufung der Bauleute aus Tyr an den Hof des Salomo zerstört worden. Doch der Bauplan war noch präsent. Die Baumeister legten in Jerusalem die Fundamente aus, wie ihre Vorfahren dies einst in Hazor getan hatten.

Die Dreiteilung ist aus den Bibeltexten deutlich zu erkennen: Der Tempel bestand aus Vorraum, Halle und aus dem Allerheiligsten. Die Ausmaße sind keineswegs gewaltig. Der Tempel war so lang wie drei Reihenhäuser moderner Bauart. Seine Breite betrug zwanzig Meter und seine Höhe fünfzehn Meter. Die Anlage war bescheiden im Vergleich zu den Sakralbauten der Ägypter. Der Tempel von Luxor war fünfmal so lang wie Salomos Heiligtum.

Die ägyptischen Tempel erfüllten allerdings völlig andere Aufgaben: Sie mußten Platz bieten für Tausende von Menschen. Salomos Tempel war nicht für die Masse bestimmt; darin unterschied er sich auch vom Heiligtum in Luxor. Nur die Priester, die Elite, durfte den Bau betreten. Die Gläubigen standen draußen auf der sandigen Fläche vor dem Eingangsraum. Der Tempel war nicht das Gebetshaus, in dem Männer und Frauen Einkehr, Ruhe und Zugang zu Gott finden konnten. Der Tempel war das Haus in dem Gott wohnte, in dem die Bundeslade ihren Platz für immer finden sollte. Salomos Tempel hatte politische Bedeutung: Er war das Symbol dafür, daß Gott gerade dieses Volk für sich auserwählt hatte. Der Tempel war das Zeichen des ewigen Bundes zwischen Gott und dem jüdischen Volk.

Entsprechend prachtvoll sollte das Wohnhaus Gottes aussehen. Dem Ersten Buch Könige ist zu entnehmen, daß Salomo den Rohbau tatsächlich aufwendig umkleiden ließ: »Die Innenwände wurden mit Zedernholz getäfelt vom Fußboden bis zu den Balken der Decke. Der Boden wurde mit Zypressenholz belegt« (6,15). Das Allerheiligste, die »Gotteswohnung« wurde durch Türflügel aus Ölbaumholz verschlossen.

Im Verlauf der Arbeiten wurde deutlich, daß sich im ganzen Land Israel kein Spezialist für künstlerische Metallarbeiten befand. Wieder mußten sich Salomos Bauleiter an den Fürsten Hiram von Tyr wenden. Hiram schickte einen jungen Mann, der ebenfalls Hiram hieß. Seine Mutter stammte aus der Sippe Naphtali. Der Vater, der in Tyr zu Hause war, galt als Meister der Erzbearbeitung; seine Kunstfertigkeit hatte er dem Sohn beigebracht.

Zuerst goß Hiram die beiden Säulen für die Vorderseite des Gebäudes. Sie waren achtzehn Ellen hoch. Das hebräische Wort für Elle heißt »amah«; es bezeichnet den Abstand vom Ellenbogen bis zur Spitze des Mittelfingers bei einem ausgewachsenen Mann. Die Elle ist mit ungefähr fünfzig Zentimetern zu berechnen. Die Besonderheit der Säulen war, daß sie hohl waren.

Salomo bestimmte, wo sie aufzustellen waren: »Die Säulen stellte er vor dem Tempel auf, die eine rechts und die andere links vom Eingang. Die rechte Säule nannte er Jachin, die linke nannte er Boas.« (Zweites Buch Chronik 3,17)

Der Hintergrund dieser Namensgebung ist unklar. Jachin und Boas waren gängige Namen. Ein Enkel von Jakob und Lea hieß Jachin. Ein Priesternamen Jachin ist aufgeführt in der Dienstklasseneinteilung für den Tempeldienst, die zur Zeit des Königs David gültig war. Der Name bedeutet »der Gefestigte«. »Boas« ist mit »Stärke« zu übersetzen. Diesen Namen trug der Mann von Rut. Er war ein wohlhabender Landbesitzer in Bethlehem gewesen – so berichtet das Erste Buch Chronik (2,12 ff.). Gemäß dieser Textquelle war Boas der Großvater von David.

Als die Säulen Jachin und Boas gegossen waren, folgte für den Erzgießer Hiram aus Tyr Auftrag auf Auftrag. »Er fertigte das aus Erz gegossene ›Meer‹. Es maß von einem Rand zum anderen zehn Ellen und war vollkommen rund. Seine Höhe betrug fünf Ellen. Unter seinem Rand waren Blumengewinde zu sehen. Sie waren mit dem ›Meer‹ in einem Stück gegossen worden. Das ›Meer‹ stand auf zwölf Rindern, von denen drei nach Norden, drei nach Westen, drei nach Süden und drei nach Osten gewandt waren. Das ›Meer‹ ruhte auf ihnen, da ihre Hinterseite jeweils nach innen gekehrt war.« (Erstes Buch Könige 7,23 ff.)

Diese Beschreibung läßt die Vorstellung entstehen von einem Wasserbecken mit fünf Meter Durchmesser. Es wurde draußen, vor dem Tempel, aufgestellt. Über Sinn und Zweck sagen die Textquellen nichts.

Auch für die Herstellung des Altars war Hiram aus Tyr zuständig. Der Altar wurde für Brandopfer gebraucht. Dem Gott, der im Tempel wohnte, wurde das Fleisch von Ochsen, Widdern, von Schafen und Tauben geopfert. Das Ritual galt als vollkommen, wenn das Opfer vom Feuer verzehrt war.

Sehr früh schon in ihrer Geschichte hatten die Hebräer ihren Opferritus von Kultgebräuchen anderer Völker des Raumes zwischen Euphrat und Nil abgegrenzt: Sie opferten keine Menschen.

Die Abwendung vom Menschenopfer wird im 22. Kapitel des Buches Genesis dokumentiert. Der Schauplatz der Erzählung ist der Ort, an dem Salomo den Altar für die Opfer errichten ließ. Genannt ist der Hügel Moriah. Dort soll Gott von Abraham die Opferung seines Sohnes Isaak verlangt haben. Als Abraham bereit war, tatsächlich dieses Opfer darzubringen, brach Gott diese Prüfung des Abraham ab. Auf dem Hügel Moriah in Jerusalem ist heute noch – gemäß der überlieferten Tradition – die Stelle zu finden, die Gott zum Opferplatz für Isaak bestimmt hatte: Der Fels, der von der Kuppel des Felsendoms überdacht wird. Der graue Steinblock ist 17,7 Meter lang und 13,5 Meter breit. Sichtbar sind an seiner Oberfläche Vertiefungen und Rinnen. Sie dienten während vieler Jahrhunderte als Abfluß für das Blut der Opfer. In der Vorstellung vieler Juden ist dieser Fels der steinerne Kern, um den herum Gott die Welt geschaffen hat. Den mächtigen Steinblock hielt Gott in der Hand, als er sich entschloß, die Schöpfung der Welt zu beginnen. Die gläubigen Juden, die von der besonderen Heiligkeit der Felsplatte unter der Goldkuppel des Felsendoms überzeugt sind, leiden in unserer Zeit unter der für sie bitteren Wahrheit, daß die Moslems genau diesen Fels für ihre Glaubensvorstellung beanspruchen.

Bemerkenswert ist, daß der einstige Opferplatz auf dem Hügel Moriah von Salomo nicht in den Tempelbereich einbezogen wurde. Er wird nirgends in der biblischen Baubeschreibung erwähnt. Vielleicht erhob sich über der Felsplatte der eherne Altar, den Hiram von Tyr gegossen hatte; er soll fünf Meter hoch und zehn Meter breit gewesen sein.

Die Gießerei des Hiram befand sich nicht in Jerusalem, sondern am Jordan, auf heute königlich-jordanischem Boden. In der Nähe der damaligen Stadt Succoth, deren Überreste im Tell Deir Alla bewahrt liegen. Der auffällige Hügel auf halbem Weg zwischen dem See Genezareth und dem Toten Meer liegt an der Straße Nummer 45, die von der Damiya-Brücke auf jordanischer Flußseite nach Norden führt. In biblischer Zeit befand sich dort eine Furt durch den Jordan.

Dem Zweiten Buch Chronik (4,18) ist zu entnehmen, daß Salomos Verwaltung den Überblick verlor wieviel Metall an der Jordanfurt verarbeitet worden ist: »Salomo ließ derart viele Geräte herstellen, daß Menge und Gewicht des Erzes nicht zu registrieren waren.«

Fronarbeiter hatten den Transport der schweren Metallgegenstände zu besorgen. Der Weg zwischen Succoth und Jerusalem war sechzig Kilometer lang. Hunderte von Arbeitern schleppten die tonnenschweren Produkte, die Becken, Schalen, erzernen Rinder und Säulen an Stricken vom Jordantal aus durch den Sand des Wadi Farah hinauf zum Bauplatz auf dem Hügel Moriah. Ein Viertel der männlichen Bevölkerung des Landes nahmen Strapazen auf sich für den Bau des Tempels – bei karger Ernährung. Tausende plagten sich, um Zedernstämme aus dem Libanon auf dem Meer zu transportieren und sie auf schmalen Pfaden tausend Meter hochzuziehen. Tausende mühten sich ab, auf dem Hügel Moriah eine ebene Fläche zu schaffen, auf der die Steinquader aufgeschichtet werden konnten.

Nach sieben Jahren Bauzeit konnte Salomo an die Einweihungsfeierlichkeiten denken. Das Zweite Buch Chronik (5,1 ff.) schildert die Einbringung der Bundeslade in den Tempel; sie fand im Allerheiligsten ihren Platz. Die Lade wurde von den Flügeln zweier Kerubime bedeckt. Die Flügel waren mit Gold überzogen.

Salomo, der bemerkte, daß die »Wolke« sich im Allerheiligsten entfaltete, konnte zufrieden sein. Der Wunsch Gottes ist erfüllt: »Im Dunkel wolle er wohnen, hatte der Herr gesagt.«

Am eigenen Haus baute Salomo länger

Sieben Jahre Bauzeit für den Tempel – aber dreizehn Jahre für seinen Palast. Das Ergebnis war entsprechend: Der Tempel war klein im Verhältnis zur Residenz des Königs. Beide Gebäude standen nebeneinander auf dem Hügel Moriah. Eine Orientierungshilfe für die Vorstellung, wie die Fläche wirklich bebaut war, gibt es nicht.

Der Bibeltext (Erstes Buch Könige 7,1 ff.) nennt den Palast das

»Libanon Waldhaus« und lenkt die Phantasie damit in eine falsche Richtung. Es ist keineswegs ein Blockhaus.

Nur die Säulen der Eingangshalle bestanden aus Zedernholz. Den Baukörper selbst bildeten Mauern aus Quaderblöcken: »Das Gebäude bestand aus kostbaren Steinen, die sorgfältig mit der Steinsäge geschnitten worden waren. Steine waren das Baumaterial für alle Mauern von den Fundamenten bis zum Dach. Für die Fundamente sind ebenfalls Steine von guter Qualität verwendet worden, ebenso für alle Hauswände.« (Erstes Buch Könige 7,9) Berichtet wird allerdings, daß die Innenwände mit Zedernholz aus dem Libanon getäfelt worden sind.

Zwei große Hallen waren die zentralen Räume der königlichen Residenz. Die Halle im südlichen Gebäudeteil war offiziellen Zeremonien vorbehalten. Hier empfing der König fremde Fürsten; hier hielt er Gericht; hier fand er Gelegenheit, in eloquenter Rede seine Weisheit zu entfalten.

Größer als der Königssaal war die Halle für Feste des Hofes. Wenn Salomo die Königin von Saba empfing, dann geschah dies in dieser imponierenden Palasthalle.

Zum Verständnis der im Ersten Buch Könige verschwommen dargestellten Baubeschreibung können archäologische Befunde aus anderen Städten hinzugezogen werden. Die Stadt Megiddo, die dem König Salomo wichtig war, besaß einen Palast, den der Herrscher gleichzeitig mit seiner Jerusalemer Residenz hatte errichten lassen.

Der Archäologe Yigael Yadin entdeckte die Spuren dieses Gebäudes im Jahr 1960. Mit einem Dutzend Studenten durchforschte er den nördlichen Bereich der Ausgrabungsstätte am Abhang über der Jezreel-Ebene. Eigentlich war der Forscher noch immer auf der Suche nach den legendären Ställen des Königs Salomo in Megiddo – weil er nicht glauben wollte, daß sich das Gerücht von ihrer Existenz über Jahrhunderte hin ohne Grund hatte weiterverbreiten können.

Eigentlich waren die Grabungsarbeiten abgeschlossen, da fand sich, zur Überraschung der Archäologen, ein Mauerstück, das aus besonders sorgfältig bearbeiteten Steinen bestand. Sie waren präzise und mit engen Fugen aufgeschichtet worden. Es stellte sich heraus, daß die Mauer etwas mehr als zwei Meter stark war.

Die Freilegung des gesamten Areals ergab, daß sich an dieser Stelle – mit weitem Blick hinunter zur Jezreel-Ebene – ein Palast befand, der in seiner Struktur zur Beschreibung des Jerusalemer Palastes im Ersten Buch Könige paßte. Vorgefunden wurde ein Baukomplex, der aus Hallen, Sälen und kleineren Räumen bestand.

Das Archäologenteam war sich darin einig, daß in jeder Stadt, die von König Salomo ausgebaut und befestigt worden ist, ein Machtzentrum stand, das denselben baulichen Normen wie die anderen königlichen Paläste entsprach. Das Muster der architektonischen Anlage hatte sich bewährt und war zur Norm erhoben worden. Daraus ist zu schließen, daß Salomo bewährte Baupläne verwenden ließ, die auf Vorbildern aus der Zeit beruhten, als die Region noch das Land Kanaan war. Das Fazit: Weder der Tempel in Jerusalem noch der Palast entsprachen neuen baulichen Ideen.

Das Muster ist auch weiterhin beibehalten worden. Mehr als ein Jahrhundert nach Salomos Tod ist im nördlichen Syrien – an einem Platz, der heute Tell Tayinat genannt wird, ein Komplex von Tempel und Residenz entstanden, der nach bewährtem Bauplan errichtet worden ist. Auch in diesem Fall ist das Heiligtum weit kleiner als der Bau, der weltlichen Zwecken zur Verfügung stand. Tell Tayinat lag einst im phönizischen Machtbereich; Tempel und Residenz waren von phönizischen Baumeistern errichtet worden. Phönizier waren auch am Werk gewesen in Jerusalem. Ohne die Fachleute des Fürsten Hiram aus Tyr hätte Salomo seine ehrgeizigen Bauprojekte nicht ausführen können. Die Fachleute hatten die Baupläne mitgebracht.

Die biblischen Texte erzählen vom gewaltigen Reichtum des Königs Salomo. Doch führt sorgfältige Lektüre des Ersten Buches Könige zu einer anderen Erkenntnis. Da wird im 9. Kapitel (10 ff.) berichtet, Salomo habe dem Fürsten Hiram zwanzig Städte abtreten müssen – nur auf diese Weise seien die Schulden des jüdischen Staates gegenüber dem phönizischen Stadtstaat Tyr zu begleichen gewesen. Es handelte sich um das gesamte Gebiet an der Mittelmeerküste zwischen Akko und der heutigen libanesischen Grenze. Landeinwärts reichte der abgetretene Streifen bis in die Gegend westlich von Hazor.

Fürst Hiram, so wird berichtet, sei aus Tyr gekommen, um Land und Städte zu besichtigen, die ihm jetzt zugefallen waren. Er hielt mit seiner Meinung nicht zurück: Die Städte gefielen ihm nicht. Sie waren ihm zu ärmlich. Er wußte nichts damit anzufangen.

Die exzessive Bautätigkeit war mit Landverzicht erkauft worden. Salomo hatte dabei nicht irgendwelches erobertes Land abgetreten, sondern jüdisches Gebiet. Er hatte sich dabei über heilige Gesetze hinweggesetzt. Die Untertanen nahmen ihm die Abtretung übel: Der Verräter Salomo hatte Land der Vorväter aus der Hand gegeben.

Zu seinem Glück dauerte die Zeit der phönizischen Besetzung des jüdischen Gebiets nicht lange. Das Zweite Buch Chronik (8,2) teilt mit, Fürst Hiram habe die zwanzig Städte, die ihm ohnehin nicht gefielen, schließlich wieder zurückerstattet.

Vielleicht waren fehlende Finanzmittel Schuld an der langen Bauzeit des Palastes in Jerusalem. Dreizehn Jahre brauchten die Bauleute und Handwerker bis zur Fertigstellung von Salomos eigenem Haus. Während dieser Zeit müssen die Wohnverhältnisse des Königs beengt gewesen sein. Dem 3. Kapitel des Ersten Buches Könige ist zu entnehmen, daß Salomo die Tochter des Pharao nicht standesgemäß hatte unterbringen können – sie mußte mehr als dreizehn Jahre lang in der Davidstadt wohnen, auf der schmalen Hügelzunge über dem Kidrontal. Ausdrücklich vermerkt das Zweite Buch Chronik (8,11) den späteren Umzug: »Die Tochter des Pharao wurde von Salomo aus der Davidstadt heraufgeholt in die Wohnung, die er eigens für sie hatte bauen lassen.« Der Text deutet an, die Pharaonentochter habe bis zum Zeitpunkt des Umzugs in Davids bescheidener Residenz gewohnt.

Die Tochter des Herrschers am Nil mag – schon wegen der Macht ihres Vaters – eine Sonderstellung genossen haben. Die Masse der Frauen am Hof von Jerusalem wird in engen Behausungen gelebt haben. Es gab auf dem Hügel Moriah auch im neuen Palast gar nicht den Raum, um alle Ansprüche befriedigen zu können. Die biblischen Erzählungen legen wert darauf, daß Salomo eine gewaltige Zahl von Frauen gehabt habe: »Er besaß 700 Frauen von hohem Stande und 300 Nebenfrauen.« Die Zahlen bedeuten keine verläßlichen Angaben; sie sind genannt worden, um den Glanz der salomonischen Hofhaltung zum Ausdruck zu bringen.

Im Vergleich mit der Aufstellung des täglichen Verbrauchs an Fleisch im königlichen Palast erscheint die Personenzahl nicht als stark übertrieben: »Gekocht und gebraten wurden täglich zehn Mastrinder, zwanzig Rinder von der Weide, hundert Stück Kleinvieh, dazuhin Hirsche und Rehe, und viel gemästetes Geflügel.«

In die Stadt Gottes ziehen andere Götter ein

Seit die Bundeslade im Tempel abgestellt worden war, verschwand Gott aus dem Blickfeld der Menschen von Jerusalem. Er befand sich im Dunkel. Doch draußen, nicht weit vom Allerheiligsten entfernt, in der Helligkeit machen sich andere Götter breit. Die Schuld an dieser Entwicklung wird Salomo zugeschrieben.

Am Anfang , als er noch jugendliche Kraft besaß, war Salomo mit seinen Frauen fertig geworden – mit ihren Neigungen, Launen und ihren Tränen. Doch als Salomo älter wurde, war er diesen Auseinandersetzungen nicht mehr gewachsen. Er gab den Frauen nach.

Die Probleme entstanden nicht durch die Frauen, die aus den jüdischen Sippen stammten. Es waren die Frauen aus anderen Völkern, die zwar besonders reizvoll und erotisch waren, aber auch außerordentlich kapriziös und anspruchsvoll – »gerade an ihnen hing Salomo« (Erstes Buch Könige 11,2).

Die Liste der Herkunftsländer der Frauen gibt Auskunft. Salomo hat sie aus den Ländern Edom, Moab und Ammon geholt. Diese Gebiete lagen im Osten des Jordangrabens. Andere Frauen sind aus den Stadtstaaten Tyr und Sidon, aus phönizischem Gebiet, nach Jerusalem gekommen. Auch die Zahl der Hethiterinnen soll beachtlich gewesen sein.

Die biblischen Texte berichten ausdrücklich darüber, daß Salomo die Frauen aus der Fremde geliebt habe. Doch haben ihn wohl auch andere Motive dazu bewogen, nichtjüdische Frauen in seinen Haushalt aufzunehmen.

Die Tochter des Pharao hatte Salomo aus politischen Gründen geheiratet: Er wollte sich damit gegen Expansionsgelüste des Mächtigen am Nil absichern. Die anderen Fürsten der Region waren wenig zu fürchten – und doch konnte es klug sein, sie an sich zu binden. Heirat war dazu das richtige Mittel.

Doch Liebe und politische Klugheit sind keine Faktoren des jüdischen Gesetzes, das ausdrücklich Vermählung mit fremden Frauen ausschließt. Der biblische Text spricht klar das Vergehen aus, dessen sich der König schuldig gemacht hat: »Die Frauen kamen gerade aus den Völkern, die der Herr gemeint hatte, als er sprach: ›Ihr sollt nicht zu ihnen gehen und sie sollen nicht zu euch kommen. Sonst wenden sie eure Herzen ihren Göttern zu.‹«

Genau dieses geschah. Die Frauen des königlichen Haushalts waren ausgeschlossen von den religiösen Ritualen, die im und um den Tempel der Juden stattfanden. Sie waren in der Palastanlage auf dem Hügel Moriah zur Langeweile verurteilt. Sie hatten Sehnsucht nach der Heimat, nach ihren Verwandten. In ihrer Frustration wollten sie wenigstens zu den Göttern beten dürfen, an die sie sich in ihrer Jugend gewandt hatten. Wenn sie sich schon dem Altar des Herrn über das jüdische Volk nicht nähern durften, dann wollten sie ihren eigenen Göttern Altäre bauen dürfen. Es muß langsam im Verlauf der Jahre geschehen sein, daß Salomo erst einen Betplatz, dann eine Opferstätte bauen ließ, die nicht dem Gott geweiht waren, der im Jerusalemer Tempel wohnte. Die Verirrung begann damit – so klagten die treuen Gläubigen –, daß eine Frau aus Sidon in Phoenicia Salomo darum bat, ihrer Göttin Ashtarte ein schlichtes Heiligtum errichten zu dürfen. Sie sei dazu erzogen worden, Ashtarte anzubeten. Dieser Göttin wurde Einfluß auf die Fruchtbarkeit der Frauen zugeschrieben. Sie wurde durch Tonfiguren nackter Frauenkörper dargestellt mit ausdrücklich betonten Geschlechtsmerkmalen. Für gläubige Juden war eine derartige Figur ein Greuel. Ein Frevel aber war die Anbetung der nackten Ashtarte, die auf einem Altar stand.

Nachdem Salomo der Frau aus Sidon die Errichtung ihres Privatheiligtums genehmigt hatte, beschwerte sich eine Palastbewohnerin, die aus dem Lande Ammon stammte, daß sie daran gehindert werde, sich vor ihrem Gott Moloch zu beugen. Dieser Fall war schwieriger für den König, denn in der Erinnerung von vielen Gläubigen war eingeprägt, daß Mose seinem Volk gerade den Umgang mit Moloch ausdrücklich verboten hatte. Von dieser Gottheit war bekannt, daß ihr kleine Kinder geopfert werden mußten. Salomo vergaß alle Mahnungen und Drohungen: Er gestattete auch den Aufbau des Altars für Gott Moloch.

Jetzt verlangte auch eine Anbeterin des Gottes Chemosh ihr Recht. Sie war aus Moab gekommen, und dort war Chemosh der Nationalgott. Er forderte nicht die Opferung kleiner Kinder, sondern erwachsener Männer. Auch dem dringenden Wunsch der Frau aus Moab gab Salomo schließlich nach. Sie erhielt für ihre Opferstätte den besten Platz »auf dem Berg, der östlich von Jerusalem liegt« (Erstes Buch Könige 11,7). Gemeint ist der Ölberg.

Nun war die Lust an der Gründung neuer Heiligtümer nicht mehr aufzuhalten: »Salomo tat allen seinen fremden Frauen den Gefallen. Sie durften alle ihren Gottheiten Rauchopfer und Schlachtopfer darbringen.«

Der Bibeltext berichtet, der Herr sei empört gewesen über Salomos Verhalten. Gott habe sich gefragt, ob die Weisheit, die er gerade diesem Mann in reichem Maße gespendet hatte, verschwendet worden sei. Auf der Höhe von Gibeon sei es gewesen, beim heute arabischen Dorf El Jib an der Straße hinunter nach Bet Horon, daß sich der Herr gefreut hatte über Salomo, der Wert auf einen klugen Verstand gelegt hatte – und nun ließ diesen Salomo der Verstand im Stich: »Gerade das hatte Gott dem Salomo damals eingeschärft, nicht der Verlockung durch fremde Götter nachzugeben. Doch Salomo beachtete nicht, was Gott befohlen hatte.«

Der Verstand ließ Salomo jedoch nur im Stich, wenn ihn Frauen faszinierten, wenn sie ihn bedrängten. In Männersachen behielt der König seinen klaren Kopf. Es gelang ihm, seinen Staat zu reformieren, von Grund auf umzugestalten. Die Bibeltexte sagen wenig aus über den Prozeß der Veränderung, den dieser König in seinem Land ausgelöst hat.

Zur Zeit des Königs David war das eben mühsam aus den jüdischen Stämmen zusammengefügte Israel ein ärmliches, unterentwickeltes Land gewesen. Es war auf dem Gebiet des Handwerks rückständig. Die Philister im Küstenland um Gaza, Ashkalon, Ashdod hatten sich in einer fortgeschrittenen Entwicklungsphase befunden: Sie wußten, wie Erz zu gewinnen und zu bearbeiten war. Der Schritt vorwärts für das Land Israel gelang erst, als sich die Weisheit des Salomo im Bereich der Wirtschaft auswirken konnte.

Ezion-Geber, die wirtschaftliche Hauptstadt des Salomo-Staates?

Benutzer der Straße 90, die aus der Gegend des Toten Meeres nach Süden führt zum Golf von Aqaba/Eilat bemerken 40 Kilometer vor der Hafenstadt Eilat auf der rechten Seite seltsame grünliche Ablagerungen an den Hängen der Hügel. Es handelt sich um Kupferschlacke – um Entsorgung von Abfällen der Kupferherstellung. Über Jahrhunderte hin haben sich diese Spuren einer intensiven Kupferproduktion vermehrt. Um das Avratal, das von der Straße nach rechts verläuft, wurde aus den Bergen Kupfererz geholt.

Ein letztes Zeugnis für die einst florierende Industrie ist der Komplex des Timna-Kupferwerkes, das ebenfalls auf der rechten Seite der Straße 90 bei der Fahrt nach Süden zu entdecken ist. Diese Produktionsstätte, im Jahr 1958 eröffnet, war der Stolz des damals noch jungen Staates Israel – das Wahrzeichen einer aufblühenden Industrie. Das Kupferwerk wurde im Jahr 1976 geschlossen. Es hatte nur Schulden gemacht. Die Ursache waren hohe Produktionskosten und fallende Kupferpreise am Weltmarkt. Mitschuld an der Misere war jedoch auch die niedrige Qualität des Kupfererzes.

Im letzten Produktionsjahr 1975 wurden in Timna 8000 Tonnen Kupfer gewonnen. Diese Menge fehlt der israelischen Industrie. Sie muß die Fehlmenge durch Importe ausgleichen. Dafür gibt Israel im Jahr 250 Millionen Dollar aus. Das Defizit der Produktionsstätte Timna war höher.

Im Boden der Region Eilat lagern 20 Millionen Tonnen Kupfererz – nach Auskunft israelischer Experten für Bodenschätze. Diese Lager bleiben ungenützt. Sie bestehen allerdings aus Material mittelmäßiger Qualität.

Die deutlichen Spuren früherer Prosperität der Kupfererzeugung im südlichen Negev – dazu zählen vor allem Erzschlammablagerungen im Wadi Araba – weckten bei belesenen Köpfen die Erinnerung an Bibeltexte, die König Salomo in Verbindung bringen mit dem einstigen Reichtum jener Gegend. Im Ersten Buch Könige (9,26) ist zu lesen: »In Ezion-Geber ließ Salomo Schiffe bauen.« Ezion-Geber lag beim heutigen Eilat am Roten Meer.

Die Stadt Ezion-Geber ist verschwunden – doch ist ihre Position bekannt: Sie befindet sich genau zwischen den heutigen Städten Elan und Aqaba, mitten im Grenzgebiet zwischen Israel und Jordanien am nördlichsten Zipfel des Roten Meeres. Zur Zeit des Königs Salomo hat Ezion-Geber zum Land Edom gehört, das von Salomo kontrolliert wurde.

Was übriggeblieben ist von Ezion-Geber liegt in einem Schutthügel in sonst ebenem Gelände. Sein Name: Tell al-Kheleifeh. Sein Entdecker ist der amerikanische Archäologe Nelson Glueck. Er hat im Jahre 1937 an einer generellen Übersicht der Altertümer von Edom und Moab gearbeitet. Auf der Bodenerhebung Tell al-Kheleifeh stieß Glueck durch Zufall. Während einer abendlichen Rast stocherte er in diesem Schutthaufen. Er fand Reste einer Mauer – und er entdeckte kleine Haken, die aus Kupfer gefertigt waren. Der Kupferfund lenkte fortan die Phantasie des Forschers. Er spürte die Bedeutung, die dieses Metall für die Region in früherer Zeit gehabt hatte. Da befand sich doch in der Nähe, auf dem Timnaberg, in ganz früher Zeit ein Lager für Arbeitssklaven, die bei der Schürfung des Kupfererzes eingesetzt waren – Reste dieses Lagers aus dem zweiten Jahrtausend

v. Chr. waren noch zu erkennen. Ägypter mußten damals die Herren im Land gewesen sein. Sie hatten begonnen, die Kupferlager auszubeuten. Die Herrschaft der Ägypter über den Norden des Roten Meeres konnte jedoch nicht sehr effektiv gewesen sein, als die Sippen des Mose von der Halbinsel Sinai her Ezion-Geber erreichten: »Sie lagerten bei Ezion-Geber. Von Ezion-Geber brachen sie auf.« (Numeri 33,35 ff.) Eine starke ägyptische Garnison hätte die Familien, die eben der Fron am Nil entkommen waren, nicht unbehelligt weiterziehen lassen.

Was damals sonst in Ezion-Geber geschah, wird von der Überlieferung nicht vermerkt. Wahrscheinlich war über Generationen hin die Kupferförderung ohne Bedeutung – bis zur Epoche des Königs Salomo.

Er selbst war nie am Roten Meer, doch in der Vorstellung der Menschen wird er in Beziehung gebracht zu dieser Gegend. Da gibt es in den Bergen westlich von Eilat die »Schluchten des Salomo«; da wird eine eigentümliche Felsformation als »Säulen des Salomo« bezeichnet.

Über diese seltsame Kombination von der Person des Königs mit dem trostlosen Land am Roten Meer dachte der Archäologe Nelson Glueck während der heißen Tage des Sommers 1937 nach. Es mußte einen Grund für diese Kombination geben. Während Glueck sinnierte, sah er im Abendlicht Haufen von grünlicher Schlacke liegen. Die Farbe wies auf Kupfergehalt hin. Ezion-Geber war wohl Salomos Produktionsstätte für Kupfer. Gluecks Gedanken konzentrierten sich auf die Idee, der Kupferherstellung in biblischer Zeit auf die Spur gekommen zu sein. Glueck war beherrscht vom Gedanken, ein Geheimnis des Königs Salomo aufzudecken, das sogar von den Bibeltexten verschwiegen wird.

Tonscherben im Schutt des Tell al-Kheleifeh gaben bald den Hinweis auf die Zeit , in der menschliches Leben an diesem Platz florierte. Glueck zweifelte nicht: Er hatte die Kupferproduktionsstätte des Königs Salomo gefunden. Nach dieser Entdeckung war das Interesse des Forschers an diesem Hügel entflammt. Die Auflistung der anderen Altertümer von Edom und Moab war ihm gleichgültig. Als Nelson Glueck im Jahre 1940 aufgrund der Kriegsereignisse seine Forschungsarbeit vor Ort einstellen mußte, da stand für ihn fest, daß zu Salomos Zeit in Ezion-Geber Kupfer in großem Umfang produziert worden ist.

Die Ausgrabungen brachten große Mengen von Kupferschlacke ans Tageslicht. Gußformen wurden gefunden und Fundamente von Schmelzöfen. Die Kupferschmelzanlage des Salomonischen Reiches war offenbar entdeckt. Das Ausmaß der Produktion muß so gewaltig gewesen sein, daß Salomo Kupfer exportieren konnte. Nelson Glueck zog einen gewagten Vergleich: »Ezion-Geber bedeutete damals, was Pittsburgh in unserer Zeit darstellt.« Er spielte auf die Vormachtstellung der amerikanischen Industriestadt während der 30er Jahre des vergangenen Jahrhunderts an.

Jetzt erschien auf einmal die Prophezeiung des Buches Deuteronomium (8,9) in neuem Licht: »Ich werde dich in ein Land führen, dessen Steine Metall enthalten. In ein Land werde ich dich führen, aus dessen Gebirge Erz gehauen wird.«

Glueck nahm an, daß die Spezialisten für die Metallherstellung nicht im damaligen Israel selbst rekrutiert werden konnten. Zwar hatte das Land unter Salomo einen technologischen Fortschritt erlebt, doch war noch immer Entwicklungshilfe von außen gefragt. Die Folgerung lag nahe, Fürst Hiram aus Tyr habe die notwendigen Fachleute geschickt.

Berichtet wird, daß er Personal anderer Art nach Ezion-Geber kommandiert hatte: Seeleute, die sich darauf verstanden, die Schiffe zu steuern, die Salomo in Ezion-Geber bauen ließ. Der Hinweis auf die personelle Hilfeleistung durch den Fürsten von Tyr legt den Gedanken nahe, daß die phönizischen Seeleute auch das Wissen ans Rote Meer mitbrachten für den Bau meerestüchtiger Schiffe. Auf diesem Gebiet besaß niemand im Königreich Israel die nötige Erfahrung. Die Phönizier aber konnten geräumige und stabile Wasserfahrzeuge bauen; sie wurden »Tarschisch-Schiffe« genannt. Der Name gibt die Herkunft der Schiffe an: Tarschisch war wohl die Insel Sardinien.

Auf Tarschisch-Schiffen fuhr phönizisches und israelisches Personal gemeinsam zu einem Ziel, das sich bis heute der geographischen Lokalisierung entzieht: Das Land Ophir. Was von dort importiert wurde, berichtet das Erste Buch Könige (10,22): »Salomo schickte Tarschischschiffe aus auf dem Meer. Alle drei Jahre kamen sie zurück und brachten Gold, Silber, Elfenbein, Affen und Perlhühner mit.« Dieses Warengemisch würde auf Afrika als Herkunft hinweisen. Irgendwo an der afrikanischen Küste mußte sich das reiche Land Ophir befunden haben. Mancher Forscher hat das Rätsel zu lösen versucht. Vorgeschlagen wurden Südafrika, der Jemen, Zimbabwe, Indien, Sumatra.

Der Verdacht liegt nahe, der biblische Text biete eine Phantasiegeschichte – der Name »Ophir« bezeichne ein Land, das nie existierte, dessen Namensklang aber die Vorstellungskraft beflügle. Sie läßt sich in der Tat zu gern hinreißen, Gedankengebäude zu akzeptieren, die in sich logisch sind, die aber nur eine schwache Basis besitzen. Der Archäologe Nelson Glueck hatte ein üppiges Bild von den Kupferminen des Königs Salomo und von seinem Industriekomplex entworfen. Jedoch kein Forscher, der sich nach der Eingliederung der Region Eilat in den jüdischen Staat um die Ausgrabungsstätte Tell al-Kheleifeh bemühte, war bereit, die Arbeitsresultate der 30er Jahre zu untermauern.

Wenig bekannt ist die Tatsache, daß die Region zehn Monate erst nach der Gründung Israels durch Handstreich von Israel annektiert wurde. Am 13. März 1949 drang die Eliteeinheit Tsahal in den Küstenstreifen südlich des Negev ein. Die Aktion trug die Bezeichnung »Operation Uvda« (Operation Tatsache). Israel sicherte sich den strategisch wichtigen Zugang zum Roten Meer. Die Operation Uvda gelang ohne Schwierigkeiten, denn niemand erhob damals Anspruch auf das leere Gebiet an der Nordspitze des Roten Meeres.

Die Gegend war ohne Bedeutung gewesen. Als die Israelis zur Küste vorrückten, lebten dort 200 Menschen. Wichtig im ganzen Umkreis war allein der Hafen Aqaba, der zum Königreich Jordanien gehörte. Der Aufbau von Eilat begann im Jahr 1949 mit der Errichtung eines einfachen Barackenlagers für Begeisterte der Kibbuzbewegung.

Der Anspruch auf die Region von Eilat, der Grundlage war der »Operation Uvda«, war aus der Bibel abgeleitet: der Küstenstrich hatte seit Salomos Zeit zu Juda gehört – mit unwesentlichen Unterbrechungen durch edomitische Besetzung. Zur Zeit des Königs Achas von Juda (736–721 v. Chr.) ging Eilat an den Aramäerkönig Rezin verloren: »Er vertrieb die Juden aus Eilat. Die Leute aus Edom kamen und ließen sich dort nieder.« (Zweites Buch Könige 16,6) Dieser Zustand blieb bis zum 13. März 1949.

Die Rückkehr nach mehr als zweieinhalb Jahrtausenden löste Interesse an der Geschichte der Region aus. Archäologen kümmerten sich um die Ausgrabungsstätte Tell al-Kheleifeh. Zweifel, ob der Hügel wirklich die Position von Ezion-Geber anzeigt, erhoben sich nicht. Doch die weiteren Forschungsresultate entsprachen nicht den Wünschen derer, die Ezion-Geber im glanzvollen Licht der Vergangenheit darstellen wollten. Mit Salomos Leistungen durfte im Fall Ezion-Geber nicht mehr geprahlt werden. Der Archäologe Benno

Rothenberg veröffentlichte 1973 seine Schrift »Timna – das Tal der biblischen Kupferminen«. Er wies darin nach, daß ab dem 12. Jahrhundert v.Chr. elf Jahrhunderte lang kein Kupfererz in Timna abgebaut wurde. Zur Zeit des Königs Salomo lag die Produktion in Ezion-Geber völlig still. Wo Salomo die Mengen Kupfer, die er benötigte, wirklich produzieren ließ, ist noch unbekannt.

Zweifel an der Existenz biblischer Personen

Für Israels Ansprüche auf Land zwischen dem Jordangraben, dem Mittelmeer, dem Libanongebirge und dem Roten Meer gilt das Prinzip »Das Alte Testament ist das Grundbuch des Nahen Ostens« – das »Land der Vorväter« darf nicht weggegeben werden. Die Frage stellt sich jedoch, ob diese Vorväter wirklich gelebt haben, ob das Alte Testament eine wahre Historie erzählt.

Leicht fällt der Verzicht auf die biblische Geschichte von der Erschaffung der Welt, die niemand für einen authentischen Bericht halten wird. Dann wird allerdings die Feststellung der Grenze zwischen Fiktion und Realität zum Problem. Während Abraham – schon wegen der Altersangaben für ihn selbst und für die anderen handelnden Personen – nicht als reale Person der Geschichte angesehen wird, steht uns doch sein Sarkophag vor Augen, dessen Existenz in Hebron heute für einen Konflikt sorgt, der blutige Konsequenzen hat.

Über die Realität des Mose sind die Meinungen geteilt. Josua aber wurde akzeptiert: Er war der Kommandeur der »Landnahme«. Erst der archäologische Sachverhalt, der in Jericho angetroffen wurde, ließ Zweifel entstehen: Die Mauern von Jericho waren offenbar schon vor der Ankunft der jüdischen Sippen zerstört gewesen. Eine der schönsten biblischen Geschichten löste sich in Nichts auf; die Erzählung von den Trompeten von Jericho wurde zur fiktiven Kurzgeschichte eines anonymen Autors reduziert.

Wer nun noch immer für die Bibeltexte den Anspruch auf Darstellung geschichtlicher Vorgänge retten wollte, der begann eine Diskussion über die Abfolge der Ereignisse: Wenn Jerichos Mauern schon vor der bisher angenommenen Zeit der Landnahme zerstört worden sind, dann hatte diese Landnahme eben früher als bisher gedacht stattgefunden.

Auch für die Archäologen mußte ein Prozeß des Umdenkens stattfinden. Sie waren darauf aus, Ergebnisse ihrer Ausgrabungsarbeiten vorzulegen, die den Inhalt der Bibeltexte bestätigten. Suchten die Wissenschaftler im Hügel von Gezer den Beweis, daß Salomo einen Torkomplex hatte bauen lassen, wie dies in Hazor und Megiddo geschehen war, so wurde mit Sicherheit eine Baustruktur entdeckt, die der Zeit des Königs zuzurechnen war. Der Irrtum wurde deutlich, als schließlich ähnliche Bauelemente in Befestigungsanlagen gefunden wurden, die überhaupt nicht zum Einflußbereich Salomos gehörten, sondern den Philistern zuzurechnen waren, die zu ganz anderen Zeiten gebaut hatten. So verwandelten sich schließlich »Salomonische Tore« in »sogenannte Salomonische Tore«. In anderen Fällen wurde deutlich, daß es für Archäologen ein Problem darstellt, aus geringfügigen Mauerresten die präzise Zuordnung der Bauzeit zu den Herrschaftsjahren des Salomo oder dessen Nachfolgern abzuleiten.

Ein Fall des erfüllten Wunschdenkens – das durchaus verständlich ist – geschah im Sommer 1993. Bei Ausgrabungsarbeiten am Tell Dan wurde das Bruchstück einer Stele gefunden, das den langersehnten Beweis zu liefern schien, daß König David wirklich gelebt hat.

Tell Dan befindet sich im äußersten Norden des Staates Israel; dort stoßen Libanon, Syrien und Israel zusammen. Die Ausgrabungsstätte liegt beim Kibbuz Dan an der Straße 99, die Kirjat Shmona mit den von Israel besetzten syrischen Golangebieten verbindet. Die Siedlung Dan am Fuß des Hermonmassivs ist im 11. Jahrhundert von der Sippe Dan erobert und ausgebaut worden. Die Großfamilie hat damals dem Ort ihren Namen gegeben.

Der Ausgrabungsstätte Tell Dan sind Fundstücke zu verdanken, die durch ihre Inschriften zusätzliche Informationen über die einstigen Bewohner geben. Am Rand des Hügels wurde eine Vorratskammer entdeckt, in der dreihundert zerbrochene Weinkrüge lagen. Auf einer Scherbe waren die hebräischen Schriftzeichen »l'ms« zu erkennen. Daraus konnte abgelesen werden, daß der Weinvorrat einem Bewohner namens Amos gehört hatte. Aus diesem Namen wiederum konnte einigermaßen eine Datierung des Zeitraums umrissen werden, in dem der Weinvorrat angelegt worden war: Der Name Amos war im 8. Jahrhundert v. Chr. sehr beliebt bei wohlhabenden Familien.

Der Fund des Sommers 1993 aber war weit faszinierender. Ein Bruchstück einer Stele aus dem Schutt von Tell Dan trug die hebräischen Buchstaben » k b y t d w d «. Die Identifizierung der Bedeutung geschah rasch. »dwd« konnte nur David bedeuten in der Sprechweise »Daud«. Die Buchstaben »byt« ergaben im Sprachgebrauch unserer Zeit das Wort »bet«, das mit Haus oder Familie zu übersetzen ist. Der eine Buchstabe »k« wurde als Abschluß des Wortes »melek« identifiziert. Das Wort bedeutet »König«. Daß von »melek« nur das »k« vorhanden war, ist nicht verwunderlich – die hebräischen Buchstaben befanden sich auf einem Bruchstück der Stele. Die fehlenden Buchstaben waren nicht zu finden.

Die vorliegende Buchstabenkombination konnte in der Tat zu diesen Worten ergänzt werden: »melek byt dwd«. Das sensationelle Ergebnis der Identifizierung hieß dann in der Übersetzung »König aus dem Hause David«.

Die zeitliche Zuordnung geschah ebenso rasch. Der Text bezog sich offenbar auf einen König, der im frühen 9. Jahrhundert v. Chr. gelebt hatte und der von sich hatte sagen können, er stamme aus dem »Haus, aus dem Geschlecht Davids«.

Die Sensation bestand darin, daß auf der Stele der Beweis der wirklichen Existenz des »Hauses David«, und damit des Dynastiebegründers selbst, zu finden war. Die Stele bot den Beleg dafür, daß David nicht die Fiktion von Autoren biblischer Texte war. Da konnte jeder sehen, daß der leibhaftige David eine königliche Sippe begründet hatte. Denjenigen war der Mund gestopft, die behauptet hatten, König David habe nie wirklich gelebt.

Erst als die Begeisterung über den Fund abgeflaut war und die Forscher Zeit fanden, sich Stele und Inschrift näher anzuschauen, da entstanden Zweifel. Sie entzündeten sich an der Auslegung des Buchstabens »k«, die vom wissenschaftlichen Standpunkt aus rein willkürlich war. Dieses »k« als Abschluß des Wortes »melek« anzusehen, war absolut nicht zwingend.

Wurde schon die Richtigkeit der Auslegung des »k« in Zweifel gezogen, so wurde die Skepsis rasch auf die Fortsetzung der Buchstabenkombination gelenkt. Einwände wurden erhoben, das Wort »Bet« müsse nicht Sippe oder Geschlecht heißen; mit »Bet« könne auch ein Tempel gemeint sein. Die Kritiker verwiesen auf den Namen des Ortes Bet El – er sei mit »Tempel Gottes« zu übersetzen.

Letztlich wurde bezweifelt, daß mit »dwd« David gemeint sei. Die Buchstaben »dwd« könnten auch als Zeichen des Wortes »Held« interpretiert werden, oder des Wortes »Befehlshaber«. Auch die Bedeutung »der mit Verehrung Überschüttete« könne gemeint sein.

Zum Zweifel an der Deutung »dwd« heiße David, trug die Erkenntnis bei, daß dieser Name in den Bibeltexten nur in bezug auf diese eine Person, den Sohn des Isai, vorkommt. Der Name war ungebräuchlich.

Mit wachsender Skepsis setzte sich die Erkenntnis durch, daß »dwd« nicht David heißen könne. Zweifel an der wahren Existenz des Königs David waren wieder erlaubt.

Thomas L.Thompson hat sich mit diesem Problem beschäftigt. Er ist Professor für Alttestamentarische Studien an der Universität Kopenhagen. Er hat von 1969 bis 1975 in Tübingen am Atlas für den antiken Mittleren Osten mitgearbeitet.Thomas L.Thompson schlägt in seinem Buch »The Bible in History« diese englische Übertragung der Buchstabenkombination als gültig vor: »Temple of the Beloved«. Nach Ansicht des Professors ist damit der Beweis für die wirkliche Existenz des Königs David in der Geschichte geplatzt.

Das Problem im Fall David ist, daß es keine Quelle außerhalb des Alten Testaments gibt, die als Beweis für seine Existenz gelten könnte. In keinem der Archive der damaligen Welt zwischen Euphrat und Nil ist eine Erwähnung seiner Person und seines Reiches zu finden. So erstaunlich dies klingt, auch der nach biblischer Schilderung mächtige, reiche und weise Salomo wird nur in biblischen Texten genannt. Nur aus den in der Bibel erwähnten Jahreszahlen wird der Beginn seiner Regierungszeit mit dem Jahr 970 v. Chr. berechnet. Für Professor Thomas L.Thompson ist der Mann, dessen Name mit »der zum Frieden Fähige« übersetzt wird, als Fiktion zu bezeichnen. Der Professor für Alttestamentarische Studien schlägt vor, die Bibel als Geschichtsbuch für die Zeit der Könige Saul, David und Salomo zu vergessen. Er stellt ausdrücklich fest, daß die biblischen Texte damit nicht ihren Wert verlieren, daß sie nicht als Geschichtsfälschung zu bezeichnen sind. Professor Thompson ist der Meinung, die Bücher »Könige« und »Chronik« seien nicht in der Absicht verfaßt worden, für Historiker späterer Zeit als geschichtliche Quelle zu dienen – beide Bücher erzählen Geschichten und nicht Geschichte. In seinem Buch »The Bible in History« stellt er das gesamte Umfeld der Erzählungen in Frage; er bestreitet die Existenz derVereinten Königreiche der Sippen Juda und der Nordstämme:

»Da gab es keineVoraussetzung für einVereinigtes Königreich und auch nicht für Könige, wie sie uns in den biblischen Geschichten von Saul, David und Salomo erzählt werden. Die Wahrheit über jene Zeit sieht so aus: Im Hochland von Juda gab es einige Dutzend verstreute Dörfer, Bauernfamilien lebten vom Ertrag der Felder. Zusammengenommen hausten da kaum mehr als zweitausend Menschen. Da konnten keine Königreiche errichtet werden, aus dem einfachen Grund, weil dafür gar nicht genügend Menschen zu finden waren. Es existierte damals überhaupt kein Staat Juda, weil die politische Kraft fehlte, um die Dörfer zu einer Einheit zusammenzufügen. Jerusalem war, historisch gesehen, absolut unbedeutend. Jerusalem war nicht stark genug, um zum politischen Mittelpunkt zu werden. Im Wettbewerb mit autonomen Stadtgebilden außerhalb des Berglandes von Juda konnte sich Jerusalem keine Hoffnung machen, konkurrenzfähig zu sein.«

Professor Thompson weist in diesem Zusammenhang besonders auf die Stadt Lachis hin, die im Buch Josua (10,31) als militärisch unbedeutend abgetan wurde. Nach Ansicht des Professors war Lachis in »biblischer Zeit« die Stadt zwischen Jordangraben und Mittelmeer, die Jerusalem an Bedeutung weit überragte.

Die Ausgrabungsstätte Tell Lakhish liegt abseits der Straße 35, die Kirjat Gat mit Hebron verbindet. Acht Kilometer nach Kirjat Gat wendet sich die Abzweigung dem Flüßchen Lakhish zu, dann ist der Hügel zu erkennen. Die kleine Straße führt weiter nach Osten auf palästinensisches Gebiet zu, ohne die Grenze zu überschreiten.

Die Stadt Lachis, deren steinerne Zeugnisse aus dem Tell Lakhish gegraben werden, lag in ebener Landschaft 30 km ostwärts des Mittelmeerhafens Ashkalon. Daß Lachis wohlhabend war zur Zeit als Jerusalem das kleine Nest auf der Hügelzunge über dem Kidrontal war, ist aus den Ergebnissen der Ausgrabungen abzuleiten. Die Ausdehnung der Stadt war beachtlich. Die Fundamente lassen den Schluß zu, die Bewohner hätten in festen Häusern gelebt. Hinweise auf Anbindung an Ägypten auf wirtschaftlichem und politischem Gebiet liegen vor. Im 14. Jahrhundert v. Chr. ist Lachis offenbar von ägyptischen Fürsten regiert worden. Trotzdem muß die Bevölkerung den kanaanitischen Göttern treu geblieben sein – ausgegraben wurde eine überaus erotisch gestaltete Fruchtbarkeitsgöttin aus Ton.

Tell Lakhish birgt noch die meisten seiner Geheimnisse. Die Ausgrabungsstätte ist mit bösen Erinnerungen verbunden. Seit der Forschungsleiter J. L. Starkey dort im Jahr 1938 von räuberischen Arabern ermordet worden ist, wenden sich Archäologen eher anderen Forschungsobjekten zu.

Der Vergleich der Ausdehnung von Lachis mit der Enge der Siedlung über der Gihonquelle stützt die Theorie des Professors Thompson. Nach seiner Ansicht fehlt im Hügelland von Juda die Voraussetzung zur Bildung einer Zentralmacht, die in Lachis allein schon durch die Präsenz der ägyptischen Fürsten gegeben war, die Schutzfunktionen ausüben konnten. Aufgrund seiner Forschungen und Überlegungen sieht er in den »Königen« des jüdischen Volkes nicht mehr als lokale Häuptlinge, deren Macht, Kühnheit, Wohlstand und Weisheit später aufgebauscht wurden.

Diese Folgerung liegt nahe: Saul, David und Salomo sind heute mächtiger als zu ihrer Zeit. Sie beeinflussen politische Entscheidungen von überregionaler Bedeutung – und sie greifen ein in den nahöstlichen Friedensprozeß. Für die meisten Israelis ist es kein Diskussionspunkt, ob Saul, David und Salomo Könige waren oder nicht. Ganz selbstverständlich wird die Frage bejaht. Und damit ist auch schon entschieden, wem Jerusalem gehören soll: Die Stadt gilt als die Residenz von David und Salomo – gleichgültig ob es die beiden Könige gegeben hat oder nicht. Jerusalem ist von alters her dazu bestimmt, Hauptstadt von Israel zu sein. Wo Salomos Thron stand, soll Israels Flagge wehen. Nur – sie weht dort nicht. Zuständig für das entsprechende Gelände ist heute die islamische Verwaltung des Felsendoms und des gesamten Haram ash-Sharif, des »edlen Heiligtums«.

Der Platz, wo nach der Überlieferung der Thron des Königs Salomo gestanden hat, befindet sich abseits der Attraktionen von Felsendom und Al-Aqsa-Moschee. Er liegt, selten von Touristen besucht, an der Ostmauer des Haram ash-Sharif, nördlich des zugemauerten Goldenen Tors. Dort steht ein schlichtes, niederes Gebäude, aus Kalksteinen im 19. Jahrhundert aufgemauert. Es wird heute als Moschee genutzt. Der arabische Name dafür ist »Kursat Sulaiman« – der Thron des Salomo. An dieser Stelle soll im königlichen Palast, von dem es keine Spur mehr gibt, Salomo gelebt, regiert und geurteilt haben. Über das Aussehen des Throns informiert das Erste Buch Könige (10,18-20): »Der König ließ sodann einen großen Thron aus Elfenbein anfertigen und mit gediegenem Gold überziehen. Sechs Stufen führten zum Thron hinauf. Stierköpfe brachte man an der Hinterseite des Throns an. Armlehnen befanden sich zu beiden Seiten des Sitzes und zwei Löwen standen neben den Lehnen. Zwölf Löwen standen dort auf beiden Seiten der sechs Stufen.« Die Überlieferung besagt, König Salomo sei auf diesem prachtvollen Sessel gestorben.

Die Legende berichtet, Salomo habe Zeit seines Lebens über Geister und über Dämonen geherrscht, er habe sie als seine Sklaven benützt. Die Sorge des Herrschers war nun, die Geister und Dämonen würden sich an ihm rächen, wenn seine Sinne und sein Körper schwach würden. Er fürchtete, seine Sklaven würden im Augenblick seines Todes den sterbenden Körper greifen und in ihr Reich holen. Er dachte sich eine List aus, um Geister und Dämonen zu täuschen.

Salomo saß auf seinem Thron, als der Augenblick des Todes nahte. Um weiterhin aufrecht bleiben zu können, stützte er sein Kinn auf den hölzernen Stock, den er immer bei sich führte. So starb Salomo – und da er sitzen blieb, bemerkte es niemand. Es geschah, so wird überliefert, daß ein Wurm sich in das Holz des Stockes einfraß. Es soll ihm gelungen sein, das Holz völlig zu zernagen. Es wurde mürbe und brach schließlich. Der tote Körper des Salomo fiel nach vorn – zum Entsetzen des Hofstaats. Die Geister und Dämonen aber waren getäuscht worden; sie hatten den Augenblick verpaßt, sich des Königs zu bemächtigen.

Das ist noch nicht das Ende der Legende. Sie erzählt, die Geister und Dämonen hätten sich dennoch an Salomo gerächt: Sie hätten zerstört, was er bewahrt habe – sie hätten sein Reich zerrissen. In der Tat wurde nach Salomos Tod sein Reich aufgeteilt. Es ist danach nie mehr vereinigt worden. Der einheitliche Staat der Juden ist erst in der Mitte des vergangenen Jahrhunderts wieder gegründet worden – mit der Entstehung des Staates Israel.

»Vierzig Jahre lang hatte Salomo die Einheit des Reiches bewahren können« – so erzählt das Erste Buch Könige (11,42). Dieser Satz stellt die »biblische Wahrheit« wieder her. Weggeblasen ist die Skepsis, die Professor Thompson erzeugt hatte. Die Faszination der biblischen Historie siegt über Zweifel, ob der Text die Wahrheit berichtet. So verwandeln sich Geschichten in Geschichte.

Der biblische Bericht von Tod und Bestattung des Salomo ist knapp gehalten: »Salomo entschlief zu seinen Vätern und wurde in der Stadt seines Vaters David begraben.«

Auf der schmalen Hügelzunge über dem Kidrontal war das Grab wohl in die Kalksteinfelsen geschlagen worden. Das Terrain für die Suche war begrenzt. Im Jahr 1914 – bei Ausbruch des Ersten Weltkriegs, der auch der Region um Jerusalem Kämpfe brachte – wurde die Suche nach den Gräbern von David und Salomo beendet. Neue Erkenntnisse befriedigten diejenigen, die mit den bisherigen Forschungsergebnissen nicht zufrieden gewesen waren. Die zwei Tunnels im unteren Teil der Davidstadt – deren Portale jetzt geöffnet waren – boten eine schlüssige Lösung an. Sie lautete: Im rechten Tunnel war Davids Sarkophag aufgestellt worden – im linken, tieferen, der des Salomo. Im linken Tunnel ist kurz vor seinem Ende in der Tiefe eine viereckige Mulde zu sehen. Sie verläuft quer zum Gang des Tunnels. Diese Vertiefung bietet Platz für den Sockel eines umfangreichen Sarkophags.

Zur Enttäuschung der Ausgräber befand sich nichts im linken Tunnel als er geöffnet wurde. Sie hatten die Suche nach den Königsgräbern vor allem deshalb unternommen, weil sie die sagenhaften Schätze des Königs Salomo finden wollten.

Der König, der zeitweise beim Fürsten Hiram von Tyr hoch verschuldet gewesen war, galt – nach Aussage der Bibeltexte – am Ende seiner Regierungszeit als überaus reich. »Das Gewicht des Goldes, das bei Salomo alljährlich einging, betrug 666 Talente.« (Erstes Buch Könige 10,14) Es ist müßig darüber nachzudenken, welches Gewicht in diesem Fall das Maß »Talente« bezeichnet. Der Bibeltext will nur zum Ausdruck bringen, daß der König über beträchtliche jährliche Einkünfte verfügte – »Hier sind nicht mitgerechnet die Steuern der Kaufleute und Händler und die Abgaben, die durch die Statthalter der Provinzen abzuliefern waren.«

Salomo zeugt den »Löwen von Juda«

Die Königin von Saba soll die reichste Frau der damaligen Zeit gewesen sein – und doch war ihr Erstaunen groß gewesen über den Reichtum des Königs Salomo: »Da blieb ihr vor Verblüffung der Atem aus.« (Erstes Buch Könige 10,5)

Die Königin von Saba war nach Jerusalem gekommen, um selbst zu überprüfen, ob die Gerüchte vom Reichtum des Salomo stimmten, die in Südarabien zu hören waren. Sie wollte auch wissen, ob dieser Mann wirklich so weise und klug war, wie damals berichtet wurde. Die Initiative zum Besuch der Herrin aus dem Süden Arabiens in Jerusalem soll allerdings von Salomo ausgegangen sein. Ein Märchen berichtet darüber:

»Eines Tages ließ Salomo, dem die Gabe gegeben war, mit den Tieren zu reden, die Vögel zu sich kommen. Sie erheiterten ihn durch Gesang, durch die Farben ihres Gefieders, durch ihre Bewegungen. Salomo wunderte sich, daß der Auerhahn fehlte. Wütend geworden, befahl er die Bestrafung dieses Vogels. Der Auerhahn, angeklagt, er habe königliches Gebot mißachtet, fand diese Ausrede: ›Ich war draußen in der Welt unterwegs, um einen Ort zu suchen, dessen Bewohner noch nichts von meinem Herrn und König gehört haben. Ich flog weit und kam in die Weihrauchstadt, die tief im Süden liegt. Der Boden dieses Landes besteht aus purem Gold und das Silber liegt in den Straßen, wie in Jerusalem der Mist. Die Bäume dort stammen noch aus der Zeit, als Gott die Welt erschaffen hat. Sie werden aus den Wassern des Paradieses gespeist. Über dieses Wunderreich herrscht eine Frau, die Königin von Saba.‹ Der Auerhahn hatte Salomo neugierig gemacht. Er schickte den Vogel zurück in jene Wunderstadt mit dem Auftrag, die dortige Herrin einzuladen. Dem Auerhahn gelang diese Mission.«

Der Besuch der Königin von Saba wurde für beide Seiten zum Erfolg. Sie verfügte über die Waren, die im Tempel und im Palast von Jerusalem gebraucht wurden. Bilqis, dies war der Name der Königin, konnte Weihrauch in großen Mengen liefern. In ihrem Land gediehen die Weihrauchbäume. Die Kaufleute ihres Landes waren darauf spezialisiert, Duftstoffe, Edelsteine, Gold und Elfenbein anzuliefern. Die Herrin gab bei ihrem Besuch einen Vorgeschmack von der Art der künftigen Geschäftsverbindung: »Sie zog nach Jerusalem mit reichem Gefolge, mit Kamelen, die Spezereien und viel Gold trugen. Sie führte Edelsteine mit sich.« (Erstes Buch Könige 10,2)

Was sie bei der Ankunft mit sich geführt hatte, ließ sie bei der Abreise als Geschenk zurück: »120 Talente Gold, Spezereien in großer Menge und Edelsteine. Niemals mehr kamen so viel Spezereien ins Land, wie die Königin von Saba sie damals dem König Salomo schenkte.«

Seltsam ist, daß der Bibeltext unpräzise ist in seiner Aussage über die Geschenke, die Salomo überreichte: »Der König gab der Königin von Saba alles, wonach sie begehrte und was sie verlangte. Er schenkte es ihr nach seinen Möglichkeiten.« Diesen Worten ist zu entnehmen, daß diese Möglichkeiten eher beschränkt waren.

Der Erfolg des Besuchs lag für Salomo wohl eher auf erotischem Gebiet. Durch eine List gelang es dem König, seinen Gast auf sein Nachtlager zu holen. Bilqis hatte eigentlich dazu keine Lust, doch sie ließ sich auf ein Spiel ein. Salomo schlug vor, daß er nur dann mit ihr schlafen dürfe, wenn es ihm gelungen sei, sie dabei zu ertappen, wie sie etwas zu sich nehme, was ihr nicht gehörte. Die Königin fühlte sich bei diesem Spiel unbedingt sicher: Sie war, bei ihrem Reichtum, nicht darauf angewiesen, dem Gastgeber etwas wegzunehmen. Doch Salomos Verstand war listenreich. Eines Abends war das Essen besonders reich gewürzt. Die Königin spürte nach Stunden des unruhigen Schlafs brennenden Durst. Sie stand auf und suchte nach Wasser. Sie fand eine Karaffe und trank daraus. Auf diesen Augenblick hatte Salomo nur gewartet. Er wies sie darauf hin, daß sie etwas zu sich genommen hatte, was ihr nicht gehörte. Die Königin mußte sich ergeben.

In der äthiopischen Reichsideologie findet sich eine Fortsetzung dieser Geschichte: Die Königin von Saba ist schwanger aus Jerusalem abgereist. Zu Hause hat sie einen Sohn geboren, den Urvater aller Herrscher über Äthiopien, die fortan den Titel »Löwe von Juda« trugen. Menilek I. hieß dieser Begründer der »salomonischen Dynastie« in Äthiopien. Die »Löwen von Juda« beriefen sich darauf, die Weisheit des Königs Salomo geerbt zu haben. Über dreitausend Jahre lebte die Familie fort, die sich auf Salomo und die Königin von Saba berief.

Kaiser Haile Selassie von Äthiopien war der letzte Träger des Titels »Löwe von Juda«. Er ist im Jahre 1974 durch ein sozialistisch orientiertes Militärregime entmachtet worden.

Aus der Geschichte der Beziehung zwischen der Königin von Saba und König Salomo ist abzulesen, daß dem Reichtum des Herrschers im jüdischen Land Grenzen gesetzt waren. Seine Untertanen produzierten nichts, was einen besonderen Handelswert gehabt hätte. Auf überregionalen Märkten war die Ware, die Bilqis anzubieten hatte, überlegen. Das Resultat war eindeutig: Weder König Salomo noch dessen Nachfolger kamen jemals in den Genuß der Fortsetzung dieser Geschäftsverbindung mit dem Weihrauchland der Königin von Saba.

Der Eindruck wächst, daß der biblische Bericht vom Reichtum des Königs Salomo nicht überzeugen kann. Die Absicht des Textes ist, zu verschleiern und zu imponieren. Diesem Zweck dienen auch die Angaben über die Finanzmittel, die Salomo zur Aufrüstung seiner Streitmacht ausgegeben hat. Bei einem Einkaufspreis von 600 Silberschekel hat er in Ägypten 1400 Streitwagen kaufen lassen. Bei Salomos Tod muß auf diese Weise ein hoher Rüstungsstand erreicht worden sein. Doch noch am Tag, als der königliche Leichnam im Grab in der Davidstadt bestattet wurde, zeigte es sich, daß Gold und Silber in eine Aufrüstung gesteckt worden waren, die im Ernstfall keinen Nutzen brachte.

Das jüdische Großreich zerbricht
für immer

Wenn es je wirklich bestanden hat, dann war es nicht von langer Dauer – das Reich, das von Ezion-Geber bis weit über Damaskus hinaus gereicht hatte. Die Bibeltexte berichten vom Zerbrechen dieses Reiches unmittelbar nach dem Tod des Salomo. Keine andere Geschichtsquelle bezeugt diesen Vorgang. Thomas L. Thompson, der Professor für Alttestamentarische Studien an der Universität Kopenhagen warnt: »Die Bibel ist kein Geschichtsbuch. Sie schildert keinen geschichtlichen Vorgang.« Nach Meinung des Professors erzählen die Bibeltexte vom jüdischen Volk, das bestraft wird, weil es sich von Gott abgewandt hat. Es wird heruntergeführt von der ruhmreichen Höhe, die es durch die Könige David und Salomo erreicht hat, bis zur Zerstörung des Tempels und zur Deportation – sie ist allerdings Realität. Von dieser untersten Ebene aus sehen die Autoren der Bibel den Weg des Volkes in den Untergang.

Schuld ist die Abweichung dieses Volkes vom Pfad, den Gott durch seine Gesetze vorgezeichnet hat.

Professor Thompsons Ansicht ist weitgehend unbeachtet geblieben in Israel. In der Vorstellung der Menschen dieses Staates gehören die Bibelberichte zur Geschichte des eigenen Landes und zur kulturellen Wurzel des Volkes. Folgen wir der Information, die den Bibeltexten zu entnehmen ist.

Die Entwicklung zum Untergang des Großreichs wurde ausgelöst durch den Propheten Ahija. Er kann als Agent der Mächtigen Ägyptens gelten, deren Interesse am Land an der Ostküste des Mittelmeers stärker wird.

Ahija wanderte durch das Gebiet der Nordstämme auf der Suche nach einem fähigen und doch gängelbaren Mann, der – als Strohmann der am Nil Mächtigen – nach Salomos Tod die Führung im Land der Juden übernehmen konnte. Als idealen Partner stellte sich Ahija eine Persönlichkeit vor, die bereit war, Verantwortung für eine Teilung des Salomo-Reiches zu übernehmen. Die Bereitschaft der Nordstämme zur Abspaltung von Juda war zu erkennen.

Ahija hatte bald den richtigen Mann gefunden: Es war der Aufseher über alle Fronarbeit in Salomos Reich – ein tatkräftiger Verwalter mit Ambitionen. Sein Name: Jeroboam. Ahija traf sich mit ihm und stellte fest, daß Jeroboam bereit war, »die Anweisungen Gottes« zu befolgen. Diese Anweisungen aus dem Munde des Propheten Ahija waren offenbar inspiriert von ägyptischen Interessen. Trotzdem ließ sich Jeroboam darauf ein. Dies geschah zur Zeit, als Salomo noch lebte.

Salomo erfuhr von den Machenschaften seines Fronverwalters – »der König trachtete nun danach, ihn zu töten«. Der zum Tode Verurteilte konnte entfliehen. Schutz bot ihm der Herrscher, in dessen Interesse er handeln sollte: Jeroboam wurde vom Pharao Scheschonk I. aufgenommen.

Als Jeroboam endlich vom Tod des Königs Salomo erfuhr, machte er sich sofort auf den Weg ins Land des Verstorbenen. Im Sinne seines ägyptischen Schutzpatrons war er entschlossen, den Staat der Juden zu zerstören.

Während sich Jeroboam auf dem eiligen Ritt befand vom Nil zur Heimat, hatte in Jerusalem der Sohn des Salomo – Rehoboam – die Regierung übernommen. Die Ähnlichkeit der Namen »Jeroboam« und »Rehoboam« läßt Skepsis aufkommen, ob dies wirklich die Namen der beiden Kontrahenten im Kampf um die Macht im jüdischen Staat waren – oder ob sie, im Sinne der Erkenntnisse des Professors Thompson, fiktive Gestalten waren. Der Versuch, die Namen zu übersetzen, macht die Ähnlichkeit der Bedeutung beider Namen deutlich: Jeroboam läßt sich umreißen mit »Derjenige, der das Volk vergrößerte« – Rehoboam mit »Derjenige, der die Nation vergrößerte«. Keiner der beiden wird im Verlauf der Geschichte der Bedeutung seines Namens gerecht.

Berichtet wird, Salomos Sohn Rehoboam sei einundvierzig Jahre alt gewesen, als er das Erbe in Jerusalem übernahm. Von seiner Mutter wird erzählt, daß sie keine Jüdin war. Sie stammte aus dem Volk Ammon ab. Nach den Gesetzen des Mose hätte der Sohn dieser Fremden das hohe Amt des Königs nie antreten dürfen. Von Jeroboam aber wird gesagt, seine Eltern – Nebat und Zernah – seien beide Angehörige des Stammes Ephraim gewesen.

Der Heimkehrer Jeroboam aus Ägypten wird von den Ältesten der Nordstämme, und dazu gehört Ephraim, sofort zum Sprecher bestimmt. Er soll ihre Interessen vertreten. Von Anfang an tritt Jeroboam gegenüber Rehoboam, dem Erben Salomos, selbstbewußt auf. Beide stehen sich in Shechem gegenüber.

Der biblische Ort Shechem lag im Osten der heutigen Stadt Shechem/Nablus. Die Ausgrabungsstätte Tell Balatah wird damit identifiziert. Sie gilt kaum als Attraktion, da nur wenige Spuren der Vergangenheit erhalten geblieben sind.

Shechems Bedeutung liegt in den biblischen Texten begründet. Gemäß dem Buch Genesis (12,6-7) war Shechem der erste Ort des Landes Kanaan, den Abraham betrat, als er einst unterwegs war von Ur ins verheißene Land: »Abraham kam zum Ort Shechem. Dort rastete er unter der Orakeleiche. Da erschien ihm der Herr und sagte: ›Deinen Nachkommen will ich dieses Land geben.‹ Da baute Abraham an jenem Platz einen Altar auf für den Herrn, der ihm erschienen war.«

Jakob, der Enkel Abrahams, hielt sich ebenfalls in Shechem auf. Wem das Alte Testament als Grundbuch des Nahen Ostens gilt, dem ist die Erzählung im 33. Kapitel des Buches Genesis wichtig: »Jakob kam nach Shechem, der Stadt im Lande Kanaan. Er schlug nahe der Stadt sein Zelt auf. Dann kaufte er das Grundstück auf dem sein Zelt stand und nahm es in Besitz.« Von nun an waren Jakob und seine Nachkommen Grundbesitzer in Shechem.

Daß der Kaufvertrag noch Generationen später als gültig betrachtet wurde, ist dem Buch Josua (24,32) zu entnehmen. Erzählt wird, der Feldherr Josua habe in Shechem kurz vor seinem Tode die Sippen ermahnt, treu zum Bund mit Gott zu stehen. Nach dem Ende der Ansprache wurde ein Toter begraben, dessen Gebeine die jüdischen Familien auf ihrem langen Wanderweg durch Ägypten mit sich getragen hatten: »Man bestattete die Gebeine Josephs in Shechem gerade auf dem Grundstück, das Jakob vor langer Zeit der Familie Chamor abgekauft hatte. Es war den Nachfahren Josephs als Erbbesitz zugefallen.« Das Josephsgrab war bis zum Herbst des Jahres 2000 im Besitz des jüdischen Staates.

Streit am Grab des Joseph

Das Mausoleum liegt am Rand der Stadt Nablus, die seit dem 28. September 1995 der Palestinian National Authority untersteht. Das Josephsgrab selbst unterstand gemäß der Vereinbarung im Rahmen der Osloer Verträge der Souveränität Israels. Das Gebäude galt als israelische Exklave und wurde durch israelische Soldaten bewacht. Sie verrichteten ihren Dienst hinter Mauern und Stacheldraht. Sie verhinderten, daß Nichtjuden das Mausoleum betraten. Geschützt wurde vor allem die jüdische religiöse Schule, die sich beim Heiligtum befand. Der Unterrichtsbetrieb wurde allerdings zu Beginn des Jahres 2000 eingestellt. Bis dahin hatten sich Unterrichtskräfte und Schüler als Verteidiger der Rechte der Vorväter gefühlt. Ihre Rechtsbasis war der Kaufvertrag, den Jakob vor mehr als dreitausend Jahren mit der Familie Chamor abgeschlossen hatte.

Daß die Palestinian National Authority die israelische Exklave nicht länger dulden wollte, war im Frühjahr 2000 zu spüren, als ein palästinensischer Funktionär sagte: »Es wird gut sein, wenn die Israelis ihren Joseph in Nablus ausgraben und in ihr eigenes Land mitnehmen!«

Wie brisant die Situation in Shechem/Nablus wirklich war, zeigte sich im Mai 2000. Als Aufruhr losbrach in den Palästinensergebieten aus Empörung über die israelische Verzögerungspolitik in der Umsetzung der abgeschlossenen Verträge, wurde auch am Josephsgrab geschossen. Palästinensische Geschosse trafen keine Israelis, doch sie beschädigten das Gebäude. Arafat drückte wenige Tage später sein Bedauern über den Vorfall aus; er versprach, die Reparaturkosten zu tragen. Bei diesem Versprechen blieb es. Die Einlösung erfolgte nicht.

Am 2. Oktober 2000 zeichnete sich ab, daß der Konflikt um das Josephsgrab erneut aufflammte. Wieder schlugen Geschosse in die Mauer des Mausoleums ein. Die israelische Armeeführung entschloss sich, die Exklave zu räumen. Sie wollte mit dieser Maßnahme den Sturm der Palästinenser auf das Josephsgrab verhindern. Sie hätte den Angriff mit den wenigen dort stationierten Soldaten nicht abwehren können. Doch am Mittag des 7. Oktober brach der Sturm gegen das nun unverteidigte jüdische Heiligtum los. Hunderte junger Männer rissen Mauern ein, zerfetzten Stacheldrahthindernisse, warfen Brandfackeln in das Innere des Gebäudes. Ein Duzend der Angreifer stieg auf die Kuppel des einfachen Bauwerks. Sie hissten die Palästinenserfahne unter den lauten Schreien: »Wir siegen über Israel!«

Einen Tag später bedauerte der Leitartikelschreiber der israelischen Tageszeitung »Haarek«: »Ein Symbol der israelischen Standhaftigkeit ist zerstört!«

Am selben Tag ordnete Jassir Arafat den Wiederaufbau des zerstörten Josephsgrabs an. Es soll künftig unter palästinensischer Aufsicht stehen. Daß Juden das Heiligtum besuchen, soll nicht verboten sein – doch mit ihrem Besuch wird nicht gerechnet.

Bittere Erfahrungen der jüdischen Geschichte verbinden sich mit diesem Ort. Am Josephsgrab trafen sich um das Jahr 920 v. Chr. die beiden Kontrahenten Jeroboam und Rehoboam. Keiner war zum Kompromiß bereit.

Die Diskussion am Josephsgrab von Shechem war heftig. Die Leute der Stämme des Nordens machten deutlich, daß sie die Benachteiligung nicht mehr hinnehmen wollten. Salomo hatte das Volk Juda bevorzugt. Seinem Sohn Rehoboam sollte keine derartige Ungerechtigkeit mehr gestattet werden. Die Ältesten von Ephraim verlangten Ausgleich der Lasten, doch Salomos Sohn beharrte auf dem bestehenden Steuerrecht und dem traditionellen Fronrecht. Nach drei Tagen des fruchtlosen Streits zogen die Ältesten der Sippen Ephraim, Manasse, Naphtali, Issachar und Zebulon das Fazit: Sie lösten sich aus der Vormachtstellung von Jerusalem – und sie sahen keine Notwendigkeit mehr, die Souveränität des Hauses David anzuerkennen. »Wir haben nichts mehr mit dem Haus David gemeinsam. Die Nachkommen des Isai interessieren uns nicht! Das Haus David soll künftig für sich selbst sorgen!«

So vollzog sich am Josephsgrab in Shechem, auf dem Grundstück, das dieser Partriarch einst gekauft hatte, die Teilung des gemeinsamen Staatsgebildes. Der Streit endete mit Tätlichkeiten: »Der König Rehoboam konnte gerade noch seinen Streitwagen besteigen und nach Jerusalem fliehen.« (Erstes Buch Könige 12,18) Die Vorstellung, daß er nur noch König über die Sippe Juda sein sollte, quälte Rehoboam. Er dachte an Rache. Nach Jerusalem zurückgekehrt, mobilisierte er seine sämtlichen Bewaffneten. Das Erste Buch Könige (12,21) berichtet über das erstaunliche Resultat der Musterung:

»›180 000 auserlesene Krieger‹ standen Rehoboam zur Verfügung.« Bei Beachtung der wahren Bevölkerungsdichte im noch immer dünn besiedelten Bergland von Juda muß diese Überschätzung gewaltig reduziert werden. Dem König Rehoboam stand wohl weniger als ein Zehntel der genannten 180 000 Männer zur Verfügung.

Zwar war es ihm unmittelbar nach der Flucht aus Shechem gelungen, den Stamm Benjamin auf seine Seite zu ziehen. Benjamin besaß Weideplätze um die Steige von Bet Horon und um Gibeon. Die Sippe mußte, so nahe bei Jerusalem, immer den Zugriff der Herren von Juda fürchten. Die Ältesten von Benjamin waren zwar gefügig, doch ihre Bewaffneten waren nicht für Qualität als Kämpfer bekannt.

Der Bibeltext informiert, Gott habe den Sohn Salomos zur Vernunft gebracht und damit zum Verzicht auf den Krieg mit den Nordstämmen. Die Anordnung Gottes lautete: »Unterlaßt den Krieg gegen

eure Brüder. Juda führt nicht Krieg gegen Israel. Jeder der Bewaffneten kehre in sein Haus zurück.«

Die Kräfte durften nicht verschlissen werden, denn im Küstenland
war eine Gefahr wieder aufgeflammt, die längst gebannt zu sein
schien: Die Philister hatten begriffen, daß der jüdische Staat zerfiel.
Sie begannen ihre Unabhängigkeit zu organisieren. Anzunehmen ist,
daß sie darin von den Mächtigen in Ägypten ermutigt und unterstützt wurden. Die Herren am Nil sahen das Ziel nahe vor sich, das
Land der Juden wieder kontrollieren zu können.

Dieses Ziel hatten sie nie aus den Augen verloren – auch nicht bei
wechselnden Machtverhältnissen. Umbruch und Turbulenzen hatten
politische Entscheidungen verhindert. Den inneren Schwierigkeiten
waren äußere Probleme gefolgt. Der Verlust Nubiens hatte weitreichende wirtschaftliche Konsequenzen gehabt: In den Palästen am
Nil waren Gold, Silber und Kupfer selten geworden. Die Verantwortlichen mußten Ersatz für Nubien suchen. Auch sie hatten davon
gehört, König Salomo habe gewaltige Reichtümer hinterlassen. Mit-
teilungen darüber waren durch die Tochter des Pharao Siamun in die
ägyptische Hauptstadt gelangt. Siamun – das stellte sich jetzt heraus,
hatte seine Tochter vor allem als Spitzel nach Jerusalem verheiratet.

Siamun war nicht mehr der Herr Ägyptens. Fremde hatten die Herrschaft übernommen. Jahre zuvor waren libysche Kriegsgefangene
am Nil angesiedelt worden. Sie bildeten Militärkolonien und standen, in geschlossenen Einheiten, zum Kriegsdienst bereit. Da sie
Waffen trugen, wurden sie selbstbewußt gegenüber ihren Herren.
Da sie viele waren, beanspruchten sie bald Macht. Ihr Kommandeur
Scheschonk – er stammte ebenfalls aus Libyen – verlangte Privile-
gien. Der regierende Pharao sah keinen Ausweg: Er ließ Scheschonk
gewähren. Damit war sein Sturz besiegelt. Im Jahr 945 v. Chr. übernahm Scheschonk I. die Position des Pharao. So begann die Phase ägyptischer Geschichte, die von Historikern als Herrschaft der
22. Dynastie bezeichnet wird.

Ägypten entwickelte sich zur Militärdiktatur unter libyscher
Führung. Die Fremden paßten sich dabei allerdings den bisher gültigen Gebräuchen an. Sie vergaßen ihre eigenen Götter und übernah-
men die religiöse Kultur vergangener Dynastien. Die Priester der
wichtigen Tempel waren bereit zur Zusammenarbeit. Sie verlangten
allerdings eine bessere finanzielle Ausstattung ihrer Tempel. Das
Gold dafür mußte erobert werden. So wurde Jerusalem zum Kriegs-

ziel. Pharao Scheschonk I. gab den Befehl, der Schatz des Salomo sei an den Nil zu holen.

Scheschonk war zu diesem Zeitpunkt etwa zwanzig Jahre an der Regierung – und Salomo war seit fünf Jahren tot – als sich ägyptische Streitwagen in großer Zahl im Norden der Sinaihalbinsel nach Osten bewegten. Das Zweite Buch Chronik (12,3) gibt die Stärke der mobilen Verbände des Pharao mit 12 000 Streitwagen und 60 000 Kämpfern an. Der Text nennt ausdrücklich die Libyer als Kern der Truppe. Der Vormarsch der Ägypter erfolgte durch das Philisterland über Gaza und Ashdod.

Waren die bisherigen Ereignisse um das jüdische Volk nur in biblischen Texten geschildert worden, so tauchte jetzt zum ersten Mal eine historische Quelle auf, die als paralleles Dokument gelten kann. Einer Inschrift, die in Karnak gefunden wurde, ist der weitere Weg des ägyptischen Vormarsches zu entnehmen: In Gezer teilten sich die Streitwagenverbände auf. Die eine Kolonne benützte die Steige von Bet Horon um nach Jerusalem zu gelangen – die zweite Kolonne folgte dem Tal der heutigen Autobahn von Latrun nach Jerusalem.

Weder im Ersten Buch Könige noch im Zweiten Buch Chronik ist ein Hinweis darauf zu finden, daß die Überfallenen Widerstand geleistet hätten. Wenn Salomo tatsächlich eine Streitmacht von 1400 in Ägypten gekauften Kampfwagen aufgestellt hatte, so war sie in den Stunden der Gefahr offenbar nicht mehr vorhanden. Kampflos zog der Pharao in Jerusalem ein. Niemand trat ihm entgegen, als er in den Tempel eindrang. Keiner hinderte ihn, die Residenz zu betreten, die Salomo einst für sich hatte bauen lassen. Was er an Schätzen im Tempel und im Palast finden konnte, nahm der Pharao mit. Rehoboam war zum armen König geworden.

Daß sich Scheschonk auch gegen die Nordstämme gewandt habe, verschweigen die Bibeltexte. Über seinen Aufenthalt in der Festung Megiddo auf dem Paß über der Ebene Jezreel gibt das Fragment einer Stele Auskunft, die dort bei Ausgrabungsarbeiten gefunden wurde.

Als der Pharao abgezogen war, besann sich Rehoboam darauf, seine Grenzen zu verstärken – insbesondere im Süden von Juda. Er wollte sein Land sicherer machen gegen ägyptische Übergriffe.

Während Rehoboam die äußere Sicherheit seines Landes wahren wollte, war Jeroboam, der seit dem Streit am Josephsgrab in Shechem/Nablus Herr über die Nordstämme war, darauf bedacht, innere Stabilität seines Bereichs zu schaffen. Ein Heiligtum sollte den ideologischen Zusammenhalt ermöglichen. Jeroboam besann sich darauf, daß einst ein Heiligtum in Bet El existierte, das bis zum Bau des Tempels in Jerusalem von Bedeutung war. Die »Richterin« Deborah hatte von Bet El aus regiert, und König Saul hatte an diesem Ort Gericht gehalten. Wenn ein Ort vom Volk der Nordstämme als heiliger Platz auf ihrem Gebiet akzeptiert wurde, dann war es Bet El.

»Israel wird in Bet El bleiben für alle Zeit«

Am 17. Mai 2000 hielt sich der israelische Ministerpräsident Ehud Barak in der Siedlung Bet El auf. Er rief den Bewohnern die Erinnerung an Deborah und Saul zurück.

Baraks Gastgeber war Joel Tsur, ein gläubiger Mann, dessen Frau und Sohn im Dezember 1996 auf der Straße am Rande der Siedlung aus einem vorbeifahrenden Auto erschossen worden waren. Joel Tsur war jetzt von den Bewohnern der Siedlung ausgesucht worden, dem Ministerpräsidenten ihre Sorgen vorzutragen. Sie haben Angst vor einem umfassenden Rückzug der Israel Defence Force. Vorgesehen ist die Freigabe des Umlandes an die Palestinian National Authority. Daß sie in Sorge vor einer Umzingelung leben, ist verständlich. Die Palästinenser der umliegenden Dörfer haben nie verschwiegen, daß sie die Siedlung Bet El beseitigt sehen möchten.

Ehud Barak will den Bewohnern Sicherheit geben. Er sagt: »Von diesem Platz aus, in Bet El, möchte ich eine Botschaft aussenden an alle, die hier wohnen – und an alle Bürger des Staates Israel. Die Arbeitspartei und ich versprechen: Israel wird in Bet El bleiben für alle Zeit!«

An Joel Tsur gewandt, meint er: »Keiner weiß so genau wie Joel, daß ein solches Versprechen nur gegeben werden kann, wenn wir Sicherheit garantieren können.« Und Ehud Barak spricht aus, was er plant: »Ich werde die Völker trennen. Wir können ohne physische Trennung von den Palästinensern nicht existieren.«

Die Bewohner von Bet El sind über diese Worte nicht glücklich. Bedeuten sie doch, daß Stacheldraht die Siedlung umgeben wird, daß sie nur unter IDF-Bewachung in Bet El bleiben können. Sie empfinden wenig Trost bei den letzten Worten des israelischen Ministerpräsidenten vor dessen Abfahrt aus Bet El: »Es wärmt mein Herz, wenn ich sehe, wie sich diese Siedlung entwickelt hat. Da ist Wachstum und Fortschritt zu erkennen. In Bet El steckt die Seele des israelischen Volkes.«

Bet El liegt heute abseits der großen Durchgangsstraße 60, die Ramallah mit Shechem/Nablus verbindet. Unmittelbar nach dem Ort Birre, der mit Ramallah zusammengebaut ist, zweigt die kleine Straße nach rechts ab, die hinunter in die Jordansenke nach Jericho führt. Der Straßenplan verändert sich allerdings häufig, da der israelische Staat für die Bewohner von Bet El sichere Zugangswege bauen muß – gemäß dem Grundsatz der »physischen Trennung« zwischen Israelis und Palästinensern. Seit Frau und Sohn von Joel Tsur auf der Straße durch palästinensische Geschosse getötet worden sind, wird an der Lösung des Sicherheitsproblems gearbeitet.

Nach zwei Kilometern Fahrt auf der kleinen Straße ist die palästinensische Ortschaft Beitin erreicht. Sie breitet sich auf einem kargen Höhenrücken aus. Die Häuser im Villenstil wahren Abstand. Sie zeigen, daß ihre Besitzer Geld haben. Kunstgeschmiedete Gitter verzieren die Fenster. Heller Kalkstein verkleidet die Fassaden. Die Bewohner von Beitin gehören zu Familien mit Angehörigen, die im Ausland Geld verdienen – meist in den USA.

Wenig wächst auf dem Höhenrücken. Hier und da ist ein Feigenbaum zu sehen. Der braune Boden könnte fruchtbar sein, doch die vielen Steine und Felsriegel verhindern eine landwirtschaftliche Nutzung.

Ohne Übergang wandelt sich das Bild. Die Straße führt auf Stacheldraht zu, auf gelbgestrichene massive Gittertore über denen mächtig die israelische Flagge weht. Hinter Stacheldraht und Gittern liegen ungenutzte Container. Sie dienten vor Wochen als Behausung von Siedlern, die entschlossen waren, auf dem biblischen Boden von Bet El zu leben, um zu demonstrieren, daß Bet El zum Staat Israel gehören muß. Die Familien wohnen inzwischen in Reihenhäusern, die, gestaffelt, an einem flachen Hang erbaut wurden. Die israelische Siedlung Bet El besteht aus gleichförmigen, niederen Gebäuden, die den Eindruck machen, als duckten sie sich vor einer Gefahr. Doch optimistisch sind ihre Farben: Die Mauern strahlen weiß; die Dächer leuchten rot.

Der Kontrast ist nicht zu übersehen. Das Palästinenserdorf Beitin ist bewohnt von Menschen, die sich entfalten können – die Bewohner von Bet El sind eingeengt durch elektrisch geladene Zäune.

Die Siedlung – gebräuchlich ist auch für Israelis der englische Begriff »Settlement« – und das Dorf verändern die Landschaft nur wenig. Das ausgedehnte unbebaute Land hat sich seit biblischer Zeit nicht gewandelt. Es mag die Kargheit sein, die auf Gottsucher anziehend gewirkt hat. Nur der Wind, der auf dem Hügelrücken ständig weht, erzeugt ein leises Geräusch. Auch Bet El und Beitin sind stille Orte. Wer sich auf dem Hügelrücken niedersetzt, wird nicht gestört in seinen Gedanken – und nicht in seinen Träumen. Nachvollziehbar ist der Traum des Jakob, über den das Buch Genesis berichtet (28,10 ff.):

»Jakob wollte übernachten, denn die Sonne war eben dabei unterzugehen. Er nahm einen von den vielen Steinen des Geländes und legte ihn unter seinen Kopf. Dann schlief er an jenem Platz ein. Und er träumte: Eine Leiter stand auf der Erde. Ihre Spitze aber berührte den Himmel. Gottes Engel stiegen auf dieser Leiter hinauf und herab. Oben an der Spitze der Leiter stand der Herr und sprach: ›Ich bin der Herr, der Gott Abrahams und Isaaks. Das Land, auf dem du jetzt schläfst, werde ich dir und deinen Nachkommen schenken. Deine Nachkommen werden zahlreich sein, wie der Staub der Erde. Sie werden sich ausbreiten nach Norden, Süden, Osten und Westen. Durch dich sollen gesegnet sein alle Geschlechter der Erde – und durch deine Nachkommen. Siehe, ich bin mit dir. Ich werde dich behüten auf allen Wegen. Ich werde dich heimkehren lassen in dieses Land. Ich will dich nicht verlassen, bis ich alles ausgeführt habe, was ich dir versprochen habe.‹«

Bedeutend für die Heilsauffassung des jüdischen Volkes ist diese Erneuerung des Bundes zwischen Gott und den Nachkommen der Patriarchen. Für diejenigen, die in Bet El wohnen ist aber die Fortsetzung der Traumgeschichte wichtig:

»Jakob erwachte aus seinem Schlaf und sagte: ›Wahrlich, der Herr befindet sich an diesem Ort, und ich hatte davon keine Ahnung.‹ Er blickte sich um und sah das karge Land. Dann sagte er: ›Hier wohnt nur Gott. Hier ist die Pforte des Himmels.‹ Jakob erhob sich bei Sonnenaufgang. Den Stein, auf dem sein Kopf geruht hatte, ließ er als Gedenkstein liegen. Auf seine Spitze goß er einige Tropfen Öl. Dann gab er dem Ort diesen Namen ›Bet El‹ – Haus Gottes.«

Das 12. Kapitel im Buch Genesis berichtet, Jahrzehnte zuvor habe sich schon Abraham veranlaßt gefühlt, in jener Gegend dem Herrn einen Altar aus Steinen zu errichten.

An die Heiligkeit des Ortes Bet El dachte Jeroboam – der Herrscher der Nordstämme geworden war – bei der Überlegung, wie er den Zusammenhalt der Sippen sichern könnte. Ein Heiligtum mußte geschaffen werden, das an Attraktion in Konkurrenz treten konnte zum Tempel in Jerusalem. Jeroboam wollte verhindern, daß sich die Bewohner des nördlichen jüdischen Landes – das sich nun Israel nannte – nach Jerusalem begaben, wenn sie von religiösem Pflichteifer erfüllt wurden. Jeroboam fürchtete, im Tempel könnten die Gläubigen unter den Einfluß der dem Hause David treuergebenen Priester gelangen. Jeroboam sah die Gefahr einer Erosion seiner Macht. Um die Gläubigen seines Staates vom Pilgergang zum Tempel und zur Bundeslade abzulenken, »ließ er zwei goldene Kälber anfertigen«. (Erstes Buch Könige 12,28)

Seinem Volk pries er die Kälberstatuen als Sinnbilder des Gottes an, der die Sippen aus Ägypten herausgeführt hat. Diese Worte des Jeroboam sind überliefert: »Es wird Zeit, daß ihr aufhört, nach Jerusalem hinaufzuziehen. Ich zeige euch euren wahren Gott!« Das eine goldene Kalb ließ er im Norden seines Einflußgebiets, in Dan, aufstellen – das andere goldene Kalb aber in Bet El. Er wußte, daß sein Volk Bet El ohnehin als Ort betrachtete, an dem Gott zu Hause ist.

Das goldene Kalb zu Bet El brachte dem Jeroboam kein Glück. Auf der Suche nach Priestern fand er nur charakterlose Männer, die an einem einträglichen aber bequemen Amt interessiert waren. Die traditionelle Priesterkaste in den Städten und Dörfern der Nordsippen hatte zwar ihre Aufgaben verloren, doch der Einfluß war ihnen geblieben. Ihre Propaganda gegen Jeroboam wirkte sich aus: Der Herrscher des Nordens wurde unsicher und schließlich seelisch und körperlich krank.

Doch auch Rehoboam, der Sohn Salomos, war nicht vom Glück gesegnet. Seine Hauptstadt hatte die volle Wucht des ägyptischen Überfalls getroffen. Das Zweite Buch Chronik (12,12 ff.) gibt zu erkennen, daß im Tempel und im Palast Armut herrschte, die durch Sparsamkeit bekämpft wurde. »Wegen seines demütigen Verhaltens fand Rehoboam die Gnade Gottes. Er durfte in Frieden entschlafen.« Begraben wurde er in der »Davidstadt«. Auch dieses Grab auf der Hügelzunge über dem Kidrontal ist nicht zu finden.

Siebzehn Jahre lang war Salomos einstiger Unionsstaat nun schon geteilt. Fast ebenso lange bestand das Konkurrenzheiligtum in Bet El, das jedoch nicht die Faszination besaß, dem Tempel in Jerusalem Gläubige abspenstig zu machen. Der Konflikt zwischen Juda und Israel schwelte und trotzdem war die Zeit friedlich geblieben. Jetzt aber brach mit der Machtübernahme durch Abijah, der Salomos Enkel war, die Katastrophe über Israel herein: Abijah überfiel die Nordstämme.

Damals, um das Jahr 910 v. Chr., war noch Jeroboam der Herr über Ephraim, Manasse, Naphtali, Issachar und Zebulon. Alt und krank besaß Jeroboam nicht mehr die Kraft, Streitwagen und Kämpfer gegen die Einheiten der Bewaffneten aus dem Bergland um Jerusalem zu mobilisieren. Die Männer der Stämme Israels verloren den Kampf. Bet El wurde von den Streitkräften aus Juda erobert. Sie vernichteten das goldene Kalb. Der Höhenrücken von Bet El wurde wieder zum »Haus Gottes«. Der Bund des jüdischen Volkes mit seinem Gott wurde erneuert.

Archäologen haben seit der Gründung des Staates Israel versucht, die biblische Erzählung der Ereignisse um Bet El durch wissenschaftliche Beweise abzusichern. Die Ausbeute war gering. Nachweisen läßt sich allein die Existenz der Stadt zur Zeit des Patriarchen Jakob.

Eine starke Stadtmauer aus jener Epoche ist gefunden worden. Aus der späten Bronzezeit (1300–1200 v. Chr.) war eine dicke Aschenschicht zu entdecken, die auf Zerstörung durch Brand schließen läßt. Diese Erkenntnis kann in Zusammenhang gebracht werden mit dem Bericht im Buch Richter, der von der Besetzung des Ortes durch die Nachfahren des Josephs erzählt. Das Ereignis soll zur Zeit der »Landnahme« stattgefunden haben:

»Da zogen die Männer vom Stamm Joseph gegen Bet El und der Herr war mit ihnen. Kundschafter wurden losgeschickt um auszuspähen, wie die Stadt am besten einzunehmen war. Die Späher sahen einen Mann aus Bet El herauskommen, der sagte ihnen, wie man leicht hineinkommen könne. Die Männer vom Stamm Joseph befolgten den Rat. Sie eroberten die Stadt und erschlugen alle Bewohner bis auf den einen und dessen Familie.«

Dieser eine verließ die Region und zog ins Land der Hethiter. Er gründete dort eine neue Stadt und gab ihr den Namen des Ortes, den er verlassen hatte. Auf diese Weise überliefert der biblische Text die Information, daß Bet El bis zum Zeitpunkt der Eroberung durch die Sippe Joseph »Lus« geheißen habe.

Von nun an galt der Name, den einst Jakob dem Hügelrücken gegeben hatte. Die Bewohner aus dem Volk Kanaan waren tot. Bet El befand sich fortan in jüdischem Besitz bis zur Römerzeit. Dann verließen die Juden die Region. Es dauerte nahezu zweitausend Jahre, bis sie sich wieder in Bet El ansiedeln konnten.

Diese zweite »Landnahme« erfolgte nach der Eroberung des Jordanwestufers durch die Israel Defence Force im Jahre 1967. Die Siedler der Gegenwart sind entschlossen, ihren Besitz nicht mehr aufzugeben.

Die Palästinenser von Beitin aber haben die Hoffnung, daß die Bewohner des Settlements Bet El die Lust verlieren, eingeschlossen zu leben. Sie wissen, daß mancher Israeli Skepsis empfindet beim Gedanken an die Zukunft der Settlements. Elyakim Ha'etzni, Rechtsanwalt in Kirjat Arba bei Hebron und engagierter Sprecher der Settlementsbewegung hat im März 1999 festgestellt: »Sobald die Verträge mit den Palästinensern in Kraft treten, nützen alle Siedlungsbauten nichts mehr. Die Häuser werden leerstehen. Wer will in ein Haus einziehen, wenn beim Blick durch die Fenster in geringer Entfernung ein Palästinenser mit Kalaschnikow-Maschinenpistole zu sehen ist.«

Israels Siedlungspolitik – die zweite »Landnahme«

Wer sich auf der Autobahn von Latrun her Jerusalem nähert, der mag begeistert sein von der regen Bautätigkeit auf den Hügeln von Judäa. Die Begeisterung mindert sich, wenn der Autobahnbenutzer erfährt, daß die Gebäudeblocks auf palästinensischem Gebiet errichtet worden sind, daß sie jedoch von Israelis bewohnt werden.

Bei näherer Betrachtung fällt die festungsartige Bauweise auf. Die Häuser stehen eng beieinander, meist in geschlossenem Rund. Sie öffnen sich kaum nach außen. Die Komplexe erinnern an gewaltige Burganlagen vergangener Zeiten. Sie machen den Eindruck, jederzeit bereit zu sein zur Verteidigung.

Erstaunen weckt auch der gewaltige Friedhof zur rechten Hand der Autobahn in der Nähe des Hadassah-Krankenhauses. Die jüdische Begräbnisstätte ist während der letzten fünf Jahre des vergangenen Jahrhunderts entstanden. Imposant wirken die gewaltigen Mauern zur Abstützung der Gräberterrassen.

Friedhöfe und Settlements gehören zusammen. Sie ergänzen sich in der Aufgabe, das palästinensische Gebiet mit Beschlag zu belegen.

Häufig erfolgten die ersten Arbeiten ohne Genehmigung – so war auch die Anlage des Friedhofs ohne behördliche Erlaubnis begonnen worden. Als die ersten Toten bestattet waren, durfte ihre Ruhe nicht mehr gestört werden. Inzwischen gehören auch derartige Friedhöfe zum provokativen Siedlungsprogramm der Mächtigen in Israel.

Für Palästinenser, für Moslems, wirken die gewaltigen Gräberfelder an den Hängen des Ölbergs über dem oberen Kidrontal erschrekkend. Manches Gebäude im traditionellen arabischen Stil mußte zur Erweiterung des jüdischen Friedhofs abgebrochen werden. Die Palästinenser, die noch im Osten der Altstadt von Jerusalem leben, sind in Sorge, bald von den jüdischen Toten verdrängt zu werden.

Die Ursache für diese Entwicklung ist im brennenden Wunsch gläubiger Juden zu erkennen, ganz in der Nähe des Ortes bestattet zu werden, an dem einst der Tempel, die Wohnstätte des Herrn gestanden hatte. Die Gläubigen erwarten, daß am Tag des Jüngsten Gerichts der Anbruch der ewigen Gerechtigkeit durch Trompetensignale von der Tempelterrasse her angekündigt werde. Wer nahe der Tempelterrasse bestattet liegt, der hört diese Signale zuerst, der kann sich früher als andere, auf die Ankunft des Herrn freuen.

Argumente, die biblische Wurzeln besitzen, rechtfertigen die Anlage von Gräbern und von Settlements mehr als Argumente mit weltlicher Rechtsbasis. Sie überlagern vor allem den Standpunkt, den Nichtjuden in der Siedlungsangelegenheit für richtig halten. Im März 1999 rechtfertigte der Stellvertretende Minister für Housing and Construction in der Regierung Netanyahu – sein Name war Meir Porush – das Programm zur jüdischen Ausbreitung in den Palästinensergebieten mit den Worten: »Wir erfüllen das Gebot des Herrn, das da lautet: »Laßt euch in Eretz Israel nieder.«

Eretz Israel – Israel in seinen von Gott gewollten Grenzen – mit diesem Begriff argumentierte ein angesehener orthodoxer Rabbi unmittelbar vor dem Junikrieg von 1967, als sich die meisten der den Juden heiligen Stätten in jordanischer Hand befanden. Es war Rabbi Zvi Jehuda Kook der diesen völkerrechtlichen Zustand beklagte, und der vom Staat Israel die Änderung dieses Zustands verlangte.

Sein Vater – Rabbi Abraham Yitzhak Ha Cohen Kook – hatte noch den jüdischen Nationalismus als Ableger nationalistischer Bewegungen des neunzehnten Jahrhunderts in Europa abgelehnt. Für den Vater war die Gründung des Staates Israel als Ergebnis nationalistischer Überzeugungsarbeit undenkbar gewesen. Er hatte allein Gott das Recht zugesprochen, das Reich von David und Salomo wieder erstehen zu lassen.

Rabbi Zvi Jehuda Kook folgte der Ansicht des Vaters im Prinzip, doch er war der Meinung, Gott habe den Staat Israel zu seinem Werkzeug bestimmt, um eben das Reich von David und Salomo erneut zu schaffen. Der Sohn Zvi Jehuda Kook akzeptiert, daß der Staat Israel durch Menschen ausgerufen wurde.

In den »Studies of Contemporary Jewry« No 4, 1988, ist die Klage des Zvi Jehuda Kook aus der Zeit vor dem Junikrieg zitiert: »Wem gehört unser Hebron? Wo ist unser Shechem und unser Jericho? Wir dürfen nie darauf verzichten! Jeder Zoll des Landes gehört uns! Jeder Zoll gehört zu Eretz Israel! Wir haben nicht das Recht auch nur auf einen Millimeter zu verzichten!«

Als der Junikrieg von 1967 die in der Klage des Rabbi genannten Städte durch Eroberung in jüdische Hand gab, war nach Meinung des Rabbis eine göttliche Intervention erfolgt, die ein Schritt war auf dem Weg zur Schaffung von »Eretz Israel«. Undenkbar war für den Rabbi Zvi Jehuda Kook und seine Anhänger der Gedanke, die eben eroberten Gebiete jemals den Palästinensern zu übergeben.

Zahlreich war die Gruppe der Schüler, die dem Rabbi in seiner Entschlossenheit, Eretz Israel zu erringen, nachfolgten. Der wirkungsvollste der Schüler ist Rabbi Moshe Levinger, der auf Worte Taten folgen läßt. Levinger, gehört zu den Pionieren des Settlements Hebron. Sein politisches Credo lautet: »Von Bedeutung ist allein das Versprechen des Herrn an Abraham, von dem uns das Buch Genesis berichtet!«

Rabbi Moshe Levingers Anhänger veranlaßten israelische Regierungen jeder Richtung das Siedlungsprogramm auszubauen. Von heutiger Warte aus sehen sie in Ariel Sharon, den Kriegshelden von 1973, den schlagkräftigsten Vertreter ihrer Interessen. Sharon war von Mitte 1990 bis Mitte 1992 im Kabinett Yitzhak Shamir zuständig für das Siedlungsprogramm. Er hat aus seinem Standpunkt nie ein Hehl gemacht, daß westlich des Jordan kein Platz sei für Palästinenser. Ariel Sharon entwickelte als Minister die Idee, die Palästinenser über den Jordan hinüber zu »transferieren«; ihre Heimat sei künftig Transjordanien. Das Programm »Palästinensertransfer« war überaus populär bei den Schülern des Rabbi Moshe Levinger. Sie jubelten Ariel Sharon zu, als dieser verkündete, die Nachfahren des Ishmael, des Sohnes der Hagar, hätten doch seit biblischer Zeit in Transjordanien gelebt. Die Palästinenser seien nun einmal Söhne des Ishmael. Ariel Sharon wollte dafür sorgen, daß für die Palästinenser tatsächlich kein Platz blieb westlich des Jordan.

Ein Blick auf die Statistik zeigt, daß in der Tat während der Amtszeit des Wohnungsbauministers Ariel Sharon die höchste Zahl von Siedlungsprojekten im palästinensischen Gebiet nördlich und südlich von Jerusalem erfolgreich abgeschlossen wurden.

Am 13. Juni 1992 übernahm Yitzhak Rabin nach Wahlen und schwierigen Koalitionsverhandlungen den Posten des israelischen Ministerpräsidenten. Rabin nahm zwar einen von der US-Regierung garantierten Kredit von zehn Milliarden Dollar auf für die Errichtung jüdischer Settlements in den palästinensischen Gebieten an, doch er reduzierte gleichzeitig die Projektplanung. Vorhaben wurden eingefroren im Hinblick auf mögliche Übereinkünfte mit dem inzwischen friedensbereiten Jassir Arafat. Rabin wurde für die Anhänger der Vision von Eretz Israel zum Verräter.

Die Wahlen am 26. Mai 1996 brachten Benjamin Netanyahu an die Spitze der israelischen Regierung. Jeder, der glaubte, jetzt sei erneut die Zeit gekommen für eine Steigerung des Bauprogramms, der täuschte sich. Die Projektzahlen blieben so niedrig wie zur Regierungszeit von Yitzhak Rabin. Diese Entwicklung war den Bemühungen des amerikanischen Präsidenten Clinton zuzuschreiben, der darauf drängte, Israel müsse den Palästinensern entgegenkommen. Netanyahu fühlte sich gedrängt zur Zusage, er werde keine neuen Siedlungsvorhaben genehmigen. Nur der Ausbau bestehender Settlements sei noch erlaubt.

Über diese Zusage ärgerte sich Netanyahus Berater für Fragen der Siedlungspolitik. Er fand einen Trick: Er setzte neue Siedlungen neben die bestehenden – oft in weitem Abstand – und behauptete, es handle sich um einen Ausbau bereits abgeschlossener Projekte. Niemand habe ihm gesagt, daß ein Ausbau »nach außen« verboten sei.

Der amerikanischen Regierung blieb das trickreiche Verhalten nicht verborgen. Im April 1999 protestierte das US-State Department: »Israel führt uns hinters Licht!« James Rubin, der Sprecher des State Departements, meinte: »Wir haben Beweise!«

Gemeint war der Aufbau einer Containersiedlung am Rande von Kirjat Arba bei Hebron und eine Ausweitung des Settlements Brache bei Shechem/Nablus. Noam Avnon, der Sprecher der jüdischen Gemeinde von Hebron, wies für Kirjat Arba die amerikanischen Anschuldigungen zurück: »Der Bauplatz gehört zu Kirjat Arba und ist einbezogen in den allgemeinen und genehmigten Bebauungsplan. Wir wollten dort ein Hotel bauen als Attraktion für jüdische Touristen. Das State Department aber mahnte hartnäckig die Einhaltung des Versprechens von seiten des israelischen Ministerpräsidenten an. Benjamin Netanyahu gab schließlich seinem Verteidigungsminister Moshe Arens den Befehl, die illegalen Siedlungen aufzulösen. Die Mitglieder der Siedlungsbewegung insgesamt waren empört über den Ministerpräsidenten, der bereit war »Land der Vorväter« aufzugeben.

Um den offenen Konflikt mit den Siedlern zu vermeiden, gab sich Netanyahu im Fall des Settlements Har Homa als harter Verfechter orthodoxer Vorstellungen.

Der Hügel Har Homa liegt auf palästinensischem Gebiet links der Straße 60, die von Jerusalem nach Bethlehem führt. Er beherrscht den südlichen Zugang zur Heiligen Stadt. Die Palästinenserführung unter Jassir Arafat befürchtet, daß die Siedlung, zur Festung ausgebaut, Bestandteil der israelischen Einkreisung des von den Palästinensern beanspruchten Ostteils von Jerusalem wird.

Die Bewohner des palästinensischen Dorfes Bet Sahur, das direkt neben dem bisher unbebaut gebliebenen Hügel liegt, beanspruchen das Gelände für sich. Sie nennen den Hügel Jebel Abu Ghoneim. Sie versuchten zeitweise mit Erfolg, die Bauarbeiten zu verhindern. Sie sahen sich in ihrem Widerstand bestärkt, als an einem kalten, regnerischen Tag der britische Außenminister Robin Cook den Hügel besichtigte. In seiner Begleitung befand sich Salah Ta'amri, der dem Palestinian Legislative Council, dem palästinensischen Parlament angehört.

Doch nicht nur Robin Cook und Bewohner von Bet Sahur waren erschienen, sondern auch Männer und Frauen, die für den Bau der jüdischen Siedlung demonstrierten. Sie riefen dem britischen Außenminister in Sprechchören diese Aufforderung zu: »Verschwinde, du Antisemit!«

Bis zum 17. Mai 1999, bis zum Wahltag der Netanyahus Regierungszeit beendete, war das Settlement Har Homa nicht fertig. Der Wahlgewinner, Ehud Barak, gab schon wenige Tage später die Erlaubnis zur Fortsetzung des Siedlungsbaus auf dem Hügel an der Straße 60.

Burger King hat kein Vertrauen
in die Zukunft der Siedlungen

Kurz vor Jahresende 1999 kündigte der amerikanische Hamburger Konzern an, er werde seine Niederlassung im Settlement Maale Adummim demnächst schließen. Den Grund dafür gab Burger King nicht offiziell bekannt. Zu hören war, auf die Konzernleitung sei Druck von arabischer Seite ausgeübt worden mit Anspielungen auf die ungewisse Zukunft der Siedlung, die irgendwann doch in palästinensische Hand übergehen werde. Der Hinweis hatte genügt: Im Interesse des eigenen künftigen Geschäfts möge sich Burger King auf diese Entwicklung einrichten.

Das Settlement Maale Adummim ist nicht zu übersehen. Große Schilder an der Straße von Jerusalem nach Jericho weisen auf die Ausfahrt hin. Die Siedlung ist nach zehn Minuten Autofahrt vom Zentrum der Heiligen Stadt aus erreicht. Das Settlement liegt auf der Höhe. Von außen macht Maale Adummim den Eindruck, die Siedlung sei als Festung konzipiert, die den Zugang nach Jerusalem beherrscht.

Maale Adummim ist die bedeutendste jüdische Siedlung im Palästinenserland. 26 000 Menschen leben hier. Die Berufstätigen arbeiten in Jerusalem. Die Familien gehören durchweg dem Mittelstand an. Sie unterscheiden sich grundlegend von Siedlerfamilien in Bet El und Hebron. Nicht aus religiösem Eifer haben sie die Wohnungen bezogen, sondern weil sie im Grünen leben wollen und an der frischen Luft.

Der bedrohliche Eindruck, der bei Betrachtung der Siedlung von der Straße im Tal aus entsteht, schwindet bei näherem Zusehen. Im Innern der Siedlung stehen die Häuser keineswegs eng beieinander. Die Bauweise ist aufgelockert durch Grünanlagen, aus denen Zypressen hochwachsen. Gleichförmigkeit der Häuser ist vermieden.

Die Individualität ist darauf zurückzuführen, daß Maale Adummim nicht nach einem Generalbauplan der israelischen Siedlungspolitik erbaut wurde. Ohne staatliche oder städtische Genehmigung entstanden am Anfang der 70er Jahre die ersten Häuser – auf Grundstücken, die Palästinensern gehörten. Durch unformelle Enteignung, durch schlichte Wegnahme sicherten sich Familien den Baugrund. Daß sie Israeli waren, gab ihnen die Macht dazu. Israel hatte den Krieg von 1967 gewonnen. Die Palästinenser, die Verlierer, waren vergessen von der Welt; selbst die arabischen Brüder hatten das palästinensische Volk abgeschrieben. Niemand verteidigte ihre Rechte.

Ministerpräsidentin Golda Meir war zu Beginn der Bautätigkeit der Meinung gewesen, das illegale Settlement dürfe nicht entstehen, doch ihr Stellvertreter Jigal Allon setzte sich über ihren Standpunkt hinweg. Im Herbst 1973 legte Allon einen Siedlungsplan vor, der für das von Israel besetzte Palästinensergebiet drei Riegel jüdischer Siedlungen vorsah. Ein östlicher Riegel sollte das Jordantal sichern. Die zweite Siedlungskette sollte die Hügel von Samaria überziehen. Die dritte Kette war zur Sicherung der Straße von Jerusalem nach Jericho vorgesehen.

Dieser Allon-Plan – dem die israelische Regierung nie öffentlich die Zustimmung gab, der aber dennoch wirksam war – bildete fortan die sichere Grundlage für die Existenz des Settlements Maale Adummim. Aus der Siedlung entwickelte sich eine Stadt mit eigenen Interessen und mit eigenem Stolz.

Der rasche Ausbau der Infrastruktur hatte das Ziel zu demonstrieren, daß die Siedlungspolitik nie mehr umkehrbar sei, daß die Settlements sich für alle Ewigkeit im einst palästinensischen Land eingenistet haben.

Waren nach dem Krieg von 1967 Palästina und das palästinensische Volk zunächst nicht mehr existent, bereiteten sich rasch Veränderungen vor. Im Bewußtsein der Menschen überall in der Welt wandelte sich die Einstellung zum Resultat jenes militärischen Konflikts. Die Israelis bekamen den Wandel zu spüren. Zuerst waren sie die bejubelten Sieger; schließlich wurden sie als Hemmnis auf dem Weg zum Frieden betrachtet. Die Palästinenser aber brachten sich selbst zurück ins politische Geschehen. Hatte Golda Meir noch behaupten dürfen, es gebe überhaupt kein palästinensisches Volk, so sorgten Jassir Arafat und die Palästinensische Befreiungsorganisation für den Beweis, daß sich Golda Meir getäuscht hatte. Im letzten Jahrzehnt des vergangenen Jahrhunderts war das palästinensische Volk zu einem Begriff geworden in der Weltpolitik. Es durfte nicht mehr übergangen werden.

Die Zeit der Verhandlungen begann. Ein Thema der Verhandlungen zwischen Arafat und wechselnden israelischen Regierungen war das Schicksal der Settlements auf palästinensischem Boden. Die Siedler spürten, daß ihre Zukunft nicht mehr sicher war – und der Konzern Burger King spürte dies auch.

Die Siedler fielen nicht in Resignation. Sie kämpften um ihre Settlements. Gleichgültig, ob sie religiös oder pragmatisch orientiert waren, an Verzicht dachten sie nicht. Damit war der Verhandlungsspielraum für Ministerpräsident Ehud Barak gewaltig eingeschränkt. Jassir Arafat bestand auf Räumung der Settlements – Barak aber konnte zunächst nicht einmal einen Kompromiß anbieten. Das innenpolitische Gewicht der Siedler verhinderte jede Nachgiebigkeit. Die Siedler machten zwar nur 3 Prozent der israelischen Bevölkerung aus; doch mindestens ein Drittel der Israeli standen auf ihrer Seite. Eine Verlautbarung der israelischen Regierung, politische Klugheit verlange Aufgabe von Siedlungen, brächte mit Sicherheit den Austritt der Nationalreligiösen Partei aus dem Kabinett mit sich. Die Knessethmitglieder der Einwandererpartei Yisrael Ba'alaija würden sich daraufhin aus der Koalition verabschieden.

Ehud Barak bewahrte Optimismus. Warf ihm der amerikanische Nahostbeauftragte vor, seine Politik sei »verschwommen«, so antwortete ihm der israelische Ministerpräsident: »Wenn Sie ein Schiff auf dem Meer aus der Nähe sehen, dann bemerken Sie, daß es von den Wellen hin und her geworfen wird. Sehen Sie das Schiff aber aus der Ferne, dann gleitet es majestätisch dahin. Sie müssen meine Regierungsarbeit mit Respekt aus der Ferne betrachten!«

Und Barak setzte hinzu: »Ich lenke ein Schiff in einem historischen politischen Prozeß. Die Fahrt steuert eine definitive Verständigung mit den Palästinensern an. Da sind schmerzhafte Entschlüsse nicht zu vermeiden. Diese schwierige Fahrt ist mit Erschütterungen durch harte Wellenstöße verbunden.«

Ab Herbst 1999 arbeitete Ehud Barak an einem Plan, der regeln soll, auf welche der Settlements auf keinen Fall verzichtet werden kann. Alle Settlements, die auf »Land der Vorväter« entstanden sind, müssen unbedingt als sicher gelten. Dazu zählen Kirjat Arba bei Hebron, Bet El bei Ramallah und Mispe Jericho am Rand des Jordantals.

Im Fall des Settlements Maale Adummim wollte sich Ehud Barak zunächst nicht festlegen – die Siedler dort waren nicht religiös motiviert. In dieser Zeit der Unsicherheit konnte es geschehen, daß ein palästinensischer Taxifahrer seinen nichtisraelischen Fahrgast auf die Siedlung Maale Adummim hinwies mit der Bemerkung, ein Grundstück dort oben gehöre ihm, und er werde bald schon in dem Haus wohnen, das darauf stehe.

Der Ministerpräsident begriff, daß er rasch eine eindeutige Position beziehen müsse, daß Zweideutigkeit ihn selbst in eine mißliche Lage bringen würde. Er traf sich mit führenden Köpfen der Siedler. Zu ihnen gehört Uri Ariel, der Vorsitzende des Gemeinderats von Bet El. Uri Ariel war erstaunt, daß Ehud Barak das Treffen mit diesen Worten eröffnete: »Mein Frau hat vor wenigen Tagen ihren Arm gebrochen. Das war eine schmerzhafte Geschichte. Es mußte rasch gehandelt werden. Hier stehen wir auch vor einer Situation, die schmerzhaft ist. Sie verlangt von uns, daß wir eine rasche Entscheidung treffen.«

Darauf zitierte einer der Gesprächspartner ein Gedicht des zeitgenössischen Schriftstellers Uri Zvi Greenberg, das eine Umschreibung des Grundsatzes »Wir dürfen kein Land aufgeben« zum Inhalt hatte.

Barak: »Der Traum von Groß-Israel ist vorüber«

Noch vor dem Beginn des Jahres 2000 – in jüdischer Zeitrechnung wurde das Jahr 5760 geschrieben – sprach der israelische Ministerpräsident Ehud Barak aus, was keiner seiner Vorgänger zu sagen bereit war: »Der Traum von Groß-Israel ist vorüber, ist ausgeträumt. Die Vision, unser Land auf biblisches Format auszudehnen, müssen wir vergessen. Wir können nur den Kern des Landes der Vorväter bewahren. Wir alle müssen zu Realisten werden.«

Erstaunlich war bei diesem Treffen, das im November 1999 stattfand, daß die Siedler bei diesen deutlichen Worten Gelassenheit bewahrten. Pinhas Wallerstein, ein Intellektueller im »Council of Jewish Communities in Judea, Samaria and Gaza« antwortete: »Zwanzig Prozent von uns haben Sie gewählt. Das sind die Basisrealisten in unserer Bewegung. Achtzig Prozent aber sehen sich noch immer als Vorkämpfer für die Schaffung eines Territoriums, das biblischen Ansprüchen genügt. Doch auch diese achtzig Prozent begreifen mit der Zeit, daß eine Teilung von Judäa, Samaria und Gaza mit den Palästinensern nicht zu vermeiden ist. Wir dürfen die Settlements nicht zum ewigen Streitthema werden lassen. Wir können nicht zulassen, daß ein Konflikt heraufbeschworen wird, wegen einer einzelnen kleinen Siedlung auf irgendeinem Hügel in Samaria.«

Pinhas Wallerstein sprach schließlich genauso deutliche Worte, wie zuvor Ehud Barak: »Sie schaffen die politischen Vorgaben, nach denen sich die Siedlungsbewegung zu richten hat. Sie treffen die Vereinbarungen mit den Palästinensern. Maßgebend wird der »Final Status« sein, den Sie aushandeln. Es kommt nicht darauf an, ob jetzt einige Containersiedlungen auseinandergenommen und abgetragen werden. Das ist ein Problem am Rande. Wichtig ist die Absicherung der Settlements, die bei Israel bleiben. Sie brauchen gute Straßen für den sicheren Zugang. Sie benötigen Versorgung mit Strom und Wasser, die nicht unterbrochen werden kann.«

Ehud Barak gab die Versicherung ab, er wolle unter allen Umständen die israelische Präsenz auf dem Boden des Jordanwestufers erhalten, um die historischen Rechte des jüdischen Volkes zu wahren.

Zu Beginn des Jahres 2000 ließ der Ministerpräsident in einer

Landkarte seine Vorstellung der Verteilung des Bodens in Judäa und Samaria festhalten. Prinzip der Verteilung ist die Bildung von »Siedlungsblöcken«, die Zusammenfassung einzelner Settlements in territoriale Einheiten, die gegen jede Form von Angriff abgesichert werden können. Diese Blöcke sollen definitiv zum israelischen Staatsgebiet gehören und »für alle Zeiten« untrennbar mit diesem verbunden sein. Settlements, die nicht in diese Blöcke passen, sollen aufgegeben werden.

Die Frage stellt sich, welche Kriterien gelten sollen für die Definition der »outposts«, die – nach diesem Plan – an die palästinensische Verwaltung übergeben werden müssen. Ist ein »outpost« ein Settlement von zehn Familien mit einer Entfernung von fünf Kilometern zum nächsten »sicheren Siedlungsblock«?

Uri Ariel, der Vorsitzende des Gemeinderats von Bet El glaubt, Ehud Barak sei bereits zu weitgehenden Entgegenkommen gegenüber den Palästinensern bereit: »Er will 50 Prozent der Settlements behalten, und 50 Prozent der Verwaltung Arafats unterstellen. Dies wird er allerdings politisch nicht überleben!« Andere Stimmen sind deutlicher: »Eine solche Teilung wird Barak auch persönlich nicht überleben!«

Uri Ariel meint: »Ich habe gehört, daß Barak denen Geld zahlen will, die eine Siedlung verlassen, die nicht auf der Liste der »Sicheren Objekte« steht. Ich glaube nicht, daß einer von uns das Geld nimmt, um Samaria und Judäa zu verlassen.«

Wenige Tage, nachdem Uri Ariel seine kritische Position gegenüber den Gedankengängen von Ehud Barak bezogen hatte, schlug die israelische Polizei im Settlement Bet El zu: Zweihundert Polizisten drangen in die Radiostation »Arutz 7« ein, die von Siedlern illegal betrieben wird. Die Sendegeräte wurden beschlagnahmt und abtransportiert. »Arutz 7« mußte seinen Sendebetrieb einstellen.

Begründet wurde der Polizeieinsatz damit, der Sender störe die Frequenz der Luftüberwachung in der Region nördlich von Jerusalem. Insbesondere sei die Sicherheit des zivilen Luftverkehrs durch »Arutz 7« gefährdet. Aufgrund der Klagen der Luftaufsichtsbehörde hat der Generalstaatsanwalt Israels die gewaltsame Schließung der illegalen Radiostation angeordnet.

Die Siedler antworteten mit massivem Protest. Unterstützt wurden sie durch Politiker der Nationalreligiösen Partei. Sie argumentierten, die Regierung Barak wolle durch diese Maßnahme die Stimmen zum Schweigen bringen, die sich gegen die Politik der Aufgabe von Settlements wehrten. Barak sei darauf aus, diejenigen zum Schweigen zu bringen, die aus religiösen Gründen eine aktive Siedlungspolitik fordern.

Der Sender »Arutz 7« hatte weniger die Überwachung des Flugverkehrs über Israel gestört, als die Empfindlichkeit einiger Mitglieder der Palestinian National Authority. Ihre Wut war entfacht worden durch aggressive Kommentare des Senders, die den Palästinensern prinzipiell das Recht absprachen, in Judäa und Samaria zu leben. Die Schließung von »Arutz 7« wurde innerhalb der Palestinian National Authority als Geste des Entgegenkommens gesehen. Sie löste im Kreis um Jassir Arafat Nachdenken aus für eine Umkehr aus. der Sackgasse des Konflikts um Settlements.

Während Arafat offiziell weiterhin darauf beharrte, Israel müsse auf sämtliche Siedlungen im palästinensischen Gebiet verzichten, gab der Minister für Planung und Internationale Beziehungen innerhalb der Palestinian National Authority zu erkennen, daß er flexibel sei: Er könne sich vorstellen, daß Israel die Souveränität über drei Siedlungsblöcke behalte, und daß der Palästinensische Staat durch Land entschädigt werde, das zum eigentlichen israelischen Territorium gehöre. Minister Dr. Nabil Shaath deutete an, er schließe Grenzveränderung nicht aus – zum Ausgleich der Interessen.

Zu diesem Zeitpunkt wird deutlich, daß Ehud Barak tatsächlich die Zusammenfassung von drei Siedlungsblöcken vorbereitet: Ein südlicher Block soll entstehen durch Kombination der Settlements mit dem Schwerpunkt Hebron; ein Mittelblock um Bet El; einen nördlichen Block mit dem Zentrum »Josephsgrab« in Shechem/Nablus. Die drei Siedlungsblöcke würden von 170 000 Israelis bewohnt sein.

An welches Gebiet die Palestinian National Authority zum Ausgleich denkt, stand sofort fest. Arafat hatte mehrfach Anspruch angemeldet auf einen Landstreifen am Jordan. Der Hintergedanke dabei ist, die Einmündung des Jarmukflusses in den Jordan kontrollieren zu können. Arafats Anspruch stieß immer auf syrischen Widerspruch. Die Mächtigen in Damaskus wollen den Landzipfel im Süden des Sees Genezareth, der völkerrechtlich zu Israel gehört, in ihr Staatsgebiet eingliedern.

Im Falle, daß sich die Durchsetzung des Anspruchs auf die Jarmukmündung nicht erreichen läßt, hat Dr. Nabil Shaath einen anderen Vorschlag zu machen: Die Verbreiterung des Gazastreifens bis zur

Fernverkehrsstraße 232, die in einem Abstand von acht Kilometern parallel zur Gazagrenze verläuft. Es handelt sich um sandigen Boden, der von der israelischen Landwirtschaft wenig genutzt wird. In diesem Fall wird die israelische Regierung aufgefordert, für Wege zu sorgen und Wasserleitungen von der Stadt Netivot nach Gaza zu legen.

Persönlich zieht Dr. Nabil Shaath die Übernahme von Gebiet im Süden des Sees Genezareth vor. Er ist der Meinung, Israel könne aus eigenem Interesse einer derartigen Lösung zustimmen: Es gebe Dörfer mit arabischer Bevölkerung ab. Damit nütze Israel der inneren Balance in der Bevölkerungsstruktur. 20 Prozent der Einwohner von Israel sind arabischer Abstammung. Ihr Geburtenüberschuß ist beachtlich. Die Zahl der Araber durch Abtretung palästinensischer Landschaften zu reduzieren, war ein verlockender Gedanke für jeden, der dafür eintrat, Israel zum Staat allein für das jüdische Volk zu gestalten. Der illegale Rundfunksender »Arutz 7« hatte diesen Standpunkt vehement vertreten – allerdings nicht unter der Voraussetzung der Abtretung nichtjüdischer Gebiete. Im Gegenteil: Von der Station Bet El aus war die Botschaft ausgestrahlt worden, »Landgeschenke« an die Palästinenser seien die Vorstufe für den Untergang des jüdischen Volkes. Verzicht auf das Land der Vorväter führe zu neuerlicher Vertreibung, zur Zerstreuung des Volkes in der ganzen Welt und damit zu seinem definitiven Untergang.

Vor allem vor Verzicht auf Teile von Jerusalem wurde durch die Kommentatoren von »Arutz 7« gewarnt. Werde dem jüdischen Volk sein Zentrum Jerusalem geraubt – und handle es sich auch nur um Abtretung eines Teils der Heiligen Stadt – verliere es seinen inneren Halt. Was 1967 israelisch wurde, dürfe nie mehr in fremde Hände zurückgegeben werden. Rabbis waren zu Wort gekommen, die Ereignisse vor dem Jahr 2000 so einordneten: »Nach Gottes Willen geschahen der Erlaß der Balfour Declaration im Jahr 1917 und die Eroberung von Judäa und Samaria – genau fünfzig Jahre später – als Schritte zur Vorbereitung der Ankunft des Messias. Alle Voraussetzungen sind gegeben zur Errichtung des Dritten Tempels und zum Anbruch des Gottesreiches.«

In diese Gedankenwelt paßt die Rückerinnerung an die wortgewaltigen Propheten, die – als imposante Erscheinungen – den Herrschern und dem Volk das baldige Kommen des Herrn verkündeten.

Die Erinnerung an die Propheten läßt vergessen, daß mit König Salomos Tod Israel gespalten wurde in zwei Teilstaaten ohne Macht, die sich gegenseitig im Zwist zerrieben. Die starken Propheten verdrängen die schwachen Könige aus der Vorstellung der eigenen Vergangenheit. Sie bilden die Brücke zwischen der Zeit der mächtigen Könige David und Salomo und der Neuzeit, in der Israel wiedererstanden ist. Die Propheten haben den Gedanken an den jüdischen Staat im Bewußtsein vieler Menschen weitergeführt.

Die Propheten hatten dafür gesorgt, daß die Idee des Judentums weiterlebte. Sie waren zum notwendigen moralischen Widerpart der Monarchen geworden, die oft genug den Bund mit Gott verraten hatten. Sie leisteten mit Worten Widerstand gegen die Abweichung vom Vertrag, der das Volk an Gott band. Ohne das Wirken der Propheten hätte das jüdische Volk die kritischen Jahre des Zerfalls nicht überlebt.

»Meine Worte will ich in seinen Mund legen«

Auf dem langen Weg der jüdischen Sippen ins verheißene Land hat Gott das Versprechen gegeben, er werde sein Volk durch Propheten leiten lassen. Nicht aus dem Himmel wolle er sie senden. Sie würden – so lautete die Verkündung – aus den Stämmen erstehen. Sie würden Menschen sein, wie ihre Stammesbrüder mit dem einen Unterschied, daß sie die Begabung besaßen, Gottes Worte den Stammesbrüdern zu vermitteln.

Nachzuvollziehen sind Leben und Konflikte der Propheten. Die Spuren ihrer Lebensstationen existieren noch; sie können aufgesucht werden.

Der Prophet Elias ist im bergigen Land ostwärts des Jordan geboren worden. Das Gebiet, das damals Gilead genannt wurde, gehört heute zum Königreich Jordanien. Mit der Region Transjordanien fühlt sich mancher heutige Israeli schon deshalb verbunden, weil eben dort sein Lieblingsprophet Elias geboren worden ist. Keiner der Propheten hat sich derart tief in die Phantasie gläubiger Juden eingeprägt wie dieser Elias, der auf hebräisch »Eliyahu ha-Nabi« heißt – »Elias der Prophet«. Der Name Eliyahu läßt sich übersetzen mit »Mein Herr ist Jehova«.

Von der Herkunft des Elias ist nichts bekannt außer, daß er im Land Gilead geboren ist. Die Überlieferung sagt nichts aus über seine Berufung. Das 17. Kapitel (1 ff.) des Ersten Buches Könige führt diesen Propheten unvermittelt in das biblische Geschehen ein. Im Auftrag dieses Herrn erschien Elias vor König Ahab, dem Herrscher des Nordstaates Israel, um ihm zu verkünden: »Kein Tropfen Regen wird fallen während der nächsten Jahre und kein Tau wird die dürstende Erde benetzen!«

In der Stadt Shomron ist es geschehen, daß Elias dem Monarchen die Drohung Gottes ins Gesicht geschleudert hat. Der Ort Shomron ist heute unter der Bezeichnung Samaria bekannt. Er liegt zehn Kilometer von Shechem/Nablus entfernt im Gebiet der Palästinenser. Von Shechem/Nablus aus führt die Straße nach Westen in Richtung der Palästinenserstadt Tulkarem. Beim Dorf Deir Sharaf zweigt der Weg zur Ausgrabungsstätte Samaria ab.

Die einstige Königsstadt Shomron lag auf einem markanten Hügel, der 100 Meter höher ist als das ihn umgebende fruchtbare Land. Vom Hügel aus ist das Gebiet in drei Richtungen weithin einsehbar: Der Blick reicht zur Küstenebene im Westen; im Osten läßt sich die Jordansenke erahnen; im Norden ist die Ebene Jezreel erkennbar.

Mit gutem Grund haben Könige des Nordreichs diesen Hügel zu ihrem Machtzentrum erklärt. Sie hatten zuvor einige Jahre lang in Tirze regiert. Historiker und Archäologen stimmen darin überein, das einstige Tirze sei mit dem Platz Tell al-Far'a identisch, der zehn Kilometer in der Luftlinie entfernt von Samaria zu finden ist. Der Vergleich der Hügel macht deutlich, warum Shomron geeigneter war für die Residenz des Herrschers: Die Aussicht von dort war weit besser.

Dem Ersten Buch Könige (22,39) ist zu entnehmen, daß Luxus herrschte auf dem Hügel Shomron. König Ahab hat sich dort ein »Elfenbeinhaus« bauen lassen. Tatsächlich, sind bei Ausgrabungsarbeiten Elfenbeinschnitzereien gefunden worden, die aus der Zeit des Königs Ahab stammen können. Da einige dieser Arbeiten unfertig aufgefunden wurden, ist anzunehmen, daß in Shomron Elfenbeinschnitzer beschäftigt waren. Dargestellt sind ägyptische Motive: Horus und andere Götter des Nillandes sind zu erkennen.

Der Stil der Arbeiten ist mit dem phönizischer Kunsthandwerker zu vergleichen. Diese Stilverwandtschaft ist wohl auf die Frau des Königs Ahab zurückzuführen: Sie war die Tochter des Fürsten von Sidon, der Küstenstadt im Phönizierland.

Die Frau hieß Jezebel. Ihr Name weist auf ihre Religionszugehörigkeit hin: Sie verehrte Baal. Und sie brachte ihren Mann dazu, sich ebenfalls vor dem Abbild dieser Gottheit niederzuwerfen. Ahab habe, so informiert der Bibeltext, Gott mehr erzürnt, »als alle Könige, die vor ihm waren«. Gott reagierte mit Strenge: Die von Elias prophezeite Trockenheit ließ das Land verdorren.

Vor dem Zorn des Königs, der die Schuld am Wassermangel dem Propheten gab, floh Elias auf Umwegen in die Hafenstadt Zarephath. Ausgerechnet im Land der Phönizier suchte er Zuflucht. Zarephath lag zehn Kilometer südlich der bedeutenden phönizischen Stadt Sidon. Aus der antiken Siedlung Zarephath hat sich die heutige unwichtige libanesische Kleinstadt Sarafand entwickelt.

In Zarephath erweckte Elias den toten Sohn einer armen Witwe zum Leben – und er wartete, daß Gott wieder zu ihm spreche. Dies geschah nach ungefähr drei Jahren. Elias hörte Gottes Befehl, er müsse sich mit König Ahab treffen.

Das Geschehen während dieser Begegnung, geschildert im Ersten Buch Könige (18,20 ff.), ist das dramatischste Ereignis in der Geschichte der Auseinandersetzung des jüdischen Glaubens mit der Götterwelt zwischen Euphrat und Mittelmeer. Die Konfrontation fand auf dem Berg Carmel statt, dessen Massiv die Stadt Haifa um nahezu 500 Meter überragt. Der Platz ist leicht mit der Zahnradbahn zu erreichen. Ein Villenviertel krönt den Berg mit Hotels der allerersten Luxusklasse. Der Blick hinunter auf die Bucht von Haifa lohnt sich.

Zu diesem einzigartigen Platz berief König Ahab eine Versammlung des Volkes und der Baalspriester ein. Er hatte in diesem Punkt dem Propheten Elias nachgegeben, der die Idee hatte zu einem Wettstreit der Götter. Vor aller Augen sollten der Gott des Bundes mit dem jüdischen Volk und Gott Baal ihre Wirksamkeit beweisen können. Oben auf dem Berg Carmel wurden zwei Opferaltäre aufgeschichtet. Jeder Altar war mit Opferfleisch von Stieren zu bestücken. Für den einen Altar waren 450 Priester des Baalskultes verantwortlich – für den anderen Altar Elias ganz allein. Weder den Baalspriestern noch dem Propheten des Herrn war es erlaubt, auf dem jeweiligen Altar Opferfeuer zu entzünden. Gott selbst sollte für die Flammen sorgen.

Die Anhänger des Gottes Baal hatten sich voll Optimismus auf diesen Wettstreit eingelassen. Siegessicher begannen sie schon am frühen Morgen ihren Altar zu umtanzen. Laut flehten sie Baal um Hilfe an. Nach einiger Zeit begann Elias zu spotten: »Ihr müßt lauter rufen. Vielleicht hat er gerade ein Bedürfnis zu verrichten und ist ausgetreten. Vielleicht schläft er aber auch und muß erst aufwachen.« (Erstes Buch Könige 18,27) Als die Mittagszeit vorüber war, verfielen die Baalspriester in einen wütenden Rausch. Sie ritzten sich den Leib mit Messern bis Blut floß. Trotz aller Bemühungen konnten sie ihrem Gott keine Reaktion entlocken.

Am Abend erst trat Elias an seinen Altar. Alle, die auf dem Berg Carmel versammelt waren, schauten auf ihn. Elias rief Gott an »den Herrn Abrahams, Isaaks und Israels«. Da fiel Feuer herab auf den Altar und verzehrte in kurzer Zeit das Opferfleisch.

Dieses Geschehen überzeugte die Anwesenden. Sie beugten sich vor dem Gott der Vorväter. Auf Befehl des Propheten packten die Leute die 450 Priester des Baalskultes. Sie wurden hinuntergeführt zum Fluß Kishon und dort getötet.

Sobald sich alles Volk hinunter in die Ebene begeben hatte, wartete der Prophet noch oben auf dem Berg. Zum Abschluß des ereignisreichen Tages wollte er erleben, daß Regen der Zeit der Trockenheit ein Ende bereitete. Gott ließ ihn nicht im Stich.

König Ahab bestieg seinen Streitwagen und fuhr in Eile zu seinem Winterpalast in der Jezreel-Ebene. Er wollte dort ankommen, ehe der Regen mit Gewalt losbrach.

Ahab war nur kurze Zeit von der Existenz des Gottes überzeugt, auf den der Prophet Elias sein Vertrauen gesetzt hatte. Unter dem Einfluß seiner phönizischen Frau Jezebel suchte er weiterhin Heil bei deren Gott – »bis er zu seinen Vätern entschlief«.

Sein Sohn Ahaziah, den er mit Jezebel gezeugt hatte, wurde der achte König über Israel seit der Trennung des Salomonischen Reiches. Ihm war nur ein Jahr Regierungszeit vergönnt (853–852 v. Chr.). Auch Ahaziah mußte sich von Elias zurechtweisen lassen, er verrate das Bündnis des jüdischen Volkes mit Gott.

In seiner Residenz in Samaria war der noch junge König durch das Fenster des Obergeschosses gefallen. Er hatte sich dabei Knochen im Hüftbereich gebrochen und war fortan bettlägerig. Er glaubte von einem ganz bestimmten Gott sein künftiges Schicksal erfahren zu können – dieser Gott aber wurde in Ekron angebetet, in der Philisterstadt.

Die Philister existierten immer noch. Dank der Schwäche der beiden jüdischen Staaten hatten die Philister sogar ihre Unabhängigkeit wiedererlangt.

In der Stadt Ekron wurde der Gott Baal Zebub angebetet. Von diesem Gott glaubte Ahaziah erfahren zu können, ob er jemals in der Lage sein würde, seine Beine zu gebrauchen. Der König schickte Diener nach Ekron. Elias erfuhr von dieser Erkundungsreise – und er redete den Dienern ins Gewissen, nicht nach Ekron zu reiten. Elias suchte den leidenden König auf und sagte mutig: »Du läßt Baal Zebub in Ekron befragen, ob du wieder gesund werden wirst! Gibt es denn keinen Gott in Israel, den man fragen könnte! Du wirst von dem Bett, auf dem du liegst, nie mehr aufstehen können.« Ahaziah starb kurze Zeit später.

Nach Überzeugung der biblischen Autoren wurde der Prophet Elias in den Himmel erhoben. Ein feuriger Wagen holte ihn im Jordantal ab.

Der Ort, von dem aus die Fahrt des in Flammen gehüllten Wagens begonnen haben soll, ist seit Beginn des Jahres 2000 zu besichtigen – seit der Nahostreise des Papstes Johannes Paul II. im März jenes Jahres. Damit der Papst den Ort besichtigen konnte, wurden Straßen und Wege in einer wüsten Gegend angelegt.

Zehn Kilometer jordanaufwärts vom Toten Meer – auf jordanischer Seite – ist das Wadi Kharrar zu erreichen. Der Name ist zu übersetzen mit: das Tal, in dem das Geräusch fließenden Wassers zu hören ist. Zu sehen ist über dem grün bewachsenen Tal ein flacher Hügel mit geringer Vegetation. Wer diesen Platz besucht, muß mit Schwaden von Fliegen rechnen.

Wirklich interessant ist das Wadi Kharrar weil hier Johannes der Täufer gelebt haben soll. Das Jordanufer, der Taufplatz Jesu, liegt zwei Kilometer im Westen. Seit dem Besuch des Papstes im März 2000 gilt dieser Taufplatz als der allein wahre und echte. Er ist durch eine neuangelegte Straße zu erreichen. Ein Wallfahrtsort entsteht.

Im Wadi Kharrar im Königreich Jordanien endet die dramatische biblische Erzählung vom Leben des Elias. In der Überlieferung der Legende aber existierte der Prophet weiter – nach dem Erlebnis der feurigen Himmelfahrt. Er soll gelebt und gewirkt haben bis zu einem natürlichen Tode. Bestattet worden sei er in Jerusalem, unter der Felsplatte, die heute von der Kuppel des Felsendoms überdeckt wird.

Wechselvoll ist die Geschichte der beiden jüdischen Staaten nach dem Tod des Propheten Elias. Sein Wirken blieb ohne Folgen, die Herrscher in Jerusalem und in Samaria taten auch weiterhin, »was dem Herrn mißfiel«.

Drei Generationen vergingen, bis der nächste der wortmächtigen Propheten seine Stimme erhob. Die Einleitung zur Sammlung seiner Offenbarungen nennt den Namen, den Beruf und den Geburtsort: »Das sind die Worte des Amos, der ein Schafhirte war aus Tekoa.«

Der Ort ist heute unbedeutend. Er heißt Khirbet Tequa und liegt acht Kilometer südlich von Bethlehem in hügeliger Landschaft. Tekoa muß einst eine wichtige Stadt gewesen sein. David hatte aus Tekoa zwei seiner wichtigsten Kämpfer rekrutiert. Darüber informiert das Zweite Buch Samuel (23,26).

Angenommen wird, daß Amos während eines religiösen Festes zum ersten Mal eine größere Menschenmenge angesprochen hat. Mit Donnerworten hat er die Menschen gepackt: »Vom Berg Zion her hört man die brüllende Stimme des Herrn. Von Jerusalem aus erschüttern seine Worte die Mauern. Bis zum Berg Carmel dringt die Stimme, bis zu den Weiden der Hirten auf dem Gipfel.«

Die überlieferten Texte enthalten harsche Kritik an den Verantwortlichen in beiden jüdischen Staaten. Den Regierenden in Samaria und Jerusalem warf der Prophet Amos vor, sie seien Alkoholiker und Verschwender. Sie seien keineswegs moralischer als die Fürsten im Land Ammon oder in der Philisterstadt Gath. Er griff das Thema der Verwendung von Elfenbein für die Ausstattung der Residenz des Königs von Israel in Samaria auf. Diesen Luxus hielt Amos für ein Verbrechen, weil er verbunden war mit Gleichgültigkeit gegenüber den Verpflichtungen im Glauben: »Wehe denen, die auf Lagern aus Elfenbein ruhen. Wehe denen, die zur Harfe grölen und die sich Musikinstrumente ausdenken, wie einst David.« (Amos 6,1 ff.)

Den »Selbstsicheren« prophezeite er eine bittere Zukunft: »Zerschlagen werden die Häuser mit den Elfenbeinlagern.« Vernichtet werden »Sommerresidenzen und Winterresidenzen«. Den Tod sagte Amos voraus für die Einwohner von Judäa und Israel: »Und wenn zehn Männer noch übrigbleiben in einem Haus, werden auch sie sterben!«

Die Prophezeiungen vom Untergang des Hauses mit der Elfenbeinausstattung mißfiel den Regierenden und den Priestern im Nordland Israel. Als er seine Drohungen in Bet El ausstieß, klagte der oberste Geistliche in der Stadt den unbequemen Mahner an, er stifte Unruhe und zettle vielleicht sogar eine Verschwörung an: »Das Land kann diese Reden nicht mehr ausstehen!« Nach Absprache mit dem König versuchte der Geistliche den Propheten ins nahe judäische Ausland auszuweisen: »Verschwinde von hier! Wandere rasch aus nach Juda. Iß dein Brot in Jerusalem und spiele dort den Propheten! In Bet El aber wollen wir deine Sprüche nicht mehr hören! Das Heiligtum hier untersteht dem König. Dies hier ist ein Staatstempel!«

Amos antwortete mit Verunglimpfung des Geistlichen: Deine Frau wird zur Hure werden!« (Amos 7,17)

Ob Amos der Aufforderung folgte, ist ungewiß, doch er bezieht Juda in seine Verwünschungen und Drohungen ein: Juda werde untergehen und »Gott wird Feuer senden, das die Paläste in Jerusalem verbrennt«.

Es war die Zeit, als Uzziah König von Juda war. Sein Name bedeutet »Gott ist meine Stärke«. Das Zweite Buch Könige vermerkt ausdrücklich: »Er tat, was dem Herrn wohlgefiel« (15,3). Doch Amos urteilte härter, denn Uzziah unternahm nichts gegen die fremden Götter, deren Altäre noch immer auf dem Ölberg standen. Der Rauch der Opferfeuer war in Jerusalem zu sehen.

In Juda war der Baalkult wenigstens nicht die Hauptreligion des Staates. Der traditionelle jüdische Glaube behauptete sich. In Israel jedoch waren die von Mose eingesetzten Glaubensgrundsätze weitgehend in Vergessenheit geraten. Dort herrschte König Jeroboam II. (783–743 v. Chr.). Er war, vom Blickwinkel der Politik aus gesehen, ein ebenso exzellenter Landesfürst wie Uzziah. Beide jüdischen Staaten ließen einander in Ruhe, und bemühten sich ihre Grenzen abzusichern.

Jeroboam II. weitete das Staatsgebiet von Israel nach Norden aus. Er nahm die Oase Damaskus in Besitz. Sie hatte, so berichten biblische Quellen, einst zu Davids Staatsterritorium gehört; sie war jedoch in salomonischer Zeit wieder verlorengegangen. In der Unabhängigkeit war Damaskus aufgeblüht zur wohlhabenden Handelsstadt. Die Verantwortlichen in der Stadt waren Kaufleute; von militärischen Belangen verstanden sie offenbar wenig. Da die Verteidigungsbereitschaft mangelhaft war, gelang es den Truppen von Israel in die Oase einzudringen und sie zu besetzen.

König Uzziah von Juda war von Ehrgeiz getrieben, sein Land nach Süden auszudehnen. Seine Streitwagenfahrer überrumpelten die Bewaffneten des Landes Edom und drangen bis Ezion-Geber vor. Damit hatte Juda wieder Zugang zum Roten Meer. Die Eroberungen des Uzziah und des Jeroboam II. ergänzten sich: Sie hatten – wenn auch getrennt – den Umfang des Staates wiederhergestellt, über den einst König David geherrscht hatte.

Uzziah und Jeroboam II. brachten Fortschritt und Wohlstand in ihre Länder. Uzziah wurde von starkem Interesse für die Landwirtschaft motiviert. Seit seiner Zeit werden Felder und Äcker an den Hängen der Hügel um Jerusalem in Terrassen angelegt. Die Terrassenanlagen bestimmen noch heute die Landschaft in Judäa.

Im Zweiten Buch Chronik (26,10) ist das königliche Interesse an der Landwirtschaft festgehalten: »Er baute feste Häuser und ließ Zisternen ausheben, um Steppenland fruchtbar zu machen.« Offenbar hatte Uzziah damit begonnen, den Negev landwirtschaftlich zu nutzen. Dem Bibeltext ist auch zu entnehmen, daß er selbst große Viehherden besaß – und: »Ihm dienten viele Landarbeiter und ebenso viele Weinbauern. Uzziah schätzte den Ackerbau sehr.«

Das Zweite Buch Chronik (26,13) preist die militärische Aufrüstung, die dieser König vorangetrieben habe. Gewaltig ist die Angabe über die Mannschaftsstärke des Heeres. Sie soll 307 500 Mann betragen haben. Diese Zahl steht in keinem Verhältnis zur Gesamtzahl der Einwohner des Königreichs Juda: Sie betrug ungefähr ein Zehntel dieser 307 500 Menschen. Glaubwürdig ist, daß Uzziah für ausreichende Bewaffnung seiner Streitmacht gesorgt hat. Er ließ nicht nur Helme, Schilder, Schwerter, Spieße und Lanzen herstellen, sondern auch »geistreich ausgedachte Wurfmaschinen, die auf den Türmen und auf den Zinnen der Mauern von Jerusalem aufgestellt wurden. Mit diesen Maschinen konnten riesige Mengen von Pfeilen und gewaltige Steinbrocken auf den Feind geschleudert werden.«

Der Einsatz für den Fortschritt seines Volkes und für die äußere Sicherheit des Landes bewahrte König Uzziah nicht davor, vom Propheten Amos beschuldigt zu werden, er sei sorglos und pflichtvergessen. Schlimmer waren jedoch die Anklagen gegen Jeroboam II. von Israel. Vorgeworfen wurde dem König, er lasse zu, daß die Armen ausgeplündert und bestohlen werden; er kontrolliere den Handel nicht und lasse den Händlern freie Hand. Er bringe seine Zeit mit dem weiblichen Personal seines Palastes zu – der biblische Text verwendet dafür das Wort »Palastsängerinnen«.

Daß Jeroboam II. Heiligtümer fremder Götter in Bet El dulde – in der Stadt, bei der Jakob Gott an der Spitze der Himmelsleiter gesehen habe – sei der Gipfel des Frevels.

Nicht nur Amos geißelte die Zustände im Nordstaat Israel, sondern auch der Prophet Hosea. Sein Name kann mit »Rettung« übersetzt werden. Amos und Hosea predigen ungefähr zur gleichen Zeit: um das Jahr 750 v. Chr.

Am Anfang der prophetischen Texte, die ihm zugeschrieben werden, berichtet Hosea über seine eigene Ehe. Das Fazit ist verheerend: Er habe eine Hure geheiratet, und sie habe mit fremden Männern Hurenkinder gezeugt. (Hosea 1,2-9) Bibelexperten sind sich darin einig, Hosea habe mit dieser Schilderung keinen biographischen Bericht abgeben wollen, sondern eine Beschreibung des Zustands, in dem sich Israel befand: Israel sei die Hure, die Gott untreu geworden sei.

Die angedrohten Gottesstrafen brachen über Israel allerdings erst herein, als die beiden Propheten Amos und Hosea bereits ein Jahrzehnt lang tot waren.

Ihre Position hatte eine stärkere, aber auch subtilere Persönlichkeit übernommen. Der Name: Jesaja.

Er gilt als der Gewaltigste der Seher und Mahner des jüdischen Volkes. Um das Jahr 765 v. Chr. ist er in Jerusalem geboren worden – zur Zeit als Amos und Hosea die Mächtigen in Samaria und Jerusalem ärgerten. Jesaja wird »König der Propheten« genannt, und es ist möglich, daß er aus der königlichen Familie in Juda stammte.

Jesaja muß fünfundzwanzig Jahre alt gewesen sein, als er eine Vision hatte: »Es war im Todesjahr des Königs Uzziah, da sah ich den Herrn. Er saß auf einem hohen und erhabenen Thron. Die Schleppen seines Gewandes erfüllten den Tempel. Über ihm schwebten Seraphim. Jeder von ihnen hatte sechs Flügel. Mit zwei Flügeln verhüllte jeder sein Angesicht. Mit zwei Flügeln bedeckte jeder seine Füße. Mit zwei weiteren Flügeln flog jeder in der Luft. Einer rief dem andern zu: ›Heilig, heilig ist der Herr der Heerscharen. Die Fülle der ganzen Erde ist seine Herrlichkeit.‹«

Jesaja hörte die Stimme des Herrn, die verkündete, die Städte würden veröden und die Häuser leerstehen. Das Ackerland werde unfruchtbarer sein als die Wüste. Der Herr offenbarte sich seinem Propheten, er werde die Menschen ausrotten. Öde werde das Land sein.

Jesaja wußte, wovon die Rede war. Er spürte, daß Gefahr drohte von Osten her, aus der Tigrisgegend. Schon zwei Generationen zuvor waren Streitwagenverbände aus dem Zweistromland hervorgebrochen. Sie waren den Routen im Gebiet des fruchtbaren Halbmonds gefolgt: Vom Tigris zum Euphrat und weiter zum Orontes; sie waren eingefallen in das Bekaatal zwischen den Gebirgen Libanon und Anti-Libanon und hatten schließlich das Staatsgebiet von Aram und dessen Hauptstadt, das heutige Damaskus, erreicht.

Dies war im Jahr 806 v. Chr. geschehen. Damals hatte sich der Nordstaat Israel bereit finden müssen, Tribut an die Fremden zu zahlen, die aus Assyrien gekommen waren.

Dieser Überfall war deshalb glimpflich verlaufen, weil die assyrischen Streitwagen gegen Feinde im Bereich des Zweistromlandes eingesetzt werden mußten und nicht gegen das jüdische Land zur Verfügung standen. Die assyrische Gefahr schien gebannt zu sein – doch genau sie war es, die schon die Propheten Amos und Hosea beunruhigt hatte, und die jetzt Jesaja bedrängte. Jesaja spürte, daß dieser Feind wiederkommen werde.

Es mag ihm bewußt gewesen sein, daß mit der Machtübernahme durch Tiglatpileser III. eine aggressive Persönlichkeit die assyrischen Streitkräfte anführte und daß die Zeit der Spannungen an Euphrat und Tigris vorüber waren. Tiglatpileser war entschlossen, die Gebiete, die er erobern wollte, nicht nur auszuplündern, sondern sie seinem Reich einzugliedern.

Diese Gefahr war auch dem Fürsten von Aram/Damaskus bewußt. Er wollte eine militärische Allianz schaffen zur Abwehr des drohenden assyrischen Angriffs. Dem Bündnis sollten Aram, Israel und Juda angehören. Doch Ahaz, der zwölfte König von Juda nach der Aufspaltung des salomonischen Staates, weigerte sich, der Allianz beizutreten.

Ahaz war seit 736 v. Chr. der Verantwortliche im Königspalast von Jerusalem. Er besaß nicht das politische Geschick seines Großvaters Uzziah – und er verfügte offenbar auch nicht mehr über die Kämpfer und die Bewaffnung, die der Stolz des Uzziah gewesen waren. Es gelang den Streitkräften des Königs Ahaz allerdings, einen Ausbruch der Philister aus ihrem engen Gebiet im Küstenland zu verhindern. In vier Stoßrichtungen drangen die Reiter der Philister, ohne Widerstand zu finden, in judäisches Territorium ein. Plündernd folgten sie dem Verlauf des Soreqbaches und erreichten bald Bet Shemesh. Ein nördlicher Truppenkeil überquerte den Soreq und bewegte sich auf der Steige von Bet Horon in Richtung der Höhen des Berglandes. Gefährlich für die Streitmacht von Juda entwickelte sich der Angriff im Süden: Überraschend schnell nahmen die Reiter der Philister die Stadt Gath ein, die ihnen zur Zeit Salomos entrissen worden war. Die Angreifer brachen ihre Attacke am Rand des Berglandes ab. Es war den Bewaffneten des Königs Ahaz gelungen, den Angriff auf Jerusalem zu verhindern.

Im selben Jahr noch wollten die Herren von Aram/Damaskus und Israel den König Ahaz von Juda durch eine militärische Aktion dazu zwingen, doch noch in ihre Allianz gegen Assyrien einzutreten. Die Verbündeten drangen zwar bis Jerusalem vor, konnten jedoch Ahaz nicht gefangennehmen – es war letztlich ihre Absicht gewesen, ihn durch eine genehmere Person zu ersetzen.

In seiner Not sah Ahaz keinen anderen Ausweg, als die Assyrer um Hilfe zu bitten. Er lockte damit selbst den schlimmsten Feind ins Land.

Tiglatpileser handelte rasch, jedoch ohne sich um die Interessen des Staates Juda zu kümmern. Im Jahr 734 v. Chr. zogen seine Reiter entlang der Mittelmeerküste nach Süden. Sie erreichten Gezer, die strategisch wichtige Stadt in der Ebene vor dem Aufstieg nach Jerusalem und drangen in Gaza ein. Der Fürst der Philister suchte Zuflucht in Ägypten.

Ein Jahr später war das Territorium von Israel Ziel des assyrischen Angriffs. Die Reiter durchstürmten das Bekaatal, folgten dem Jordan über Hazor bis zum See Genezareth. Die Hauptstadt des Staates Israel, Samaria, blieb noch einmal verschont – doch Israel mußte für die restlichen Jahre seiner Existenz Tribut bezahlen.

Der Prophet Jesaja hatte gewarnt vor dem Schritt, die Assyrer um Hilfe zu bitten. Er hatte dem König empfohlen, die Allianz Aram/Damaskus mit Israel nicht zu ernst zu nehmen. Doch Ahaz hatte ihm nicht geglaubt und demütigte sich nun vor Tiglatpileser.

Nach dem Tode dieser übermächtigen assyrischen Herrschergestalt ließ der Druck auf Israel und Juda keineswegs nach. Die Agenten der Assyrer befanden sich überall. Die Verantwortlichen in Jerusalem, die bisher noch glimpflich den Gefahren entronnen waren, sahen sich gezwungen, im Tempel einen Altar assyrischer Bauart aufzustellen und ihr Opferritual den Sitten des überlegenen Volkes anzupassen. Es war für die Herrscher der jüdischen Teilstaaten klug, keinen unbedachten Schritt gegen die assyrischen Herren zu unternehmen. Der König von Israel aber war unvorsichtig – und der Herr über Assyrien war auf der Hut.

Das Ende des Nordstaates Israel

Hoshea hieß der Monarch über Israel, der kein unabhängiger Souverän mehr war. Seine Hauptstadt Samaria befand sich im Griff des Assyrers Salmanassar V., der immer höhere Tributforderungen stellte, der immer mehr israelische Familien ins Zweistromland verschleppen ließ, und der keine Eigenmächtigkeit des regionalen Regimes duldete.

Salmanassar V. war selbst bis zum Jahr 727 v. Chr. abhängig von einem Mächtigen gewesen. Als Gouverneur von Babylon hatte er Anordnungen des Königs Tiglatpileser III. zu befolgen. Beim Tod seines Souveräns nutzte er seine Chance, Befehlshaber zu sein über die Streitkräfte von Babylon. Er wehrte die Ansprüche von Männern der Familie des verstorbenen Herrschers ab und gab die Macht nicht aus der Hand.

Als Gouverneur von Babylon hatte er Ululai geheißen. Als Alleinherrscher gab er sich einen traditionellen Königsnamen. Er nannte sich Salmanassar V. Der Name bedeutet »Salman ist der Anführer«.

Gegen diese Persönlichkeit, die energisch, klug und rücksichtslos war, glaubte Hoshea, der Vasall der Assyrer, eine Verschwörung organisieren zu können. Er hatte Nachrichten aus Ägypten erhalten, die ihm signalisierten, daß er im Fall einer Revolte gegen Salmanassar V. mit massiver ägyptischer Unterstützung rechnen durfte. Hoshea nahm dieses Unterstützungsangebot ernst. Er schickte Boten an den Nil mit einem Schreiben, dem zu entnehmen war, daß er daran dachte, die assyrischen Beauftragten aus seiner Hauptstadt Samaria zu vertreiben. Boten und Brief wurden von den Assyrern abgefangen.

Hoshea, der nicht erfuhr, daß sein Schreiben in die falschen Hände gelangt war, beging nun die wesentliche Unvorsichtigkeit: Er strich die Tributzahlungen an Salmanassar V. Im Vertrauen auf rasche ägyptische Militärhilfe glaubte er, diesen Schritt wagen zu können. Der assyrische Herrscher hatte wohl gewußt, daß Hoshea aus Ägypten mit keiner Hilfe rechnen konnte; diese Einsicht hätte es ihm ermöglicht, das Schreiben des machtlosen Herrn über Samaria als politische Dummheit einzustufen, die keine Folgen nach sich zog. Die mutwillige Streichung der Tributzahlung aber durfte er nicht hinnehmen. Salmanassar V. befahl die Eroberung von Israel und seiner Hauptstadt Samaria.

Im Jahr 724 v. Chr. erreichte eine starke assyrische Streitmacht Samaria. Die versprochene Hilfe aus Ägypten blieb aus.

Hoshea geriet in Gefangenschaft. Unklar ist, auf welche Weise dies geschah. Die israelische Hauptstadt Samaria aber leistete noch drei Jahre lang Widerstand – darüber informiert das Zweite Buch Könige (17,5). Unwahrscheinlich ist, daß diese Zeitangabe stimmt. Samaria war eine kleine Ansiedlung auf der schmalen Höhe eines Hügels. Ihre Vorratslager – das beweisen die Ergebnisse der Ausgrabungen –

waren nicht groß genug, um Lebensmittel für einen derart langen Zeitraum aufnehmen zu können.

Mit der Einnahme von Samaria war der jüdische Nordstaat Israel ausgelöscht. Sein Gebiet wurde zur assyrischen Provinz erklärt.

Während der Zeit der Belagerung von Samaria ist Salmanassar V. gestorben. Sargon II. trat an seine Stelle.

Er sicherte sich die Macht nach dem Vorbild des Vorgängers Salmanassar V. Er war einer der Armeebefehlshaber gewesen und damit ein Untergebener des Salmanassar. Als der Monarch gestorben war, ließ sich der Truppenführer die Macht nicht aus der Hand nehmen. Er nannte sich fortan Sargon – »der rechtmäßige König«. Eine Vorstellung, wie dieser Herrscher aussah, ist möglich. In den Überresten seines Palastes in Chorsabad ist ein Relief entdeckt worden, das seinen Kopf im Profil zeigt. Das wichtigste Attribut ist ein Bart, der von den Ohren bis auf den Oberkörper reicht. Dieser Bart ist kunstvoll in Flechten zerteilt. Sie umschließen auch den Mund. Vom Gesicht sind Mund, Nase und Augen zu sehen. Sie deuten Entschlossenheit an. Die Haupthaare sind durch eine Art schlichter Mütze bedeckt.

Sargon sorgte dafür, daß keine Hoffnung blieb für eine Wiederbelebung des Nordstaates Israel. Er deportierte die dortige Bevölkerung. Die Menschen wurden nach Assyrien verschleppt, in die Gegend der damaligen Stadt Niniveh am Tigris. Die Deportierten wurden ersetzt durch Sippen aus dem Zweistromland. Der Clan-Zusammenhalt im nordjüdischen Gebiet, der seit Josuas Zeit einigermaßen bewahrt geblieben war, erlosch völlig. Verschwunden sind zehn der einstigen zwölf jüdischen Stämme. Nie mehr ist eine Spur von ihnen gefunden worden.

Nur Juda und der unbedeutende Stamm Benjamin retteten sich durch Unterwerfung und durch Bereitwilligkeit, jeden Wunsch der assyrischen Herren zu erfüllen. Demut bewahrte das Land Juda davor, in das assyrische Reich eingegliedert zu werden. Das Gebiet um die einstige israelische Hauptstadt Samaria aber wurde ein schlichter Verwaltungsbezirk im Rahmen Assyriens, umgeben von den Distrikten Megiddo, Gilead, Hauran, Damaskus.

Das Phönizierland blieb zunächst unabhängig. Zu ihm gehörten nun die Städte Akko (heute israelisch), Sidon und Tyr (heute libanesisch). Die Phönizier bewahrten ihre Souveränität durch Diplomatie, Geschenke an mögliche Gegner und durch die geschickte Befestigung ihrer Städte an der Küste, die nur schwer zu erobern waren.

Die Philister aber waren weniger durch Glück begünstigt. Sie ließen sich vom ägyptischen Pharao Schabaka, dem Begründer der

XXV. Dynastie, zu Gesten gegenüber Sargon ermutigen, die vom Assyrer als unfreundlich empfunden wurden. Auf Betreiben des ägyptischen Herrschers unterbrachen die Philister ohne Grund diplomatische Kontakte. Derartigen Hochmut hätte sich sogar ein unabhängiger Staat nicht leisten können. Die Philister reagierten schließlich nicht auf Sargons Bündnisangebote. Diese Kühnheit war nicht angebracht und rächte sich. Sargons Reiterei fiel im Jahr 711 v. Chr. von Samaria her in die Küstenebene der Philister ein. Die assyrischen Streitkräfte eroberten Gaza, Ekron und vor allem den Hafen Ashdod. Mit dieser Eroberung besaß Sargon II. einen weiteren Verwaltungsbezirk zwischen Jordangraben und Mittelmeer – er trug die Bezeichnung Ashdod.

Assyrien reichte nun bis zur Stadt Rapihu. Der Name lautet heute Rafah. Dieser Ort liegt dreißig Kilometer südöstlich von Gaza und bildet den Grenzpunkt zwischen dem palästinensischen Gazastreifen und Ägypten.

Die Annektion des Philisterlandes war jedoch nur von kurzer Dauer. Sieben Jahre nach der Eroberung brachen Revolten in Ashdod und Ashkalon aus. Die Philister hatten erfahren, daß Sargon II. ermordet worden war. Sie triumphierten nun, weil sie nicht vergessen konnten, was ihnen der Assyrer angetan hatte. Im Buch Jesaja (20,4) ist der Vorfall beschrieben, der noch in der Erinnerung Empörung auslöste. Damals, bei der assyrischen Eroberung von Ashdod war dies geschehen: »Die Gefangenen, die Sargon gemacht hatte, wurden nackt deportiert.« Für diese Schmach und Schande war Rache angebracht. Es gelang den Männern von Ashdod die assyrische Garnison zu überrumpeln. Die Philister besannen sich auf ihre frühere Kampfkraft. Den Aufstand von Ashdod und Ashkalon konnten die assyrischen Verbände nicht niederwerfen. Die Assyrer zeigten Schwäche.

Bis in die Neuzeit, bis ins 19. Jahrhundert, gaben allein biblische Texte Auskunft über die Geschichte des Assyrerreiches. Da die Quellenlage dürftig war, lohnte sich eine wirkliche wissenschaftliche Beschäftigung mit der Geschichte der Assyrer nicht. Für die Beurteilung der Herrscher dieses Volkes gaben die Bibeltexte den Trend an: Die Assyrer waren brutale, gewalttätige Eroberer, die – als Werkzeug Gottes – Feinde der Juden waren, die dafür bestraft wurden, daß sie sich nicht nach dem Willen Gottes gerichtet hatten.

Erst als die Ruinen von Niniveh freigelegt worden waren, erschloß sich die historische Wahrheit über die Assyrer.

Erstaunen über die Hauptstadt
des Assyrerreichs

Im Sommer des Jahres 1840 schickte die französische Regierung einen jungen Konsularbeamten in die mesopotamische Stadt Mosul. Er sollte dort die französischen Interessen vertreten. Vor allem aber sollte er die Augen offenhalten. Seit die französische Wissenschaft zur Zeit der Ägyptenexpedition Napoleons den Orient entdeckt hatte, waren Pariser Museen drauf bedacht, exquisite Fundstücke aus dem Nahen Osten in ihre Sammlungen aufzunehmen. Der junge Konsularbeamte, der Paul Emile Botta hieß, war noch in der Heimat durch eine Diskussion unter Wissenschaftlern, darauf hingewiesen worden, daß es einst eine berühmte Stadt gegeben habe, deren Name Niniveh war. Wo dieses Niniveh glanzvoll gestrahlt hatte, war unbekannt. Vermutet wurde, die Stadt sei am Tigris erbaut worden. Zwar hatten schon ab dem Jahr 1820 Forscher nach Überresten von Niniveh gesucht. Dazu zählte der Archäologe Claudio R. Rich, doch dessen Arbeiten waren in Vergessenheit geraten. In Frankreich waren sie gänzlich unbekannt. Für den Franzosen Botta war Niniveh noch unentdeckt.

Der nach Mosul entsandte diplomatische Amateurhistoriker Botta gelangte im Sommer 1840 immer mehr zur Überzeugung, auf dem Ostufer des Tigris – genau gegenüber der Stadt, in der er wohnte – müßten Reste von Niniveh zu finden sein. Zwei Hügel, von Mosul aus sichtbar, zogen die Phantasie des jungen Mannes an. Sie lagen links und rechts eines kleinen Flusses, der von Osten her eine geringe Menge Wasser zum Tigris bringt.

Die Hügel heißen Kujundjik und Nebi Junus; beide sind ungefähr zwanzig Meter hoch. Der Konsularbeamte Botta hatte genügend archäologische Erfahrung, um zu erkennen, daß derartige Hügel Siedlungsreste aus alter Zeit bergen können. In der Überzeugung, er werde der Entdecker von Niniveh sein, holte er sich einige Arbeiter zusammen. Die Ausgrabungsarbeiten konnten beginnen.

Von den seitlichen Hängen der Hügel aus versuchte Botta das Geheimnis des Hügelinnern zu ergründen. Lehmschichten wurden beiseite geschaufelt. Tag um Tag stand der Franzose an den Erhebungen auf der Tigrisostseite. Er wechselte vom Hügel Kujundjik zum Nebi

Junus. Nichts Bemerkenswertes wurde gefunden. So langsam erschöpften sich die Ersparnisse des Beamten der unteren Konsularlaufbahn.

Paul Emile Botta wandte sich an seine Freunde in Pariser archäologischen Instituten. Er beschrieb ihnen die Situation – und sie ermutigten ihn, die Suche nach Niniveh fortzusetzen. Es sei seine Pflicht, eine Basis zu schaffen für die wissenschaftliche Erforschung der assyrischen Geschichte, die man bisher nur aus der Bibel kenne. Der Ruhm an diesem wissenschaftlichen Erfolg müsse Frankreich gehören.

Nach zwei Jahren verließ Botta die Geduld. Er stellte die Grabungen an den beiden Hügeln ein. Ein anderer Erdhügel reizte ihn jetzt. Der lag zehn Kilometer tigrisaufwärts. Das Dorf Chorsabad befand sich nahe bei der Erhebung. Aus Chorsabad holte sich Botta jetzt die Arbeiter.

Die Grabungen bei Chorsabad fingen erfolgreich an: Mauern wurden gefunden, die zu einem sehr alten Palast zu gehören schienen. Botta war völlig überzeugt, jetzt auf die Spur der legendären Stadt Niniveh gestoßen zu sein. Er berichtete seinen Freunden in Paris vom Fund der Mauer, von der Entdeckung von Säulen. Die Folge der Berichte war, daß der französische Staat tatsächlich einen beachtlichen Geldbetrag zur Verfügung stellte. Doch die große Hoffnung auf Ruhm wich bald schon einer tiefen Enttäuschung: Botta fand keine Stadt, sondern nur einen einzelnen Palast. Das war dem Jungarchäologen zu wenig.

Später stellte sich allerdings heraus, daß dieser einzelne Palast die Residenz des Königs Sargon war. Diese Feststellung war jedoch erst möglich, als die Wissenschaftler gelernt hatten, Keilschrifttexte zu lesen. Da wurde in den Trümmern des Palastes von Chorsabad eine Tontafel gefunden, auf der ganz deutlich geschrieben stand »Dar Sharukin« – das Haus des Sharukin. Gemeint war der König, den die Bibeltexte »Sargon« nennen.

Als Botta Mosul verließ, war die Entzifferung noch nicht gelungen, und so konnte er nicht wissen, welchen wertvollen Fund er gemacht hatte. Der Ruhm, Niniveh entdeckt zu haben, fiel schließlich einem Briten zu. Henry Layard, der von der britischen Regierung als Archäologe nach Mosul geschickt wurde, hatte einfach mehr Geduld als der französische Amateurforscher. Er setzte die Grabungen, die Botta abgebrochen hatte, fort. Henry Layard grub einfach tiefer. Er entdeckte im Hügel Kujundjik die Paläste der Könige Esarhaddon und Assurbanipal – im Hügel Nebi Junus befanden sich die Spuren des Palastes von Sanherib.

Die wichtigste Entdeckung, die in Niniveh gemacht werden konnte, war keine Palastmauer und kein Fundament, sondern eine gewaltige Sammlung von Tontafeln, die mit Keilschriftzeichen bedeckt sind. Es handelt sich um ein umfangreiches Archiv, um eine Dokumentensammlung. Spezialisten der assyrischen Geschichte haben festgestellt, daß dieses Archiv zur Zeit des Königs Assurbanipal angelegt worden ist. Er war der Mächtige Assyriens während der Jahre von 669–630 v. Chr.

Der königliche Auftrag an die Schreiber von Niniveh hatte gelautet, alle irgendwo und irgendwie auffindbaren Schrifttafeln zusammenzutragen und aufzubewahren. Gefunden wurden in unserer Zeit rund 20 000 derartige Dokumente. Bemerkenswert ist, daß die Sammlung Texte enthielt, die lange vor der Zeit des Königs Assurbanipal verfaßt worden sind. Der Zweck dieses Archivs war, die Vergangenheit Assyriens aufzuarbeiten. Aufbewahrt wurden Texte, die nahezu drei Generationen vor der Zeit des Assurbanipal in Keilschrift aufgezeichnet worden sind. Im Archiv von Niniveh waren die Berichte des Königs Sargon II. zu finden, die seine Feldzüge im Gebiet der beiden jüdischen Staaten beschreiben. Geschildert werden die königlichen Erfolge im Jahr 721 v. Chr. Gegen den Nordstaat Israel. Auf einer Tontafel ist dieser Satz zu lesen:

»Im ersten Jahr meiner Herrschaft belagerte ich Samaria. Ich nahm die Stadt ein.«

Plastischer und verständlicher für Menschen der Gegenwart als geheimnisvolle Keilschriftzeichen, sind gewaltige Reliefs, die in den Trümmern der assyrischen Paläste am Tigris Jahrtausende überdauert haben. Die schönsten der Reliefs befinden sich im Britischen Museum in London. Henry Layard, der wirkliche Entdecker von Niniveh hat sie um die Jahre 1850 in seine britische Heimat transportieren lassen. Ein Relief, aus Alabaster herausgearbeitet, schildert die Einnahme der Stadt Lachis im Jahr 701 v. Chr. Sie gehörte zum Königreich Juda, das damals vom König Hezekiah regiert wurde.

Daß der Kampf um Lachis erbittert geführt wurde ist auf dem Alabasterelief im Britischen Museum zu erkennen. Jüdische Kämpfer stehen auf einem Turm, der etwa so hoch ist wie drei Männer. Den Kämpfern ist bei aller Stilisierung anzusehen, daß sie sich verzweifelt wehren. Sie schießen Pfeile ab und werfen Brandkörper gegen die Besatzung eines Rammbocks, der auf Rädern bewegt wird. Die Assyrer, die den Rammbock mit Schwung gegen die Turmfestung schieben, stehen geschützt hinter einer Panzerung. Diese Kriegsmaschine sieht aus wie ein modernes Sturmgeschütz. Steinbrocken fallen bereits aus der Mauer des Turms. Der Stoß des Rammbocks zermürbt die Struktur des Gemäuers. Pfeile und Brandfackeln der Verteidiger richten nichts aus.

Durch ihre Ausrüstung sind die Assyrer überlegen. Jeder einzelne Mann ist durch Helm und Schild geschützt. Die Darstellung der Belagerung von Lachis, die im Palast des Sanherib in Niniveh eine Wand geschmückt hat, war sicher dazu bestimmt, den Ruhm des Siegers zu propagieren, und doch ist dem Relief nicht propagandistisch gefärbte Information über die assyrische Kriegführung zu entnehmen. Der Gegner wird fair dargestellt.

Zu erkennen ist, daß Schächte in den Fels unter dem Turm gegraben wurden. Durch Aushöhlen des Untergrunds konnten die Mauern zum Einsturz gebracht werden. Die Szenen der Reliefreportage demonstrieren die aufwendige Kriegführung der Belagerungstruppen. Der die Kämpfer begleitende Troß ist beachtlich. Da sind Wagen eingesetzt zum Transport der Kriegsgeräte; Kamele schleppen Säcke mit Verpflegung; bewaffnete Männer tragen Bündel von Pfeilen. An Kämpfern und Troßpersonal bestand offenbar kein Mangel.

Daß die Belagerung von Lachis nicht rasch erfolgreich zu beenden war, ist dem Text des Zweiten Buches Chronik (32,9 ff.) zu entnehmen. Der Herrscher Assyriens »lag« mit seinen Truppen vor Lachis und er hatte Zeit, eine Proklamation gegen den in Jerusalem residierenden König Hezekiah zu verfassen, in der das Überlegenheitsgefühl des Assyrers zum Ausdruck kommt:

»So spricht Sanherib, der Herrscher über Assyrien! Ihr in Jerusalem wißt, daß euere Stunde des Unheils bald anbricht. Hezekiah ist schuld, wenn ihr von Hunger und Durst geplagt werdet. Vertraut ihr noch dem Hezekiah? Hezekiah sagt, der Herr, euer Gott, werde euch vor dem König von Assyrien retten. Bisher war keiner der Götter in den Ländern, die ich erobert habe, stark genug, mir Widerstand zu leisten. Ausgerechnet euer Gott soll dazu die Kraft haben. Deshalb traut dem Hezekiah nicht!«

Hezekiah aber, so berichtet der Text des Zweiten Buches Chronik, vertraute seinem Gott und harrte in Jerusalem aus. Lachis aber war nicht mehr zu retten.

Abseits der überregionalen Fernstraße 35, die von Ashkalon aus ins Bergland nach Hebron führt, ist Tell Lakhish zu finden, der Ausgrabungsort. Fünf Kilometer nach der Stadt Kirjat Gat zweigt nach rechts eine kleine Straße ab, die dem unscheinbaren Lakhishbach folgt. Unmittelbar nach dem Dorf Lakhish ist der Tell zu erkennen, der sich am Ort der Stadt aus der Bibelzeit befindet.

Wer einst in Lachis regierte, konnte die Straße kontrollieren, deren Verlauf der Route der heutigen Autostraße 40 entsprach. Tell Lakhish grenzt unmittelbar an das Autonomiegebiet der Palästinenser an.

Die Inspektion des ausgedehnten Ausgrabungsgebiets ermöglicht dem Archäologen die ziemlich genaue Rekonstruktion der Gestalt und der Bauweise des biblischen Lachis. Die Form der Ansiedlung ist zu erkennen. Sie lag auf einer ebenen Fläche, die den eindrucksvollen Hügel abdeckt. Diese Fläche besitzt eine fünfeckige Form. Die Spitze des Fünfecks zeigt nach Norden.

Die Fläche war von einer Mauer begrenzt, die genau dem Verlauf der Flächenkante entspricht. Eine zweite Mauer ist tiefer als der erste Wall, am Abhang des Hügels errichtet. Im Westen von Lachis verbindet ein mächtiger Torkomplex die beiden Mauern. Die Stadt hatte nur ein einziges Tor.

Die Hochfläche war zur Zeit des Königs Hezekiah eng bebaut. In der Mitte der Stadt befand sich das größte Gebäude von Lachis. Es war wohl die Residenz des Gouverneurs. In diesem Haus wird der Assyrer Sanherib gewohnt haben – nachdem er Lachis erobert hatte. Daß sich Sanherib in Lachis befand, geht aus dem Text des Zweiten Buches Könige (18,14) hervor:

»Der König Hezekiah von Juda schickte einen Gesandten an den König von Assyrien, nach Lachis. Dem Gesandten war aufgetragen, diese Botschaft im Namen des Hezekiah an Sanherib zu überbringen: ›Ich habe einen Fehler begangen, doch bitte ich dich, mich zu verschonen. Stelle deine Bedingungen und ich will sie erfüllen.‹ Da legte der Assyrer fest, daß Hezekiah von Juda 300 Talente Silber und 30 Talente Gold abzuliefern habe. Hezekiah gab sämtliche Gegenstände aus Edelmetall ab, die sich im Tempel und in den königlichen Schatzkammern befanden. Hezekiah ließ sogar die Türen am Tempel und die Türpfosten – die er selbst mit Gold hatte überziehen lassen – zerschlagen, damit sie an den König der Assyrer abgeliefert werden konnten.«

Ein Keilschriftdokument, das in Niniveh gefunden worden ist, schildert den Sachverhalt aus der Sicht des Sanherib:

»Ich schloß Hezekiah in Jerusalem ein. Er saß dort wie ein Vogel in seinem Käfig. Ich ließ rings um Jerusalem Erdwälle aufschütten. Niemand konnte die Stadt verlassen. Hezekiah war abgeschlossen von seinem Umland. Um sich zu retten, hat er mir seine Frauen, seine Töchter und seine Konkubinen überlassen. Er schickte sie zu mir nach Niniveh.«

Hezekiah war dabei, sich völlig zu unterwerfen. Die Zahlungen in Gold und Silber und die Ablieferung der Frauen waren bereits erfolgt, da geschah ein außerordentliches Ereignis: Sanherib, der sich viel Zeit gelassen hatte für den Feldzug gegen Juda, brach in großer Eile das Lager vor Jerusalem ab. Plötzlich waren die Assyrer weg. Warum dies geschah, ist ungeklärt.

Das Zweite Buch Könige (19,35) bietet eine Erklärung: »In jener Nacht zog der Engel des Herrn aus. Er erschlug im assyrischen Lager 185 000 Männer. Als sich die Morgendämmerung ausbreitete, waren sie alle tot. Nun brach Sanherib, der König von Assyrien, auf. Er zog heimwärts nach Niniveh und blieb dort.«

Hezekiah war gerettet. Der Staat Juda bewahrte seine Unabhängigkeit. Der Bibeltext schreibt den Erfolg dem Eingreifen des Engels zu. Hezekiah hatte jedoch nicht allein auf die Hilfe Gottes vertraut. Er hatte vorgesorgt, als die Gefahr eines assyrischen Feldzugs gegen Juda erkennbar wurde. Das Zweite Buch Chronik (32,28) beschreibt seine Vorsichtsmaßnahmen:

»Hezekiah legte Vorratslager an für Getreide, Öl und Wein. Er ließ Ställe bauen in der Stadt für jede Art von Vieh. Er hatte Herden erworben. Er besaß Großvieh und Kleinvieh in großer Menge.«

Dann folgt im Bibeltext ein Satz, dessen Wahrheit auf überraschende Weise bestätigt wurde: »Hezekiah war es, der den Abfluß des Wassers aus der Quelle Gihon umleitete, damit das Wasser in die Stadt Davids floß.«

Was dieser Text zu bedeuten hatte, war im Juni des Jahres 1880 zu erkennen. Ein arabischer Junge badete im Teich Siloah im Süden der Davidstadt. Er fand einen Tunnel, in dem Wasser floß. Er stieg in diese Öffnung hinein und entdeckte in acht Metern Entfernung vom Tunneleingang eine Schrifttafel an der Wand, die er jedoch nicht entziffern konnte. Der Junge erzählte beiläufig in der Davidstadt, was er gesehen hatte. Schon kurze Zeit später erfuhr ein Antiquitätenhändler auf dem Berg Zion von der Entdeckung beim Teich Siloah. Er stieg selbst in den Tunnel, sah die Inschrift – und er wußte sofort, daß er sie teuer verkaufen konnte. Unglücklicherweise besaß er kein Geschick für die Abnahme der Schrift von der Wand. Sie zerbrach in sieben

Stücke. Trotzdem hätte der Antiquitätenhändler, der ein Grieche war, auch mit der zerbrochenen Tafel noch eine gute Einnahme erzielen können, doch die Bruchstücke wurden von der osmanischen Verwaltung in Jerusalem beschlagnahmt. Sie sind in Istanbul zu besichtigen, im Museum of the Ancient Orient. Eine originalgetreue Kopie besitzt das Israel Museum in Jerusalem

Ein Zeugnis für die Bibel: Der Tunnel des Hezekiah

Selbst die Kopie der Inschrift wird hochgeschätzt von Fachleuten der jüdischen Geschichte und von Bibelwissenschaftlern. Die sechs in den Felsen geritzten Textzeilen gelten als das älteste schriftliche Dokument der israelischen Historie. Die Schriftzeilen sind fast alle gleich lang – ungefähr 70 Zentimeter. Nur die sechste Zeile ist kürzer. Die Zeilen bestehen aus Buchstaben alter hebräischer Schreibweise. Der Text, in klassischem Hebräisch abgefaßt, lautet in der Übersetzung:

»Dies ist die Geschichte des Durchbruchs. Gegeneinander gruben die Arbeiter von zwei Seiten her. Sie schwangen ihre Äxte gegeneinander. Als die Arbeiter noch eineinhalb Meter auseinander waren, da hörte jeder Stimmen, die von der anderen Seite kamen. Da war ein Spalt entstanden. Als der Durchbruch gelungen war, schlugen die Arbeiter mit den Äxten gegeneinander bis das Wasser floß. Bald strömte das Wasser von der Quelle bis in den Teich.«

Die Inschrift unterscheidet sich von anderen Ereignisberichten jener Zeit in einem sehr wesentlichen Punkt: Der Name des Herrschers, der den Auftrag zur Grabung des Tunnels gegeben hatte, wird überhaupt nicht erwähnt. Der assyrische König zum Beispiel – der Anlaß war, daß dieser Wassertunnel gegraben wurde – ließ sich auf vielen Dokumenten, die sich mit seinen Taten befaßten, durch diese Eloge feiern: »Sanherib, der große König, der mächtige König, der König des Universums. Der König über Assyrien, der König aller Teile der Erde, der weise Herrscher, der Liebling der Götter, der Verteidiger des Rechts und der Gerechtigkeit, der vollendete Held, der Erste unter allen Fürsten, der Vernichter aller Rebellen, der Feind aller Schlechten, die er mit seiner Blitzaxt erschlägt.«

Daß der Name des Königs Hezekiah in der Schilderung des Tunneldurchbruchs fehlt, hat einen Grund: Sie ist als private Erinnerung eines an den Arbeiten beteiligten Mannes gedacht gewesen – und nicht als offizielle Gedenktafel. Verborgen tief im Berg, im Dunkeln, war die Inschrift nicht für die Augen anderer Menschen bestimmt gewesen. Ihre Gestaltung läßt darauf schließen, daß der Schreiber nicht zu Ende gekommen ist; er wollte sicher noch weitere Schriftzeilen in die Wand ritzen.

Als die Schrifttafel Aufsehen erregte, war die Existenz des Tunnels selbst schon einige Jahre lang bekannt. Der unterirdische künstlich geschaffene Wasserweg war dem Bibeltext zugeordent worden: »Hezekiah war es, der den Abfluß des Wassers aus der Quelle Gihon umleitete, damit das Wasser in die Stadt Davids floß.«

Der Tunnel des Hezekiah, und sein Eingang – die Gihonquelle – wird in unserer Zeit von den Touristen gemieden. Das benachbarte palästinensische Dorf Silwan (Siloah) befindet sich in einem kritischen Gebiet. Hier herrschen Spannungen zwischen Israelis und Palästinensern, die sich leicht entladen. Fremde, die sich im Kidrontal aufhalten, werden mit Argwohn beobachtet. Berge von Müll und Abfällen rings um den Eingang zur Gihonquelle stoßen den Besucher ab. Es lohnt sich jedoch, die Abneigung gegen den Platz zu überwinden. Wer sich dazu durchringt, den Tunnel zu durchwaten, hat ein besonderes Erlebnis zu erwarten. Der Mutige muß allerdings damit rechnen, daß ihm das fließende Wasser an manchen Stellen bis zu den Oberschenkeln reicht.

Im Jahr 1867 unternahm Hauptmann Charles Warren, dem viele archäologische Entdeckungen in Jerusalem zu verdanken sind, das Wagnis – es brauchte damals wirklich Mut dazu – den Tunnel in seinem ganzen Verlauf zu verfolgen. Der Hauptmann berichtete darüber:

»Im Dezember 1867 nahm ich mir vor, den unterirdischen Wasserweg in seiner ganzen Länge zu untersuchen. Ich begann damit nicht an der Gihonquelle, die auch Quelle der Jungfrau Maria genannt wird, sondern am Siloahteich. Ich war der Meinung, daß der Zugang von hier aus leichter sei. Tatsächlich waren die ersten 110 Meter leicht zu überwinden. Nach 150 Metern aber war die Tunnelhöhe gewaltig reduziert: Sie betrug gerade noch 90 Zentimeter. Sie wurde nach 200 Metern sogar noch niedriger. Jetzt begannen die Schwierigkeiten. Sergeant Birtles, der mich begleitete, maß den zurückgelegen Weg mit dem Maßband. Ich hielt den Kompaß. Der Boden des Tunnels ist mit Sand bedeckt, dessen Oberfläche verkrustet ist. Der Sand ist hart genug, daß er einen Menschen tragen kann. Nur selten sind wir eingesunken. Wir krochen nun im Wasser auf allen vieren.

Das Wasser war 50 Zentimeter tief. Machmal erkannten wir, daß Abfall an uns vorüberschwamm. Da war ein Kohlstrunk zu sehen. Ich erinnerte mich, daß die Gihonquelle zur Abfallbeseitigung der Bewohner des Dorfes Silwan diente. Dann bemerkten wir, daß das Wasser stieg. Die Schüttung der Gihonquelle wird in regelmäßigen Abständen stärker und vermindert sich dann wieder. Bei 300 Metern Entfernung vom Teich Siloah war der Tunnel nur noch 40 Zentimeter hoch. Wir krochen jetzt am Boden entlang und hatten über dem Wasser kaum Luft zum Atmen. Die meiste Zeit trug ich die Kerze im Mund. Nach 300 Metern sah ich, daß an zwei Stellen in die falsche Richtung gehackt worden war. Der Tunnel verlief nun im Zickzack. Dabei nahm aber die Höhe der Decke wieder zu. Doch bei einer Tunnellänge von 400 Metern waren wir wieder gezwungen zu kriechen. Als wir die Gihonquelle erreichten, war es dunkel. Wir standen zitternd in der Kälte bis endlich unsere Kleider gebracht wurden.«

Eine Generation nach Hauptmann Charles Warren wurde der Tunnel erstmals von der bereiten Öffentlichkeit beachtet. Korrespondenten aus den USA und aus Europa berichteten über die Gihonquelle und über den Tunnel des Königs Hezekiah. Eine Sensation wurde erwartet. Im Jahr 1909 behauptete der Finne Walter Juvelius, er habe aus dem Text des Buches Ezechiel herauslesen können, daß im Tunnel des Hezekiah die Bundeslade versteckt worden sei, zusammen mit dem Tempelschatz des Salomo. Juvelius erklärte sich bereit, das höchste Heiligtum des jüdischen Volkes im Tunnel zu suchen – und den Goldschatz auch. Dem Finnen wurde geglaubt, weil Kenner der Bibeltexte überzeugt waren, Bundeslade und Tempelschatz müßten tatsächlich in der Umgebung des einstigen Tempels des Salomo zu finden sein. Seit langem wurde erwartet, daß die heiligen Gegenstände endlich entdeckt wurden. Reiche Engländer gaben dem Finnen, der viel Überzeugungskraft besaß, der jedoch keine Ahnung von Archäologie besaß, die Summe von 25 000 Pfund.

Juvelius überließ dann allerdings die Suche dem Hauptmann Montague B. Parker, der sich ebenfalls noch nie mit Archäologie und Ausgrabungen beschäftigt hatte. Drei Jahre lang dauerte die Suche. Parker ließ immer wieder verlauten, er habe überaus wertvolle Funde gemacht: Er sei im Tunnel auf Salomos Schwert gestoßen, auf Davids Königskrone, auf die Tafeln der Gebote, die Mose auf dem Berg Sinai von Gott erhalten habe. Hauptmann Parker konnte nie eines dieser Stücke vorweisen.

Ein Ergebnis der intensiven Beschäftigung mit dem Tunnel des Hezekiah war die genaue Erkundung seines Verlaufs. Mit Verwunderung wurde festgestellt, daß er keineswegs die direkte gerade Verbindung von der Gihonquelle zum Teich Siloah darstellt. Der Tunnel verläuft kurvenreich und bildet dabei ein deformiertes »S«.

Nahmen Hezekiahs Arbeiter Rücksicht auf Davids Grab?

Der Tunnel selbst gibt Auskunft über seine Entstehung. Daß – wie die Inschrift besagt – die Arbeiter gegeneinander den Fels weggehackt haben, ist aus den Hauspuren zu ersehen. Die Äxte sind von der Gihonquelle und vom Teich Siloah auf gleiche Weise geführt worden. Nach nahezu dreitausend Jahren ist die Technik des Hauens an den Tunnelwänden zu erkennen. Die Arbeiter schwangen die Äxte im Bogen von oben nach unten. Beim Auftreffen des Werkzeugs entstand im Stein eine leicht gebogene Hauspur, die einen Sektor eines Kreises darstellt. Im Tunnel verlaufen von den beiden Tunnelenden her diese Kreisbögen aufeinander zu – bis zum Treffpunkt der Arbeiter im Berg.

Diese Hauspuren beweisen, daß sowohl an der Quelle, als auch am Teich Siloah simultan die Arbeit begonnen wurde. Die Arbeiter an der Quelle konnten zunächst von Vorarbeiten profitieren, die dreihundert Jahre zuvor, in der Zeit des Königs Salomo, ausgeführt worden sind: Schon damals war versucht worden, das Quellwasser durch eine unterirdische Leitung in die Stadt zu bringen.

Dieses salomonische Wasserbauwerk gab zunächst die Richtung vor: Die Arbeiter des Hezekiah gruben sich nach Westen in den Berg hinein. Nach 50 Metern müssen sie gespürt haben, daß die Einhaltung dieser Richtung nicht zum Siloahteich führte. Sie begannen ihre Röhre nach Süden voranzutreiben.

Die Männer, die beim Siloahteich die Grabarbeiten angefangen hatten, waren bald auf weiches Felsmaterial gestoßen. Sie kamen jetzt rascher voran. Sie gaben dem Tunnel einen Bogen, der zunächst nach Norden und dann wieder nach Süden verlief. Sie müssen unsicher geworden sein über das Resultat ihrer Grabarbeit. Sie schufen sich einen Ausgang zur Erdoberfläche in den Fels. Von nun an verfolgten sie die richtige Richtung – der Schacht nach oben hatte ihnen die

Möglichkeit geboten, Überblick zu gewinnen und die Richtung zu korrigieren.

Das Problem in diesem Stadium der Arbeit bestand darin, die beiden Schächte mitten im Berg aufeinander zuzuführen. Den Arbeitern standen keinerlei Hilfsmittel zur Verfügung. Sie waren allein auf ihre Sinne angewiesen. Nur ihre Ohren konnten ihnen helfen zu erkennen, wo sich die andere Arbeitsschicht befand. Jede Seite arbeitete sich in Richtung der Schlaggeräusche der anderen Seite weiter.

Das südliche Team hatte etwa 300 Meter der Gesamtlänge des Tunnels von 530 Metern fertiggestellt, da hörten sie das Schlaggeräusch offenbar deutlich. Es veranlaßte sie, in genau nördlicher Richtung zu graben. Sie erkannten jedoch rasch, daß sie sich geirrt hatten. Sie verfolgten die nordöstliche Richtung. Dann muß wieder der Eindruck entstanden sein, die Schlaggeräusche seien von Norden her zu vernehmen. Die Folge war ein erneuter Richtungswechsel.

Am Tunnelverlauf ist zu erkennen, daß auch die von Norden her arbeitende Schicht durch die Geräusche irritiert war. Sie wechselten ebenfalls mehrfach die Richtung. Dann endlich trafen sich die Teams – und das Wasser floß von der Gihonquelle zum Teich Siloah.

Der eigentliche Verlauf des Tunnels irritierte Historiker und Archäologen, die sich damit befaßten. Die Phantasie entzündete sich daran, daß die Arbeiter durch die Tunnelführung einen gewaltigen Umweg und dadurch Mehrarbeit auf sich genommen hatten. Die Luftlinie von der Gihonquelle zum Teich Siloah mißt 330 Meter. Die Länge des Tunnels beträgt 530 Meter. Der direkte Weg hätte ein Drittel weniger Arbeit gebraucht. Schwer fiel es den Archäologen daran zu glauben, daß allein Orientierungsschwierigkeiten Ursache war für die Mehrarbeit. Gesucht wurden religiös bedingte Gründe.

Ausgangspunkt der Überlegungen war die Tatsache, daß die Irritation der Tunnelarbeiter erst nach einer Strecke von 300 Metern – vom Siloahteich an gemessen – festzustellen ist. Der Tunnelverlauf ist auf beiden Seiten bis dahin in Bögen geführt, die den Eindruck machen, sie seien geplant gewesen. Dieser Eindruck inspirierte den Franzosen Clermont Ganneau im Jahr 1897 ein Buch zu schreiben mit dem Titel »Les Tombeaux de David et des Rois de Juda et le Tunnel–Aqueduc de Siloah«. Darin entwickelt Clermont Ganneau die Theorie, daß der Bogen im Süden mit Bedacht geschwungen worden sei, um den Bereich des Davidsgrabes zu vermeiden. Der Boden um das Grab und darunter habe als geheiligt gegolten. Clermont Ganneau nahm den biblischen Bericht ernst, daß König David in seiner Stadt beerdigt worden ist – und mit ihm zwölf weitere Könige von Juda. Im Zusammenhang mit dieser Theorie tauchte erneut die Vorstellung auf, die Entdeckung der Grabstätte des Königs David würde gewaltige Schätze ans Tageslicht fördern.

So wurde die Diskussion um die Lage des Davidsgrabes wieder einmal angefacht. Nicht abwegig erschien der Gedanke zu sein, die Tunnelarbeiter hätten tatsächlich auf die letzte Ruhestätte des Königs Rücksicht genommen. So reizvoll der Gedanke auch war, bei genauer Überprüfung mußte er aufgegeben werden. Die Felshöhle im unteren Teil der Davidstadt, die ein Überrest des Grabes sein könnte, befindet sich unmittelbar über dem Südbogen des Hezekiahtunnels. Ganz offensichtlich hatten die Arbeiter nicht daran gedacht, diese Position zu umgehen. Wäre der Wasserschacht in gerader Linie von der Gihonquelle zum Teich Siloah erfolgt, hätte sein Verlauf dieses Grab nicht berührt. So löste sich eine schöne Theorie in Nichts auf.

Die letzten Sätze im 20. Kapitel des Zweiten Buchs Könige, die eine Art Nachruf für Hezekiah darstellen, nennen als hervorzuhebendes Lebenswerk des Königs, »daß er die Wasserleitung angelegt und damit das Wasser in die Stadt geleitet hat«. Gepriesen wird diese Tat deshalb, weil von nun an die Wasserversorgung der Hauptstadt von Juda nicht mehr vom Zugang zu einer Quelle abhing, die nur durch einen Weg außerhalb der Stadtmauer erreichbar war. Nun konnte im Kriegsfall Wasser aus dem Siloahteich geholt werden – und der lag innerhalb der Stadtmauer.

Was Hezekiah damals für seine Stadt getan hat, kann heute noch – nach mehr als zweieinhalb Jahrtausenden – besichtigt und bewundert werden.

»Wie wurde doch zur Hure die Stadt«

Als König Hezekiah im Jahre 687 v. Chr. starb, da war sein erbberechtigter Sohn Manasse gerade zwölf Jahre alt. Er war der vierzehnte Herrscher in Juda nach der Reichsteilung.

Von Anfang an vergaß Manasse – dessen Name mit »Vergessen« übersetzt werden kann »– daß der Herr gesagt hatte: ›Ich will meinen Namen in Jerusalem wohnen lassen.«« Andere Götter wohnten schon seit langem in Jerusalem; vor allem die Göttin Ashtarot, deren Name in den biblischen Texten abgeändert erscheint. Im 21. Kapitel des Zweiten Buches Könige, das über Manasse berichtet, heißt sie Ashara. Auch der Name Astarte ist gebräuchlich.

Ashtarot ist die in biblischer Zeit am häufigsten angebetete Gottheit. Bei Ausgrabungen wurden Tausende von Tonfiguren nackter weiblicher Gestalten gefunden, die Ashtarot darstellten. Daß das jüdische Volk nicht mehr an den Gott glaubte, mit dem die Vorväter einen Bund geschlossen hatten, läßt sich leicht durch archäologische Funde beweisen und dokumentieren.

Ein Standbild der Ashtarot wurde sogar im Tempel von Jerusalem aufgestellt, in den einst der Herr des Bundes selbst eingezogen war. Damit war das höchste Maß der Entweihung des Heiligtums erreicht. Das Zweite Buch Könige erinnert an frühere Zeiten durch das Zitat einer Äußerung des Herrn: »In diesem Tempel und in Jerusalem, der Stadt, die ich aus allen Städten auserwählt habe, will ich meinen Namen wohnen lassen in Ewigkeit. Das Land habe ich ihren Vätern gegeben. Doch sie achten nicht darauf, das Gesetz zu erfüllen, das ich ihnen durch Mose verordnet habe.«

Da gab es Männer in Jerusalem, die davor warnten, die Sitten der Stadt verkommen zu lassen. Sie klagten darüber, daß die Prostitution blühe beim Standbild der Ashtarot, daß Frauen überhaupt jeden Anstand vermissen ließen. Es gab Häuser, die als Bordelle bezeichnet werden können. Die Archäologin Kathleen M. Kenyon hat Spuren eines solchen Gebäudes entdeckt – nicht weit entfernt vom Tempelplatz. Es zeichnet sich durch besonders deutlich gestaltete Ashtarotfiguren aus.

Ein vom Bibeltext nicht mit Namen benannter Prophet warnt, der Herr sei wütend über das Verhalten der Menschen in der Stadt. Er habe vor, ein Strafgericht losbrechen zu lassen: »Darum spricht der Herr, der Gott des jüdischen Volkes: ›Ich bringe Unheil über Jerusalem und Juda. Jedem, der davon hört, werden beide Ohren gellen. Ich werde Jerusalem fortwischen, wie man eine Schüssel auswischt.‹«

Das Zweite Buch Chronik berichtet in wenigen Zeilen (33,11) worin das Strafgericht bestand: »Da ließ der Herr die Kriegsobersten der Assyrer heranziehen. Diese nahmen den König Manasse fest und fesselten ihn mit Ketten. Dann führten sie Manasse fort.«

Während der Regierungszeit des Königs Manasse (687–642 v. Chr.) erreichte das assyrische Reich seinen Höhepunkt. Im Jahr 671 v. Chr. gelang es dem König Asarhaddon entlang der Mittelmeerküste die Fürstentümer Tyr und Ashdod zu unterwerfen. Seine Streitwagen erreichten Gaza und brachen dann in Unterägypten ein. Die Vision assyrischer Herrscher vom Reich, das sich von Euphrat und Tigris bis zum Nil erstreckte, hatte sich damit erfüllt.

Eine Siegesstele, die in Niniveh aufgefunden wurde, zeigt den König Asarhaddon als wahrhaft große und königliche Gestalt. Sein Bart besteht aus geflochtenen Haarreihen, die von den Backen bis zum Oberkörper reichen. Asarhaddon hält Seile in der Hand. Daran festgebunden sind zwei kleine menschliche Gestalten, die dem König gerade bis zu den Knien reichen. Sie recken flehend die Hände nach oben. Anzunehmen ist, daß diese Zwerge die Fürsten von Tyr und Juda darstellen sollen. Laut Bibeltext befand sich Manasse, der Herrscher von Juda, zu jener Zeit in der Gefangenschaft des Asarhaddon.

Erhalten geblieben ist in Niniveh ein Keilschriftdokument: Auf den sechs Flächen eines Primas aus Ton ist der Kriegsbericht des assyrischen Herrschers aus dem Jahre 671 v. Chr. eingeritzt. Er enthält die Liste der Fürsten, die dem assyrischen Herrscher tributpflichtig sind. Dazu gehören Balu, der König von Tyr; Manasse, der König von Juda; Sil-bel, der König von Gaza; Metinti, der König von Ashkalon; Ekan-su, der König von Ekron; Achimilki, der König von Ashdod.

Das Zweite Buch Chronik (33,13) informiert, der assyrische Herrscher habe Manasse wieder freigelassen, und der sei als geläuterter Mensch nach Jerusalem zurückgekehrt. Er sei für den Rest seines Lebens darauf bedacht gewesen, den wahren Herrn des jüdischen Volkes zu verehren – und die Stadt Jerusalem zu befestigen. Er soll auch die Statue der Göttin Ashtarot, die im Tempel stand, »vor die Stadt hinausgeworfen haben«.

Die Lebensbeschreibung des Manasse, die im Zweiten Buch Könige zu finden ist, weiß davon nichts zu berichten: Im Gegenteil, vermerkt ist dort, er habe immer getan, »was dem Herrn mißfiel« (21,16). Er blieb bei der Sünde, daß er Juda dazu verführt, weiterhin Ashtarot anzubeten.

Er hinterließ seinem bereits erwachsenen Sohn Amon die Herrschaft. Der Name läßt sich mit »der Vertrauenswürdige« übersetzen.

Bemerkenswert an seiner Regierungszeit ist allein, daß er bereits nach zwei Jahren von seinen Höflingen ermordet wurde. Der Grund ist unbekannt. Die Untertanen standen offenbar nicht auf der Seite der Attentäter, denn die Schuldigen am Tod des Amon wurden von der Masse erschlagen. Auch dieser fünfzehnte König von Juda in der Reihenfolge nach der Aufteilung des Salomonischen Reiches, hatte »getan, was dem Herrn mißfiel«.

Das Buch des Gesetzes wird entdeckt

Nachfolger des Getöteten wurde dessen Sohn Josiah (640–609 v. Chr.) Als Josiah achtzehn Jahre lang im Palast auf dem Hügel Moriah hoch über Jerusalem regiert hatte, da fiel ihm auf, daß der Tempel nebenan in einem sehr schlechten Zustand war. Es ist anzunehmen, daß auch der Palast, den Salomo vierhundert Jahre zuvor hatte bauen lassen, in der Zwischenzeit nur selten renoviert worden war. Darüber setzte sich der König Josiah hinweg; er hatte den Einfall, der Tempel müsse repariert werden.

Während der Ausbesserungsarbeiten bekam Josiah Besuch vom Staatsschreiber – hinter diesem Titel verbarg sich der Oberste der Exekutive im jüdischen Staat. Sein Name war Shaphan. Der Staatsschreiber erzählte seinem königlichen Herrn, der Höchste der Priester habe im Tempel, im hintersten Winkel, einen bedeutenden Fund gemacht. Er habe das »Buch des Gesetzes« entdeckt. Dieser Fund habe den Höchsten der Priester zutiefst erschüttert.

Josiah ließ sich den Text des Buches des Gesetzes vorlesen – und auch er wurde im Innersten gepackt. »Als der König den Text des göttlichen Gesetzes vernahm, zerriß er seine Kleider.« (Zweites Buch Könige 22,11)

Anzunehmen ist, daß dem König eine frühe Fassung der Schrift vorgelesen wurde, die Deuteronomium genannt wird. Der Titel bedeutet »Zweites Gesetz«. Der Inhalt des Buches ist die Wiederholung der Gesetze und Anordnungen, die Mose kurz vor seinem Tode den Sippen, die mit ihm durch die Wüste gewandert waren, eingeschärft hatte. Besondere Betonung legt das Buch auf die absolute Forderung des Herrn, seine Gesetze seien einzuhalten. Der Text weist auf die Folgen hin, wenn die Gesetze nicht beachtet werden.

Wenn dem König Josiah das Buch Deuteronomium vorgelesen wurde, und wenn ihn die Worte gepackt haben, dann war es diese Stelle, die ihm Schrecken eingejagt hat: »Der Herr wird euch unter die Völker zerstreuen. Nur wenige werden übrigbleiben. Der Herr wird euch den anderen Völkern preisgeben« (4,27).

Der König Josiah nahm diese Drohung ernst. Er gab Befehl, alle Standbilder fremder Götter – sie waren aus Holz geschnitzt – im Kidrontal zu verbrennen. Die Asche ließ er nach Bet El schaffen. Er war der Meinung, sie könne dort, an der besonders heiligen Stätte, gottgefällig verwahrt werden. Am Platz, wo sich die Öffnung zum Himmel befinde, werde sie keinen Schaden anrichten.

Josiah war daran interessiert, das Heiligtum Bet El wieder aufzuwerten. Es war im Jahr 721 v. Chr. zerstört worden. Damals hatte der Assyrer Sargon II. Krieg geführt gegen Samaria. Josiah plante, die geheiligten Gebäude in Bet El wieder aufzubauen. Politische Motive lenkten ihn: Er wollte in Köpfen und Herzen der Bewohner des früheren Nordstaates Israel, der jetzt ganz unter assyrischem Einfluß stand, das Bewußtsein stärken, sie gehörten zum jüdischen Volk, zu den Auserwählten des Bundes mit Gott.

Bet El lag im Bereich des einstigen Staates Israel. Dort sollte nun ein Heiligtum entstehen, in dem – wie in Jerusalem – die gereinigte Version des Gottesdienstes den Gläubigen geboten wurde.

Der Bericht darüber, welchen Gottesdiensten und Bräuchen Josiah ein Ende setzte, läßt erkennen, welche Veränderungen in Jerusalem während der Herrschaft von fünfzehn Königen stattgefunden hatten: Alle Gegenstände wurden beseitigt, die für Baal und Ashtarot angefertigt und im Tempel aufgestellt worden waren; er setzte die Priester dieser Götter ab, die von den vorausgehenden Königen geduldet und sogar gefördert worden waren; er ließ die »Gemächer der Weihedirnen« im Tempel des Herrn niederreißen.

Josiah verbrannte »die Feuerstätte im Hinnomtal, damit dort niemand mehr seinen Sohn oder seine Tochter für den Gott Moloch ›durch das Feuer gehen lassen konnte‹ – gemeint ist damit, daß Josiah Schluß machte mit den Menschenopfern im Hinnomtal im Westen von Jerusalem.

Der Bericht über die Reformen des Königs Josiah ist in seinen Angaben sehr präzise: »Josiah entfernte die Rosse, welche die Könige von Juda zu Ehren der Sonne am Eingang des Tempels bei der Halle des Kämmerers Netanmelech aufgestellt hatten. Er ließ die Sonnenwagen im Feuer verbrennen. Auch die Altäre, die sein Vater Manasse in den Vorhöfen des Tempels aufgebaut hatte, wurden niedergerissen. Ihr Schutt wurde hinunter in das Kidrontal geworfen.« (Zweites Buch Könige 23,5 ff.)

Bemerkenswert ist, daß König Josiah die entschlossenen Reformen eben nicht nur in seinem Herrschaftsbereich Juda durchführen ließ, sondern auch auf dem Territorium des einstigen Nordstaates Israel, der ein Jahrhundert zuvor von Assyrien annektiert worden war. Der Herrscher von Juda konnte sich diese Kühnheit leisten, da er kaum mehr befürchten mußte, von assyrischen Bewaffneten dafür bestraft zu werden.

Als Josiah im Jahre 640 v. Chr. König geworden war, da waren die Assyrer noch die Mächtigen zwischen Nil und Euphrat gewesen. Dann aber begann der rasche Absturz der Herrscher von Ninive. Zwei Konkurrenten hatten sich gegen die Assyrer erhoben. Sie waren in der vorteilhaften Position, Assyrien in die Zange nehmen zu können. Ägypten und Babylon wollten gemeinsam das Reich, das von Ninive aus regiert wurde, in die Knie zwingen. Den Babyloniern standen die Meder zur Seite, die ebenfalls vom Zusammenbruch des Assyrerreiches profitieren wollten.

Als Josiah im Jahre 609 v. Chr. sein Leben verlor, da war dieser Zusammenbruch bereits erfolgt: Ninive war drei Jahre zuvor von der babylonischen Armee eingenommen worden.

Zuvor war allerdings Überraschendes geschehen: Ägypten, der traditionelle Feind des Assyrerreichs, hatte die Fronten gewechselt und hatte den Herren über Ninive helfen wollen. Der Grund für diesen Frontwechsel: Die Mächtigen am Nil fürchteten zu Recht, Babylon könne auch für sie zur Gefahr werden. Doch der Feldzug des Pharao Necho zur Ostküste des Mittelmeers verlief unglücklich. Die ägyptischen Truppen sind dem Druck der Babylonier und Meder nicht gewachsen. Der Pharao muß zurückweichen. König Josiah hatte geglaubt, er könne Nutzen ziehen aus dem Konflikt der Großmächte. Er wollte vor allem verhindern, daß Necho sich einnistete im Land zwischen Mittelmeer und Jordangraben. Er glaubte stark genug zu sein, um den Pharao militärisch schlagen zu können. Beim Paß von Megiddo suchte Josiah die Entscheidung:

Der Ort war nicht schlecht gewählt. Bei der Stadt stoßen – noch heute – vier Straßen zusammen. Wichtig war zur Zeit des Josiah die Straße, die vom Küstenland her durch die enge Ironschlucht hochsteigt, um dann in das Jezreeltal abzufallen. Diese Route entspricht der heutigen Fernverkehrsstraße 65.

Auf diesem Weg war der Pharao Necho unterwegs, als er von Josiah bei der Höhe des Megiddopasses aufgehalten wurde. Der jüdische Reiterverband war jedoch zu unbedeutend, um die Ägypter in die Ironschlucht zurückzutreiben. Josiah wurde getötet. »Seine

Diener fuhren ihn tot von Megiddo weg und brachten ihn nach Jerusalem. Dort wurde Josiah bestattet.« (Zweites Buch Könige 23,30)

Das Erbe fiel dem Sohn Jehoahaz zu. Sein biblischer Name ist Joachas. Er war der 17. König des Staates Juda.

Der Sieger in der Schlacht von Megiddo wollte diesen Sohn des Mannes, der ihm auf dem Paß von Megiddo den Weg verstellen wollte, nicht als Monarch über Juda akzeptieren. Necho ließ Jehoahaz den Befehl zukommen, sich im Hauptquartier des Pharao, in Ribla, einzufinden. Jehoahaz gehorchte.

Ribla war damals eine aufstrebende Stadt. Sie lag am Ostufer des Orontes, dreißig Kilometer südlich der heutigen syrischen Stadt Homs. An der Stelle von Ribla befindet sich heute der unbedeutende Ort Ribleh.

Hier wurde Jehoahaz auf Anordnung des Pharao verhaftet und nach Ägypten deportiert. Jehoahaz starb im Exil.

Die zwei letzten Könige des Reiches Juda

Der vorletzte König war der Sohn des deportierten Jehoahaz. Die Bibeltexte nennen ihn Jojakim. Der wahre Name war Jehoiakim – er bedeutet »von Gott eingesetzt«. Das Urteil des Zweiten Buches Chronik: »Er tat, was dem Herrn, seinem Gott mißfiel.«

Im vierten Jahr seiner Regierungszeit, im Jahre 605 v. Chr., begann die »Ära Babylon«. Nebukadnezar, damals noch Kronprinz, führte ein babylonisches Heer gegen ägyptische Streitkräfte, die noch immer am Orontes stationiert waren. Deren Hauptquartier befand sich in Ribla. Doch die Stadt am Orontes mußte bald aufgegeben werden. Die Ägypter wichen vor Nebukadnezar zurück. Sie versuchten eine Abwehr bei Ashkalon aufzubauen, doch die Babylonier überrannten die Verteidiger und nahmen im Jahr 604 v. Chr. die einstige Philisterstadt ein.

Der Tod des Vaters verhinderte Nebukadnezars weiteren Vormarsch in Richtung Ägypten. Er kehrte ins Zweistromland von Euphrat und Tigris zurück, um Herrscher über Babylon zu werden.

Nach der Niederlage bei Ashkalon war Ägypten derart geschwächt, daß es keinen Vorstoß mehr unternehmen konnte. Das Königreich Juda hatte niemand mehr, den es hätte um Hilfe bitten können.

Jehoiakim starb im Jahr 598 v. Chr. Sein Nachfolger wurde Jehoiakin. Der Name läßt sich mit »von Gott ernannt« übersetzen. Das Urteil der Bibel über ihn lautet: »Er tat, was dem Herrn mißfiel, genauso wie sein Vater.« Die zwei letzten Könige des Reiches Juda verloren jeglichen Sinn für Realität. Der Beweis dafür ist bei Ausgrabungsarbeiten auf dem Hügel Ramat Rahel gefunden worden.

Der Platz liegt am südlichen Ortsende von Jerusalem, links der Straße, die nach Bethlehem führt. Ramat Rahel befindet sich knapp auf palästinensischem Gebiet. Ganz in der Nähe liegt das heute umstrittene Grab der Rachel, die eine der Frauen Jakobs gewesen war.

Der Hügel Ramat Rahel gab den Archäologen Einblicke in die Welt der zwei letzten Könige des Staates Juda. Sie hatten sich auf einem Hügel südlich von Jerusalem eine Zitadelle von gewaltigen Ausmaßen bauen lassen. Der gesamte Hügel war von einem Wall umgeben, der fünf Meter hoch gewesen sein mußte. Der Torkomplex befand sich im Westen der Zitadelle und bestand aus kunstvoll behauenen Steinblöcken. Aus den Trümmern wurden verzierte Fassadensteine geborgen, die von einem außerordentlichen Luxus zeugen. Die Fundamente der Gebäude lassen erkennen, daß sie einst geräumige Höfe umfaßt hatten. Der Archäologe Aharoni, der im Auftrag der Universität Rom während der Jahre 1959 bis 1962 den Hügel Ramat Rahel durchforscht hat, war der Meinung, nie ein aufwendigeres Palastprojekt aus biblischer Zeit gesehen zu haben.

Der Prophet Jeremia verurteilte den Bau der prunkvollen Königsresidenz. Seine Klage und Anklage ist im Buch Jeremia (22,13-15) erhalten geblieben: »Der baut sein Haus unter falschen Voraussetzungen, der protzig baut und der weiträumige Gemächer haben will. Brauchen wir einen König, der seine Säle und Gemächer mit Zedernholz auskleidet, der Decken rot bemalt? Warum gibst du, König, dich damit ab, Residenzen auszustatten?«

Aus der Größe der Innenhöfe schloß Aharoni, daß die beiden letzten Könige in Juda um ihre Residenz eine Garnison mit beachtlichen Streitkräften unterhalten haben. Die Frage ist, ob die Könige noch tatsächlich über eine schlagkräftige Armee verfügten. Als der Konflikt mit Babylon losbrach, wehrte sich der Staat Juda nicht.

Dem Bericht des Zweiten Buches Könige (Kapitel 24) über die Zustände am Ende der Königsherrschaft in Juda ist zu entnehmen, daß die Könige ihre Untertanen zu unmenschlicher Fronarbeit gezwungen haben. Der Prophet Jeremia hat dagegen auf seine Weise protestiert: »Weh dem König, der sein Haus mit Unrecht baut, der verlangt, daß sich sein Volk abmüht, und der nichts dafür bezahlt!«

Jeremia hat dem Herrscher Jehoiakin ein schreckliches Ende vorausgesagt: »Wie ein verreckter Esel wird er hinweggeschleift werden. Man wirft ihn zum Tor hinaus. Verblichen ist dann seine Majestät!«

Der Geburtsort des wortgewaltigen Jeremia ist bekannt. In jener Zeit hieß er Anathot. Die alte Bezeichnung ist erhalten geblieben im Ortsnamen Anata. Diese Ortschaft liegt links der Verbindungsstraße, die Jerusalem im Osten umgeht. Anata ist nur fünf Kilometer von Jerusalem entfernt. Ein Fußgänger der biblischen Zeit benötigte für den Weg nach Anathot zweieinhalb Stunden.

Die kleine Stadt Anathot war vierhundert Jahre zuvor im Familienbesitz des hohen Geistlichen Abjatar gewesen. Er hatte dem König David lange Jahre treu gedient. Allerdings hatte er in der schwierigen Zeit der Krankheit des Königs und der Amtsübernahme durch Salomo falsch taktiert. Er fiel beim neuen König in Ungnade. Salomo schickte den Ersten der Priester in die Verbannung. Weit brauchte Abjatar nicht zu gehen. Salomo hat den Ort der Verbannung genannt: »Verschwinde nach Anathot und bleibe dort auf deinem Landbesitz!«

Anzunehmen ist, daß Jeremia ein später Nachkomme des Abjatar war. Die ersten Worte des Buches Jeremia präsentieren den Propheten so: »Aussagen des Jeremia, des Sohnes des Hilkia aus dem Priestergeschlecht zu Anathot im Lande Benjamin.«

Jeremia war ein Mann von ungewöhnlicher politischer Weitsicht. Nach der Niederlage der Ägypter in der Orontesgegend (605 v. Chr.) sieht Jeremia im Babylonier Nebukadnezar den gefährlichsten Gegner des jüdischen Staates. Seine Warnungen vor dem Feind sind mit Prophezeiungen verbunden: »Diese Stadt und dieses Land werden zu Staub zerfallen, an ihrer Stelle wird sich Wüste ausbreiten!«

Derartige Voraussagen, die Unruhe stifteten in Jerusalem, mißfielen dem für den Tempel zuständigen Priester Pashur. Der verbot dem unbequemen Warner den Aufenthalt im Heiligtum. Doch damit war Jeremia nicht mundtot gemacht. Er zog sich einen Schüler heran – sein Name war Baruch – »der Gesegnete«. Diesem jungen Mann diktierte Jeremia seine Warnungen und Voraussagen. Baruch ging tags darauf in den Tempel, um dort die Worte des Propheten vorzutragen. Die Absicht war, die Zuhörer zu erschrecken, ihnen Gottesfurcht einzujagen.

Im Palast, der in Jerusalem neben dem Tempel stand, wurde bekannt, daß der Schüler des Jeremia das Volk der Stadt beunruhigte. Baruch wurde in den Palast gerufen. Der König – es war Jehoiakin – wollte wissen, was Baruch im Auftrag des Jeremia zu verkünden hatte. Die Höflinge, die verhindern wollten, daß dem Propheten Übles zustoße, gaben Baruch den Rat, mit Jeremia die Stadt rasch zu verlassen. Sie fürchteten den Zorn des Jehoiakin, der nicht wollte, daß seine Politik durch Aufwiegler gestört werde. Er glaubte, die Zeit sei gekommen, gegenüber Nebukadnezar Unabhängigkeit beweisen zu können. Zusammen mit anderen Fürsten der Region dachte Jehoiakin darüber nach, eine gemeinsame militärische Aktion gegen das babylonische Heer zu unternehmen. Nebukadnezar muß davon erfahren haben, denn er begann eine Offensive in Richtung Juda zu organisieren.

Jeremia erkannte, daß seine Befürchtungen Wirklichkeit wurden. Er begriff, daß kein anderer Weg zur Rettung bestand, als Unterwerfung: Jerusalem mußte dem Babylonier seine Tore öffnen. Nur auf diese Weise konnte der unbesiegbare Mächtige besänftigt werden.

Jeremias Meinung war nicht populär in Jerusalem. Der Prophet, der sich wieder in die Stadt traute, argumentierte gegen die »Träumer«, die sagten: »Ihr braucht euch dem König von Babylon nicht zu unterwerfen. Lügen verkünden diese falschen Propheten. Sie werden schuld sein, wenn ihr eure Heimat verliert. Gott sagt: ›Wenn dieses Volk seinen Nacken beugt vor dem König von Babylon, werde ich es in seiner Heimat wohnen lassen.‹«(Jeremia 27,9 ff.)

Das Unheil war nicht mehr aufzuhalten. Nebukadnezar näherte sich Jerusalem. Draußen vor dem Palast des letzten Königs von Juda spricht Jeremia zu den Bewohnern von Jerusalem, doch die Rede ist direkt an den Herrscher gerichtet: »Höre! Es sinkt von deinem Haupt die prachtvolle Krone! Dein Volk wird weggeführt werden. Alle werden deportiert. Schau nach Norden, von dort kommen sie. Was bleibt übrig von deinem Volk?«

Die Bildhaftigkeit der Sprache des Jeremia packt bis heute. So charakterisierte Jeremia den babylonischen Herrscher: »Wie Wettergewölk steigt er auf. Seine Streitwagen sind gleich dem Sturmwind. Seine Rosse sind flinker als die Adler. Weh' über uns, wir sind verloren!« (Jeremia 4,13)

Der letzte König von Juda war jung, als ihm die Verantwortung aufgebürdet wurde. Mit achtzehn Jahren hatte er die Entscheidung über Krieg und Frieden zu treffen. Er entschied sich für Unterwerfung gegenüber Nebukadnezar: »Da ging Jehoiachin hinaus vor die Stadt ins Lager des Nebukadnezar. Beim König waren seine Mutter, seine militärischen Befehlshaber und die obersten Hofbeamten. Sie wurden alle gefangengenommen.« (Zweites Buch Könige 24,12) Jehoiachin hatte nur drei Monate lang in Jerusalem regiert.

Nebukadnezar, der am Fortbestand der Ordnung in Jerusalem interessiert war, setzte Zedekiah, den Onkel des deportierten Monarchen, zum Reichsverweser ein. Ein Schriftdokument, das in Babylon gefunden wurde, bestätigt den biblischen Bericht: »Nebukadnezar nahm Jerusalem ein und führte den König als Gefangenen hinweg. Er setzte einen Herrn über Juda nach seinem Gutdünken ein.«

Das Zweite Buch Könige erzählt, Jehoiachin sei nach Babylon entführt worden, in eine Stadt, die damals schon im jüdischen Volk einen klingenden Namen besaß. Babylon war im wahren Sinne des Wortes eine sagenhafte Stadt.

Das Buch Genesis berichtet von einem Ereignis, das zum Legendenschatz der jüdischen Sippen gehörte: »Die Menschen, die alle in einer Sprache redeten, sprachen zueinander: ›Laßt uns eine Stadt und einen Turm bauen, dessen Spitze bis in den Himmel reicht. Wir wollen uns damit ein Zeichen setzen.‹ Der Herr aber fuhr herab um sich den Turm, den die Menschen erbaut hatten, anzuschauen.«

Der Herr sah, daß die Menschen vom Ehrgeiz gepackt waren, sich in den Himmel zu erheben. Er befürchtete, dieser Ehrgeiz werde die Menschen auf falsche Wege führen. Diese Gefahr war besonders groß, wenn sie, als geschlossener Block, in einer Sprache redeten. Um sie zu verwirren, lenkte er ihre Sinne so, daß sie einander nicht mehr verstanden – jeder redete in einer anderen Sprache.

Der Prophet Jeremia selbst bezeichnete Babylon als »Becher aus Gold in der Hand Gottes«. Babylon war bewundert und gefürchtet. Sein legendärer Ruhm verlockte in neuer Zeit Forscher zur Suche nach dem wahren Ort am Euphrat. Die wichtigste Expedition wurde im Jahr 1899 von der Deutschen Orientalischen Gesellschaft entsandt. Sie stand unter der Leitung von Prof. Robert Koldeway. Es dauerte fast zwei Jahrzehnte, bis die Stadt Nebukadnezars ihre Geheimnisse preisgegeben hatte. Gefunden wurde das Ishtartor, das heute im Pergamon-Museum in Berlin zu bewundern ist.

Viel weniger spektakulär als das Ishtartor waren zunächst einige hundert beschriebene Tontafeln, die in den Resten des königlichen Palastes gefunden worden waren. Professor Koldeway nahm sie mit. Sie lagerten verpackt im Keller des Berliner Museums. Erst die nächste Forschergeneration nach Professor Koldeway begann mit der Entzifferung der Inschriften.

Die Ausbeute schien zunächst bescheiden zu sein. Entziffert wurden Vorratslisten und Aufstellungen des Inventars im königlichen Palast. Nichts in den Unterlagen der königlichen Verwaltung konnte Interesse wecken. Doch dann wurde auf einer Tafel der Name »Ja-u-kinu« entdeckt, mit dem Zusatz »König von Juda«. Ja-u-kinu war leicht in die Bibelsprache zu übersetzen: Gemeint war Jehoiachin. Er hatte also wirklich im Palast des Nebukadnezar in Babylon gelebt – mit mehreren Personen seines Hofstaats. Offenbar war Jehoiachin am Euphrat eine geachtete Persönlichkeit. Er wurde wahrscheinlich besser behandelt als Zedekiah, der in Jerusalem die Geschäfte zu führen hatte.

Zedekiah war eine Puppe in der Hand der Babylonier. Er besaß keinerlei Souveränität. Die Abhängigkeit von Babylon löste Unzufriedenheit in Jerusalem aus. Die Zahl derer wuchs, die einen Konflikt mit Nebukadnezar nicht scheuen wollten. Sie wurden geleitet von ihren eigenen Propheten.

Der Konflikt der Propheten

Der Sprecher der Kriegstreiber stammte aus der Schicht der führenden Priester. Sein Name war Hananiah. Er kann übersetzt werden mit »Gott ist gnädig«. Er war in Gibeon geboren worden. Der Ort ist heute palästinensisch und heißt El Jib. Das Dorf liegt an der Straße zur Steige von Bet Horon.

Hananiah sprach tröstende Worte für die niedergedrückten Bewohner von Jerusalem, deren König in »babylonischer Gefangenschaft« weit von der Heimat entfernt leben mußte. Jehoiachin und seine Familienmitglieder waren nicht allein deportiert worden; der Bibeltext spricht davon, Nebukadnezar habe »ganz Jerusalem« in die Gefangenschaft geführt. Der Text selbst relativiert allerdings diese Aussage mit der Information, die wehrtüchtigen Männer hätten den Weg nach Babylon antreten müssen – vor allem aber die Schmiede und Schlosser.

All denen, die darüber klagten, daß ihnen Verwandte entrissen worden sind, sagte Hananiah, sie könnten innerhalb von zwei Jahren mit der Heimkehr der Deportierten rechnen. Gott werde dafür sorgen, daß Babylon untergehe; der Herr werde die Babylonier zerschmettern. Der Herr habe ihm – dem Propheten Hananiah – zugesagt, daß auch die heiligen Gefäße des Tempels ohne Schaden aus Babylon heimkehren werden. Gott habe versprochen, dem Heiligtum seine Weihe wiederzugeben.

Jeremia, der Mann mit politischem Weitblick, hielt derartige Reden für unverantwortlich. Er hatte begriffen, daß auf absehbare Zeit die militärische Kraft Babylons nicht zerbrechen würde. Doch seine Anhängerschaft wurde immer kleiner. Die Bewohner von Jerusalem hörten auf die Versprechungen des Hananiah.

Zum Zeichen, daß er selbst bereit war, sich den Anordnungen babylonischer Statthalter zu beugen, trug Jeremia bei seinen Gängen durch die Stadt ein hölzernes Joch am Hals und auf den Schultern. Jeremia sah darin einen symbolischen Akt. Doch Hananiah besaß ebenfalls ein Gespür für symbolische Akte und für Propagandaeffekte: Er nahm dem Jeremia das hölzerne Joch weg und warf es mit derartiger Wucht auf den Boden, daß es zerbrach. Als die Bruchstücke auf dem Boden lagen, sprach Hananiah mit starker Stimme: »Im Namen des Herrn sage ich euch, so wie dieses Joch zerbrochen ist, wird das Joch zerbrechen, das uns Nebukadnezar auferlegt.«

Jeremia reagierte gelassen: Er sagte dem Hananiah voraus, er werde innerhalb eines Jahres tot sein. Der biblische Bericht sagt, der Tod sei bereits nach zwei Monaten eingetreten.

Jeremia warnte auch die nach Babylon deportierten Männer vor »falschen Propheten«, die baldige Heimkehr versprechen. Es gelang ihm, der nicht sehr zahlreichen Gruppe, die keineswegs unter schlechten Bedingungen im Zweistromland lebte, ein Schreiben zukommen zu lassen. Er empfahl den Deportierten, sich mit den Gegebenheiten abzufinden. Im Gegensatz zu den »falschen Propheten«, die baldige Heimkehr voraussagen, sei er der Meinung, die Rückkehr nach Jerusalem sei erst in siebzig Jahren möglich. Diese siebzig Jahre aber dürften keine Zeit der Trauer und der Resignation sein. Jeremia wies die Männer in der Fremde an, ein normales Leben mit Zukunftsperspektive zu führen: »Nehmt euch Frauen und zeugt Kinder mit ihnen. Sucht dann Frauen für euere Söhne und Männer für euere Töchter. Nehmt zu an Zahl. Vermehrt euch – achtet darauf, nicht weniger zu werden. Baut Häuser und lebt in ihnen. Legt Gärten an und eßt, was darin wächst.«

Bemerkenswert ist der Rat des Jeremia, sich mit dem Land, in dem die Männer aus Jerusalem jetzt leben müßten, verbunden zu fühlen: »Sorgt dafür, daß es der Stadt eures Exils gutgeht. Stellt euch auf die Seite der Behörden.« (Jeremia 29,5 ff.)

Über diese Ratschläge ärgerte sich der Gottesmann Shemaiah. Er lebte unter den Deportierten im babylonischen Gebiet. Er wollte als maßgeblicher Prophet im Exil gelten. Shemaiah gehörte zu denen, die ein baldiges Ende der Verbannung und – mit Gottes Hilfe – eine schnelle Rückkehr in die Heimat voraussagten. Shemaiah ärgerte sich über die Einmischung aus Jerusalem in seine Belange. Nachdem der Brief des Jeremia verlesen worden war, reagierte Shemaiah schriftlich. Er schrieb an den Priester Zephaniah, der zu den Beratern des Pseudoherrschers Zedekiah gehörte. Der Text des Schreibens, das Zephaniah erhielt, ist im Buch Jeremia (29,26 ff.) überliefert:

»Der Herr hat dich in das Priesteramt eingesetzt, damit du im Hause des Herrn für Ordnung sorgst und damit du die verrückten Weissager einsperren läßt. Warum hast du nichts gegen Jeremia aus Anathot unternommen? Er behauptet von sich, er sei Prophet! Dieser Jeremia hat an uns, die wir in Babylon leben, geschrieben, die Verbannung dauere noch lange. Er hat uns den Rat gegeben, Häuser zu bauen und Gärten anzupflanzen und von der Ernte zu leben. Sperre Jeremia ein und lasse ihm Halseisen anlegen.«

Nach Erhalt dieses Briefes las der Berater des Königs den Text dem Beschuldigten vor. Da fühlte sich wiederum Jeremia veranlaßt, diese Antwort nach Babylon zu schicken: »Dies ist eine Botschaft an die Gesamtgemeinde der Verbannten. Ihr solltet wissen, daß Shemaiah euch prophezeit hat, ohne vom Herrn dazu ermächtigt zu sein. Er sagt euch die baldige Heimkehr voraus. Diese Prophezeiung ist falsch. Deshalb hat Gott beschlossen, ihn nicht nach Jerusalem zurückkehren zu lassen. Keinem aus seiner Familie sei die Heimkehr vergönnt.«

Im Buch Jeremia ist festgehalten, der rechtmäßige Prophet habe im zehnten Jahr der Herrschaft des Zedekiah – also im Jahre 588 v. Chr. – in seinem Heimatort Anathot einen Acker gekauft. Die Kaufsumme soll siebzehn Silberstücke betragen haben. Bemerkenswert an diesem Geschäft ist, daß es im Gefängnis beim königlichen Palast abgeschlossen wurde. Der Prophet war wegen seiner »demoralisierenden Offenbarungen« eingesperrt worden. Jeremia sollte nicht länger in der Lage sein, die Widerstandskraft der Bevölkerung von Jerusalem zu untergraben. Jeremia wartete hinter Gittern auf ein Zeichen des Herrn. Daß ein Verwandter aus Anathot zu ihm ins Gefängnis kam, um ihm einen Acker zum Kauf anzubieten, war für ihn ein Zeichen Gottes: Jeremia glaubte, der Herr wolle ihm damit zeigen, daß er mit Zuversicht in die Zukunft blicken könne.

Doch er blieb im Gefängnis, während der Priester Zephaniah den

Herrscher von Nebukadnezars Gnaden überreden konnte, einer Rebellion gegen den Babylonier zuzustimmen. Als Zephaniah die Zusage der Verantwortlichen in Ägypten vorweisen konnte, sie würden im Fall des offenen Konflikts mit Babylon starke Truppenverbände zu Hilfe schicken, stimmte Zedekiah den Aufstandsplänen seines Beraters zu. Er organisierte eine Allianz mit den Fürsten von Tyr und Ammon. Doch die Vorbereitungen zum Widerstand verliefen zu langsam. Ehe die drei Monarchen ihre Streitkräfte mobilisiert hatten, schlug Nebukadnezar zu. Seine Kämpfer belagerten Jerusalem.

Doch das Wunder, das Jerusalem schon einmal gerettet hatte, schien sich zu wiederholen. 112 Jahre zuvor hatte der Assyrer Sanherib die Belagerung abbrechen müssen. Jetzt, im Jahr 587 v. Chr. zogen die Belagerungstruppen wieder überraschend ab. Der junge Pharao Apries (588–566 v. Chr.) war entschlossen, sein Wort zu halten: Er schickte seine Streitwagen ins jüdische Gebiet. Für Nebukadnezar hatte die Abwehr dieser ägyptischen Entsatzarmee Priorität. Er verließ mit seiner Armee das Bergland von Juda und zog dem Pharao Apries, der im Alten Testament »Hophra« genannt wird, entgegen.

Die Aufhebung der Belagerung gab dem unsicheren Zedekiah zwar Mut, doch er traute dem Geschick trotzdem nicht. Zedekiah überwand seine Abneigung gegen Jeremia – er ließ den Propheten zu sich in den Palast kommen, und er fragte ihn, ob Gott gesprochen habe. Jeremia antwortete, er habe den Auftrag vom Herrn erhalten, Zedekiah mitzuteilen, daß er von den Ägyptern keine Hilfe zu erwarten habe; sie seien bereits wieder auf dem Rückmarsch zum Nil. Nebukadnezar aber werde die Belagerung fortsetzen – der Untergang von Jerusalem sei nicht aufzuhalten.

Als die Streitkräfte Babylons noch nicht wieder vor der Hauptstadt von Juda eingetroffen waren, wurde Jeremia dabei ertappt, daß er durch das Tor im Norden Jerusalem verlassen wollte. Die Torwächter hielten ihn auf und verprügelten ihn. Sie warfen dem Propheten vor, er wolle zum Feind überlaufen. Jeremia verteidigte sich: Seine Absicht sei, in Anathot, im Lande Benjamin, eine Erbschaftsfrage zu regeln. Diese Erklärung war einleuchtend, denn es war bekannt, daß diesem Propheten und seiner Familie Grundbesitz in Anathot gehörte. Der Weg nach Anathot war dazuhin in zwei Stunden zu Fuß zu bewältigen. Doch die Torwächter glaubten ihm nicht. »Sie warfen ihn in den Kerker im Haus des Staatsschreibers Jonatan.« (Jeremia 37,15)

Selbst vom Gefängnis aus agitierte Jeremia gegen den Krieg mit

Babylon. Er gab den Menschen den Rat, vor dem Eintreffen des Feindes die Stadt zu verlassen, »denn der Herr über Babylon wird sie erobern«.

Dieser Defätismus ärgerte die Truppenbefehlshaber und die Höflinge. Sie verlangten den Tod des Jeremia, da er den Kriegsleuten, die noch zu Zedekiah hielten, den Mut raube. Doch Zedekiah, der immer ängstlicher wurde, wollte nicht die Verantwortung für die Hinrichtung dieses Propheten übernehmen, der immer glaubhafter versicherte, er befolge Gottes Anweisungen.

Jeremia gab dem von Nebukadnezar eingesetzten König den Rat, er möge sich vor die Stadt begeben und dem Babylonier entgegen ziehen. Nur durch diese Geste werde Nebukadnezar bereit sein, die Stadt und die Bewohner zu schonen. Zedekiah aber antwortete, diesen Schritt wage er deshalb nicht, weil er fürchten müsse, von seinen judäischen Untertanen, die bereits zum Feind übergelaufen seien, mißhandelt zu werden. Offenbar war die Zahl der Überläufer beachtlich.

Zedekiah konnte sich zu nichts mehr entschließen. Er will nicht kapitulieren, und er versucht auch nicht, die Belagerer zum Kampf herauszufordern. Die Folge war, daß die Belagerungszeit lange dauerte. Im Hochsommer des Jahres 587 v. Chr. besaßen die Verteidiger keine Kraft mehr – es gab kein Brot in Jerusalem. So konnten die Kämpfer des Zedekiah nicht verhindern, daß der Rammbock des Feindes eine Bresche in die nördliche Stadtmauer schlug. Der Feind brach in die wehrlose Stadt ein. Hilflos und kopflos rannten der Herrscher, seine Befehlshaber und seine Höflinge davon. Bei Dunkelheit flohen sie aus Jerusalem hinunter ins Kidrontal. Ihr Ziel war Jericho am Jordan. Sie erreichten die Stadt nicht. Nahe bei Jericho wurden sie ergriffen und gefesselt.

Zu Fuß mußten die Gefangenen eine weite Strecke zurücklegen – in der Hitze des Sommers 587 v. Chr. In Jericho am Jordan begann der Leidensweg; er endete in Ribla (Ribleh) am Orontes. Die Stadt hatte sich inzwischen zum Zentrum aller Kriegsherren entwickelt, die in der Region zu bestimmen hatten. In Ribla war im Jahr 609 v. Chr. der 17. König von Juda durch den Pharao Necho verhaftet worden. Jetzt wurde Ribla zur Schicksalsstadt für den 20. Monarchen, der jedoch kein Souverän mehr gewesen war. Zedekiah wurde in Ribla geblendet und nach Babylon abgeführt.

Jeremia war während des Sturms der Babylonier in Jerusalem geblieben. Alles war eingetroffen, was er vorausgesagt hatte. Auf Anordnung von Nebukadnezar wurde der für Sklavenarbeit geeignete

Teil der Bevölkerung aus der Stadt in Richtung Euphrat deportiert. Unter denen, die umgesiedelt werden sollten, befand sich auch Jeremia. Doch er wurde gesucht – auf Anordnung Nebukadnezars.

Die Sonderbehandlung, die dem Propheten jetzt zuteil wurde, legt den Gedanken nahe, er sei schon immer ein Agent der Babylonier gewesen. Der Befehlshaber der Siegertruppen entdeckte Jeremia unter der Masse der halbverhungerten Gefangenen, die während der langen Belagerungszeit gelitten hatten, und die einen jammerwürdigen Eindruck machten. Der Befehlshaber gab dem Propheten als einzigem die Möglichkeit frei zu entscheiden, ob er künftig in Babylon als Gast Nebukadnezars leben oder im Land Juda bleiben wolle. Jeremia wählte den Aufenthalt in der Heimat. Er blieb zurück, als die Deportierten ihre lange Wanderung nach Babylon antraten. Die Kolonnen der Vertriebenen folgten dem »Fruchtbaren Halbmond«, sie zogen den Jordan hinauf, den Orontes hinunter; dann wanderten sie dem Fluß Euphrat entlang bis Babylon.

Der von der Deportation verschonte Jeremia hatte in Jerusalem keine Aufgabe mehr. Die Stadt wurde im Verlauf der nächsten Wochen systematisch zerstört. Der Tempel wurde abgerissen; die Häuser verbrannten; der königliche Palast, der 450 Jahre lang die Residenz der Könige gewesen war, verwandelte sich in einen Schutthaufen. Jerusalem wurde unbewohnbar. Wer von der Führungsschicht überlebt hatte und nicht deportiert worden war, der versammelte sich in der Stadt Mizpah.

Bekannt ist, daß die Stadt an der Grenze von Juda, nördlich von Jerusalem lag. Für die Ortsbestimmung existieren zwei Vermutungen. Die eine besagt, Tell an Nashbeh, südlich von Ramallah, sei der Platz gewesen. Die andere Vermutung lautet, Mizpahs Spuren müßten in Sichtweite von Jerusalem gesucht werden – dort wo sich die Erhebung Nabi Samwil befindet, der Hügel des Propheten Samuel.

Mizpah war unberührt geblieben von der Kriegführung der Babylonier. In der intakten Stadt versuchte ein Mann, der Gedaliah hieß, eine Verwaltung für Juda zu organisieren. Gedaliah besaß das Vertrauen der Sieger, und er war ein Freund des Propheten Jeremia, der ebenfalls von den Offizieren Nebukadnezars respektiert wurde. Die Amtszeit des Gedaliah als Gouverneur von Juda dauerte allerdings nur zwei Monate, dann wurde er getötet. Für den Mord waren junge Juden verantwortlich, die nicht ertragen konnten, daß sie von einem Agenten der Sieger regiert wurden.

Diese Tat löste allerdings eine Fluchtbewegung aus: Die Wohlhabenden verließen die Stadt aus Furcht vor Repressalien der Babylonier. Die Sorge breitete sich aus, nun werde auch Mizpah von der Besatzungsmacht zerstört werden – zur Vergeltung. Viele Familien machten sich auf den Weg nach Ägypten. Der junge Pharao Apries nahm sie auf. Er schickte sie allerdings in die Gegend des ersten Nilkatarakts; dort besiedelten die ehemaligen Untertanen der Könige von Juda die Nilinsel Elephantine bei der heutigen Stadt Aswan (Assuan). Dort existierte fortan eine starke jüdische Kolonie.

Zu den Flüchtlingen gehörte auch der Prophet Jeremia. Das Buch Jeremia (42) erweckt den Eindruck, er sei nicht freiwillig geflohen, er sei als Gefangener mitgeschleppt worden.

Im ägyptischen Exil vergaßen die Vornehmen aus Juda den Bund mit Gott. Jeremia ermahnte sie, das Gesetz des Herrn einzuhalten. Sie aber wollten nicht länger seine belehrenden Worte hören. Sie sagten mit Deutlichkeit, der Gott, von dem Jeremia rede, habe dem jüdischen Volk in seiner Bedrängnis überhaupt nicht geholfen. Die Diskussion mit Jeremia gipfelte in dieser Klage: »Es wäre besser gewesen, wir hätten weiterhin Rauchopfer auf den Höhen dargebracht. Die Göttin Astarte hat uns geholfen solange wir sie angebetet haben. Seit wir damit aufgehört haben, leiden wir Not.« (Jeremia 44, 17 ff.)

Die Flüchtlinge gaben dem Gott des Propheten Jeremia die Schuld an der Katastrophe. Er habe sie den Babyloniern ausgeliefert. Der Zorn richtete sich gegen Jeremia, den Agenten der Babylonier. Überliefert ist, er sei in Ägypten getötet worden. Die nach Aswan verpflanzten Entwurzelten hätten ihn gesteinigt. Die Katastrophe der totalen Niederlage, an der Jeremia Mitschuld trug, hat der Prophet der babylonischen Interessen nicht lange überlebt.

Dokumente der Katastrophe

Als in der Mitte der 30er Jahre des vergangenen Jahrhunderts der Hügel Tell al Duweir in Lakhishtal östlich von Kirjat Gat ausgegraben wurde – auf der Suche nach der biblischen Stadt Lachis – da entdeckte das Team von J. L. Starkey die Fundamente der »Kammer der Wachen« in einer Außenbastion der stark befestigten Stadt. An der dicken Aschenschicht war zu erkennen, daß die »Kammer der Wachen« durch Feuer zerstört worden ist. Eine Festlegung des Zeitraums für dieses Ereignis war möglich: Der Brand muß zur Zeit der Einnahme des Landes Juda durch die Babylonier gewütet haben.

Unter der Aschenschicht lagen achtzehn Tonscherben. Sie waren beschriftet. Die Schriftzeichen waren einst mit schwarzer Tinte kräftig aufgetragen worden – sie waren, nach zweitausendfünfhundert Jahren, noch gut zu lesen. Worte und Schriftzeichen sind »frühes Hebräisch«.

Die erste Entzifferung klärte die Umstände, warum sich die beschrifteten Tonscherben in der »Kammer der Wachen« befunden haben. Es waren militärische Meldungen, die dort eingetroffen waren. Sie berichten über die Schlußphase des Krieges mit den Babyloniern. Feststellbar sind die Namen des Schreibers und des Empfängers. Der untergeordnete Offizier Hoshaia, der einen Außenposten zu verteidigen hat, teilt seinem Vorgesetzten in der Festung Lachis mit, was ihm wichtig erscheint. Der Schreiber nennt den Empfänger »Mein Herr Yaosh«.

Hoshaia schreib an Yaosh: »Mein Herr Yaosh. Dein Diener ist nichts als ein Hund. Du hast mir Briefe des Königs geschickt und auch Schreiben der königlichen Prinzen, mit der Aufforderung, diese Briefe zu lesen. Wahrhaftig es ist schlecht, was die Prinzen schreiben. Sie bewirken nur, daß wir schwach und mutlos werden und daß unsere Hände niedersinken. Meine Männer sollten besser über den Inhalt der Schreiben nichts erfahren. Seit ich, dein Untergebener, diese Schreiben gelesen habe, gibt es keine ruhige Stunde mehr für mich.«

Die Situation ist eindeutig: Nur zwei Städte sind zum Zeitpunkt, als die Schreiben verfaßt wurden, von Nebukadnezar noch nicht besetzt worden: Die Hauptstadt Jerusalem und die starke Festung Lachis mit ihrem Außenposten. Der König und die königlichen Prinzen in Jerusalem sind ohne Hoffnung für eine positive Entwicklung des Kriegsverlaufs – und sie teilen diese Hoffnungslosigkeit dem Kommandanten von Lachis mit, der es für richtig hält, die Schreiben an seinen Untergebenen weiterzureichen.

Das Vertrauensverhältnis zwischen den beiden Offizieren unterschiedlichen Ranges scheint allerdings gestört zu sein. Im Text auf einem anderen Tonscherben rechtfertigt sich Hoshaia, er habe sich nie erlaubt, königliche Schreiben unbefugt zu lesen, die durch seine Hände gegangen seien. Immer habe er diese Schreiben ungelesen nach Lachis weiterbefördern lassen. Er habe selbstverständlich den Inhalt solcher Schreiben nicht anderen Personen mitgeteilt. Aus diesem Schreiben ist zu schließen, daß der Außenposten des Hoshaia an der Botenstrecke zwischen Jerusalem und Lachis lag.

Ein Schreiben erwähnt, daß vom Vorposten aus die Bastion Asekah zu erkennen sei. Auch sie hatte Bedeutung, denn sie wird in der Kriegsbeschreibung des Buches Jeremia genannt (34,7): »Währenddessen stritt die Heeresmacht des Königs von Babylon gegen Jerusalem. Alle Städte waren schon gefallen, bis auf Jerusalem, Lachis und Asekah. Im ganzen Lande Juda hielten sich nur noch diese Festungen.«

Asekah lag dort, wo sich heute das kleine Dorf Kafr Zekhariya über dem Tal Ha Ela befindet. Die Entfernung zwischen Lachis und Asekah in der Luftlinie beträgt zwölf Kilometer in Richtung Norden. Asekah besaß deshalb strategische Bedeutung, weil durch diese Bastion die Straße von der Küstenebene in das Hochland von Bethlehem kontrolliert werden konnte.

Hoshaia teilt mit, daß er die Feuerzeichen von Asekah ständig beobachte. Doch dann muß Hoshaia seinem Kommandeur Yaosh melden: »Die Feuerzeichen von Asekah sind nicht mehr zu sehen. Asekah ist erobert worden.« Hoshaia fügt den Worten hinzu: »Nun, da Asekah gefallen ist, beobachten wir nur noch die Feuer von Lachis.«

Bei der Abfassung eines Schreibens hat der Untergebene Grund, sich gegen den Vorwurf zu verteidigen, er habe nicht alle Befehle seines Herrn korrekt ausgeführt. Hoshaia betonte ausdrücklich, er habe auch über jeden Vorgang berichtet, der von Bedeutung sei.

Es muß in dieser Zeit der Krise für den Staat und für jeden einzelnen einige Propheten gegeben haben, die in keinem Bibeltext erwähnt werden. Der untergebene Offizier beklagt sich darüber, daß sein Außenposten von einem Propheten aufgesucht worden sei, der die Kampfmoral seiner Männer untergraben habe. Dieser Prophet sei jetzt unterwegs nach Ägypten.

Der Text auf einem Tonscherben – vielleicht war es das letzte Schreiben, das Lachis erreichte – lautet: »Möge Gott es bewirken, daß mein Herr Nachrichten vom Frieden erhalte.« Es muß nur wenige Tage gedauert haben, bis die Festung Lachis und der Außenposten von Nebukadnezar erobert wurden.

Wer überlebt hat, der dachte ans Weiterleben. In Jerusalem herrschte Not. Auch mit dem Ende der Kämpfe konnte der Hunger nicht gestillt werden. Nur die Kämpfer der Siegerstreitkräfte in den Lagern vor der Stadt hatten genügend zu essen. Berichtet wird, die Frauen hätten zuerst Beziehungen zu den Siegern aufgenommen, und diese hätten geholfen zu überleben: »Als der Feind seine Lager aufgeschlagen hatte, da putzten sich die Frauen heraus und sie besuchten die Lager vor der Stadt. Sie schliefen mit den Kommandeuren und Oberbefehlshabern, aber auch mit den einfachen Männern. Die Frauen fuhren in den Streitwagen der Sieger umher.«

Der Kampf der Frauen ums Überleben hatte allerdings üble Folgen. Sie zogen sich Krankheiten zu: »Ihnen fielen die Haare aus und ihre Haut wurde aussätzig.«

Menschenleer war Jerusalem keineswegs. Deportiert worden waren allein Männer mit Berufen, die bei den Bauprojekten am Euphrat benötigt wurden. In die Gefangenschaft abgeführt worden waren auch wohlhabende Familien, die sich nicht rechtzeitig nach Mizpah hatten absetzen können. Die armen Familien waren geblieben. Sie konnten auch nicht daran denken, nach Ägypten zu fliehen. Sie suchten Unterschlupf in den Ruinen.

Für das Bewußtsein des jüdischen Volkes bis heute sind die damals in Jerusalem Zurückgebliebenen unbedeutend. Die Idee, das auserwählte Volk zu sein, lebte fort in der Gedankenwelt der Verbannten. Sie waren der Meinung, Gott sei dabei, sie einer Prüfung zu unterziehen, um sie dann – wenn sie vor dem Herrn bestanden haben – besonders reich zu belohnen. Dazu gehörte eine triumphale Rückkehr in das gegenüber den Patriarchen verheißene Land – und seine Inbesitznahme für alle Zeiten. Die Verbannung wurde als Vorbereitungsphase gesehen für die Bestätigung des Bundes mit dem Herrn.

Ezechiel – Prophet der neuen Größe Israels

Der Name Ezechiel bedeutet »Stärke des Herrn«. Ezechiels Vater, Buzi, war zur Zeit des Königs Jehoiachin Priester im Tempel von Jerusalem. Der Sohn Ezechiel fühlte sich zur selben geistlichen Position berufen. Er hatte die entsprechende Ausbildung absolviert. Doch die Umstände der Krisenzeit im sich lang hinziehenden Konflikt mit Babylon gestattete dem jungen Mann nicht, den gewöhnlichen Berufsweg des Tempelpriesters einzuschlagen.

Ezechiel spürte wohl, daß er in jener Epoche der Veränderungen, den direkten Zugang zum jüdischen Volk finden mußte – und zwar zur Elite dieses Volkes. Sie befand sich zum Teil in babylonischer Gefangenschaft. Diese Elite bestand aus der königlichen Familie und aus Männern der damaligen technologischen Berufe: Man nannte sie »Schlosser und Schmiede«. Sie aber waren alle deportiert worden. Zu ihnen, ins Zweistromland, begab sich Ezechiel.

Die Beschreibung seines Wirkens im Dienste des Herrn beginnt mit dieser nüchtern formulierten Feststellung: »In meinem dreißigsten Lebensjahr befand ich mich bei der Gemeinde der Verbannten. Da tat sich für mich der Himmel auf und ich hatte Visionen von Gott. Das war im fünften Jahr der Verschleppung des Königs Jehoiachin. Dieser König hatte im Jahr 598 v. Chr. Jerusalem verlassen müssen.

Ezechiel »befand« sich bei der Gemeinde der Verbannten – auf freiwilliger Basis. Dies geschah nicht aus Mitgefühl, sondern im eigenen Interesse. Er, Ezechiel, wollte teilnehmen an der geistigen Entwicklung des jüdischen Volkes – sie fand im Zweistromland statt. Die Entscheidung, in die Fremde zu ziehen, war ihm deshalb leicht gefallen, weil unmittelbar vor der Einnahme von Jerusalem durch Nebukadnezar seine Frau gestorben war. Für Ezechiel lag die Zukunftshoffnung bei den Verschleppten. Um es deutlich zu sagen: Es handelt sich um die erste Gruppe von Deportierten, die mit König Jehoiachin zum Euphrat verschleppt worden waren. Diese Gruppe bestand tatsächlich aus der Intelligenzschicht des Staates Juda.

Der Zeitpunkt des Beginns des Wirkens von Ezechiel läßt sich fixieren: Es war das fünfte Jahr der Verschleppung des Jehoiachin – es war also das Jahr 593 v. Chr. Bis zur Zerstörung Jerusalems sollten weitere sechs Jahre vergehen.

Im Land um den Euphrat erschien dem dreißigjährigen Ezechiel Gott: »Ich schaute und siehe: Ein Sturmwind kam von Norden her, eine gewaltige Wolke und loderndes Feuer. Glanz war um die gewaltige Wolke. Es war wie blinkendes Erz in der Mitte des Feuers.« Am Ende einer langen Beschreibung der Begleiterscheinungen der Präsenz des Herrn zieht Ezechiel das Fazit: »Das war der Anblick von dem, was der Herrlichkeit des Herrn glich.« Die Erscheinung gab dem Priestersohn Ezechiel den Auftrag, zu den Verbannten zu reden. Und sie wies ihn an , einen ganz bestimmten Ort aufzusuchen. Dieser Ort hieß Tel Abib.

Der Ort Tel Abib war für Erforschter der Bibeltexte schwierig zu lokalisieren, da im einstigen babylonischen Gebiet einige Plätze zu finden sind, die Tel Abubi genannt werden – zu übersetzen mit: »der Hügel, der von der Flut heimgesucht worden ist«. Angenommen wird, daß die Kleinstadt Nifr im heutigen Irak dem Ort entspricht, an dem sich Ezechiel mit den Verbannten getroffen hat.

Nifr in der irakischen Provinz Ad Diwaniyah – südlich von Baghdad gelegen, steht auf dem Grund der antiken Stadt Nippur, die im Winkel zwischen Euphrat und Tigris in frühgeschichtlicher Zeit von Bedeutung war. Nippur galt als Heimat des Sturmgottes Enlih, der in der Mythologie des Zweistromlandes deshalb in führender Position war, weil er in seiner Stadt Nippur den Menschen geschaffen haben soll.

Ausgrabungen, die schon seit dem Jahr 1900 bei Nifr durchgeführt worden sind, haben Tontafeln mit Beschriftungen ans Tageslicht gebracht, die als Spur der aus Jerusalem Deportierten zu deuten sind. Manche Texte dieser Tontafeln nennen Namen, die jüdisch klingen. Die entsprechenden Dokumente informieren über die Tätigkeit der genannten Personen: Sie sind Kaufleute mit beachtlichem finanziellem Besitz – sie sind in der Lage, Gold zu verleihen. Die Schriftdokumente erlauben die Feststellung, daß in der Handelswelt von Nippur die jüdischen Deportierten führend gewesen sind.

In der Tat ist nirgends beschrieben, daß die Verbannten zu Sklavenarbeit gezwungen worden seien. Im Land des Königs Nebukadnezar wurde viel gebaut, doch die Fremden wurden nicht zu Fronarbeit gezwungen. Auch die Schmiede und Schlosser hatten keinen Grund zur Klage. Die Deportation nach Babylon erwies sich für manchen als Glück.

Jerusalem war eine ärmliche Stadt im Vergleich zu Nippur und zur Hauptstadt des Königs Nebukadnezar. Der Horizont der Menschen im Bergland von Juda war eng und auf die Heimat beschränkt. Handel fand auf dem Tauschweg statt; Gold war knapp. Das Handwerk hatte sich kaum zum Kunsthandwerk entwickelt. Die Bewohner der babylonischen Städte aber hatten bereits eine höhere Stufe der Zivilisation erreicht. Sie waren gute Lehrmeister der Deportierten.

Daß die Entwurzelten ihren Lebensunterhalt durch Handwerk, Handel und durch Goldverleih verdienten, war naheliegend. Sie besaßen keinen Grund und Boden. Viele, die nicht Handwerker waren, sahen sich gezwungen, Produkte, die sie nicht selbst gefertigt hatten, mit Gewinn für sich zu verkaufen. In diesem Gewerbe waren die Männer aus Jerusalem bald erfolgreich. Zu erkennen ist, daß die Entwurzelten den Rat des Propheten Jeremia befolgt hatten: Sie haben sich eingepaßt in das Leben der Babylonier.

Zu aufstrebenden Männern spricht Ezechiel, der Prophet des Exils. Seine Zuhörer sind keine niedergedrückten Kreaturen. Ihre Phantasie war schwer zu packen. Ezechiel brauchte eine drastisch bildhafte Sprache, um ihre Aufmerksamkeit zu erregen. Erotische Bezüge waren dabei wohl besonders erfolgreich. Es muß gewirkt haben, wenn er das dem Untergang geweihte Jerusalem mit einer Hure verglich: »So spricht der Herr und Gebieter: ›Weil du deine Scham enthüllt und deine Blöße aufgedeckt hast beim Geschlechtsakt mit deinen Liebhabern, will ich sie alle versammeln, denen du dich hingegeben hast. Ich enthülle vor ihnen deine Scham, daß sie deine ganze Schande sehen. Ich überliefere dich ihrer Gewalt. Sie werden dir deine Kleider ausziehen, dir deinen Schmuck wegnehmen. Sie lassen dich völlig nackt liegen.‹« (Ezechiel 16,36 ff.)

Ezechiel schildert den Verbannten die Geschichte Jerusalems als Historie von Kindheit, Jugend, Blütezeit und Vergänglichkeit einer Frau, die zur Hure wurde. »Sie hat sich den Ägyptern hingegeben, weil sie ein großes Glied haben. Selbst die Töchter der Philister haben sich dafür geschämt. Sie hat mit den Assyrern geschlafen.« Ein Unterschied aber bestehe zur gewöhnlichen Hure: Es sei üblich, daß eine Hure bezahlt werde – die Hure Jerusalem aber habe ihren Liebhabern Geschenke zukommen lassen.

Ezechiel verdammt die Vergangenheit Jerusalems, doch er gibt Hoffnung für die Zukunft. Er kann Positives berichten, denn er hat in einer Vision gesehen, wie die Heilige Stadt nach dem Willen des Herrn künftig aussehen wird. Ezechiel beschreibt genau, wann und wie er von Gott über die Zukunft informiert wurde:

»Am zehnten Tag des ersten Monats im 25. Jahr der Verbannung, im 14. Jahr der endgültigen Eroberung unserer Stadt, kam die Hand des Herrn über mich und er brachte mich nach Jerusalem.«

Ezechiel sah, daß Stadt und Tempel wiederhergestellt sind. Ein Engel war sein Stadtführer. Der hatte ein Maßband in der Hand und stellte für Ezechiel Länge, Breite und Höhe des Tempels fest. Archäologen unserer Zeit haben diese Maße mit Abmessungen ihrer ausgegrabenen Objekte verglichen und dabei entdeckt, daß Ezechiels Beschreibung des Torkomplexes genau den wirklichen Anlagen der Befestigungen von Hazor, Megiddo und Gezer entspricht.

Der Prophet im babylonischen Exil sah in seiner Vision, daß das Reich Davids wiederhergestellt war: Juda und Israel bildeten wieder eine Einheit. Das ganze Land gehört, gemäß den Zusagen des Herrn, dem jüdischen Volk. Die Grenzen sind sehr weit gespannt.

Israel nach der Vision des Propheten Ezechiel

»So spricht der Gebieter und Herr: ›Ich nenne euch die Grenzen des Landes, das euch gehört. Es ist euer Erbe. Ihr werdet dieses Erbe unter den zwölf Stämmen aufteilen. Ein jeder soll einen gleich großen Erbbesitz erhalten, so wie ich es euren Vätern versprochen habe.‹« (Ezechiel 47,13 ff.)

Die Nordgrenze verläuft von der heutigen Hafenstadt Latakia landeinwärts bis zum Euphratbogen. Die Grenze umfaßt das gesamte syrische Gebiet einschließlich der Oase Damaskus. Gerade auf dem Territorium des Staates Syrien der Gegenwart ist die Grenze weit nach Osten ausgedehnt. Sie entspricht dann in der Ost-West-Richtung dem Verlauf der Demarkationslinie zwischen Syrien und Jordanien. Vom See Genezareth an trennt der Jordan das jüdische Gebiet von den Staaten Ammon und Moab im Osten.

Die Vision des Ezechiel beansprucht das Land Transjordanien nicht für die zwölf Stämme. Das Gebiet Gilead, das zu Davids und Salomos Reich gezählt hatte, bleibt außerhalb des jüdischen Territoriums.

Südlich des Toten Meeres umschließt die Grenze die Wüste Negev und trifft bei der heute palästinensischen Stadt Rafah wieder auf das Mittelmeer. Die Philisterstädte Ashdod, Ashkalon und Gaza sind – in der Vorstellung des Propheten Ezechiel – Bestandteil des jüdischen Staates.

Innerhalb der Grenzen, die – so sprach der Prophet – Gott selbst gezogen hat, werden die zwölf Stämme angesiedelt. Ezechiel berücksichtigt dabei nicht, daß sich die jüdische Bevölkerungsstruktur in den seit der Landnahme vergangenen tausend Jahren völlig verändert hat. Die zwölf Stämme hatten zur Zeit von Mose und Josua existiert; damals hatten sie Ansprüche auf Weideland für ihre Herden gestellt. Inzwischen hatten die Sippen ihren Zusammenhalt verloren; sie hatten sich vermischt, oder sogar ganz aufgelöst. Dazuhin hatten gerade die Zuhörer, denen der Prophet am Euphrat die Anordnungen des Herrn erläuterte, das Interesse an Weideland verloren.

Ohne Rücksicht auf diese Entwicklung entwirft der Prophet die Landkarte des neugeordneten Staates Israel. Von Norden nach

Süden verteilt er völlig schematisch das Territorium unter diesen Stämmen: Dan, Naphtali, Manasse, Ephraim, Ruben, Juda, Benjamin, Simeon, Issachar, Zebulon und Gad.

Anzunehmen ist, daß Ezechiel diese Neuordnung für notwendig hielt, um den Verbannten das Gefühl der Sicherheit zu geben, daß sie – bei der Rückkehr – mit ihren Familien Ansprüche auf Lebensraum in der alten Heimat stellen können. Nachrichten waren in Tel Abib eingetroffen, die Grundstücke der Verbannten seien von Leuten in Besitz genommen worden, die nie das Geringste besessen hätten. Offenbar beriefen sich diese Landbesetzer auf Abraham, dem dieses Land von Gott übereignet worden sei mit der Auflage, es weiter zu verteilen. Ezechiel gibt diese Argumentation der Landbesetzer wieder: »Sie sagen: ›Aus dem einen Abraham sind viele geworden. Sein Anspruch ist auf uns übertragen worden. Es ist unser Besitz.‹« (33,24).

Der Prophet fühlt sich beauftragt, den Verbannten zu sagen, Gott sei gegen diese unrechtmäßige Landnahme. Wer sich Boden aneigne begehe einen Rechtsbruch. Überhaupt gehörten die Betreffenden zum niederen Volk, das keinerlei Regeln des Anstands beachte – »sie beflecken sogar die Frau ihres Nachbarn mit ihrem Samen. Und solche Leute greifen nach Besitz!« (33,26). Ezechiel versprach, Gott werde jeden bestrafen, der sich am Grundbesitz eines Verbannten vergreife.

Die Deportierten haben sich zwar eingelebt in der Umgebung einer Stadt, in der Handel, Architektur und Kunst blühen, und trotzdem denken sie an Jerusalem. Allerdings geschieht dies manches Mal erst nach ernsthafter Ermahnung durch Propheten.

Ihr Lebensstandard hob sich im Lande des Nebukadnezar. Es fiel immer schwerer diesen Babylonier als Verkörperung des Bösen zu verteufeln.

Nach einer Regierungszeit von zweiundvierzig Jahren starb Nebukadnezar. Nachfolger wurde sein Sohn Evil Merodach. Erzählt wird, er habe dem König Jehoiachin, der seit 36 Jahren als Deportierter in Babylon lebte, als Ehrengast an seinem Hofe angenommen. Der König von Juda sei wieder königlich behandelt worden.

Nur zwei Jahre lang regierte Evil Merodach. In dieser Zeit verlor Babylon seine politische und seine militärische Kraft. Kein Herrscher ist stark genug, die schleichende Aushöhlung des Reiches aufzuhalten.

Mene tekel upharsin

Er stammte aus dem jüdischen Adel, der Deportierte, der dem König Belsazar die Schrift an der Wand deuten konnte, die lautete: »Mene tekel upharsin«. Er war zusammen mit dem König Jehoiachin nach Babylon verschleppt worden.

Der Name des Mannes aus der königlichen Familie war Daniel – zu übersetzen mit »Gott ist mein Richter«. Er befand sich schon als Jugendlicher am Hof Nebukadnezars in bevorzugter Position: Er gehörte zu den Kandidaten für den Hofdienst: »Nun befahl Nebukadnezar dem obersten seiner Kammerherren, er möge aus der Heimat verbannte jüdische Knaben aus dem königlichen Geschlecht auswählen. Sie sollten von guter Erscheinung sein, gescheit und gelehrig.« Die Ausgewählten sollten drei Jahre lang ausgebildet werden. Bei der Auswahlprüfung schnitt Daniel besonders gut ab. (Buch Daniel 1,3 ff.)

Er hatte jedoch ein Problem: Als Auszubildender hatte er das Recht, an der königlichen Tafel zu essen – die Speisen aber waren nach seinem religiösen Verständnis unrein. Es gelang ihm den obersten der Hofherren zu überzeugen, daß ihm Gemüse besonders gut schmecke und auch besonders gut bekomme. Er durfte als Vegetarier am Hof des Königs von Babylon bleiben.

Daniel wurde unentbehrlich, weil er mit Erfolg die Träume des Königs deutete. Als Nebukadnezar schließlich starb, wurde er in derselben hohen Hofposition von König Belsazar übernommen. Das Buch Daniel berichtet, Belsazar sei der Sohn des Nebukadnezar gewesen. Die Historiker bestätigen diesen Sachverhalt nicht.

Eines Tages, so berichtet dieses Buch (5,1 ff.), habe Belsazar ein großes Fest gegeben: »Eingeladen waren seine Großfürsten. Mit ihnen trank der König Wein. Dazu ließ er die goldenen und silbernen Gefäße herbeiholen, die Nebukadnezar aus dem Tempel in Jerusalem mitgenommen hatte. Aus den Gefäßen des Tempels tranken der König, die Großfürsten, deren Frauen und Nebenfrauen. Alle tranken Wein und lobten die Götter des Landes. Zur gleichen Stunde wurden an der Wand die Finger einer Menschenhand sichtbar. Sie schrieben auf die Kalktünche an der Wand. Der König bemerkte die schreibende Hand.«

Der Schrecken, der den Monarchen befiel war gewaltig: »Seine Knie schlugen zitternd aneinander.« Dies waren die Worte, die er an der Wand las: » Mene tekel upharsin.« Der König konnte diese Worte nicht verstehen.

Die Königin wußte Rat. Sie erinnerte an den intelligenten Juden Daniel, der Träume zu deuten vermochte. Belsazar ließ ihn holen. Als Daniel in den Saal trat, sprach er Vorwürfe gegen den König aus: »Du hast die Gefäße des Tempels des Herrn entweiht. Du hast mit deinen Gästen Wein daraus getrunken. Du hast den wahren Gott beleidigt.«

Dann aber begann Daniel die Schrift zu deuten:

»›Mene‹ heißt ›gezählt‹. Gezählt hat Gott die Tage deines Königreichs. Sie gehen zu Ende.

›Tekel‹ heißt ›gewogen‹. Du bist von Gott gewogen und zu leicht befunden worden.

›Upharsin‹ heißt ›geteilt‹. Geteilt wird dein Reich und den Persern und den Medern gegeben.«

Das Buch Daniel (5,29-30) beschließt diese Geschichte so: »Da gab Belsazar Anweisung, Daniel in Purpur zu kleiden und ihm die goldene Kette um den Hals zu legen. Man verkündete, daß Daniel fortan der Dritte sei in der Reihenfolge der Mächtigen im Reich. In derselben Nacht wurde König Belsazar ermordet.«

Dieser König hat über lange Zeit den Historikern Rätsel aufgegeben. Bis zum Jahr 1854 haben nur überzeugte Bibelleser geglaubt, daß Belsazar wirklich gelebt hat, denn er wurde überhaupt nur im Danieltext erwähnt – und das biblische Buch Daniel galt nicht als ernsthafte Geschichtsquelle. Doch in jenem Jahr, 1854, wurden Inschriften entdeckt, die den Namen Belsazar nennen. Sein Persönlichkeitsbild erhielt Konturen.

Belsazar war der älteste Sohn des Königs Nebunaid von Babylon. Dieser Herrscher war nicht getrieben vom Ehrgeiz, sein Reich zu vergrößern. Nebunaid befaßte sich mit der Beobachtung von Himmelskörpern und er gab sich mit der Vergangenheit ab: Er war der erste Herrscher, der zugleich Historiker war. Er verließ im Jahr 550 v. Chr. den königlichen Palast in Babylon, um künftig außerhalb der Hauptstadt als Privatmann zu leben. Belsazar übernahm die Macht. Doch ihm fehlte die Kraft, das gewaltige Gebiet zwischen Mittelmeer und dem Zweistromland zusammenzuhalten.

Gerade im Jahr, als ihm von seinem Vater die Herrschaft übertragen wurde, drangen Nachrichten nach Babylon, daß Gefahr drohe von Osten her. Ein Name verbreitete Schrecken: Er hieß Cyrus.

Sein Geburtsdatum liegt zwischen den Jahren 590 und 580 v. Chr. Er war etwa fünfunddreißig Jahre alt, als er mit seiner persischen Reiterei den Staat Medien vernichtete. Cyrus ließ zunächst Babylon unbehelligt – er stieß dem Tigris entlang nach Westen vor. Das Mittelmeer erreichte er in der Gegend von Adana in der heutigen Türkei. Das gesamte vorderasiatische Gebiet gehörte Cyrus schon vier Jahre später – bis auf Babylon. Diese Stadt ergab sich 539 v. Chr. ohne Gegenwehr. Belsazar soll dabei ums Leben gekommen sein.

Keine Massendemonstration der Freude:
Die Heimkehr

Im Jahr 539 endete die Vormachtstellung Babylons – achtundvierzig Jahre nach Beginn der Deportation der Juden. Die Offenbarung des Jesaja vom Untergang von Stadt und Reich ist in Erfüllung gegangen – wenn auch nicht halb so kraß wie vom Propheten vorausgesagt:

»Und Babylon, die Zier der Königreiche, soll untergehen wie einst Sodom und Gomorrha. Auf ewig unbewohnt wird der Boden der Stadt sein. Von Geschlecht zu Geschlecht werden nicht einmal die Bewohner der Wüste dort zelten. Kein Hirte wird dort weiden lassen. Wüstentiere werden in den Trümmern wohnen. Eulen schauen aus den Fensterhöhlen. Hyänen und Schakale heulen in den Palästen in denen die Lust geblüht hat.«

Der Sieger läßt seinen Erfolg in mildem Licht darstellen. Die Schreiber des Cyrus hielten auf einer Tontafel diesen Sachverhalt fest: »Als ich, Cyrus, einzog in Babylon, da sorgte Gott Marduk dafür, daß sich die Herzen der Menschen in Babylon mir zuneigten. Im ganzen Land zogen meine Streitkräfte ein. Niemand kam zu Schaden. Die Einwohner Babylons befreite ich von der Unterdrückung. Ich bin Cyrus, der König, der über alles herrscht, der mächtige König, Herrscher von Babylon, von Sumer und Akkad. Der Mächtige der vier Weltgegenden bin ich.«

Wenn Cyrus wirklich der milde Eroberer war, der die eroberte Stadt nicht in Schutt und Asche verwandelte, dann waren von ihm Überraschungen zu erwarten. Das Zweite Buch Chronik (36,23) informiert mit seinen letzten Sätzen von der wohl überraschendsten Mitteilung dieses Herrschers:

»So spricht Cyrus, der König von Persien: ›Alle Königreiche hat mir der Herr übergeben. Er hat mir aufgetragen, in Jerusalem, das in Juda liegt, ein Haus zu erbauen. Wer zum jüdischen Volk zählt, der ziehe hinauf nach Jerusalem.‹«

Die Keilschriftzeichen, die einen Tonzylinder bedecken, der in Babylon ausgegraben worden ist, ergeben einen Text, der die Angaben der Schlußsätze des Zweiten Buches Chronik bestätigt: Cyrus erläßt ein Edikt, das allen Deportierten die Heimkehr »in das Land auf der anderen Seite des Tigris« ermöglicht. Direkt genannt werden die jüdischen Deportierten in jenem Text nicht. Es ist anzunehmen, daß Cyrus die Befreiung aller Deportierten und Verbannten verfügte, die sich am Euphrat befanden. Assyrer und Babylonier hatten wohl auch andere Völkerschaften verschleppt. Sie besaßen nur keine Chronisten, die ihr Schicksal hätten festhalten können. Das jüdische Volk hatte den Vorteil, daß es wortgewaltige Propheten und Schriftgelehrte besaß, die es verstanden, Ereignisse im Gedächtnis des Volkes zu bewahren.

Einer dieser jüdischen Chronisten heißt Esra. Als er lebte, war das Edikt des Cyrus bereits zwei Generationen alt. Im Buch Esra wird geschildert, was inzwischen geschehen war.

Um zu zeigen, daß er den Prozeß der Heimkehr der einst Deportierten beschleunigen wollte, hatte Cyrus die silbernen und goldenen Gegenstände freigegeben, die Nebukadnezar einst hatte aus Jerusalem abtransportieren lassen. Die Leuchter und Gefäße waren einem Mitglied des königlichen Hauses Juda übergeben worden, einem Nachkommen des Königs Jehoiachin. Der Name des Adeligen war Sheshbazar. Cyrus hatte ihn dazu bestimmt, Statthalter im Land Juda zu werden. An Freiheit und Unabhängigkeit des jüdischen Volkes war überhaupt nicht gedacht. Sheshbazar war der Anführer der Rückwanderungswilligen, die jedoch Untertanen des Cyrus bleiben sollten.

Wer im babylonischen Gebiet zurückblieb, gab denen, die wandern wollten Zahlungsmittel mit: »Die Nachbarn halfen aus mit freiwilligen Gaben.« (Esra 1,6) Mancher opferte Gold, weil er selbst nicht bereit war, den Weg in die frühere Heimat anzutreten. So hatte die Rückwanderungsbewegung sehr zögerlich eingesetzt.

Die Geschäftsleute dachten nicht daran, ihre blühenden Handelshäuser aufzugeben. Wer Gold investiert hatte, konnte sich von der

Anlage auf die Zukunft nicht trennen. Ein Geschäft zu liquidieren, war nur unter hohen Verlusten möglich. Wer Besitz hatte, der klammerte sich fest an Babylon. So geschah es, daß sich nur die Besitzlosen auf den Weg machten. Sie kamen im Herbst 537 v. Chr. in Jerusalem an, nach einer Wanderung von nahezu 1000 Kilometern.

Sheshbazar muß danach ein unbedeutender Gouverneur der persischen Provinz Juda gewesen sein, denn sein Name verschwindet aus den Berichten. Er war zwar Jude und Nachkomme des letzten Königs von Juda, doch sein Name ist mit »Feueranbeter« zu übersetzen. Seine Position wurde von einem anderen Mitglied des königlichen Hauses Juda übernommen – sein Name ist Zerubabbel. Er ist mit »der Samen Babylons« zu übersetzen.

Die Rückkehrer waren voll guten Willens, den Tempel wieder aufzubauen. Sie räumten den Schutt weg, der den Tempelberg seit dem Jahr 598 v. Chr. bedeckte. Doch dann stockten die weiteren Arbeiten. Die Zahl der freiwilligen Arbeiter war zu gering. Immerhin wurde das Ende der Säuberung des Tempelbergs durch ein Fest gefeiert.

Zur Minderung der Freude am Tempelbau trug das Verhalten der Bewohner von Samaria bei. Diese »Samariter« bestanden aus Nachfahren der Überlebenden des Nordstaates Israel, dessen Hauptstadt einst Samaria gewesen war. Sie sahen mit Argwohn, daß frühere Bewohner von Jerusalem zurückkehrten – als Vorboten weiterer Heimkehrer. Die Nachkommen der damals Zurückgebliebenen fürchteten, Juda könne wieder dominierend werden wie drei Generationen zuvor. Sie wollten zeigen, daß sie sich nicht zur Seite schieben lassen – sie betonten, daß auch sie ein Recht darauf hätten, am Tempelbau mitzuarbeiten.

Doch Zerubabbel wies die Männer aus Samaria zurecht: »Es ist undenkbar, daß wir mit euch zusammen unserem Gott ein Haus bauen. Wir werden den Tempel allein aufrichten, so wie Cyrus dies geboten hat.«

Wer sich bis dahin noch motiviert gefühlt hatte, seine Arbeitskraft beim Tempelbau einzusetzen, der zog sich zurück. Für jeden war spürbar, daß sich Ärger zusammenbraute. Die königlich-persischen Räte, die sich in Samaria und Juda befanden, sahen keinen Anlaß, den Rückwanderern zu helfen. Sie hatten sich ganz gut mit den Samaritern arrangiert. Dieser Zustand änderte sich nicht, solange Cyrus lebte. Cyrus starb im Jahre 529 v. Chr. Etwa zehn Jahre nachdem er das Edikt zur Freiheit der Juden erlassen hatte.

Eine weitere Generation lang war kein Fortschritt zu spüren in der Stadt über dem Kidrontal. Im Jahre 465 v. Chr. wurde Artaxerxes Herrscher über Persien. In ihm sahen die führenden Köpfe aus Samaria den Geeigneten, um die Tempelbauabsichten der Familien der Heimkehrer aus Babylon – es existierte bereits die zweite Generation – definitiv zu vereiteln. Sie schrieben an Artaxerxes einen Brief, der die Familien der einstigen Deportierten in Mißkredit bringen sollte:

»Dem König sei hiermit zur Kenntnis gebracht, daß die Juden, die aus deinem Land zu uns gekommen sind, Jerusalem wieder aufbauen wollen. Doch diese Stadt ist böse und ungehorsam. Wenn jene Stadt wieder Mauern besitzt, werden die Juden keine Zahlungen mehr leisten. Sie werden keine Steuern bezahlen.« (Esra 4,12 ff.)

Der persische König antwortete, er habe die Vergangenheit dieser Stadt Jerusalem überprüfen lassen; dabei sei festgestellt worden, daß sich ihre Bewohner immer rebellisch verhalten hätten. Er gebe deshalb Befehl zur sofortigen Einstellung aller Bauarbeiten in der Stadt im Bereich des Tempels und der Verteidigungsanlagen.

Für vernünftige Stimmen, die im Interesse der Juden sprachen, war Artaxerxes jedoch durchaus empfänglich. Ihm diente ein jüdischer Mann, der Nehemia hieß, als Vorkoster der Getränke. Dem Herrscher fiel eines Tages auf, daß dieser Diener ständig einen niedergedrückten Eindruck machte. Artaxerxes erfuhr schließlich den Grund: »Die Stadt liegt in Trümmern, in der sich die Gräber meiner Vorväter befinden.« Der Herrscher gab seinem Vorkoster Urlaub und erlaubte ihm, nach Jerusalem zu wandern. Er ließ dem Nehemia Briefe an die persischen Statthalter, die entlang der Wegstrecke residierten, aushändigen. Er wies auch die lokalen Behörden in der Stadt an, jede erdenkliche Hilfe zu leisten.

Nach seiner Ankunft in Jerusalem sprach Nehemia mit niemandem über seine Absicht, vor allem die Mauern wieder aufzurichten. Er traf ohnehin nur wenige Menschen an. Während der drei Generationen, die vergangen sind, seit König Cyrus den Juden die Freiheit gegeben hat, waren nur selten Familien aus Babylon in der Trümmerstadt eingetroffen. Nehemia brauchte nicht zu befürchten, beobachtet zu werden. Er begann damit, den Zustand der Mauern zu inspizieren – zur Nachtzeit, und völlig allein.

Er ritt auf seinem Pferd zum Taltor im Westen der Stadt und folgte bergab in Richtung Süden dem Verlauf der einstigen Befestigungsanlagen. Beim Quelltor im Osten, wo vor hundertfünfzig Jahren heftige Kämpfe stattgefunden hatten, waren Steine und Ziegel in Massen den

Hang hinuntergestürzt. Nehemia mußte zu Fuß die Trümmerhalde übersteigen. Kein Mensch begegnete ihm auf dem nächtlichen Weg.

Die Aktivität des Nehemia blieb allerdings auf Dauer denen, die zu bestimmen hatten im Umland, nicht verborgen. Die Pläne des Heimkehrers mißfielen ihnen. Ihre eigenen Leute hatten jahrelang das Trümmerfeld von Jerusalem als Steinbruch benützt. Der Wiederaufbau vereitelte diese Ausbeutung. Die Honoratioren stellten Nehemia schließlich zur Rede: »Was ist deine Absicht? Willst du dich gegen den König empören?« Die persischen Verwalter wandten sich noch immer gegen die Interessen und die Absichten der Heimkehrer. Sie glaubten in der Lage zu sein, die Reparatur der Stadtmauer zu verhindern: Vom persischen Hof lag keine offizielle Baugenehmigung für Festungsanlagen vor.

Nehemia fand einen Ausweg: Er mobilisierte eine Stadtmiliz. Die Arbeiter wurden bewaffnet. Die Kombination von Arbeit und Militärdienst, die sich im 20. Jahrhundert beim Aufbau israelischer Kibbuze noch immer bewährte, ist zweieinhalb Jahrtausende früher von Nehemia erfunden worden: »Wer beim Mauerbau beschäftigt war, der arbeitete mit der einen Hand, mit der anderen hielt er die Lanze. Die Maurer hatten Schwerter umgegürtet.«(Nehemia 4,11 ff.)

»Wir wachten in der Nacht und arbeiten am Tage. Nach 52 Tagen war die Mauer vollendet.« Dieser Erfolgsbericht verschweigt, daß die neue Mauer gerade halb so lang war, wie die einstige Mauer um die Davidstadt.

Im Umland wurde die Mauer verspottet. Tobiah, der Sippenchef einer wohlhabenden jüdischen Großfamilie aus Transjordanien höhnte: »Ein Fuchs kann die Mauer unterhöhlen und zum Einsturz bringen!« Mit Tobiah im Bunde war Sanballat, der Statthalter über Samaria, der überzeugt war, ihm unterstehe auch Jerusalem. Ein dritter in der Allianz gegen Nehemia war Geshem, der Herrscher im Lande Edom. Er hatte während der vergangenen Jahre stillschweigend den Süden von Juda annektiert. Geshem fürchtete, einer könne aufstehen in Juda, um das Gebiet südlich von Hebron zurückzufordern. Diese Sorge war unbegründet: Niemand stellte derartige Ansprüche. Der Negev gehörte fortan zum Land Idumäa. Daß der südliche Staatsteil von Juda, der bis zum Roten Meer reichte, vor 2500 Jahren verlorenging, blieb in Erinnerung. Sie war mit ein Grund, warum der nach dem Zweiten Weltkrieg entstehende Staat Israel gerade dieses Wüstengebiet für sich fordert.

Das Bündnis der drei einflußreichen Männer Tobiah, Sanballat und Geshem, die ihre eigenen unterschiedlichen Interessen verfolgten, war gefährlich für Nehemia. Der Chef der Rückkehrer mußte feststellen, daß der Landbesitzer aus Transjordanien, der ein überzeugter Jude war, diejenigen Familien auf seine Seite zog, die Nachkommen waren der Nichtdeportierten – derer, die nicht nach Babylon verschleppt worden waren. Die Notabeln dieser Schicht, die voll Argwohn auf die Ankömmlinge blickten, wurden überzeugt, Nehemia handle nicht im Sinne des Herrn. Er sei nur darauf aus, selbst König über Juda zu werden – und dafür sei er sogar bereit, einen Konflikt mit den persischen Oberherren in Kauf zu nehmen.

Sanballat, der von Persien eingesetzte Verwalter der Provinz Samaria, zeigte schon durch seinen Namen an, daß er keinen Wert darauf legte, als Mitglied der jüdischen Glaubensgemeinschaft zu gelten. Der Name ist assyrisch und bedeutet: »Der Mondgott Sin rettet das Leben.« Sanballat war in Bet Horon geboren, in der Stadt, die durch die »Steige hinauf nach Jerusalem« in der Historie der jüdischen Sippen von Bedeutung gewesen war. Bet Horon hatte zum Stamm Ephraim gehört. Dieser Stamm hatte längst seine Bedeutung verloren. Der Stammeszusammenhalt hatte sich aufgelöst. Die Menschen in den Städten wie Bet Horon waren ohne Verständnis für das Volk Juda, das als Einheit immer noch existierte.

Sanballat hatte sich leicht in das persische System eingepaßt. Daß er in Nehemia einen unbequemen Gegner dieser Einpassung sah, ist verständlich. Sanballat und Nehemia mußten zu Feinden werden.

Sanballat erkannte, daß in Jerusalem keine Möglichkeit bestand, Nehemias Aktivität zu unterbinden. Er schlug seinen Bündnispartnern vor, man müsse diesen Unbequemen aus seiner Stadt weglocken. Tobiah und Geshem waren einverstanden, daß Sanballat sich einen Mordplan ausdachte.

Nehemia erhielt vom Vertreter Persiens in Samaria – der von sich behauptete, er sei auch für das Land Juda zuständig – die Aufforderung, »nach Kefarim in der Ebene Ono« zu kommen. Dort könne man sich, auf neutralem Boden, über die entstandenen Spannungen unterhalten.

Der im Buch Nehemia (6,2) genannte Ort »Kefarim in der Ebene Ono« ist identisch mit dem Ort Kafr Ana, der fünf Kilometer nordöstlich des Flughafens Ben Gurion zu finden ist.

Für die Menschen in der Zeit des Nehemia war die »Ebene Ono« weit entfernt von Jerusalem. Sie war außerhalb des Berglandes, in der Küstenebene. Der nächste Ort von einiger Bedeutung war Lod (Liydda), doch er gehörte bereits zu Samaria. Nehemia erkannte die Hinterlist: Er sollte in das Niemandsland der »Ebene von Ono« gelockt werden. Dort hätte niemand den Mord bemerkt. In Jerusalem wäre dann nur zu erfahren gewesen, daß Nehemia im weiten und öden Küstenland verschollen sei.

Nehemia schickte diese Antwort an Sanballat: »Ich kann meine Arbeit nicht im Stich lassen!« Viermal erhielt Nehemia die Aufforderung nach Kefarim zu kommen – viermal hat er negativen Bescheid gegeben. Auch die Drohung, man werde ihn dem persischen König gegenüber als Verräter und Verschwörer bloßstellen, wenn er nicht zur »Ebene von Ono« ritte, änderte Nehemias Standpunkt nicht.

Daß auch Juden, die als gläubig galten, ein Interesse daran hatten, ihn verschwinden zu lassen, war eine bittere Erkenntnis für Nehemia. Zu ihnen gehörte auch der Hohepriester Shemaia. Der behauptete, Gott habe ihm die Warnung zukommen lassen, Nehemia sei in Gefahr ermordet zu werden: »Denn man kommt, um dich zu ermorden. In der Nacht will man dich töten!« (Nehemia 6,10) Der Hohepriester machte den Vorschlag, Nehemia solle sich mit ihm gemeinsam im Tempel, im Allerheiligsten, über Nacht einschließen lassen. In den Tempel würden die Mörder wohl nicht eindringen.

Nehemia durchschaute auch diese List. Es war ihm, da er nicht zu den Priestern gehörte, auf keinen Fall erlaubt, das Allerheiligste zu betreten. Wenn er dem Rat des Hohenpriesters folgte, würde er ein Verbrechen begehen. Eine Nacht eingeschlossen im Tempel, hätte Nehemias Ende bedeutet. Er lehnte die Einladung ab, sich im Allerheiligsten zu verstecken.

Das Erlebnis mit dem Hohenpriester Shemaia gab dem Chef der Rückkehrer die Erkenntnis, daß in der Stadt ein Netz gegenseitiger Verpflichtungen und Abhängigkeiten bestand. Die Familien, die über Generationen hin harte Zeiten in Jerusalem durchlebt hatten, waren dem persischen Verwaltungsbeamten und dem reichen Großgrundbesitzer aus Transjordanien verpflichtet. Sich gegen diese Mächtigen zu stellen, wäre für jeden gefährlich gewesen. Nehemia begriff, daß er sich nur auf die Familien verlassen konnte, die aus Babylon zurückgekehrt, oder im Begriff waren, sich für die Heimkehr zu entschließen.

Nehemia ließ ein Register anlegen, das diesen Titel trug:

»Liste der Angehörigen des Landes Juda, die aus der Verbannung zurückgekehrt sind, in die sie Nebukadnezar geführt hatte. Die Liste enthält die Namen derer, die wieder in Jerusalem oder in einer anderen Stadt, zu der sie gehören, angekommen sind.«

Diese Liste der Heimkehrer ist im Buch Nehemia erhalten (7,4 ff.). Zu erkennen ist, daß die meisten Familien aus Jerusalem stammten. Doch sind auch andere Städte als Heimatorte genannt, die heute noch existieren: Bethlehem, Jericho, Gibeon (El Jib) Bet Haacerem (südlich von Jerusalem), Mishmash (Mukmash südöstlich von Bet El), Bet El (Beitin), Anathot (nördlich von Jerusalem). Die in diese Orte Heimgekehrten bildeten die Basis für die Autonomiebestrebungen, die Nehemia im Sinn hatte – die Rückkehrer waren in die »Liste der Verläßlichen« aufgenommen.

Um den Zusammenhalt der »Verläßlichen« zu sichern, mußte ihnen eine bindende Ideologie gegeben werden. Für Nehemia gab es keinen Zweifel, daß dies nur »das Gesetz« sein konnte, das Gott seinem Knecht Mose während der Wanderung durch die Wüste verordnet hatte. Nehemia selbst konnte diese Ideologie nicht vermitteln, seine Kenntnis des Gesetzes war nicht umfassend genug. Doch er hatte den richtigen Mann für diese Aufgabe gefunden: Es war der Schriftgelehrte Esra, der als Chronist der Ereignisse um das jüdische Volk in Babylon hervorgetreten war.

Unbekannt ist das Datum der Ankunft des Esra in Jerusalem. Angenommen wird, daß er im Jahr 446 v. Chr. die Wanderung von Babylon in die frühere Heimat seiner Familie angetreten hat.

Esra zwingt zur Scheidung von fremden Frauen

Der Schriftgelehrte Esra brachte die Verläßlichen hinter sich. Mit ihrer Hilfe konnte er die Sippen der Nichtdeportierten unter sein Gebot zwingen. Er verkündete, er habe im Namen Gottes zu allen zu sprechen. Jeder Mann aus Jerusalem habe sich am dritten Tag auf dem Tempelvorplatz einzufinden. Das Buch Esra (10,9 ff.) berichtet:

»Alle saßen sie auf dem freien Platz vor dem Tempel. Sie zitterten vor Angst vor dem, was Esra zu sagen hatte. Sie zitterten aber auch, weil es dauernd regnete. Da stand der Priester Esra auf und verkündete: ›Es war Bruch der Treue zu Gott, daß ihr fremde Frauen geheiratet habt. Es ist Gottes Wille, daß ihr euch von diesen Frauen trennt! Scheidet euch von Frauen aus heidnischen Familien und von fremdstämmigen Frauen!‹«

Das Buch Esra erzählt ganz offen (10,16), »daß die Heimkehrer« ihren Willen gegenüber den anderen durchsetzten. Die Heimkehrer verlangten die Einsetzung eines Untersuchungsausschusses – und ihrer Forderung wurde entsprochen. Zwei Priester und zwei Leviten wurden von Esra zu Mitgliedern des Ausschusses ernannt. Damit war das Ergebnis vorprogrammiert. Keine einzige Ehe zwischen einem Juden und einer fremden Frau wurde geduldet. Eine Massenscheidung fand statt. Die umfangreiche Liste der Männer, die sich dem Gesetz beugen mußten, ist im zehnten Kapitel des Buches Esra (18 ff.) enthalten. Das Kapitel endet mit der Feststellung: »Sie alle hatten sich fremdländische Frauen genommen. Jetzt aber entließen sie Frauen und Kinder.«

Die Zählung der Namen, die im Buch Esra als »Schuldige« bezeichnet und zur Scheidung gezwungen wurden, ergibt die Zahl von 114 Personen. 114 Frauen wurden in ihre Familien zurückgeschickt, die entweder nichtjüdisch oder fremdländisch waren. Die Zahl der von der Zwangsscheidung betroffenen Kinder ist unbekannt.

Nachdem auf diese Weise die »Reinheit des jüdischen Volkes« hergestellt war, wurde der Schriftgelehrte Esra gebeten, das Buch mit dem Gesetz des Mose zu holen, das der Herr Israel vorgeschrieben hatte. Auf dem Platz vor dem Wassertor las er vom frühen Morgen bis zur Tagesmitte. Das Volk hörte das Gesetz Gottes. Der Schriftgelehrte Esra stand auf einem hölzernen Podest, das man für ihn gefertigt hatte. Esra pries den Herrn, den großen Gott. Das Volk antwortete mit erhobenen Händen: Amen! Amen!

Zum höchsten Gebot aber bestimmte Esra diesen Grundsatz: »Besonders werden wir unsere Töchter nicht den fremden Völkern zu Frauen geben. Wir nehmen auch nicht ihre Töchter für unsere Söhne.« (Nehemia 10,31)

Zum Gesetz wurde auch die Vorschrift erhoben, daß niemand am Sabbat arbeiten dürfe. Nehemia legte fest, den nichtjüdischen Händlern, die in Jerusalem und in anderen Städten von Juda Waren anboten, dürfe an jenem heiligen Tag nichts abgekauft werden. Offenbar machten besonders phönizische Händler aus Tyr gerade am Sabbat ihre besten Geschäfte in Jerusalem. Dem Buch Nehemia (13,16) ist zu entnehmen, daß die Phönizier auf Handel mit Fischen spezialisiert waren. Berichtet wird auch, die Bevölkerung von Jerusalem habe sich an den Fischkauf am Sabbat derart gewöhnt, daß die Vorschriften des Nehemia und des Esra in diesem Fall unbeachtet blieben. »Die Leute von Tyr, die in Juda wohnten, brachten weiterhin Fische

und auch andere Waren in die Stadt, um sie am Sabbattag zu verkaufen.« Nehemia berichtet selbst, er habe in diesem Zusammenhang die »führenden Kreise« der Stadt daran erinnert, die Zerstörung
der Stadt durch die Babylonier sei die Strafe Gottes gewesen für die
Nichtbeachtung seiner Gesetze: »Ihr verursacht ein neues Zorngе-
richt über Israel, wenn ihr den Sabbat entweiht.« Nehemia erdachte
sich ein radikales Mittel, um den Leuten die Lust auf Fisch am Sabbat auszutreiben: »Sobald es in Jerusalem vor Sabbatbeginn zu dunkeln begann, ließ ich die Tore schließen. Erst nach Sabbatende gab ich
die Erlaubnis, die Tore wieder zu öffnen.«

Die fünf Bücher Mose als absolut gültiges Gesetz

Nehemia und Esra setzen das Ziel, der Jude habe den Willen Gottes
absolut zu erfüllen. Dem Schriftgelehrten Esra verdankt das jüdische
Volk die Fixierung der Gesetzessammlung. Bisher war auf unterschiedlichen Papyrusrollen der meist nicht einheitliche Text der sehr
diffizilen Vorschriften festgehalten worden, die Mose hinterlassen
hatte. Über mehr als neunhundert Jahre lag die Zeit der Offenbarung
zurück, in der Gottes Wille zum Ausdruck gebracht worden war. Jetzt
erst hatte Esra eine Fassung vorgelegt, die als verbindlich gelten
konnte. Sie ist die Grundlage der Staatsform, die künftig in Jerusalem gelten sollte: Der Regent ist Gott selbst; der Hohepriester ist sein
Vertreter in der Stadt. Nehemia achtet darauf, daß die Auswirkung
dieser Theokratie nicht in Konflikt mit dem persischen König gerät,
zu dessen Herrschaftsbereich Juda gehört.

Es war eine schwere Aufgabe, die strikte Beachtung des Gesetzes
aus den fünf Büchern Mose in Jerusalem durchzusetzen. Die höchsten Kreise wollten sich nicht daran halten und verlangten einen
Sonderstatus. Da verliebte sich Jehoiada, der Sohn des Hohenpriesters in die Tochter des Sanballat aus Bet Horon. Sanballat gehörte
noch immer zu den hartnäckigen und entschlossenen Feinden der
Maßnahmen des Nehemia. Diese Heirat mußte Nehemia in Zorn
versetzen. Mit dem Argument, die Tochter des Sanballat gehöre
einem fremden Volk an, verwies Nehemia beide – den Sohn des Hohenpriesters und seine Frau – aus Jerusalem.

Vorgeschrieben ist Zuwendung der Gedanken zu Gott und seinem
Willen. Diesen Willen zu erfüllen, soll Lebensziel der Bewohner von
Juda sein. Die Neigung zu fremden Göttern durfte sich nie mehr wie-

derholen. Die Kultur anderer Völker wurde ausgegrenzt; nie sollte es gestattet sein, fremde Gedanken in die eigene religiöse Vorstellung aufzunehmen.

Diese absolute Hinwendung zu Gott hatte zur Folge, daß im Leben der Familien kein Platz blieb für Schönheit, Luxus und für Bequemlichkeit. Das Land Juda verarmte. Da war kein Anreiz für Handwerker, ihre Arbeit auszuschmücken, ihr Eleganz zu verleihen. Verzichtet wurde auch darauf, den Häusern Stabilität für Generationen zu geben. Die Bewohner richteten sich darauf ein, abrufbereit zu sein, um den Befehlen des Herrn zu dienen.

In den archäologisch erschlossenen Kulturschichten der auf Esra folgenden zwei Jahrhunderte sind keine Schmuckstücke zu finden, keine kunstvoll behauenen Steine, keine Fundamente größerer Gebäude. Juda war eine wenig aktive und arme Provinz im persischen Reich. Beachtet wurde Juda nicht mehr.

Aber auch das Persische Reich verlor an Bedeutung. Die Zukunft gehörte dem Volk der Griechen. In den Jahren 491 v. Chr. und 480 v. Chr. versuchten persische Streitkräfte die Bedrohung aus dem Westen abzuwehren, doch diese Militäraktionen blieben ohne dauerhaften Erfolg. Der Feldzug des Jahres 491 v. Chr. endete mit der Niederlage der Perser bei Marathon. Der Vorstoß von 480 v. Chr. hatte die Vernichtung der persischen Flotte zur Folge. Das persische Königreich überlebte diese Rückschläge noch weitere eineinhalb Jahrhunderte. In dieser Zeit veränderte sich nichts im Bergland von Juda. Die Herren des Tempels von Jerusalem kümmerten sich nicht um Veränderungen in der Welt. Wichtig war allein, daß in ihrem Bereich das Gesetz Gottes beachtet wurde. Geschah dies, dann konnte sich nichts Negatives ereignen, denn Gott hielt seine Hand über die Stadt. Wenn das Gesetz beachtet wurde, brauchte sich in Jerusalem niemand zu fürchten, ein griechischer Feldherr namens Alexander werde Juda mit Krieg überziehen.

Wirksame Ideologie: Der Optimismus der Griechen

Von Makedonien, vom griechischen Festland her, drohte die Gefahr für alle erstarrten Regierungsformen im Vorderen Orient. Der zwanzigjährige Feldherr Alexander besiegt – mehr durch Verwegenheit und Dreistigkeit als durch strategisches Können – im Jahre 333 v. Chr.

die persischen Streitkräfte bei Issos am nordöstlichen Wurmfortsatz des Mittelmeers gelegen, der heute Bucht von Iskanderun heißt und zur Türkei gehört.

Diesen gewaltigen Erfolg nützte Alexander jedoch nicht aus, um die Perserstreitmacht völlig zu zerschlagen. Er wandte sich nach Süden. Sein nächstes Kriegsziel waren die phönizischen Küstenstädte, die mit Persien verbündet waren. Mit der Einnahme von Tyr wollte Alexander noch ein zweites Ziel erreichen: Die Ausschaltung der schärfsten Handelskonkurrenz der Griechenstädte im Mittelmeer. Im Interesse der griechischen Handelszentren durfte Alexander Tyr nicht einfach umgehen und weiter nach Süden reiten. Dies wäre dem Feldherrn leichtgefallen, denn die Stadt Tyr lag damals auf einer Felseninsel – 400 Meter vom Festland entfernt. Alexander hätte die Küste erobern und Tyr unbeachtet lassen können. Doch dann hätten die phönizischen Kaufleute weiterhin die Märkte des Mittelmeerraums beherrscht. Alexander mußte eine radikale und rasche Lösung erzwingen. Als das Heer Alexanders auf dem Land sein Lager aufschlug, waren die Verantwortlichen in Tyr sicher, daß sie diese Art der Belagerung überstehen würden. Das Meer ringsum – so glaubten sie – würde Schutz bieten. Dazuhin erwarteten sie Hilfe von Karthago, das eine Gründung der Phönizier war. Die Überzeugung herrschte, die günstige Position mitten im Wasser biete solange Schutz, bis der Entsatz aus Karthago eingetroffen war.

Schon einmal hatte Tyr sich auf den breiten natürlichen Wassergraben verlassen können – als Nebukadnezar die reiche Stadt unbedingt besitzen wollte. Damals hatte die Belagerung von 585 bis 573 v. Chr. gedauert. Dann hatte Nebukadnezar die Nerven verloren. Er verzichtete auf die Eroberung und schloß einen Pakt mit dem Fürsten von Tyr.

Alexander wollte keine lange Belagerungszeit riskieren. Er ließ einen Damm aufschütten, der das Festland mit der Insel verband. Sieben Monate dauerten die Arbeiten, dann konnte das überlegene Heer des Alexander die Stadt, die keine weitere Befestigungsanlage besaß, trockenen Fußes erreichen und einnehmen. Dies geschah im Jahr 332 v. Chr.

Biblische Texte haben dieses Ereignis registriert – allerdings in einem Zusammenhang, der Rätsel aufgibt. Der Prophet Sacharja (Zacharias), dessen Wirken im Jahr 520 v. Chr. begonnen hat, schildert im letzten Teil seines Buches (9,3-4) den Untergang von Tyr als vollzogene Tatsache: »Wohl war Tyr stolz auf seine Unabhängigkeit.

Es häufte Silber auf wie Staub, und Gold wie Kot auf der Straße. Siehe, was geschehen ist: Der Herr macht Tyr arm. Er wirft den Reichtum ins Meer. Tyr wird vom Feuer verzehrt.«

Bibelhistoriker sind sich darin einig, daß die Worte über das Schicksal der Stadt Tyr erst in weit späterer Zeit, nach dem Eroberungszug des Alexander, in das Buch Sacharja eingefügt worden ist – durch einen völlig anderen Autor.

Die Fortsetzung des Textes beschreibt den Untergang der Städte Ashkalon, Ashdod, Ekron und Gaza. »Der Herr spricht: ›Den Stolz der Philister rotte ich aus!‹«

Nach der Unterwerfung der einstigen Philisterstädte war das Land am Nil das nächste Ziel des Eroberers. Doch Alexander wollte nicht in den Pharaonenstädten residieren. Er hatte keine Zeit, sich mit der alten Kultur zu befassen. Er gründete eine neue Stadt, die seinen Neigungen und Interessen entsprach: Alexandria – gebaut nach 332 v. Chr.

Die klare Form des Rechtecks bestimmte das Stadtbild. Die Kreuzungen der Straßen waren im rechten Winkel angelegt. Nichts war verwinkelt oder dem Zufall überlassen. Fünf eindeutig getrennte Stadtviertel erleichterten die Verwaltung. Die Kompetenzen waren geordnet.

Der Kontrast ist gewaltig zwischen der Neugründung Alexandria und der alten Stadt Jerusalem im jüdischen Bergland. Jerusalem ist zerstört worden, doch die Wiederaufbauphase hat nichts verändert und nichts wurde erneuert. Die Enge der Siedlung über dem Kidrontal wurde bewahrt.

Lebensgrundlage der Bewohner war Arbeit in der Landwirtschaft. Kaufleuten konnte Jerusalem nur wenig bieten. Sie suchten nach anderen Betätigungsfeldern – und fanden einen Markt in Alexandria. Viele zogen dorthin. Bald schon war die jüdische Kolonie im Nildelta beachtlich.

Alexandria wird zur Attraktion. Die Straßen sind breiter, die Häuser höher als zu Hause. An Ausschmückung der Gebäude wird nicht gespart. Die Bewohner werden selbstbewußt.

Ausdruck dieses Selbstbewußtseins ist das Entstehen einer eigenen Fassung der Bibeltexte: Die fünf Bücher Mose werden ins Griechische übertragen. Der Grund war, daß die jungen Juden in Alexandria die hebräische Sprache nicht mehr beherrschten; sie sprachen, lasen und schrieben in Griechisch. Die Legende erzählt, siebzig Gelehrte hätten die Übertragungsarbeit geleistet – daher leitet sich die Bezeichnung »Septuaginta« ab. Diese Neufassung der Heiligen Schrift ersetzte bald in vielen jüdischen Gemeinden den ursprünglichen Text. Die »Septuaginta« wurde allmählich auch in Jerusalem gebräuchlich. Bald schon strahlte die Atmosphäre der neuen Großstadt auch nach Jerusalem aus. Die jungen Männer beginnen griechisch zu reden; den Frauen gefallen Schmuckstücke und Kleider aus Alexandria; wohlhabende Familien lassen ihre Räume vergrößern und dekorativ ausmalen. Ein Hauch von Luxus wird spürbar in Jerusalem.

Jetzt bietet die Hügelzunge zwischen den Tälern Kidron und Hinnom nicht mehr den nötigen Lebensraum. Wer sich ein größeres Haus bauen wollte, konnte dies nur auf dem Hügel westlich des Tempelareals unternehmen. Jerusalem begann sich auszudehnen.

Im Ersten Buch Makkabäer, das die Fortsetzung der Chronik jüdischer Geschichte berichtet, wird der Wandel der Werte dargestellt: »In jener Zeit traten in Israel gesetzesfeindliche Leute auf. Sie waren der Ansicht, man müsse sich anpassen an die Völker ringsum. Ihre Meinung: Seit wir uns abgesondert haben, traf uns manches Unglück!«

Rund einhundertfünfzig Jahre waren vergangen seit der Glaubenserneuerung, die Esra und Nehemia durchgeführt hatten. Treu waren fünf Generationen lang die Grundsätze, die durch die Rückkehrer aus Babylon Gesetzeskraft erlangt hatten, geachtet und befolgt worden. »Jetzt aber waren viele der Meinung, Anpassung sei vorteilhaft.« (Erstes Buch Makkabäer 1,11)

Jüdische Händler aus Alexandria erzählen in Jerusalem von aufregenden Sitten: Männer hätten es sich angewöhnt, nackt ihre Körper im Wettkampf vorzuzeigen. »Gymnasien« seien gebaut worden, in denen die Wettkämpfer nach festen Regeln, aber ohne Kleidung, ihre Kräfte messen können. Das erste Makkabäerbuch berichtet (11,14), daß schließlich auch in Jerusalem derartige Gymnasien errichtet worden seien.

Die nackte sportliche Betätigung hatte eine Konsequenz: Die jungen Männer der jüdischen Familien schämten sich vor ihren griechischen Freunden, die ein intaktes männliches Glied besaßen. Daß sie beschnitten waren, störte sie. Viele ließen sich operieren »und stellten ihre Vorhaut wieder her. So wurden sie abtrünnig vom Bund mit dem Herrn.« (Erstes Buch Makkabäer 1,15) Zwar waren die Freunde griechischer Sitten in der Minderheit, doch sie provozierten einen brisanten Gegensatz zu denen, die dem Gesetz des Herrn treu bleiben wollten.

Die Oberherren im griechisch-orientierten Seleukidenstaat, der sich nach dem Tod des großen Alexander herausgebildet hatte, waren griechischer Abstammung. Der für Juda zuständige Herrscher hieß Antiochos (175–163 v. Chr.). Er wollte, daß sich auch in Jerusalem der griechische Geist und die griechischen Bräuche durchsetzten. Es war nicht seine Art zu überzeugen – er gebrauchte Gewalt.

Das Gesetz des Herrn wird in Jerusalem verboten

Jerusalem war für Antiochos besonders wichtig, weil es nahe der Heerstraße nach Ägypten lag. Antiochos wollte unbedingt Herrscher am Nil und damit Nachfolger der legendären Pharaonen werden. Zwischen den Jahren 170 bis 167 v. Chr. unternahm er Angriffe in Richtung Nil, die allerdings keinen durchschlagenen Erfolg brachten – obgleich, so berichtet das Erste Buch Makkabäer, seine Streitmacht gewaltig gewesen sein soll: »Er zog los mit Streitwagen, Elefanten, Reitern und einer großen Flotte« (1,17).

Beeinträchtigt wurde seine Entschlossenheit, das Prestigeobjekt »Ägypten« zu erobern, durch Warnungen aus Rom, er möge in dieser Richtung seinen Ehrgeiz zügeln. Die Mächtigen in Rom zeigten erstes Interesse an Ägypten.

Antiochos begriff, daß der Konflikt mit der aufstrebenden Macht Rom nicht zu vermeiden war. Er mußte aufrüsten, und dazu benötigte er Gold. Auf dem Rückweg von einem seiner Nilfeldzüge nahm er Quartier in Jerusalem. Bei dieser Gelegenheit ließ er den Tempel ausrauben. Alle goldenen Gefäße wurden beschlagnahmt. Offenbar wußte er genau Bescheid über die Tresore, in denen die Schätze aufbewahrt wurden: »Er vergriff sich auch an den wertvollen Gegenständen, die in geheimen Verstecken lagerten.«

Ziel dieser Aktion war nicht nur der Raub des Goldes – beabsichtigt war auch die Entweihung des Tempels.

Den orthodoxen Juden sollte ein Schlag versetzt werden. Ihnen sollte demonstriert werden, daß ihr Gott nichts wert war. Vorbereitet wurde auf diese Weise ein Verbot des jüdischen Glaubens.

Von der Jugend war kein Widerstand gegen die Öffnung des Allerheiligsten für den fremden Herrscher zu erwarten. Die jungen Männer standen meist auf der Seite des Antiochos. Berichtet wird, daß sogar junge Tempelpriester Stunden des Tages beim Bewegungssport im Gymnasium verbrachten; nachdem sie nackt geturnt hatten, begaben sie sich wieder in den Tempel zurück. Sie sahen im Tempeldienst schließlich nur noch eine der mancherlei Möglichkeiten, den Lebensunterhalt zu verdienen, um sich Vergnügen leisten zu können.

Die jungen Priester waren unzufrieden mit dem Obersten ihres Berufsstandes. Sein Name war Jason. Er hatte zwar durchaus Sympathie für die Freunde der Griechen in seiner Stadt. Er war auch keineswegs gegen die Sportstätten – er war nur dagegen, daß dort Statuen des Gottes Melkart aufgestellt wurden. Über diese »Beschränktheit« des Verfechters der Traditionen waren die jungen Männer empört. Als der Hohepriester Jason laut verkündete, er weigere sich, aus den Opfergeldern ständig Beträge an die Steuereinnehmer des Antiochos abzuführen, wurde ihr Protest lautstark. Er hatte Erfolg. Antiochos setzte den Hohenpriester ab. Der Kandidat des Antiochos hieß Menelaus. Doch der war nie zuvor im Leben Priester gewesen. Er hatte der griechischen Verwaltung einfach Geld angeboten als Gegenleistung für Übertragung des hohen Amtes. Mitglieder der Elitefamilie, die bisher den Posten des Hohenpriesters immer hatten für sich reservieren können, protestierten gegen diese Art der Ämtervergabe. Sie schimpften, Menelaus sei bereit, an den Hof des Antiochos hohe Beträge auszubezahlen. In Jerusalem brach Aufruhr aus. Die konservativen Familien rotteten sich zusammen. Sie stürmten die Häuser der Straße, in der die meisten Griechenfreunde lebten. Im Verlauf dieser gewalttätigen Demonstration wurde der Bruder des Hohenpriesters Menelaus aus Versehen getötet.

Der Glaube an den Bund mit Gott wird untersagt

Die Unruhe in seiner Provinz Juda störte Antiochos. Er war in jener Zeit gezwungen, seine Kräfte gegen den wachsenden römischen Druck zu mobilisieren. Er glaubte, keine religiös-motivierten Konflikte in seinem Herrschaftsbereich dulden zu können. Als Grieche sah er die Störenfriede nicht in den Reihen der Griechenfreunde von Jerusalem, sondern in der Partei der konservativen Juden, die am Gesetz des Herrn festhalten wollten. Sein Konzept, um Ruhe zu schaffen, war die völlige Auslöschung des Glaubens an den Bund des jüdischen Volkes mit Gott.

Menelaus, der Hohepriester, bestärkte Antiochos. Er hatte den Tempel verlassen, weil er dem Gott der Juden nicht länger dienen wollte. Draußen, vor dem Tempel, predigte Menelaus, der formal noch immer Hoherpriester war, der traditionelle Glaube sei rückständig, fortschrittsfeindlich und passe überhaupt nicht in eine Zeit der Offenheit und der Lebensbejahung. Der Hohepriester war nicht unbeteiligt daran, daß Antiochos bestimmte, Zeus sei künftig der Gott der Stadt Jerusalem.

Die Anordnungen des Herrschers sind im Ersten Buch Makkabäer detailliert aufgeführt:

»Für das gesamte Reich ordnete der König an, daß alle Bewohner in ihren Bräuchen einheitlich zu sein hatten. Alle sollten ein Volk bilden. Der Tempel durfte nicht mehr als Heiligtum des Herrn angesehen werden. Sämtliche Opferungen hatten künftig zu unterbleiben. Das Sabbatgebot wird nicht mehr eingehalten. Ab sofort durfte kein Sohn mehr beschnitten werden. Das Gesetz des Herrn wurde außer Kraft gesetzt. Wer immer sich diesen Anordnungen widersetzte, der mußte sterben« (1,41 ff.).

Ausdrücklich vermerkte der biblische Text, daß viele in der Stadt der Meinung waren, die Zeit sei reif dafür, den alten Glauben abzuschaffen. Überall im Land Juda wurden »Buchrollen« mit den Gesetzestexten zerfetzt und vernichtet.

Die griechische Verwaltung wußte, daß in Jerusalem noch immer Gesetzestreue lebten, die ihre »Buchrollen« versteckt hielten. Niemand kannte ihre Zahl und ihre Stärke. Um die Griechenfreunde gegen die Getreuen des einen Gottes zu schützen, ließ die griechische Verwaltung eine starke Festung im Bereich der Stadt bauen, die den traditionell Gläubigen Respekt einflössen sollte. Überliefert ist, diese »Akra« habe den Tempel überragt. Von dieser Feststellung ausgehend, vermuteten Archäologen, die Festung müsse sich in der Nähe des Tempels befunden haben. Kathleen M. Kenyon wollte sich dieser Meinung nicht anschließen. Sie suchte Überreste der Akra im Bereich der Zitadelle beim jetzigen Jaffator. Doch ihre Grabungen stützten diese Ansicht nicht. Es wird jetzt angenommen, die Al-Aqsa-Moschee befinde sich auf dem Platz der Zwingburg Akra.

Der Widerstand beginnt in Modi'in

Wer die Autobahn benützt, die von Jerusalem herunter führt in die Ebene zum Flughafen Ben Gurion, dem fällt – 12 Kilometer vor der Flughafenausfahrt – das Abzweigungsschild »Modi'in« auf. Dieser Ort war die Heimat der Sippe Makkabi, die zu den Priesterfamilien des Landes gehörte. Einer dieser Priester hieß Mattathias – der Name ist mit »Geschenk des Herrn« zu übersetzen. Er lebte zur Zeit des Antiochos, der von 175 bis 163 v. Chr. mächtig war.

Von Mattathias wird berichtet (Erstes Buch Makkabäer 2,15), daß er Priester war in Modi'in als die Agenten des herrschenden Hauses im Lande unterwegs waren, um zu kontrollieren, ob auch überall das Gesetz des Bundes außer Kraft gesetzt worden ist. Die Agenten kamen auch nach Modi'in, das damals ein kleines Dorf war. Sie sprachen zum Priester Mattathias: »Du bist der bekannteste und angesehenste Mann in der ganzen Gegend. Auch du wirst das königliche Gebot erfüllen, wie dies jeder Priester im Land schon getan hat.« Das königliche Gebot verlangte die Anbetung des Gottes Zeus. Mattathias aber antwortete: »Gott möge uns davor bewahren, das Gesetz des Herrn zu verleugnen! Die Befehle des Königs in dieser Angelegenheit beachten wir nicht. Wir befolgen auch weiterhin das Gesetz des Herrn!«

Um die königlichen Agenten zu besänftigen, war ein Mann aus Modi'in, ein Jude, bereit, die Anbetung des Gottes Zeus zu vollziehen – zum Zeichen, daß sich alle Bewohner des Dorfes dem Gebot des Königs beugten. Da loderte der Zorn des Mattathias auf: Er schlug auf den Mann ein und tötete ihn. Der Priester brachte auch einen der Agenten des Antiochos um.

Die Bluttat war am Altar geschehen, mitten im Dorf Modi'in. Mattathias erkannte, als die Toten am Boden lagen, daß Konsequenzen zu erwarten waren. Er rannte los, durch das Dorf in Richtung Osten, auf das judäische Bergland zu. Er soll dabei gerufen haben: »Wer am Bund mit Gott festhalten will, der renne hinter mir her!« Als Datum dieses Ereignisses gilt das Jahr 167 v. Chr.

Dem Mattathias folgten nicht viele Leute aus Modi'in; eigentlich blieben nur seine fünf Söhne bei ihm. Der biblische Text nennt ihre Namen: Johannes, genannt Gaddi; Simon, genannt Tassi; Judas, genannt Makkabi; Eleasar, genannt Avaran; Jonatan, genannt Aphus.

Mit ihnen suchte er ein geeignetes Versteck im Bergland. Er fand einen passenden Platz nahe der kleinen Stadt Gophna.

Der Ort heißt heute Djifna und liegt fünf Kilometer von Ramallah entfernt links der Straße 1, die nach Nablus führt. Rings um Djifna wachsen in größerem Abstand zueinander Olivenbäume auf Hügeln. Das Landschaftsbild erweckt nicht den Eindruck, es sei geeignet für Guerillakrieg. Es ist leicht zu überblicken. Doch Mattathias nutzte offenbar das Gelände geschickt aus.

»Mattathias und seine Anhänger zogen umher und rissen die Altäre der griechischen Götter nieder. Sie vollzogen an unbeschnittenen Kindern mit Gewalt die Beschneidung. Sie verteidigten so das Gesetz.« (Erstes Buch Makkabäer 2,45-46)

Im Jahr 166 v. Chr. starb Mattathias in der Gegend von Gophna/Djifna. Er wurde von seinen Söhnen in Modi'in bestattet.

Judas genannt Makkabi wurde sein Nachfolger als Kommandeur der Guerillatruppe, deren Mitgliederzahl im zurückliegenden Jahr stark angewachsen war. Nicht ganz sicher ist die Deutung des Beinamens Makkabi. Angenommen wird, daß er mit »Hammer« übersetzt werden kann. Nach diesem Makkabi wurden schließlich die gesamte Sippe und deren Gefolgsleute die »Makkabäer« genannt.

Gegner des Judas Makkabi waren die Griechenfreunde im Lande Juda, die dem Seleukidenkönig Antiochos vertrauten, dessen Hauptstadt Antiochia am Orontes war. Heute heißt die Stadt Antakya; sie liegt 25 Kilometer vom Mittelmeer entfernt.

Eigentlich gehört Antakya zu Syrien, doch im Jahr 1939 haben die Kolonialmächte England und Frankreich Syrien gezwungen, einen Streifen des syrischen Küstenlandes der Türkei zu übergeben – zum Dank dafür, daß sich die Türkei entschlossen hat, nicht an der Seite des Deutschen Reiches in den Zweiten Weltkrieg einzutreten.

Von Antiochia am Orontes aus beherrschte Antiochos ein Reich, das sich von der heutigen Türkei über das Zweistromland von Euphrat und Tigris bis nach Persien erstreckte. Damaskus und die heute königlich-jordanische Hauptstadt Amman waren wichtige Städte des Reiches. Ein Fortsatz des großflächigen Staates reichte im Süden an der Mittelmeerküste bis Gaza. Die südliche Provinz im Fortsatz trug die traditionelle Bezeichnung Juda.

Im gewaltigen Gebiet des Seleukidenreiches lebten Menschen unterschiedlicher Glaubenstraditionen. Antiochos fürchtete diese Vielfalt, weil sie Spaltung des Reiches auslösen konnte. Im Angesicht der Gefahr aus Rom wollte der Herrscher jetzt mit aller Entschlossenheit ein Seleukidenvolk schaffen. Die ideologische Basis sollte die Glaubenstradition der Griechen bilden. Alle Völker sollten dieselben Götter der griechischen Götterwelt anbeten, die griechischen Bräuche befolgen, dieselben Gebete sprechen – und alle sollten sich für die griechischen Sportstätten begeistern. Wer sich weigerte, die griechischen Wertekategorien zu akzeptieren, der war in Gefahr, getötet zu werden.

Judas Makkabi trotzte dieser Gefahr. Er war entschlossen, die Partisanenbewegung, die sein Vater zum Kampf für die jüdischen Werte begründet hatte, zum erfolgreichen Ende zu führen. Der Seleukidengouverneur in der Stadt Samaria bekam von seinem Herrscher die energische Aufforderung übermittelt, dem Partisanentreiben im Bergland Juda ein Ende zu bereiten. Schluß sollte sein mit den Provokationen gegen die neue Ordnung.

Nach militärischer Logik wurde für eine derartige Aktion keine starke Streitmacht gebraucht. Die Guerillatruppe von Judas Makkabi war eine Bande von schlecht bewaffneten und noch schlechter ausgebildeten Kämpfern. Die Männer des Seleukidenheeres aber waren diszipliniert und sie hatten gelernt, Kampfformationen zu bilden für Angriff und Verteidigung. Doch genau diese Fähigkeit wurde zum Verhängnis: Die Truppe brauchte zu ihrer Entfaltung ein freies Gelände. Waren die Streitkräfte zum Kampf in einem engen Tal gezwungen, waren sie unterlegen. Judas Makkabi war klug, den Geländevorteil für seine Guerillatruppe zu nutzen.

Genau in der Mitte zwischen Shechem/Nablus und Ramallah im Verlauf der Straße 1 befindet sich das Levonatal. Es gehört zu den landschaftlich schönsten Plätzen der Region. Vor dem Dorf Sindjil steigt die Straße in Serpentinen aus dem Tal.

Die heutige Straße 1 folgt der Route aus der biblischen Zeit. Sie hatte Apollonios, der Befehlshaber aus Samaria zu benützen, wenn er von Samaria im Norden nach Gophna im Süden wollte. Seine Marschkolonne, die ungefähr 500 Mann stark war, mußte das Levonatal passieren. Es existierte kein anderer benutzbarer Weg zur Basis der Partisanen des Judas Makkabi.

Dessen Kämpfer hatten sich zwischen dichtstehenden Olivenbäumen an den Talhängen versteckt. Groß war ihre Zahl noch immer nicht. Ihr Überfall ereignete sich überraschend für den Feldherrn Appollonios und seine in der Hitze marschierenden Männer. Sie konnten sich kaum zur Gegenwehr aufraffen. Der Feldherr wurde getötet.

Judas Makkabi nahm dem Toten das Schwert ab. Er gebrauchte es von nun an selbst. Dazu war schon bald Gelegenheit.

König Antiochos, wütend über die blamable Niederlage im Levonatal, ordnete an, die Partisanenbande des Judas Makkabi müsse durch überlegene Streitkräfte aufgerieben und vernichtet werden. Der für die Region Syrien zuständige Befehlshaber Seron müsse selbst die militärische Operation leiten.

Seron wählte eine andere Route als Apollonios: Er vermied den gefährlichen Engpaß des Levonatal. Seine Streitmacht umging den Norden des Berglands. Sie durchzog die Küstenebene bis zur Gegend des heutigen Flughafens Ben Gurion und begann dann den Aufstieg über die »Steige von Bet Horon«. Diese Straße, heute eine ausgebaute Regionalverkehrsroute, trifft beim Flughafen Jerusalem auf die Autostraße von Jerusalem nach Ramallah.

Den für Seron gefährlichen Teil der Steige von Bet Horon bildete der erste Steilanstieg. Judas Makkabi brauchte nur den Kampfplan zu wiederholen, der sich im Levonatal bewährt hatte. Auch an der Steige von Bet Horon standen dicht gedrängt Olivenbäume. Die Haine zogen sich an den Hängen hoch. Als sich die Partisanen in diesen Hainen versteckt hatten, sahen sie die imposante Streitmacht, die von Westen heranzog. Sie verloren ihren Mut und gaben ihrem Anführer den Rat, den unauffälligen Rückzug zu befehlen. Da sprach Judas Makkabi Worte, die im jüdischen Volk bis heute ihre Wirkung nicht verfehlen: »Es ist möglich, daß viele von wenigen überwältigt werden. Für den Himmel ist es gleichgültig, ob sein Wille von vielen oder von wenigen durchgesetzt wird. Vom Himmel kommt die Kraft! Wir kämpfen um unser Leben und um die Gültigkeit des von Gott verordneten Gesetzes.«

Mit lautem Geschrei brachen die jüdischen Kämpfer aus den Olivenhainen hervor. Wieder gelang die Überraschung. Die Truppen des Seron gerieten in Panik und flohen die Steige von Bet Horon hinunter in Richtung Westen, zur Küstenebene. Der biblische Text meldet ausdrücklich, daß die Geschlagenen im Philisterland Zuflucht gesucht haben.

Der eindrucksvolle Sieg von Bet Horon geschah 165 v. Chr. – zwei Jahre nach Ausbruch des Aufstands in Modi'in. So ärgerlich das Problem der Partisanenbewegung für den Seleukidenherrscher auch war, seine Lösung war für ihn nicht vordringlich. In Juda standen keine Reichtümer auf dem Spiel. In Persien aber weigerten sich in jenem Jahr wohlhabende Provinzen, Tribut zu zahlen. Gegen diesen

Ausfall für die Staatskasse mußten energische Maßnahmen ergriffen werden. Antiochos entschied sich, den Persienfeldzug selbst zu führen. Sein Plan war, unterwegs zur Aufbesserung der Staatsfinanzen Tempel zu plündern. Antiochos führte diesen Plan erfolgreich durch – er ging in die Geschichte mit dem Beinamen »der Tempelplünderer« ein.

Um das Problem Juda hatte sich Lysias, ein hoher Offizier aus dem Stab des Seleukidenherrschers, zu kümmern. Er glaubte aus den Niederlagen des Apollonios und des Seron gelernt zu haben. Hatten diese beiden ihre Angriffe gegen das Bergland von Juda aus Norden und aus Westen geführt, so wollte Lysias von Süden her die Basen der Partisanen erobern.

Ihm waren für alle Maßnahmen weitgehende Vollmachten erteilt worden. Ehe Antiochos nach Persien aufbrach, hatte er Lysias zum Reichsverweser aller Gebiete zwischen Euphrat und der ägyptischen Grenze eingesetzt. Die Vollmachten durften allerdings nur dem einen Ziel dienen, den Unruheherd Juda durch Gewalt zu befrieden. Dafür übergab Antiochos dem Reichsverweser eine beachtliche Streitmacht, zu der auch Elefanten gehörten.

164 v. Chr.: Die Existenz des jüdischen Volkes ist bedroht

Die Befehle zur Behandlung der Juden waren eindeutig: Zuerst mußten die Partisanen und deren Anhänger ausgerottet werden. In der zweiten Phase des Feldzugs waren alle Bewohner der Provinz Juda, die noch lebten, zu vertreiben. Die dritte Phase sah vor, sämtliche Städte der Provinz so zu zerstören, daß keine Spur von ihnen blieb. Dieses Schicksal war auch Jerusalem zugedacht. In der letzten Phase sollte das gesamte Land an Sippen nichtjüdischer Völker überlassen werden. »Niemand darf sich mehr an Jerusalem und Juda erinnern.« (Erstes Buch Makkabäer 3,35)

Der biblische Text informiert, aus der Region rings um Juda hätten sich nichtjüdische Händler auf den Weg begeben, um rechtzeitig an Ort und Stelle zu sein für das große Geschäft des Ausverkaufs, das sich aus der jüdischen Niederlage entwickeln mußte. Geschäftsleute waren bereit, den Siegern die Beute abzukaufen: »Die Händler brachten nicht nur Gold und Silber mit, um auf billige Angebote rasch eingehen zu können. Sie hatten auch Fußfesseln dabei für die Juden, die als Sklaven angeboten werden würden.«

Für viele Familien in der Provinz Juda erschien die Zukunft in düsterem Licht. Mancher Familienvater hielt es für klug, sich rechtzeitig den künftigen Siegern nützlich zu machen. Männer aus Jerusalem schlossen sich der Marschkolonne des Seleukidenheeres an. Sie wiesen den Weg und halfen beim Transport der Kriegsgeräte. Defätismus belastete die Gemüter im Bergland.

Die Situation des Judas Makkabi war schwierig. Bei einem Angriff des Gegners von Süden her, bot sich seinen Kämpfern keine Chance der Überraschungsattacke. Die Wege steigen nicht steil an; da gibt es keine Schluchten, in denen sich Partisanen verbergen können. Sanfte Hügel lassen sich leicht vom Gegner überblicken. Alle Vorteile, die bisher zum Sieg geführt hatten, fehlten diesmal den Bewaffneten des Judas Makkabi. Der Partisanenkommandant mußte seine Taktik umstellen auf die Kampfmethode, die von normalen Truppenverbänden praktiziert wurde: Die Partisanen mußten sich dem Feind in offener Feldschlacht stellen.

Judas Makkabi erwartete den Feind südlich von Jerusalem in der befestigten Stellung Bet Sur. Die heutige Ortschaft Beit Sahur markiert den Platz. Er liegt zwei Kilometer ostwärts von Bethlehem und ist über eine schmale Straße erreichbar. Der eigentliche Ausgrabungsort heißt Khirbet et-Tubeiqeh. Bemerkenswert ist, daß dort seltene Münzen gefunden wurden. Eine der Münzen ist besonders wertvoll, sie trägt als Prägung das Wort »Yahud«. Nur wenige Exemplare sind jemals gefunden worden.

Als Judas Makkabi in der befestigten Stellung lagerte, trug sie die griechische Bezeichnung Betsura. Sie war genau die richtige Bastion für die Zwecke des Judas Makkabi. Seine Bewaffneten konnten sich hinter Erdwällen und Holzpalisaden ducken. Erst später entstand hier eine wirkliche Festung – der Bauherr war dann Judas Makkabi selbst. Der biblische Text informiert darüber. (Erstes Buch Makkabäer 4,61) Nachdem er Herr über Juda geworden war, brauchte er Betsura zur Absicherung der Südflanke seines Gebiets. Im Kampf mit Lysias hatte er den Wert dieser Position erkannt.

Von Betsura aus war der Anmarschweg des Feindes über eine weite Strecke hin zu überblicken, denn damals führte die Straße von Hebron nach Jerusalem direkt am befestigten Hügel vorüber. Die Marschierenden aber konnten die Kämpfer des Judas Makkabi nicht entdecken. Deren Befehlshaber, der hinter einer Schanze kauerte, zählte die Feinde und erschrak. Jetzt befielen ihn die Zweifel, ob es gelingen könnte, diese Masse an Fußvolk, an Reitern, an Kriegselefanten zu besiegen. Wenn er gewinnen wollte, gab es keine Alternative zum

Angriff – allerdings nicht frontal. Judas Makkabi konnte es auf keinen Fall wagen, sich in Betsura belagern zu lassen; seine Männer besaßen nicht die Geduld, lange hinter Wällen auszuharren. Für die Defensive war diese Truppe nicht geeignet. Nur die rücksichtslose Attacke im richtigen Augenblick führte zum Erfolg

Als die Streitmacht des Lysias bereits am Erdwall von Betsura vorbeigezogen war, gab der Kommandeur der Partisanen den Befehl zum Angriff. Der biblische Kampfbericht ist knapp gehalten: »Sie stießen aufeinander.«

Wieder gelang ein Überraschungsangriff. Die Entschlossenheit der jüdischen Kämpfer siegte. In ungeordneter Flucht zog sich das Seleukidenheer nach Süden zurück.

Auch Lysias befand sich unter den Fliehenden. Sein Ziel war Antiochia. Er war entschlossen, mit einem noch stärkeren und schlagkräftigeren Heer ins Bergland Juda zurückzukommen. Diese Niederlage mußte durch einen gewaltigen Erfolg in Vergessenheit geraten. Dem Ruhm des Seleukidenstaates war durch einen eigentlich bedeutungslosen Haufen von Bewaffneten Schande zugefügt worden.

Auf der Seite der Juden herrschte Optimismus: »Seht, unsere Feinde sind geschlagen!« Auf jeden Fall war die Gefahr, ausgerottet zu werden, zunächst einmal vom jüdischen Volk des Berglandes abgewendet.

Die Truppe des Judas Makkabi hatte sich im Verlauf von drei Jahren an Disziplin und an Geschick im Kampf verbessert. Für Judas Makkabi stellte sich jetzt die Frage, ob es diesem Kampfverband gelingen würde, sich auch in Jerusalem durchzusetzen. Die Bevölkerung dort war den konservativ-nationalen Partisanen, die bisher bei Gophna in Verstecken gehaust hatten, nicht günstig gesinnt. Viele der in Jerusalem lebenden Männer – und nur die Männer waren wichtig – bekannten sich zum griechischen Lebensstil und wollten sich nicht durch die Partisanen des Judas Makkabi »befreien« lassen. Den Konservativen stand ein wichtiges, aus Stein gebautes Bollwerk zur Verfügung – die »Akra«. Sie befand sich wahrscheinlich im Süden des Tempels, aber in seiner unmittelbaren Nähe. Die Akra überragte das Tempelgebäude.

Die Entscheidung, die der Kommandeur jetzt traf, war mutig: »Laßt uns hinaufziehen zum Tempel!« Er wußte, daß er die Stadt nicht erobern konnte, doch wenn er den Tempel beherrschte, besaß er eine Basis, von der aus er an die religiösen Emotionen der Bewohner appellieren konnte. Wenn er den Tempel, der dreieinhalb Jahre lang nicht mehr benützt worden war, erneut für den Gottesdienst öffnete, konnten Familien wieder leichter auf den Weg des Herrn geführt werden.

Als sich die Männer dem Tempelhügel über der Stadt näherten, da stand die Akra furchterregend vor ihnen. Diesen festen Turm einzunehmen, dazu war die Truppe des Judas Makkabi nicht fähig. So, wie sie keine Geduld hatten, sich belagern zu lassen, so wollten sie auch selbst nicht belagern. Es blieb gar nichts übrig, als die Akra überhaupt nicht zu beachten. Der Kommandeur gab Order, für einen Kampf bereit zu sein, wenn die Burgbesatzung ihn beginnen würde. Selbst Streit mit den Griechenfreunden zu beginnen, verbot Judas Makkabi seinen Männern.

Ohne daß sie irgend jemand aufzuhalten versuchte, gelang es den Partisanen zum Tempel vorzudringen. Was sie dort sahen, empörte sie: »Das Heiligtum war verwüstet, der Altar beschmutzt und beschädigt, die Tore waren verbrannt. In den Höfen war Gestrüpp gewachsen, mannshoch.« (Erstes Buch Makkabäer 4,38)

Zum ersten Mal wird das Fest Chanukka gefeiert

Das Gestrüpp wurde gerodet. Dann säuberten die Männer die Hallen und Kammern des Tempels. Die Altäre der fremden Götter verschwanden. Judas Makkabi ließ Priester suchen, die sich während der vergangenen dreieinhalb Jahre nicht dazu hatten verleiten lassen, Zeus anzubeten. Er fand »unbelastete Männer«, die »kultisch rein und gesetzestreu« waren. Diese Priester wußten, wo die Leuchter und Gefäße, der Rauchopferaltar und die heiligen Schriftrollen verborgen aufbewahrt wurden. Sie stellten alles an den richtigen Platz. Sie brachten auch die Vorhänge herbei, durch die das Allerheiligste von den Vorräumen des Tempels abgetrennt wurde.

Die Besatzung der Akra hatte zugesehen, wie sich das Zeusheiligtum wieder in den Tempel des Herrn verwandelte. Die Griechenfreunde hatten nicht eingegriffen, als auf dem Tempelberg »Verbrechen gegen die Anweisungen des Herrschers in Antiochia« geschahen, die mit dem Tode zu bestrafen waren. Die Autorität des Seleukidenkönigs zerbröckelte.

Die Besatzung der Akra verhielt sich auch passiv, als von Jerusalem herauf sich Männer dem Tempelberg näherten. Sie waren neugierig und wollten dabei sein, wie das Heiligtum wieder dem Herrn übergeben wurde. Daß sich Zeus nicht dagegen wehrte, machte sie mutiger. Mancher empfand Sympathie für Judas Makkabi

Eine Schwierigkeit bestand darin, Holz für das Opferfeuer zu finden; rings um Jerusalem wuchs nur Gestrüpp, das zwar brannte, aber für heilige Zwecke ungeeignet war. Holz mußte aus dem Bergland herbeigeschafft werden und aus der Region jenseits des Jordan. Diese Gebiete unterstanden jedoch noch immer der Seleukidenverwaltung. Der oberste Beamte hatte angeordnet, daß jeder Transport von Gegenständen hinauf nach Jerusalem zu unterbinden sei, die irgendwie mit dem Tempelbetrieb in Verbindung gebracht werden konnten. Dieses Embargo galt auch für Holz guter Qualität.

Glaubensstarke Männer fanden einen Ausweg: Sie nagelten die Holzstämme zu Leitern zusammen. Wurden sie unterwegs von Agenten der Seleukidenverwaltung kontrolliert, gaben sie an, die Leitern seien von griechenfreundlichen Bewohnern in Jerusalem bestellt worden.

Als das Holz beim Tempel eingetroffen war, konnte die Wiederweihe des Heiligtums gefeiert werden. Aus diesem Anlaß versammelten sich viele Männer auf dem Platz vor dem Tempel. Die Besatzung der Akra verhielt sich weiterhin ruhig. Sie schritt nicht ein gegen diese offene Rebellion der Glaubensstarken unter den Männern Jerusalems. Die Griechenfreunde blieben an diesem Tag in ihren Häusern, oder im Gymnasium, das von Judas Makkabi nicht geschlossen werden konnte – es lag außerhalb seines Machtbereichs.

Eine jüdische Legende berichtet, es sei auch schließlich rechtzeitig für das Fest der Wiederweihe der achtarmige Kandelaber für die Tempelhalle gefunden worden. Er wurde auf eine steinerne Säule gestellt. In diesem Kandelaber befand sich allerdings kein Öl mehr. Er wurde schließlich noch ein ganz kleines Krügchen mit geweihtem Öl gefunden. Die Priester waren der Meinung, es werde höchstens für einen Tag und eine Nacht reichen, doch der Kandelaber spendete acht Tage und acht Nächte Licht.

Judas Makkabi traf damals eine Entscheidung, die bis heute wirksam ist: »Die Tage der Altarweihe sollen in jedem Jahr mit Frohlocken und mit Freude begangen werden.« Darauf wird noch immer geachtet: gefeiert wird ein heiteres Fest.

Sein Name Chanukka weist auf seinen Ursprung hin. Chanukka heißt »Weihe«. Das Fest trägt auch die Bezeichnung »Fest der Lichter«; sie bezieht sich auf das Wunder von der langen Brenndauer des geweihten Öls im Kandelaber. Acht Kerzen werden beim Chanukkafest entzündet: Eine Kerze am ersten Abend; zwei Kerzen am zweiten Abend; die achte Kerze beschließt das Fest.

Die Bezeichnung »Fest der Makkabäer« soll an den militärischen Sieg des Judas Makkabi und seiner Truppe erinnern. Den israelischen Militärs der Gegenwart gefällt diese Bezeichnung.

Das heitere Fest Chanukka wird – nach dem Synagogenbesuch – im Familienkreis begangen. Die Kinder werden beschenkt und sind, mit den Eltern zusammen, ausgelassen. Tanzvergnügungen finden statt, die manchmal tatsächlich eine Woche lang dauern.

Das Chanukkafest feiert einen Triumph – mit Recht. Durch Judas Makkabi hatten Jerusalem und der Glaube an den Herrn an Bedeutung gewonnen. Diese Entwicklung mißfiel den anderen Völkern ringsum, die schon geglaubt hatten, Jerusalem und Juda würden nie mehr im Glanz des Glaubens erstehen. Aus Staunen über die Leistung, das Glaubensleben im Tempel wiedererweckt zu haben, entstanden Aversionen. Harte Ablehnung der Juden flammte vor allem im transjordanischen Gebiet auf, in Gilead. Dort lebten starke jüdische Kolonien. Auf sie entluden sich die Aversionen der nichtjüdischen Sippen. Die jüdischen Familien flohen aus den Siedlungen, in denen sie mit Menschen der Sippen des Volkes Ammon zusammengelebt hatten, in die »Festung Datema«, deren Lage heute nicht mehr bekannt ist.

Die Bedrohten schickten Schreiben an Judas Makkabi mit der dringenden Bitte um Hilfe: »Die Leute des Volkes Ammon verfolgen uns. Ihr Anführer heißt Timotheus. Wir brauchen sofort Hilfe. Wir haben Tote zu beklagen. Frauen und Kinder sind entführt worden.« (Erstes Buch Makkabäer 5,10 ff.)

Dieselbe biblische Textquelle informiert, Judenverfolgungen seien zu gleicher Zeit in den einst phönizischen Städten Tyr und Saida ausgebrochen. Berichtet wird, Judas Makkabi habe seine Brüder aufgeteilt, um Aktionen durchzuführen zur Befreiung der bedrohten Glaubensbrüder. Simon machte sich mit einem Haufen Bewaffneter auf, um die Juden vor Tyr und Saida nach Juda heimzuholen. Es gelang ihm: »Er brachte Männer, Frauen und Kinder samt ihrer Habe unter großem Jubel nach Juda.«

Seinem Bruder Jonatan entsandte Judas Makkabi nach Gilead. Schwierig waren die Kämpfe gegen Timotheus und die Krieger des Volkes Ammon. Doch schließlich gelang die Befreiung: »Alle holte Jonatan zusammen, die Alten und die Jungen, die Wohlhabenden und die Armen, Männer und Frauen. Er sorgte für den Abtransport von Hab und Gut. So zog eine beachtliche Menschenmenge ins Land Juda.« (Erstes Buch Makkabäer 5,45)

Diese Rettungsaktionen für jüdische Menschen, die außerhalb ihres Landes in Bedrängnis geraten sind, haben bis heute Vorbildcharakter für die Israel Defence Force. Erinnert sei an die Aktion der IDF zur Rettung der äthiopischen Juden während der Jahre 1980–1985.

Mehr als 10 000 Juden, die in Äthiopien unter Kaiser Haile Selassie in Sicherheit und Wohlstand hatten leben können, gerieten nach der Entmachtung des Kaisers in Gefahr, aus ihren Häusern getrieben und in Lagern in der Wüste dem Hungertod preisgegeben zu werden. Sie wurden alle durch wagemutige Operationen der Israel Defence Force über eine Luftbrücke nach Israel geholt. Vorbild für dieses kühne Unternehmen waren die Taten, die Simon und Jonatan – geleitet durch ihren Bruder Judas Makkabi – mehr als 2000 Jahre zuvor vollbracht hatten.

Die Streitkräfte des Judas Makkabi hatten innerhalb weniger Monate an Ansehen, an Popularität gewonnen. So langsam erwachte wieder jüdischer Nationalstolz. Um diese Entwicklung zu fördern, mußte Judas Makkabi eine Tat vollbringen, die den jungen Männern im Land Juda den Stolz auch auf ihren Glauben zurückgeben konnte.

Für viele Juden, ob sie gläubig waren oder nicht, war damals der Gedanke unerträglich, daß Hebron nicht mehr zu ihrem Land gehörte. Hebron war unmittelbar nach der Eroberung von Jerusalem und der Deportation jüdischer Familien in Richtung Babylon (586 v. Chr.) vom Volk Edom besetzt worden. Mehr als zehn Generationen waren vergangen seitdem das fremde Volk Edom die Stadt der Patriarchengräber beherrschte. Nie war jedoch die Erinnerung daran erloschen, daß Abraham an jenem Platz, der einst Kirjat Arba geheißen hatte, ein Grundstück erworben hatte, um seine Frau Sarah bestatten zu können. Dieses Stück Land gehörte noch immer rechtmäßig den jüdischen Sippen. Judas Makkabi entschloß sich, Hebron für Juda zurückzuerobern. Die Einnahme gelang ohne lange Belagerungszeit. Der Sieger »zerstörte die Befestigungsanlagen der Edomiter. Er steckte die Türme ringsum in Brand.« (Erstes Buch Makkabäer 5,65)

Dieser Sieg war beachtlich. Er machte Eindruck auf alle Schichten der Bevölkerung in Jerusalem. Doch er löste Unruhe aus in der Stadt. Die Besatzung der Akra, der Griechenfestung, begriff, daß die Erfolge des Judas Makkabi nicht ein vorübergehendes Phänomen waren, das, nach anfänglicher Begeisterung wieder abklang. Da entwickelte sich im Land Juda eine Volksbewegung, die für die Seleukidenherrschaft insgesamt gefährlich werden konnte.

Doch diese überregionale Auswirkung des jüdischen Sieges von Hebron war letztlich zweitrangig für die Besatzung der Akra. Sie litt Mangel. Die Lebensmittel wurden knapp. Da die Akra bewacht, aber nicht belagert wurde, gelangen den Kämpfern hin und wieder Ausbrüche, durch die Lebensmittel in die Festung gebracht werden konnten. Diese Überfälle auf seine Männer waren für Judas Makkabi ärgerliche Nadelstiche während er doch bereits in größeren strategischen Dimensionen plante. Er mußte daran denken, die Besatzung der Akra unschädlich zu machen. Seine Truppe mußte eine regelrechte Belagerung organisieren. Darauf war sie allerdings gar nicht vorbereitet. Sie besaß kaum Belagerungsmaschinen. Holztürme und Rammböcke mußten erst gebaut werden. Die Belagerungsaktion lief nur langsam an.

Da starb Antiochos, der Herrscher des Seleukidenstaates während seines Persienfeldzuges. Er hatte kurz zuvor den Tempel der Artemis in Elymais ausplündern lassen. Auf Initiative des Feldherrn Lysias wurde der Sohn des Verstorbenen zum König Antiochos V. ausgerufen. Dieser junge Mann war jetzt rechtmäßig Herr über Juda. Er war verantwortlich für Aktionen zu Niederschlagung der erfolgreichen Aufstandsbewegung des Judas Makkabi. Der Besatzung der Akra gelang es, einen Brief nach Antiochia zu schicken, mit der Aufforderung an Antiochos V., so rasch als möglich Truppen zum Entsatz der Akra nach Jerusalem zu beordern. Im Ersten Buch Makkabäer ist der Brieftext überliefert (6,23 ff.).

Der König wurde ermahnt: »Wenn du nicht rasch handelst, werden unsere Feinde noch größere Taten vollbringen. Dann wirst du nicht mehr in der Lage sein, sie in ihrem Siegeszug aufzuhalten.«

Judas Makkabi muß Jerusalem preisgeben

Antiochos V. trägt den Beinamen Eupator; er bedeutet »Sohn eines vornehmen Vaters«. Beim Empfang der Nachricht von der Notlage der Akra-Besatzung ist er empört, daß eine derartige Situation entstehen konnte. Er fordert Sofortmaßnahmen der Mobilisierung zu einem großangelegten Feldzug. Der biblische Text informiert, der König habe schließlich 100 000 Fußsoldaten und 20 000 Berittene in Richtung Juda auf den Weg gebracht. Als sein wichtigstes Kampfpotential sah Antiochos V. seine Kampfelefanten. Sie waren dazu abgerichtet, die Gegner zu zertrampeln. Diese Waffe hatte Alexander beim griechischen Heer eingeführt. Er hatte die Elefanten in Indien kennengelernt.

Judas Makkabi glaubte, er könne den überlegenen Feind bei der Festung Betsura aufhalten. Von Betsura aus hatte er nur wenige Monate zuvor die Armee des Feldherrn Lysias in die Flucht geschlagen. Inzwischen war Betsura zu einer wirklichen Festung ausgebaut worden. Sie hätte bei einer Belagerung für Wochen Schutz geboten. Doch Judas Makkabi konnte sich noch immer nicht auf diese Geduldsprobe einlassen. Seine Leute waren ihr nicht gewachsen. Er durfte sich nicht an diesem Punkt festhalten lassen. Er mußte seine Truppe beweglich halten. Er brach mit seinen Männern aus Betsura aus.

Damit war allerdings jede Chance für einen Sieg vertan. Packend ist die ausführliche Darstellung des Kampfverlaufs im Ersten Buch Makkabäer (6,34 ff.). Genau beschrieben ist der Einsatz der Kampfelefanten:

»Den Elefanten gab man gegorenen Saft von Weintrauben und von Maulbeeren. Diese Säfte machten die Tiere gewalttätig. Man verteilte die Elefanten auf die Schlachtreihen und gab jedem Elefanten tausend Männer bei, die in Kettenpanzer gehüllt waren und die eherne Helme trugen. Zudem ergänzten Reiter diese Kampfformationen. Auf jedem der Tiere befanden sich massive hölzerne Aufbauten. Sie waren jeweils mit vier Männern besetzt, die Lanzen warfen und Pfeile schossen. Als nun die Sonne ihren Schein auf die goldenen und silbernen Schilde strahlte, da blitzten die Berge auf und leuchteten wie Feuerfackeln. Verwirrung war die Folge – ausgelöst durch das Blitzen, das Dröhnen der heranmarschierenden Kolonnen und durch das Waffengeklirr.«

Bei Bethlehem fand dieser Aufmarsch des Seleukidenheeres statt. Judas Makkabi wußte, daß die Lage seiner Leute hoffnungslos war – wenn es nicht gelang, durch überraschende Attacken den Feinden Schrecken einzujagen. Eleasar, der vierte der Makkabibrüder, der den Beinamen Avaran trug, wollte ein Beispiel geben: Er schlug sich bis zu einem der Kampfelefanten durch, der besonders reich mit Gold geschmückt war. »Eleasar warf sich unter den Elefanten, durchbohrte ihn von unten her mit dem Schwert und tötete ihn. Der Elefant brach über Eleasar zusammen und zermalmte ihn.« Den Kämpfern des Judas Makkabi blieb nichts anderes übrig, als zu fliehen.

Jerusalem war innerhalb weniger Stunden wieder in der Hand der Griechenfreunde. Die Besatzung der Akra hatte die Belagerung überstanden. Sie kontrollierte jetzt den Tempelbereich. Judas Makkabi besaß keinen Stützpunkt mehr in der Stadt. Wer die Schlacht gegen die Elefanten überlebt hatte, der floh in die Hügel von Gophna. In jener Region um die heutige Ortschaft Djifna hatte der Vater des Judas Makkabi den Kampf vier Jahre zuvor begonnen. Die Partisanen waren wieder am Ausgangspunkt angelangt.

Doch Judas Makkabi konnte eine Frist gewinnen. Im Seleukidenreich rissen Männer die Herrscherwürde an sich, die nur durch ihre Machtgier legitimiert waren. Sie verbrauchten ihre Kraft in internen Auseinandersetzungen. So war es möglich, daß Judas Makkabi – der wieder zum Guerillakommandeur geworden war – kleinere Siege erringen konnte. Kriegsentscheidend war keiner dieser Erfolge. »Doch das Land Juda hatte für kurze Zeit Ruhe.«

In seinem Lager bei Gophna wurde Judas Makkabi von einem Mann besucht, der Neuigkeiten zu erzählen wußte von der Welt weit draußen. Der Besucher berichtete vom Ruhm der Römer: »Sie sind stark und mächtig. Sie sind wohlwollend zu ihren Bundesgenossen und hilfsbereit zu ihren Verbündeten.« (Erstes Buch Makkabäer 8,1)

Der Kommandobefehlshaber erfuhr, daß die Römer alle ihre Kriege gewonnen hatten, daß sie aber auch Klugheit bewiesen in ihren Beziehungen zu anderen Völkern.

Diese Anpreisung der Qualität der Römer veranlaßte Judas Makkabi, einen Mann seines Vertrauens nach Rom zu entsenden, um mit den Mächtigen dort ein Bündnis zu schließen. Er glaubte, daß dieser diplomatische Schritt seine Rettung bedeute.

Das Interesse der Römer an Juda

Die biblische Textquelle vermerkt: »Der Vertraute reiste nach Rom. Der Weg war sehr weit.« In Rom angekommen, wurde der Mann aus Juda vorgelassen, sein Anliegen dem Senat vorzutragen. Dies geschah mit folgenden Worten: »Judas Makkabi, seine Brüder und das ganze Volk Juda wollen Bundesgenossen von euch sein. Sie wünschen, in die Liste der Freunde Roms aufgenommen zu werden.«

Den Verantwortlichen in Rom kam dieser Antrag aus dem hintersten Winkel der Ostküste des Mittelmeers gelegen. Zwar war daraus zunächst kein Profit zu ziehen, doch wer in Rom an die Zukunft dachte, der sah voraus, daß die Ausdehnung des Reichs nach Osten erfolgen mußte. Nach der Niederlage Karthagos am Ende des 2. Punischen Krieges im Jahre 201 v. Chr. war der Reichtum dieses nordafrikanischen Staates in römische Hände gelangt; Karthago war seit einer Generation finanziell ruiniert. Ein Ersatz für Karthago als Objekt der Ausbeutung war bisher im Westen Europas nicht zu finden. Der Blick der Verantwortlichen in Rom richtete sich ganz von selbst nach Osten. Die Überzeugung herrschte, dort – in Mesopotamien, Assyrien und Persien – sei Gold zu holen. Das Zahlungsmittel Gold wurde dringend gebraucht zur Finanzierung des Strukturwandels im römischen Staat.

Die tragende Schicht in der ersten Phase der Ausdehnung des Hoheitsgebiets waren die Bauernsöhne gewesen, die sich im Bedarfsfall in die Streitkräfte eingegliedert hatten. Diese Art der Truppenmobilisierung war möglich gewesen, solange die Kämpfe nahe der Heimat stattgefunden hatten. Seit jedoch in Dalmatien gekämpft wurde und schließlich sogar in Makedonien, waren die Bauernsöhne nicht mehr bereit, ihre Höfe zu verlassen um Krieg zu führen. Der Senat verfügte über keine Nebenberufssoldaten mehr; die Entwicklung zum Berufsheer bahnte sich an. Die Söldner aber mußten bezahlt werden.

Der Goldbedarf steigerte sich. Zur Sicherung des Goldzuflusses bildete sich eine Schicht von Finanzspezialisten, von Bankiers, die bald an Macht und Reichtum gewannen. Ihre Partner wurden die Feldherrn, die Länder eroberten und die Beute nach Rom schickten. Sie wiederum wurden durch Ländereien entlohnt. Großgrundbesitz entstand. Angebaut wurden Wein und Oliven. Bearbeitet wurde der Boden durch Sklaven, die aus den eroberten Ländern nach Rom gebracht wurden.

An den Sklaven wurde verdient – aber zuerst waren für ihren Transport und für ihren Unterhalt Investitionen erforderlich, die nicht aus dem Goldbestand des Landes Italia finanziert werden konnten. Die Grundbesitzer verlangten, daß die Feldherren für Beute sorgten. Die Feldherren brauchten Beute, um die stehenden Heere bezahlen zu können. So geriet der Senat unter Druck, er mußte dafür sorgen, daß die Staatskassen gefüllt blieben.

Der Umbruch von der kleinagrarischen Ökonomie zur Wirtschaftsform, die durch Gold, durch Finanzen bestimmt wurde, hatte Unruhe in der Hauptstadt des Reiches zur Folge. Die Umwandlung des Bauernlandes in Großgrundbesitz, machte Bauernfamilien heimatlos. In Rom entwickelte sich ein Proletariat, dessen Hunger gestillt werden mußte. Staatliche Subventionen wurden notwendig. Sie konnten nur aus Kriegsbeute finanziert werden. Die Suche nach lohnenden Zielen wurde immer intensiver.

Rom war in fiebriger Stimmung, als der Vertraute des Judas Makkabi mit dem Bündnisangebot vor dem Senat stand. Zwar war das Land Juda unbedeutend, doch es konnte nützlich sein in der Auseinandersetzung mit dem Seleukidenstaat. Denkbar war eine koordinierte Aktion von römischem Angriff gegen Kleinasien und Aufstand im jüdischen Bergland. Die Rebellion würde seleukidische Streitkräfte binden.

Ohne lange über das Bündnisangebot nachzudenken, nickten die Senatoren mit den Köpfen: »Das Angebot fand ihr Wohlgefallen« – vermerkt das Erste Buch Makkabäer (8,21).

Die Folge war ein Vertrag, der vorsah, daß das jüdische Volk verpflichtet war, überall im römischen Reichsgebiet auf seiten der Römer in den Krieg einzutreten – wenn die Umstände dies erlaubten. Auf jeden Fall werde Juda den Feinden Roms »kein Getreide, keine Waffen, kein Geld und kein Schiff zur Verfügung stellen«.

Als Gegenleistung versprach der römische Senat Militärhilfe im Falle eines Angriffs auf Juda. Auch in diesem Fall wurde die Klausel angefügt: »Wenn die Umstände dies erlaubten.«

Von praktischem Nutzen konnte für Judas Makkabi allein der Paragraph des Abkommens sein, der festlegte, daß der römische Senat den Herrscher des Seleukidenstaates zunächst mit diplomatischen

Mitteln veranlassen sollte, den Kampf gegen die Streitkräfte des Judas Makkabi einzustellen. Das Versprechen lautete: »Wenn König Demetrius noch einmal kriegerische Aktionen gegen Juda unternimmt, wird Rom dem Angegriffenen zu seinem Recht verhelfen. Rom wird zu diesem Zweck auf dem Land und auf dem Wasser Krieg führen.«

Durch einen Putsch war Demetrius I. im Jahre 162 v. Chr. zur Macht gekommen. Er kümmerte sich nicht um die Ermahnungen aus Rom, die Zurückhaltung verlangten. Im Gegenteil, sie trieben ihn an, das Problem »Juda« so rasch als möglich beizulegen. Die Basis der Anhänger des Judas Makkabi im Bergland bei Gophna mußte ausgelöscht werden, ehe die drohende Konfrontation mit römischen Truppen zur ernsthaften Gefahr wurde.

Bei der heutigen Ortschaft Djifna, sieben Kilometer von Ramallah entfernt, marschierte die Seleukidentruppe auf. Als die gewaltige Zahl der Gegner zu erkennen war, brach Panik aus im Lager des Judas Makkabi. Die meisten seiner Männer flohen. Die lange Dauer des Konflikts und der Verlust von Jerusalem hatten die Kämpfer zermürbt. Zehnfach war jetzt die Übermacht – und dennoch entschloß sich Judas Makkabi zum Widerstand. Sein Mut brachte ihm zunächst einen Erfolg ein, doch dann ging der Zusammenhalt seiner Kämpfer verloren. Die Tapferkeit des einzelnen nützte nichts. Judas Makkabi wurde getötet. »Die anderen flohen.«

In Modi'in, in der Stadt, die heute nahe der Autobahn vom Flughafen Ben Gurion nach Jerusalem liegt, wurde der Held derer begraben, die dem Gesetz mit Gott treu bleiben wollten.

Der Tod des Judas Makkabi ließ die Gesetzestreuen ratlos zurück: »Eine große Drangsal entstand in Israel, wie noch keine gewesen war, seitdem kein Prophet mehr in Erscheinung getreten war.« Doch die »große Drangsal« wurde durch eine Persönlichkeit mit erstaunlichen Fähigkeiten beendet.

Im Schatten der Weltpolitik: Juda entsteht neu

Der jüngste Bruder des Judas Makkabi übernahm im Jahre 161 v. Chr. das Erbe des gefallenen Helden. Er hieß Jonatan – »Geschenk Gottes«. Sein Beiname war Aphus – »der Bevorzugte.« Da während des letzten Kampfes die Basis im Hügelland um Gophna – heute Djifna

– zerstört worden war, verließ Jonatan mit den wenigen Anhängern, die ihm noch geblieben waren, die Region nördlich von Jerusalem und versuchte sein Glück im Süden. Bei der kleinen Stadt Tekoah glaubte Jonatan ein Versteck gefunden zu haben vor den Erkundungstruppen der Seleukiden, die das Land durchstreiften.

Von der biblischen Kleinfestung Tekoah sind kaum Spuren geblieben. An Tekoah erinnert der Name eines Dorfes, das acht Kilometer südlich von Bethlehem zu finden ist: Khirbet Tequa.

Die Seleukidenkundschafter hatten Jonatan und seine Partisanen noch nicht entdeckt, da begaben sich der Anführer und seine wenigen Männer in Gefahr: Sie überfielen – als Rache für einen früheren Vorfall, der Jonatans Bruder Johannes das Leben gekostet hatte – eine Hochzeit der Familie, die für den Tod des Johannes verantwortlich gewesen war. »Die Hochzeit wurde zum Fest des Todes.« Doch Jonatan hatte sich mit dieser unnötigen Aktion verraten. Er war gezwungen, vor einem heranrückenden Seleukidenverband nach Südosten auszuweichen, an den Jordan. Sie erreichten den Fluß an seiner Mündung in das Tote Meer. »Jonatan stürzte sich in den Jordan, und seine Männer auch. Sie schwammen ans andere Ufer. Die Gegner aber folgten ihnen nicht.«

Eine große Leistung war das Durchschwimmen des Jordan nicht. Der Fluß ist keine zehn Meter breit. Er ist auch nicht tief. Da er nur wenig Strömung aufweist, kann er zu Fuß durchwandert werden.

Jonatan und die Seinen waren erstaunt, daß sie durch den Sturz ins Jordanwasser ihr Leben gerettet hatten. Als die abziehende Seleukidentruppe die Gegend von Jericho erreicht hatte, schwammen die Partisanen wieder ans westliche Ufer zurück. Dann zogen sie hinauf in ihr Versteck bei Bethlehem.

Die Gegner ließen ihnen zwei Jahre Zeit bis zur nächsten Konfrontation – und Jonatan hat die Zeitspanne gut genützt. Er mobilisierte Kämpfer und erwarb Waffen. Er war, als die Seleukidenverbände wieder ausrückten, um Jonatan zu fangen, stark genug für effektiven Widerstand. Er hatte Erfolg und gewann so eine weitere Frist für die Kräftigung der eigenen Position.

Innerhalb weniger Wochen gelang es Jonatan, das jüdische Bergland unter seine Kontrolle zu bringen. Nur Jerusalem und die Festung Betsura im Süden der Stadt blieben zunächst in der Hand der Griechen. Doch deren Führung in Antiochia war zerstritten. Jonatan ließ sich geschickt in Gespräche ein mit der Führung der Parteien, die miteinander im Streit lagen. Er spielte sie gegeneinander aus, und er ließ sich von jedem Konzessionen machen. Auf diese Weise wurde Jonatan im Jahre 152 v. Chr. oberster der Priester in Juda. Jonatan war damit die höchste geistliche und weltliche Autorität in Jerusalem, auch wenn er hin und wieder die formale Oberherrschaft der Seleukidenmonarchie anerkennen mußte. Versuche des Herrschers Demetrius II. (145–125 v. Chr.) Jerusalem wieder ganz in seine Hand zu bekommen, scheiterten. Jonatan konnte den Sieg über Demetrius II. ausbeuten: Er proklamierte sich zum Herrn über das gesamte Gebiet zwischen der Region vom heutigen Flughafen Ben Gurion bis zum Jordan. Das einzige störende Element war die Seleukidengarnison in der Akra, der Griechenburg, die den Tempel von Jerusalem überragte. Die Akra war zwar wiederum eingeschlossen, aber nicht belagert. Jonatan erwies sich als großzügig; er erlaubte, daß sich die Männer in der Akra mit Wasser und Lebensmitteln versorgten. Die Griechen ließen sich auf einen Kompromiß ein: Sie verzichteten auf jede militärische Aktion.

Mit Geschick hatte es Jonatan erreicht, daß das Land Juda wieder in den Dimensionen hergestellt war, die es zur Zeit des Königs David besessen hatte. Allerdings mußte der Oberste der Priester und des Staates auch Rückschläge hinnehmen. Im Jahr 144 v. Chr. griff Demetrius II. von Norden aus an. Der Seleukidenherrscher hatte erkannt, daß die römischen Ambitionen ernsthaft in Richtung Osten orientiert waren. Er konnte sich nicht der Gefahr aussetzen, daß die Partisanen – die sich wieder in ein Heer verwandelten – zum Zeitpunkt der römischen Invasion den Selleukidenstreitkräften in den Rücken fielen. Demetrius ließ seine Streitkräfte dem Oberlauf des Jordan nach Süden folgen. Jonatan war informiert, daß ein Überfall drohte, und er zog dem Eindringling entgegen. Er befand sich mit seinen Männern schließlich weit außerhalb des judäischen Gebiets.

Bei Hazor, nördlich des Sees Genezareth, erlebte Jonatan eine böse Überraschung. Das Seleukidenheer befand sich auf einmal zu beiden Seiten seiner Kolonne. Demetrius war dabei, einen Zangenangriff durchzuführen. Dieser Situation waren die Partisanen nicht gewachsen. Sie sahen nur den einen Ausweg, sich durch Flucht aus dem Zangengriff zu befreien. Jonatan wollte die Fliehenden aufhalten; sie hörten nicht auf ihn.

Nach diesem üblen Ausgang der Konfrontation bei Hazor war Jonatans Truppenstärke beachtlich geringer geworden. Zum Glück für ihn nützten die Seleukiden ihren Erfolg nicht aus. Jonatan konnte sich letztlich sogar als vorläufiger Gewinner in dieser Auseinandersetzung fühlen.

Langfristig kalkuliert, mußte Jonatan jedoch damit rechnen, daß seine Männer der seleukidischen Übermacht nicht standhalten konnten. Er erinnerte sich in dieser kritischen Situation an das Bündnis, das sein Bruder Judas Makkabi vor Jahren mit dem römischen Senat abgeschlossen hatte – und das ohne die geringste Wirkung geblieben war. Wieder machten sich Männer aus Juda auf den weiten Weg nach Rom. Wieder wurden sie vom Senat gut aufgenommen, und wieder wurde ein Vertrag geschlossen. Er sah ein richtiges Waffenbündnis vor, das im Konfliktfall mit einer dritten Partei jeden der beiden Partner verpflichtete, dem anderen mit aller Kraft zu helfen.

Doch die römischen Verbände waren noch zu weit entfernt vom Krisengebiet Juda. Die Verträge halfen Jonatan nicht in kritischen Situationen. Sie beeindruckten vor allem einen ehrgeizigen Offizier nicht, der ausschließlich an seine eigene Karriere dachte. Der Offizier plante König Demetrius zu stürzen und zu töten. Sein Name war Trypho.

Ehe Trypho jedoch seinen Plan ausführen wollte, nahm er sich vor, Jonatan unschädlich zu machen. Trypho fürchtete jedoch die offene Konfrontation; er dachte sich eine List aus. Er schlug vor, alle Probleme die zwischen Antiochia und Juda entstanden seien, in einem freundschaftlichen Gespräch zu definieren, um dann eine Lösung anzustreben. Als Ort des Treffens schlug Trypho die Stadt Bet Shean vor. Sie liegt am östlichen Ende des Jezreeltals, drei Kilometer vom Jordan entfernt.

Ein Blick auf die Geschichte der Stadt in der zweiten Hälfte des vergangenen Jahrhunderts macht deutlich, daß Bet Shean bis heute nicht zur Ruhe gekommen ist.

Bet Shean war in neuerer Zeit eine arabische Ortschaft, doch während des Krieges von 1948 änderten sich die Verhältnisse rasch: Kleinere jüdische Einheiten griffen Bet Shean an und lösten damit die Flucht der Palästinenser aus. So gelang den israelischen Kampfverbänden der Einbruch in bisher rein palästinensisches Gebiet. Bet Shean wurde in kurzer Zeit von jüdischen Familien in Besitz genommen Die Stadt gehört deshalb nicht zum Territorium, das die Palestinian National Authority beanspruchen kann – und doch werden die Palästinenser nie wirklich auf Bet Shean verzichten.

Schon in biblischer Zeit galt die Stadt als umstrittenes Gebiet, in dem Heimtücke zu Hause war.

Damals, vor mehr als zweitausend Jahren, war es hinterhältig, Jonatan zu einem Treffen nach Bet Shean einzuladen. Wer diese Stadt kannte, der wußte auch, daß ein Fluch auf ihr lastete: Die Philister hatten einst im Triumph die Leichen von König Saul und dessen Sohn Jonatan an die Stadtmauer genagelt. Es war also schon einmal einem hochstehenden Jonatan in Bet Shean Schimpf und Schande angetan worden. Jonatan mußte über diesen Vorfall informiert sein, doch er hatte nichts daraus gelernt.

Im Jahre 142 v. Chr. begab sich Jonatan, der Herr über Jerusalem, in die Falle Bet Shean. Er erschien zwar vor der Stadt mit einer beachtlichen Streitmacht, doch er ließ sich von Trypho überreden, die Männer nach Hause zu schicken, da es sich doch um ein Freundschaftstreffen handle. Nachdem Jonatan seine Schutztruppen tatsächlich entlassen hatte, fügte er sich auch noch dem Wunsch des Trypho, mit ihm nach Ptolemais zu kommen, an die Küste des Mittelmeers.

Ptolemais ist die Stadt, die in früher Zeit Acco hieß, und die heute im israelischen Staat den Namen Akko trägt. Alexander der Große hatte Acco im Jahr 332 v. Chr. erobert. Sie wurde bald eine hellenistisch organisierte Polis, die nach dem in Ägypten herrschenden Griechengeschlecht Ptolemais genannt wurde.

Ptolemais war für Jonatan absolut feindliches Gebiet. Es ist kaum denkbar, daß er tatsächlich dem Seleukidenfeldherrn Trypho freiwillig nach Ptolemais gefolgt ist.

Das Erste Buch Makkabäer (12,46 ff.) beschreibt den weiteren Verlauf der Ereignisse so: »Jonatan glaubte dem Trypho, und er handelte ganz nach dessen Wunsch. Als aber Jonatan in Ptolemais angekommen war, ließ Trypho die Tore der Stadt verriegeln. Jonatan wurde gefangengenommen.«

Der biblische Text berichtet, die nichtjüdischen Völker der Region hätten die Nachricht von der Gefangennahme des Jonatan bejubelt und diese Konsequenz gezogen: »Die Juden haben niemand mehr, der sie führt. Jetzt ist es Zeit, sie anzugreifen. Wir werden jede Erinnerung der Menschen an dieses Volk austilgen.«

Trypho war ebenfalls dieser Meinung. Er schleppte den gefangenen Jonatan eine Zeitlang auf dem Weg durch das Land Juda mit sich. Als in einer Nacht viel Schnee im Bergland gefallen war, wich die Seleukidentruppe nach Gilead, nach Transjordanien aus. Auf dem Weg dorthin wurde Jonatan getötet. Dies geschah im Jahr 142 v. Chr.

»Im ersten Jahr Simons, des großen Hohenpriesters«

Das Erste Buch Makkabäer informiert in seinem 13. Kapitel (42), die jüdische Verwaltung habe Urkunden und Verträge mit dieser Überschrift begonnen: »Im ersten Jahr Simons, des großen Hohenpriesters, des Feldherrn und Fürsten der Juden.«

Optimismus drückt diese Überschrift aus. Es begann tatsächlich eine Zeit des Aufschwungs unter der Herrschaft von Jonatans Nachfolger. Der letzte Überlebende der fünf Söhne des Priesters Mattathias aus Modi'in hatte die Führung der jüdischen Unabhängigkeitsbewegung übernommen. Sein Name »Simon« wird übersetzt mit »Gott hat vernommen«. Simon war der zweitälteste der fünf Brüder und war bisher meist bei der Verteilung von Führungsaufgaben übergangen worden. Doch jetzt, an die Spitze der jüdischen Gemeinschaft gestellt, zeigte er sich seinem Amt gewachsen. Wer der Meinung gewesen war, das Land Juda werde nach dem Tod des Jonatan zur leichten Beute, der hatte sich getäuscht.

Simon hatte, genau wie sein Bruder Jonatan, das Glück, daß in Antiochia, in der Hauptstadt des Seleukidenstaates, interne Machtkämpfe stattfanden. Trypho rief sich selbst tatsächlich zum König aus. Der bisherige Feldherr verdrängte Demetrius II., doch er tötete ihn nicht. Simon schickte Agenten ins Seleukidenreich mit dem Auftrag, Demetrius aufzuspüren, und mit dem abgesetzten König einen günstigen Vertrag auszuhandeln, der dem Lande Juda Autonomie gewährte. Simon verließ sich darauf, daß es Demetrius II. gelingen werde, Trypho wieder abzusetzen und erneut die Herrschaft zu übernehmen.

Im Gefühl, Herr eines autonomen Gebiets zu sein, nahm sich Simon das Recht, Münzen zu prägen. Er finanzierte damit den erfolgreichen Feldzug zur Eroberung der Stadt Gezer. Die Reste der einstigen Stadt sind westlich des Klosters Latrun zu besichtigen.

Die bisherigen Bewohner von Gezer wurden durch Simon vertrieben. Angesiedelt wurden Familien, »die das Gesetz erfüllen wollen«. Auch für sich selbst baute Simon in Gezer eine Residenz.

Der größte Erfolg des Simon aber gelang noch im Jahr 142 v. Chr.: Er zwang die Besatzung der Akra, der Festung südlich des Tempels von Jerusalem, zur Kapitulation. Mehr als zwanzig Jahre lang war die

Akra das Symbol der Seleukidenherrschaft gewesen. Die letzte Phase des Kampfes um die Akra beschreibt das 13. Kapitel des Ersten Buches Makkabäer (49): »Die Leute in der Festung wurden daran gehindert, Kontakt mit den Dörfern draußen aufzunehmen. Sie konnten sich keine Lebensmittel besorgen. Sie litten unter Hunger. Einige der Männer sind tatsächlich verhungert. Sie baten Simon, er möge ihnen erlauben, die Akra und die Stadt zu verlassen. Simon gestattete ihnen den Abzug.«

Das Erste Buch Makkabäer (14,4 ff.) feiert Simon als Staatsmann, der das Land der Vorväter wiederhergestellt und ihm Frieden gebracht habe.

»Ruhe genoß das Land Juda, solange Simon herrschte. Er sorgte für das Wohl des Landes und des Volkes. Dem Volk gefiel die Art, wie Simon herrschte. Er weitete die Landesgrenzen aus. Er war Herr über Gezer, Betsura und die Akra. Man durfte in Frieden das Land bebauen. Die Felder gaben Frucht. Die Alten saßen auf den Plätzen und unterhielten sich. Die Jungen waren stolz darauf, den Streitkräften anzugehören. Das Land verfügte über Festungen zu seiner Sicherheit.«

Aus Rom wurde in jener Zeit bekannt, daß der Senat sich bewußt war, daß er den Vertrag, den er mit Judas Makkabi geschlossen und mit Jonatan bekräftigt hatte, in keiner Weise hatte erfüllen können. Der Tod des Jonatan war vom Senat betrauert worden. Als in Rom dann bekannt wurde, daß Simon das Erbe angetreten habe, entschlossen sich die Verantwortlichen, ihm auf »ehernen Tafeln« mitzuteilen, daß das Bündnis bekräftigt werde. Die biblischen Texte informieren, daß Konsul Lucius die Verantwortlichen in Antiochia aufgefordert habe, jegliche feindliche Handlung gegen Juda zu unterlassen. Eine Auswirkung hatte auch diese Warnung nicht.

Simon: Kein Verzicht auf Land der Vorväter

Daß sich Simon durchaus in der Nachfolge von David und Salomo sah, ist aus seinem Verhalten gegenüber Feinden zu erkennen, die Anspruch auf jüdisches Land erhoben. Aus dem Führungschaos im Seleukidenstaat hatte sich inzwischen eine Persönlichkeit in den Vordergrund geschoben, die darauf aus war, das Ansehen dieses Staates wieder glänzen zu lassen. Sein Name: Antiochos VII. Obgleich er sich gegenüber Trypho noch nicht völlig durchgesetzt hatte, schickte er einen Mann aus seinem Stab nach Jerusalem, der gegenüber Simon

Forderungen zu stellen hatte. Er verlangte vor allem die Herausgabe von Gezer. Die jüdischen Streitkräfte sollten sich nicht nur aus dieser Stadt, sondern aus der gesamten Küstenebene zurückziehen. Die schlimmste Forderung aber war, Simon müsse seine Streitkräfte aus der Akra in Jerusalem abrufen; die Festung werde wieder mit einer seleukidischen Besatzung belegt. Der Gesandte des Antiochos VII. trat sehr bestimmt auf: »Land, Städte und die Akra gehören uns. Das jüdische Volk hat uns Land, Städte und die Festung in Jerusalem gestohlen.«

Simon antwortete mit Festigkeit: »Wir haben kein fremdes Land besetzt. Wir haben keine Städte gestohlen. Wir haben lediglich das Erbe unserer Vorväter an uns genommen, das uns gestohlen worden war. Unser Land ist ohne rechtliche Grundlage erobert worden. Wir haben uns jetzt das Erbe unserer Vorväter zurückgeholt, um es für immer zu behalten.«

Mit Wortgewalt verteidigte Simon den Anspruch auf das Land der Vorväter. Bis heute ist er das Vorbild für jeden aufrechten Nationalisten in Israel.

Antiochos VII. aber war beleidigt und erzürnt. Er schickte seine Streitkräfte zur Küste vor dem jüdischen Bergland mit dem Auftrag, die Dörfer und Siedlungen um Gezer zu verwüsten. In dieser strategisch wichtigen Stadt vertrat Johannes, der älteste Sohn Simons, die Staatsautorität. Er ritt von Gezer hinauf nach Jerusalem, um dem Vater Bericht zu erstatten über das Ausmaß der Verwüstungen in der Küstenebene. Simon ordnete sofortige militärische Maßnahmen an, um die Gefahr einzudämmen. Wegen seines Alters sah er sich nicht mehr als Anführer der Streitkräfte. Diese Aufgabe hatten seine Söhne zu übernehmen. Johannes sollte von Gezer aus die Operationen in der Küstenebene leiten. Tatsächlich gelang es ihm, die Seleukidenverbände zu vertreiben. Wieder einmal war das jüdische Land gerettet. Doch die Überwindung der äußeren Gefahr brachte dem Land keine Phase der Ruhe. Innerhalb der Familie des Simon sah ein Ehrgeiziger die Chance, die Macht an sich zu reißen. Simons Schwiegersohn Ptolemäus hatte sich einen einfachen Plan zur Beseitigung aller einflußreichen Familienmitglieder ausgedacht.

Ptolemäus war Militärbefehlshaber des Distrikts Jericho. In dieser Eigenschaft war es ihm gelungen, beachtlichen Reichtum anzusammeln. Mit Silber und Gold wollte er Offiziere und Beamte bestechen, damit sie seinen Griff nach der Herrschaft unterstützten – wenn erst der Schwiegervater Simon tot war.

Simon hatte die Gewohnheit, die Städte seines Landes zu besuchen, um allen Bewohnern das Gefühl zu geben, sie gehörten einem geordneten Staat an. Im Rahmen seiner Inspektionstour meldete sich Simon beim Schwiegersohn in Jericho an. Seine Söhne Mattathias und Judas begleiteten ihn.

Herzlich wurden die drei von Ptolemäus empfangen. Er hatte sich bei Jericho eine Residenz erbauen lassen. Dort veranstaltete der Gastgeber ein üppiges Abendessen. »Als nun Simon und seine Söhne angetrunken waren, stand Ptolemäus auf und griff nach seinem Schwert. Da waren andere Männer versteckt in der Halle des Gelages, und auch sie zogen ihre Schwerter. Simon, Mattathias und Judas wurden getötet.« (Erstes Buch Makkabäer 16,15 ff.)

Nachdem das Attentat gelungen war, glaubte Ptolemäus, jetzt könne er durch Silber und Gold die Honoratioren des Landes Juda auf seine Seite ziehen. Doch Johannes, der älteste Sohn Simons, der Kommandant von Gezer, wurde rasch vom Verlauf des Attentats informiert und konnte handeln, ehe noch bei ihm Mörder eintrafen.

Kein Bericht ist erhalten, der vom Schicksal des Attentäters Ptolemäus erzählen könnte. Anzunehmen ist, daß er vom Sieger Johannes umgebracht worden ist. Fest steht, daß der Statthalter von Gezer nach Jerusalem umzog, um sich dort als Nachfolger seines Vaters Simon zu präsentieren. Er nannte sich fortan Johannes Hyrcanus. Sein Amtsantritt fällt in das Jahr 134 v. Chr.

Johannes Hyrcanus kann sich ungestört der Entwicklung seines Landes und seiner Hauptstadt widmen. Ohne Bedrohung von außen und ohne innere Unruhen befürchten zu müssen, weitete er seinen Herrschaftsbereich aus. Im Gegensatz zu Judas und Jonatan, die zwar Verträge mit Rom besaßen, die jedoch nie eine praktische Auswirkung zu spüren bekamen, konnte sich Johannes Hyrcanus wenigstens auf diplomatische Unterstützung durch den Senat in Rom verlassen. Als Antiochos VII. (138–129 v. Chr.) noch einmal im Jahr 130 v. Chr. versuchte, den jüdischen Staat zu Tributzahlungen zu zwingen, machten ihn römische Gesandte darauf aufmerksam, daß er den Verbündeten Roms in Ruhe zu lassen habe.

Der Triumph des Hohenpriesters Johannes Hyrcanus über die Griechenfreunde im eigenen Land hätte eigentlich die Stärkung der traditionell religiös orientierten Schicht in Jerusalem bedeuten müssen. Die logische Entwicklung wäre die absolute Ausrichtung der Stadt, in der sich der Tempel befand, im Sinne der gesetzestreuen Familien gewesen. Symbol einer derartigen Orientierung wäre dann die Schließung der Sportstätten in Tempelnähe gewesen, verbunden mit dem Verbot jeder nackt ausgeübten Sportart. Doch es wurde auch unter Johannes Hyrcanus weitergeturnt in Jerusalem.

Der Herrscher konnte es sich nicht leisten, die Männer der jungen Generation vor den Kopf zu stoßen, deren Intelligenz er dringend brauchte. Er benötigte hellwach denkende Köpfe für die Verwaltung des Staates, dessen Gebiet sich rasch erweiterte. Daß für Verwaltungsaufgaben im Finanzbereich vor allem junge Männer der hellenistisch geschulten Schicht in Frage kamen, begriff Johannes Hyrcanus schnell. So geschah es, daß das Land der Vorväter schließlich von Beamten verwaltet wurde, die nicht an den Gott der Juden glaubten. Auch die Armee holte sich begabte junge Offiziere aus dem Reservoir der unzufriedenen Seleukidenkommandeure, die das Führungschaos in der Hauptstadt Antiochia nicht ertrugen. So entstand eine paradoxe Situation. Die in die jüdische Armee integrierten griechischen Befehlshaber halfen, dem Hohenpriester des Tempels von Jerusalem, das griechische Heiligtum in Samaria zu zerstören.

Hatte der Vorgänger Simon das Land Juda in den Dimensionen hergestellt, die der Staat Davids gehabt hatte, so war der Ehrgeiz des Johannes Hyrcanus darauf ausgerichtet, an die Größenordnung des Salomonischen Reiches zu denken. Seine Streitmacht überschritt den Jordan und stieg hinauf zu den Höhen von Moab. Die Stadt Madaba wollte Johannes Hyrcanus einnehmen und seinem Herrschaftsbereich eingliedern.

Madaba gehört heute zum Königreich Jordanien. Die Stadt liegt dreißig Kilometer südwestlich von Amman. Madaba wird hauptsächlich von Christen bewohnt. In der Mitte des Ortes steht die griechisch-orthodoxe Georgskirche. Als sie im Jahre 1880 erbaut wurde, legten Grabungsarbeiten ein Mosaik frei, dessen Wert zunächst gar nicht erkannt worden ist. Es fehlte nicht viel und die Mosaiksteine wären zusammengeschaufelt und in eine Grube geschüttet worden. Das Mosaik ist in den Fußboden eingelassen. Es stellt eine nahezu korrekte Landkarte des Heiligen Landes dar. Sie zeigt das Land der Vorväter. Die Ortsnamen sind allerdings hellenistisch geschrieben – schließlich ist das Mosaik im 6. Jahrhundert n. Chr. geschaffen worden.

Als Auftraggeber für die Schaffung des Mosaiks gilt ein Grundbesitzer und Kaufmann aus Madaba. Die Existenz der beachtlich großen Landkarte zeigt an, daß Madaba einst eine wichtige und reiche Stadt war. Sie bildete einen Knotenpunkt im Netz der Handelsstraßen auf den Höhen des Jordanostufers. Der Staat des Johannes Hyrcanus besaß mit Madaba nun eine anerkannte Handelsstadt, ein Zentrum der Geschäftswelt – dazu hatte sich Jerusalem nie entwickeln können.

Ein wichtiger Schritt, der sich bis heute auswirkt, war in jener Zeit die zwangsweise Bekehrung des Volkes Edom, das im Süden von Juda siedelte.

Die Edomiter waren von den jüdischen Sippen nie als gleichberechtigt angesehen worden – doch zeigen die biblischen Quellen die direkte Verwandtschaft auf. Als Stammvater der Edomiter gilt Esau, der Zwillingsbruder Jakobs. Sein Name bedeutet »haarig«. Esau war der Erstgeborene. Er kehrte eines Tages hungrig von der Jagd ins Lager der Familie zurück. Er traf Jakob an, der eben Linsensuppe kochte. Esau bat um einen Topf voll dieser Suppe – und er versprach, er werde für dieses Linsengericht auf sein Erstgeburtsrecht verzichten. (Buch Genesis 25,27 ff.) Dieses Versprechen galt fortan.

Esau besiedelte das Land südlich des Toten Meeres. Er hatte für sich und seine Nachkommen auf alle Zeiten Verzicht geleistet auf das »verheißene Land«. Da Esau in Bibeltexten auch Edom genannt wird, heißen seine Nachfahren »Edomiter«. Diesen Edomitern war es bestimmt, den Nachfahren Jakobs zu dienen. Sie galten durch die Jahrhunderte hindurch nicht als Erben des Landes der Vorväter. Nun aber waren sie, gegen ihren Willen, zu Juden erklärt worden. Das jüdische Volk hatte dadurch an Zahl um ein Drittel zugenommen.

Im Jahr 104 v. Chr. starb der Schöpfer des neuerstandenen jüdischen Staates. Sein Sohn Aristobul setzte das Lebenswerk des Vaters fort. Er hatte den kühnen Plan, die Menschen des nördlichen Berglandes wieder mit dem Glauben an die Gültigkeit der Gesetze des Mose vertraut zu machen. Durch energischen Druck wurden sie zur Überzeugung geführt, daß der Bund des jüdischen Volkes mit Gott Gültigkeit habe, die für alle Zeiten gelte.

Samaria wurde auf diese Weise sechshundert Jahre nach der Eroberung durch die Assyrer wieder jüdisches Land. Seither hatten Altäre fremder Götter die Berghöhen zwischen der Jezreel-Ebene und Hazor beherrscht. Die Menschen in Samaria nahmen den Wandel dankbar an: Sie galten fortan als die treuesten Bewahrer des Gesetzes im gesamten jüdischen Land.

Der Staat wird wieder Königreich

Mit Aristobul änderte sich der Regierungsstil in Jerusalem. Waren Judas Makkabi und seine Brüder Partisanenkommandeure mit enger Bindung an ihre Mannschaft gewesen, so griff Aristobul nach der absoluten Herrschaft: Er nannte sich König und verlangte die Unterordnung der Untertanen. Fünfzehn Generationen lang hatte es keinen König der Juden mehr gegeben. Der letzte rechtmäßige royale Herrscher war Jehoiachin gewesen – ihn hatte Nebukadnezar im Jahre 598 v. Chr. nach Babylon verschleppt.

Johannes Hyrcanus hatte vorgesehen, daß bei seinem Tod seine Frau und der Sohn die Regierungsgeschäfte gemeinsam führen sollten. Die Erfüllung dieses väterlichen Wunsches kam für Aristobul nicht in Frage. Er ordnete für die Mutter Kerkerhaft an; und er sorgte dafür, daß sie schließlich verhungerte. Auch seinen Bruder ließ er umbringen.

Der Geschichtsschreiber Josephus Flavius, der im ersten Jahrhundert n. Chr. gelebt und jüdische Geschichte erlebt und erfahren hat, schilderte den Hof des Königs Aristobul als Hölle der Intrige. Doch seine Herrschaft dauerte nur ein Jahr lang, dann starb Aristobul an inneren Blutungen.

Die Witwe des Aristobul heiratete dessen Bruder Alexander Jannäus (103–70 v. Chr.). Im Namen dieses zweiten Königs der neueren Zeit spiegelte sich die Entwicklung wider: Der hellenistische Geist hatte sich durchgesetzt. In der Tat existierten die Sportstätten noch immer in der nächsten Umgebung des Tempels. Doch der Widerstand dagegen lebte fort in Jerusalem. Zu bemerken war er während der Tage des Laubhüttenfests des Jahres 90 v. Chr. Empörung flammte auf gegen den König mit dem griechischen Namen.

Mobilisiert wurde die Rebellion von der Organisation der Pharisäer. Diese Bezeichnung läßt sich übersetzen mit »Diejenigen, die sich abgesondert haben«.

Die Bewegung der Pharisäer rekrutierte sich aus dem Mittelstand. Ihr gehörten Kleinbauern und Händler an, Handwerker und Priester. Die Pharisäer waren die Partei des Mittelstandes und die mäßig Wohlhabenden des Volkes. Den Namen »Diejenigen, die sich abgesondert haben« trugen sie, weil sich ihre führenden Persönlichkeiten tatsächlich abgesondert hielten, um Zeit zu haben für das Studium der Gesetze und für die Beschäftigung mit dem Leben und den Lehren der Vorväter. Was Mose und die Patriarchen gesagt und getan haben, ist oberstes und unumstößliches Gesetz. Die Pharisäer verlangten von sich und den anderen Teilnahme an der strengen Form der Gottesdienste im Tempel. Sie verwarfen die lässige Art, in der selbst Hohepriester die Zeremonien und Rituale abwickelten. Sie forderten Einhaltung der Gebetszeiten, der Sabbatheiligung, der Waschungen und der Fastenzeiten. Wer sich dem Standard der Gläubigkeit der Pharisäer nicht unterwarf, der galt als Sünder, als unrein.

Männer aus der Mittelschicht, die sich nicht unmittelbar in die Pharisäerbewegung einordnen wollten, blickten doch mit Hochachtung auf diese Gestrengen. Das Volk fühlte sich durch die Pharisäer repräsentiert.

Den Kontrast zu den Pharisäern bildeten die Saduzäer. Ihre Bezeichnung bedeutet »Anhänger des Zadok«. Zadok war der Hohepriester der Könige David und Salomo gewesen.

Die Pharisäer nahmen Wohlhabende und Einflußreiche in ihren Kreis auf. Sie öffneten ihre Organisation für Großgrundbesitzer, hohe Verwaltungsbeamte, für Kaufleute mit bemerkenswertem Umsatz. Im Mittelpunkt standen die Tempelpriester – allerdings nicht wegen ihrer geistlichen Autorität, sondern wegen ihrer weltlichen Macht. Die Mitglieder der Saduzäerorganisation genossen die Nähe zum König. Sie verlangten vom Staat Stabilität, die ihren Wohlstand sicherte. Ihre Auffassung vom Leben kann als materialistisch eingestuft werde. Für die Saduzäer war auch der Tempel ein Geschäftshaus, das Profite abwarf. Sie hielten den Händlern und Wechslern durchaus einen Platz im Tempel frei.

König Alexander Jannäus konnte die beiden religiös-politischen Parteien mühsam im Zaum halten. Unmittelbar nach seinem Tod im Jahr 70 v. Chr. brach die Staatsmacht entzwei. Seine Witwe Alexandra Salome versuchte, die aufeinanderprallenden Kräfte zu trennen. Da griffen ihre eigenen Söhne aktiv in die Auseinandersetzung ein. Sie wurden zu Gegnern: Aristobul II. setzte sich an die Spitze der Saduzäer – sein Bruder Hyrcanus II. benutzte die Organisation der Pharisäer für seine Zwecke. Aristobul II. besaß den Königstitel, doch er nützte ihm wenig. Als der Bürgerkrieg ausbrach, mußte sich der König, der sich auch Hoherpriester nennen durfte, hinter die Mauern des Tempels flüchten; er wurde belagert von seinem Bruder Hyrcanus II., der die Pharisäer anführte.

Auslöser des Bürgerkriegs war die Wut der ärmeren Bevölkerungsschicht – die durch die Pharisäer vertreten wird – über die hohe finanzielle Belastung, die durch Feldzüge der königlichen Streitkräfte nach Transjordanien und Obergaliäa entstanden waren. Die Händler und Handwerker wollten dafür nicht länger aufkommen. Ihre Protestdemonstrationen hatten sich zu Straßenschlachten entwickelt. Die Pharisäer waren dabei in der Überzahl. Rettung für die Saduzäer bot allein der Tempel.

Während der Belagerungskämpfe bemerkten beide Bürgerkriegsparteien, daß das Passahfest unmittelbar bevorstand. Die Priester, die sich mit Aristobul II. im Tempel verschanzt hatten, stellten fest, daß sie keine Opfertiere hatten. Sie warfen von der Tempelmauer Zettel herunter, mit der dringenden Bitte an die Pharisäer, ihnen Schafe und Widder zukommen zu lassen. Hyrcanus, freute sich darüber, daß die Partei des Bruders derart in Verlegenheit geraten war. Er stellte sich so, als ob er auf die dringenden Bitten der Gläubigen im Tempel eingehen wolle, doch er nannte einen Preis für Schafe und Widder, der sehr hoch war. Die Eingeschlossenen, die als Saduzäer zwar nicht so gesetzestreu waren wie die Pharisäer, wollten jedoch auf jeden Fall die Rituale des Passahfests vollziehen – sie ließen sich deshalb auf die Forderungen des Hyrcanus ein. Sie warfen Beutel mit Gold von den Mauern herunter. Hyrcanus aber lieferte die bestellten und bereits bezahlten Opfertiere nicht. Er verspottete seinen belagerten Bruder, der ohnmächtig zusehen mußte, wie unten vor dem Tempel Schafe und Widder wieder weggetrieben wurden.

Während in Jerusalem die Parteien im Streit miteinander lagen, wurde deutlich, daß sich das politische Umfeld verändert hatte. Es war Rom gelungen, alle anderen Länder und Reiche zwischen Europa, Nordafrika und dem Vorderen Orient unter Kontrolle zu bringen. Im Mittelmeergebiet gab es keinen ernsthaften Konkurrenten mehr. Der Feldherr Pompejus zerstörte die letzten Überreste der Seleukidenherrschaft. Er hatte mit seinen Streitkräften bereits die Oase Damaskus erreicht.

Der Römer fühlte sich geschmeichelt, als ihn Vertreter beider Parteien aus Jerusalem aufsuchten, um ihn – in getrennten Gesprächen – zu bitten, jeweils zu ihren Gunsten in den Konflikt einzugreifen.

Die Römer lassen der Unabhängigkeit keine Chance

Der Feldherr Pompejus ordnete vom Jahr 64 v. Chr. an das Land zwischen Jordangraben und Mittelmeer nach seinem Willen. Nach Anhörung beider Parteien entschied er sich für Hyrcanus, und damit für die Pharisäer. Aristobul und die Saduzäerpartei wollten sich nicht unterwerfen. Im Tempel, den sie ohnehin besetzt hielten, verwandelten sie das Heiligtum in eine Festung. Sie waren entschlossen, den Römern und den Pharisäern des Hyrcanus Widerstand zu leisten.

Pompejus wollte sich diese Herausforderung nicht gefallen lassen, er setzte im Jahr 63 v. Chr. seine Truppen von Damaskus her in Richtung Jerusalem in Bewegung. Der langwierige und blutige Konflikt mit der Weltmacht Rom begann.

Für den römischen Oberbefehlshaber stellte sich die Situation schwierig dar: Er mußte zwei Parteien auseinanderhalten, deren Einstellung zu Rom verschieden war. Die Gruppierung der Elite, die Saduzäer, lehnte die Anerkennung der römischen Oberhoheit ab. Die Partei des gesetzestreuen Mittelstands, die glaubensstarken Pharisäer, waren bereit, sich dem Willen Gottes zu beugen. Sie hatten bereits dafür gesorgt, daß die eigentliche Stadt kampflos den römischen Legionären geöffnet wurde. Für Pompejus stellte sich die Aufgabe, die Tempelfestung erobern zu müssen, die von den Saduzäern unter dem Kommando von Aristobul verteidigt wurde.

Der römische Feldherr sah den idealen Ansatz für die Belagerung von Norden her: Dort war vor der Tempelmauer ein Graben ausgehoben, der nur überwunden werden konnte, wenn er zugeschüttet wurde. Pompejus gab den Befehl, diesen Graben einzuebnen. Der Befehl war allerdings schwierig auszuführen, weil die Bogenschützen der Saduzäerpartei über Tage hin den Transport von Sand und Erde im Bereich der Tempelmauer verhinderten. Wer sich dem Graben näherte, der wurde von zielsicheren Schützen getroffen. Nur am Sabbattag schossen die Bogenschützen nicht. Sie folgten damit dem Gesetz Gottes.

Daß es einen Tag gab, an dem sie geschont wurden, war eine überraschende Feststellung für den römischen Befehlshaber und für die Legionäre. Ihnen war das Gesetz nicht vertraut, das die Heiligung des Sabbat vorschrieb. Die römischen Befehlshaber begriffen jedoch rasch, daß es ihnen möglich war, jeweils am Sabbat völlig unbehelligt Sand und Erde in den Graben zu schütten. Nach zwölf Sabbattagen war das Hindernis aufgefüllt. Pompejus konnte die Belagerungsmaschinen bis zur Tempelmauer vorbeordern. Seine Soldaten brachen mit Rammböcken eine Bresche in die Mauer. Der Sturm auf die Stadt begann. Rasch brach der Widerstand der Saduzäer zusammen.

Mit den römischen Legionären stürmten auch Angehörige der Pharisäerpartei in den Tempelbezirk. Ehrfurcht vor dem heiligen Platz hatten die Gesetzestreuen nicht im Sinn – sie wollten sich an den Saduzäern rächen. Der Streit entwickelte sich zum Klassenkampf: Die Armen und Unterprivilegierten wollten Vergeltung üben an der Eliteschicht. Berichtet wird, die Pharisäer hätten an jenem Tag zwölftausend Mitglieder der Oberschicht erschlagen und erstochen.

Aristobul wird von den Römern gefangengenommen. Pompejus schickt ihn unter Bewachung nach Rom. Er soll dort im Triumphzug den Massen der Hauptstadt des Imperiums vorgeführt werden.

Zum Entsetzen der Pharisäer und der Saduzäer betrat der Sieger ohne Scheu den Tempel, die Halle und das Allerheiligste. An römischen Brauch gewöhnt, suchte er nach dem Bild des Gottes, der hier angebetet wurde. Er fand kein Bild, keine Statue. Er sah nicht das winzigste Symbol der Gottheit. Im Allerheiligsten stand Pompejus mitten in einem kahlen Raum. Der Befehlshaber und seine Offiziere waren erstaunt: Derart Seltsames hatten sie nirgends gesehen auf ihren Feldzügen durch Kleinasien und durch den Vorderen Orient. Nach der Rückkehr in ihre Hauptstadt werden die Sieger respektvoll von diesem außergewöhnlichen Glauben erzählen, der ohne Statuen und ohne Götterbilder auskommt. Die Achtung der Eroberer vor der Überzeugung der Juden läßt sich beweisen: Sie zerstörten den Tempel nicht.

Doch sie ließen dem Land wenig, auf das die Bewohner stolz sein könnten. Die Römer verkleinerten den Vasallenstaat. Sie nahmen ihm alle Eroberungen aus der letzten expansiven Phase weg. Die Provinz Judäa des Römischen Reiches umfaßte jetzt die Landstriche Juda, Galilaea, Samaria und einen kleinen Streifen vom Ostufer des Jordan. Die Zentralregierung in Jerusalem war schwach, denn in den einzelnen Bezirken saßen Gouverneure, die durch den Willen der Besatzungsmacht in ihre Positionen eingerückt sind, und die sich nach den Wünschen der Herren aus Rom richteten.

Mit Geschick gelang es einem Mann über das Amt eines Regionalverwalters in die damals höchstmögliche Stufe der Macht aufzusteigen.

Der jüdische König, der kein Jude war

Herodes war arabischer Abstammung. Sein Vater gehörte zum Volk Edom – zu den von Juden verächtlich behandelten Nachfahren des Esau, der sein Erstgeburtsrecht an den Bruder Jakob für ein Linsengericht vergeben hatte.

Die Mutter des Herodes gehörte zu einer Sippe aus Transjordanien. Sie war in Petra geboren worden; sie war Nabatäerin.

Als Herodes im Jahr 73 v. Chr. im Land Edom geboren wurde, da war sein Volk schon zwangsweise in die jüdische Gemeinschaft eingegliedert. Dies war durch Johannes Hyrcanus (134–104 v. Chr.) geschehen. Ihren Makel, vom ungeliebten Esau abzustammen, hatten die Edomiter trotzdem nicht verloren. Die arabische Abstammung durch beide Eltern zwang Herodes sein Leben lang dazu, den Beweis zu liefern, daß er Jude sei.

Der Vater – sein Name war Antipater – hatte sich aus den Streitigkeiten der regionalen Politik herausgehalten. Der Konflikt zwischen Pharisäern und Saduzäern war ihm gleichgültig gewesen. Er hatte sich um seine Güter in Transjordanien gekümmert, die seine nabatäische Frau in die Ehe eingebracht hatte. Aktiv wurde Antipater, als sich die römische Nahost-Streitmacht von Damaskus her auf Juda zu bewegte. Rechtzeitig bot Antipater den Nachschubverwaltern an, er werde die Truppe mit allem versorgen, was sie benötigte. Er lieferte Proviant, Zugtiere, Zelte, Werkzeuge. Pompejus war mit Antipater zufrieden.

Seine Tüchtigkeit als Heereslieferant wurde bald schon in Rom bekannt. Roms Politiker schätzten den Kontakt. Sie nahmen gerne großzügige Spenden an und versprachen dafür Protektion. Zwei Feldherren und Politiker pflegten die Verbindung zu Antipater besonders intensiv: Caesar und Marcus Antonius. Beide nahmen Gold und beide waren dankbar. Caesar ernannte im Jahr 47 v. Chr. Antipater zum Prokurator von Judäa, und damit zur höchsten Autorität in der Provinz – und Caesar verlieh ihm auch das römische Bürgerrecht. Dies galt ganz von selbst auch für den Sohn Herodes. Beide unterstanden fortan der Gerichtsbarkeit der Hauptstadt des Imperiums. Die Karriere des Herodes verlief von nun an steil: Er wurde im Jahr 41 v. Chr. Gouverneur von Galiläa. 36 Jahre war Herodes alt, als er vom römischen Senat als Herrscher über Judäa eingesetzt wurde.

Herodes wollte jedoch erreichen, daß seine Legitimation als Herrscher nicht allein auf der Gnade Roms beruhte. Er wollte sie ableiten können aus der Vergangenheit des jüdischen Landes. Zu diesem Zweck heiratete er eine Frau der ruhmreichen Familie Makkabi. Er verband sich mit ihrer patriotischen Historie. Diese Heirat wurde allerdings erst durch eine Scheidung möglich: Er trennte sich von seiner Frau Doris. Berichtet wird, er habe die Makkabäerin Mariamne, seine zweite Frau, wirklich geliebt.

Seine Herrschaft im Lande Judäa war gefestigt. Unsicherheit konnte nur durch Veränderung im Römischen Reich entstehen. Herodes, der weit vom Zentrum römischer Politik entfernt, sich anzupassen hatte, fürchtete diese Veränderungen.

Instabilität in Jerusalem entstand durch Machtkämpfe in Rom. Der Machtwechsel erfolgte in raschen Schritten. Caesar wurde ermordet. Marcus Antonius wurde der starke Mann im Imperium. Die Macht wird ihm streitig gemacht durch Octavian. Im Jahr 31 v. Chr. siegt Octavian bei Actium.

Für Herodes war danach die Situation schwierig, hatte er doch bis zuletzt seine Freundschaft für Marcus Antonius aufrechterhalten. Herodes hatte ihn finanziell und durch Sachleistungen unterstützt. Herodes versuchte nicht erst, seine Bindung an Marcus Antonius zu verharmlosen. Er stand zu seiner Haltung

Der Sieger im römischen Bürgerkrieg, der Alleinherrscher über das Imperium wußte, daß er auf Herodes nicht verzichten konnte, daß allein Herodes in der Lage war, Judäa im Sinne Roms zu regieren. Octavian bestätigte Herodes in seinem Amt als König.

Die Gnade der Mächtigen in Rom ermöglichte die Ausdehnung des Territoriums von Judäa. Herodes herrschte schließlich nicht nur über Juda und Galiläa, sondern auch über die wichtigsten Bereiche der heutigen Staaten Syrien und Libanon. Ihm gehörten Damaskus, Antiochia und Beirut. Archäologen haben festgestellt, daß Herodes in allen diesen Städten bedeutende Bauwerke in Auftrag gegeben hat. Seine Spuren sind aufgedeckt worden. Festzustellen ist, daß zu seiner Regierungszeit Sportstätten und Bäder gebaut wurden.

Der Präsident der Olympischen Spiele
als Bauherr des Tempels

Trotz Bürgerkriegen und Belagerung durch die Römer sind die Sportstätten in Jerusalem nicht verwaist gewesen. Die jungen Männer trafen sich dort, um ihre Kräfte zu messen. Zwar blieben die Aktiven der Pharisäer und der Saduzäer diesen Wettkämpfen fern, doch es gab immer genügend Sportbegeisterte. Sie wurden vom König ermutigt – und der wurde wiederum von den Mächtigen in Rom unterstützt, die es gerne sahen, daß überall im Imperium Spiele der gleichen Art stattfanden.

Die Olympischen Spiele besaßen zwar lange nicht mehr die Bedeutung wie zur Glanzzeit der griechischen Kultur, doch sie waren noch immer eine Traditionsveranstaltung. Der vom griechischen Lebensstil begeisterte Herodes unterstützte die Olympischen Spiele finanziell. Nach einer besonders großzügigen Spende wurde er, auf Vorschlag römischer Instanzen, zum Ehrenpräsidenten der Olympischen Spiele auf Lebenszeit ernannt.

In Jerusalem war das psychologische Klima für die Förderung von Sportereignissen nicht günstig – trotz der Aufgeschlossenheit vieler junger Männer. Man nahm es dem König übel, daß er auf diese Weise Geld verschwendete. Er wiederum verachtete die Bewohner von Jerusalem. Die Stadt entsprach nicht dem Lebensgefühl des Herodes, der Rom kennengelernt hatte. Jerusalem hatte sich zwar nach Westen erweitert, doch war die Enge auch weiterhin bedrückend. Einen weiteren Ausbau erlaubte die Landschaftsstruktur nicht: Hügel und Täler waren kein ideales Bauland. Dazuhin wurde in Jerusalem die Wasserversorgung immer problematischer: Für die Speisung von öffentlichen Bädern reichte das Wasser der Gihonquelle nicht.

Herodes suchte den Bauplatz für seine Hauptstadt in der freien Küstenebene.

Der Platz, den Herodes schließlich wählte, liegt heute an der Autobahn von Haifa nach Tel Aviv, und zwar ziemlich genau in der Mitte der Strecke. Beim Ort Or Akiva, der erst nach der Gründung des Staates Israel für Zuwanderer gebaut worden ist, zweigt eine kleine Straße nach rechts ab. Sie führt zum Badeplatz Sedot Yam. Direkt daneben befindet sich die Ausgrabungsstätte Caesarea. Die Araber, die bis 1948 in der Gegend lebten, nannten den Platz Al-Qaisariyeh.

Der Name Caesarea soll Caesar Augustus ehren – zum Dank dafür, daß dieser römische Herrscher den Bauplatz an Herodes überschrieben hatte. Die Lage war jedoch nicht besonders günstig für das Bauvorhaben. Herodes wollte eine imposante Hafenanlage errichten, da die Küste aber flach abfällt und ins Meer hinein seicht bleibt, mußte ausgebaggert werden. Die Phönizier hatten zwar an dieser Stelle zweihundert Jahre zuvor schon einen Hafen unterhalten, doch der war nur für kleine Schiffe gedacht gewesen. Herodes aber wollte einen Hafen besitzen, der von großen römischen Schiffen angelaufen werden konnte.

Der jüdische Geschichtsschreiber aus dem ersten Jahrhundert n. Chr. Josephus Flavius lobte die Kunst der Baumeister des Herodes: »Den Hafen gerade dort zu bauen, war eine Herausforderung, denn das Gelände war überhaupt nicht günstig. Das Meer forderte zu besonderen Maßnahmen heraus: Wellenbrecher mußten im Wasser errichtet werden, weil schon der leichteste Westwind die Wogen gegen das Ufer trieb. Diese Wogen trafen sich mit dem zurückflutenden Wasser. Dadurch wurde das Meer hoch aufgepeitscht.« Die Baumeister wurden mit dem Problem der Brandung fertig.

Caesarea wurde zum größten Hafen des Orients. Doch der Bau befriedigte nicht nur den Ehrgeiz des Königs Herodes – er war auch für die Sicherheit der Seefahrt notwendig. Damals existierte zwischen Phönizien und Ägypten kein einziger betriebsbereiter Hafen, der bei aufkommendem starkem Westwind den Seefahrern Zuflucht geboten hätte. Die Schiffsbesatzungen nahmen damals das Angebot gerne an, ihre Fahrt in Caesarea zu unterbrechen. Insbesondere, weil direkt am Hafenbecken Gewölbe bereitstanden mit bequemer Ausstattung für Nachtlager.

Flavius Josephus, der die Stadt durch eigene Erfahrung kannte, pries den Glanz der Gebäude, die alle mit weißem Marmor verkleidet waren. Er war erstaunt, daß Caesarea in der kurzen Bauzeit von zwölf Jahren errichtet worden war. Als herausragende Gebäude nannte er den »außerordentlich großen Tempel, der dem Kaiser Augustus geweiht war. Eine Kolossalstatue stellte den Kaiser dar.« Auch die Göttin Hera wurde im Tempel angebetet.

Weitere Bauten von Bedeutung waren das Amphitheater und vor allem die Pferderennbahn, die für 20 000 Zuschauer Platz bot. Der Gesamtkomplex war 320 Meter lang. Die besondere Attraktion für junge Männer aber war das Schwimmbad, das durch einen Aquädukt mit Quellwasser gespeist wurde. Auch im königlichen Palast, der alle anderen Gebäude überstrahlte, soll sich ein luxuriöses Schwimmbad befunden haben.

Den meisten Bewohnern von Caesarea gefiel diese Stadt, da sie ihrem Lebensgefühl entsprach – die meisten der Bewohner waren griechischer Abstammung. Die Juden bildeten eine winzige Minderheit. Sie hielten sich in Caesarea auf, weil sie als Händler und Handwerker dort Arbeit fanden. Wenn sie aus gläubigen Familien stammten, dann war ihr Urteil schnell gefällt: »Caesarea ist eine Stadt für fette Griechen, für Huren und für nackte Lustknaben.«

Damit waren die Sportler gemeint, für die Ringkampfstätten und andere Sportstadien gebaut wurden. Josephus Flavius notierte: »Herodes verfügte, daß Kampfspiele stattfanden, die nach dem Kaiser benannt wurden. Sie sollten in jedem fünften Jahr stattfinden. Herodes stiftete Preise für die Sieger, wobei er auch Preise an die zweiten und dritten vergab.«

Herodes selbst hielt sich oft und gerne in Caesarea auf. In Jerusalem fühlte er sich unwohl. In Caesarea aber war er von der Mehrheit seines Volkes isoliert. Daß diese Entwicklung für ihn ungünstig war, spürte Herodes. Er wußte, wie diese Mehrheit zu gewinnen war. Die Rede, die er hielt, um sein Vorhaben anzukündigen, löste Überraschung aus:

»Ich bin durch Gottes Willen euer König geworden. Seit langem ist mir Frieden vergönnt. Große Einnahmen stehen mir zu. Ich besitze Reichtümer. Ich halte gute Beziehungen zu den Römern. Sie sind – wer will es leugnen – die Herren der ganzen Welt. Ich möchte in frommer Weise Gott zurückgeben, was er mir geschenkt hat. Er war es, der mir dieses Königreich übertrug. Ich will seinen Tempel vergrößern. Ich mache den Tempel so groß, wie ich es nur kann.«

Der Tempel von Jerusalem bestand damals noch immer aus dem ärmlichen Gebäude, das mehr als ein Dutzend Generationen zuvor nach der Rückkehr der Sippen aus Babylon errichtet worden war. Dieser »Zweite Tempel der Juden« besaß die Maße des bescheidenen Salomo-Tempels, der einst »im Schatten des Palastes« gestanden hatte. Das Bauwerk entsprach den Kenntnissen und Regeln der Baumeister längst vergangener Zeiten. Inzwischen hatten die Griechen die Prinzipien entdeckt, wie imposante Tempelhallen konstruiert werden können. Die römischen Architekten hatten die Kunst des Bauens technisch noch verfeinert. Herodes hatte die Sakralbauten in Rom selbst gesehen. Er wußte, wie ein Tempel der Neuzeit auszusehen hatte.

Herodes glaubte, die Bevölkerung in Jerusalem werde ihm dankbar sein, wenn er dafür sorge, daß auf dem Tempelberg ein repräsentatives Heiligtum den alten und baufälligen Tempel ersetze. Doch er mußte zur Kenntnis nehmen, daß die Partei der Saduzäer – ihr gehörten Priester und wohlhabende Personen an – gegen den Neubau argumentierten. Ihre Befürchtung war, Herodes habe überhaupt nur die Absicht, den bestehenden Tempel abzureißen, ohne an einen Neubau zu denken. Die Saduzäer waren fest überzeugt, Herodes, der ja überhaupt kein Jude sei, habe dem römischen Kaiser versprochen, auf dem Tempelberg in Jerusalem einen Augustustempel zu errichten.

Der König sah sich gezwungen, den führenden Köpfen der Saduzäerpartei zu versprechen, erst dann mit dem Abriß des bisherigen Tempels zu beginnen, wenn – für jedermann sichtbar – die Vorbereitungen für den Neubau abgeschlossen sind.

Überliefert sind Berichte, daß zehntausend Handwerker beim Tempelbau beschäftigt waren – hauptsächlich Zimmerleute und Steinmetze. Wenigstens von einem dieser Männer kann heute noch die Existenz nachgewiesen werden. Bei Bauarbeiten in der Ortschaft Gi'vat Hanivtar im Norden von Jerusalem wurden Grabkammern entdeckt, die zur Zeit des Königs Herodes in den Fels gehauen worden sind. Steinsärge enthalten noch Reste menschlicher Skelette. Ein Steinsarg ist durch eingravierte Schrift gekennzeichnet. Da ist zu lesen: »Simon, der Tempelbauer«. Diese Inschrift ist keineswegs prunkhaft angelegt. Seine Familie wollte den Toten ganz privat dafür ehren, daß er am Tempelbau mitgearbeitet hatte.

Der Geschichtsschreiber Josephus Flavius berichtet, Herodes habe keinen vollkommenen Neubau errichten lassen: »Herodes unterzog den Tempel einer Renovierung. Er erweiterte den Tempelbezirk um das Doppelte des bisherigen Geländes. Um die Gesamtanlage baute er eine Mauer.« Ein bedeutender Rest dieser Mauer ist heute noch zu sehen im Westen des Tempelareals. Dieser Überrest ist das wichtigste Heiligtum des jüdischen Volkes: die Klagemauer.

Neu errichtet wurden die Säulenhallen im griechischen Stil – unter Anwendung der modernen Technik.

Über die Fassade berichtete Flavius Josephus diese Beobachtung: »Sie war überall mit goldenen Platten bedeckt. Dieses Gold war von großem Gewicht. Die Oberfläche des Tempel reflektierte den ganzen Tag das Licht der Sonne, vom ersten Strahl an bis zum Sonnenuntergang. Die Leuchtkraft war gewaltig. Auch wer sich Mühe gab auf den Tempel zu blicken, mußte schließlich, wollte er nicht geblendet werden, die Augen abwenden. Der Blick auf den Tempel wirkte so, als ob man direkt in die Sonne sah.«

So eindrucksvoll der Tempelbau auch gelungen war, er überzeugte die Gesetzestreuen keineswegs von der Rechtgläubigkeit des Erbauers. In Jerusalem sprach es sich herum, daß dieser Sproß aus dem Volk Edom in anderen Städten, in Caesarea zum Beispiel und in fremden Ländern, Tempelbauten finanziert, die für andere Götter bestimmt sind. Sogar auf der Insel Rhodos stiftete er einen Apollotempel. Die Frage stellte sich: An welchen Gott glaubt Herodes?

Daß er sich nicht zu den Gesetzen des Mose bekennt, wird für Pharisäer und Saduzäer an dem Tag deutlich, an dem, auf Befehl des Königs, über dem Haupteingang zum Tempel ein gewaltiger goldener Adler angebracht wurde. Für alle Gläubigen ist damit ein Gesetzesbruch begangen worden: Weder im noch am Tempel durfte das Abbild eines lebendigen Wesens angebracht werden. Besonders in der strengen Auslegung der Pharisäer ist die Präsentation des Adlers über dem Tempeleingang ein Verbrechen gegen Gott. Von den Pharisäern – den Händlern, Handwerkern, kleinen Landwirten – geht die Empörung gegen den Verantwortlichen für diese Untat aus. Der Zorn richtet sich gegen Herodes.

Wie stark sich die Abneigung vor allem der religiös ausgerichteten Kreise gegen den König bereits entwickelt hat, erweist sich, als das Gerücht in der Stadt umgeht, Herodes sei gestorben. Vor dem Tempel rotten sich junge Männer zusammen, die begeistert sind über diese Neuigkeit. Sie verfluchen Herodes. Da sie nicht zu dem vermeintlich Toten vordringen können, richtet sich ihre Wut gegen den Goldadler über dem Tempeleingang. Unter dem Jubel der Masse lassen sich zwei Gesetzesschüler an Seilen vom oberen Rand der Tempelmauer herab, bis sie den Adler erreichen. Sie zerstückeln den Adler. Die Goldbrocken stürzen auf den Tempelvorplatz.

Die Situation ist brisant für Herodes. Er hatte den Adler am Tempel anbringen müssen – die römischen Oberherren verlangten diese Reverenz vor ihrer Größe. Überall in der Stadt Jerusalem sind Adler zu sehen zum Zeichen der Zugehörigkeit zum römischen Imperium. Erfahren die Mächtigen in Rom, daß es das Volk in der Provinz Judäa wagt, gegen römische Staatsautorität zu meutern, werden sie selbst eine Strafaktion einleiten. Um diesen Eingriff Roms zu verhindern, bestraft Herodes die Meuterer selbst: Er läßt die beiden Gesetzes-schüler öffentlich bei lebendigem Leib verbrennen.

Diese grausame Hinrichtung besänftigte den Kaiser. Der von ihm gestützte Herodes war offenbar noch Herr der Lage. Doch bald schon drangen Gerüchte nach Rom, die den Kaiser nachdenklich machten. Augustus begann, sich nach und nach von seinem Schützling zu distanzieren.

Die Gerüchte hatten nichts mit möglicher politischer Untreue zu tun; sie waren persönlicher Natur. Herodes entwickelte sich zum instabilen Charakter: Er wurde mißtrauisch, rachsüchtig und gnadenlos in seinen Reaktionen. Am Ende einer Familienfehde ermordete er Mariamne, die Frau aus der Makkabäerfamilie, die er wirklich liebte. Auch zwei seiner Söhne wurden auf Anweisung des Königs getötet; dazu gehörte sein Erstgeborener, der Antipater hieß. Zu den Toten des Konflikts im eigenen Palast zählten der Bruder von Mariamne, deren Mutter und der Großvater. Acht Frauen des Herodes überlebten diese blutige Auseinandersetzung; sie und ihre vierzehn Kinder zitterten um ihr Leben bis zum Tod des Herodes.

In seinen letzten Lebensjahren war Herodes krank. Die Leiden begannen mit Arteriosklerose. Der Kranke suchte Heilung im heißen Schwefelwasser von Callirrhoe am Ostufer des Toten Meeres. Am Ende des Wadi Zerqa Ma'in stürzt das Wasser über eine Felswand herunter und sammelt sich in einem Becken. Der intensiven und breit ausgedehnten Gelbfärbung der Felswand ist heute anzusehen, daß zu früherer Zeit der Wasserausstoß gewaltiger gewesen sein muß.

Die Schwefelquellen des Wadi Zerqa Ma'in sind von Madaba aus erreichbar: Eine kleine Straße führt etwa 25 Kilometer weit nach Südwesten. Der Weg bietet fotografierwürdige Ausblicke zum Toten Meer.

Auf der Mosaik-Landkarte am Boden der griechisch-orthodoxen Georgskirche in Madaba ist der Ort Callirrhoe zu erkennen: Drei Gebäude dienten einst dort offenbar dem Badebetrieb. Zwei Badehäuser und ein Nymphaeum sind zu unterscheiden. Ausgrabungen haben bestätigt, daß diese drei Gebäude tatsächlich zur Zeit des Herodes existiert haben.

Der Geschichtsschreiber Josephus Flavius berichtet, das heiße Schwefelwasser von Callirrhoe habe dem König nur geschadet: »Er glaubte nun nicht mehr an seine Heilung.« Auf der Rückfahrt nach Jericho – er fuhr am Ostufer des Toten Meeres entlang – fiel ihm eine Idee ein, die nur durch ein krankes Gemüt hatte reifen können. Er ließ alle angesehenen Persönlichkeiten des ganzen Landes verhaften. Sie sollten eingesperrt bleiben bis zur Stunde seines Todes. Dann aber seien sie zu erstechen. Josephus Flavius zitiert diese Ansprache des Königs. »Ich weiß, die Juden werden meinen Tod mit einem Freudenfest feiern. Doch ich kann dafür sorgen, daß mein Tod beklagt wird. Sobald mein Tod eingetreten ist, werden die Gefangenen von meinen Bewaffneten getötet. Dann wird jede Familie in ganz Judäa über meinen Tod weinen.«

Herodes starb in Jericho; Ende März oder Anfang April des Jahres 4 v. Chr. Im feierlichen Trauerkondukt wurde der Tote aus dem Jordantal hochgebracht ins Bergland südlich von Jerusalem. Das Ziel des aufgebahrten Toten und der marschierenden Soldaten war die vorbereitete Begräbnisstätte Herodion, neun Kilometer südostwärts von Bethlehem.

Die Basis des Bauwerks war ein konisch zulaufender Hügel. Er ist durch starke Stützmauern erweitert worden, die dem Hügel in seinem oberen Teil die Form eines nicht ganz regelmäßigen Vierecks geben. Der Anstieg zum Herodion verläuft zunächst sanft, steigt dann aber über Treppen steil an. Von oben ist der Blick möglich auf das Land zwischen dem Toten Meer und Jerusalem. Die Betrachtung der Ausgrabungsstätte vom oberen Mauerrand erweckt den Eindruck, da öffne sich der Schlund eines Kraters. In ihm sind Reste von Wohngebäuden, Bädern, Mauern und Türmen zu erkennen.

Vom eigentlichen Grab des Herodes ist allerdings nie eine Spur gefunden worden. Möglich ist, daß Flavius Josephus einem Irrtum erlegen ist: Vielleicht ist Herodes überhaupt nicht im Herodion bestattet worden, sondern in Jericho. Dort hat er sich am Ende seines Lebens am liebsten aufgehalten. Einen Grund für den Transport der Leiche in eine Festung – die zwar von außen wie ein Totenberg aussieht, die jedoch für Verteidigungszwecke eingerichtet war – bestand nicht.

Als Herodes in Jericho gestorben war, wurde der Befehl zur Ermordung der angesehenen Persönlichkeiten nicht ausgeführt. Befolgt aber wird die Anordnung, künftig das Territorium Judäa in drei Teile aufzuspalten. Ein Teil soll den Namen Judäa behalten. Die zwei anderen werden mit Namen bedacht, die aus der Historie bekannt sind: Samaria und Idumäa. Der Untergang des jüdischen Staates ist abzusehen.

»Abreißen werden sie den Tempel bis auf den Grund«

Es war Jesus, der diese Voraussage gewagt haben soll. Das Kapitel 24 des Matthäus-Evangeliums beginnt mit diesen Worten:

»Und Jesus ging für immer aus dem Tempel hinaus. Da hielten ihn seine Begleiter auf. Sie wollten ihm Besonderheiten des Tempels zeigen. Da gab er zur Antwort: ›Ja, schaut sie an, diese ganze Pracht. Was ich sage, ist wahr: Kein Stein wird auf dem anderen bleiben. Abreißen werden sie das alles, abreißen bis auf den Grund.‹«

Einige Zeit später an jenem Tag soll Jesus mit seinen Jüngern vom Ölberg aus hinübergeblickt haben auf den Tempel. Er wies wieder auf das Bauwerk hin und begann zu sinnieren: »Es wird bald hohe Zeit sein, aus dieser Stadt dort drüben zu fliehen. Wer dann in Judäa ist, der fliehe auf die Berge. Wer außerhalb seines Hauses ist, der gehe nicht mehr zurück in sein Haus, um noch etwas zu holen. Wer auf dem Feld arbeitet, der laufe nicht mehr zum Ackerrand zurück, um seinen Mantel zu holen. Es wird ein Elend geben, so furchtbar, wie keines bisher geherrscht hat.«

An Prophezeiungen des Untergangs von Tempel und Stadt hat es nicht gemangelt – und vom künftigen Elend des jüdischen Volkes auch nicht. Wer damals ein Empfinden besaß für geschichtliche Entwicklungen, der mußte erkennen, daß der Konflikt mit Rom in der Katastrophe enden mußte. Nach dem Tod des Herodes blieb dem Land der Juden kein Hauch mehr von Unabhängigkeit. Der Wille der Herrscher in Rom mußte erfüllt werden. Jeder Ansatz einer Auflehnung wurde mit Gewalt unterdrückt. Jeder der römischen Generalgouverneure verkündete bei seiner Ankunft in Caesarea, er werde mit harter Hand Ordnung schaffen. Jeder hinterließ bei seiner Abberufung eine noch verworrenere Situation. Mehr als ein halbes Jahrhundert lang herrschte Chaos in Jerusalem.

Vom Jahre 64–66 n. Chr. verwaltete der Prokurator Gessius Florus das jüdische Territorium. Er hatte seinen Auftraggebern zugesagt, er werde überfällige Tributzahlungen eintreiben. Er kannte »einen Ort, wo Gold und Geld zu holen waren«: Im Tempel war der Reichtum des Landes konzentriert. Gessius Florus beschlagnahmte einen Teil des Tempelschatzes zur Begleichung der aufgelaufenen Tributschulden.

Jetzt brach die Revolte offen aus. Zu ihrer Unterwerfung rückte die Garnison von Caesarea über die Steige von Bet Horon auf Jerusalem zu. In der Stadt leistete niemand Widerstand, und dennoch hausten die Soldaten ohne Gnade: Sie erschlugen und erstachen jeden, den sie in den Straßen antrafen. Doch mit Gewalt konnte die Ruhe nicht erzwungen werden. Kampfgruppen junger Juden fanden sich zusammen, um Widerstand zu leisten. Von Tag zu Tag verlor die römische Besatzungsmacht mehr und mehr Legionäre. Sie wurden Opfer einer intelligenten Guerillatechnik. Die Überfälle erfolgten blitzartig in engen Gassen; Verstecke waren vorbereitet; die toten Römer wurden in Hausgänge gezogen und dann rasch verscharrt. Die Folge ist, daß Gessius Florus seine Truppen aus dem Gassengewirr von Jerusalem abziehen mußte.

Die Legionäre wurden jetzt in der Hauptstadt Caesarea gebraucht. Dort hatte sich während der Zeit von zwei Generationen die Bevölkerungsstruktur verändert. Die griechischstämmigen Familien bildeten nicht mehr die Mehrheit; die jüdischen Familien hatten an Zahl zugenommen. Sie besaßen sogar schon eine geräumige Synagoge.

Der Zugang zur Synagoge war allerdings beengt durch die Werkstätte eines Griechen. Die ständigen Reibereien heizten die Gemüter an. Die Folge waren Streit und stadtinterne Kämpfe, in denen die Juden siegreich waren. Ihr Standpunkt war, die Stadt Caesarea müsse ihnen gehören, da sie doch von König Herodes gegründet worden sei. Die Griechen aber argumentierten, die Standbilder überall an Straßen und auf Plätzen, seien der Beweis, daß Herodes mit Absicht eine nichtjüdische Stadt gewollt habe.

Die Familien der griechisch-orientierten Schicht stammten ursprünglich aus Syrien. In Syrien waren jedoch auch die römischen Legionäre angeworben worden. Sie halfen denen, die gleicher Abstammung waren. Josephus Flavius berichtet über den Ausgang des Konflikts: »Die griechischen Bewohner von Caesarea brachten die jüdischen Bewohner um. In einer einzigen Stunde verloren 20 000 Juden ihr Leben. In ganz Caesarea lebte kein einziger Jude mehr. Die Katastrophe von Caesarea versetzte das gesamte Judenvolk in Aufruhr. Die Männer rotteten sich zusammen und überfielen nichtjüdische Dörfer und Städte.«

Auch die Stadt Gaza wurde geplündert und kurz danach Ashkalon. Die Wut der jüdischen Bewohner der Region richtete sich gegen alle Städte, die von Nichtjuden bewohnt waren. Flavius Josephus bemerkt, daß auch die Syrer und Griechen vom Wahn gepackt waren,

Menschen anderer Volkszugehörigkeit umzubringen. Auf beiden Seiten war jegliche Vernunft ausgelöscht. Der Geschichtsschreiber charakterisiert die Situation so: »Am Tag wütete der Mord. In der Nacht aber lebten alle in Schrecken und Angst.«

Die Legionäre der römischen Garnisonen waren ungeeignet, die Ruhe wiederherzustellen – sie waren dafür bekannt, die Syrer und Griechen zu unterstützen. Die Juden sahen in ihnen Feinde. Wo es nur möglich war, vertrieben die Haufen junger jüdischer Männer, die sich in den Städten und auf dem Lande bildeten, die Legionäre. Die spektakulärste Aktion gelang einer derartigen Kommandoeinheit mit der Einnahme der Festung Massada am westlichen Ufer des Toten Meeres.

Der Hügel Massada ist ein bemerkenswerter geographischer Punkt.

Kurz nachdem die westliche Küstenstraße des Toten Meeres palästinensisches Gebiet verlassen hat, springt am anderen, am östlichen Ufer, die Halbinsel Lisan vor, die den südlichen Teil des Toten Meeres allmählich verlanden läßt. Rechts wird jetzt eine markante Bergformation sichtbar, die aussieht, als sei sie nach Plan aus dem judäischen Bergland herausgeschnitten worden: Nahezu senkrecht ragen die Wände aus bräunlichem Gestein hoch. Sie erreichen die Höhe von 450 Metern über dem Spiegel des Toten Meeres. Das Gipfelplateau ist von Natur aus eben. Es mißt 450 Meter in der Länge und 200 Meter in der Breite. Das Gipfelplateau war einst schwierig über einen schmalen Pfad zu erreichen. Seit einigen Jahren erleichtert eine Seilbahn den Zugang.

Für viele Israelis ist der imposante Felsblock von Massada das Symbol für nationalen Widerstandswillen. Seit den 50er Jahren haben viele Jahrgänge israelischer Rekruten auf dem Gipfelplateau ihren Eid auf den Staat abgelegt. Sie haben dabei geschworen, Massada dürfe nie mehr verlorengehen.

Daß Massada im Bewußtsein des jüdischen Volkes verankert wurde, dafür hat frühzeitig der Geschichtsschreiber Josephus Flavius gesorgt, der die Heldenlegende festgehalten hat. Sie beginnt im Jahr 66 n. Chr. und endet im Jahr 73 n. Chr. mit dem heroischen Untergang der jüdischen Verteidiger.

Die Einnahme der Festung, die Herodes hatte bauen lassen, war das Fanal für den Aufstand jüdischer Nationalisten nach dem Massaker von Caesarea. Der Besitz des Bergmassivs gab den jungen Männern Sicherheit, eine feste Basis für ihren Kampf zu haben – und er steigerte ihre Popularität. Die bisher zersplitterten Einzelaufstände und Einzelaktionen verbanden sich zum nationalen Befreiungskrieg.

Der Revolutionsrat tagt im Tempel

Menahem Ben Jehuda, der Eroberer von Massada, ritt als Held in Jerusalem ein. Der Weg zum Tempelberg war frei. Die römische Garnison ergab sich, da Menahem den Soldaten und Offizieren freien Abzug versprach. Er mag sein Versprechen in gutem Willen abgegeben haben, doch die vor Jubel hysterische Menge fällt über die Legionäre her. Die Legionäre werden von der Masse erschlagen und zerrissen.

Kein König und keine priesterliche Autorität regiert im Jahr 66 n. Chr. in Jerusalem. Ein Revolutionsrat bildet sich. Er besteht aus den Helden von Massada und aus den aggressivsten Anführern des Aufstands in der Stadt. Im Hof des Tempels finden die lautstarken Sitzungen statt. Wichtigster Punkt der Besprechungen ist die Organisation des Widerstands gegen die römischen Truppen. Daß die Legionäre Rache nehmen wollen für Kameraden, die in Jerusalem auf bestialische Weise getötet worden sind, stand ohne Zweifel fest.

Der Volksheld Menahem Ben Jehuda ist kein Mann des großen Wortes. Sein Mangel an Beredsamkeit ist ein Nachteil in den Redeschlachten des Revolutionsrats. Der Vorsitzende Menahem Ben Jehuda wird vom geistig wendigen Eleazar Ben Simon abgelöst, dessen Autorität wiederum von anderen Hitzköpfen attackiert wird. Dem Revolutionsrat gelingt es kaum, Einigung für die Strategie der Verteidigung zu erreichen. Schließlich machen sich drei Kommandierende die Befehlsgewalt in der Stadt streitig. Keiner hat den Willen zur Unterordnung und zur Zusammenarbeit.

Als die Legionäre schließlich vor den Mauern von Jerusalem standen, war die Schicht der Wohlhabenden unter den Juden der Meinung, eine rasche Besetzung der Stadt durch die Römer könne dem Schreckensregime des Revolutionsrats ein Ende bereiten. Der römische Befehlshaber aber mißtraute der Bitte der Reichen und zögerte mit dem entscheidenden Angriff. Inzwischen hatte der Revolutionsrat von der Aufforderung an die Römer erfahren. Die Revolutionäre waren sich sofort einig, daß die Kapitulationswilligen von der Tempelmauer zu stürzen seien.

Als der römische Befehlshaber dann doch den Angriff wagte, wurden seine Kämpfer zurückgeschlagen. Obgleich er keine entscheidende Niederlage erlitten hatte, gab er den Befehl, das Bergland Judäa zu verlassen. Er scheute die Verluste, die bei Fortsetzung der Belagerung drohten. Was sich dann ereignete, war kein Rückzug, sondern eine Flucht. Die Römer hatten offensichtlich Angst vor den jüdischen Verteidigern.

Josephus Flavius, der Chronist dieser Ereignisse, berichtet, die Flucht der Römer hatte den Juden im weiten Umkreis keinen Respekt und keine Sympathien eingebracht – im Gegenteil. Zum Zeichen der unverbrüchlichen Freundschaft mit Rom hätten die Bewohner von Damaskus alle Juden in ihrer Stadt an einem Tag umgebracht. 10 500 Männer und Frauen seien dabei getötet worden.

Die Nachricht von den Vorfällen in der Region an der Ostküste des Mittelmeers löste Reaktionen in Rom aus. Kaiser Nero begriff, daß das Problem mit den ohnehin dort stationierten Streitkräften nicht zu lösen war. Es mußten stärkere Verbände in das Konfliktgebiet geschickt werden. Nero beauftragte Vespasian, einen seiner erfolgreichsten Kommandeure, mit der Durchführung des Feldzugs.

Vespasian befand sich im Frühjahr 67 n. Chr. in Caesarea, um den Angriff auf Jerusalem zu planen. Dort erhielt er die Nachricht von Neros Tod. Vespasian brach seine Vorbereitungen ab und reiste nach Rom, um dort seinen Anspruch auf die Führung des Imperiums anzumelden.

Inzwischen begann in der Hauptstadt von Judäa das Jahr 3 der revolutionären Regierung – diese Jahreszahl prägte die Münzanstalt von Jerusalem den Geldstücken auf. Wiederum zwölf Monate später war Vespasian Kaiser im Römischen Reich. Sein Sohn Titus setzte den Feldzug gegen die rebellische Provinz Judäa fort. Im April des Jahres 70 n. Chr. waren seine Vorbereitungen abgeschlossen.

Die Prophezeiung vom Untergang erfüllt sich

Flavius Josephus ist Augenzeuge des Krieges, der nun begann. Als dreißigjähriger Priester des jüdischen Glaubens nahm er selbst an den Kämpfen in Galiäa teil.

Sein wahrer Name war Joseph ben Mathitjahu. Er stammte aus einer sehr vornehmen alten Priesterfamilie. Mit vierzehn Jahren, so erzählte er selbst, sei er bereits anerkannter Fachmann in jüdischem Recht gewesen. Er wurde Mitglied der Pharisäerpartei, zu deren Programm die strikte Einhaltung der in den heiligen Büchern festgelegten Gesetze gehörte. Die Pharisäer waren keine ausgeprägten Nationalisten. Sie empfanden wenig Sympathie für die national gesinnten Rebellen, die den offenen Krieg gegen Rom ausgelöst hatten.

Im Jahr 64 n. Chr. war Joseph ben Mathitjahu nach Rom geschickt worden. Er hatte im Auftrag der Pharisäerpartei mit den Behörden über die Freilassung von Priestern zu verhandeln, die sich in römischer Gefangenschaft befanden. Nach erfolgreich beendeter Mission war er nach Jerusalem als Anhänger der römischen Kultur und als Bewunderer des römischen Militärs zurückgekehrt. Ihm gefiel fortan die römische Mentalität. Jüdischer Priester wollte er nicht mehr sein. Der Aufenthalt in Rom hatte noch zur Zeit des Kaisers Nero stattgefunden.

Als der Konflikt mit Rom im Jahr 66 n. Chr. losbrach, wurde Joseph ben Mathitjahu offenbar gegen seinen Willen vom Revolutionsrat zum Befehlshaber der Streitkräfte in Galiläa ernannt. Seine Truppe unterlag den Angreifern und Joseph ben Mathitjahu geriet in römische Gefangenschaft. Dem damaligen Feldherrn Vespasian vorgeführt, prophezeite der Priester, die Kaiserkrone werde bald das Haupt des Feldherrn zieren. Joseph ben Mathitjahu hatte dem Offizier, der bald darauf tatsächlich römischer Kaiser wurde, die beste Nachricht verkündet. Seine Zukunft war gesichert.

Er legte seinen jüdischen Namen ab und nannte sich fortan Flavius Josephus. Dies geschah als Reverenz vor Vespasian, dessen Familienname Flavius war. Auf römischer Seite nahm Josephus Flavius als Dolmetscher an der Belagerung von Jerusalem teil.

Von April bis September des Jahres 70 n. Chr. dauerte der Kampf. Es war die heiße Zeit des Jahres. Noch immer hing die Wasserversorgung in der belagerten Stadt vom Wassertunnel ab, den Hezekiah achthundert Jahre zuvor hatte graben lassen. Er verbindet die Gihonquelle noch heute mit dem Siloahteich. Die Gihonquelle schüttet Wasser in Stößen von jeweils vierzig Minuten Dauer. Die Abstände zwischen den Stößen betragen sechs bis acht Stunden. In heißen und trockenen Sommermonaten sinkt die tägliche Schüttung von 1200

Kubikmetern auf 800 Kubikmeter ab. Mit dieser Wassermenge konnten die Organisatoren des Widerstands in Jerusalem fest rechnen. Die Gihonquelle und der Siloahteich wurden von den Römern zunächst nicht entdeckt.

Bei strikter Erfassung der 800 Kubikmeter Wasser konnte jedem der rund 100 000 Eingeschlossenen ein tägliches Kontingent von acht Litern Wasser zugeteilt werden. Dank der Vorsorge des Hezekiah war Jerusalem in der Lage, hundert heiße Tage zu überstehen – bis den Römern die Entdeckung und die Eroberung dieses Trinkwassersystems gelang.

Behutsam und Kräfte sparend führen die Römer den Kampf. Sie engen Schritt für Schritt den Lebensraum des Gegners ein. Im August gelingt es ihnen, die Stadt aufzuspalten: Der Tempel im Osten und der Bereich um die Zitadelle des Herodes im Westen befinden sich noch in jüdischer Hand. Die Situation der Belagerten ist aussichtslos, da sie von der Wasserversorgung abgeschnitten sind. Der Feldherr Titus rechnet mit dem baldigen Erliegen des Widerstands.

Für den Befehlshaber der römischen Streitkräfte stellt sich jetzt die Frage, was nach dem Ende der Kämpfe mit den Besiegten und mit dem Tempel geschehen soll. Titus zweifelt, ob es klug sei, das Heiligtum zu zerstören. Er befragt seine Offiziere und bittet sie um eine Stellungnahme. Die Mehrheit stimmt für die völlige Zerstörung des Tempels. Ihr Standpunkt: »Die Juden haben den Tempel selbst entheiligt – sie machen ihn auch jetzt noch zum Schlachtfeld. Er ist eine Festung, die mit einer Garnison belegt ist. Diese Garnison befolgt die Aufforderung zur Kapitulation nicht. Es besteht deshalb kein Grund zur Schonung von Mannschaft und Bauwerk.«

Josephus Flavius ist Ohrenzeuge der Diskussion. Ihm entgeht die Entwicklung der Lage nicht; er registriert jedes Detail. Über die Ausrüstung und über die Kampfmethode der Römer ist Flavius Josephus, der als Dolmetscher bei ihnen tätig ist, aus direkter Beobachtung informiert:

»Die Römer besitzen Katapulte zum Abschuß von Steinkugeln. Mit diesen Kriegsmaschinen kämpfen sie nicht nur Ausbrüche der Belagerten nieder, es gelingt ihnen auch, die Juden von der Mauer des Tempels zu vertreiben. Die Steingeschosse wiegen etwa vierzig Pfund und fliegen nahezu vierhundert Meter weit. Vor ihnen gibt es keinen Schutz, auch nicht in entfernten Winkeln der Stadt.«

Während der ersten Tage des Kampfes konnten die Belagerten die Flugbahn der Steine erkennen, weil diese Kugeln von heller Farbe waren. Die Wächter auf den Mauern warnten, wenn ein Abschuß erfolgte. Die Wächter schrien: »Der Stein kommt!« Jeder rannte weg und suchte Deckung. Die Wächter konnten verhindern, daß die Steine viele Juden töteten. Doch die römischen Offiziere, die für die Steinschleudern zuständig waren, gewannen Erfahrung – sie ließen die Steine dunkel färben. Jetzt war ihre Flugbahn nicht mehr zu erkennen. Der Warndienst war jetzt nicht mehr so effektiv. Fast bei jedem Abschuß kamen von nun an Belagerte ums Leben.

Josephus Flavius beschrieb seine Bemühungen, die Juden zur Kapitulation zu bewegen. Er rief hinauf zu den Bewaffneten auf der Tempelmauer, die Fortsetzung des Kampfes sei unsinnig, da die Römer die Überlegenen seien. Doch keiner der jüdischen Kämpfer hörte auf ihn. Für sie war Flavius Josephus der einstige Priester Joseph ben Mathitjahu, der seinen Glauben aufgegeben und in den Dienst der Feinde getreten sei. Bei einem seiner Vermittlungsversuche wurde er von einem kleineren Stein am Kopf getroffen. Ohnmächtig brach Flavius Josephus vor der Tempelmauer zusammen. Blutend wurde er weggetragen.

Während der heißen Augusttage veränderte sich die Situation in den zwei Stadtteilen, die noch Widerstand leisteten. Die Kräfte erlahmten. Durst und Hunger quälten die Belagerten. Das Wasser der Gihonquelle stand schon seit Tagen nicht mehr zur Verfügung; die Lebensmittel gingen zu Ende. In der Stadt gab es dafür Gold im Überfluß. Das edle Metall war wertlos geworden. Für Gold waren weder Wasser noch Brot zu haben. Die Leichen der Verdursteten und Verhungerten lagen auf den Straßen. Der Leichengestank breitete sich über die Mauer aus bis zu den Römern an den Belagerungsmaschinen.

Die Mauern, die Herodes für den Tempel hatte errichten lassen, hielten den Steingeschossen und Rammböcken lange stand. Doch dann wandten die Römer eine andere Taktik an: Sie setzten die schweren eisenbeschlagenen Tore an der Südmauer und bei den Brücken im Westen des Tempels in Brand. Von den Torflügeln griff das Feuer auf das Holzgebälk im Tempelinnern über. Das Heiligtum stand in Flammen.

Titus, der Feldherr, beriet sich nun wieder mit seinen Kommandeuren: Sollte der Brand eingedämmt werden, oder war es im Sinne römischer Besatzungspolitik, wenn der Tempel völlig niederbrannte. Die Mehrheit der Offiziere sahen einen Vorteil in der Vernichtung des

Bauwerks. Ihr Argument: Solange der Tempel existiert, wird er Sammelpunkt der jüdisch-nationalistischen Kräfte sein. In diesem Heiligtum werde doch immer zur Rebellion gegen Rom aufgerufen. Nichts dürfe daran erinnern, daß es diesen Tempel je gegeben habe.

Titus aber nahm den Tempel in Schutz: Das Bauwerk sei einfach zu schön und prachtvoll. Es dürfe nicht zugrunde gehen. Es könne ein Schmuckstück der Baukunst im Römischen Reich sein. Der Feldherr befahl, daß Legionäre dazu eingesetzt wurden, den Brand zu löschen.

Die Soldaten gaben sich Mühe, doch ihnen fehlte auch das Wasser, um die Flammen einzudämmen. Dazuhin befanden sie sich in der seltsamen Situation, daß sie in den Tempelhallen von den jüdischen Verteidigern bedrängt wurden. Die Löschwilligen mußten sich mit dem Schwert verteidigen.

Noch war das Allerheiligste nicht vom Feuer bedroht, und es hätte auch gerettet werden können – wenn nicht einer der Verteidiger eine Brandfackel hineingeworfen hätte. Josephus Flavius war der Meinung, der Brandfackelwerfer sei ein Werkzeug Gottes gewesen: »Gott hatte es schon längst gefügt, daß der Tempel ein Raub der Flammen werden müsse.«

Als die Flammen emporschlugen und als das Dach des Allerheiligsten funkenstiebend zusammenbrach, »da schrien die Juden furchtbar auf«.

Titus wollte das Bauwerk noch immer retten. Er selbst stand am brennenden Tempel und gab Befehle, »doch die Legionäre hörten ihn gar nicht, so laut war der Krach des Feuers und das Geschrei der Juden«. Die Flammen fraßen sich ungehindert durch den Tempelbau. Der Feldherr, so schrieb Flavius Josephus, war nicht mehr in der Lage, die Raserei der Legionäre zu zügeln. Sie stürzten sich auf die Verteidiger. »Beim Altar lagen die Gefallenen bald zuhauf.«

Titus war entschlossen, wenigstens den Brand im Allerheiligsten zu löschen; offenbar bestand dazu noch die Möglichkeit. »Doch die Legionäre waren voll Haß auf die Juden. Sie schürten das Feuer weiter an. So wurde der Tempel gegen den Willen des Titus ein Raub der Flammen.«

Flavius Josephus fügte seiner Beschreibung der Brandkatastrophe diese Bemerkung an:

»Es war der Wille Gottes, daß der Tempel im gleichen Monat und am selben Tag zerstört wurde, da ihn einst die Babylonier haben in Flammen aufgehen lassen. Seit der Errichtung des Tempels durch König Salomo waren 1130 Jahre, 7 Monate und 15 Tage vergangen.«

Titus, der den Tempel hatte retten wollen, war jetzt ohne jede Nachsicht. Er ließ die Tempelpriester, die um ihr Leben baten, niederstechen mit der Begründung, von nun an existiere kein Tempel mehr, deshalb würden in Zukunft auch keine Tempelpriester mehr gebraucht werden.

Über den ganzen September des Jahres 70 n. Chr. hin hielt sich noch Widerstand in der Stadt. Den Mitgliedern des Revolutionsrates war während des Durcheinanders in der Brandnacht die Flucht zur Zitadelle gelungen, die Herodes hatte bauen lassen. Sie hofften zuletzt noch auf einen Verhandlungsfrieden. Doch Titus lehnte ab. Am 30. September fiel auch die Zitadelle.

Wieder war dem Revolutionsrat die Flucht gelungen. Bei Nacht hatten sie sich durch die alte Davidstadt geschlichen bis hinunter zum Teich Siloah. Sie sollen sich noch eine Zeitlang im Hezekiahtunnel verborgen haben.

Nun erfüllten sich alle Prophezeiungen von der Zerstörung des Tempels – auch die Voraussage, die Jesus geäußert hatte. Tatsächlich blieb vom Tempel kein Stein auf dem anderen. Titus wollte, daß nichts mehr an das Heiligtum der Juden erinnerte. Sein Meinungsumschwung war radikal. Doch nicht nur der Tempel sollte vernichtet werden, sondern auch die gesamte Stadt Jerusalem.

Ergebnisse der Ausgrabungen im jüdischen Viertel der Altstadt, die nach der Eroberung durch israelische Truppen im Jahr 1967 unternommen wurden, beweisen den Brand. 150 Meter westlich des Tempelbergs wurden die Reste eines Hauses entdeckt. Der Grundriß des Erdgeschosses ist erkennbar: Eingang, vier Zimmer, Küche und Baderaum. Einen Meter hohe Wände sind erhalten geblieben – so hoch waren die Räume mit Schutt angefüllt. Die Decke und die oberen Stockwerke waren beim Brand im Jahr 70 n. Chr. zusammengestürzt. Von den Balken ist nur Holzasche übriggeblieben. Die Münzen, die im Schutt gefunden wurden, tragen die vom Revolutionsrat verordnete Prägung der Jahreszahlen. Die bewegliche Ausstattung der Räume läßt sich feststellen: Marmortische, Mahlsteine, Gewürzmörser. Gewichte, Steinvasen, Duftflaschen, Krüge.

Der Name der Familie, die hier wohnte, ist bekannt. Ein Steingewicht trägt die Aufschrift »Bar Kathros«. Von der Familie Kathros ist bekannt, daß sie zur Zeit vor der Belagerung reich gewesen sein soll.

Ehe Titus die zerstörte Stadt verließ, hatte er angeordnet, die Anführer des Aufstands müßten unbedingt aufgespürt werden. Die Mitglieder des Revolutionsrates, die sich versteckt hatten, stellten sich nach und nach, weil sie einsahen, daß ihnen nirgends Zuflucht geboten wurde. Der Feldherr bestimmte, daß die Anstifter des Aufstands in Rom beim Triumphzug in Ketten mitgeführt werden sollen.

Auf dem Forum in Rom, vor dem Abhang des Palatinhügels, steht der Triumphbogen, der an den Ausgang des Krieges in Judäa erinnert. Ein Relief im Durchgang schildert den Triumphzug. Zu sehen sind die siegreichen Legionäre, die das Beutegut schleppen. Wichtige Gegenstände sind der siebenarmige Leuchter, die silbernen Trompeten und der »goldene Tisch der Schaubrote«. Nichts, was dem jüdischen Volk heilig war, entging der Plünderung. Titus, so wird berichtet, habe später den Vorhang aus dem Allerheiligsten, der nicht vom Feuer verzehrt worden war, als Beutestück in seinem Palast in Rom aufgehängt.

Ein Gegenstand aber fehlte im Beutegut, der dem jüdischen Volk in seiner Frühgeschichte überaus heilig war, und der einst zu Siegen verholfen hatte: die Bundeslade. Ihr Verschwinden ist bislang ein Rätsel. Die Suche nach der Lösung dieses Rätsels könnte politische Konsequenzen in der Gegenwart haben.

Das geheimnisvolle Schweigen um die Bundeslade

König Salomo hatte dem heiligen hölzernen Kasten, der einmal magische Kräfte besessen hatte, einen Platz im Tempel zuweisen lassen. Das Erste Buch Könige (8,1 ff.) berichtet darüber: »Die Priester stellten die Bundeslade des Herrn an ihren Platz in den hintersten Raum des Tempels, ins Allerheiligste. Sie stand dort fortan unter den Flügeln der Kerubim.« Die Präsenz der Bundeslade sicherte die Gültigkeit und den Fortbestand des Bundes mit Gott.

Kein Bibeltext informiert allerdings, daß der Bundeslade weitere Beachtung geschenkt worden wäre. Sie stand im Verborgenen und durfte überhaupt nur von den höchsten Priestern gesehen werden. Selbst dem König war der Zutritt ins Allerheiligste verwehrt.

Und doch bewahrt die jüdische Überlieferung den Bericht über einen Vorgang, der König Salomo in Verbindung bringt mit der Lade – und dazuhin in Gegenwart einer Frau.

Als die Königin von Saba Salomo besuchte, um seine Weisheit zu prüfen, stellte sie ihm Fragen und ließ ihn Rätsel lösen. Es gelang der Königin nicht, den König in Verlegenheit zu versetzen. Da brachte sie zwölf Männer zu Salomo und fragte ihn, ob er feststellen könne, welche der Männer beschnitten und welche unbeschnitten seien – ohne daß diese Männer die Kleider ablegten. Salomo ließ sich darauf ein. Er ging mit den zwölf Männern hinüber in den Tempel, und er nahm auch seinen Gast, die Königin von Saba, mit. Sobald die zwölf Männer die Bundeslade sahen, verbeugten sich sechs, die anderen sechs aber blieben aufrecht stehen. Salomo sprach: »Diejenigen, die sich verbeugt haben, sind beschnittene und gläubige Juden. Die anderen sind nicht beteiligt am Bund mit Gott.« Da mußte die Königin von Saba zugeben, daß Salomo in der Tat ein weiser König ist.

Nach dem Tod des Salomo stand die Bundeslade vierhundert Jahre lang im Dunkel – bis König Josiah, der den Tempel restaurieren ließ, die Lade und die darin bewahrten Gesetzestafeln entdeckte. Josiah sorgte dafür, daß der Bund mit Gott eingehalten wurde. Er gab den Priestern die Anweisung, die Bundeslade an dem für sie bestimmten Platz zu belassen: »Ihr braucht sie nicht herumzutragen.« (Zweites Buch Chronik 35,3) Diesen Worten ist zu entnehmen, daß sie bisher bei Prozessionen »herumgetragen« worden ist. Genau zu jener Zeit wirkte der Prophet Jeremia. Er sagte schlimme und gute Zeiten voraus. Letztlich aber werde der Tag anbrechen, an dem Jerusalem zum »Thron des Herrn« werde. Das jüdische Volk aber werde seinen »Erbbesitz« übernehmen, das Land, das Gott ihm versprochen habe.

Seltsames aber sagte dieser Prophet über die Bundeslade: »Sie wird niemand mehr in den Sinn kommen. Man wird nicht mehr an sie denken. Niemand wird die Bundeslade vermissen. Es wird auch keine neue Bundeslade mehr hergestellt werden.« (Jeremia 3,16) Der König und der Prophet haben sich abgestimmt, Josiah will, daß der Bund mit Gott Gültigkeit habe auch ohne Beachtung des hölzernen Kastens und der steinernen Gesetzestafeln. Jeremia will, daß die Lade völlig in Vergessenheit gerate. Der Wunsch des Propheten wird erfüllt. Von nun an bleibt die Bundeslade verborgen.

Die biblischen Texte sind ausführlich in der Aufzählung der Gegenstände, die durch die babylonischen Eroberer dem Tempel entwendet und an den Euphrat transportiert worden sind. Die Bundeslade befand sich offenbar nicht darunter. Sie fehlt auch in der Inventarliste des Esra, dem 150 Jahre nach der Plünderung des Heiligtums in Babylon die Tempelgegenstände zum Rücktransport ausgehändigt wurden.

Die Analyse der biblischen Texte und der Überlieferungen legen die Vermutung nahe, die Aufforderung des Königs Josiah, die Lade an dem für sie bestimmten Ort zu belassen, dürfe nicht nach dem Wortsinn interpretiert werden. Der sehr gläubige Herrscher hatte offensichtlich den Verlauf der Zukunft begriffen. Das jüdische Volk hatte sich gegen den Bund mit Gott vergangen – und es war Gottes Wille, daß es dafür von Gott bestraft werde. Diese Bestrafung wird die Zerstörung des Tempels zur Folge haben. Wahrscheinlich ist, daß Josiah aus dieser Erkenntnis die Konsequenz gezogen hat, daß die Bundeslade in Sicherheit gebracht werden müsse. In diesem Zusammenhang klingen die Worte des Propheten Jeremia verständlich und logisch: »Die Bundeslade wird niemand mehr in den Sinn kommen. Man wird nicht mehr an sie denken. Niemand wird die Bundeslade vermissen.« Jeremia bereitete mit diesen Worten die Gläubigen darauf vor, daß dieses wertvolle Zeugnis des Bundes mit Gott in Sicherheit gebracht wird.

Um das Jahr 1160 n. Chr. hat sich der damals renommierte jüdische Gelehrte Moses Maimonides Gedanken zu dieser Hypothese gemacht. Es war die Zeit, da die christlichen Kreuzritter das Gelände des einstigen Tempels in Jerusalem für ihre Zwecke beanspruchten. Seit 691 n. Chr. aber hatten die islamischen Kalifen die Souveränität über den Tempelberg besessen. Maimonides, ein anerkannter Fachmann für jüdisches Recht, war selbstverständlich der Meinung, der Platz auf dem der Tempel einst stand, müsse wieder Eigentum des jüdischen Glaubens werden.

Moses Maimonides war aufgrund seiner Studien zur Erkenntnis gekommen, es sei Salomo gewesen, der als erster Vorsorge für die Sicherheit der Bundeslade getroffen habe. Beim Bau des Tempels habe der weise Herrscher vorausgeahnt, daß die Vernichtung dieses Bauwerks im Verlauf der Zeit nicht aufzuhalten sei. Um die Bundeslade davor zu bewahren, in die Hand von Feinden zu fallen, habe Salomo ein sicheres Versteck bauen lassen. Moses Maimonides hat eine feste Vorstellung vom Versteck, das Salomo habe vorbereiten lassen: »Es besteht aus einem langen gewundenen Tunnelsystem, das tief unter der Tempelterrasse verläuft.«

Moses Maimonides war sicher, daß König Josiah, als die Gefahr für Jerusalem akut wurde, die Bundeslade an diesen von Salomo präparierten, sicheren Ort im Fels der Tempelterrasse, hat bringen lassen. Dort würde sie bis heute im Verborgenen stehen. Diese Überzeugung des Gelehrten aus dem 12. Jahrhundert wird von geistlichen Männern in unserer Zeit geteilt. In Jerusalem ist zu erfahren, daß es sogar glaubwürdige Personen gibt, die behaupten, sie hätten die Bundeslade in Realität gesehen.

»Das Versteck der Bundeslade darf nicht unter Aufsicht der Moslems bleiben!«

Rabbi Jehuda Getz war verantwortlich für sämtliche heiligen Stätten in Israel, ein würdiger alter Herr mit langem weißem Bart und nachdenklich blickenden Augen. Er ist ängstlich darauf bedacht, daß zentrale Geheimnisse seiner Entdeckung gewahrt bleiben. Der Rabbi weiß um die Brisanz einer möglichen Enthüllung: Der Konflikt zwischen Juden und Moslems um den Besitz des Tempelbergs würde hell aufbrennen.

Nach der Eroberung des Stadtgebiets um die Klagemauer im Juni 1967 begann der Geistliche mit der Erforschung der Geheimnisse des Tempelareals – zuerst in der Theorie durch Lektüre der Schriften des Moses Maimonides und anderer altjüdischer Bücher, dann aber durch Augenschein an Ort und Stelle.

Zusammen mit Rabbi Shlomo Goren und einer Gruppe von Studenten war Rabbi Jehuda Getz im Jahr 1981 auf der Suche nach einem bisher verborgenen Tempeleingang. Diesen Zugang zum salomonischen Tempel glaubten sie im Bereich der Klagemauer entdecken zu können. Sie fanden den Tempeleingang tatsächlich – und dahinter eine Halle. Wo sich diese Entdeckung befindet, bleibt das Geheimnis des Rabbi Jehuda Getz.

In dem Buch »Ready to Rebuild« (von Thomas Ice und Randall Price, Oregon 1992) schildert Rabbi Jehuda Getz sein Abenteuer:

»Ich habe gegraben direkt unter dem Tempelareal, nahe dem Ort, an dem sich einst das Allerheiligste befunden hatte. Ich bin der Meinung, daß die Bundeslade dort versteckt ist, zusammen mit anderen heiligen Objekten aus dem Tempel.« Rabbi Jehuda Getz läßt offen, ob er die Bundeslade wirklich entdeckt hat. Doch er will den Eindruck erwecken, daß er ein Wissender in dieser Angelegenheit sei. Er meinte: »Die Zeit ist noch nicht reif für eine derartige Enthüllung.« In der Tat hatte allein schon das Gerücht, im Tempelberg werde nach der Bundeslade gesucht, die Folge, daß sich die Palästinenser in Jerusalem zusammenrotteten. Der Rabbi erinnert sich, daß die Situation gefährlich wurde: »Die israelische Regierung hat aus Angst vor Unruhen von uns verlangt, daß wir die Grabungen einstellen.«

Der Rabbi hat sein Geheimnis für sich behalten, wo sich die Bundeslade genau befindet. Er hatte Sorge, Palästinenser würden sie stehlen, weil sie fürchten, dieses Beweisstück für die Richtigkeit der Bibeltexte würde den Anspruch der Juden auf den Tempelberg untermauern. Rabbi Jehuda Getz sieht die Zeit kommen, die reif sei für die Präsentation der Bundeslade als Symbol des Bundes zwischen Gott und dem jüdischen Volk. »Es wird der Messias sein, der die Bundeslade ans Licht bringt.«

Der Argwohn der palästinensischen Bewohner von Jerusalem war geweckt. Immer wieder stellten Bewohner der Häuser in der Nähe der Klagemauer fest, daß sie seltsame schürfende Geräusche hörten, daß die Hauswände Risse bekamen. Geräusche und Risse wurden als Anzeichen für die Fortsetzung der Suche nach der Bundeslade unter dem Felsendom gewertet. Diese Befürchtungen schienen sich im Herbst 1997 zu bestätigen: Ohne daß sie darauf durch Aufklärung des Sachverhalts vorbereitet wurden, mußten die arabischen Bewohner der Jerusalemer Altstadt zur Kenntnis nehmen, daß die Regierung Netanyahu über Nacht einen »archäologischen Tunnel« geöffnet hatte, dessen unterirdischer Verlauf im weitesten Sinne den Untergrund des Felsendoms berührte. Die israelische Regierung gab bekannt, der Gang stamme aus der Zeit des Makkabiaufstands. Die Palästinenser glaubten nicht daran. Sie erinnerten sich an Äußerungen kompetenter Rabbis, die gesagt hatten, das Versteck der Bundeslade dürfe nicht unter der Aufsicht der Moslems bleiben. Anlaß zu dieser Aussage bietet dieser Sachverhalt: Auch wenn das Tempelareal israelischer staatlicher Souveränität untersteht, ist eine islamische Aufsichtsbehörde für die Sicherheit zuständig. Diese Behörde kann sich als Treuhänder für den Tempelberg im Namen aller Moslems fühlen.

Der Protest der islamischen Palästinenser gegen die Öffnung des Tunnels im Bereich des Tempelbergs war begründet.

Aus Demonstrationen der Palästinenser entwickelten sich Gewalttaten in Jerusalem und in Ramallah. Doch diese Zusammenstöße hatten eine neue Dimension: Die Polizei der Palestinian National Authority war mit Kalaschnikow-Maschinenpistolen bewaffnet, und sie setzte diese Waffen auch ein. Als wieder Ruhe einkehrte waren 18 Israelis erschossen worden – die palästinensische Seite hatte 50 Tote zu beklagen.

Im Sommer des Jahres 2000 aber haben israelische Gläubige Grund, wütend zu sein über islamische Grabungen im Boden der Tempelterrasse. Die islamische Behörde, der die Aufsicht zusteht über die heiligen Stätten der Moslems, hatten eine Genehmigung erhalten, um einen Notausgang zu schaffen zum Verlassen der »Ställe des Salomo«, die sich in der Südostecke des Tempelareals befinden. Die Kreuzritter hatten die Gewölbe unter der Tempelterrasse mit Salomos Zeit in Verbindung gebracht. In Wahrheit sind sie entstanden als Fundament für die Erweiterung der Plattform für den herodianischen Tempel. Die Säulenreihen der Halle tragen den Boden der südöstlichen Tempelterrasse. Die Außenmauern sind Bestandteil der Umfassung des Areals, die Herodes hat anlegen lassen.

Auf die Idee, die weitläufige Halle als Pferdeställe zu nutzen, sind die Kreuzritter gekommen. Dann blieb der Raum über die Jahrhunderte leer und ohne Verwendung. Im Jahr 1994 fiel dem Architekten Issam Awad – der für die Pflege der Bauwerke rings um den Felsendom zuständig ist – ein, daß diese »Ställe des Salomo« Raum bieten könnten für betende Moslems. Der Architekt erinnert sich: »Der Gedanke, die ›Ställe‹ in eine Moschee zu verwandeln, reifte damals, weil die Verantwortlichen in Jerusalem der Meinung waren, die anbrechende Friedenszeit veranlasse viele Gläubige, den Felsendom und die Al-Aqsa-Moschee aufzusuchen. Die Verträge von Oslo waren kurz zuvor unterschrieben worden, und dann hatte König Hussein Frieden geschlossen. Wir waren voll Optimismus, die Leute aus Damaskus, Amman und Cairo würden die Heiligtümer des Islam in Jerusalem aufsuchen. Sie hatten ja nie nach Israel reisen dürfen. Künftig aber würde die Tempelterrasse ein Bestandteil des islamisch-arabischen Staates Palästina sein. Die Nutzung der Ställe – das war unsere Überlegung – könnte Platz schaffen für 3500 Betende.«

Issam Awad hatte keine schwierige Aufgabe zu bewältigen: Er mußte Schutt beseitigen lassen, den Bodenbelag erneuern und Lampen aufhängen. Als diese Arbeiten abgeschlossen waren, stellte der Architekt fest, daß der Zugang zu den unterirdischen Gewölben sehr eng war. Im Fall einer Notsituation hätten 3500 Menschen, die in Panik geraten, nie sicher evakuiert werden können. Awad stellte bei der zuständigen israelischen Baubehörde den Antrag auf Genehmigung der Schaffung eines Notausgangs.

Die Baubehörde war in einer schwierigen Situation: Sie hatte die Nutzung der »Ställe des Salomo« für 3500 Menschen erlaubt; sie konnte Maßnahmen zur Verbesserung der Sicherheit dieser Masse nicht verbieten. Genehmigt wurde ein Treppenhaus, das vom Nordende der Halle emporführt zur Tempelterrasse.

Sobald die Genehmigung eingetroffen war, begannen die Bauarbeiten in der Südostecke der Plattform. Bulldozer gruben sich in den

Boden. Lastwagen luden auf, was für die islamischen Arbeiter und Baumeister Schutt und Erde war. Der »Dreck« wurde hinuntergefahren ins Kidrontal und dort ausgekippt.

Spät bemerkten die israelischen Behörden, was auf der Tempelterrasse geschah. Nach ihrer Ansicht wurde der Boden in zerstörerischer Absicht umgewühlt, um Spuren zu vernichten, die dort noch aus der Zeit des jüdischen Heiligtums vorhanden sein mußten. Jon Seligman, der Chefarchäologe der Stadt Jerusalem protestierte: »Dies ist ein vorbedachter krimineller Akt. Schrecklicher Schaden wurde angerichtet. Archäologen hätten die Arbeiten überwachen müssen!«

Bei der Untersuchung des »Schutts« im Kidrontal fanden die israelischen Fachleute nur wenig Bemerkenswertes. Dennoch halten sie ihren Protest aufrecht: »An Ort und Stelle hätten uns auch diese wenigen Funde, bei wissenschaftlicher Auswertung, wichtige Schlüsse zur Geschichte des Tempelbergs geben können. Was die Palästinenser mit dem allen Juden heiligen Boden getrieben haben, ist der pure Vandalismus.«

Der Architekt Issam Awad muß sich vorwerfen lassen, ein »archäologischer Verbrecher« zu sein. Er verteidigt sich: »Es geht hier nicht um Archäologie, es geht darum, daß viele Israelis fürchten, wir würden Beweise vernichten, für die Rechtmäßigkeit ihres Anspruchs auf das Gebiet, auf dem einst ihr Tempel gestanden haben soll.«

Zweifel ist aus diesen Worten herauszuhören, ob auf dem Platz, auf dem heute der Felsendom zu sehen ist, jemals der Tempel Salomos stand. In der Tat sind einige der palästinensischen Verantwortlichen für die islamischen Heiligtümer in Jerusalem der Meinung, es existiere keine wahrhaft historisch nachweisbare Bindung des jüdischen Volkes an das Areal um den Felsendom. Sie drücken sich sehr präzise aus: »Der Tempel der Juden hat hier überhaupt nie existiert!« Die Konsequenz dieses Denkens ist, daß allein der Felsendom, das islamische Heiligtum, Anspruch darauf habe, die Verbindung zu Gott aufrechtzuerhalten.

Der Stein, der den Moslems heilig ist

Der Islam nahm den Bereich oberhalb der einstigen Davidstadt an einem Tag im Februar des Jahres 638 n. Chr. in Besitz. Jerusalem war eben durch islamische Reiterverbände zur Kapitulation gezwungen worden. Die Verwaltungsaufgaben, und damit auch die Unterzeichnung des Kapitulationsvertrags, wurde vom Patriarchen Sophronius wahrgenommen. Er regierte ein Gemeinwesen, an dem sowohl Persien als auch Byzanz jahrelang Interesse gehabt hatten und das jetzt vom islamischen Araberreich beansprucht wurde. Die Menschen in der Stadt waren meist christlich – nach byzantinischen Glaubensregeln. Die jüdischen Bewohner waren zwanzig Jahre zuvor durch persische Eroberer aus Jerusalem vertrieben worden.

An jenem Februartag des Jahres 638 trafen sich Kalif Omar und Patriarch Sophronius auf dem Ölberg. Sie blickten beide hinüber zur Stadt und zur Tempelterrasse, die damals eine öde, mit Gestrüpp bewachsene Fläche war. Seit nahezu 600 Jahren war das Gelände kaum bebaut worden. Zu römischer Zeit stand dort ein bescheidener Jupitertempel, der jedoch längst zerfallen war.

Der Kalif und der Patriarch ritten den Weg vom Ölberg herunter, durch den Garten Gethsemane und dann hinauf zum Osttor der Stadt. Der Kalif benutzte sein weißes Kamel, der Patriarch einen grauen Esel. Mit Absicht trug Omar einen geflickten, schäbigen Mantel. Sophronius war prächtiger gekleidet.

Mit dem schäbigen, langen Mantel verfolgte der Kalif offenbar einen Zweck. Sophronius bemerkte mit Erstaunen, daß der Kalif mit dem Mantelsaum den Staub des Bodens der Tempelterrasse zur Seite fegte. Er ging dabei ganz systematisch vor: In der Mitte der Tempelterrasse untersuchte er den Boden besonders gründlich.

Schließlich fand er, was er gesucht hatte: eine graue Felsplatte.

Der Patriarch kannte die Bedeutung dieses Felsens für den Moslem Omar nicht. Doch der Kalif berichtete, warum er unbedingt diesen Stein hatte finden wollen.

Diesen Sachverhalt erfuhr Patriarch Sophronius: Der Prophet Mohammed, der sechs Jahre vor jenem denkwürdigen Februartag gestorben war, hatte eine herzliche Beziehung zu Omar gepflegt. Ihm hatte der Gesandte Allahs erzählt, er sei in einer nächtlichen Reise auf wundersame Weise von seinem Reittier Buraq nach Jerusalem getragen worden. Was Omar davon wußte, ging weit über den Sachverhalt hinaus, den Mohammed in der Koransure 17 – sie trägt die Überschrift: »Die Nachtreise« – geoffenbart hatte. Der Anfang dieser Sure lautet: »Lob, Preis sei ihm, der seinen Diener zur Nachtreise vom heiligen Bethaus zu Mekka zum fernen Heiligtum von Jerusalem geführt hat. Diese Reise ist gesegnet.« Der Name Jerusalem wird nicht direkt erwähnt. Doch die Überzeugung gilt, mit dem »fernen Heiligtum« sei Jerusalem gemeint.

Der Kalif Omar erinnerte sich bei seiner Visite der ebenen Hochfläche, daß der Prophet genau an dieser Stelle vom Reittier Buraq gestiegen sei, und daß er es an der Mauer im Westen angebunden hatte. Omar hatte sich vorgenommen, auch diesen Platz zu erkunden. Vor allem aber fühlte er sich zu der Steinplatte hingezogen, denn auf ihr hatte sich in der Nacht der Reise Mohammeds Entscheidendes zugetragen.

Der Gesandte Allahs war zu jenem Felsen gekommen und hatte dort alle Propheten von Bedeutung, die vor ihm gelebt hatten, angetroffen. Mohammed erkannte Abraham, Mose, Jeremia, Jesaja – und er bemerkte Jesus. Sie waren alle von Allah angewiesen worden, Mohammed zu treffen. Als die Propheten beten wollten, war die Frage, wer der Vorbeter sein würde. Jesus, der letzte Verkünder der Wahrheit von Gott, der vor Mohammed gewirkt hatte, schlug vor, Mohammed, den Gott zur Verkündung der vollendeten Wahrheit entsandt hatte, müsse die Gebete sprechen.

Nach islamischer Überzeugung hat Jesus durch diese Entscheidung nicht nur die Hierarchie der Propheten festgelegt, sondern auch die von Mohammed verkündete Offenbarung über alle vorausgehenden Prophezeiungen gestellt. Jesus habe auf der Felsplatte von Jerusalem zugegeben, daß Mohammed der ganzen Welt die Offenbarung gebracht hat, die von nun an absolute Gültigkeit haben müsse. Fortan hätten die Glaubenslehren der Juden und Christen als Vorstufe der islamischen Heilsbotschaft zu gelten. Die Vollendung der Botschaft von Gott und die endgültige Verkündung der Gesetze Gottes sei durch Mohammed vollbracht worden.

Der Kalif Omar war überzeugt, daß diese Begegnung der Propheten mit dem Vollender der göttlichen Offenbarung auf der Felsplatte wirklich stattgefunden habe. Für ihn war es selbstverständlich, daß auch die Fortsetzung der Geschichte der Wahrheit entsprach: Mohammed stieg von der Felsplatte aus auf einer Lichtleiter in den Himmel. Dort wurde ihm vom Erzengel Gabriel das Buch Allahs gezeigt, in dem die göttliche Ordnung festgehalten ist. Mit dem Wissen um den Willen Gottes ist Mohammed wieder auf jenen Felsen und in die Gemeinschaft der Propheten zurückgekehrt.

Kalif Omar ließ sich auf dem Felsen, der von Allah ganz besonders geheiligt worden ist, zum Gebet nieder. Mohammed hatte oft davon gesprochen, daß ihm Jerusalem am Herzen liege – hatte er doch zu Beginn seiner Offenbarung die Gläubigen aufgefordert, ihr Gesicht beim Beten diesem Heiligtum zuzuwenden. Erst später wurde die Ka'aba in Mekka zum Bezugspunkt für die Betenden.

Dem Kalif Omar war es gelungen, diese geheiligte Stadt dem islamischen Staat, den Mohammed begründet hatte, anzugliedern. Daß in unmittelbarer Nähe des heiligen Felsens auf dem weitläufigen Areal eine Moschee gebaut werden mußte, war für den Kalifen selbstverständlich. Die Frage war nur, an welchem Platz das islamische Bethaus stehen sollte. Erzählt wird, ein zum Islam übergetretener Jude habe seinem neuen Herrn, dem Kalifen, vorgeschlagen, die Moschee im Norden des heiligen Felsens errichten zu lassen. Omar aber sei argwöhnisch gewesen: Er habe dem Rat eines Mannes nicht getraut, der innerhalb kurzer Zeit so gründlich seine Ansicht von Gott geändert habe. Omar sei deshalb skeptisch gewesen, weil er den Verdacht nicht unterdrücken konnte, dieser Mann, der bisher an den Bund des jüdischen Volkes mit Gott geglaubt habe, wolle das rechtgläubige Volk der Moslems dazu zwingen, beim Blick in Richtung Mekka das Grundstück des einstigen jüdischen Tempels im Auge zu haben. Omar beschloß, das Bethaus direkt über dem Felsen errichten zu lassen.

Der Felsendom entstand. Er wurde allerdings erst unter Kalif al-Malik im Jahre 691 fertiggestellt, also mehr als fünfzig Jahre nach dem Besuch des Kalifen Omar beim Felsen, den einst der Prophet Mohammed geheiligt hatte. Die meisten der Moslems, die mit Ehrfurcht den Felsen betrachten, schreiben den Bau dem populären Kalifen Omar zu. Sie nennen das heilige Gebäude »Omar-Moschee«.

Seit dem 7. Jahrhundert unserer Zeitrechnung umgibt der achteckige Bau mit seiner Kuppel den Fels als schützende Hülle. Golden strahlt diese Kuppel allerdings erst seit dem Jahr 1964. Damals hat König Hussein von Jordanien die Bleiplatten der Abdeckung durch vergoldete Aluminiumplatten ersetzen lassen.

Im Innern der Kuppel ist ein 240 Meter langes Schriftband zu erkennen. Auf ihm wird, in edler kalligraphischer Form, die 17. Koransure zitiert, deren erste Worte von der nächtlichen Reise des Propheten Mohammed berichten.

Der Fels in der islamischen Legende

Als Mohammed während seiner nächtlichen Reise den Fels zum erstenmal erblickte, soll er ausgerufen haben: »Salam Aleik Ya Sakhrat Allah« – »Friede sei mit dir, o Fels Allahs!« Dabei sei deutlich eine

Zunge am Fels sichtbar gewesen, die sich für die Worte der Begrüßung bewegt habe – und bis heute sind gläubige Männer und Frauen überzeugt, diese Zunge erkennen zu können.

Erzählt wird, daß sich der Stein, während der Prophet zum Himmel aufstieg, ebenfalls vom Boden abhob, um zum Himmel aufzusteigen. Doch der Erzengel Gabriel hinderte den Fels am Flug. Er packte ihn mit beiden Händen und drückte ihn auf seinen Platz zurück. Für Gläubige sind die Abdrücke von Gabriels Händen an den Seiten des Steins zu sehen

An der Holzbalustrade an einer Ecke des Felsens steht ein Türmchen, dessen Inhalt von manchen ganz besonders verehrt wird. Hier ist ein Abdruck des Fußes von Mohammed zu betrachten – und drei Haare vom Barte des Propheten. Die Haare waren ein Geschenk des osmanischen Sultans Ahmed I. an den Felsendom. Sie dürfen seit dem Jahr 1609 am siebten Tag des Fastenmonats Ramadan aus respektvollem Abstand betrachtet werden.

Welche Bedeutung die Felsplatte in der Vorstellung der Moslems besitzt, ist auch aus dieser Legende zu erkennen: Am Tag des Jüngsten Gerichts wird der Stein, der an der Außenwand der Ka'aba von Mekka verehrt wird, zum Stein des Felsendoms fliegen. Beide Steine werden sich zu einem zusammenfügen. Dabei werde der Stein des Felsendoms ausrufen: »Friede sei dem Stein, den Allah nach Jerusalem sendet, so wie Allah einst seinen Gesandten Mohammed nach Jerusalem zum Fels geschickt hat.«

Im Boden des Felsendoms soll sich ein Stein aus dem Paradies befinden. Gemäß der Überlieferung ist er nicht für jeden sichtbar. Diejenigen, die den Stein gesehen haben, berichten, es seien darauf neunzehn Löcher zu erkennen. Die Legende informiert, daß diese Löcher von neunzehn goldenen Nägeln stammen, die der Prophet Mohammed in den Stein aus dem Paradies getrieben habe zur Erinnerung an seinen nächtlichen Besuch. Mohammed sei dabei vom Erzengel Gabriel unterstützt worden. Mohammed habe zum Erzengel gesagt: »Wenn diese goldenen Nägel aus dem Stein des Paradieses entfernt werden, wird die Welt zerfallen und nichts von ihr wird bleiben. Deshalb achte auf diese Nägel!«

Bald nach dem Besuch des Propheten habe der Teufel erkannt, daß er durch diese Nägel im Stein aus dem Paradies die Chance besitze, die ganze Welt in ein Nichts zu verwandeln. Er gab sich Mühe, den Erzengel zu überlisten, und tatsächlich soll es ihm gelungen sein, nach und nach immer wieder einen der goldenen Nägel zu stehlen.

Beim Herausziehen des sechzehnten Nagels aber sei er vom Erzengel ewischt worden. Gabriel habe den Teufel geschlagen und vertrieben. So sei noch einmal verhindert worden, daß die Welt in die Hand des Teufels fiel.

Berichtet wird auch, es bestehe ein ganz vernünftiger Grund, warum der Stein aus dem Paradies so selten bemerkt wird: Er befinde sich gar nicht mehr im Boden des Felsendoms. Der osmanische Gouverneur Jamal Pasha habe ihn im Jahre 1916 an sich genommen. Seither sei der wertvolle Stein verschwunden.

Hartnäckig hielt sich im Verlauf der Jahrhunderte die Legende, die große Felsplatte unter der Kuppel des Felsendoms schwebe in der Luft; sie habe keine Verankerung am Boden. Zu bemerken ist, daß die Platte viele Tonnen wiegt – sie ist immerhin 17,7 Meter lang und 13,5 Meter breit bei einer Höhe zwischen zwei und drei Metern. Der islamische Geistliche und Rechtsgelehrte Mujir ed-Din – der bis heute als ehrenwerte Autorität gilt – hat im Jahr 1496 bestätigt, daß der Fels schwebe. Eineinhalb Jahrhunderte später bezeugt ein Reisender, daß die Bewohner von Jerusalem der Meinung sind, der Stein liege nirgends auf. Der Reisende selbst hat den Fels allerdings gar nicht gesehen. Er wußte jedoch Seltsames zu berichten: Schwangere Frauen würden Fehlgeburten erleiden, wenn sie den schwebenden Felsen gesehen hätten. Es sei deshalb eine Balustrade zur Umrandung errichtet worden, die verhindere, daß der Blick auf den unteren Teil des Steinblocks gerichtet werde. So könne niemand erkennen, daß er tatsächlich schwebe.

Wahrheit ist, daß sich unter dem Stein eine Höhle befindet, die durch wenige Stufen einer Steintreppe erreichbar ist. Erzählt wird noch in unserer Zeit, daß sich in dieser Höhle alljährlich am Tag, an dem Mohammeds nächtliche Reise stattgefunden hat, die Propheten einfinden, die sich damals zu Ehren Mohammeds hier versammelt hatten. Jeder Prophet habe einen festen Platz um zu beten – einen bevorzugten Platz aber nehme Mohammed ein, der letzte aller Propheten.

Die Gestalt des Felsendoms ist erhalten geblieben, wie sie vor dreizehnhundert Jahren erbaut worden ist. Umgestaltet aber wurde die Fassade – sogar mehrmals. Die ursprünglichen Fayencen im Omaijadenstil wurden im 16. Jahrhundert zur Regierungszeit von Sultan Suleiman dem Prächtigen durch Keramik der Osmanenepoche ersetzt. Seit dem Jahr 1964 befinden sich wieder Kacheln mit Stilelementen an der Fassade, die der Omaijadenzeit entsprechen.

Eine jüdische Legende begründet die Veränderungen der Fassade so: Der Felsendom verblaßt äußerlich im Lauf der Jahre – aus Trauer darüber, daß an seiner Stelle einst der Tempel in all seiner Pracht gestanden hat.

Der Fels in der jüdischen Legende

Der König Salomo, so wird berichtet, saß eines Tages auf dem Felsen und überlegte sich, ob der Tempel genau diesen Stein zum Mittelpunkt haben könne, da hörte er, wie sich zwei Vögel miteinander unterhielten. Salomo, der diese Sprache der Vögel beherrschte, verstand, was sie sprachen. Einer der Vögel fragte den anderen: »Wer ist denn dieser Mann, der da auf dem Felsen sitzt?« Er bekam diese Antwort: »Das ist der Mächtigste aller Könige. Sein Ruhm erfüllt die ganze Welt.« Da sprach der erste der Vögel wieder: »Ich glaube nicht, daß dieser Mensch mächtig ist. Wenn ich nur wollte, könnte ich ihn mit einem Flügelschlag umstoßen.« Der zweite Vogel meinte: »Wenn du derart stark bist, dann stoße ihn doch herunter vom Felsen!« Bis hierher hatte König Salomo mit steigendem Interesse zugehört. Jetzt winkte er den Vogel, der mit seiner Stärke geprahlt hatte zu sich und hielt ihm sein Gerede vor. Da erschrak der Vogel und entschuldigte sich für die Prahlerei. Salomo ließ ihn fliegen. Zu seinem Erstaunen hörte er, wie dieser Vogel – nach der Rückkehr zum anderen – laut verkündete, der Mann habe ihn dringend gebeten, ihm nichts anzutun. Nun wurde Salomo zornig. Er verwandelte beide Vögel in Steine. Ihre Abbilder sind am südlichen Eingang zum Felsendom zu erkennen.

Die jüdischen Legenden berichten, das islamische Heiligtum erweise der Erinnerung an den Tempel der Juden Respekt: Jedes Jahr würden in der Nacht des neunten Tages im jüdischen Monat Ab die Lampen und Lichter im Felsendom erlöschen – zur Erinnerung an den Brand und an die Zerstörung des Tempels. Trotz aller Bemühungen seien Lampen und Lichter in jener Nacht nicht mehr zu entzünden.

Der neunte Tag im Monat Ab – an ihm ging der Tempel in Flammen auf – ist ein Trauertag. Berichtet wird, in vergangenen Jahren sei es geschehen, daß am neunten Tag des Monats Ab, klagende Stimmen zur nächtlichen Stunde zu hören gewesen seien, die den Untergang des Tempels bejammert hätten. Furchtbar, schreckenerregend sei das Schreien und Weinen gewesen. In der ganzen Stadt habe man hören können, daß eine starke Stimme Worte des Propheten Jesaja rufe: »Erwache! Erwache! Erwache! Heilige Stadt! Erwache, wie in längst vergangenen Zeiten des Heils! Schmücke dich, o Jerusalem, mit deinen schönsten Kleidern! Erwache! Erwache! Erwache!«

Die Legende erzählt, eine Donnerstimme sei häufig zur Nachtzeit erklungen am neunten Tag des Monats Ab. Sie habe Schrecken erregt bei den arabischen Bewohnern der Stadt. Sie habe Drohungen ausgestoßen und die Aufforderung: »Verlaßt den Ort des heiligen Tempels, verfluchte Söhne des Ishmael!«

Diese Verfluchung macht es notwendig, die Geschichte der Söhne Ishmael etwas ausführlicher zu erzählen. »Die Söhne des Ishmael« – gemeint sind die Nachfahren des Mannes, der aus der Verbindung von Abraham und der Ägypterin Hagar hervorgegangen ist. »Abraham nannte seinen Sohn, den Hager ihm geboren hatte, Ishmael.« (Genesis 16,15) Diesem Sohn des Abraham war von Gott das Schicksal des Ausgestoßenen bestimmt: »Er wird leben, wie ein wilder Esel.« Seine Zukunft war, nach dem Willen Gottes, von Streit und Konflikt geprägt: »Seine Hand wird gegen alle sein, und die Hände aller werden gegen ihn sein.«

Das auferlegte Schicksal lenkte das Leben des Ishmael. Er ließ sich nicht einbeziehen in den Existenzrahmen der Sippen seines Halbbruders Isaak. Er trennte sich absichtlich von ihnen. Er ließ sich von seiner Mutter Hagar eine Ägypterin in sein Zelt holen. Er zeugte zwölf Söhne mit ihr. Sie gründeten ebenfalls Familien. Diese Sippen lebten als Nomaden in Randgebieten der Wüste – wie »wilde Esel«. Ihre Sitten waren wild und kriegerisch. Sie wurden mißachtet von den Nachfahren des Isaak, der doch ebenfalls ein Sohn des Abraham gewesen war. Verwandtschaftliche Gefühle gab es nicht. Feindschaft entwickelte sich. Sie ist die Urwurzel des Konflikts unserer Zeit. Auf dem Areal um den Felsendom entzündet sich der Streit. Die jüdischen Gläubigen sehen sich als Nachkommen des Isaak. Die Palästinenser, als Araber, respektieren Ishmael. Sie verstehen den Sinn des Rufs: »Verlaßt den Ort des Tempels, verfluchte Söhne des Ishmael!«

Die Getreuen vom Tempelberg

Wer die Söhne des Ishmael vertreiben will, der spürte am 7. Juni 1967 wie Hoffnung aufflammte, daß dieser Wunsch bald zu realisieren war. Über der Kuppel des Felsendoms flatterte die blau-weiße Fahne mit dem Davidstern. Die Kuppel war drei Jahre zuvor vergoldet worden und war Blickfang der Stadt. Über der strahlenden Goldkuppel entfaltete sich das Symbol des jüdischen Staates.

Die Fahne war von israelischen Soldaten gehißt worden, ohne daß ihnen Palästinenser in den Weg getreten waren. Die Verlierer des Junikriegs hatten ihr Heiligtum kampflos den Israelis überlassen. Viele – Israelis und Palästinenser – glaubten an jenem Tag, der Kampf »Felsendom gegen Tempel« sei zugunsten des jüdischen Heiligtums entschieden, der Tempel werde wieder entstehen über dem heiligen Stein – der Felsendom werde verschwinden. Doch Verteidigungsminister Moshe Dayan ließ Hoffnungen platzen und Befürchtungen schwinden: Auf seinen Befehl holten israelische Soldaten die blau-weiße Fahne mit dem Davidstern wieder ein. Mancher Palästinenser glaubte, seinen Augen nicht trauen zu dürfen, als das Symbol der jüdischen Herrschaft nicht mehr über der Goldkuppel wehte.

Doch schon einen Tag später bemerkten die Moslems erneut beunruhigende Zeichen: Ein Rabbi war mit einer Gruppe junger Thoraschüler dabei, das Areal um den Felsendom zu vermessen. Rabbi Shlomo Goren sagte auf Befragung, seit zwanzig Jahren habe kein Jude den Ort betreten dürfen, an dem sich einst der Tempel befunden habe. Jetzt aber sei Gelegenheit gegeben, die Angaben der Heiligen Schriften über die genaue Position des Tempels mit den örtlichen Gegebenheiten zu vergleichen. Islamische Gläubige sahen in den Vermessungsarbeiten des Rabbi Shlomo Goren Vorbereitungsmaßnahmen für die Wiedererrichtung des jüdischen Heiligtums. Wieder war es Verteidigungsminister Moshe Dayan, der die Sorgen und Ängste der Moslems verminderte. Er traf sich vor der Al-Aqsa-Moschee mit den Persönlichkeiten des »Höchsten Islamischen Rats« (Waqf), dem nach islamischer Auffassung die volle Souveränität über die islamischen Heiligtümer zusteht. Moshe Dayan bestätigte offiziell die Autorität des Waqf. Er beruhigte die islamischen Repräsentanten durch die Feststellung, Israel werde nie daran denken, die Rechte des Islam auf dem Tempelberg in irgendeiner Form anzutasten.

Moshe Dayan verlangte allerdings freien Zugang zum Tempelareal für alle Juden. Auf Drängen der Waqf-Repräsentanten versprach er, daß kein Jude auf dem Tempelberg beten oder andere religiöse Rituale ausführen werde.

Im Detail wurde festgelegt, kein Besucher des Tempelbergs dürfe einen Gebetsschal tragen oder eine Bibel bei sich haben. Verboten wurde das Mitbringen von Gebetbüchern – oder Büchern, die auch nur wie Gebetbücher aussehen. Die islamischen Tempelwächter wurden angewiesen, besonders die Psalmenbücher zu konfiszieren.

Am 17. August 1967, genau zwei Monate nach dem Treffen des israelischen Verteidigungsministers mit den Waqf-Persönlichkeiten, betete Rabbi Shlomo Goren mit einer Gruppe von Armeegeistlichen auf dem Tempelberg. Der Rabbi erläuterte zwischen den Gebeten den Armeegeistlichen, er wisse aufgrund seiner Vermessungen sehr genau, an welcher Stelle sich das Allerheiligste des Tempels befunden habe. Er verlangte für die jüdischen Gläubigen freien Zugang zum heiligen Areal – und er forderte offizielle Aufhebung des Verbots, Gottesdienste auf dem Tempelberg abzuhalten.

Während der zwei Monate seit der Einnahme des Tempelareals hatte sich die Vereinigung der »Getreuen des Tempelbergs« zusammengeschlossen. Unter Anleitung durch Rabbi Shlomo Goren entwickelten sie ein Programm zur Vorbereitung der Wiedererrichtung des jüdischen Tempels. Zu diesem Programm gehörte im Jahr 1969 die Anfechtung des legal noch immer bestehenden Verbots der jüdischen Gebete auf dem Tempelareal. Erlaubt waren Gebete nur an der Klagemauer. Die Anfechtung des Gebetsverbots durch die »Getreuen des Tempelbergs« vor hohen israelischen Gerichten blieb ohne Erfolg.

Rabbi Shlomo Goren ließ sich durch Gerichtsentscheidungen nicht davon abhalten, auf dem von ihm als heiliges Gebiet der Juden bezeichneten Platz zu beten. Er bekam nach und nach Unterstützung durch religiös orientierte Knessethabgeordnete. Das Resultat war, daß ein unteres Gericht in Jerusalem Jugendliche freisprach, die sich nicht an die Anordnungen der Regierung hielten. Sie waren von israelischer Polizei festgenommen worden, nachdem sie auf dem Tempelberg demonstrativ gebetet hatten.

Mit Hartnäckigkeit verfolgten die »Getreuen des Tempelbergs« ihr Ziel, auch nach beachtlichen Rückschlägen. Zehn Jahre nach Hissung und Einholung der israelischen Flagge war der Rechtsstreit um den freien Zugang für Juden zum Gebet auf dem Platz des einstigen

Tempels noch immer nicht entschieden: Die Entscheidung des unteren Gerichts war durch eine höhere Instanz aufgehoben worden. Aufgrund dieser Gerichtsentscheidung wurde am 17. August 1977 der Rabbiner Gershom Salomom durch israelische Polizei vom Tempelberg gewiesen, weil er den Versuch unternommen hatte, eine Gruppe von jungen Gläubigen zum Platz zu führen, auf dem, nach seiner Meinung, der Tempel des Salomo einst errichtet worden war.

Drei Jahre später scheiterte das Eindringen von 300 Mitgliedern der Gruppe »Gush Emunim«- der Block der Getreuen – an der Standfestigkeit israelischer Polizisten.
Am 11. April 1982 feuerte der israelische Soldat Alan Goodman auf den Felsendom. Nach seiner Verhaftung gab er an, seine Absicht sei die Vertreibung der Moslems von der heiligen Stätte gewesen. Der Ort, der den Juden heilig sei, müsse »befreit« werden. Alan Goodman, der aus den USA nach Israel eingewandert war, wurde als »mental instabil« bezeichnet.

Die Kette derartiger Ereignisse riß nie ab. Die »Getreuen vom Tempelberg« kämpften um das historische Recht der Juden; sie gingen davon aus, das Tempelareal sei von Gott für immer dem jüdischen Volk übergeben worden.
Immer, wenn Israel durch Militär oder Geheimdienst einen Erfolg erzielen konnte, steigerten sich die Aktionen der Getreuen.
Als im Januar 1985 bekannt wurde, der israelische Geheimdienst habe, zusammen mit der israelischen Luftwaffe, 3000 Juden aus Äthiopien heimgeholt, waren besonders viele Gläubige davon überzeugt, dieser Erfolg kündige die Ankunft des Messias und das Wiedererstehen des Tempels an.

Von Herbst 1989 an beginnen die »Getreuen vom Tempelberg« die israelischen Behörden dadurch zu irritieren, daß sie »Grundsteinlegungen« für den Wiederaufbau des Tempels durchzuführen versuchen. Die israelischen Behörden blieben bei ihrem Standpunkt, derartige Aktionen fielen unter das Gottesdienstverbot. Selbst als Rabbi Gershom Salomon in Gewändern die Grundsteinlegung durchführen wollte, die der biblischen Priesterkleidung glichen, wurde er vom Tempelareal abgedrängt.
In Gewalt artete der Versuch zur Grundsteinlegung am 8. Oktober 1990 aus. Siebzehn Palästinenser starben durch israelische Geschosse. Dieses blutige Ereignis hielt die »Getreuen vom Tempel-

berg« nicht davon ab, die Grundsteinlegung immer wieder zu versuchen.

Ihre Motivation gründet im festen Glauben, innerhalb eines übersehbaren Zeitraums – »in unserer Zeit also« – werde sich ereignen, was im Buch Jesaja (2,2-4) als Prophezeiung zu lesen ist:

»In der Folge der Tage wird es geschehen, daß der Berg des Tempels Gottes einen festen Grund bilden wird. Er wird erhoben sein über alle Hügel. Zu ihm strömen alle Völker. Dorthin pilgern viele Nationen und sie sprechen: ›Ziehen wir hinauf zum Berg Gottes, zum Tempel des Gottes, der sich Jakob geoffenbart hat. Er wird uns seine Wege lehren, und wir werden auf seinen Pfaden wandern. Vom Tempelberg wird dann das Gesetz ausgehen. Das Wort Gottes wird von Jerusalem aus verbreitet werden. Dann wird Gott richten zwischen den Völkern. Sie werden ihre Schwerter zu Pflugscharen umschmieden und ihre Speere zu Winzermessern. Kein Volk wird mehr das Schwert erheben gegen andere Völker. Niemand wird sich mehr auf Kriege vorbereiten.‹«

Der Tempel wird als Zentrum einer Welt gesehen, die sich dem Gesetz des Gottes beugt, der einen Bund mit dem jüdischen Volk geschlossen hat. Der Tempel ist damit Mittelpunkt der Heilsgeschichte, und damit vor allem der jüdischen Geschichte. Der wichtigste Aktivist der »Getreuen vom Tempelberg« schildert seinen Standpunkt:

»Ein jüdischer Staat, der nicht im Besitz des Tempelbergs ist, kann nicht existieren. Der Tempelberg ist die Basis seines nationalen, geistigen und moralischen Lebens. Das israelische Volk muß zurückfinden zum Bündnis mit Gott. Es hat eine biblische Mission zu erfüllen – und der Tempelberg ist das Fundament für diese biblische Mission, die eine geschichtliche Aufgabe darstellt. Die Erlösung nimmt vom Tempelberg ihren Ausgang, und sie wird von hier aus die ganze Welt erreichen. Aus diesem Grunde muß der Tempel wiedererstehen.«

Rabbi Nahman Kahane, das Haupt einer Tempelbewegung junger Menschen, formuliert seine Existenzbasis so: »Ein Leben ohne den Tempel ist kein wirkliches Leben.«

Nahman Kahane verkündet den Gläubigen, die Zeit sei reif für das Wiedererstehen des Tempels. Dieses Ereignis könne auf zwei Arten eintreffen: Entweder schwebe der Tempel auf wundersame Weise in vollem Glanz vom Himmel, oder er werde durch Menschenhand erbaut. Die zweite Art hält der Rabbi für wahrscheinlicher.

Die »Getreuen des Tempelbergs« sehen den Ablauf des Neubaus in verschiedenen Phasen. Die erste Stufe verlangt nach geistiger Vorbereitung. Die Grundlage dafür ist das Buch Ezechiel (40 ff.).

Diesem Prophet hat Gott – nach Ezechiels eigenem Bekenntnis – die architektonische Gestalt des künftigen Tempels geoffenbart. Ihm sei von Gott der Auftrag erteilt worden: »Du Menschensohn beschreibe dem Volk Israel den Tempel, seine Maße und seine Einrichtungen.« Präzise vorgeschrieben ist der Bauplatz: »Ganz oben auf dem Hügel Moriah soll er stehen, und das ganze Gebiet ringsum wird heilig sein.«

Die zweite Phase ist der Fertigung der Tempelgeräte vorbehalten. Ihre Zahl und Art richtet sich nach überlieferten Vorschriften. Sie wiederum orientieren sich an der Einrichtung der beiden früheren Tempel. Ausdrücklich wird betont, daß der technologische Fortschritt der Gegenwart in Betracht zu ziehen sei. Auch König Salomo habe einst die Tempeltore dem Fortschritt geöffnet. Als Beispiel wird genannt, daß Salomo den besten Erzgießer und Erzschmied aus der phönizischen Stadt Tyr beschäftigt habe. Tyr gehörte keineswegs zum Land der jüdischen Sippen. Dieser Hiram habe die damals modernste Technologie beherrscht. Er habe damals aufsehenerregende Tempeleinrichtungen geschaffen: Das »eherne Meer« und Gestelle auf Speichenrädern.

Die »Getreuen vom Tempelberg« sind durchaus der Meinung, in unserer Zeit müsse sogar der Computer im Tempelbereich zum Einsatz kommen. Auch für die Zukunft sei darauf zu achten, daß der Tempel dem technischen Fortschritt offenstehen müsse.

Die Geräte, die beim Gottesdienst im künftig neuerstehenden Tempel gebraucht werden, befinden sich bereits in Fertigung. Ihre Herstellung wird überwacht von Rabbinern des »Tempelinstituts« in Jerusalem. Begründer dieser Organisation ist Rabbi Israel Ariel. Er gehörte zu der Eliteeinheit, die im Junikrieg von 1967 den Befehl ausführte, zur Klagemauer durchzustoßen. Sein nächster Auftrag lautete, den Felsendom, das islamische Heiligtum, zu bewachen. Er hat diesen Auftrag befolgt, obgleich er schon damals, im Sommer 1967, der Meinung war, der Felsendom müsse dem Tempel weichen.

Das »Tempelinstitut« ist im jüdischen Viertel der Altstadt von Jerusalem zu finden. An der Türe steht – »in jüdischer Sprache« – »College für Tempelkunde«. Verantwortlich für die Verbreitung des Wissens vom alten und vom neuen Tempel ist Rabbi Israel Ariel. Er gehört zum hageren, asketischen Menschentyp. Graue Haare umschließen den ganzen Kopf und vor allem den Mund. Seine Lebensaufgabe sieht der Rabbi darin, dem israelischen Volk beizubringen, daß im Jahr 1967 – durch jenen Krieg, der die Klagemauer für Juden zugänglich gemacht hat – das jüdische Volk nur den Ansatz eines spirituellen Zentrums gewonnen hat, daß jedoch erst mit dem Bau des Tempels diese spirituelle Zentrum wirklich geschaffen werde. Damit dieses spirituelle Zentrum ordnungsgemäß seine Aufgabe erfülle könne, müßten die von Gott geforderten Tempelgeräte bereitstehen.

Daß sie bereits existieren, ist im Ausstellungsraum des Tempelinstituts zu sehen. Da wird die goldene Krone gezeigt, die den Kopf des künftigen Hohenpriesters krönen soll. Die Krone trägt die Aufschrift »Heilig dem Herrn«. Silberne Trompeten warten darauf, am Tag der Tempeleinweihung die Gläubigen zusammenzurufen. Drei Meter hoch ist die Menorah, der siebenarmige Leuchter. Er ist im Ausstellungsraum vorläufig nur als Modell zu sehen. Es entspricht genau der Gestalt des Leuchters, der auf dem Titusbogen als Beutegut des Jahres 70 n. Chr. dargestellt ist.

Rabbi Israel Ariel ist überzeugt, die »Erlaubnis für die Wiederherstellung des Tempels« werde bald gegeben. Die Frage, wer diese Erlaubnis ausstellen kann, ist für den Rabbi nicht wichtig, da Gott für sie sorgen wird. Von Gott gehen auch die Anordnungen zum Bau des Tempels aus – die »Getreuen vom Tempelberg« warten darauf. Sie wollen sich an das Vorbild halten, das ihre Vorfahren gegeben haben, und das im Buch Exodus (24,7) geschildert wird: »Mose nahm die Gesetzestafeln und las den Text dem Volk vor. Das Volk aber sprach: ›Alles was Gott angeordnet hat, wollen wir tun und befolgen!‹«

An die Zerstörung des Felsendoms denken die »Getreuen vom Tempelberg« nicht. In bildlichen Darstellungen ihrer Vision vom künftigen Tempel ist zu erkennen, daß sich das achteckige Gebäude mit der Goldkuppel in das Tempelareal einpassen läßt. Selbst Rabbi Shlomo Goren, der unmittelbar nach der Einnahme des Tempelbergs durch die israelische Armee mit der Vermessung des Areals begonnen hatte, um die Position der früheren Tempel zu erkunden, ist zur Erkenntnis gelangt, daß der Fels unter der Goldkuppel einst nicht zum Allerheiligsten gehört hat: »Ich habe mich unmittelbar nach dem Sechstagekrieg von 1967 um dieses Problem gekümmert. Die Moslems täuschen sich, wenn sie glauben, wir wollten ihren Felsendom wegnehmen. Ich bin hundertprozentig sicher, daß sich das Allerheiligste einst nicht im Bereich des Felsendoms befunden hat.« Die Konsequenz könnte sein, daß der Felsendom dem Tempel nicht zu weichen braucht.

Ein Hauch von Hoffnung auf friedliches Miteinander

Mit der Äußerung des Rabbi Shlomo Goren öffnen sich verblüffende Möglichkeiten für eine friedliche Lösung des Problems. Der neue Tempel der Juden findet Platz auf dem weitläufigen Tempelareal des Hügels Moriah, doch er wird den heiligen Bau der Moslems nicht berühren.

In der Jerusalemer Zeitschrift »Ariel« (Heft 43) veröffentlicht der Wissenschaftler Asher Kaufman im Jahr 1977 seine Erkenntnis, daß die Tempel des Salomo und des Herodes im Norden des Tempelareals errichtet worden sind. Betrachtungen an Ort und Stelle haben das Interesse des Wissenschaftlers auf einen kleinen Kuppelbau gelenkt, der einhundert Meter nördlich des Felsendoms steht. Der unscheinbare Bau besteht aus einer Kuppel, die auf acht Säulen ruht. Seitenwände besitzt der Kuppelbau nicht. Sein Sinn besteht offenbar darin, ein Dach zu bilden, für das, was sich im Boden befindet.

Der Boden besteht aus dem bearbeiteten Stück eines Felsens, der Stein besteht aus demselben Material wie die Felsplatte unter der Goldkuppel. Nirgends sonst als eben unter der Goldkuppel und der schlichten Kuppel des kleinen Gebäudes ist der felsige Boden des Hügels Moriah sichtbar. Das Hügelareal ist sonst mit Steinplatten gepflastert.

Asher Kaufman stellt die Theorie auf, diese kleinere Steinplatte sei im Tempel der Platz gewesen, auf dem die Bundeslade gestanden hätte. Die Platte war dadurch, daß sie eine ebene Fläche bildete, dafür geeignet.

In diesem Zusammenhang erhält die Legende wirklich Sinn, die berichtet, ein zum Islam übergetretener Jude habe den Kalifen Omar veranlassen wollen, die Moschee zur Erinnerung an die nächtliche Jerusalemreise des Propheten Mohammed im Norden der großen Felsplatte errichten zu lassen, gerade dort, wo sich der kleine Felsen befindet. Erzählt wird, der Kalif Omar sei argwöhnisch geworden; er habe den Vorschlag verworfen. Der konvertierte Jude wollte also tatsächlich den Felsendom an die Stelle des Tempels setzen lassen. Der Kalif Omar, der dieselbe Absicht hatte, jedoch dem einstigen Juden mißtraute, sorgte unfreiwillig dafür, daß das islamische Heiligtum nicht auf dem Tempelgrundstück errichtet wurde.

Dieser glückliche Umstand könnte eine Verständigung ermöglichen. Voraussetzung ist eine Verhandlungslösung, die ein nebeneinander von Juden und Moslems regelt. Die Rechte müßten genau abgesteckt werden.

Doch der Hauch der Hoffnung ist noch sehr schwach entwickelt. Viele der jüdischen Bürger Israels sind der Meinung, allein die Präsenz eines islamischen Bethauses auf dem Tempelberg entweihe dieses heilige Gebäude – der Felsendom und die Moschee Al-Aqsa müßten vom Hügel Moriah entfernt werden.

Rabbi Israel Ariel, der Begründer des Tempelinstituts, lehnt den Gedanken an ein Nebeneinander völlig ab. Er bestreitet die Rechte der Palästinenser auf Teile der Stadt Jerusalem. Er verlangt sogar die Ausdehnung des jüdischen Landes auf alle Gebiete, die Gott einst Abraham versprochen hat.

Wem hat Gott das Land gegeben?

Rabbi Israel Ariel hat einen »Atlas des Landes Israel« erarbeitet – wie der Untertitel besagt, »gemäß den Quellen«. Der Rabbi stellt darin fest, daß dem Volk Israel das Territorium zwischen dem Suezkanal und dem Persischen Golf, zwischen Nordsyrien und der Südspitze der Arabischen Halbinsel zustehe. Zum Gebiet, das Gott ausdrücklich an Abraham vergeben habe, gehörten Landstriche der heutigen Staaten Ägypten, Syrien, Irak, Jordanien, Libanon und Saudi-Arabien. Rabbi Israel Ariel argumentiert, dieses Territorium werde vom jüdischen Volk tatsächlich gebraucht, denn wenn erst der Tempel erbaut sei, würde das jüdische Volk aus der ganzen Welt zurückkehren, um endlich im »verheißenen Land« zu leben.

Daß das Bündnis Gottes mit dem jüdischen Volk indessen längst aufgehoben sei, und daß Gott das Geschenk des Landes selbst rückgängig gemacht habe, davon sind die Moslems in ihrer Mehrheit überzeugt. Sie beziehen sich auf die fünfte Sure des Koran, und besonders auf diesen Text:

»Allah hatte früher ein Bündnis mit den Kindern Israels geschlossen. Und Allah hatte damals gesprochen: ›Ich werde mit euch sein, wenn ihr das Gebet verrichtet, Almosen gebt und wenn ihr an meinen Gesandten glaubt. Dann will ich euch in wasserreiche Gärten führen. Wer aber von euch im Unglauben verharrt, der irrt vom rechten Weg ab. Die Kinder Israels aber haben das Bündnis mit Gott gebrochen, und deshalb haben wir sie verflucht.‹«

Das Urteil, das im Koran über die Kinder Israels zu finden ist, beeinflußt das Denken vieler Moslems bis heute. Ebenfalls in der fünften Koransure ist dieses Urteil zu finden: »Laßt nicht nach, ihre Betrügereien aufzudecken. Betrüger sind sie bis auf wenige.«

Berichtet werden in derselben Sure die Erfahrungen, die Mose mit dem jüdischen Volk gemacht habe. Er habe ihnen, im Namen Gottes, den Besitz des Heiligen Landes versprochen – »Allah hat es dir bestimmt«. Unter einer Bedingung: Das Volk dürfe sich nicht von Allah abwenden. Doch es habe sich an diese Vorschrift nicht gehalten. »Ihre Hände werden gebunden sein am Tag des Jüngsten Gerichts. Sie werden vor Allah treten mit Händen, die an den Hals gefesselt sind und sie werden verflucht sein.«

Da der Koran heute mehr Richtschnur ist für Gedanken und Verhalten der Moslems, als jemals zuvor, ist die Hoffnung gering, daß diese Worte vergessen werden.

»*Jerusalem Covenant*«

Die englische Bezeichnung »Jerusalem Covenant« ist mit Absicht gewählt. Sie soll im Unterbewußtsein erinnern an den Begriff »Arc of Covenant«, der mit »Die Lade des Bundes mit Gott« übersetzt wird. So, wie die Bundeslade bis zur heutigen Zeit sich zum Symbol entwickelt hat für den Bund des jüdischen Volkes mit Gott, der diesem Volk das Land im weiten Kreis um Jerusalem versprochen hat, so soll der Begriff »Jerusalem Covenant« ein Symbol sein für die enge Verbindung des palästinensischen Volkes zur Heiligen Stadt. Die treffendste deutsche Übersetzung für »Jerusalem Covenant« heißt »Jerusalem-Gelöbnis«.

Das »Jerusalem-Gelöbnis« ist ein Dokument, das Mitte Juni des Jahres 2000 vom Höchsten Islamischen Rat in Jerusalem erarbeitet und veröffentlicht worden ist. Der Kernsatz des Dokuments lautet: »Der Islam verbietet, daß auch nur ein Zentimeter des Gebiets von Ostjerusalem an Israel überlassen wird.«

Dieses Verbot hat die Qualität einer »fatwa«, einer absolut gültigen und bindenden Anweisung an die islamischen Gläubigen. Kein Moslem darf es wagen, diese Glaubensvorschrift zu mißachten.

Der Begriff »Covenant« ruft ein anderes Gelöbnis in das Gedächtnis gläubiger Moslems zurück, das in heutiger Zeit ebenfalls mit einem englischen Begriff umrissen wird: »The Covenant of Omar«. Gemeint ist der Kalif Omar, der im Jahr 638 n. Chr., nach der Einnahme von Jerusalem gelobt hat, die Rechte der Christen und Juden in der Stadt zu respektieren. »The Covenant of Omar« ist für die islamische Welt bis heute ein Zeugnis dafür, daß die Religion, die der Prophet Mohammed verkündet hat, von Toleranz geprägt ist.

Die Verbindung zwischen den beiden Gelöbnissen ist zu erkennen. Der Kalif Omar hatte sich, so wird berichtet, bei seinem Aufenthalt in Jerusalem, an die Nachtreise des Gesandten Allahs erinnert, der sich von der Felsplatte der Tempelterrasse in den Himmel erhoben hat. Der Kalif Omar hat, zur Erinnerung an dieses denkwürdige Ereignis Befehl gegeben zum Bau des Felsendoms – der heute im Zentrum des Konflikts steht.

Die Autoren des Gelöbnisses »Jerusalem Covenant« haben diese Assoziationen beabsichtigt – auch den Anklang an »Covenant« des jüdischen Volkes mit seinem Gott. Die Verfasser des islamischen Gelöbnisses sind hohe Geistliche, die bewandert sind in den Glaubenswelten der Juden und der Christen. Die Persönlichkeiten des Höchsten Islamischen Rats treffen sich seit 1967 unter dem Vorsitz des Großmufti von Jerusalem. Der Rat wurde gegründet unmittelbar nach der israelischen Besetzung von Ostjerusalem. Seine Mitglieder stellen sich die Aufgabe, die Interessen der palästinensischen Moslems gegenüber der israelischen Besatzungsmacht zu vertreten. Der Höchste Islamische Rat entstand in Erinnerung an eine ähnliche Institution, die Haj Amin al-Husseini, der einstige Großmufti von Jerusalem, während der britischen Mandatszeit gegründet hatte.

Die islamischen Geistlichen, die sich Mitte des Jahres 2000 trafen, sahen als Grundlage des Gelöbnisses islamische Rechtsvorschriften aus der Zeit der Kalifen, die eindeutig die Abgabe von Grundstücken an Nichtmoslems verbieten. Bemerkenswert ist die Übereinstimmung zur Rechtslehre des Maimonides, die dem jüdischen Volk die Weitergabe von Grund und Boden an Nichtjuden untersagt.

Der Höchste Islamische Rat unterläßt es, generelle Rechtsvorschriften zu verfügen. Das Gelöbnis für Jerusalem betrifft allein den

Ostteil dieser Stadt – nur von dessen Gebiet dürfe kein Zentimeter an Israel abgegeben werden. Das Dokument »Jerusalem Covenant« behindert nicht einen möglichen Austausch von Gebieten im Rahmen der Suche nach einer friedlichen Lösung des Konflikts zwischen Israel und der Palästinensischen Autonomieverwaltung.

Das Dokument »Jerusalem Covenant« paßt deshalb in Arafats Konzept. Dies bestätigt Feisal Husseini, der Vertreter der Autonomieverwaltung in Jerusalem. Er ist, genau wie Jassir Arafat, ein Verwandter des einstigen Großmuftis Haj Amin al-Husseini.

Zum Bedauern von Feisal Husseini und des Höchsten Islamischen Rats wurde die Verkündung des Dokuments »Jerusalem Covenant« kaum beachtet. Ein anderes Ereignis überschattete die Veröffentlichung: Die israelische Armee sah sich veranlaßt, den Libanon zu verlassen. Die Weltöffentlichkeit registrierte mit Erstaunen, daß die Israel Defence Force ohne Plan und ohne Koordination im Eiltempo den Südlibanon räumte.

»Die Armee soll sich darauf einrichten, lange im Libanon zu bleiben«

Professor Na'Emani, ein Mitarbeiter von Menachem Begin – der damals israelischer Ministerpräsident war, hat diese Aufforderung an die israelischen Militärplaner gerichtet. Damals, im Sommer des Jahres 1982, sah die Mehrheit der Israelis die dauerhafte Besetzung des Südlibanon als notwendige Maßnahme an, die zwei Vorteile bringe. Die Verlegung der Staatsgrenze nach Norden bis zum Litanifluß würde der Gefahr, von Raketen der islamischen Kampforganisation Hizb'Allah beschossen zu werden, vom dichtbesiedelten Gebiet zwischen Naharriyah und Rosh Pina abwenden.

Der wichtigere Vorteil aber wird durch den Blick auf die Landkarte deutlich.

Israel erstreckt sich im Norden bis ins Quellgebiet des Jordan – jedoch nur in einem Streifen von weniger als zehn Kilometer Breite. Westlich dieses Streifens gehört das Land dem Libanon. Die wichtigste Stadt ist Tyr; sie war zu biblischer Zeit Festung und Handelsplatz der Phönizier. Tyr liegt südlich des Litaniflusses, der das libanesische Bekaatal durchzieht. Der Litani ändert bei der Kreuzfahrerburg Beaufort seine Richtung, um nach Westen zum Mittelmeer zu fließen. Der Flußknick liegt genau im Bereich des nördlichsten israelischen Grenzpunkts. Der Blick auf die Landkarte kann tatsächlich dazu verleiten, den Verlauf des Litaniflusses in der Ost-West-Richtung als natürliche Nordgrenze Israels zu sehen. Die Verlegung der Nordgrenze würde Israel zum Anrainer des Litani machen – und damit zum berechtigten Mitbenutzer des Wassers. Dem Libanon ist oft genug von israelischer Seite der Vorwurf gemacht worden, das Litaniwasser fließe ungenutzt ins Mittelmeer.

Eine Eingliederung der Region von Tyr in das jüdische Siedlungsgebiet ist schon von Josua geplant gewesen. Im Buch Josua (19,29) wird berichtet, »die feste Stadt Tyr« sei in Gottes Ordnung dem Stamm Asher zugewiesen worden. Doch Tyr habe sich gegen den Verlust der Unabhängigkeit mit Erfolg gewehrt.

In seinem Tagebuch notierte David Ben Gurion am 21. Mai 1948 – also eine Woche nach der Gründung des Staates Israel: »Die Südgrenze des Libanon sollte der Litanifluß sein.« Damit brachte David Ben Gurion zum Ausdruck, daß dieser Fluß die Nordgrenze Israels sein werde.

Doch die israelische Grenze konnte nach der Staatsgründung nicht einfach nach Norden verschoben werden. Israel wurde Mitglied der Vereinten Nationen – seine Regierung mußte den Eindruck erwecken, sie halte sich an die, von der Völkergemeinschaft festgelegten internationalen Regeln der Politik. Es war Moshe Dayan, der die Idee hatte, wie die Annektion des Südlibanon anzupacken sei, ohne den Zorn der Völkergemeinschaft zu erregen.

Am 16. Juni 1955 schreibt der Politiker Moshe Sharett in sein Tagebuch: »Moshe Dayan hat einen Plan entwickelt zur Lösung des Libanonproblems. Dayan meint, wir müßten einen libanesischen Offizier finden, der nicht höher im Rang zu sein braucht als Major. Durch Geld werden wir ihn dazu bringen, sich als Retter der Maroniten im Libanon zu präsentieren. Der Major muß selbst Maronit sein, und er muß überzeugend darstellen können, in welcher Gefahr sich die Maroniten befinden, die von den Moslems bedroht werden. Der Major bittet Israel um Hilfe. Wir marschieren in den Libanon ein, um den Retter der Maroniten zu unterstützen. Bei dieser Gelegenheit wird das Gebiet südlich des Litaniflusses völlig in den israelischen Staat eingegliedert.«

Wenige Tage später notiert Moshe Sharett, der Generalstab der Israel Defence Force sei mit Dayans Vorstellung einverstanden, einen libanesischen, maronitischen Offizier »zu kaufen«. Der Offizier müsse dazu gebracht werden, an Israel einen Hilferuf zu richten, dem Israel Defence Force dann folge.

Damit hatte Moshe Dayan das Szenario festgelegt, das 27 Jahre später von Ariel Sharon in die Realität umgesetzt wurde. Während des vergangenen Vierteljahrhunderts war nach und nach ein Bündnis gewachsen zwischen Israel und den politischen und paramilitärischen Organisationen der Maroniten im Libanon. Das gemeinsame Ziel war die Vertreibung der Palästinensischen Befreiungsbewegung, die sich im südlichen Libanon und vor allem im islamischen Teil von Beirut eingenistet hatte. Die PLO spielte »Palästinensischen Staat auf libanesischem Gebiet.« Jassir Arafats Kampfverbände waren zwar wenig effektiv bei militärischen Aktionen gegen Israel, doch sie bedrohten die Herrschaft der führenden maronitischen Familien im Libanon. Beshir Gemayel, der jugendliche Anführer der Maronitenmiliz »Forces Libanaises«, plante – zusammen mit dem israelischen Verteidigungsminister Ariel Sharon – die Vernichtung der PLO-Hauptquartiere in Beirut, die Zerstörung der Palästinenserorganisation im Libanon, die Vertreibung von rund 300 000 Palästinensern aus den libanesischen Flüchtlingslagern.

Diese ehrgeizigen Ziele konnten nur durch eine großangelegte militärische Aktion erreicht werden: Die Israel Defence Force mußte bis Beirut vorrücken, bis zur Grenze der maronitischen Gebiete. Diese Absicht hielten die beiden Partner Ariel Sharon und Beshir Gemayel allerdings geheim. Nicht einmal Ministerpräsident Menachem Begin wurde über das eigentliche Kriegsziel informiert.

Auch den amerikanischen Außenminister Alexander Haig weihte Ariel Sharon nicht in vollem Umfang in seine Pläne ein, im Libanon eine Situation zu schaffen, die israelischen Interessen entsprach. Alexander Haig erfuhr im Frühjahr 1982 nur, die Israel Defence Force werde 40 Kilometer weit nach Norden vorrücken, um die Raketenbatterien der Palästinensischen Befreiungsorganisation zu vernichten, die das israelische Gebiet um Kirjat Shmona bedrohten.

Diesem Kampfziel hatte Alexander Haig zugestimmt, in der Hoffnung, er könne damit die Sympathie der jüdischen Bevölkerung in den USA gewinnen. Haig wollte amerikanischer Präsident werden – diese Absicht war nur mit Hilfe jüdischer Wählerstimmen zu realisieren. Haigs Vorstellung war, daß er sich am Ende des Konflikts als der amerikanische Politiker präsentieren konnte, der dem Norden Israels Sicherheit vor palästinensischen Raketen zu bieten vermochte.

Am 6. Juli 1982 begann die Offensive der Israel Defence Force. Der Panzerstoß wurde vorbereitet durch heftige Artillerieschläge gegen die Stadt Tyr. Sie richteten beachtliche Schäden an. Nach Zerstörung der PLO-Stellungen durch Luftangriffe setzte die Flucht der Kämpfer in Richtung Norden ein. Ohne in heftige Kämpfe verwickelt zu werden, stießen die israelischen Panzer zum Litanifluß vor. Das publizierte Kriegsziel war schon nach wenigen Stunden erreicht: Keine palästinensische Raketenbatterie war noch in der Lage, den nördlichen Landstreifen des Staates Israel zu beschießen. Städte und Siedlungen von Galiläa konnten künftig sicher sein. Die Offensive hatte die Bezeichnung erhalten »Frieden für Galiläa«. Sie war dieser Bezeichnung gerecht geworden.

Zur Überraschung von Alexander Haig wurde der israelische Vormarsch nun nicht gestoppt. Die Artillerie der Israel Defence Force beschoß die Stadt Saida. Die israelische Luftwaffe griff Stellungen der PLO in der Küstenstadt Damour an. Die Panzerverbände rollten weiter – in Richtung Beirut.

Schließlich wurde die libanesische Hauptstadt belagert. Die Artillerie der Israel Defence Force feuerte Geschosse großen Kalibers auf die islamischen Stadtteile Westbeiruts. Ein Gebäude nach dem anderen wurde zur Ruine. Trümmer blockierten die Straßen. Zusammenstürzende Häuser begruben die Bewohner, die in den Erdgeschossen Zuflucht gesucht hatten. Nach offiziellen libanesischen Schätzungen starben während der ersten zwei Wochen des Kampfes um Beirut 14 000 Libanesen und Palästinenser – meist Zivilisten durch israelische Granaten und Raketen.

Versuche der Israel Defence Force die belagerte Stadt zu erobern, schlugen fehl. Bei diesen Angriffen erlitten nun die israelischen Streitkräfte hohe Verluste durch palästinensisches Abwehrfeuer. Die Fehlschläge veranlaßten die Israel Defence Force zu verstärktem Bombardement der islamischen Stadtviertel. Die Folge war, daß die Fernsehstationen der Welt Tag für Tag Bilder auszustrahlen hatten, die Israels Image, es führe Kriege auf halbwegs faire Weise, ruinierten. Da waren Einschläge von Geschossen in Wohnhäusern zu sehen; da wurden zerfetzte Leichen und verwundete Frauen und Kinder gezeigt. In den Vereinigten Staaten von Amerika entstand Unmut gegen Menachem Begin und Ariel Sharon, die ganz offensichtlich einen besonders brutalen Krieg führten. Präsident Ronald Reagan ließ sich telefonisch mit dem israelischen Ministerpräsidenten verbinden, um seine Enttäuschung zum Ausdruck zu bringen über Israels Vernichtungskrieg gegen die Libanesen.

Inzwischen war bekanntgeworden, daß der amerikanische Außenminister in die Planung dieses Krieges verwickelt war. Der Eindruck entstand, die USA seien Israels Partner in diesem Konflikt. Außenminister Alexander Haig mußte zugeben, Ariel Sharon grünes Licht für den Angriff gegen den Libanon gegeben zu haben. Ende Juni 1982 war Haigs Ansehen derart erschüttert, daß er zurücktreten mußte. Sein Plan, amerikanischer Präsident zu werden, war gescheitert.

Mitte August 1982 sah Jassir Arafat ein, daß die Präsenz der PLO in Beirut den Libanesen bereits zu hohe Opfer abverlangt hatte. Durch Verhandlungen gelang es ihm, ein von den USA garantiertes Abkommen zu erreichen, das ihm und seinen Verbänden freien Abzug gestattete. Die PLO verließ noch im August den Libanon.

Israel hielt nun eine Hälfte des Staates Libanon besetzt. Begin und Sharon waren der Meinung, ihr Ziel erreicht zu haben. Die Armee richtete sich tatsächlich darauf ein, für lange Zeit im Libanon zu bleiben. Die Zeit war reif dafür, die israelische Nordgrenze bis zum Litanifluß zu verschieben.

Die Israelis halfen den Lebanese Forces die nördliche Hälfte des Libanon in ihrem Sinne zu organisieren. Dazu gehörte die Vertreibung der Palästinenser aus dem Lebensbereich der Maroniten. Die Palästinenser sollten veranlaßt werden, die Lager bei Beirut zu verlassen.

Um diesen Vorgang zu beschleunigen, überfielen am Abend des 16. September 1982 Milizionäre der Lebanese Forces die Beiruter Flüchtlingslager Sabra und Shatila. Sie ermordeten die Bewohner.

Es war nicht zu verheimlichen, daß dieses Massaker mit Einverständnis von Ariel Sharon geschehen war. Die Konsequenz: Ariel Sharon konnte nicht länger Verteidigungsminister Israels bleiben. Ministerpräsident Menachem Begin besaß nur noch ein geschmälertes Ansehen. Begin litt unter dem Prestigeverlust, den Israel unter seiner Regierung erlitten hatte. Als seine Frau im November 1983 starb, trat er als gebrochener Mann zurück.

Zwei Monate zuvor hatte sich Begin veranlaßt gesehen, die Truppen der Israel Defence Force von der Linie südlich von Beirut zum Awalifluß zurückzuverlegen. Begin hatte sich internationalem Druck beugen müssen. Der Anteil, den Israel vom Staatsgebiet des Libanon im Griff hielt, reduzierte sich.

Der Fluß Awali strömt 40 Kilometer nördlich des Litani von Ost nach West ins Meer. Seine Mündung befindet sich in der Nähe der Stadt Saida, die einst ein bedeutendes phönizisches Handelszentrum gewesen war. Saida gehörte nun zum israelischen Einflußgebiet. Yitzhak Shamir, Begins Nachfolger im Amt des israelischen Ministerpräsidenten, war entschlossen, die Awalilinie zu halten.

Ein Major als Strohmann:
Dayans Wunsch geht in Erfüllung

27 Jahre zuvor hatte Moshe Sharett in sein Tagebuch geschrieben: »Dayan meint, wir müßten einen libanesischen Offizier finden, der nicht höher im Rang zu sein braucht als Major. Durch Geld werden wir ihn dazu bringen, sich als Retter der Maroniten im Libanon zu präsentieren.« Dieser Major war im September 1983 gefunden. Sein Name: Sa'ad Haddad.

Ihm wurde die Aufgabe übertragen, die »Südlibanesische Armee« (SLA) aufzubauen, die hauptsächlich aus libanesischen Christen zu rekrutieren war. Die SLA hatte für »Ordnung« im Bereich südlich des Awaliflusses zu sorgen. Dem Major standen 2500 Mann zur Verfügung – Soldaten, die sich aus der kaum noch existierenden Libanesischen Armee verabschiedet hatten. Für diese SLA gab der israelische Staat im Monat mehr als fünf Millionen Dollar aus.

Der Grund für die Aufstellung der SLA war in den israelischen Verlustzahlen zu sehen. Innerhalb weniger Monate hatte die Israel Defence Force im südlichen Libanon 600 Soldaten verloren. Sie waren bei Attentaten und Überfällen getötet worden. Palästinenser und Libanesen waren die Täter, die sich als Freiheitskämpfer fühlten. Ihr Land war besetzt und befand sich in Gefahr, annektiert zu werden. Dagegen wehrten sie sich. Zur Bekämpfung dieser Freiheitskämpfer wurde künftig die SLA eingesetzt.

Major Sa'ad Haddad starb schon im Dezember 1983. Sein Nachfolger wurde der Generalmajor Antoine Lahad. Ihm war nun die Aufgabe übertragen, die Präsenz der Israelis im Südlibanon abzusichern.

Im Februar 1985 reduzierte sich das von Israel beanspruchte Gebiet auf den ursprünglich anvisierten Küstenstreifen südlich des Litaniflusses. Kaum aber war die Litanilinie erreicht, versteifte sich der Widerstand gegen die Israel Defence Force und die Südlibanesische Armee. Kämpfer des Widerstands waren libanesische Schiiten, die im Süden des Libanon beheimatet waren. Diese Schiiten kämpften entschlossener als zuvor die Palästinenser: Die Schiiten waren bereit, ihr Leben zu lassen. »Selbstmordattentäter« brachten der Israel Defence Force und der SLA beachtliche Verluste bei. Gegen junge Mädchen, die ein mit Sprengstoff beladenes Auto an eine Truppenkolonne heransteuerten, um es dann detonieren zu lassen, gab es kein Mittel sich zu wehren.

Die Kampforganisation Hisb'Allah – »Partei Allahs« wurde zur Attraktion für junge Schiiten. Sie stellten sich der Organisation nicht nur deshalb zur Verfügung, weil sie die Israel Defence Force aus dem Libanon vertreiben wollten, sondern weil Hisb'Allah Sold in Dollars zahlten konnte. Hisb'Allah wurde vom Ölstaat Iran finanziert.

Während der ersten Phase des Rückzugs zum Litanifluß starben fünfzig israelische Soldaten durch Anschläge der Hisb'Allah-Milizionäre. Diese Verluste bewirkten die Beschleunigung der Absetzbewegung. Die Südlibanesische Armee bekam Anfang Mai 2000 den Auftrag, die Sicherung der israelischen Panzerbewegung in Richtung Süden zu übernehmen.

Generalmajor Antoine Lahad, der Kommandeur der SLA, wurde mit Verantwortung überladen, die er nicht tragen konnte. In der Frühe des 16. Mai übergab die israelische Armee ihre Radarstation Biyada südlich von Tyr an die SLA. Diese Radarstation hatte bisher dazu gedient, die Küste zwischen Tyr und der offiziellen israelischen Grenze zu kontrollieren. Die Offiziere der SLA sahen keinen Sinn mehr darin, die Elektronik in Betrieb zu halten; sie zerstörten das Gerät.

Damit gaben sie allerdings das Signal zur raschen Auflösung der eigenen Truppe. Für die Kämpfer der SLA gab es nur eine Möglichkeit, sich in Sicherheit zu bringen: Sie mußten israelischen Boden erreichen. Generalmajor Lahad, der den israelischen Generalstab um Verstärkung bat, erhielt gar keine Antwort mehr.

Die libanesisch-schiitische Kampforganisation Hisb'Allah verstärkte ihren Druck. Sie schickte Stoßtrupps in das SLA-Gebiet, um Unsicherheit zu erzeugen. Einer dieser Stoßtrupps versperrte dem Milizionär Azer Shahla den Fluchtweg. Er wollte im Auto mit seiner Braut die Grenze bei Bint Ibeil erreichen. Er wurde erschossen, die Braut wurde nach Norden zurückgeschickt.

Am 17. Mai 2000 telefonierte der UN-Generalsekretär Kofi Annan mit dem israelischen Ministerpräsidenten Ehud Barak. Kofi Annan war in Sorge, die Hisb'Allah werde bei einem ungeordneten und nicht koordinierten Abzug der Israelis jeden Südlibanesen ermorden, der verdächtigt wird, mit Israel zusammengearbeitet zu haben. Barak versprach, solange den Abzug hinauszuzögern, bis UN-Verbände in ausreichender Stärke die Ordnung im Südlibanon sichern konnten. Dieses Versprechen war nicht einzuhalten.

Zu diesem Zeitpunkt befand sich Generalmajor Antoine Lahad bereits in Paris bei seiner Familie. Er gab dort eine Erklärung ab, er werde den Widerstand der SLA gegen Hisb'Allah neu organisieren. Zu diesem Zweck werde er schon bald in den Südlibanon zurückkehren.

In der Nacht zum 23. Mai 2000 brach jeder Widerstand gegen die Hisb'Allah zusammen. Die Israel Defence Force räumte ihr Stabsquartier in Bint Ibeil. Den israelischen Einheiten blieb nur noch die Flucht über die Grenze. In jener Nacht endete die israelische Besetzung des Südlibanon, die 22 Jahre lang gedauert hatte.

Das Prestige des israelischen Ministerpräsidenten Ehud Barak erlitt durch die Flucht der IDF aus dem Südlibanon einen schweren Schlag. Seinem Ansehen schadete vor allem die Tatsache, daß Israel die von ihm abhängige Truppe, die Südlibanesische Armee, im Stich gelassen hat. Es nützte nichts, daß Ehud Barak versprach, die Soldaten der SLA würden künftig statt 400 Dollar einen Sold von 500 Dollar erhalten. Die Solderhöhung gelte auch während des Aufenthalts in Israel.

Am See Genezareth entstand in aller Eile ein Auffanglager für die SLA-Soldaten und ihre Familienangehörigen. 1600 Menschen fanden dort Zuflucht. Sie sollen rasch in Drittländer weitertransportiert werden. Die Bundesrepublik Deutschland ist bereit, 400 dieser Libanesen – die in ihrer Heimat mit Bestrafung wegen Zusammenarbeit mit Israel rechnen müssen – ein neues Zuhause zu bieten.

Der Kommandeur bleibt in Paris. Auch der Sold des Antoine Lahad wurde durch Ehud Barak erhöht – auch wenn seine Mission nicht nach der einstigen Vorstellung des Moshe Dayan geendet hatte.

Die Männer des Antoine Lahad, die an den Ufern des Sees Genezareth hausen, geraten im September 2000 – vier Monate nach der Flucht aus dem Südlibanon – in eine verzweifelte Stimmung. Der Grund: Die israelische Armee kann ihnen keine sinnvolle Beschäftigung anbieten. Dazuhin verliert die Perspektive der Umsiedlung in Drittländer ihre Attraktion. Die Bundesrepublik Deutschland erweist sich als das einzige Land, das sich ohne Vorbehalt bereit erklärt hat, SLA-Milizionäre mit Familien aufzunehmen. Zusagen vorsichtiger Art machten Australien und Chile. Die Regierungen, die eine Aufnahme der Libanesen ablehnten, gaben als Begründung an, sie fürchteten zur Aufnahme von Folterknechten veranlaßt zu werden. Bekannt wurden jetzt die brutalen Methoden mit denen die Milizionäre Geständnisse erpreßt hatten.

Die Männer und Frauen am See Genezareth wägen ab, welches Los wohl besser zu ertragen sein wird. Die Alternative sieht so aus: Bei Heimkehr in die Heimat droht Bestrafung wegen Kollaboration mit dem Feind – bei Verbleiben in Israel droht völlige Entwurzelung.

Von den 1600 libanesischen Flüchtlingen entscheiden sich 1000 für Heimkehr. Der israelische Staat erleichtert diese Entscheidung. Er händigt jeder rückkehrwilligen Familie 17 000 Dollar aus.

Diesen Betrag in bar bringen die Heimkehrer in ihrem Gepäck mit, als sie am 23. September 2000 die israelisch-libanesische Grenze bei Naqura überschreiten. Die Männer werden verhaftet – die Frauen dürfen das Geld behalten. Eine der Frauen sagt: »Ein böser Traum geht zu Ende. Er hat 17 Jahre lang gedauert.«

Herbst 2000: Krieg auf dem Tempelberg

Aus der Ferne wird der Konflikt angeheizt: Die Sieger des Kampfes um den Südlibanon nehmen sich vor, die Israelis auch aus Jerusalem zu vertreiben – zumindest aus dem Stadtgebiet, das sie »Haram ash-Sharif« nennen, das Erhabene Heiligtum. Sheikh Mohammed Yazbek steckt das Ziel ab: »Der Felsendom und die Moschee Al-Aqsa müssen den Israelis entrissen werden, ehe diese ihre Absicht realisieren, die Heiligtümer zu zerstören.«

Sheikh Mohammed Yazbek ist die höchste Autorität der schiitischen Mehrheit im Libanon. Er gilt als Vertrauter des geistigen und geistlichen Führers der iranischen Revolution Ali Khamenei, der von allen Schiiten respektiert wird. Von Ali Khamenei stammen die Gelder zur Finanzierung des Kampfes der Hisb'Allah. Dollars aus Teheran ermöglichten Bezahlung von Sold und Einkauf von Waffen. Sheikh Mohammed Yazbek verfügt über eine volle Kriegskasse.

Am dritten Freitag des Monats September 2000 predigt der Sheikh in der Imam-Ali-Moschee der libanesischen Stadt Baalbek. Rund tausend Männer hören ihm zu, als er von der Gefahr spricht, die den islamischen Heiligtümern von Jerusalem droht: »Israel hat Pläne entwickelt zur Zerstörung des Felsendoms und der Al-Aqsa-Moschee. Nach dem Willen der Israelis sollen beide Heiligtümer verschwinden, damit an ihrer Stelle der Tempel der Juden entstehen kann. Mir liegen Berichte vor, daß israelische Piloten trainieren, Raketen mit großer Sprengkraft auf die Goldkuppel abzufeuern. Nach erfolgreicher Mission werden die Piloten dann einfach zu »geistesgestörten Personen« erklärt, die ohne Auftrag gehandelt hätten. Zur Rechenschaft werden sie nicht gezogen.«

Sheikh Mohammed Yazbek erschreckt seine Zuhörer mit dieser Mitteilung. Sie haben den Eindruck, der israelische Luftangriff erfolge schon bald – ganz Israel sei entschlossen, auf dem Tempelberg von Jerusalem den Tempel der Juden wieder entstehen zu lassen.

Während der Tage, die auf den dritten Freitag im September 2000 folgten, registriert der Chef des IDF-Geheimdienstes, Brigadegeneral Amos Gilad, Aktivitäten der Organisation Hisb'Allah im Südlibanon, die auf eine bevorstehende Aktion schließen lassen. Der Brigadegeneral informiert die für Sicherheitspolitik zuständigen Gremien der Knesseth. Amos Gilad spricht auch von wachsender Bereitschaft zur Gewaltanwendung der Palästinenser. Die Sorge der Palästinenser um den Fortbestand der islamischen Heiligtümer in Jerusalem hat sich offenbar weiterverbreitet.

Am Vormittag des 28. September 2000 scheinen die schlimmsten Befürchtungen der Palästinenser Wirklichkeit zu werden: Ariel Sharon betritt den Tempelberg in Jerusalem. Seine massige Erscheinung, geprägt durch einen beachtlichen Bauch und sein herausfordernder Gesichtsausdruck, wecken schlimme Erinnerungen bei allen Palästinensern, die ihn bemerken. Jedem ist bewußt, daß dieser Mann verantwortlich war für die Massaker in den Flüchtlingslagern Sabra und Shatila im Süden von Beirut. Ariel Sharon gilt für alle Palästinenser als Anstifter zum Mord an zweitausend Lagerbewohnern. Wenn Ariel Sharon palästinensisches Gebiet betritt, verbreitet sich die Nachricht darüber schnell – kein Palästinenser kann dann noch vernünftig reagieren. Sein Erscheinen auf dem Platz zwischen Al-Aqsa-Moschee und dem Felsendom hat die Wirkung einer Herausforderung zum offenen Krieg. Ariel Sharons Gang über den Tempelberg ist keine spontane Aktion, die einem Augenblickseinfall entspringt. Sharon hat sein Vorhaben mit Ehud Barak besprochen. Der Ministerpräsident wiederum hat die israelischen Sicherheitsbehörden informiert. So geschieht es, daß die bullige Gestalt des Politikers – der ein erfolgreicher General war – von mehreren hundert Männern der Sicherheitsdienste umgeben ist. Sie drängen sich um ihn und schieben ihn vorwärts. Für die Palästinenser, für die Moslems, bleibt kaum Platz im Haram ash-Sharif, auf dem heiligen Gelände.

Einige Minuten lang sind die Moslems verblüfft, dann rotten sich Jugendliche zu Gruppen zusammen. Einige machen sich auf die Suche nach Steinen, die auf dem reinlich gekehrten Areal nicht leicht zu finden sind. Als die ersten Steine durch die Luft fliegen, wird Ariel Sharon von den Sicherheitsbeamten zum Ausgang des Platzes bei der Klagemauer gedrängt. Nur für Minuten hat er sich beim Heiligtum der Moslems gezeigt, doch diese kurze Zeit hat genügt, um den Konflikt aufbrennen zu lassen. Die Jugendlichen, die hinter Sharon und dem Block der Sicherheitspolizisten herziehen, beginnen ihre Steine gegen die jüdischen Gläubigen zu schleudern, die sich zum täglichen Gebet an der Klagemauer versammeln. Die israelische Polizei feuert auf die Steinewerfer. Die ersten Toten und Verwundeten werden abtransportiert.

Shlomo Ben Ami, der für die Sicherheit Verantwortliche in der israelischen Regierung – der zu diesem Zeitpunkt auch den Posten des Außenministers auszufüllen hat – verstärkt die israelische Präsenz auf dem Tempelberg: 3000 Mann sind schließlich dort stationiert.

Sie werden gebraucht, denn die islamische Kampforganisation Hamas proklamiert, der kommende Tag müsse für alle Palästinenser zum »Tag des Zorns« werden. Der kommende Tag ist ein Freitag – der heilige Wochentag der Moslems. Gläubige, die in Jerusalem wohnen, machen sich auf zum Gebet am Heiligtum des Haram ash-Sharif. Autokolonnen sind unterwegs auf der Straße von Ramallah her und auf der Zufahrt aus den Dörfern südlich und ostwärts des Ölbergs. Die Masse ist nicht einzudämmen. An den Straßensperren beim Vorort Abu Dis finden Schlägereien statt zwischen israelischer Polizei und Palästinensern. Der zahlenmäßigen Übermacht gelingt der Durchbruch zur Altstadt von Jerusalem, zum Haram ash-Sharif. Hunderte drängen sich durch die engen Gassen des islamischen Viertels nördlich des heiligen Platzes. Sie finden den Weg zu den Toren im Westen des Haram ash-Sharif. Sie alle sind von der Absicht getrieben, zu demonstrieren, daß die heiligen Stätten von Jerusalem den Moslems gehören – und nicht den Israelis.

Am selben Freitag erklärt Ariel Sharon, es sei seine Pflicht als Jude gewesen, den Tempelberg aufzusuchen: »Er ist der heiligste Platz für unser Volk. Hier befinden sich die Relikte des Tempels der Juden. Wir haben nicht nur das Recht, dort zu beten, das göttliche Gebot zwingt uns dazu. Vor meinem Gang zum Tempelberg habe ich mit unseren Sicherheitsleuten über mein Vorhaben gesprochen. Sie hatten nichts dagegen.« Dann gibt Ariel Sharon zu, daß er den Taktiker Arafat unterschätzt habe: »Arafat sah seine Chance! Er ließ den Konflikt aufflammen. Damit konnte er Barak unter Druck setzen, um weitere Konzessionen zu erreichen. Barak ist völlig unerfahren. In Camp David hat er gedacht, er könne eine Einigung erreichen, wenn er gleich zu Beginn die Zugeständnisse auf den Tisch lege. Dann werde Arafat ihn umarmen, ihn abküssen und für ewig dankbar sein. Als Arafat dann bemerkt hat, wie schwach dieser israelische Ministerpräsident ist, hat er die Zugeständnisse zurückgewiesen und auf einen günstigen Augenblick zum Zuschlagen gewartet. Arafat glaubt, er könne mehr erreichen. Daß Palästinenser sterben gehört zu seinem Kalkül.«

An jenem Freitag, den 29. September 2000, werden sieben Palästinenser im Haram ash-Sharif tödlich getroffen. 230 werden verwundet in Krankenhäuser eingeliefert.

Bilder werden zur Waffe im Kampf um die Sympathie der Welt in dieser Phase der palästinensisch-israelischen Auseinandersetzung. Am Samstag, den 30. September wird der zwölfjährige Mohammed ad-Dura vor dem Objektiv eines Kamerateams durch israelische Geschosse getötet. Sein Vater versucht, den Jungen mit seinem Leib abzudecken. Die beiden sind hinter einer Blechtonne niedergekauert. Sie schützt nicht gegen das gezielte Feuer. Der Vater versucht, die israelischen Soldaten durch Schreie und Gesten zur Einstellung der Schüsse zu bewegen. Sie feuern weiter bis Mohammed ad-Dura tot ist. Der Vater ist schwer verwundet.

Wenige Stunden später gibt die Israel Defence Force zu, den Jungen getroffen zu haben. Da er hinter der Blechtonne gekauert habe, sei er von den Schützen nicht bemerkt worden. Mohammed ad-Dura habe sich im Schußfeld befunden Der Schwerpunkt des Konflikts verlagert sich rasch. Der Zusammenprall zwischen Palästinensern und israelischen Sicherheitskräften auf dem Tempelberg flaut ab. Mohammed ad-Dura wird im Gazastreifen getötet – an der Straßenkreuzung bei der israelischen Siedlung Nezarim. Sie liegt unmittelbar bei der Stadt Gaza, mitten in palästinensischem Gebiet. Beabsichtigt ist, Nezarim im Rahmen einer vertraglichen Regelung in das Autonomiegebiet einzugliedern. Dagegen wehren sich die vierhundert Bewohner von Nezarim. Sie werden geschützt von tausend Soldaten. Sie verteidigen sich Ende September und Anfang Oktober 2000 gegen mindestens dreitausend angreifende Jugendliche. Den

Palästinensern gelingt es, am äußersten Rand von Nezarim ein Wachhäuschen zu erobern.

Am Sonntag, den 1. Oktober wird dem Ministerpräsidenten Barak gemeldet, daß die Unruhen auf Gebiete übergreifen, die von Arabern mit israelischer Nationalität bewohnt werden. Das Zentrum dieser Gebiete bildet die Stadt Nazareth, die hauptsächlich von Palästinensern christlichen Glaubens bewohnt wird. Die in Nazareth erscheinende Wochenzeitschrift »Fasl Al-Maqal«, die von jungen Leuten gelesen wird, propagiert Anfang Oktober 2000 den Kampf des »gesamten palästinensischen Volkes gegen die israelische Besatzungsmacht«. Angesprochen sind eine Million Araber in Israel, die als Bürger des jüdischen Staates gelten. Sie hatten sich bisher als solidarisch mit Israel erwiesen; jetzt aber beginnen sie sich aus dem Staatsverband zu lösen. Stimmen sind zu hören, die eine Eingliederung der Region Nazareth in das Palästinensische Autonomiegebiet fordern.

Da diese Forderung die Existenz des jüdischen Staates bedroht, reagieren die israelischen Sicherheitskräfte mit Härte gegen Demonstranten, die Transparente tragen, die »Großpalästina« propagieren. Zehn arabische Israelis sterben während der Auseinandersetzungen bis zum 5. Oktober durch IDF-Geschosse.

Das Grab des Joseph brennt

Es war ein bescheidenes Mausoleum. Das Gebäude war etwas mehr als mannshoch; darüber wölbte sich eine einfache Kuppel. Das Mauerwerk bestand aus schlicht bearbeiteten Steinen. Auf dem Dach standen vier schwarze Plastiktonnen zur Speicherung des Trinkwassers, das die israelischen Soldaten benötigten, die das Josephsgrab als jüdische Enklave im palästinensischen Gebiet zu bewachen hatten.

Am Ortsrand von Nablus befindet sich – so sagt die Überlieferung – die letzte Ruhestätte des legendären Schafhirten aus Hebron, der im Reich des Pharao zu Macht und Reichtum gelangt war. Auf seinen Wunsch war Joseph, Generationen nach seinem Tod, vom Feldherrn Josua in einbalsamiertem Zustand ins Land der Väter zurückgebracht worden, um auf dem Stück Land bestattet zu werden, das sein Vater Jakob einst für hundert Silberstücke gekauft hatte.

Diese Überlieferung wird allerdings von den jüdischen Gläubigen bezweifelt, die der Meinung sind, das Grab Josephs befinde sich an der westlichen Außenmauer des Haram Al-Khalil, der Begräbnisstätte von Abraham, Sarah, Jakob und Lea. Im Bewußtsein des jüdischen Volkes war in der Tat das Josephsgrab von Nablus nur wenig verankert. Die Touristen werden kaum darauf hingewiesen. Die gedruckten Reiseführer unserer Zeit erwähnen das Mausoleum von Nablus nicht.

Es erlangte am 2. Oktober 2000 Bedeutung. Um die Mittagszeit wurde ein israelischer Soldat, der die Enklave zu bewachen hatte, von Palästinensern angeschossen. Der zuständige Offizier verlangte über Funk die Entsendung eines israelischen Arztes und eines Bergungsfahrzeugs nach Nablus. Dem Arzt und dem Fahrzeug wurden die Zufahrt fünf Stunden lang untersagt. Erst als der Soldat verblutet war, durfte er geborgen werden.

Generalleutnant Shaul Mofaz, der Stabschef der israelischen Armee, erklärte den Vorfall so: Er habe den Befehl zur Befreiung des Verwundeten nicht erteilen können, da er Straßenkampf um Nablus zur Folge gehabt hätte, »mit Hunderten von Toten auf beiden Seiten«. Im Einverständnis mit Ministerpräsident Ehud Barak entschied Generalleutnant Shaul Mofaz am 7. Oktober, die Enklave des Josephsgrabs von Nablus zu räumen: »Dieser Schritt soll zur Entspannung der Lage beitragen.« Kaum war jedoch die kleine Truppe abgezogen, stürmten junge palästinensische Männer, die den Vorgang beobachtet hatten, das Mausoleum. Sie begannen sofort mit der Zerstörung des Gebäudes: Mit Äxten und Hacken brachen sie Steine aus den Mauern; dann schlugen Flammen aus dem Fenster. Die Masse jubelte: »Sieg über Israel!«

Diesen Triumph feierte Jassir Arafat nicht mit. Unmittelbar nach der Zerstörung des Grabmals ordnete der Chef der Palästinensischen Autonomiebehörde an, das Gebäude sei auf palästinensische Kosten sofort wieder aufzubauen. Es werde künftig allerdings unter palästinensischer Aufsicht stehen.

Die israelische Tageszeitung »Haaretz« ist allerdings der Meinung, ein Verzicht auf den Bestattungsort des Joseph in Nablus sei nicht denkbar. »Das Grabmal ist das Symbol für Israels Standhaftigkeit.«

Personifizierung dieser Standhaftigkeit ist der Siedler Hillel Liebermann, der sich in der Nacht, als das Grabmal brannte, zu Fuß nach Nablus, ins Palästinensergebiet begeben hatte, um das Heiligtum wieder zu befreien. Sein Leichnam wurde am 8. Oktober in einem Erdloch auf dem Gebiet gefunden, das israelischer Kontrolle untersteht. Der Körper des Hillel Liebermann war von Kugeln durchlöchert.

Clinton: »Die Gefahr der sakralen Komponente«

Seit Anfang Oktober 2000 bemüht sich Präsident Clinton im erneuten Anlauf um die Entschärfung des Konflikts zwischen Palästinensern und Israelis. Er ist entschlossen, zum Ende seiner Amtszeit eine Entwicklung in Gang zu bringen, die schließlich zu einer friedlichen Koexistenz der beiden Völker führen kann. Mehr als vier Monate nach dem Scheitern der Konferenz von Camp David begreift der amerikanische Präsident, daß dieser Konflikt nicht mit den Mitteln gelöst werden kann, die Henry Kissinger ein Vierteljahrhundert zuvor mit Erfolg angewandt hatte. Kissingers Rezept war es gewesen, die Streitpunkte behutsam anzufassen, die einfachen Probleme zunächst zu lösen, die Schwierigkeiten so lange vor sich herzuschieben, bis sich der Knoten von selbst entwirrt hatte. Der Vorteil des Verhandlers Kissinger war, daß die Kontrahenten, deren Standpunkte er auszugleichen hatte, nicht religiös motiviert waren. Als der Rückzug aus der Halbinsel Sinai ausgehandelt wurde, geschah es nur ein einziges Mal, daß der israelische Ministerpräsident Begin zu bedenken gab, die Wüste Sinai sei biblisches Gebiet, auf das nicht verzichtet werden dürfe. Er überwand schließlich seinen Vorbehalt, da es keinen geographischen Ort auf Sinai gab, der eindeutig mit dem biblischen Geschehen in Verbindung zu bringen war. Der Gedanke an Sinai brachte in Israel keine Emotionen in Wallung. Probleme bereitete allein die Aufgabe der Siedlung Yamit, deren Besitz im Jahr 1982 von der national-religiösen Tehiya-Partei verteidigt wurde. Ihr Rechtsanspruch konnte damals jedoch nicht durch Bibelzitate untermauert werden.

Das Verhandlungsrezept des Henry Kissinger mußte scheitern, als die Verhandlungen um das biblische Kernland von Judäa und Samaria und vor allem um Jerusalem nicht mehr zu vermeiden waren. Da erst entdeckten Clinton und seine Berater »die sakrale Komponente des Konflikts«, die eine Aussöhnung gemäß den Regeln der praktischen Diplomatie verhindert. Moslems und Juden stehen sich voll Haß gegenüber: Am Tag, als das Josephsgrab in Nablus brennt, zün-

den wütende Israelis die Moschee in Tiberias am See Genezareth an.
Am 12. Oktober versuchen Palästinenser, die alte Synagoge in »Shalom Al-Yisrael« in der autonomen Stadt Jericho durch Feuer zu zerstören. Ein Teil des Gebäudes brennt aus. Am gleichen Tag noch fordert der Knessethabgeordnete Benny Elon zur Vergeltung müsse das Spielkasino von Jericho zerstört werden. Seine Begründung: »Wenn wir Arafats Einnahmequelle kaputtschlagen, treffen wir ihn hart. Er wird mehr darunter leiden, als wenn die Palästinenser Menschenleben betrauern!«

Am selben 12. Oktober 2000 geschieht ein scheußliches Verbrechen, das den Palästinensern Sympathie wegnimmt, die sie an den Tagen zuvor aufgebaut hatten. Wieder einmal wurden die Palästinenser als brutal, gnadenlos und blutrünstig abgestempelt.

Dieses Bild erschreckt und entsetzt: Ein junger Mann zeigt seine blutbeschmierten Hände am Fenster im ersten Stock der Polizeistation von Ramallah. Hinter ihm sind schemenhaft weitere Hände und Arme zu sehen: Auch sie sind blutig rot.

Der junge Mann, dessen Gesicht vom Blutrausch gezeichnet ist, wird von einer Masse Gleichaltriger bejubelt, die vor der Polizeistation stehen. Sie sind begeistert, weil jüdisches Blut an den Händen des Palästinensers am Fenster klebt. Die Masse vor dem Haus will beteiligt sein an diesem Ritualmord. Die Leiche wird heruntergeworfen; sie trifft mit dem Kopf auf dem Pflaster auf. Die Leiche wird weiter mißhandelt.

Ein zweiter Körper, der noch Leben zeigt, wird aus dem Gebäude der Polizeistation gezerrt und durch die Straßen von Ramallah geschleift. Auf dem Manara-Platz wird Benzin über den Sterbenden gegossen und angezündet. Jetzt erst greift die Polizei der Palestinian National Authority ein; sie birgt den Körper. Sein Leben endet im District Coordinating Office der Palästinensischen Autonomiebehörde.

Zwei junge Juden waren in die Hände der Palästinenser gefallen: Yosef Avrahami aus Petah Tikva – die Stadt liegt ostwärts von Tel Aviv – und Vadim Noveshe aus Or Akiva – diese Siedlung befindet sich am Ostrand des Ruinenfelds von Caesarea. Die beiden Soldaten der Reserve waren in einem Fahrzeug auf dem Weg gewesen aus der Küstenebene zu ihrer Armeebasis bei der Siedlung Bet El. Ihr Fahrzeug, ein Mazda mit gelber, israelischer Nummerntafel, fiel auf, als es in die engen, verstopften Einbahnstraßen von Ramallah geriet. Die zwei Israelis verpaßten die Abzweigung zum Teilort Al-Bira und hatten sich bald hoffnungslos verfahren. Eine Streife der Polizei der Palestinian National Authority brachte sie zum Hauptquartier der Sicherheitsbehörde in Ramallah.

Innerhalb weniger Minuten verbreitet sich in der Stadt die Nachricht, zwei Juden seien gefaßt worden, die den Spezialauftrag gehabt hätten, die Moschee von Ramallah zu sprengen. Die beiden seien keine normalen Soldaten, sondern »Undercoveragents«, die dem Islam Schaden zufügen sollten. Mit ihrer Gefangennahme habe Allah gesiegt.

Für das blutige Geschehen, das daraufhin erfolgte, hatte die Radiostation »Sawt al Falestine«, die von Ramallah aus sendet, die Vorarbeit geleistet. Sie hatte seit dem 28. September, seit dem Tag des Sharonbesuchs auf dem Jerusalemer Tempelberg, dazu aufgerufen, israelisches Militär, Polizei und jüdische Zivilisten anzugreifen. Junge Männer folgten der Aufforderung. Sie stürmten die Polizeistation. Niemand stellte sich ihnen in den Weg.

Als der Mord geschehen ist, liegt das Handy von Yosef Avrahami auf dem Tisch in der Polizeistation. Es schellt. Frau Chani Avrahami sucht ihren Mann. Eine Stimme antwortet, die israelisch mit arabischem Akzent spricht: »Hier ist nicht dein Mann. Den habe ich soeben umgebracht!«

Nach dem Mord an Yosef Avrahami und Vadim Noveshe reagiert die Israel Defence Force energisch. Die »Jerusalem Post« kommentiert: »Endlich erwacht Goliath!« – Sie verdreht damit das biblische Bild von David und Goliath. Im alttestamentarischen Text stellt David den intelligenten Juden dar – und Goliath den schwerfälligen und unintelligenten Philister.

Die Israel Defence Force greift die Polizeistation von Ramallah mit Raketen an, die von Kampfhubschraubern des Typs »Cobra« abgefeuert werden. Getroffen wird auch die Radiostation, die Kampfparolen verbreitet, und der Fahrzeugpark der palästinensischen Polizei. 14 Personen werden verwundet.

Kurze Zeit später, am selben Nachmittag, ist Gaza das Ziel der Cobra-Kampfhubschrauber. Einschläge werden registriert am Gebäude des Hauptquartiers der »Force 17«, der persönlichen Garde des Autonomiepräsidenten. Im improvisierten Hafen von Gaza werden Boote der Küstenwache beschädigt. Jassir Arafat zeigt sich bald nach dem Ende der Cobra-Angriffe in den Straßen von Gaza. Sein Auto wird umringt – und er wird bejubelt. Arafat nimmt zur Kennt-

nis, daß es der Wille seines Volkes sei, den Kampf fortzusetzen. Sein
Fazit nach der Rückkehr in das Hauptquartier: »Unser Volk will den
Marsch nach Jerusalem fortsetzen. Das Heiligtum gehört uns. Dort
wird die Hauptstadt des unabhängigen Staates Palästina sein!«

Um seinem Volk ein Zeichen zu setzen, läßt Jassir Arafat ein-
gesperrte Kämpfer der islamisch ausgerichteten Organisation Hamas frei. Zwanzig entschlossene Hamas-Aktivisten melden sich
bei ihrem Chef Sheikh Ahmed Jassin zu sofortigem Einsatz. Shlomo
Dror, der Koordinator der israelischen Regierung für die Beziehungen zu den Palästinensergebieten, interpretiert die Freilassung
so: »Damit gibt Arafat den religiös-fanatischen Kräften in seinem
Volk freie Hand. Er hat grünes Licht gegeben für unbegrenzten Ter-
ror!«

Junge Palästinenser in Jerusalem sind derselben Meinung. Sie erwarten, daß die islamische Kampforganisation aktiv wird. Mancher
zitiert den Hamas-Chef Sheikh Ahmed Jassin: »Allah verbietet den
Frieden mit den Juden. Denkt an den Kampf des Propheten Mohammed gegen die Juden von Khaibar!«

»*Gedenkt der Ereignisse von Khaibar!*«

Als am 12. Oktober in Gaza bekannt wird, Arafat habe zugesagt, sich
vom amerikanischen Präsidenten nach Sharm ash-Sheikh zu einem
Vermittlungsgespräch einladen zu lassen, da kommen im Zentrum
rasch junge Männer zusammen, die in Sprechchören den Autonomiepräsidenten davor warnen, sich »von den Feinden des Islam«
einfangen zu lassen. Kurz zuvor hatte Sheikh Ahmed Jassin, der geistige und geistliche Führer von Hamas die Parole ausgegeben: »Die
USA haben nur das eine Ziel, die Verbrechen der Israelis gegen den
Islam zu rechtfertigen. Diesem Ziel dient auch die Konferenz von
Sharm ash-Sheikh.« Der islamische Geistliche erinnert daran, daß
der Prophet Mohammed den Kampf gegen die Juden vorgelebt habe.

Als Mohammed im Jahr 622 christlicher Zeitrechnung in die 14 Tagesritte entfernte Oase Jathrib gerufen wurde, um dort auf der Basis
seiner Offenbarung eine soziale Ordnung zu schaffen, die das Zu-
sammenleben der Menschen ermöglichte, fand er dort nicht nur arabische Sippen vor, sondern auch jüdische Großfamilien, die wohlhabend und in sich gefestigt waren. Überliefert ist, daß Mohammed
durchaus bereit war, den Juden freundlich zu begegnen. Er war geru-

fen worden, um internen Streit in Jathrib zu beenden, der seit Jahren die wirtschaftliche Entwicklung der Oase behinderte und sie anfällig machte für fremde Übergriffe – er war an Stabilität interessiert. Um sie zu erreichen, wollte er den jüdischen Sippen ihren Glauben lassen, stammte er doch aus einer göttlichen Offenbarung. Ein einziges Zugeständnis verlangte er: Die Juden sollten anerkennen, daß er – Mohammed – ein von Gott gesandter Prophet sei.

Während der ersten Monate des Aufenthaltes von Mohammed in Jathrib waren die Kontakte zu den jüdischen Familien durchaus zufriedenstellend. Die Überlieferung berichtet, es habe ein Vertrag bestanden, der die Juden verpflichtete, keinen Feind der Moslems zu unterstützen. Der dritten Sure des Koran ist allerdings zu entnehmen, daß das Verhältnis zwischen Mohammed und den jüdischen Sippen getrübt war.

»Es gibt zwar auch Gläubige unter ihnen. Die Mehrzahl aber sind Frevler. Sie werden euch wenig schaden können. Und wenn sie gegen euch kämpfen, werden sie vor euch fliehen, da sie keine Hilfe haben. Schmach trifft sie, wo man sie auch findet; es sei denn, daß sie sich Allah unterwerfen. Sie haben Allahs Unwillen erregt. Elend kommt über sie, weil sie die Zeichen Allahs leugneten.« (Dritte Sure 111 ff.)

Trotz dieser deutlichen Abgrenzung bewahrte Mohammed jüdische Traditionen noch für einige Zeit als Bestandteil seiner Glaubenswelt. Nur allmählich änderte er die Vorschrift, der Sabbat sei auch der heilige Tag der Moslems. Mohammed ordnete schließlich an, als heiliger Wochentag habe der Tag zu gelten, an dem sich die Juden für den Sabbat vorbereiten. So blieb zumindest ein Zusammenhang zwischen Freitag und Sabbat erhalten.

Die zunehmende Differenz ist auch daraus zu ersehen, daß Mohammed die Richtung des Blicks beim Gebet änderte. Lautete zuerst die Vorschrift, das Gesicht sei in Richtung Jerusalem zu wenden, so wird der Gläubige in der zweiten Koransure (144 ff.) angewiesen, in Richtung der Ka'aba von Mekka zu blicken:

»Die Gebetsrichtung eurer Augen haben wir deshalb geändert, damit man zwischen denen, die dem Propheten folgen, und denen, die ihm den Rücken wenden, unterscheiden kann.«

»Die ihm den Rücken wenden« – gemeint sind die Juden der Region von Jathrib. Die Stadt erhielt noch zu Lebzeiten des Mohammed einen anderen Namen. Die Bewohner nannten sie »Stadt des Propheten« – nach der wichtigsten Persönlichkeit, die in ihr lebte. Auf arabisch lautete dieser Name »Medinat al-Rasul«. Daraus entwickelte sich die einfache Form für den Tagesgebrauch: »Medina«.

In der »Stadt des Propheten« vollendete sich die Offenbarung Allahs. Mohammed hatte sich selbst zunächst nur als der Verkünder des Glaubens an den einen und allmächtigen Gott in arabischer Sprache gesehen – nun aber entdeckte er die überregionale Qualität seiner Offenbarung. Mohammed erkannte sich als der Vollender der Heilsgeschichte. Das Glaubensgebäude der Juden und Christen war nur die unvollkommene Vorstufe zum Islam.

Der Prophet lehrte, Abraham habe einst den richtigen Weg zu Gott beschritten, doch das jüdische Volk sei davon abgekommen. Es hätte den Bund mit Gott gebrochen (Sure 2,28). Mohammed spielt dabei auf die Anbetung des Goldenen Kalbs während der Wanderung des jüdischen Volkes durch die Wüste Sinai an. In der vierten Sure (154) nennt er diese Verleugnung Gottes ohne Umschreibung: »Sie sagten zu Mose, zeige uns doch Allah, daß wir ihn sehen können. Darauf schufen sie sich das Goldene Kalb.«

Die Reaktion der jüdischen Stämme auf Mohammeds Nachweis, daß der Bund des jüdischen Volkes mit Gott nicht mehr existiere, war durchweg negativ. Die jüdischen Stämme beharrten darauf, daß sie zum von Gott bevorzugten Volk gehörten. Mohammed empfand, daß ihm Verachtung entgegenschlug und Ablehnung seiner Offenbarung. Der schlimmste Vorwurf war, er sei kein Prophet, sondern nur ein Dichter. Er habe eine Dichtung geschaffen, aus bestehenden Erzählelementen, ohne jeden neuen Offenbarungswert. Der Koran sei nichts anderes als ein wortreiches Epos, das am Lagerfeuer der Beduinenstämme vorgetragen werden könne.

Dieser Angriff auf Mohammeds Position als Prophet erfolgte in der Absicht, seine politische Autorität in der Stadt Medinat al-Rasul zu untergraben. Diese Autorität beruhte darauf, daß Mohammed durch seine Offenbarungen Anweisungen Allahs weitergab, die das Leben der Bewohner von Medinat al-Rasul regelten. Seine Offenbarung war Grundlage des Stadtgesetzes. Wurde die göttliche Herkunft des Gesetzes bezweifelt, verlor es an Wert.

Mohammed erkannte diese Gefahr. Die Sheikhs der jüdischen Stämme wollten seine Macht in der Stadt brechen. Dies konnte ihnen am besten gelingen, wenn sie seine Glaubwürdigkeit erschütterten.

In dieser kritischen innenpolitischen Situation gelang es Mohammed Erfolge zu erzielen durch Siege über äußere Feinde. Seine Kämpfer brachten dabei reiche Beute in die Stadt. Mohammed konnte darauf hinweisen, daß ganz offensichtlich Allah auf seiner Seite stand. Mit diesem Argument wollte er die Einflußreichen der jüdischen Sippen überzeugen – doch sie lehnten ihn weiterhin ab.

Ein Zwischenfall auf einem dörflichen Markt bei Medinat al-Rasul brachte den schwelenden Konflikt zum gewalttätigen Ausbruch. Eine junge arabische Frau hockte zwischen ihren Waren, die sie auf jenem Markt anbot. Während sie Kunden bediente, gelang es einem sehr jungen männlichen Juden, den Rockzipfel der Frau an eine schwere Kiste zu binden. Als sie nun ruckartig aufstand, blieb der Rock an der Kiste hängen. Die Frau stand für einen Augenblick mit nacktem Unterleib auf dem Markt. Einige junge Juden, die auf diesen Augenblick gewartet hatte, lachten und johlten. Ein Moslem, der Kunde war auf dem Markt, fiel über den Mann her, der offensichtlich den Rock angebunden hatte, und tötete ihn. Nun griffen die Lacher ein – sie brachten den Araber um. Als die zwei Toten zwischen den Marktkörben lagen, stoben Araber und Juden auseinander.

Mohammed, die oberste Autorität in Medinat al-Rasul, erkannte die Chance, Stärke zu demonstrieren. Er ließ die Häuser des jüdischen Clans umzingeln, dessen Angehörige für den Vorfall auf dem Markt verantwortlich waren. Die Bewohner ergaben sich. Mohammed ordnete an, daß der Clan die Stadt zu verlassen habe. Ihr Eigentum mußten die jüdischen Familien zurücklassen.

Ein Jahr später – es war im September 625 christlicher Zeitrechnung – fand sich Mohammed im jüdischen Stammesgebiet zu einem Versöhnungsessen ein. Er wurde gebeten, sich in Erwartung der Speisen im Schatten einer Hausmauer niederzulassen. Plötzlich hatte Mohammed die Ahnung, ein Stein werde vom Hausdach herunter gestürzt werden, um ihn zu töten. Ohne ein Wort zu sagen, stand er auf und entfernte sich. Unmittelbar darauf sagte Mohammed zu seinen Getreuen, er sei von Allah vor einem Anschlag gewarnt worden.

Der Prophet hatte keinen Zweifel daran, daß die jüdische Sippe ein Attentat vorbereitet hatte. Er ordnete die Bestrafung der Schuldigen an: Sie hatten Medinat al-Rasul zu verlassen. Offensichtlich aber war sich die jüdische Sippe keiner Schuld bewußt. Sie weigerte sich, die Anordnung des Propheten zu befolgen. Das Resultat der Weigerung war, daß die Sippe in ihrem Stadtviertel belagert wurde. Sie mußten von ihren Häusern aus zusehen, wie ihre Olivenbäume abgehackt wurden.

Diese Maßnahme war ungewöhnlich: Auf der Arabischen Halbinsel galten Olivenbäume als heilig, ihre Vernichtung zeigte an, daß Mohammed entschlossen war, den jüdischen Stämmen keine Lebensbasis in seiner Nähe zu lassen. Er war nicht mehr bereit zu irgendeiner Form der Aussöhnung.

Der jüdische Stamm verließ Häuser und Land. Daß er noch immer wohlhabend war, bewies die Karawane von 600 Kamelen, auf denen das bewegliche Eigentum forttransportiert wurde. Ziel der Karawane war die Oase Khaibar. Sie lag fünf Tagesritte von Medinat al-Rasul entfernt im Norden des Herrschaftsbereichs von Mohammed.
  Mit der Ausweisung dieser jüdischen Sippe war der Widerstand gegen den Propheten in seiner Stadt noch immer nicht erloschen. Zu seinem Mißfallen entdeckte er, daß eine Familie Kontakte unterhielt zu seiner eigenen Verwandtschaft in Mekka, der Sippe Koraisch, die ihm feindlich gesinnt war, und die ihm den Erfolg in Medinat al-Rasul nicht gönnte. Mohammed fürchtete eine Verschwörung der Mächtigen in Mekka mit den Juden in seinem Herrschaftsbereich. Die jüdischen Verschwörer handelten allerdings nicht entschlossen genug. Als Mohammed mit Belagerung drohte, ergaben sie sich bedingungslos den Moslems. Mohammed entschied, daß die Männer zu töten sind – die Frauen und Kinder wurden als Sklaven verkauft.

Der Grund für diese harte Haltung war, daß der Stadtchef Mohammed unter allen Umständen verhindern wollte, daß in Medinat al-Rasul wieder Zustände eintraten, wie sie zuvor in Jathrib geherrscht hatten. Der Ausbruch eines Bürgerkriegs durfte nicht stattfinden. Er hatte offenbar Mühe, seinen Standpunkt den Moslems der Stadt deutlich zu machen – sie waren für Milde gegenüber den Verschwörern eingetreten. Sie schreckten davor zurück, fünfhundert Männer zu töten. Doch sie fügten sich schließlich den Anordnungen des Gesandten Gottes.

Das Ziel des Propheten war nicht die Vernichtung der Juden. Er wollte seine Kritiker zum Schweigen bringen. Sie gefährdeten seine Autorität, und sie ließen in den Köpfen seiner Anhänger und Kämpfer Zweifel entstehen an der Gottgefälligkeit seiner Worte und Taten. Sobald Kritik und Spott verstummten, vergaß Mohammed die Verfolgung der Juden. Die wenigen jüdischen Familien, die noch in Medinat al-Rasul verblieben waren, vermieden fortan jede offene Stellungnahme gegen den Propheten und den Wert seiner Offenbarung. Sie bildeten für Mohammed keine Gefahr mehr; sie blieben verschont.

Der Widerstand gegen Mohammed verlagerte sich nach Norden, in die Oase Khaibar. Der Grund und Boden dort gehörte jüdischen Sippen. Ihre Nachbarn waren arabische Großfamilien, die sich nicht dem Islam unterworfen hatten, und die sich dagegen wehrten, den Propheten Mohammed als oberste Autorität anzuerkennen. Die Juden von Khaibar und die arabischen Sippen des Nordens hatten dieselben Interessen und waren deshalb natürliche Verbündete. Zusammengehalten aber wurde ihre Allianz durch den Reichtum der Clans von Khaibar. Sie konnten ihre Verbündeten belohnen.

Mohammed reagierte rasch auf diese Bedrohung. Im Juni 628 n. Chr. führte er seine schnellen Reiterverbände nach Norden. Er brauchte nur drei Tagesritte, dann erreichte er die ausgedehnte Oase Khaibar. Seine Ankunft war eine Überraschung für die Bewohner.

Die Siedlung bildete keine zusammenhängende Stadt. Sie bestand aus Gruppen von Lehmhäusern, die im Schatten von Palmen standen. Jede Einzelfamilie lebte auf eigenem Boden und war für sich selbständig. Die Einzelfamilien waren voll Selbstvertrauen. Die Grundlage war ihr Wohlstand – und die vermeintlich sichere Distanz zu Medinat al-Rasul.

Als die Streitmacht des Propheten von der Oase aus bemerkt wurde, war es zu spät, um militärische Vorbereitungen zu treffen. Eine übergeordnete Koordination zur Verteidigung der Lehmhäusergruppen konnte nicht organisiert werden. Jede Familie war auf sich selbst gestellt. Einige der Sippen, deren Häuser am Rand der Oase lagen, hielten es für klug, dem Angreifer Unterstützung anzubieten. Mohammed war bereit, auf die Angebote einzugehen, denn er war auf Versorgung mit Wasser und Datteln angewiesen. Die Lieferungen waren reichlich; in einzelnen Vierteln der Oase aber herrschte bald Not. Die Clans im Zentrum der Siedlung hatten es versäumt, selbst für ausreichende Bevorratung zu sorgen.

Entscheidend aber war, daß die Unterstützung von außen ausblieb. Die arabischen Stämme kamen der bedrohten Oase nicht zu Hilfe. Der Widerstand brach rasch zusammen. Eine Sippe nach der anderen arrangierte sich mit Mohammed. Sie alle übergaben ihren Besitz

– vor allem ihre Olivenbaumhaine – dem Sieger. Die Juden von Khaibar waren fortan die Knechte der Moslems. Sie hatten das Land zu
bestellen, das ihnen nicht mehr gehörte.

Für die Moslems ist der Symbolwert dieses Geschehens groß: In
Khaibar – so lautet die Überzeugung – wurde deutlich, daß der An-
spruch der Juden, das von Gott auserwählte Volk zu sein, hinfällig ist.
Die Behauptung könne nicht mehr aufrechterhalten werden, Gott
habe seinen Willen durch die Bevorzugung seines Bundes mit den
Söhnen des Isaaks kundgetan. Jene Söhne des Isaak seien damals in
Khaibar von den Söhnen des Ishmael unterworfen worden. Die Ver-
dammnis der Söhne des Ishmael, die im Buch Genesis (16,12) festgehalten ist, habe ihre Gültigkeit verloren. Ausgelöscht seien die
Worte der Prophezeiung, die Ishmael betraf: »Seine Hand wird gegen
jeden und jedermanns Hand wird gegen ihn sein.«

Ist der Kampf um den Tempelberg ein Irrtum?

Die Diskriminierung der »Söhne des Ishmael« wird von den Moslems abgelehnt. Die Palästinenser nehmen übel, daß sie als »Söhne
des Ishmael« vom Tempelberg in Jerusalem vertrieben werden sollen.
Doch vielleicht hat dieser Konflikt, der im Herbst des Jahres 2000 blutige Konsequenzen hatte, überhaupt keinen historischen Hintergrund. Beruht er auf einem Irrtum?

Der in den USA lebende Historiker Dr. Ernest L. Martin hat in Zusammenarbeit mit dem israelischen Archäologen Dr. Benjamin Mazer
an Ausgrabungen auf dem Tempelberg teilgenommen; er hat alle Fakten gesammelt über den Platz, auf dem der Tempel des Herodes gestanden haben soll. Dr. Martin ist zu diesem Schluß gekommen:

Der Tempelberg war nicht der Standort des Tempels. Das von Mauern umgebene Areal, das von Juden heute als Platz des Tempels angesehen wird, war das Geviert der römischen Festung Antonia. In
diesem Geviert befand sich das Lager für 5000 Legionäre. Die Mauern, die heute noch zu sehen sind, hatten die Umfassung des Rö-
merlagers gebildet. Der Tempel aber stand südlich der gewaltigen
Festung Antonia. Seine Position war direkt über der Gihonquelle auf
der Landzunge, auf der einst die Häuser der Davidstadt erbaut
waren. Der Tempel – so sagt Dr. Martin – stand auf hohen Mauern,
die durch die Römer im Jahre 70 n. Chr. bis auf den letzten Stein zerstört wurden. Der Historiker geht davon aus, daß die römische Be-

satzungsmacht ihren Entschluß, vom Tempel keine Spur zu hinterlassen, mit letzter Konsequenz ausgeführt hat.

Dr. Martin nimmt auch die Prophezeiung Jesu ernst, die im Lukas-Evangelium (21,5-6) erhalten geblieben ist: »Es wird die Zeit kommen, in welcher von dem allem, was ihr sehet, nicht ein Stein auf dem anderen gelassen wird.«

Die Konsequenz der Erkenntnisse des Historikers Dr. Martin ist, daß der islamische Felsendom sich nicht auf dem Platz des jüdischen Tempels erhebt. Für die Wiedererrichtung des Tempels müßte nicht der Felsendom weichen und nicht einmal die Al-Aqsa-Moschee.

Wer die Erkenntnis des Dr. Martin aus dem Jahre 2000 in Betracht zieht, der bekommt Zweifel, ob Ariel Sharon am 28. September 2000 den richtigen Standort des Tempels der Juden von einst besichtigt hat.

Dieser Zweifel wird bekräftigt durch drei Veröffentlichungen des libanesischen Historikers Kamal Salibi während der letzten fünfzehn Jahre des vergangenen Jahrtausends. Die Veröffentlichungsreihe begann mit dem Buch »The Bible came from Arabia« – veröffentlicht 1985 in Beirut und wieder aufgelegt im Jahre 1996. Mit Akribie hat Professor Kamal Salibi offensichtliche Diskrepanzen ausgelotet zwischen Bibeltexten und der geographischen Situation im Land zwischen Jordangraben und Mittelmeer. Manche der biblischen Geschichten paßten nicht zur Topographie der Region um den heutigen Staat Israel. Der Historiker Salibi stellte sich die Frage, ob der Schauplatz der Ereignisse um die Könige David und Salomo in einer völlig anderen Landschaft zu suchen ist.

Die gefährliche These: Der Tempel Salomos stand auf der Arabischen Halbinsel

Die These, daß der Standort des salomonischen Tempels auf dem Gebiet des heutigen Saudi-Arabien zu suchen sei, wurde zuerst in den Räumen des Deutschen Orient Instituts in Beirut vorgetragen. Damals, zu Beginn der 80er Jahre, war Professor Gernot Rotter der bestimmende Kopf des Instituts. Er sorgte dafür, daß die sensationelle Theorie des libanesischen Historikers publiziert wurde. Ihr Inhalt: Das den Juden verheißene Land sei nicht auf dem Küstenstreifen des Mittelmeers westlich des Jordangrabens zu suchen, sondern an der Küste des Roten Meeres, auf dem Territorium des heutigen Königreichs Saudi-Arabien. Wenn diese These stimmt, dann verlagert sich der Anspruch des jüdischen Volkes auf das ihm von Gott zugesagte Land von Palästina auf die saudiarabische Provinz Asir, die sich von der Hafenstadt Al-Lith – sie liegt rund 200 Kilometer südlich von Jeddah – bis zur jemenitischen Grenze erstreckt.

Durch Zufall, so sagt Professor Salibi, sei er darauf gestoßen, daß sich die im Alten Testament geschilderten Ereignisse nicht westlich des Jordanflusses abgespielt hätten, sondern in jenem Bergland Asir. Es erhebt sich aus der Küstenebene Tihama am Roten Meer bis zu einer Höhe von 3000 Metern, um dann allmählich nach Osten abzufallen. Das Land Asir zeichnet sich durch beachtliche Niederschlagsmengen aus. Im Durchschnitt fallen dort 300 mm Regen pro Quadratmeter im Jahr. Das Klima ermöglicht Feldanbau mit natürlicher Regenbewässerung – Asir ist das einzige Gebiet in Saudi-Arabien, das diesen Vorteil besitzt. Angebaut werden Hirse, Weintrauben, Nüsse, Gemüse, Bananen und Zitrusfrüchte. Im Vergleich zur Öde der saudiarabischen Wüstengebiete kann Asir durchaus als »zu lobendes Land« bezeichnet werden. Besonders gepriesen auf der Arabischen Halbinsel wird der Honig von Asir.

In seinem Buch »The Bible came from Arabia« beschreibt Professor Salibi, er habe in einem statistischen Handbuch für Saudi-Arabien aus dem Jahr 1977 entdeckt, daß heutige Ortsnamen von Asir auffällig starke Verwandtschaft mit geographischen Bezeichnungen der Bibeltexte besitzen: »Ich dachte zuerst, ich sei einem Irrtum verfallen, doch als sich immer mehr Beweise ansammelten, da begriff ich, daß ich eine Entdeckung gemacht hatte. Nahezu alle biblischen Ortsnamen, an die ich auch nur denken konnte, waren hier zu finden in einem Gebiet, von 600 Kilometer Länge und 200 Kilometer Breite.« Nirgends sonst im Nahen Osten sei eine derartige Konzentration von Ortsnamen zu entdecken, die im Alten Testament von Bedeutung sind, sagt Professor Salibi. Zu seiner Verwunderung waren diese Bezeichnungen sogar in der originalen hebräischen Schreibweise erhalten.

Diese Häufung derartiger Ortsnamen und geographischer Bezeichnungen konnte kein Zufall sein. Der Historiker begann den Ablauf biblischer Ereignisse auf die Geographie der saudiarabischen Provinz Asir zu übertragen und machte die erstaunliche Entdeckung, daß das Geschehen weit besser zu den topographischen Gegebenheiten der westarabischen Küste paßte, als zum Land westlich des Jordan: Entfernungen stimmten; das Gelände entsprach den biblischen Beschreibungen; die in der Bibel gepriesene Fruchtbarkeit des Bodens war nur in Asir, nicht aber im Westjordanland zu finden.

Die Geschichte der »Landnahme« konnte, nach Überzeugung des Professors, eher im Küstenland des Roten Meeres geschehen sein, als in Reichweite des Toten Meeres. Nur ein wesentlicher geographischer Faktor stand der Verlagerung des biblischen Gesehenes im Wege: Im fraglichen Gebiet der Arabischen Halbinsel war kein Fluß zu finden, der dem Jordan entsprach. Zu Beginn der »Landnahme« unter dem Feldherrn Josua aber war gerade die Überquerung dieses Flusses von großer Bedeutung. Wenn das Jordanproblem nicht gelöst werden konnte, war die These von der Ortsverlagerung der Bibelberichte an die Küste des Roten Meeres unglaubwürdig.

Professor Salibi ging dem Gedanken nach, es könne sich beim Jordan um eine andere topographische Erscheinung als um einen Fluß handeln. Er stellte fest, daß in den hebräischen Texten der Jordan tatsächlich nie als Fluß bezeichnet wurde; immer steht der Begriff »Jordan« für sich allein. Hervorgehoben in den Texten wird die Schwierigkeit der Überwindung des »Jordan«. Professor Salibi bemerkte zu Recht, daß das Gewässer im Jordantal weder heute noch in früherer Zeit schwierig zu überwinden war. Die Eigentümlichkeit, daß in der Bibel häufig die Formulierung »jenseits des Jordan« verwendet wird, brachte den Wissenschaftler auf den Gedanken, der Jordan könne ein Gebirgszug sein, der Landschaften trennt. Ein derartiger Gebirgszug findet sich im Lande Asir, unmittelbar ostwärts der Küstenebene. Er beginnt bei der Stadt Al-Taif und führt parallel zur Küste auf die jemenitische Grenze zu.

Dieser Gedankengang löste die gründliche Untersuchung der biblischen hebräischen Texte aus. Festgestellt wurde, daß der Begriff »Jordan« für die Bezeichnung eines Gebirgspasses verwendet werden kann – und für eine Wasserscheide zwischen zeitweise aktiven Bergbächen. Paß und Wasserscheide sind – so berichtet Professor Salibi – geographisch genau zu identifizieren. Er weist darauf hin, daß die Stelle der Flußüberquerung im Jordantal nie genau örtlich festzulegen war. Sie läßt sich offenbar in der saudiarabischen Provinz Asir finden.

Die Wanderung der jüdischen Stämme bis zum Gebirgspaß im Lande Asir, habe keineswegs am Nil begonnen, sondern im Norden dieses Landes, das damals zum Einflußbereich des ägyptischen Pharao gehört habe. Das in der Bibel erwähnte ägyptische Gebiet Goshen sei mit der heutigen Ortschaft Ghithan gleichzusetzen. Der nächste Aufenthalt des biblischen Volkes fand bei Sukkot statt. (Exodus 12,37) Dieser Platz, so hat Professor Salibi herausgefunden, trägt heute den

Namen Al Skut. In Übereinstimmung zu bringen mit der Landschaft von Asir ist das biblische Geschehen durchaus: Selbst für das Ende der ägyptischen Verfolger, die den Auszug der Juden aus ägyptischem Herrschaftsbereich verhindern wollten (Exodus 14,26 ff.) ist ein passender Platz gefunden – wobei allerdings nicht das Rote Meer der Schauplatz einer unerwarteten Flutkatatrophe ist, sondern ein sonst trockenes Flußtal.

Auch in der Landschaft der Arabischen Halbinsel dauerte die Wanderung lange. Sie endete – laut Professor Salibi – bei einem Ort, der heute Rakkyah heißt. Rakkyah soll der biblischen Stadt Jericho entsprechen. Die Klangverwandtschaft des Namens ist vorhanden.

Selbst für den Berg Nebo, von dem aus Mose das »verheißene Land« gezeigt bekommen hat, ist ein geeigneter Platz im Land Asir gefunden worden, dessen Namen sogar Ähnlichkeit aufweist mit dem geographischen Begriff, der dem Bibelleser vertraut ist: Mose überblickte von einem Hügel aus, dessen Name mit gutem Willen als Nebo zu deuten ist, das künftige fruchtbare Siedlungsgebiet des jüdischen Volkes. Mose sah hinunter auf das Land, das Gott seinem Volk versprochen hatte. Es reichte vom »Strom der Ägypter«, womit keineswegs der Nil gemeint war, bis zu einem Wadi im Süden, das nicht den Euphrat bezeichnet. Das »verheißene Land« an der Ostküste des Roten Meeres ist ungefähr 600 Kilometer lang und 200 Kilometer breit.

Die These vom Land Asir als Ort des frühen biblischen Geschehens hat auch zum Inhalt, daß die Könige David und Salomo nicht in der Stadt Jerusalem regiert haben, die heute Kernpunkt des Konflikts zwischen Israelis und Palästinensern ist. Jerusalem sei, so sagt Professor Salibi, eine Landschaft gewesen, die sich um die heutige Ortschaft Ash Sharim und den heutigen Berg Ziyan (Berg Sion) gruppiert. Beide befinden sich auf der Höhe des Bergzuges nördlich der Stadt Abha, die 2200 Meter über dem Meeresspiegel liegt. Abha ist heute die wichtigste Stadt des Landes Asir.

Dem Forscher Salibi ist der Nachweis gelungen, daß topographische Begriffe von der Region rings um Ash Sharim und Berg Ziyan mit den Bibeltexten in Einklang zu bringen sind. Einen Hinweis auf die Existenz des Kidrontals in biblischer Zeit erkennt Salibi im Ortsnamen Qidran. (»The Bible came from Arabia«, Seite 122) Selbst die in der biblischen Geschichte so wichtige Gihonquelle kann lokalisiert werden: Sie befindet sich an einem Platz, der heute Al Jihun heißt.

Es bleibt noch die Frage, wie geschah es, daß im Bewußtsein des jüdischen Volkes der Schauplatz des biblischen Geschehens vom Land

Asir auf der Arabischen Halbinsel in das Gebiet zwischen Jordangraben und Mittelmeer verpflanzt werden konnte. Die Antwort des Professors Salibi: Nebukadnezar hat nicht den jüdischen Staat um das heutige Jerusalem zerstört, sondern das jüdische Reich am Roten Meer. Von dort zogen die Juden in die Babylonische Gefangenschaft. Während der zwei Generationen des Lebens in der Fremde soll sich der Ort der Sehnsucht nach der Heimat auf das Land zwischen Jordangraben und Mittelmeer übertragen haben. Dort entstand nicht »Zion« neu, sondern – wohl überlegt – die »Tochter Zion«, das neue Zion. In dieses Land seien die Ortsnamen übertragen worden, die in Asir üblich waren. Aus Ash Sharim soll Jerusalem geworden sein.

Die Theorie von der Entstehung der »Tochter Zion« ist ein schwaches Glied in der Beweiskette des Professors Kamal Salibi. Die Grundlage der Gesamtthese muß brüchig bleiben, solange nicht bei Ash Sharim auf der Bergkette von Asir ein archäologischer Nachweis gelingt, daß sich dort der Tempel des Salomo befunden haben soll. Daß dieser Nachweis auch im bekannten Jerusalem nicht möglich ist, macht das Problem nur schwieriger.

In Israel wird die These des libanesischen Historikers nicht zur Kenntnis genommen. Die Diskussion über ihre Richtigkeit könnte zweifelnde Gedanken auslösen, ob die Basis des jüdischen Staates historisch untermauert ist. Auf die Stabilität des Nahen Ostens würde dieser Zweifel nur schädlich wirken. Er bewirkt in letzter Konsequenz internationalen Streit mit Saudi-Arabien. Daran ist das Königreich nicht interessiert. Es wird deshalb mit gutem Grund jegliche archäologische Untersuchung der Region Ash Sharim untersagen. So bleibt der Tempelberg – Haram ash-Sharif der Moslems – Zentrum des Nahostkonflikts.

»Wir beten, daß es einen Tag gibt ohne Beerdigungen«

Shimon Peres hat diesen Gebetswunsch geäußert – Ende November des Jahres 2000, als Tag für Tag tote junge Palästinenser von palästinensischen Jugendlichen, von Mädchen und jungen Männern, mit Ausbrüchen des Zorns, des Hasses, mit Schreien »Allahu Akbar«, »Allah steht über allem«, zu Grabe getragen wurden. Im Spätherbst des Jahres 2000 starben an jedem Tag Palästinenser durch israelische Geschosse, die im Körper des Getroffenen explodieren; die Splitter lösen Blutungen aus, die nicht gestillt werden können. Die Krankenhäuser in Gaza und Ramallah sind überfüllt. König Abdallah II. von Jordanien hat die Aufnahmestationen seiner Krankenhäuser für die palästinensischen Verwundeten öffnen lassen. Die Toten werden zurückgebracht ins Autonome Gebiet der Palästinenser. Sie werden empfangen von Tausenden, die mit dem Ruf »Allahu Akbar« ihren Schwur bekräftigen, die Toten zu rächen.

Die religiöse Verpflichtung zum Kampf heizt den Konflikt an. Am 9. November 2000 gedenken gläubige Juden des Jahrestags des Todes von Rachel, der zweiten Frau des Jakob. Sie erinnern sich daran, daß im Buch Genesis (30,22) die Worte festgehalten sind: »Gott gedachte Rachel und erhörte sie.« Mitglieder der national-religiösen Parteien Israels wollen sich den Zugang zur Festungsmauer erzwingen, die das Areal um das schlichte Mausoleum von Rachel umgibt. In einem gepanzerten Fahrzeug nähern sie sich langsam auf dem 400 Meter langen Straßenkorridor den Maschinengewehrstellungen der Israel Defence Force auf zwei Mauertürmen. Von diesen Stellungen aus beherrschen israelische Soldaten die Straße. Ihre Aufgabe ist der Schutz der frommen Juden, die zum Rachelgrab kommen wollen. An diesem Gedenktag aber ist diese Aufgabe schwierig. Einige hundert steinewerfende Jugendliche sind entschlossen, die Gläubigen, die beten wollen, zu vertreiben. Zornig klingt der Schrei »Allahu Akbar«. Das gepanzerte Fahrzeug ist von der Masse der jungen Frauen und Männer umgeben. Die Soldaten der zwei Mauertürme geben dem Fahrer Zeichen, er möge sich rückwärts aus dieser Falle lösen. Der Fahrer begreift, daß der Zugang nicht erzwungen werden kann. Langsam löst er sein Fahrzeug aus der Masse und gewinnt nach 400 Metern die freie Straße, die nach Norden, nach Jerusalem führt. Am selben Tag wird drei Kilometer südlich des Rachelgrabs auf der Straße nach Bethlehem ein Kraftfahrzeug japanischer Bauart durch eine Rakete getroffen. Sie war von einem israelischen Kampfhubschrauber abgefeuert worden. Die Detonation der Granate zerfetzt das Auto und den Fahrer, den Fatahfunktionär Hussein Abayat. Die Hubschrauberbesatzung hatte den Befehl, genau diesen Mann zu töten, der Kommandeur der palästinensischen Miliz Tansim war. Den Befehl hatte Generalmajor Shaul Mofaz erteilt. Der Chef des israelischen Generalstabs wollte durch den Anschlag Rache üben für die Tötung von zwei Soldaten, die im Auftrag von Hussein Abayat in der Ortschaft Al Khader bei Bethlehem geschehen war.

Die israelische Rakete hat jedoch nicht allein den Tansimkommandeur umgebracht, sondern auch zwei unbeteiligte Frauen, die zu Fuß auf der Straße nach Bethlehem unterwegs waren. Der Tod der Frauen veranlasste in Gaza die Führung der islamischen Kampforganisation Hamas die Anordnung zu geben, Generalmajor Shaul Mofaz zu töten.

Am 4. Dezember 2000 greifen palästinensische Milizionäre von drei Seiten das Rachelgrab an. Sie wollen die israelischen Bewacher vertreiben. Sie werden durch heftiges Maschinengewehrfeuer abgewehrt.

Der Eskalation der Gewalt versucht die israelische Armee durch Abriegelung der palästinensischen Dörfer und Städte des Autonomiegebiets zu begegnen. Die Führung der Palästinenser wiederum befürchtet, Ministerpräsident Ehud Barak habe die Absicht, das den Palästinensern übergebene Territorium erneut besetzen zu lassen. Der für die Sicherheit im Gazastreifen verantwortliche Fatahoffizier Abdel Razak al Majadeh bereitet sich auf die israelische Panzerattacke gegen die Stadt Khan Junis südlich von Gaza vor. Er sagt: »Wir werden diese Stellung nicht räumen, gleichgültig, was geschieht!«

Am 16. November 2000 verhängt die israelische Regierung die Blockade für den Gazastreifen, die jegliche Versorgung mit Treibstoff und Kochgas für Tankstellen und Haushalte unterbindet. Nahezu zwei Millionen Menschen sind von dieser Blockade betroffen.

Ende November gibt die palästinensische Autonomiebehörde bekannt, daß bisher 276 Tote zu beklagen sind. Bestürzender aber wirkt die Zahl der Verwundeten: Mehr als 7000 Palästinenser sind während der vergangenen acht Wochen von Geschossen getroffen und verletzt worden.

Mehr als tausend Kilometer vom umkämpften Autonomiegebiet entfernt, wird der zwölfjährige Palästinenser Mohammed ad-Dura als Märtyrer des islamischen Glaubens gefeiert. Sein Tod feuert hunderttausende junger Männer an Euphrat und Tigris an, in den Heiligen Krieg zu ziehen zur »Befreiung« des Heiligen Landes zwischen Jordansenke und dem Mittelmeer. Präsident Saddam Hussein von Irak hat beschlossen, diese Aufgabe der »Befreiung« in die Hände irakischer Kämpfer zu legen. Ende November 2000 hatten sich, nach Angaben des irakischen Revolutionsrats, 6 607 306 Männer und Frauen für diesen Kampf freiwillig gemeldet. Im Namen Allahs sind sie bereit, ihr Leben für die Eroberung von Al Quds – dies ist die arabische Bezeichnung für Jerusalem – zu opfern. Der Ruf »Allahu Akbar« ist Ausdruck der Verpflichtung zur Teilnahme an diesem Heiligen Krieg um das Heilige Land, das nach arabischer Meinung nicht dem jüdischen Volk gehören darf.

Die Freiwilligen marschieren durch die Straßen von Baghdad, Basra, Samarra, Mosul. Sie verfügen über keine wirkungsvollen Waffen, doch sie demonstrieren Entschlossenheit, dem Islam im Heiligen Land zum Sieg zu verhelfen.

In der Nacht vom 17. zum 18. Juli 2000 hatte Jassir Arafat in Camp David die richtige Erkenntnis gehabt, als er zum amerikanischen Präsidenten Clinton sagte: »Wollen Sie wirklich die Region in einen langandauernden religiösen Konflikt stürzen?« Er hatte aus dem Mund Clintons soeben erfahren, daß der israelischen Delegation dieser Vorschlag unterbreitet werden sollte: Die Palästinenser übernehmen die Kontrolle über das Gebiet des Haram ash-Sharif – den die Israelis Tempelberg nennen – und erlauben dafür dem Staat Israel an der Nordostecke des heiligen Bezirks den Bau einer Synagoge. Für Arafat und seine Delegation war damit das Ende der Verhandlungen erreicht. Offenbar hatte Clinton die religiöse Dimension des gesamten Konflikt noch immer nicht begriffen. Die Palästinenser aber bereiteten sich vor: Als Ariel Sharon am 28. September den Tempelberg betrat, waren sie für »Intifada« gerüstet.

»An Rachels Grab klammern wir uns fest«

Der Triumph der Palästinenser am Grab des Joseph bei Nablus – das auf dem Umschlag dieses Buches zu sehen ist – hat auf viele Israelis wie ein Schock gewirkt. Einfache Menschen, die sich danach am Grab der Rachel versammelten, ziehen diese Konsequenz: »Wir dürfen kein Land mehr hergeben. Rabin hat uns veranlaßt, auf die heiligsten Plätze zu verzichten. Wir haben das Josephsgrab nicht verteidigt. Wir haben Rachels geliebten Sohn Joseph im Stich gelassen. Wir werden seine Mutter Rachel verteidigen. Gott wird uns nie verzeihen, wenn wir diesen Platz den Arabern überlassen. Sie warten nur darauf, daß wir Schwäche zeigen. Sie wagen es schon, auf uns zu schießen!«

Die Frau aus Jerusalem weiß, wer hier schießt: »Es ist der Stamm Ta'amri, der hier bei Bethlehem zu Hause ist. Er will sich diesen Platz wiedererobern. Wir aber klammern uns an Rachels Grab fest für alle Zeiten!«

Literatur (Auswahl)

Das Alte Testament. Nach den Grundtexten übersetzt und herausgegeben von Vinzenz Hamp und Meinrad Stenzel. Aschaffenburg 1966

Ariel, Yisrael: The Odyssey of the Third Temple. Jerusalem [1994]

Baedeker, Karl: Jerusalem and Surroundings. London 1876

Baedeker, Karl: Palestine and Syria. Leipzig 1894

Barnavi, Eli: A Historical Atlas of the Jewish People. New York 1992

Beilin, Yossi: Touching Peace. London 1999

Comay, Joan; Brownrigg, Ronald: Who's Who in the Bible. New York 1980

Dumper, Michael: The Politics of Jerusalem since 1967. New York 1997

Farsoun, Samith K.; Zacharia, Christina: Palestine and the Palestinians. Colorado 1997

Grierson, Roderick; Munro-Hay, Stuart: The Ark of the Covenant. London 1999

Herzog, Chaim: The Arab-Israeli Wars. London 1982

Hiro, Dilip: Sharing the Promised Land. London 1996

Hornung, Erik: Grundzüge der ägyptischen Geschichte. Darmstadt 1965

Ice, Thomas; Price, Randall: Ready to Rebuild. The Imminent Plan to Rebuild the Last Days Temple. Eugene, Oregon 1999

Inbari, Pinhas: The Palestinians Between Terrorism and Statehood. Brighton 1996

Keller, Werner: The Bible as History. New York 1980

Kornberg, Jacques: Theodor Herzl. Bloomington/USA 1993

Lochery, Neill: The Difficult Road to Peace. Reading 1999

Martin, Ernest L.: The Temples that Jerusalem Forgot. Portland 2000

Negev, Avraham: Archaeological Encyclopedia of the Holy Land. New York 1972

Netanyahu, Benjamin: A Place Among the Nations. New York 1993

Said, Edward W.: The Question of Palestine. New York 1979

Salibi, Kamal: The Bible Came from Arabia. Beirut 1985/1996

Salibi, Kamal: The Historicity of Biblical Israel. Jordan 1998

Salibi, Kamal: Secrets of the Bible People. London 1988

Thompson, Thomas L.: The Bible in History. London 1999

Usher, Graham: Dispatches from Palestine. London 1999

Vilnay, Zev: Legends of Jerusalem. Philadelphia 1995

Watt, Montgomery W.: Muhammad at Medina. Oxford 1956

Yadin, Yigael: Hazor. London 1975

Zeittafel

Um das Jahr 200 v. Chr. bis 1750 v. Chr.	Der Patriarch Abraham und seine Nachfahren
Nach 1750 v. Chr.	Die jüdischen Sippen in Ägypten
Um 1400 v. Chr.	Der Auszug aus Ägypten
	Mose und die jüdischen Sippen wandern durch die Wüste
	»Landnahme« in Kanaan
	Zeit der Richter
	Konflikt mit den Philistern
	Der Richter Samuel
Um 1020 v. Chr.	König Saul
Um 1010 v. Chr.	König David
Um 1000 v. Chr.	Jerusalem wird Israels Hauptstadt
Nach 970 v. Chr.	König Salomo
	Bau des ersten Tempels in Jerusalem
932 v. Chr.	Spaltung des jüdischen Staates in Israel und Juda
721 v. Chr.	Assyrien erobert jüdisches Land
	Jerusalem unter König Hezekiah widersteht
586 v. Chr.	Nebukadnezar erobert Jerusalem
	Beginn der »Babylonischen Gefangenschaft«
538 v. Chr.	Persien lockert die »Babylonische Gefangenschaft«
458 v. Chr.	Esra gibt dem Gesetz der Thora Gültigkeit
332 v. Chr.	Eroberung Jerusalems durch Alexander den Großen
Um 200 v. Chr.	Herrschaft der Griechen (Ptolemäer) über Israel und Juda
	Übersetzung des Alten Testaments ins Griechische (Septuaginta)
175 v. Chr.	Aufstand der Makkabäer (Sippe Makkabi) gegen die Griechen
165 v. Chr.	Nach dem Wiederaufbau Tempelweihe in Jerusalem durch die aufständischen Makkabäer
149 bis 129 v. Chr.	Jüdische Autonomie unter den Hasmonäern
129 bis 63 v. Chr.	Jüdische Unabhängigkeit unter der Hasmonäer-Monarchie
63 v. Chr.	Eroberung Jerusalems durch die Römer
37 bis 4 v. Chr.	König Herodes
	Bau des herodianischen Tempels
26 bis 36 n. Chr.	Pontius Pilatus römischer Statthalter von Juda
Um 33 n. Chr.	Kreuzigung Jesu

66 bis 70	Aufstand der Juden gegen die Römer
70	Zerstörung des zweiten Tempels und Eroberung Jerusalems durch Titus
132 bis 135	Aufstand der Juden unter Bar-Kochba gegen die Römer
135	Eroberung und Zerstörung Jerusalems durch Hadrian
313 bis 636	Jerusalem unter byzantinischer Herrschaft
614	Eroberung Jerusalems durch die Perser
628	Vertreibung der Perser durch Byzanz
638	Eroberung Jerusalems durch die Moslems
	Kalif Omar erinnert sich vor Ort an die »Nachtreise« des Propheten Mohammed
	Jerusalem islamische Stadt
1099	Eroberung Jerusalems durch die Kreuzfahrer
1187	Sieg über die Kreuzfahrer und Eroberung Jerusalems durch Sultan Saladin
1229	Kaiser Friedrich II. erhält durch Vertrag Jerusalem von Sultan Elkamil von Ägypten
1244	Eroberung Jerusalems durch die Moslems
1517	Eroberung Jerusalems durch die Türken
1517 bis 1917	Israel unter türkischer Herrschaft
1896	Begründung der zionistischen Bewegung durch Theodor Herzl (1860–1904) mit seiner Schrift *Der Judenstaat*
1897	Erster Zionistenkongreß in Basel
1917	Eroberung Jerusalems durch die Briten
	Erklärung des britischen Außenministers Balfour für die Gründung eines jüdischen Nationalstaates in Palästina
1919	Völkerbundsmandat über Palästina an Großbritannien
1947	UN-Teilungsplan für Palästina
14. Mai 1948	Ende der britischen Mandatszeit
	Proklamation des Staates Israel
	Beginn des israelischen Unabhängigkeitskrieges
1949	Teilung Jerusalems zwischen Jordanien und Israel
1967	Im Sechs-Tage-Krieg (5.–10. Juni) besetzt Israel ganz Jerusalem und alle palästinensischen Gebiete
	Kampf der Palästinenser um ihr Land beginnt
1973	Jom-Kippur-Krieg
1978	Camp-David-Abkommen (17. September)
1979	Friedensvertrag zwischen Israel und Ägypten (26. März)
1985	*The Bible came from Arabia:* Der libanesische Historiker Kamal Salibi verlegt in seinem aufsehenerregenden Buch das biblische Geschehen und Jerusalem nach Asir in Saudi-Arabien

1987	Ausbruch der ersten palästinensischen Intifada in den besetzten Gebieten (9. Dezember)
1991	Eröffnung der Nahost-Friedenskonferenz in Madrid (30. Oktober)
1993	Oslo-Abkommen zwischen Israel und der PLO (20. August)
	Palästinensische Selbstverwaltung im Gaza-Streifen und in Jericho
1994	Gaza-Jericho-Abkommen (4. Mai)
	Friedensvertrag zwischen Israel und Jordanien (28. September)
	Yitzhak Rabin, Shimon Peres und Jassir Arafat erhalten den Friedensnobelpreis (10. Dezember)
1995	Oslo-B-Abkommen sichert die Autonomie der Palästinenser im Westjordanland (26. September)
	Der israelische Ministerpräsident Yitzhak Rabin wird von einem jüdischen Extremisten in Jerusalem ermordet (4. November)
1996	Benjamin Netanyahu wird neuer israelischer Ministerpräsident (29. Mai)
	Die israelische Regierung hebt den seit 1992 bestehenden Baustop für jüdische Siedlungen in den palästinensischen Autonomiegebieten auf (2. August)
1997	Hebron-Abkommen (17. Januar)
	Israel feiert seinen 50. Geburtstag (14. Mai)
1998	Israel und die PLO unterzeichnen das Wye River Memorandum (23. Oktober)
	Rückzug Israels aus dem Südlibanon
	Umsetzung des Abkommens von Wye stagniert und wird schließlich von Israel ausgesetzt
	Die Regierung Netanyahu scheitert. Die Knesseth beschließt Neuwahlen (21. Dezember)
1999	Ehud Barak wird neuer israelischer Ministerpräsident (15. Mai)
	Barak unterzeichnet einen Vertrag zur Umsetzung des Wye River Memorandums (»Wye 2«) in Scharm-el-Scheich (4. September)
2000	Gipfelkonferenz in Camp David endet ohne Abkommen (11. Juli)
	Ausbruch der Intifada II (27. September). Bis Jahresende 2000 mehr als 300 palästinensische Tote
	Präsident Clinton legt den Entwurf eines Nahost-Abkommens vor (26. Dezember)
2001	Termin für Neuwahlen in Israel nach dem Scheitern der Regierung Barak im Dezember 2000 (6. Februar)

Personenregister

Abayat, Hussein 407
Abbas, Jasser 50f.
Abdallah I., König v. Jordanien 41
Abdallah II., König v. Jordanien 407
Abed-Edom 137f.
Abijah 219
Abinadab 116, 136
Abischaq aus Sunem 158, 161, 164
Abjatar 160, 164, 266
Abner 128
Abraham 53–59, 61–67, 75, 83, 87, 140, 152, 168, 187, 199, 211, 283, 313, 362, 367, 391
Absalom 130, 133ff., 147f., 163f.
Abu Ala (Ahmed Qrei) 43ff.
Abu Ijad (Sala Khalaf) 52
Abu Jihad (Khalil Ibrahim Wazir) 52
Abu Mazen (Mohammed Abbas) 46, 51
Abu Sarah, Mohammed Sleiman 69f., 72
Achas, König v. Juda 198
Achimilki, König v. Ashdod 260
Achjo 136
Ad-Dura, Mohammed 389, 408
Adonijah 159–164
Ahab, König v. Israel 179, 234ff.
Aharoni, Archäologe 265
Ahaz, König v. Juda 242f.
Ahaziah, König v. Israel 236f.
Ahija, Prophet 209f.
Ahitophel 147f.
Ahmed I., Sultan 364
Albright, W. F. 96
Alexander der Große 296ff., 300, 323
Alexander Jannäus 330f.
Alexandra Salome 331
Al-Husseini, Amin 377f.
Allenby, Edmund 38, 48
Allon, Jigal 226
Al-Malik, Kalif 363

Amenophis III. 181
Amenophis IV. (Echnaton) 167
Amir, Hagas 79
Amir, Yigal 77, 79
Amon, König v. Juda 260f.
Amos, Prophet 237–241
Annan, Kofi 384
Antiochos V., Seleukiden-König 314f.
Antiochos VII., Seleukiden-König 325ff.
Antiochos, Seleukiden-König 300ff., 304, 306f., 314
Antipater, Sohn Herodes 342
Antipater, Vater Herodes 335
Apollonios 305, 307
Apries, Pharao 272, 275
Arafat, Jassir 14ff., 25f., 42–48, 50f., 73, 76, 83f., 86, 107, 212, 224f., 227, 231, 380, 382, 389, 391, 394f., 409
Aram, Sohn Shem 143f.
Araunah 151f., 155
Arens, Moshe 224
Ariel, Israel 372f., 375
Ariel, Uri 228, 230
Aristobul 329f.
Aristobul II. 331–334
Artaxerxes, König v. Persien 157, 289
Asahel 128
Asarhaddon, König v. Assyrien 260
Assurbanipal, König v. Assyrien 249
Avon, Noam 224
Avrahami, Chani 394
Avrahami, Yosef 393f.
Awad, Issam 359f.

Baker, James 43
Balfour, Sir Anthony 22
Balu, König v. Tyr 260
Barak, Ehud 14ff., 25f., 88, 216, 225, 227–231, 384f., 387, 389ff., 408
Barak, Heerführer Deborahs 176f.

Baruch 266f.
Bathsheba 24, 147-151, 159–161
Begin, Menachem 129, 378, 381f., 392
Belsazar, König v. Babylon 284ff.
Ben Ami, Shlomo 388
Ben Ari, Uri 41
Ben Gurion, David 13, 144f., 379
Ben Jehuda, Menahem 347
Ben Mathitjahu, Joseph s. Josephus, Flavius
Ben Simon, Eleazar 347
Benaja 135
Berginer, Vladimir 89ff.
Bezalel 110, 137
Bilqis, Königin von Saba 189, 206ff., 354f.
Birtles, Sergeant 254
Boas 186
Botta, Paul Emile 247f.

Caesar, Gaius Julius 335ff.
Chamor, Familie 211f.
Churchill, Winston 21, 23f., 27
Clinton, Bill 14, 16, 26, 73, 82f., 86f., 224, 392, 409
Cook, Robin 225
Cyrus, König v. Persien 286–289

Dalila 108
Daniel 284f.
David, 36, 89–92, 99ff., 116f., 119f., 122–152, 154f., 157–164, 170f., 184, 200ff., 204f., 222, 233, 238, 258, 266, 394, 405
Dayan, Moshe 18, 68, 368f., 379f.
Deborah 175ff., 216
Demetrius I. Soter 319
Demetrius II. Nikator 321f., 324
Dror, Shlomo 395

Ed-Din, Mujir 365
Ekansu, König v. Ekron 260

414